대전 · 충남민주화운동사

대전·충남민주화운동사

초판 1쇄 발행   2016년 12월 10일

기   획 ｜ 민주화운동기념사업회
편   자 ｜ 대전·충남민주화운동사편찬위원회
발행인 ｜ 윤관백
발행처 ｜ 도서출판 선인

등록 ｜ 제5－77호(1998.11.4)
주소 ｜ 서울시 마포구 마포대로4다길 4 곳마루 B/D 1층
전화 ｜ 02)718－6252 / 6257   팩스 ｜ 02)718－6253
E-mail ｜ sunin72@chol.com
Homepage ｜ www.suninbook.com

정가   30,000원
ISBN   979-11-6068-013-3   94300
ISBN   978-89-5933-508-4   (세트)

[한국민주주의연구소 지역민주화운동사 연구총서 4]

대전 · 충남민주화운동사

민주화운동기념사업회 기획

대전 · 충남민주화운동사편찬위원회 편

 도서출판 선인

지역민주화운동사 연구총서 발간에 부쳐

　해방 이후 한국 사회는 분단과 전쟁, 독재의 질곡을 거치며 산업화와 민주화라는 격변의 소용돌이 속에 혼돈과 모색의 시기를 지나왔다. 이 같은 시기에 정치 경제 사회 등 각 분야에서 세계적으로 주목할 만한 성과를 이룩할 수 있었던 주요한 힘은 반세기에 걸쳐 치열한 투쟁을 전개해온 민주화운동에서 나왔다.

　그러나 한국 사회는 여전히 과거를 어떻게 기억하고 표상할 것인가를 둘러싼 논쟁이 계속되고 있다. 분단체제하에서 국가권력은 과거사를 자신들의 정치적 목적에 맞게 정의하였다. 따라서 민주화운동의 역사를 올바로 정리하는 것은 국가가 왜곡한 기억에 도전하는 것이며 기억투쟁의 일환이기도 하다.

　민주화운동의 역사를 정리하고 기록하는 것은 무엇보다 민주화운동을 경험하지 못한 새로운 세대를 향한 것이며, 또 동시대인이면서도 민주화운동의 밖에 있던 이들을 향한 것이기도 하다. 정당한 기억의 공동체를 확산해가는 것은 곧, 민주주의 가치를 공유한 공동체가 확대되는 길이기 때문이다. 아울러 민주화운동 역사 정리는 민주화운동에 직간접적으로 참여했던, 안에 있는 이들을 향한 것이기도 하다. 민주화운동 참여자의 자기학습 과정인 동시에 내적 성찰의 근거가 되기 때문이다.

　한국의 민주화운동에 대해서는 많은 연구들이 진행되었으며, 그 연구 성과 또한 상당 정도 축적되어 있다. 그럼에도 지역의 민주화운동에 대한 체계적인 정리는 그동안 부족했던 것이 사실이다.

한국사회에서 '지역'이란 말은 독특한 위상을 가진다. '지역'이란 개념은 지도상, 혹은 행정상으로 구분되는 특정 영역이란 뜻에 한정되지 않는다. 그것은 흔히 '중앙'에 대비되는 개념으로 사용되기도 하지만, '상위'와는 다른 '하위'라는 뜻을 포함하고 있기도 하다. 유감스럽게도 민주화운동 세력에게도 이는 예외가 아니었다.

하나의 지역으로서 '서울'이 아니라 서울이 곧 '중앙'이었기에, 그동안 민주화운동 과정에서 수많은 헌신과 성과가 있었음에도 지역이 역사적 조명에서 상대적으로 소외되어 왔던 것이 사실이다. 민주화운동기념사업회가 『한국민주화운동사』 발간에 이어 지역의 민주화운동사 정리에 나선 것은 바로 이런 이유 때문이다.

각 지역의 민주화운동사 발간 작업이 다시 한 번 구체적 '현장'인 지역을 재조명하고, 민주화운동에 참여했으나 알려지지 않았던 분들의 분투를 기억하는 계기가 되기를 바란다. 아울러 낮고 어려운 현장에서 여전히 분투하고 있는 분들에게 과거의 기억이 올바르게 전승되어 새로운 길을 찾아 나가는 데 작은 보탬이라도 되기를 기대한다.

이번에 한국민주주의연구소 주관하에 발간되는 『대전·충남민주화운동사』는 지역 민주화운동사 연구 작업의 네 번째 결과물이다. 어려운 작업을 맡아 수고해주신 장수찬 편집위원장과 편집위원들, 특히 2년여에 걸쳐 집필을 책임 있게 완성해주신 이정순 교수, 그리고 함께 힘을 보탠 모든 분들께 감사드린다. 어려운 환경에서 민주화를 위해 애썼던 분들, 마음으로 응원했던 대전·충남 지역의 모든 분들이 이 책을 통해 작게나마 자긍심을 키우는 계기가 된다면 더 없는 기쁨이 될 것이다.

2016년 12월
민주화운동기념사업회 이사장 박상증

서 문

   대전 · 충남 지역 민주화운동의 중심지였던 대전 중앙로 목척교 앞에는 '4 · 19혁명의 진원지 표지석'이라는 작은 표지판이 세워져 있다. 56년 전 독재에 저항하며 전국에서 분출되었던 4월혁명의 열기가 이곳 대전 · 충남 지역에서도 가득했던 역사의 현장인 것이다. 하지만 오늘날 이곳을 지나면서 과연 얼마나 많은 사람들이 이런 민주화운동의 역사를 기억하고 있을까 하는 생각이 든다. 또한 앞으로 계속되는 새로운 세대들 중에 민주화운동이라는 시대적인 대의에 수많은 사람들이 몸 바쳐 헌신했던 피의 역사를 과연 얼마나 기억할 수 있을까 하는 의문도 든다. 『대전 · 충남민주화운동사』는 이런 문제의식에 의해 시작되었다. 기록되지 않는 역사는 역사에서 사라질 것이 분명하기 때문이다. 또한 지역의 관점을 생략한 채 서울 중심으로만 기술된 민주화운동의 역사는 결코 이 땅의 온전한 민주화운동의 역사가 될 수 없다는 문제의식도 강하게 작용하였다.

   『대전 · 충남민주화운동사』는 1948년 정부 수립 이후부터 1992년 문민정부 수립 때까지 이 지역에서 치열하게 전개되었던 민주화 운동의 역사를 생생한 기록으로 담고자 했다. 『대전 · 충남민주화운동사』 발간사업은 2014년 말에 시작되어 약 2년간 진행되었는데, 2005년에 민주화운동기념사업회에서 발간한 『민주화운동 관련 사건 · 단체사전 편찬을 위한 기초조

사 연구보고서-대전·충남지역』에 근거를 두고 있다.『민주화운동 관련
사건·단체사전 편찬을 위한 기초조사 연구보고서-대전·충남지역』 발
간사업이 2004년 6월에 시작되었으므로『대전·충남민주화운동사』 발간
은 사실상 2004년부터 시작된 셈이다. 이 외에 여러 구술 자료와 추가 자
료를 수집하여 본서를 집필하는 데 사용하였다.

『대전·충남민주화운동사』는 다수의 필자들이 참여했던 다른 지역의
민주화운동사 편찬 작업과는 다른 방식으로 추진되었다. 두 사람의 지역
운동가 출신 교수들이 집필을 직접 담당하고, 정기적인 편집회의를 통해
원고를 수정 보완하며, 또한 해당 운동의 참여자들에게 원고를 공람시키
는 방법을 택했다. 장수찬(목원대 교수, 정치학)은『대전·충남민주화운동
사』 편집위원장을 맡는 동시에, 제3부 제3장 6월민주항쟁, 제4부 부문운동
중 1980년부터 1987년까지의 학생운동, 농민운동, 문예운동, 교육운동 부
분을 집필했다. 이정순(목원대 교수, 신학)은 책임집필자로서 원고 집필을
총괄했으며, 총론, 제1부, 제2부, 제3부(제3장 제외), 제4부 부문운동 중 노
동운동, 종교계의 민주화운동, 여성운동 전체, 학생운동·농민운동·문예
운동·교육운동 중 1987년 6월민주항쟁 이후부터 1992년 문민정부 출범까
지 부분과 결론부분, 참고문헌 등을 집필했다. 김필중(전 충남민주운동협
의회 사무국장), 장수명(교원대 교수, 경제학), 허성우(성공회대 교수, 여성
학), 안인숙(충남여민회 전 사무총장) 등이 원고를 읽고 수정·보완했다.
계속적인 공람을 통한 원고 보완 및 수정작업과 전체적인 원고 완성은 이
정순이 책임지고 담당했다. 그리고 이호룡(전 민주화운동기념사업회 연구
소장)이 교열·윤문작업을 맡았다.

『대전·충남민주화운동사』는 약 2년에 걸쳐 여러 사람들이 함께 땀 흘
린 공동 작업의 결과이다. 2014년 11월 대전·충남민주화운동사 발간사업
이 시작되면서 즉시 편집위원회가 구성되었고, 매달 1번씩 편집에 관한 회

의가 열렸다. 편집위원회에는 김창태(금산여고 교사), 김필중, 이정순, 이
지영(대전·충남민주화운동계승사업회 사무처장), 이호룡, 장수찬, 정완숙
(디모스 대표), 조성칠(대전 민예총 상임이사) 등이 참여하여 집필의 기본
방향을 잡아갔다. 아울러 지역 민주화운동 인사들로 편찬위원회를 꾸려서
수시로 경과보고를 하고 의견을 수렴했다. 편찬위원회에는 최교진(세종시
교육감), 김순호(전 괴정동성당 주임신부), 김용우(전 보문감리교회 담임
목사), 김제선(사단법인 풀뿌리사람들 상임이사), 김홍영(사회적기업 나무
와 사람들 이사장), 양봉석(마을공동체 연구협동조합 상임이사) 등이 참여
하였다. 2015년 6월 말에는 대전·충남민주화운동계승사업회 주최로 열린
'6월민주항쟁 기념대회'에서 대전·충남민주화운동사 전반에 걸쳐 함께 토
론하고 의견을 수렴하는 시간을 가졌다. 이 자리에는 이 지역 민주화운동
에 참여했던 당사자들과 현재 다양한 시민운동에 몸담고 있는 사람들이
참여하여 좋은 의견을 나누어 주었다.

　이런 과정을 거쳐 완성된 『대전·충남민주화운동사』 초고를 2015년 8월
에 열린 '대전·충남민주화운동사 중간보고회'를 통해 전체적으로 검토하
면서 수정을 위한 의견을 수렴했으며, 이에 따라 3개월간 수정작업을 진행
했다. 2015년 12월에는 '대전·충남민주화운동사 최종보고회'를 열어 완성
된 최종원고를 가지고 5명의 전문 연구자들을 초청하여 토론을 진행하였
으며, 각 토론자들이 제기한 논평에 따라 다시 수정 작업을 거쳤다. 이후
2016년 2월에 1박2일로 열린 워크숍을 통해 1980년대 각 부문운동에 참여
했던 활동가들을 초대하여 『대전·충남민주화운동사』 원고의 내용을 가
지고 일일이 사실 여부를 확인하며 열띤 논쟁을 벌였다. 그리고 그 결과를
바탕으로 원고를 다시 검토하고 수정했다. 최종적으로 이호룡과 이정순이
수정된 원고에 대한 세밀한 검토를 통해 체제를 보완하는 동시에 전체 내
용을 조율했다.

　이 소중한 작업에 참여한 모든 편집위원들과 편찬위원들, 민주화운동 동료와 선·후배들의 수고에 감사드린다. 대전·충남지역 민주화운동의 역사를 품고 살아가고 있는 모든 이들의 염원으로 이 소중한 결실을 맺게 된 것이다. 일찍이 겨레의 스승이셨던 함석헌 선생은 역사란 죽어버린 단순한 과거가 아니라 현재 안에 살아 있는, '산 과거'라고 말씀하셨다. 지난 40여 년간 대전·충남 지역에서 치열하게 전개되었던 민주화운동의 역사는 현재 안에 생생하게 살아 있으면서 오늘을 살아가는 우리 자신은 물론 후손들에게 중요한 역사의 교훈이 될 수 있어야 할 것이다.『대전·충남민주화운동사』는 이 지역의 뿌리를 찾고 역사를 바르게 정립하려는 모든 사람들에게 귀중한 자료와 교훈이 되리라고 생각한다. 또한 1950년대부터 1992년 문민정부 수립 때까지 대전·충남 지역에서 전개된 민주화운동의 역사적 경험이 풀뿌리 민주주의의 정착과 시민운동의 형성 및 발전에 구체적으로 어떤 영향을 끼쳤는지에 대한 좀 더 심도 깊은 연구가 진행되기를 기대한다.

　끝으로 대전·충남 지역 곳곳에서 자신의 삶을 희생하면서 온몸으로 이 땅의 민주화를 위해 싸웠던 수많은 동료, 선·후배들에게 이 책을 바친다. 모쪼록 이 책이 이 모든 자들의 소중한 삶의 기록으로 역사에 길이 남길 소망한다.

2016년 12월
대전·충남민주화운동사 책임집필자 이정순

목　차

지역민주화운동사 연구총서 발간에 부쳐 / 5
서문 / 7
총론 / 15

제1부 1950~1960년대의 민주화운동

제1장 이승만 정권의 반공정책과 민주주의 유린 ························· 41

제2장 4월혁명기의 민주화운동 ······································ 46
　　제1절 이승만 정권의 부정선거 획책 ······················· 46
　　제2절 대전고 3·8시위와 대전상고 3·10시위 ··············· 47
　　제3절 4월혁명의 전개 ··································· 53
　　제4절 4월혁명 직후의 민주화운동 ························· 61

제3장 박정희 정권의 수립과 유신체제 이전의 반독재민주화투쟁 ······ 68
　　제1절 5·16군사쿠데타와 박정희 정권의 수립 ··············· 68
　　제2절 한일협정 반대투쟁 ································· 70
　　제3절 3선개헌 반대투쟁 ································· 81
　　제4절 교련철폐투쟁과 공명선거운동 ······················· 89

제2부 유신체제기의 반독재민주화투쟁

제1장 유신체제의 성립과 성격 ······················ 95

제2장 유신체제 전기의 반독재민주화투쟁 ·················· 98

제3장 긴급조치 9호와 유신체제 후기의 반독재민주화투쟁 ·············· 109

제3부 1980년대의 반독재민주화투쟁

제1장 신군부의 등장과 '민주화의 봄' ················ 115
　　제1절 신군부의 등장 ················ 115
　　제2절 민주화의 봄 ················ 118

제2장 전두환 정권하의 반독재민주화투쟁 ················ 126
　　제1절 전두환 정권의 출범과 성격 ················ 126
　　제2절 1980년대 초기의 반독재민주화투쟁 ················ 130

제3장 6월민주항쟁 ················ 147
　　제1절 6월민주항쟁의 배경 ················ 147
　　제2절 박종철 고문치사사건과 호헌반대투쟁 ················ 153
　　제3절 6월민주항쟁의 전개 ················ 163
　　제4절 6월민주항쟁의 운동사적 의미 ················ 188

제4장 노태우 정권하의 반독재민주화투쟁 ················ 194
　　제1절 노태우 정권의 출범과 성격 ················ 194
　　제2절 6월민주항쟁 이후의 반독재민주화투쟁 ················ 197

제5장 1980년대 대전·충남 지역 반독재민주화투쟁의 성격과 의의 ····· 236

제4부 부문운동의 성장과 역사

제1장 학생운동 ·· 241

제1절 민주화의 봄(1979. 10~1980. 5) ······································· 242

제2절 학생운동의 성장(1980. 5~1985. 8) ································· 248

제3절 민주화운동 탄압기의 학생운동(1985. 9~1987. 6) ······· 268

제4절 학생운동의 분화와 발전(1987. 7~1992) ······················ 282

제5절 대전·충남 지역 학생운동의 성격과 의의 ···················· 299

제2장 노동운동 ·· 304

제1절 대전·충남 지역의 사회경제적 상황 ··························· 304

제2절 노동운동의 대두 ··· 306

제3절 노동운동의 성장(1980~1986) ······································ 308

제4절 '87노동자대투쟁'과 노동운동의 폭발(1987~1988) ······· 314

제5절 노동운동의 조직화(1989년 이후) ································· 336

제6절 대전·충남 지역 노동운동의 성격과 의의 ···················· 344

제3장 농민운동 ·· 347

제1절 1970~1980년대 충남 지역 농촌의 상황 ······················ 347

제2절 교회 계몽주의와 초기의 농민운동(1973~1983) ············ 350

제3절 농산물 시장개방과 농민운동의 질적 변화기(1984~1989) ······· 367

제4절 '전국농민회총연맹'을 중심으로 한 농민운동의 발전기(1990~1992) ··· 380

제5절 대전·충남 지역 농민운동의 성격과 의의 ···················· 385

제4장 종교계의 민주화운동 ·· 388

제1절 천주교계의 민주화운동 ··· 388

제2절 개신교계의 민주화운동 ··· 393

제3절 대전·충남 지역 종교계 민주화운동의 성격과 의의 ······· 434

제5장 문화예술운동 ·· 436
　　제1절 문화예술운동의 태동 배경 ························· 436
　　제2절 문화예술운동의 맹아기(1976~1980. 5) ············· 439
　　제3절 문화예술운동의 모색기(1980. 5~1983) ············· 447
　　제4절 문화예술운동의 도약기(1983~1985. 2) ············· 453
　　제5절 문화예술운동의 발전기(1985. 3~1987. 6) ············· 462
　　제6절 문화예술운동의 조직화와 대중화(1987. 7~1992) ········· 471
　　제7절 대전·충남 지역 문예운동의 성격과 의의 ············· 478

제6장 교육운동 ··· 480
　　제1절 교육운동의 맹아기(1980~1985) ··················· 480
　　제2절 교육운동의 도약기(1986~1987) ··················· 487
　　제3절 교육운동의 발전기(1988~1992) ··················· 493
　　제4절 대전·충남 지역 교육운동의 성격과 의의 ············· 510

제7장 여성운동 ··· 513
　　제1절 대전·충남 지역 진보 여성운동의 맹아기 ············· 513
　　제2절 민주화투쟁과 진보 여성운동의 주체 형성 ············· 518
　　제3절 6월민주항쟁과 진보 여성운동의 전개 ··············· 524
　　제4절 대전·충남 지역 여성운동의 성격과 의의 ············· 541

참고문헌 / 543
찾아보기 / 551

총 론

　1948년 남한만의 단독 선거를 통해 대한민국 정부가 들어서면서 이 땅의 진정한 통일과 민주화를 향한 열망이 다시 싹트게 되었다. 한반도를 둘러싼 외세 강국들에 의해 남과 북의 분단구조는 더욱 고착화되었고, 이로 인해 남과 북 모두에서 정치적 반대 세력들에 대한 혹독한 탄압과 기층 민중들에 대한 억압이 광범위하게 자행되었다. 특히 미국이라는 강력한 후원자를 등에 업고 출발한 이승만 정권은 분단구조를 이용하여 반공이데올로기를 통치의 이념으로 삼고, 국민들의 사상적 자유와 언론의 자유를 통제하였다. 이로써 국민들은 인간의 기본권마저 누리지 못한 채 비인간적인 삶을 살아야 했고, 정권에 비판적이었던 사람들은 즉시 구속되고 감옥에 갇히는 고통을 당해야 했다. 하지만 이런 비참한 시대가 지속되면서 이 땅 곳곳에서 비인간적인 독재정권에 대한 저항의 함성이 울려 퍼졌다. 비록 1950년대 동족들 간의 끔찍한 전쟁으로 인해 수많은 사람들이 죽고 삶의 터전이 파괴당하는 대참사를 경험했지만, 이런 와중에서도 새로운 사회를 향한 열망은 사라지지 않았다.

　대전·충남 지역은 예로부터 충절의 고장으로 잘 알려져 있다. 그래서 나라가 어려울 때면 수많은 열사들이 나와 자기 몸을 희생했던 훌륭한 전통이 흐르고 있는 곳이다. 일제강점기에는 대전·충남지역에서 항일독립운동이 격렬하게 전개되었다. 즉 의병에서부터 애국계몽운동, 3·1운동,

비밀결사운동, 사회운동, 신간회운동, 청년학생운동, 종교문화운동, 심지어는 의열투쟁이나 군자금모금운동에 이르기까지 다방면으로 전개되었다. 대전지역의 대표적 유학자였던 송병선은 1905년 일제가 무력으로 '을사늑약'을 체결하자 대전 성남동 자택에서 자결·순국하여 후일 독립운동가들에게 크게 영향을 미쳐 항일독립운동의 정신적 지주가 되기도 하였다. 3·1운동의 주역 유관순 열사, 항일무장투쟁을 지휘했던 김좌진 장군과 중국 상하이의 홍구공원에서 의거를 일으킨 윤봉길을 비롯하여 수많은 민족지사와 열사들이 모두 이 지역 출신들이다. 이 외에도 이미 일제강점기에 크고 작은 항일투쟁과 민중들의 생존권 투쟁이 이 지역 곳곳에서 일어났다. 또한 소작쟁의, 농민야학, 적색농조운동 등 농민운동의 전통이 이미 일제강점기에 이 지역에서 시작되었다. 특히 1930년대 초에는 전국에서 가장 많은 소작쟁의가 이 지역에서 일어났을 정도이다. 이런 전통은 해방 후 이승만 정권이 들어서면서 겉으로는 사라진 것 같았지만 역사의 크고 작은 사건마다 계속 이어졌다. 대전·충남 지역의 수많은 사람들이 불의에 저항하였고, 참된 민주화와 통일이 실현된 사회를 향해 투쟁을 전개했다.

1. 『대전·충남민주화운동사』의 특성과 한계

『대전·충남민주화운동사』는 1948년 대한민국 정부수립 후 대전·충남 지역에서 일어났던 민주화운동의 역사를 세 개의 시기로 구분하여 서술하고 있다. 제1부는 1950~1960년대의 민주화운동을, 제2부는 유신체제기의 반독재민주화투쟁을, 제3부는 1980년대의 반독재민주화투쟁을, 제4부는 부문운동의 성장과 역사를 각각 다루고 있다. 『대전·충남민주화운동사』

는 다른 지역의 민주화운동사와는 다소 다른 체제를 지니고 있다. 먼저, 『대전·충남민주화운동사』는 세 시기에 걸친 민주화운동의 역사보다 1980년대 이후 부문운동의 역사가 더 많은 비중을 차지하고 있다. 그것은 대전·충남 지역에서는 1980년대에 부문운동이 폭발적으로 발전하면서 민주화운동이 보다 조직적으로 전개되었기 때문이다. 또한 『대전·충남민주화운동사』에서는 학생운동의 중요성이 매우 강조되고 있다. 다른 지역의 민주화운동사에서는 시대별 구분에 따라 학생운동을 반독재민주화투쟁의 핵심 세력으로 그 안에 포함하여 기술하고 있다. 하지만 『대전·충남민주화운동사』에서는 편집위원회의 합의에 따라 학생운동을 부문운동에서 첫 번째 항목으로 소개하였다.

이번에 집필된 『대전·충남민주화운동사』는 한계도 지니고 있다. 먼저, 1960년대 4월혁명의 역사적 변혁기에 일어난 혁신정당운동사가 다루어지지 못했다는 점이다. 그것은 무엇보다 자료 수집의 한계 때문이다. 『대전·충남민주화운동사』 편집진 및 집필자들에게는 아쉽게도 좀 더 세세한 운동 자료나 생존자들을 중심으로 한 구술 자료를 수집할 수 있는 충분한 역량이 없었다. 둘째, 각 부문운동들 간의 서술 분량이 동일하지 않는다는 점이다. 이것은 원래 각 부문 운동에 참여했던 사람들이 해당 원고를 직접 읽고 제시한 의견에 따라 원고를 수정하고 보충하려던 계획이 잘 실행되지 않았기 때문이다. 과거 운동에 대해 지금도 열정을 가진 사람들은 적극적으로 의견을 개진했지만, 상당수의 사람들은 그러지 않았다. 셋째, 『대전·충남민주화운동사』는 누가 읽더라도 그 당시 민주화운동의 상황이 생생하게 드러날 수 있도록 운동의 역사를 매우 자세하게 기록하고자 했다. 그러다 보니 어떤 부분은 분석적인 부분이 약하고 사건 중심으로 기술되어 있다. 하지만 전체적으로 통사라는 원칙을 지키면서 당시의 사건 배경과 경과 및 참여한 사람들의 인적 상황까지 세세히 기록했다는 점을 다시

한 번 강조하고자 한다. 그 이유는 민주화운동에 참여한 모든 사람들의 투쟁의 역사가 잘 전달될 수 있게 하기 위함이었다. 넷째, 『대전·충남민주화운동사』는 자료의 부족으로 인해 충남 각 지역에서 일어났던 민주화운동의 역사를 충분히 기술하지 못했다. 그러다 보니 마치 대전이 이 지역 운동의 중심이었던 것처럼 기술된 측면이 있다.

2. 『대전·충남민주화운동사』 개요

본서에서 다룬, 각 시기마다 벌어진 민주화운동의 주요 내용을 소개하면 다음과 같다. 대한민국 정부수립 이후 이 지역에서는 이승만 정권의 반공이데올로기 강화와 사상통제로 인해 여타의 조직적인 저항운동은 일어나지 못했다. 하지만 1950년 6월 25일에 일어난 전쟁 당시 이 지역에서는 비극적인 민간인 대학살 사건이 발생했다. 즉 대전 산내면 골령골에서 정치사상범들과 예비검속된 국민보도연맹원 6,900여 명을 경찰과 군인들이 이승만 정권의 지시에 의해 전원 학살하여 매장하였다. 또한 같은 해 9월에는 후퇴하는 인민군이 500여 명의 우익 인사들을 대전형무소에서 집단 처형했다. 수많은 민간인들이 서로 다른 이념의 잣대로 억울하게 목숨을 잃었던 것이다. 더 나아가 1950년 7월 9일 공주 상왕동 살구쟁이에서 공주형무소 재소자와 국민보도연맹원 등 최소 400여 명을 공주 CIC분견대, 공주파견헌병대, 공주지역 경찰 등이 집단학살했다. 국군이 후퇴하는 과정에서 저지른 또 하나의 비극적인 민간인 학살 사건이었다. 이렇게 전쟁의 비극과 집단 학살로 시작된 1950년대는 이 지역 주민들에게 계속적인 침묵과 굴종을 강요했으며, 많은 사람들의 가슴에 한을 심어주었다. 하지만 전쟁을 통해 겪은 이런 비극적인 사건들은 민주화의 핵심인 평화와 인권

교육을 위한 산 교훈이 되었으며, 앞으로 전개될 대전·충남 지역 민주화
운동의 뿌리가 되었다.

1960년대 들어 이승만의 자유당정권 말기에 저질러진 3·15부정선거는
그동안 독재정권의 폭압에 굴종하며 잠자는 듯했던 이 땅 민중들의 의식
을 일깨웠다. 대전·충남 지역에서는 대전고와 대전상고 학생들이 가장
먼저 자유와 정의를 외치며 떨쳐 일어났다. 이들은 특정한 정치 이데올로
기와 관계없이 자유당 정권의 부패와 국민들에 대한 억압에 반발하며 순
수한 양심에 따라 저항운동을 시작했다. 이후 전국에서 학생들과 시민들
이 불 일듯이 떨쳐 일어난 4월혁명기에도 대전과 천안 및 충남 곳곳의 지
역에서 학생들과 많은 시민들이 격렬하게 투쟁했다. 특히 대전 지역의 경
우 4월 26일에 제2차 계엄령이 포고되면서 충남대 학생회장 오천균의 지
도 아래 대전 중앙로 및 도청 앞 등 시내 곳곳에서 투쟁이 격렬하게 전개
되었다.

4월혁명으로 등장하였던 민주당 장면 정권은 박정희가 주도한 5·16군
사쿠데타로 단명하고 말았다. 이후 박정희 독재정권이 오랫동안 지속되면
서 이 땅은 경제개발이라는 명목하에 자유와 인권이 처참히 유린되는 암
흑의 시대로 바뀌었다. 하지만 박정희 군사정권에 대한 민중들의 저항운
동도 조금씩 재개되었다. 4월혁명으로 폭발되었던 민중들의 혁명의식은
한일협정반대투쟁으로 다시 나타났다. 이번에도 학생들이 중심세력을 형
성했다. 그런데 대전·충남 지역에서는 다른 지역에 비해 대학생들보다
고등학생들의 참여가 매우 두드러졌다. 특히 1964년 3월에 6,000여 명의
대전지역 고등학생들이 연합하여 벌인 한일협정 반대 시위는 규모나 양상
에 있어서 다른 지역에서는 유례를 찾을 수 없는 사건이었다.

박정희 정권은 장기집권을 기도하였다. 우선 3선개헌을 위해 국회의원
과반수 확보가 필요했다. 이에 따라 1967년 6월 8일에 실시된 국회의원선

거에서 관권선거와 금권선거가 광범위하게 자행되었다. 학생들은 "민주주의는 통곡한다"는 구호를 외치면서 6·8부정선거에 대해 강하게 규탄했다. 박정희 대통령이 3선개헌을 통한 정권연장 계획을 계속 추진해 나감에 따라 학생들과 시민들이 또다시 반대하는 투쟁을 벌였다. 대전에서는 1969년 9월 3일 신민당의 개헌반대 강연회가 열리는 것을 계기로 3선개헌 반대투쟁이 일어났다. 대전대(현 한남대) 학생들이 가장 먼저 시위를 벌였으며, 이후도 적극적으로 운동을 전개해 나갔다. 이후 다른 대학들과 고등학교 학생들이 3선개헌 반대시위를 벌이려 했지만, 정부와 학교 당국의 탄압으로 인해 제대로 투쟁을 전개해 나가지 못했다. 그러한 가운데 몇몇 시민들이 개인적으로 개헌에 반대하는 시위를 벌인 점은 전국적으로 매우 독특한 일이었다.

1970년대에 들어와 박정희 정권은 자신의 집권체제를 더욱 강화하기 시작했다. 박정희 정권은 1970년 12월 대학생들의 반대에도 불구하고 교련시간을 연장하고 현역 장교를 교관으로 배치하는 내용의 교련강화정책을 발표했다. 학생들은 군사훈련 시간이 지나치게 많고, 현역 군인이 학교 내에 들어올 경우 학원병영화 강화로 학생활동이 제약되어 결국 학원의 자율성이 침해될 것이라고 비판했다. 대전 지역에서는 충남대 학생들이 4월 15일부터 교련 강화를 반대하는 투쟁을 시작하였다. 하지만 박정희 정권은 탄압을 더욱 강화하여 학생들을 연행하고, 시위 학생 징계와 학내 서클 해체 및 간행물 폐간이라는 조치를 단행했다. 마침내 박정희 대통령은 그해 10월 15일 학원질서 유지를 내용으로 하는 특별 성명을 발표했고, 이어서 12월 6일 비상사태를 선포했다. 이로써 교련반대투쟁은 중단되었다.

결국 1972년 10월 17일을 기해 박정희 정권은 유신헌법을 공포함으로써 영구집권의 길을 가기 시작했다. 박정희 정권은 헌법의 근본마저 부정해 가면서까지 그 누구도 영구 집권을 방해하지 못하도록 하고자 하였고, 이에 민주주의는 파탄지경에 이르렀다. 하지만 박정희 정권의 영구집권 음모에 맞서 전국 각계각층에서 반대 시위를 격렬하게 전개하였다. 대전·충남 지역에서도 아직 체계적으로 조직되지는 않았지만 학생과 시민들의 투쟁들이 산발적으로 전개되었다. 1973년 11월 목원대 신학과 학생들이 주축이 되어 유신반대 시위를 학내에서 벌였으며, 교문 밖으로 진출하려고 시도했다. 이날 시위는 대전·충남 지역 대학가에서 처음으로 일어난 유신반대투쟁이었다. 이후 목원대에서는 지속적으로 크고 작은 유신반대 시위가 일어났다. 마침내 1974년 11월 22일 포드 미국 대통령 방한일을 맞아 100여 명의 목원대 학생들이 대전 목척교에 집결하여 유신반대 시위를 대대적으로 벌였는데, 이는 지역 대학에서 일어난 기념비적인 반독재투쟁이었다. 충남대 학생들도 유신반대투쟁과 함께 어용 지도자 반대 투쟁, 특히 박희범 어용총장 퇴진 투쟁 등과 관련하여 민주화운동을 쉼 없이 전개하였다.

종교권에서도 반독재민주화투쟁을 시작하였다. 천주교정의구현전국사제단이 중심이 되어 전국적으로 인권기도회를 시작했고, 가톨릭농민회 충남연합회가 1976년 천안에서 결성되면서 대전·충남 지역 농민운동이 시작되었다. 개신교계 역시 1977년 대전에서 대한예수교장로회 청년연합회 전국대회를 개최함으로써 기독교 청년들을 중심으로 한 반독재민주화투쟁을 시작하였다.

1970년대 말이 되자 박정희 정권은 최후의 발악을 하며 국민들에 대한 감시와 반대세력에 대한 탄압을 강화해 나갔다. 하지만 유신반대투쟁은 격화되어갔고, 이에 대한 대응책을 놓고 지배세력 사이에 균열이 발생하였고, 그 결과 1979년 10월 26일 박정희가 최측근의 총에 살해되는 10·26정변이 발생하였다. 이에 박정희 정권은 비극적인 종말을 고하게 되었다.

10·26정변이 일어나면서 대전·충남 지역의 민주화운동은 다시 시작되

었다. 공주사대 학생들은 10·26정변 직전 학교 본관 벽에 유신을 반대하는 글을 쓰는 것으로 1980년대의 반독재민주화투쟁을 시작했다. 당시 대전·충남 지역에는 서울과 달리 아직 체계적인 조직을 갖춘 운동 단체가 존재하지 않았다. 그 대신 일부 학생들을 중심으로 유신 독재정권에 대한 저항운동이 자발적인 형태로 일어났을 뿐이다. 그러던 중 반독재민주화투쟁이 서울을 중심으로 이루어지는 것에 대해 고민하면서 지역 중심의 운동을 시작하려는 움직임이 일어났다. 이 땅의 민주화라는 같은 목표를 지향하지만, 중앙에 비해 상대적으로 운동의 여건이 낙후되어 있는 지역의 상황과 특성을 고려하여 지역 자체의 운동을 전개해야 한다는 새로운 관점이 대두되기 시작한 것이다. 이렇게 대전·충남 지역의 민주화운동은 1980년 '민주화의 봄'을 맞으면서 지역운동의 관점을 가지고 전개되기 시작했다.

1980년 잠시 맛보았던 민주화의 희망은 5·18민중항쟁을 피로 진압한 전두환 군사정권의 등장으로 사라지고, 다시 암울한 시대가 반복되는 듯했다. 하지만 이런 역사적 상황에도 굴하지 않고 민주화를 열망하며 독재에 저항하는 세력들이 곳곳에서 등장했다. 이들은 군사독재정권의 혹독한 탄압에 맞서 이 땅의 민주화를 위해 계속 투쟁해 나갔다. 특히 전국에서 불일 듯 일어난 반독재민주화투쟁은 각 대학에서 학원자율화운동으로 표출되었다. 대전·충남 지역에서는 목원대 학생들이 사학 비리의 온상인 이사들과 비민주적인 방법으로 오랫동안 학교를 운영해 온 남기철 학장의 퇴진을 요구하며 투쟁을 전개함으로써 학원민주화운동이 불붙기 시작했다. 이후 다른 학교 학생들에게 영향을 끼치면서 학원민주화와 군사독재 반대를 외치는 투쟁이 연이어서 일어났다.

이후 대전·충남 지역에서는 격변하는 정세 속에서 민주화운동 세력이 조금씩 체계를 갖추기 시작했다. 그 대표적인 예가 충남민주운동청년연합

(이하 '충남민청')과 충남민주운동협의회(이하 '충남민협')였다. 이후 1987
년 6월민주항쟁이 일어나기까지 이 두 단체는 이 지역 민주화운동의 발전
에 중요한 역할을 담당했다. 충남민청은 1980년대 초반 이후 대전·충남
지역 학생운동을 통해 성장한 학생운동 활동가들이 노동 현장과 사회운동
현장으로 이전하면서 민주화운동의 지평을 사회영역으로 넓혀 나가고자
한 노력의 산물이었다. 또한 충남민협은 당시 전국 단위의 연합운동체였
던 민주통일민중운동연합(이하 '민통련')의 창립에 발맞추어 지역운동 세
력들 역시 어떤 형식으로든 연합체를 만들어 반독재민주화투쟁을 이끌어
나가야 한다는 인식하에 만들어진 이 지역 최초의 운동단체 연합체였다.
이후 충남민협을 통해 지역 민주화운동 세력들은 사건들마다 함께 연대하
여 효과적인 투쟁을 전개하였다.

　1987년이 시작되면서 터진 박종철 고문치사사건은 전두환 독재정권에
대한 투쟁에 불을 붙였다. 이후 전개된 고문치사 정국과 전두환의 4·13호
헌조치는 국민들의 분노를 불러일으켰다. 마침내 6월 10일 전국적으로 열
린 '박종철군 고문살인 은폐 규탄 및 호헌철폐 국민대회'를 기점으로 전 국
민적인 차원의 '6월민주항쟁'이 시작되었다. 6월민주항쟁은 6월 10일부터
28일까지 19일 동안 거의 매일, 전국 30여 개 시·군에서 연인원 400~500만
명이 참여한 반독재민주화투쟁이었다. 6월 10일에 열린 국민대회는 전국
적인 차원에서 민주헌법 쟁취 국민운동본부(이하 '국민운동본부')라는 동
일한 조직체계 아래 동일한 이슈를 가지고 동일한 날짜와 시간에 전국에
서 동시다발적으로 집회를 가졌다는 점에서 대중적 파급력과 효과가 매우
컸다. 대전·충남 지역에서는 민주헌법 쟁취 국민운동 충남본부(이하 '국
민운동충남본부')가 중심이 되어 대전 대흥동 가톨릭문화회관에서 국민대
회를 성공적으로 개최했다.

　대전·충남 지역에서 전개된 6월민주항쟁은 전국 차원의 6월민주항쟁

을 매우 성공적으로 매개하고 수행했다는 점에서 운동사적으로 큰 의의가 있다. 또한 대전·충남 지역의 6월민주항쟁은 전국적 정치 상황에 의해서 자연발생적으로 일어난 것이 아니라, 지역 차원에서 민주화투쟁을 확대하고 연결하려는 의식적이고 조직적인 노력의 결과였다는 점에서도 의의가 있다. 대전에서 6월 10일에서 29일까지 20일에 걸쳐 일어난 대규모 대중투쟁의 경우 연인원 50만여 명이 참여했다. 특히 항쟁 초반기에 대전에서는 서울과 광주를 제외한 지역 주요 도시들 중에서 가장 큰 규모의 대중시위가 열렸다. 특히 항쟁의 기운이 다소 주춤했던 6월 15일에는 충남대 학생을 비롯한 1만여 명의 시민·학생 시위대가 유성에서부터 대전역까지 장장 12km에 이르는 대행진을 전개하여 6월민주항쟁이 전국적으로 확산되는 데 기폭제의 역할을 담당했다. 이는 전국 민주화운동사에서 유례를 찾아보기 힘든 사건이었다. 또한 6월 16일에는 대전 지역의 중요한 시위 거점이었던 시내 중앙로를 시위대가 완전히 장악하고 경찰을 무력화시켰으며, 4~5만 명에 이르는 거대한 군중들이 충남도청 앞에 결집하기까지 했다. 6월 26일의 국민평화대행진 때에도 5만여 명이 참가했다. 이런 대규모 대중집회는 6월 29일 민정당 노태우 대표가 발표한 '6·29선언' 이후 소강 상태에 빠져들게 되었다.

1987년 6월민주항쟁의 결과로 만들어진 신헌법에 따라 12월 16일 전국에서 선거가 실시되었다. 하지만 전두환과 함께 군사쿠데타를 일으켰던 노태우 후보가 대통령으로 당선되었다. 6월민주항쟁으로 끓어오른 민주화에 대한 국민들의 열망에도 불구하고 선거라는 합법적인 장을 통해 다시 군부 세력에게 권력을 넘겨주게 된 것이다. 때문에 제6공화국이 출범하게 되자 12·16 대통령부정선거에 대한 항의투쟁이 대전·충남 지역을 비롯한 전국 곳곳에서 벌어졌다. 이는 서울 구로구청 부정선거 항의농성 및 분신사태에 국민들이 분노하면서 촉발되었다. 결국 노태우 정권의 제6공화

국이 출범했지만 국민들의 노태우 집권 반대투쟁은 계속되었고, 전국적인
차원에서 전국민족민주운동연합(이하 '전민련')이 결성되었다. 대전·충남
지역도 이에 부응하여 1989년 1월에 대전·충남 민족민주운동연합(이하
'충민련')이 결성되었다. 충민련에는 그간 충남 지역에서 반외세 자주화투
쟁, 반독재 민주화투쟁을 적극 전개해 온 7개 부문운동 단체들이 정식 회
원으로 참여하였으며, 3개 부문운동 단체들은 참관 자격으로 참여하였다.
충민련은 대전·충남지역 내 활동했던 모든 민족민주운동 세력의 연대틀
이었으며, 노태우 정권에 저항하는 민족민주운동 세력들의 구심체였다.

1990년 1월 노태우 정권은 3당 합당으로 거대 여당인 민주자유당(이하
'민자당')을 탄생시켜 장기집권의 길을 모색하였다. 그러자 민자당과 노태
우 정권에 대한 반대투쟁은 더욱 거세게 전개되었으며, '민자당 일당 독재
음모분쇄와 민중기본권쟁취 대전시민 결의대회'가 개최되었다. 그 후 다
시 몇 차례에 걸쳐 '민자당 해체와 노태우 퇴진대회'가 개최되었다. 이런
연대 투쟁들의 결과물로서 6월 10일 이 지역의 모든 민주화 투쟁을 주도해
나갈 투쟁기구로서 민자당 일당독재 분쇄와 민중기본권 쟁취 대전·충남
국민연합(이하 '대전·충남국민연합')이 다시 출범하게 되었다. 대전·충
남국민연합은 충민련을 비롯해 각종 민주운동 단체들이 연석회의 형태의
회의체로 운영되어 오던 것을 확대 개편하여 만든 단체였다. 이후 대전·
충남국민연합은 이 지역 민주화운동 관련 사건들마다 주도적으로 참여하
여 투쟁을 전개하였다. 특히 1990년 10월 윤석양 이병의 보안사 사찰 폭로
이후 대전·충남국민연합은 다른 운동 단체들과 함께 '대전·충남 비상시
국회의'를 결성하여 노태우 정권의 대국민 감시사찰에 항의하며 정권 퇴
진투쟁을 벌였다. 1992년에 접어들면서 대전·충남국민연합은 다시 한 번
변화를 겪었다. 즉 1990년 6월 이래로 지역 민주화운동 단체들의 연대기구
로 활발히 일해 온 대전·충남국민연합은 정권을 교체할 수 있는 대통령

선거가 다가오자 더욱 강력한 상설 운동연합체를 필요로 하게 되었고, 이에 민주주의 민족통일 대전·충남연합(이하 '대전·충남연합')을 창립하기 위한 준비를 해 나갔다. 마침내 1992년 2월 15일에 창립대회를 가졌다. 대전·충남연합은 결성과 동시에 대선 투쟁을 효과적으로 전개하기 위해 민주화와 통일을 열망하는 모든 세력을 망라한 범민주세력의 결집체로서 민주대개혁과 민주정부 수립을 위한 대전·충남 국민회의(이하 '대전·충남 국민회의')를 만들기로 결의했다.

한편, 이 시기에 지역의 독특한 문제를 가지고 지역 주민들이 주체가 되어 운동을 벌인 일이 있다. 이것은 지역뿐 아니라 한국 현대사에 자랑스럽게 기록되어야 할 역사적 사건이었다. 그것들은 주한미군기지 대전 이전 반대 투쟁과 안면도 핵폐기물처리장 설치 반대투쟁이다. 먼저, 1989년부터 6월부터 대전지역 '미8군 대전 이전 저지를 위한 시민공동대책위원회'가 지역 주민의 광범위한 반대여론을 바탕으로 시민들의 관심과 지지 속에 출발하여, 주한미군기지 대전 이전에 대해 지속적으로 반대투쟁을 전개했다. 이는 1988년 8월 한·미 양국이 용산의 미8군사령부를 한강 이남 지역으로 이주하기로 원칙적인 합의를 한 데서 비롯되었다. 또한 1990년 10월 3일부터 충남 서해안에 위치한 안면도에서는 핵폐기물처리장 건설 반대투쟁이 일어났다. 안면도 핵폐기물처리장 반대투쟁은 노태우 정권이 핵폐기물 영구처분장과 관련시설 건설 후보지로 안면도를 고려하고 있다는 사실이 외부에 알려지면서 시작되었다. 이 투쟁은 지역 주민들의 적극적인 참여와 대전·충남국민연합의 지원하에 전개되었다.

대전·충남 지역의 민주화운동은 1950년대부터 싹트기 시작하여 1980년대에 본격적으로 활성화되기 시작했다. 특히 5·18민중항쟁이 일어난 이후 각종 부문운동들, 즉 학생운동, 노동운동, 농민운동, 종교계의 민주화운동, 문화예술운동, 교육운동, 여성운동 등이 개별적인 조직 단위로 뿌리를 내리기 시작했다. 이들은 민주화운동이라는 전체 운동에서 각각의 부문운동을 대표하는 세력들로 참여했다. 이 지역에서 활발하게 전개된 7개 부문운동들의 전개 과정에 대해 살펴보면 다음과 같다.

먼저, 1980년대 초 대전·충남 지역에서 전두환 군사정권에 대항했던 유일한 사회계층은 대학생들이었다. 대전·충남 지역에서도 다른 지역과 마찬가지로 학생들이 집단행동을 통해 군사독재정권에 선도적 투쟁을 지속적으로 전개했다.

1980년대의 학생운동은 크게 네 시기로 나누어 살펴볼 수 있다. 첫째, '80년 민주화의 봄' 시기(1979. 10~1980. 5)의 학생운동이다. 이 당시 지역의 학생운동은 지도부에 의해 기획되고 조정되기보다는 자연발생적이고 우연적이었다. 학생들은 그동안 억눌려왔던 학원의 자유화와 민주화를 위해 투쟁하기 시작했으며, '총학생회'와 같은 학생자치 기구를 부활시키고자 했다.

둘째, 학생운동의 성장 시기(1980. 5~1985. 8)이다. 이 시기는 다시 두 개의 시기로 구분된다. 먼저, 5·18민중항쟁 이후부터 학생운동은 신군부정권으로부터 탄압을 받음에 따라 소규모 지하 학습운동조직을 만들어 사회과학 학습운동에 전념하게 되고 상대적으로 문화운동이 성장했던 시기(1980. 5~1983)이다. 다음으로, 전두환 정권이 강경일변도의 탄압이 성공을 거두지 못하자 유화책으로 전환하면서 '학원자율화조치'를 취하였던 시기(1984~1985. 8)이다. 지역의 학생운동세력들은 이를 기회로 학내민주화와 자유화의 문제를 제기하면서 투쟁하기 시작했다.

셋째, 민주화운동 탄압기(1985. 9~1987. 6)의 학생운동이다. 이 시기에는 정국이 다시 탄압국면으로 바뀜에 따라 학생운동권은 주로 '학원자율 수호

투쟁'과 '학원안정법 반대투쟁'에 몰두하였다. 학생운동은 1986년 4월 19일에 열렸던 '신민당 개헌추진본부 대전 현판식' 행사에 다른 운동 세력들과 함께 참여하면서 다시 활기를 띠게 되었다. 이후 다른 민주화운동 세력과의 연대투쟁을 통해 6월민주항쟁까지 학생들은 적극적으로 투쟁을 전개했다.

넷째, 6월민주항쟁 이후 학생운동의 분화와 발전시기(1987. 7~1992)이다. 이 시기 대전·충남 지역 학생운동은 1987년 8월 이후 대통령선거 국면하에서 투쟁의 방향을 둘러싸고 분열되었으며, 올바른 노선과 적절한 전략전술을 선택하지 못하면서 패배를 경험하였다. 하지만 이후 좀 더 근본적이면서 넓은 시각을 확보하게 되면서, 새로운 전략적 목표로 '조국통일 촉진투쟁'을 내세웠다. 그리고 이 시기에 들어서면서 대전·충남 지역 학생운동은 좀 더 체계적으로 조직화되기 시작하여, 전국대학생대표자협의회(이하 '전대협')가 결성되기 직전인 1987년 7월에 충북대에서 충청지역대학생대표자협의회(의장 윤재영; 이하 '충대협')가 결성되었다. 충대협은 대전지구, 천안지구, 충북지구로 구성되었으며, 1988년 4~5월에 대전지역대학생대표자협의회(1988. 5. 10; 이하 '대전대협'), 천안지역대학생대표지협의회(1988. 4; 이하 '천안대협'), 충북지역대학생대표자협의회(1988. 5; 이하 '충북대협')로 분화되었다. 이후 학생들은 노태우 정권의 폭력성과 비민주성을 드러내기 위해 계속 투쟁을 벌여나갔다.

대전·충남 지역의 노동운동은 1970년대 후반까지 성장하지 못했다. 이 지역의 노동자들 역시 개별적으로 각 사업장에서 투쟁을 벌인 예들은 있지만, 분명한 투쟁목표를 가지고 조직적이고 지속적으로 벌이는 민주노동운동은 1980년대 중반에 들어서야 시작되었다. 1980년 '민주화의 봄'과 5·18민중항쟁을 겪으면서 이 지역의 노동자들과 학생들의 사회·정치의식이 새롭게 깨어나기 시작했고, 그 결과 노동운동이 조직운동으로 탈바

꿈할 준비를 갖추기 시작했던 것이다. 이 때 일부 학생들과 종교인들은 노동야학을 운영하면서 노동자들의 권익 향상을 위해 활동하고 있었고, 동시에 일부 학생운동 출신들이 노동현장으로 개별적으로 투신하기 시작했다. 학생들의 노동현장 투신은 1986년 무렵이 되면서 좀 더 본격적인 형태로 발전되었고, 그 결과 이 지역 노동운동의 성장에 큰 역할을 담당했다.

이후 대전·충남 지역의 노동운동은 두 단계를 거쳐 발전했다. 첫째, '87노동자대투쟁과 노동운동의 폭발기'(1987~1988)이다. 1987년 6월민주항쟁의 열기를 이어받아 이 지역의 노동운동 역시 이 시기에 폭발적으로 성장했다. 1987년 대전 대화공단의 동신전선 노동자들의 투쟁을 시작으로 '87노동자대투쟁'이 대전·충남 지역에서도 일어났다. 이런 폭발적인 투쟁을 기반으로 지역 노동운동의 단결과 발전을 위한 공개적인 연합단체의 필요성이 제기되었고, 마침내 1988년에는 충남민주노동자협의회(이하 '충남민노협')가 결성되었다. 충남민노협은 이 지역 노동운동 역사상 최초로 결성된 공개단체로서 대전·충남 지역 민주노동운동의 총역량을 집결하였을 뿐 아니라, 이 지역의 민주노동운동을 대표하였다.

둘째, 노동운동의 조직화(1989년 이후) 시기이다. 1980년대 대전·충남 지역에서는 주로 단위사업장 수준에서 노동운동이 형성되고 발전되었다. 반면에 1990년대로 접어들면서 노동운동은 조직화의 시기로 나아갔고, 이제 단위사업장의 개별 투쟁수준을 넘어 지역 단위의 단일한 노동운동 연합체를 형성해 나가고자 했다. 당시 전국적인 차원에서 전국노동조합협의회(이하 '전노협')와 업종노조가 결성되자, 대전·충남 지역에서도 대전지역민주노동조합협의회 준비위원회(이하 '대전노협〈준〉')와 대전·충남업종별노동조합협의회(이하 '충남업종노협')가 결성되었다. 또한 87노동자대투쟁 이후 사무직과 전문직 노동조합 대표들이 모여 연대기구를 만들기 위해 논의를 시작하여 전국에서 처음으로 대전전문사무직노동조합협의회

(이하 '대전사노협')가 결성되었다. 대전사노협은 대전 지역 전문 사무직 노동조합 간의 유대감을 강화하여 단위노조의 취약점을 극복하며, 나아가 연합된 힘으로 민주노조 발전에 기여하는 것을 주된 사업 목표로 설정했다. 하지만 대전사노협은 얼마 지나지 않아 해체되었다. 한편, 사무전문직을 중심으로 하는 대전사노협과는 별개로 지역 전체 노동조합을 포괄하여 전노협의 지역조직을 건설하려는 움직임도 일어났다. 즉 1989년 3월 19일 '대전지역 노동자 89임금인상 전진대회'를 기점으로 대전노협을 결성하기 위한 준비작업이 시작되었고, 마침내 12월 23일에 대전노협이 발족되었다. 하지만 대전노협 역시 택시노조들을 중심으로 운영되다가 1990년 중반에 와해되었다. 이로써 이 지역 노동운동은 침체기에 빠져들었다. 하지만 1990년도에 들어 전국업종회의 소속 대전 지역 노조 지도부들은 지역회의체 구성에 관해 논의를 재개하기 시작했고, 그 결과 1991년에 충남업종노협을 결성하였다. 충남업종노협은 4년여 동안 활발하게 활동을 전개한 후 전국민주노동조합총연맹(이하 '민주노총') 지역본부 추진위원회로의 전환을 결성했다. 마침내 1996년 5월 1일 '민주노총 대전·충남 지역본부'가 공식적으로 결성되면서 이 지역의 노동운동은 새로운 역사를 맞게 되었다.

1970년대 대전·충남 농촌지역의 전반적인 환경은 매우 열악하였다. 대다수의 농가들은 영세농이었으며, 자신들의 생계의 터전인 농업에 대한 직접적인 수탈자를 인식하지 못했다. 더욱이 대다수 농민들은 전통적인 가업농을 이어가고 있었기 때문에 교육수준이 낮았으며, 이로 인해 정치의식이나 권리의식을 가지고 있지 못하였다. 하지만 이런 열악한 상황에도 불구하고 1970년대 초반부터 자발적인 농민조직들이 생겨났다.

1992년 12월 문민정부가 들어설 때까지 대전·충남 지역의 농민운동은 크게 세 시기로 발전되어 왔다. 첫째 시기는 1970년대 초반부터 1983년까지의 시기이다. 이 시기에는 천주교회와 개신교회의 계몽주의적 지도 아래 가톨릭농민회와 기독교농민회가 조직되었으며, 농민들의 손실을 보전해주기 위한 '피해보상 요구투쟁'이 일어났다. 그리고 농민들의 권익과 이익을 옹호할 목적으로 설립된 농업협동조합(이하 '농협')이 본래의 기능을 상실하고 권력의 시녀로 전락하여 농민들을 소외시키자, 농협을 개조하여 농민들의 자치기구로 만들기 위한 농협민주화운동이 일어났는데, 농협민주화 또한 주요한 투쟁의 이슈로 등장했다.

둘째 시기는 1984년 초반부터 '전국농민운동연합'이 탄생한 1989년까지이다. 전두환 정권이 외국 농축산물 수입을 대대적으로 허용하면서 농민 계층 전체로 피해가 확대되었고, 이에 따라 농민들의 계급적 연대가 자연스럽게 형성되었다. 농민들은 피해가 극심해지자 피해보상투쟁을 전국적 차원에서 전개하였다. 그 결과 교회의 보호와 지도가 필요 없는 수준으로 농민운동이 성장하였다. 이제 농민운동은 교회 중심의 계몽주의적 운동에서 농민 스스로 주체가 되는 운동으로 발전하였다.

셋째 시기는 전국적으로 단일한 농민운동 조직을 결성하기 위한 논의가 시작되어 마침내 결실을 본 전국농민회총연맹(1990. 4. 24)을 중심으로 농민운동이 전개되는 시기이다. 이 시기부터 농민운동은 전국적인 연대망을 통해 좀 더 조직적인 형태로 전개되었다.

대전·충남 지역 종교계의 민주화운동은 이 지역과 한국 사회 전체의 민주주의 발전에 큰 공헌을 했다. 대전·충남 지역의 경우 종교계의 민주화운동은 천주교계와 개신교계를 중심으로 전개되었다. 천주교회는 이미 1970년대 초부터 일부 진보적 사제 그룹을 중심으로 천주교정의구현전국사제단을 결성하였고, 다시 이들이 중심이 되어 가톨릭농민회, 가톨릭노동청년회 등을 창립하였다. 천주교계는 사회적 약자들에 대해 관심을 갖고 이런 단체들을 통해 그들을 지원했다. 특히 1976년에 결성된 가톨릭농민회 충남연합회가 농민운동에 적극적으로 참여하고, 또한 1980년대부터 이 지역 정의구현사제단 소속 신부들이 시국 관련 집회나 사건에 참여하면서 민주화운동을 직간접적으로 지원했다.

종교계에서 대전·충남 지역 민주화운동에 가장 주도적으로 참여한 자들은 개신교계의 청년, 학생들 및 목회자들이었다. 대전·충남 지역 천주교회의 경우 명확한 노선과 조직을 갖춘 차원의 부문운동으로서 민주화운동을 벌이지는 못했다. 하지만 천주교 정의구현 대전교구사제단 소속 신부들이 주로 개인적 측면에서 민주화운동에 참여했다. 이들은 민주화운동 관련 집회를 위해 성당을 장소로 제공했으며, 각종 시국관련 시위에 참여하여 시민들에게 큰 힘이 되어 주었다. 대전·충남 지역 개신교회들은 1970년대 초부터 한국기독교교회협의회(NCCK)가 벌인 민주화운동과 민중신학의 영향을 받아 지역에서 민주화운동에 적극 참여했다. 특히 기독청년들이 가장 먼저 민주화운동을 시작했고, 그 후 목회자들이 이에 동참하면서 '기녹교운농'이 시작되었다. 또한 개신교계의 민주화운동은 나른 사회운동과는 다른 신앙적인 정체성을 가지고 출발했다는 데 특징이 있다.

대전·충남 지역 기독교운동은 크게 네 시기로 구분될 수 있다. 첫째 시기는 대전·충남 지역 기독교운동의 태동기이다(1975~1984). 한국기독교교회협의회가 청년운동 활성화를 위해 지역별 조직을 만들기로 하고, 그 일환으로 대전·충남 지역에 충남지구협의회를 결성함으로써 이 지역에 기독교운동이 시작되었다. 그 후 1980년에 민중교회가 설립되고 1983년에 대전기독청년협의회가 창립되었다. 1984년부터는 본격적으로 대중조직사업이 기독청년회와 각 교단 청년회를 중심으로 시작되었다.

둘째 시기는 대전·충남 지역 기독교운동이 각 지역으로 확산된 시기이다(1985~1986). 특히 1985년에는 기독청년협의회뿐 아니라 각 교단 청년연합회 중심의 활동이 확대·강화되었으며, 1985년에는 대전인권선교위원회가 창립됨으로써 기독교운동의 또 다른 축인 목회자운동이 시작되었다.

셋째 시기는 기독교운동의 사상과 조직이 강화되고 다양화된 시기이다 (1987~1988). 이 시기에는 목회자운동이 활성화된 반면, 기독청년운동은 내부의 사상적 분열과 종파주의 문제로 다소 위축되었다. 기독청년운동 세력은 이런 문제들을 극복하기 위해 학습을 강화하고 조직의 규율을 강화하였다.

넷째 시기는 기독교운동이 대중운동의 차원과 지역 연대운동으로 확대되는 시기이다(1988~1992). 기독교운동은 당시 지역운동의 주요 이슈였던 미8군 기지 대전 이전 저지 투쟁에 주도적으로 참여했으며, 각종 대책위원회를 조직하여 교육운동도 적극 지원하였다. 또한 앞으로 실시될 지방자치 선거를 대비한 모임을 타 운동단체와 함께 결성함으로써 1990년대 시민운동을 향한 발걸음을 내딛었다.

대전·충남 지역의 문화예술운동(이하 '문예운동')은 1976년에 공주사대에서 창립된 연극반 '황토'에서 맹아가 형성되었으며, 1977년부터 숭전대 대전캠퍼스(현 한남대)를 시작으로 각 대학에 탈춤반이 시작되면서 본격화되었다. 먼저, 지역 대학들의 탈춤반들이 '양주 별산대', '고성 오광대' 등의 전통극을 복원하여 공연하면서 주로 전통 농악과 탈춤의 부활에 대한 관심을 표현했다. 그 후 1981년 초 대전 시민회관에서 충남대, 목원대, 실업전문대 합동으로 '새재'라는 정치 풍자극을 공연하면서, 점차 전통극을 시대상황에 맞춰 각색하고 현 정치적 이슈를 다루는 창작극 중심으로 경향이 바뀌어 갔다. 1986년에 문예운동은 탈춤과 농악 중심에서 벗어나 노래패, 연극반 활동 등으로 문예활동 영역을 확장해 나갔으며, 1987년 6월 민주항쟁 이후에는 좀 더 체계적인 조직을 갖추고 민중적 지향성을 확보하고자 노력하였다. 이 외에도 한남대 국문과 출신들이 동인지 『창 그리고 벽』(후에 『삶의 문학』으로 바뀜)을 발간하여 시대적 현실을 문학이라는 도구를 통하여 비판하고 의식을 깨우치는 역할을 함으로써 이 지역 문예운동의 한 축을 담당했다.

1980년대 이후 대전·충남 지역의 문예운동은 다섯 시기로 구분할 수 있다. 첫째, 1970년대 말에서부터 5·18민중항쟁 이전까지의 맹아기, 둘째, 5·18민중항쟁 이후 1983년 초 '매포수양관 탈반 지도자회의' 이전까지의 모색기, 셋째, 1983년 '매포 탈반 지도자회의'에서 1985년 놀이판 '터' 창립 직전 시기까지의 도약기, 넷째, 놀이판 '터' 창립 이후부터 충남문화예술운동협의회(이하 '충문협') 결성과 6월민주항쟁까지의 발전기, 다섯째, 충남문화예술운동연합(이하 '충문연')을 중심으로 한 문예운동의 조직화와 대중화 시기(1988~1992) 등이다. 특히 놀이판 '터'의 창립으로 이 지역의 문예운동은 사회운동으로 영역을 확대해 나갔을 뿐 아니라, 체계적인 문예운동의 조직망을 지역단위에서 확보하는 데 크게 기여했다. 이후 '충문협', '충문연' 등과 같은 연합운동제를 중심으로 한 활농 시기를 거지면서 문예운동은 본격적인 사회변혁운동의 주체로 성장하였으며, 1990년대 이후부터는 다시 개별 운동단체로 분화 발전되어 대중적인 문예운동을 전개하기에 이르렀다.

대전·충남 지역의 교육운동은 다른 민주화운동 영역이나 타 지역의 교육운동보다 일찍 성장하였다. 그 주된 이유로 전문 지식인이라는 교사들의 특수성을 들 수 있다. 즉 교사들은 통일적 가치체계와 이데올로기를 갖추고 있는 집단으로서, 한국사회의 모순체계를 다른 사회집단에 비해 비교적 일찍 인식할 수 있었고, 언제든지 그것을 학생들에게 전달할 수 있으며, 이로 인해 집단적 행동으로 표출할 수 있었기 때문이다. 대전·충남 지역 교육운동이 발전된 또 다른 원인으로 1970년대 말부터 공주사대와 한남대 출신 국어 교사들을 중심으로 일어난 문학운동을 지적할 수 있다. 이들은 문학 동인지를 만들어 문학 활동을 하면서 선후배 간에 밀접한 관계를 형성하였으며, 현실에 대한 비판적 의식을 문학을 통해 표현하면서 자연스럽게 교사운동으로 발전할 수 있는 토양이 되었다.

1980년대 대전·충남 지역의 교육운동은 다음과 같이 세 단계를 걸쳐 전개되었다. 즉 첫째, 1980년대 초부터 민중교육지 사건이 일어났던 1985년도까지의 교육운동 맹아기, 둘째, 1986년 6월 14일에 있었던 '충남 지역 교육민주화 선언'과 1986년 9월 13일 '충청민주교육실천협의회의 창립', 이에 따른 당국의 탄압과 대응이 중심을 이루는 가운데 6월민주항쟁의 결과물로 노동조합의 대중적 기초인 충남교사협의회(1987. 9. 20)가 결성된 시기, 셋째, 1988년 이후 시군 교사협의회가 계속 결성되면서 전국교직원노조(1989. 5. 28; 이하 '전교조')가 창립되고, 이후 전교조의 지역 지부로서 교육운동을 벌였던 시기로 나누어진다. 특히 1994년 전교조 해직 교사들이 교단으로 복귀하면서 현장 중심의 제2기를 맞이하였고, 대전·충남 지역 교육운동 역시 새로운 시대를 시작했다.

대전·충남 지역의 여성운동은 다른 지역들에 비해서 미약한 전통을 가지고 있다. 민주화 시기 이전 대전·충남 지역의 여성운동은 보수적인 여성단체들에 의해 주도되었다. 1970년대에 유일하게 여성들의 인권과 사회적 참여라는 보다 진보적인 문제의식을 가지고 활동한 대전YWCA는 이 지역 진보 여성운동이 태동하는 데 맹아를 형성하였다. 대전·충남 지역의 경우, 1970년대 후반까지도 학생운동이나 사회운동 안에서 여성운동 주체들이 등장하지 않다가 1980년대 초반부터 서서히 모습을 드러내기 시작했다. 그들은 첫째, 충남대 학생운동 세력 내 여성운동 주체들, 둘째, 사회운동 세력 내부의 여성활동가들, 셋째, 사회민주화를 지지하는 진보적인 장년 여성들이었다. 이들은 1980년대 후반에 대전·충남 지역 진보 여성운동을 형성하고 주도했다.

여성들이 주체가 되는 진보적 여성운동 단체들은 1980년대 후반에 들어서야 생겨나기 시작했는데, 충남여민회(현 대전여민회)를 빼놓고는 모두 단명하고 말았다. 1980년대는 민주화운동의 영향으로 이 지역에 총 15개의 다양한 여성단체들이 결성되었다. 이중 민주화운동과 직접적으로 관련된 진보적인 여성단체로는 '대전주부아카데미'(1986), '최루탄 추방을 위한 여성모임'(1987. 7~12), '충남여민회'(1987. 12), '참교육을 위한 대전 지역 학부모회(1989) 등이었다. 특히 1986년에 창립된 '대전주부아카데미협의회'는 대전·충남 지역의 여성운동을 비롯하여 공해추방운동, 문화운동, 먹거리운동 등 다양한 분야의 사회운동에 영향을 미쳤으며, 충남여민회라는 여성운동 단체를 창립하는 데도 주요한 역할을 담당했다.

1987년 6월민주항쟁이 일어나자 대전·충남 지역의 여성들은 6월 18일을 '최루탄 추방의 날'로 선포하고, 다른 지역과 연대하여 최루탄추방운동을 전개하였다. 이 당시 진보운동 단체로서의 여성조직은 아직 존재하지 않았다. 이런 상황에서 빈들교회의 여성 신도, 전교조 교사 부인, 주부아카데미 출신 주부 등 20여 명이 모여 최루탄추방운동을 주도하였는데, 이는 충남여민회의 창립으로 이어졌다. 1987년 12월 11일 대전·충남 지역 여성활동가들이 충남여민회를 결성함으로써 비로소 진보적 민주 여성운동이 이 지역에서 시작되었다. 이들은 지역 여성대중들의 조직화와 여성운동에 대한 인식의 확산, 기층 여성들의 조직적 토대 마련 등을 활동목표로 설정하였으며, 이후 다양한 여성대중 활동과 각종 연대사업을 병행하여 활동을 전개해 나갔다. 또한 1991년에 창립된 공주지역 주부모임 '동그라미' 등도 대전·충남 지역 진보 여성운동의 성장에 기여를 했다.

3. 대전·충남 지역 민주화운동의 역사적 의의

대전·충남 지역은 한국 현대사에서 진행된 민주화운동에 매우 중요한 공헌을 했다. 한국 근현대사의 중심을 의미 깊게 장식하고 있는 민주화운동사는 세계적으로도 그 유례를 찾아보기 힘든 고귀한 역사이다. 대전·충남 지역의 민주화운동은 이 역사의 한 축을 담당하고 있다. 1960년 이승만 정권의 부정부패에 항거하기 시작한 고등학생들의 시위로부터 맹아가 싹트기 시작한 이 지역의 민주화운동은 1980년대에 들어서자 꽃이 피기 시작했다. 그것은 마치 오랫동안 땅 밑에 흐르고 있던 민주화운동이라는 거대한 화산맥이 1980년대의 주요한 역사적 사건을 거치면서 분출한 것과도 같다. 특히 5·18민중항쟁을 계기로 사회정치 현실에 대한 인식이 좀 더 깊어지면서 이 지역의 민주화운동은 각 부문운동으로 분화 발전하기 시작했다. 특히 1987년 6월에 전국적인 차원에서 벌어진 민주항쟁을 지역에서 성공적으로 매개하고 수행할 수 있을 만큼 이 지역의 민주화운동은 폭발적으로 성장했다. 1987년 6월 10일에서 29일까지 20일에 걸친 대규모 대중투쟁에 대전지역에서만 연인원 50만여 명이 참여했던 것을 봐도 오랫동안 잠재해 왔던 이 지역의 민주화운동이 어느 정도 성장했는지를 추측할 수 있다.

대전·충남 지역에서 전개된 민주화운동은 우리 역사 전체에서 매우 큰 의의를 지닌다. 무엇보다 대전·충남 지역의 민주화운동은 한국 민주화운동을 완성하는 데 기여했다는 사실이다. 대전·충남 지역 민주화운동의 역사와 경험은 한국 민주화운동이 포괄하고 있는 지역적인 독특성과 독자성을 잘 드러내주고 있다. 이는 주민들과 학생, 청년들의 주체적 참여와 결정에 의해 지역의 민주화운동이 이루어졌음을 의미한다. 대전·충남 지역의 학생, 청년, 시민들은 민주화라는 공동 목표를 향한 희생적인 투쟁을 통해 이 지역은 물론 한국 사회 전체에 걸쳐 민주주의가 한층 더 발전하는 데 크게 기여하였으며, 1990년대에 태동하기 시작한 각종 시민운동의 밑거름이 되었다.

제1부

1950~1960년대의 민주화운동

제1장 이승만 정권의 반공정책과 민주주의 유린

1948년 치러진 대한민국 최초의 총선에서 김구와 다수 민족주의자들은 불참하였다. 그것은 이 땅 전체의 진정한 해방을 위한 선거가 아니라 반쪽만의 선거, 분단된 한 쪽만의 선거를 의미했기 때문이다. 결국 이승만이 김구를 배척하면서 주장했던 '남한만의 단독정부 수립'이라는 계획은 미국의 후원하에 진행되어, 제헌국회를 구성하게 되었다. 투표 결과 의장에는 이승만, 부의장에는 신익희와 김동원이 선출되었다. 그리고 제헌헌법 제정 이후 이승만과 이시영이 대통령과 부통령이 됨으로써 대한민국 현대사에서 제1공화국이 공식적으로 시작되었다. 이승만은 미군정의 전폭적인 지원하에 대한민국 초대 대통령이 되는 행운을 누렸다. 하지만 반쪽으로 시작한 대한민국의 역사는 이후 불행의 길을 걷게 되었다. 이승만은 권력을 잡기도 전에 일제강점기 시절 항일운동을 벌였던 애국지사들에게 등을 돌리고, 반대로 친일파 세력들을 제대로 청산하지 않고 오히려 그들을 자신의 권력 유지를 위해 그대로 이용했다. 그리고 해방 이후 미군정 시기에 벌어졌던 극심한 좌우대립을 통치에 적극 활용하여 철저한 반공주의 노선을 걷기 시작했다.

이승만 정권은 언론에 대한 법률적 규제를 통해 통제를 가하는 한편, 전후 복구 원조자금의 선별적 지원 등을 통해 신문사의 기업활동에 개입하면서 언론에 대한 영향력을 확대하기 시작했다. 철저히 반공노선에 입각한 미군정의 언론정책은 이승만 정권이 들어서면서 더욱 강화된 형태로 나타났다. 미군정기에 정간 및 발행정지, 사법적 제재 등으로 거의 자취를 감추다시피 한 좌익계열의 신문과 진보적 신문들은 이승만 정권이 출범하면서 그나마도 명맥을 유지하기 힘들게 됐다. 이승만 정권은 출범하자마자 언론 통제를 목적으로 한 언론관계법 제정에 나서 언론계와 충돌을 빚었다. 1948년 9월 이승만 정권은 언론정책 7개 항을 발표하였다. 즉 "허위 사실을 날조·선동하는 기사, 자극적인 논조나 보도로 민심을 소란케 하고 민심에 나쁜 영향을 미치는 기사, 국가 기밀을 누설하는 기사, 우방과의 국교를 저해하고 국위를 손상케 하는 기사, 공산당과 이북 괴뢰정권을 인정 내지 비호하는 기사는 보도할 수 없다"는 등의 내용이었다. 계속해서 이승만 정권은 1948년 12월엔 '신문지법(안)'을, 1952년 3월엔 '신문 등 정기간행물법(안)'을 제정하러 했으나 언론계의 반발로 실패했다.

특히 이승만 정권은 1948년 12월 국가보안법을 제정하였고, 이 법에 따라 좌익 사상에 물든 사람들을 전향시켜 이들을 보호하고 인도한다는 취지를 내세우면서 국민보도연맹國民保導聯盟(이하 '보도연맹')을 이듬해인 1949년 6월 5일에 조직했다. 자신의 정치적 반대자와 해방 직후 좌익에 가담한 혐의가 있는 자들을 상시적으로 감시하고 관리·통제할 목적으로 이승만 자신이 직접 만든 반공단체였다. 무엇보다 1950년 6월 6·25전쟁이 발발하자 국군과 경찰은 보도연맹원들이 인민군에 가담하거나 기타 부역행위를 할까 두려워하여 전국적으로 이들을 학살하는 일이 벌어졌다. 이승만 정권은 이들이 인민군에 협력할 우려가 있다는 이유로 영장도 없이 불법 예비 검속한 후 전국 곳곳의 산골짜기에서 총살하거나 바다에 수장

학살했던 것이다.

전국에 걸쳐 일어난 보도연맹 학살 사건은 이승만 정권의 극단적인 반공정책으로 인한 민주주의 유린의 대표적인 예였으며, 대전 지역에서 사상 최대 규모로 일어났다.[1] 이렇게 1950년대가 시작되면서 시작된 비극적인 동족상잔의 전쟁과 민간인 집단 학살은 대전·충남 지역 많은 사람들의 가슴에 한을 심어주었다. 하지만 전쟁을 통해 겪은 이런 비극적인 사건들은 민주화의 핵심인 평화와 인권교육을 위한 산 교훈이 되었으며, 앞으로 전개될 대전·충남 지역 민주화운동의 뿌리가 되었다.

전쟁이 끝난 직후에도 이승만 정권은 국민들에 대한 감시와 통제의 끈을 놓지 않았다. 1955년 12월에는 정기간행물 허가제 도입과 공보처장에게 정기간행물의 발행정지 권한을 부여하는 것을 골자로 하는 '출판물에 관한 임시조치법(안)'을 만들고자 했다. 더 나아가 1956년 11월 16일 자유당은 중앙정책위원회에 '국정보호임시조처법'을 심의해 줄 것을 요청하였다. 이 법안은 국가 재정 보호와 국가 기밀 유지 등 매우 광범위한 성격을 지니고 있었다. 특히 법안 중 29조는 '허위보도'에 관한 것으로서, 경제관계와 공무원의 범법행위에 대해 규정하고 있었는데, 이 경우 언론을 규제하는 언론통제의 위험성도 내포하고 있었다.

이런 위험성 때문에 자유당이 이 법안을 추진하려고 하자, 당시 야당과

---

[1] 이승만 정권은 1950년 6월 말에서 7월 중순 사이 6,900명의 민간인들이 대전 산내면 골령골(현 대전시 동구 낭월동)에서 충남지구 육군특무대(CIC)와 제2사단 헌병대 및 대전 지역 경찰 등에 의해 집단적으로 학살을 당했다. 또한 1950년 7월 21일 대전을 점령한 북한의 인민군은 양민을 탄압·구속·살해했다는 이유로 우익 인사들을 '인민교화소'로 바뀐 대전형무소(대전시 중구 목동에 소재)에 수감시켰고, 그 후 인민군의 전세가 불리해지자 인민군은 9월 25일 새벽부터 27일까지 사흘간 대전형무소 총 1,557명의 수감자들을 집단 처형했다.(『한겨레신문』 2015년 6월 20일자) 1950년 7월 9일 공주에서도 민간인 학살이 일어났다. 국군이 후퇴하는 과정에서 당시 공주형무소에 수감 중이던 재소자와 국민보도연맹원 등 민간인 400여 명을 군과 경찰이 공주 상왕동의 한 골짜기 살구쟁이로 끌고 가 전원 학살했다.(『중도일보』 2013년 10월 24일자)

언론계에서는 이 법안에 대해 반대운동을 벌였다. 1956년 11월 23일 충남 아산군내 각 읍면에서는 국정보호법 통과를 위해 연판장 날인운동을 시작했다. 그런데 아산군 송악면에서 한 면 직원이 면 의원에게 국정보호임시조치법 통과를 위해 연판장에 날인할 것을 강요했다. 이 사실이 알려지자 온양읍 기자단은 즉시 강제 연판장운동에 반대 의사를 밝히면서 동 법안의 부당성을 지적했다. 이는 대전 · 충남 지역에서 최초로 일어난 언론규제법 반대운동이었다.

이외에도 이승만 정권의 정책에 반대하는 운동들이 전개되었다. 인권에 대한 관심이 높아져 가는 가운데, 1956년 11월 12일 충남경찰국에서 기관장을 비롯한 다수의 관계자들이 참여한 가운데 인권옹호 좌담회가 개최되었다. 이 날은 제8회 인권옹호일 다음 날이었는데, 이날 좌담회를 통해 국제인권옹호한국연맹 충남도지부가 정식으로 결성되었다. 위원장에 성낙준, 부위원장에 심의소, 지도위원에 김사룡이 선출되었다. 세계 인권 옹호 선언 기념 주간 중인 12월 15일에는 충남 홍성에서 좌담회와 웅변대회를 개최함과 동시에 인권옹호연맹 홍성지부를 결성하였다. 위원장에 한대성, 부위원장에 신경희, 주승로, 이한세 등이 선출되었다.

미군기지 신설에 대한 반대운동도 전개되었다. 1958년 7월 6일 충남 공주군 반포면에서 주민들이 중심이 되어 반포면에 설치될 미군기지 신설을 반대하는 진정서를 중앙 관계당국 및 각계에 제출했다. 이 지역에서 일어난 최초의 미군기지 반대운동이었다.

이승만 정권에 대한 비판여론이 고조되어 가는 가운데, 공주사대에서는 1950년대 말부터 문학서클인 '수요문학회'가 결성되어 활발하게 활동하기 시작했다. 수요문학회는 시와 소설을 창작하는 사람들의 모임으로 공주사대 국어교육과 학생들이 중심이었다. 이들은 일주일에 한 번씩 동아리에 모여 그동안 써왔던 작품을 품평하는 시간을 가지며 활동하였다. 특히 이들은 정치, 사회 현실에도 많은 관심을 가지고 있었으며, 문학의 밤과 같은 행사를 통해 날카로운 사회비판의식을 드러내곤 했다. 수요문학회는 후에 공주사대 학생운동이 일어날 수 있게 만든 거점이자 중추적인 단체로 기능했다.

제2장 4월혁명기의 민주화운동

제1절 이승만 정권의 부정선거 획책

당시 사회는 민주주의라고 말할 수 없을 만큼 자유당의 독재와 공무원들의 외압이 심각했다. 특히 경찰 조직이 일제강점기 때의 조직을 그대로 이어받으면서 당시의 폭압적인 태도를 답습하였기 때문에 국민들의 반감을 많이 샀다. 자유당 정권은 말기에 이르러 온갖 수단과 방법을 동원하여 정권을 연장하려 했다. 특히 민주당 대통령후보인 조병옥이 신병 치료를 위해 미국에 간 것을 기회로 삼아 선거일을 2개월이나 앞당겨 3월 15일에 선거를 실시하였다. 이승만 정권은 3월 15일로 앞당겨 실시한 선거에서조차 공권력을 이용하여 부정선거를 계획하였다. 그만큼 선거에서의 승리를 장담할 수 없었기 때문이었다. 민주당 대통령후보 조병옥이 미국에서 갑자기 사망함으로써, 이승만의 4선四選이 거의 확실해진 상태에서 이승만은 내무부장관 최인규를 중심으로 공무원들을 총동원하여 부정선거를 실시하였다. 그 중 4할 사전투표, 3인조에 의한 반공개투표, 자유당의 완장부대 동원으로 유권자 위협, 야당 참관인 축출, 유령 유권자 조작과 기권 강요 및 기권자의 대리투표, 내통식內通式 기표소 설치, 투표함 바꿔치기, 개표

때 표를 섞거나 바꿔치기, 득표수 조작 등이 이승만 정권이 부정선거를 위해 사용했던 대표적인 수법이었다. 이러한 음모는 한 말단 경찰관이 부정선거 지령서 사본을 민주당에 공개함으로써 세상에 폭로되었다. 3월 17일 이승만·이기붕 후보가 80%가 넘는 높은 득표율로 당선되었음을 공표했지만 국민들은 이를 믿지 않았다. 결국 광범위한 부정선거는 4월혁명을 불러왔다.

제2절 대전고 3·8시위와 대전상고 3·10시위

자유당 독재정권이 부정선거를 자행하자, 1960년 2월 28일 대구에서 고등학생들이 시위를 벌였다. 28일 일요일은 민주당 정·부통령후보의 대구 유세일이었다. 당국은 학생들이 유세장에 가는 것을 막기 위해 대구시내 모든 초·중·고 학생들에게 등교할 것을 지시했다. 이에 경북고와 대구고 학생들이 반발하여 "학생을 정치에 이용하지 말라"는 구호를 외치며 시위를 벌이기 시작했다. 이후 서울에서는 3월 1일에 공명선거 실시를 주장하는 삐라가 뿌려지고 3월 5일과 13일에 시위가 일어났다. 뒤이어 수원(3. 10), 충주(3. 10), 부산(3. 12), 청주(3. 12), 오산(3. 13) 등지에서 학생들이 시위를 벌였으며, 3월 14일에는 전국에서 공명선거를 촉구하는 시위가 전개되었다. 학생들의 시위는 처음에는 학생을 정치적으로 이용하는 것에 반대하고 구속학생 석방을 외치는 정도였지만, 점차 부정선거 규탄과 민주주의 수호 등과 같은 정치적인 구호를 외치게 되었다.

대전 지역에서도 고등학생들이 부정선거에 항거하며 시위를 벌이기 시작했다. 1960년 3월 8일부터 10일까지 벌인 고등학생들의 시위는 이 지역에서 일어난 4월혁명의 전조로서 매우 역사적인 사건이었다. 이 사건은 충청권 최초의 학생운동이자 지역 민주화운동의 효시로서 역사적 가치를 가지는 사건이었다. 4월혁명이 일어나기 전 각 지역에서는 크고 작은 시위들이 일어났었는데, 특히 고등학생들에 의해 일어난 대구의 2·28시위, 대전의 3·8시위, 수원의 3·10시위, 마산의 3·15시위 등은 4월혁명의 단초로서 중대한 의의를 갖는다고 볼 수 있다. 대전의 3·8시위는 2월 28일 대구에서 경북고를 비롯한 대구시내 여러 고등학교 학생들이 이승만 독재 정권에 항거하여 처음으로 시위를 벌인 직후 전국에서 두 번째로 일어난 고등학생들의 시위였다. 그리고 그 후 3월 15일 마산에서 사상 최악의 자유당 부정선거를 규탄하는 학생들의 대규모 봉기를 일으키는 데 영향을 끼쳤고, 4월혁명의 분화구를 여는 데 커다란 역할을 하였다.

1960년 2월 28일 대구 학생들의 시위 사건이 신문에 보도되자 전국의 학생들은 불안과 울분에 휩싸였다. 학생들은 모이기만 하면 시국을 논하고 이승만 정권의 부정과 불법에 분노하곤 했다. 대전고 학생들도 예외가 아니었다. 대전고에서는 몇 년 전부터 『서울신문』을 강제 구독하였는데, 이에 대해서 학생들은 강경하게 반대하였다. 학교 자치회에서 여러 번 구독하지 않기로 결의했음에도 학교 당국이 전혀 반응을 보이지 않자, 학생들은 분노하기 시작했다. 그러던 중 3월 7일 오전 수업 도중에 학도호국단 간부들이 돌연 박관수 교장의 호출을 받았다. 이들은 교장으로부터 8일에 있을 민주당 정견 발표회에 한 사람도 가지 말라는 지시를 받았다. 그렇지 않아도 정부통령 선거가 임박해지자 이승만의 미국 망명시의 연설을 녹음으로 틀어놓는가 하면, 이기붕이 등장하는 뉴스를 강제로 관람케 하거나, 가정방문을 구실삼아 자유당 선거운동을 공공연하게 자행하고 있어서 학생들의 불만이 고조되어 가고 있던 터였다.

학도호국단 간부들은 7교시 수업을 마치자마자 교내 도서관 옆에 모이기 시작했다. 이곳에서 경찰들의 사찰을 통해 학생들의 자유를 구속하는 것에 분노를 쏟아 놓았다. 그리고 더 이상 참을 수 없다는 결론에 이르렀고, 다음 날 있을 민주당 장면 부통령후보 정견발표회를 계기로 전교생이 시위를 감행하기로 합의하였다. 학도호국단 간부들은 저녁 8시 동구 중동의 YMCA에서 다시 모임을 갖고 타 학교들의 동정을 살펴보았다. 하지만 의외로 잠잠하다는 것을 알고, 대전고 단독으로 시위를 감행하기로 다시 결의하고, 한 친구의 집으로 이동해 비밀을 유지한 채 시위계획을 짜기로 했다. 학생들은 다음 날 5교시 수업이 끝난 직후인 3시경에 시위를 결행하기로 하고, 새벽 3시까지 논의를 한 끝에 다음과 같은 결의문을 작성하였다.

결의문

　정의와 진리를 사랑하는 우리들 대고大高 건아는 최근 일어나는 여러 가지 우리의 뜻에 배치되는 도당국과 학교의 처사에 대하여 그 잘못을 깨닫고 조속히 학원의 자유보장과 대고의 이름을 더럽히지 않도록 강력한 시정책을 강구할 것을 다음과 같이 결의한다.
　1. 학원의 정치도구화를 배격한다.
　2. 자유로운 학생동태를 감시 말라.
　3. 서울신문 강제구독을 단호히 배격한다.
　4. 진리를 탐구하는 신성한 학원에서 여하한 사회적 세력의 침투를 용납할 수 없다.
　5. 우리의 거사는 오로지 정의감과 자발적 의사에서 나온 것임을 밝힌다.
　6. 오늘을 기하여 거행함은 다만 학생들의 사기가 왕성한 때문이다.
(안동일 · 홍기범, 1960, 75~76쪽)

　다음 날 1교시 수업이 끝나자마자 학도호국단 간부들은 어제 밤의 결정을 학생들에게 알리기 시작했다. 하지만 곧이어 수업 중에 학도호국단 간부들은 다시 교장 관사로 호출을 당했고, 시위를 포기할 것을 종용받았다. 학교 주위와 관사 주위에는 벌써 사복 경찰들이 학생들의 동향을 감시하고 있었다. 교장 관사에 갇혀 있던 학도호국단 간부들은 관사의 담을 뛰어 넘기로 결심했다. 오후 3시경, 마침 길 건너 교정에서 고함소리가 들리고 떠들썩하자, 기율부장 최정일을 선두로 학도호국단 간부들이 일제히 담을 뛰어 넘어 관사를 탈출하여 교내로 들어섰다. 이미 200여 명의 학생들이 나와 있었다. 거기에서 2학년생 홍석곤이 즉각 결의문을 낭독하고 시위에 돌입하였다. 학생들은 교실에 남아있는 학생들을 규합하여 전교생 1,000 여 명이 교문을 박차고 나오거나 혹은 담을 뛰어 넘어 노도와 같이 거리로 쏟아져 나갔다. 그길로 먼저 교장 관사로 달려가 "감금한 학생 간부를 내 놔라"고 아우성을 치면서 그 앞에서 결의문을 낭독하였다. 학도호국단 간 부들은 당초 학교 → 공설운동장 → 인동시장 → 대전전신전화국 → 대전역 → 도청 → 학교로 시위 일정을 잡았지만, 경찰들의 강경 진압으로 인해 계 획대로 진행하지 못했다.

학교를 뛰쳐나오자마자 학생들은 스크럼을 짜고 민주당 정견발표회장 인 공설운동장(현 한밭종합운동장)으로 구호를 외치면서 이동했다. 이날 공설운동장에서는 오후 1시 45분경부터 민주당 장면 부통령후보의 선거유 세가 열리고 있었다. 학생들이 공설운동장 입구에 이르자 미리 배치되어 있던 무장 경찰들과 충돌하였다. 경찰들은 곤봉과 장총 개머리판으로 어 린 학생들을 짐승 다루듯 후려 갈겼다. 이에 격분한 학생들은 "민주 경찰이 학생을 왜 구타하는가"라고 항의하면서 경찰의 방어선을 뚫고 전진하려 했지만, 많은 학생들이 경찰봉에 맞아 부상을 당한 채 좌절되고 말았다.

학생들은 머리가 깨지고 온 몸이 피투성이가 된 채 논바닥으로 쓰러진 학생들을 서로 격려하면서 다시 스크럼을 짜고 대전천大田川 둑을 따라가 면서 중교中橋를 지나 중앙시장으로 들어갔다. 이때 학생 수는 많이 줄어 들어 있었는데, 공설운동장 앞에서 경찰과 충돌 시 이미 50여 명의 학생들 이 문창동파출소로 연행되어 갔고, 일부 학생들은 흩어졌기 때문이다. 결국 남아 있는 학생들은 경찰들의 제지로 모이고 헤어졌다 하는 과정을 반복하면서 역전까지 이르렀고, 다시 경찰과 충돌하였다. 경찰의 폭력 진압에 맞서 학생들은 투석으로 대항하기도 했다. 시위대는 계속 전진하여 중앙로로 진입했고 연도에는 시민들이 운집했다. 학생들이 스크럼을 짜고 목척교木尺橋에 다다르자, 경찰차와 무장 경찰 및 기마 순경들까지 구름처럼 몰려와서 시위를 진압하기 시작했다. 심지어 소방차까지 출동하여 학생들을 위협하면서 도로에 시커먼 페인트를 뿌리고, 경찰들은 총대를 휘두르면서 시위대를 해산시키고자 했다.

학생들의 대열은 다시 흩어져 두 패로 갈라졌다. 한 패는 왼쪽으로 대전천을 따라 중앙시장을 거쳐 중교를 지나 대전서여고 앞으로 행진하여 버스합동주차장 앞에 결집했다. 이후 경찰과 대치하다가 자신들의 주장을 관철시켜줄 것을 다짐받고 학교로 돌아갔다. 다른 한 패는 경찰과 잠시 투석전을 벌이다가 목척교 위쪽에 있는 신도극장 사잇길로 빠져나와 다른 학교 학생들과 합세하기 위해 보문고로 달려갔다. 하지만 이미 교문은 경찰에 의해 철통같이 잠겨있었으므로, 시위대는 다시 선화교를 건너 시청으로 통하는 길로 들어섰다. 학생들은 너무 뛰었기 때문에 모두 기진맥진한 상태였는데, 이 때 시청 쪽에서 경찰차와 기마 순경이 달려와 포위하였다. 학생들은 "평화적 시위를 하는데 경찰이 왜 간섭이냐"고 항의하면서 질서 있게 학교로 돌아가겠다고 주장하여, 마침내 경찰의 호위를 받으며 시위를 벌였다. 시위대가 대전경찰서 앞에 이르자 간부들이 모두 연행되었고, 나머지는 교사의 인솔하에 학교로 돌아갔다. 이 때 학도호국단 간부들 외에 여러 학생들이 짐짝처럼 차에 실린 채 경찰서로 속속 잡혀들어갔다. 박제구, 박선영 등 학생 40여 명과 교사 1명이 연행되었다.

학교로 돌아온 시위대들은 교내 농구장에 모여 연좌 농성을 계속하면서 학도호국단 간부들과 연행된 학생들을 즉각 석방할 것을 요구했다. 4시 30분이 지나자 교장이 단상에 올라가 연행 학생들을 즉시 석방할 테니 해산하고 귀가하라고 호소했다. 하지만 농성 중인 학생들은 분노를 가라앉히지 않은 채 농성을 이어갔다. 동석한 경찰서장이 학도호국단 간부를 즉시 석방하겠다는 언질이 있은 후에야 시위 학생들은 비로소 농성을 풀고 침통한 표정으로 귀가하였다.

당시 연행되었던 학생들은 대전경찰서 1·2층과 지하실에서 취조를 받았다. 경찰 당국은 반드시 배후조종 내지는 정당의 사주가 있다고 단정하고, 학생들에게 배후조종자를 추궁하였다. 경찰서 밖에서는 자식의 신변을 염려한 학부형들이 기다리고 있었다. 밤 9시경 주모자 5명만 남고 나머지는 모두 석방되었다. 이들은 다시 지하실 취조실로 옮겨져 계속 취조를 받았다. 학생들은 저녁도 거른 채 취조에 많이 지쳐 있는 상태였지만, 자신들의 입장을 바꾸지 않았다. 그들은 불법에 항거하여 일어선 정의의 용사들을 무엇으로 막으려 하느냐고 오히려 취조하는 경찰들에게 대들곤 하였다. 경찰들은 이번 시위의 배후 조종자를 잡아내기 위해 학생들에게 갖은 욕설을 퍼붓고 주먹을 휘두르며 위협도 하였으며, 때로는 실실 달래면서 회유책을 쓰기도 하였다. 어떤 경찰은 학생들이 공산당의 사주를 받았다고 윽박지르기도 했다. 설득을 해도 학생들이 굴복하지 않자 경찰서장은 다시는 시위를 벌이지 않겠다는 확약서를 쓸 것을 강요했다. 5명의 학생들은 확약서를 제출하고서야 새벽 1시경에 석방되었다.

1960년 3월 8일 일어난 대전고 학생들의 시위에 이어 3월 10일에는 대전상고 학생들이 시위를 벌였다. 대전 지역 고등학생들이 벌인 제2차 시위인 셈이다. 대전상고 학도호국단 간부들은 대전고 학생들이 전날 벌인 시위에 자극을 받고, 3월 9일 함께 모여 다음 날인 3월 10일 오후 2시부터 공설운동장에서 열릴 자유당의 선거유세 일정에 맞추어 시위를 벌이기로 결정하였다. 그런데 학생들의 시위 모의가 도경에 적발되었고, 3월 10일 새벽 4시를 기하여 대전경찰서장과 사찰과장의 지휘로 학도호국단 간부 30여 명을 도청 공무원훈련소로 연행하였다. 여기서 학생들은 시위를 중단하도록 교육을 받고 오전 9시경에 풀려났다.

대전상고 김정우 교장이 이 소식을 듣고 경찰서로 달려가 석방된 학생들에게 아침을 사주다 시간이 흘러가게 되었다. 학교에 등교한 대전상고 학생들은 학우가 경찰에 연행된 사실을 알고 그들이 빨리 석방되기만을 기다리고 있었다. 그런데 오전 9시가 넘도록 돌아오지 않자, 경찰이 석방하지 않은 것으로 생각하고는 시위를 벌였다. 300여 명의 학생들은 오전 9시 30분경 아침 조회를 마치자마자 대열을 정돈하여 교문을 박차고 나가 시위를 벌이며 대전경찰서를 향해 행진하기 시작했다. 학생들은 "학원의 자유를 달라", "친구를 빨리 내놓아라" 등의 구호를 외치며 학교에서 800미터 가량 떨어진 우체국 앞에 이르렀다. 이 때 출동한 경찰의 저지선에 부딪혀 시위대는 두 갈래로 갈라졌다. 한 패는 중앙시장 쪽으로, 다른 한 패는 역전 쪽으로 나아가려 했다. 시위대는 진압을 위해 출동한 경찰의 경찰봉에 대항하여 투석전을 벌였으나, 20여 분만에 강제 해산되어 다시 학교로 돌아가고 말았다. 이날 시위 도중 자유당 선전차가 학생들의 시위를 제지하려 하다가 오히려 학생들에게 돌로 얻어맞는 봉변을 당하였다.

제3절 4월혁명의 전개

3월 15일 대통령 선거 당일 경남 마산에서 학생들이 시위를 벌였다. 자유당의 부정선거를 목격한 시민들도 선거포기 선언을 한 민주당사 주변에 모여 "협잡선거 물리치자"고 외치면서, 학생들의 시위에 합류하였다. 자유당 정권은 무장경찰들을 동원하여 학생들과 시민들의 시위를 무자비하게 진압하였고, 이로 인해 수많은 사상자와 행방불명자들이 속출하게 되었다. 이런 상황 속에서 4월 11일 그동안 행방불명되었던 마산상고 학생 김주열이 눈에 최루탄이 박힌 채 무참하게 살해된 시체로 마산 앞바다에서 발견되었고, 마산을 비롯한 전국의 학생들과 시민들은 분노하기 시작했다.

4월 18일에는 고려대 학생 3,000여 명이 국회 의사당 앞에서 연좌데모를 벌인 후 학교로 돌아가던 중, 정치깡패들의 습격을 받아 1명이 죽고 수십 명이 부상당하는 사건이 발생했다. 그리고 4월 19일에 전국의 학생들이 총궐기를 하면서 4월혁명이 일어났다. 4월 19일 당일 경찰은 대통령 관저인 경무대로 몰려드는 시위대를 향해 발포하기까지 했다. 하지만 전 국민적 저항과 군 지휘부의 무력동원 거부에 봉착한 대통령 이승만은 4월 26일 하야를 발표함으로써 자유당 정권은 몰락하게 되었다.

대전·충남지역의 4월혁명은 대전고 학생들의 3·8시위와 대전상고 학생들의 3·10시위로 시작되었다. 이후 3월 12일 대전지역 학생들의 시위가 한 차례 더 있었으며, 4월 19일 서울지역 대학생들의 총궐기를 기점으로 대전지역에서는 대학생들과 고등학생들이 본격적으로 시위를 벌이기 시작했다. 대전지역에도 4월 19일을 기해 계엄령이 내려졌으나, 학생들은 여러 차례의 시위를 감행했다.(『대전일보』 1960년 4월 21일자; 4월 25일자; 4월 27일자)[2]

전국적으로 시위가 약간 주춤하던 4월 25일 천안 지역에서 시위가 전개되었다. 천안공고와 천안농고 학생 100여 명이 오후 4시 천안세무서 앞에 집결하여 시가행진을 벌였다. 이후 시위대는 시민들과 학생들의 호응으로 오후 5시경에는 300여 명으로 늘어났다. 시위대는 "정부 책임자는 사퇴로

---

[2] 당시 이승만 정권과 계엄사령부의 언론 통제로 인해 시위 사실들은 언론에 제대로 보도되지 않았다. 4월 26일 제2차 계엄령이 포고되면서부터 대규모의 시위가 일어났다는 사실이 언론에 조금씩 보도되기 시작했다.

서만 끝내서는 안 된다", "경향신문을 복간케 하고 자유를 달라", "신국가보
안법을 철폐하고, 3·15부정선거에 오점을 남긴 한희석을 규탄하자",
"3·15선거 다시 하자", "살인경찰 물러가라" 등의 구호를 외치며 전단을
살포하면서 시위를 진행하였다. 26일에는 천안농고와 천안여고 학생 300
여 명이 다시 천안 시내에서 "3·15부정 선거의 원흉들은 사표수리로 일단
락 짓는 것은 부당하다"는 구호를 외치며 평화적으로 시위를 벌였다.

26일 오전 이 대통령의 하야성명 방송이 있자 시민들은 흥분과 기쁨을
감추지 못하였다. 노인들은 이승만에 대하여 가엾게 되었다고 동정을 표
하기도 하였으나 젊은 층에서는 이번 기회에 지금까지의 나쁜 요소는 뿌
리를 뽑아야 한다고 건설에 대한 새로운 결의를 표하였다.(『동아일보』
1960년 4월 27일자)

대전 지역에서는 4월 26일 대학생과 중고등 학생 5,000여 명이 연합하여
격렬하게 시위를 벌였다.(『조선일보』1960년 4월 28일자) 4월 19일 이후 전
국에서 시위가 발생하자 당시 대전·충남지역 교육감 역할을 병행하는 교
육청 학무부에서는 4월 23일 충남도청에서 충남대, 공주사대, 한남대를 위
시한 대학교와 고등학교 간부급의 학생들을 모아놓고 이른바 '학생대표
간담회'를 개최하였다. 학무부 당국자들은 학생들을 대상으로 "4월혁명은
공산당의 조종으로 일어난 것이니 현혹되지 말고 공부나 열심히 하라"고
교화하였다. 하지만 그것은 오히려 학생대표들을 한자리에 모이게 함으로
써 연합시위를 할 수 있게 하는 기회를 제공했다. 이날 학생대표 간담회에
참석했던 충남대 학생회장 오천균(법학과 3)은 휴식시간을 이용해 타 대
학교와 고등학교 대표들에게 학생 궐기의 불가피성을 역설하며 동조자를
규합한 뒤, 4월 25일 오후 2시에 한밭중에서 집회를 갖기로 결의했다. 학
생들은 해산 후 대전 각지에 소문을 냈다. 당시 정국에 대해 울분을 품고
있던 학생들 사이에 소문이 퍼져 나갔지만, 시위에 대한 정보 역시 흘러나

가게 되었다. 때문에 시위를 주도한 오천균은 친구 집으로 도망을 갔고, 그 곳에서 친구의 도움을 받아 결의문을 작성했다. 하지만 시일이 너무 촉박하여 시위를 하루 뒤인 26일로 연기하였다.

대전지구 계엄사무소가 4월 26일 제2차 계엄령을 포고하였고, 이에 따라 무장한 경찰과 군인들이 한밭중을 지키고 있었다. 하지만 오후 4시경 대전지역 대학생과 남녀 중고등 학생 5,000여 명이 한밭중 교정에 집결하였다. 오천균은 경찰의 감시를 피해 도피생활을 하다 변장을 한 채 학교 뒷담 철조망을 뚫고 들어가 당시 학도호국단의 호위를 받으며 교단에 올라가서 결의문과 구호를 낭독하였다. 결의문은 ① 자유당과 같은 독재정치를 배격하라 ② 민주주의 기반 닦아, 자유 독립 이룩하자 ③ 쓰러진 국민주권, 정의로써 일으키자 ④ 3·15 부정선거의 주동자들을 색출하여 처벌하라 ⑤ 계엄령을 즉시 해제하고, 학원에 자유를 달라 등의 5개 항을 담고 있었다.(오천균의 증언) 결의문의 내용을 들은 학교 밖의 학생들과 시민들이 경찰과 군인들을 파고들어 학교 안으로 더 모여들었다.

오천균의 결의문 낭독이 있은 후 시민·학생들은 "이승만 정권은 물러가고 재선거를 실시하자", "현 국회의원은 모두 사퇴하라", "학원에 자유를 보장하라" 등의 구호를 외치면서 시위에 들어갔다. 이들은 계속 구호를 외치며 역전을 향해 행진하였다. 연도에 나왔던 시민들이 시위대에 합류하여 역전에 이르러서는 시위대의 숫자가 수천 명으로 늘어났다. 이 때 연락을 받고 출동한 계엄사무소 소속 군경합동 경비차는 시위대를 따라다닐 뿐 그 어떠한 행동도 하지 않았다. 시위행렬은 역전을 지나 시청 앞 로타리로 행진한 후, 대전고 앞을 거쳐 오후 5시 35분경 다시 도청 앞에 집결하여 연좌농성을 벌였다. 시위대가 도청 정문 앞에서 연좌시위를 벌이는 동안 각 학교 학생들 대표는 질서유지를 호소했으며, 그 결과 시위대는 질서를 유지한 채 다음과 같은 5개 항목의 질의서를 도 당국에 제시하고 확답을 얻기로 결의하였다.

1. 도지사, 경찰국장, 대전시장은 즉각 사퇴하라
2. 정부임명 각 기관장도 사퇴하라
3. 유성에 와 있는 이기붕을 충청남도 땅에서 몰아내자
4. 계엄령을 즉각 해제하라
5. 즉시 개교케 하라

충남대 학생회장 오천균은 먼저 시청으로 들어가 시장을 면담하려 했으나, 시장은 이미 도망가고 없었다. 이어 충남도청으로 들어가 김학웅 충남도지사와 임부택 계엄사령관과 면담하였다. 이 면담에서 학생대표는 3·15 부정선거에 대해 항의하였고 충남도지사는 잘못을 인정하였다.

이 때 3·15 부정선거의 주범인 이기붕이 유성에 은신하고 있다는 소문이 퍼졌다. 이 소문을 듣자 충남대 학생 일부가 사세청(현 국세청) 앞에서 6시 30분쯤 버스와 택시를 잡아타고 유성으로 향하였다. 도청 앞에 모여 있던 군중들 역시 도청에서 사세청을 거쳐 유성으로 향하기로 했다. 하지만 이후 시위대 중 300여 명만이 유성으로 향했고, 나머지는 도청 앞에서 헌병대 앞을 거쳐 중도일보 본사 앞에 이르는 도로에 늘어서 있었다. 이런 가운데 학생들을 버스를 타고 유성에 도착하여 유성호텔과 만년장 및 군인휴양소 등을 수색하였으나, 이기붕을 찾지 못하였다. 학생들은 유성호텔 광장에서 모여 "이기붕은 충남 땅에서 물러가라"는 구호를 외치고 애국가를 부르며 시위를 벌였다. 시위가 차츰 잦아드는 듯했지만. 계속 몰려드는 학생들로 인해 다시 분위기가 고조되었다. 이에 출동한 무장군인들이 시위를 진압하면서 학생들과 몸싸움을 벌이기도 하였고, 무장군인들이 공포를 발사하기도 했다.

이날 하루 동안 충남도청, 대전시청, 유성, 대전경찰서, 인동, 한밭중 등지에서 시위가 발생했는데, 저녁에도 시내에서 시위가 산발적으로 계속되었다. 무장군인들이 출동하여 공포를 발사하며 시내 곳곳의 시위대를 시청으로 몰아갔다. 오후 5시 30분경, 시내에 남은 시위대는 정동 소재의 자유당 충남도당 당사를 습격하고 유리창과 기물 등을 파괴하는 한편, 비장되어있던 서류를 꺼내 거리에 살포하였다. 오후 8시 경에는 유성에서 온 시위대와 합류하여 구호와 통일 행진곡을 부르며 시내를 휩쓸었다. 밤 10시가 넘어서자 경찰은 해산하지 않는 학생들을 연행하였고, 이에 흥분한 시위대는 27일 새벽까지 시위를 강행하였다. 시위대는 대전 경찰서와 서대전 경찰서를 습격하고, 인동, 문창동, 신안동 등 각 파출소의 기물을 전부 파괴했으며 자유당 시당 을구당 위원장인 최석환의 집을 습격하고 불살라 버렸다

사태가 이처럼 험악해지자 학생 선무공작대가 등장하여 "우리 학생들은 이성을 잃지 말자! 이제는 다 각기 집으로 돌아가자"고 호소하여 대부분의 학생들은 해산하였다. 그러나 밤 12시경에도 귀가하지 않고 있던 학생들은 계엄사무소에서 경비망을 압축시켜 시청 앞 광장에 포위하여놓고 학생과 군의 선무공작반이 출동하여 질서유지를 호소하였다. 그러나 시위대가 도리어 곤봉과 투석으로 대항하자 위협공포를 발사하고 연행함으로써 시위는 27일 새벽이 되어서야 종료되었다.(『대전일보』 1960년 4월 27일자) 시위대는 경찰과 종종 대치했는데, 경찰은 곤봉을 휘두르거나 최루탄을 쏘며 시위를 적극 진압하였다. 이 과정에서 상당수의 학생이 부상을 당하였고, 일부 학생은 연행되어 가혹행위를 당하기도 하였다. 또 경찰관 12명이 중경상을 입었고, 장교 1명이 중상을 입었다. 이날 시위로 총 201명의 학생들이 연행되었고, 20여 명의 학생들이 부상을 입어 육군 63병원에 입원했다.3) 또 방화와 파괴를 일삼은 혐의를 받은 일반시민 134명도 구금되

었다. 이 시위로 대전 경찰서와 서대전 경찰서를 비롯한 파출소 8개소가 파괴되었고, 소방차 1대가 전소되었으며, 1대는 반파되었다. 이밖에도 시내버스 2대가 대파했고, 최석환과 일부 국회의원들의 집이 불탔으며, 시청, 소방서, 서울신문 지사가 투석을 당해 건물이 훼손되기도 하였다.(『조선일보』 1960년 4월 27일자; 4월 28일자).

공주지역에서도 4월 26일 학생들이 시위를 벌였다. 당시 4월혁명을 전후한 공주 분위기는 야당의 대표들이었던 신익희와 조병옥의 갑작스런 사망과 3·15 부정선거 등으로 술렁이기는 했지만 이렇다 할 시위 활동은 나타나지 않았다. 특히 공주사대는 당시 사범대학이라 졸업과 동시에 학교로 발령이 나기 때문에 사회에 반감을 표출하는 행동이 적을 수밖에 없었다. 이에 따라 정부나 경찰의 눈에 띄는 탄압이나 감시는 거의 없었다. 그러던 중 서울에서 일어난 4월혁명의 소식과 김주열 열사의 사망 소식이 전해지면서 공주고와 기타 6개 고등학교 학생들이 연합하여 시위를 하기로 결의하였다. 시위를 준비하는 과정에서 붓으로 직접 쓴 벽보를 작성하기도 하였는데 그 내용은 다음과 같다.

- 3·15 부정선거 무효이니 재선거하라.
- 부정선거 원흉을 처단하라. 부정선거 원흉 자유당은 해산하라.
- 자유당의 원수 이기붕을 구속하라.
- 김주열 열사 만세, 우리 국민 만세, 민주 학생 운동 만세, 대한민국 만세.
(전인석의 증언)

---

3) 4월 26일 대전지역 집회 후 육군 63병원에 입원한 자들의 명단은 다음과 같다.
유정창(17, 대전공고 1), 김재문(17, 보문고 1), 강석무(22, 충남대 농대 축산과 2), 윤길중(21, 국회의보), 박지종(26, 상업), 장천식(21, 상업), 송인대(38, 상업), 서병혁(31, 상업), 박만복(18, 상업), 우송환(17, 요리집), 이종철(16, 음식점 명성옥), 조한준(20, 이발업), 하종남(20, 애성양화점), 김천도(17, 농업), 김종환(14, 농업), 김칠봉(19, 미싱기업), 이원섭(18, 메리야쓰), 정창기(22, 이발업), 임순차(20, 신흥동 주민), 이영일(22, 삼성동 주민), 김기영(13, 문창동 주민)(『대전일보』 1960년 4월 28일자;『중도일보』 1960년 4월 28일자)

4월 20일에 위 내용의 벽보를 붙이고, 공주 읍내 장날인 4월 21일에 시위를 벌이기로 결정한 뒤, 공주고 쪽과의 연락은 이은규, 이상빈, 이청규, 백남도, 양환호가 맡고, 다른 학교와의 연합은 이영치, 김동덕, 오석규, 임진묵, 한연희, 이경주, 명기현 등이 맡기로 하는 등 역할분담을 하였다. 시위를 준비하는 과정에서 시위와 관련한 정보가 새어나가는 바람에 거사 당일 학생들은 경찰의 협박과 부모님들의 반대에 부딪혔고, 결국 시위를 포기하기에 이르렀다. 하지만 다음 장날인 4월 26일을 거사일로 다시 결의하고 준비에 들어갔으며, 시위에 참여할 인원을 모집하였다. 특히 공주대 학생들에게 많이 참가하기를 부탁했으나 당일 시위 참여는 미미하였다.

4월 26일 공주고에서 1교시가 끝난 후 3학년은 이미 운동장에 집합해 있었고, 백남도와 양환호가 2학년 교실에서, 이청규, 이정복, 이은규가 1학년 교실에서 4월혁명의 당위성을 설명하고 학생들을 교실 밖으로 데리고 나갔다. 공주고 1, 2, 3학년이 운동장에 다 모인 가운데 출정식을 가졌다. 당시에 공주고 교사들은 학생들의 출정식을 지켜보았을 뿐 만류하지는 않았다. 이러한 과정에서 자연스럽게 공주고가 시위를 주도하게 되었다.

이은규와 이청규가 3학년 앞에서, 백남도와 이철호는 2학년 앞에서, 양환호와 이정복이 1학년 앞에서 구호를 선창을 하였고, 나머지 학생들은 구호를 따라 외치면서 시가행진을 벌였다. 학생들은 공주고에서 중동 사거리를 지나 시장을 관통해 제민천을 지나친 후, 공주극장 옆길을 따라 공주경찰서까지 행진을 벌였다. 이 때 사용된 구호와 플래카드 내용은 3·15 부정선거 규탄과 이승만 정권의 퇴임, 학원의 자유 보장 등이었다. 당시 시민들도 시위에 적극 호응하였으며, 일부 시민들은 함께 구호를 외치기도 하였다.

한편, 금강 백사장에 모인 시위대의 선두는 "학원자유 보장하라" "사법부는 부정선거를 법적 처단하라" "데모는 자유다" "경찰은 간섭마라" "피

흘려 싸운 형제 성의로써 구호하자"는 등의 플래카드를 들고 구호를 외치며 뚝방길과 시장을 통과하여 공주경찰서 앞에서 공주고 시위대와 합류하였다. 시가지에 나온 시민들의 호응은 대단했고, 일부 시민들은 행진에 동참하여 경찰서 앞에 모였을 때는 700여 명에 이르렀다. 이들은 경찰서장의 사과성 발언을 듣고 오후 1시경 해산하였다.(전인석, 2005, 163쪽) 이 시기는 이승만 대통령이 이미 하야성명을 발표한 뒤라 경찰의 특별한 제재가 없었다.

계엄지구가 아닌 천안에서는 26일 오후 4시, 천안농고 및 천안여고생 약 300명이 천안역 광장에 모여 "3·15부정선거의 원흉들을 사표수리로 일단락 짓는 것은 부당하다"고 외치며 평화적으로 시위를 감행했다. 시민들은 이들에게 박수갈채를 보냈으며 현지경찰은 무저항으로 방관했다.(『조선일보』 1960년 4월 27일자)

그 다음 날인 27일에도 시위가 이어졌지만, 대체적으로 수습을 목적으로 하는 시위였다. 대전지역에서 학생과 시민들이 격렬한 시위를 벌였지만, 26일에 이승만이 이미 하야했다는 소식을 듣고 차츰 안정을 되찾아 갔다. 28일에는 '시국수습 대전시 학생위원회'를 학교별로 조직하여 대전 시내를 돌며 학생들에게 시위를 끝내고 학생 본분으로 돌아갈 것을 호소했다.

제4절 4월혁명 직후의 민주화운동

1960년 4월 19일 시위대를 향한 경찰의 발포로 전국적으로 확산된 민주화투쟁은 그칠 줄 몰랐고, 4월 25일에는 대학교수들도 거리에 나섰다. 결국 이승만은 4월 26일 하야성명을 발표하였고, 이로써 자유당 정권은 몰락했다. 이후에도 전 국민의 민주화에 대한 열망은 계속 타올랐다.

4월혁명 이후 민주화에 대한 요구가 전국적으로 확산되어 갔다. 먼저, 4월혁명의 주역이었던 학생들은 학원민주화운동을 벌이기 시작했다. 학생들은 그동안 학생을 통제하고 동원하기 위해 국가가 만든 조직이었던 학도호국단을 해체하고 학생자치회를 건설하는 일에 착수했다. 또한 학생들은 이승만 독재정권에 협조해 왔던 어용교원배척투쟁을 전개했다. 이 투쟁과 함께 학생지도에 무능하거나 교육자로서 품위 없는 행동을 한 교사들에 대한 무능·무자격 교원 퇴진 운동도 벌어졌다. 학생들은 학원의 비리와 비민주적 운영을 청산하기 위한 학원민주화운동을 전개했다. 방학 때가 되자 학생들은 농촌지역으로 내려가 계몽운동을 전개했는데, 주로 7·29총선과 관련 선거 계몽에 초점을 두면서 4월혁명의 이념을 교육하고자 했다. 한편, 이승만 정권의 예속 하에서 활동이 저조했던 노동운동은 4월혁명 직후 새롭게 분출하기 시작했다. 1960년 11월 대한노총과 전국노협이 통합을 결의하여 한국노동조합총연합회(이하 '한국노련')가 출범하였고, 노동민주화운동을 위해 노력하고자 했다. 이와 함께 어용노조 지도자를 규탄하고 노동조합의 민주적 개편을 촉구하는 운동이 각 노조 현장에서 활발하게 일어났다. 또한 4월혁명의 여파로 노동쟁의 건수가 전해에 비해 2배 이상 증가하였고, 쟁의 과정에서 노동자들이 가두에 진출하여 시위를 전개하는 일도 빈번했다. 이렇게 분출하는 노동운동으로 노동현장의 자율성과 민주성을 확보하는 데 큰 진전을 이루게 되었다. 그리고 학생들의 희생 속에 이루어진 4월혁명을 목격한 교사들 역시 교육현장의 중요성을 깨닫게 되면서, 전국 각지에서 교원노동조합을 결성하기 시작하여, 마침내 1960년 7월에 '한국 교원노동조합 총연합회'를 출범시키게 되었다. 민주적인 교육운동의 새 장을 열게 된 것이다.(민주화운동기념사업회 연구소 편, 2008, 215~258쪽).

이런 전국적인 상황 속에서 충남 지역 역시 학생들을 중심으로 학원민주화운동, 어용교사 배척운동, 공명선거운동 등이 활발하게 전개되었다. 5월 2일 천안농고 학생 900여 명은 4월혁명 당시 비양심적인 행동을 한 교사들의 퇴진을 요구하며 동맹휴학에 들어갔다. 학생들은 학생들을 정치도구화한 것, 학도호국단 간부를 매수하여 시위를 좌절시킨 것, 천안농고의 전통인 축구 경기를 퇴보시킨 것, 농과 수업을 소홀히 한 것 등을 이유로 들면서 교사들의 자진사퇴를 요구하였다.(『중도일보』 1960년 5월 3일자)

홍성고와 대전중에서도 5월에[4] 다시 시위가 일어났다. 당시 홍성고에서는 학교장이 학생들을 엄하게 다스렸는데, 교사들 역시 학생들의 품행이 바르지 못하면 가차 없이 벌을 주고 성적이 불량한 학생들은 낙제를 시켰다. 이런 상황에서 5월 초순 홍성고 학생들은 3학년생들을 중심으로 하여 엄격한 학내 규칙을 완화하고 학내 민주화와 무능교사 퇴진 등을 구호로 내걸고 시위를 벌였다. 홍성고 3학년 재학생 50여 명은 시위 전날 밤 의사총에 모여 다음 날 아침 직원조회가 끝날 때 시위를 벌이기로 결의하고 각자의 이름을 종이에 적고 날인을 했다. 또한 시위 계획이 밖으로 새어나가지 않도록 각자 기밀유지에 힘쓸 것을 약속했다.

이튿날 아침 등교 후 직원조회를 알리는 타종소리가 울리자 시위를 계획했던 50여 명의 3학년 학생들은 2명씩 조를 지어 전교 각 교실로 뛰어들어가 시위 계획을 학생들에게 알렸다. 그리고 직원조회가 끝나는 종이 울리는 즉시 운동장으로 집합하도록 했다. 이윽고 직원조회가 끝나는 종이 울리자마자 순식간에 전교 700여 명의 학생들이 운동장으로 뛰쳐나왔다. 이 때 시위를 주도한 학생 몇몇이 단상으로 올라가 미리 준비해온 결의문과 요구사항을 낭독했다. 결의문의 주요 내용은 다음과 같았다.

---

[4] 홍성고 시위는 언제 일어났는지 정확한 날짜는 알 길이 없고, 1960년 5월 초순에 일어난 것으로만 알려져 있다.

- 학생들의 체위 향상을 위해 교내에 매점 설치
- 스파르타식의 엄격한 학생 통제를 완화할 것
- 학생들의 자율적인 서클활동을 위해 학교 측의 지원 확대
- 학생회 활동의 자율화 보장
- 무능 교사, 폭력 교사의 퇴진

　학생들의 기습적인 시위에 당황한 교사들은 운동장에 달려 나와 시위를 만류하려 했지만, 학생들의 기세가 너무 강해서 적극적으로 제지하지 못했다. 곧 학생들은 시위 선발대의 인솔 하에 교문을 나와 가두시위에 들어갔다. 이들은 홍성시가지 중앙통과 조양문 및 경찰서를 지나 홍성여고(지금의 성남병원 자리) 앞에 모였다. 이 자리에서 학생들은 구호를 외치며 요구사항이 관철될 때까지 무기한 등교거부를 결의하고 자진 해산하였다. 이날 시위로 인해 홍성고 내의 규율이 다소 완화되었고, 당시 재직하던 이성규 교장과 일부 교사들이 자의반 타의반으로 학교를 떠나게 되었다.(홍성고등학교동창회 편, 1991, 156~161쪽)

　대진중 학생들은 1960년 5월 16일 동맹휴학을 단행했다. 당시 3·15부정선거에서 대전중 이상옥 교장과 이민구 교감 및 2명의 교사들이 자유당 정책을 적극 옹호한 바 있는데, 이에 1,500여 명의 학생들이 이들을 몰아내기 위해 일제히 동맹휴학에 들어간 것이다. 동맹휴학에 들어가기에 앞서 학생들은 5월 16일 오전 9시 아침조회시간을 이용하여 전교생이 모인 가운데 미리 준비한 "1,500 학도들이 원치 않는 교사는 물러가라"고 쓴 현수막을 앞세우고, 어용 교장과 교감 및 교사들의 비행을 폭로하는 규탄대회를 열었다. 1,500여 명의 학생들이 동맹휴학을 결의하자, 그 다음 날인 17일 이상옥 교장이 학생들의 요구조건을 모두 시인하고 사의를 표명하였다. 이에 따라 동맹휴학은 일단락되고, 18일부터 정상수업에 들어갔다.

　1960년 4월혁명으로 이승만 대통령의 자유당 정권이 무너지고 3·15부

정선거 역시 무효화되었다. 이에 따라 7월 29일 재선거를 실시하게 되었는데, 반혁명세력들이 재선거에 참여했다. 이에 대전·충남 지역 곳곳에서는 재선거가 실시되기 전인 23일부터 반혁명세력을 규탄하는 시위가 일어났다. 7월 2일부터 천안농고 학생 800여 명은 3·15부정선거 때 자유당 의원으로 당선된 한희석이 7월 1일 후보자로 다시 등록한 것에 대해 분개했다. 이들은 "한희석의 앞잡이들을 타도하라", "한희석의 등록을 취소하라" 등의 구호를 외치면서 천안읍에서 가두시위를 벌였다. 한편 당진에서는 7월 23일 당진중고 학생 1,200여 명이 "반혁명세력은 물러가라", "4·19혁명의 피를 더럽히지 말라" 등의 플래카드를 들고 당진읍을 출발하여 송악 시장까지 6km가량 도보를 행진하며 시위를 벌였다.

　반혁명세력 규탄시위와 함께 부정선거규탄투쟁도 전개되었다. 1960년 7월 29일 마침내 전국적으로 총선이 실시되었다. 하지만 대전·충남 지역 곳곳에서는 다시 부정선거의 증거들이 발견되기 시작했다. 이날 오후 들어서 대전·충남 각 지역에서 부정 투표용지 묶음들이 발견되자, 분노한 시민·학생들은 투표함을 부수고 투표 결과를 무효화 할 것을 요구하기 시작했다. 하지만 정부는 부정선거를 규탄하는 시민·학생들을 강제로 진압하여 구속했다. 이런 일들은 곳곳에서 일어났다. 먼저, 7월 29일 대전 갑구 지역에서 선거가 끝나고 개표가 시작될 무렵 대덕군청 앞에 200여 명의 군중들이 모여 경찰의 경비망을 뚫고 군에 난입하여 건물 3층에서 투표함을 투척하여 파괴하였다. 또한 대전 을구에서는 오후 6시경 50여 명의 청년들이 선거구 사무실에 들어가기 위해 3시간여에 걸쳐 투석전을 벌였다. 당시 청년들은 "마이크를 장치한 자동차에 불법, 부정이 개입되어 있으므로 이를 해명하던지 아니면 선거위원회 위원들의 사퇴와 사과를 요청한다"고 주장했다. 7월 30일 오전 11시에 민주당 후보를 제외한 7명의 대전 갑 민의원 후보들은 시청 앞 광장에서 500여 명의 군중들이 모인 가운데

'부정개표보고 강연회'를 약 1시간 반 가량 열었다. 이들은 국법을 위반하고 민주혁명 정신을 모독한 이번 선거를 무효로 돌리고 재선거를 실시할 것을 요구했으며, 또한 4월혁명 당시 피 흘린 영혼들에게 보답하기 위해 최후의 일각까지 투쟁할 것을 선언했다. 이날 대전지역에서 부정선거 규탄과 관련해 발생한 투표함 탈취 사건에 대해 검찰과 경찰은 대전경찰서에 수사진을 차리고 조사하기 시작하여, 8월 1일에는 18명을 연행하여 이중 13명을 구속했고, 8월 2일에는 40명을 추가로 구속했으며, 4일에는 대전 동구 입후보자인 김석규를 배후조종자로 구속하였다.[5]

부여지방에서는 7월 29일 투표 도중 규암면 제1투표구 투표함에서 매수 미상의 번호표가 투표용지와 함께 혼합되어 있음이 발견되었다. 이에 군민 50여 명이 30일 오전 11시 20분부터 50분까지 시위를 벌여 개표를 중단시켰다. 한편 논산군 갑구인 강경 몇 투표소에서는 부정번호표를 나누어주고 대리투표를 시키려던 선거종사원이 있었다는 사실이 밝혀져 당선자를 제외한 입후보자들이 선거종사원에 대한 법적조치를 취하겠다고 밝히사, 선서위원들 역시 종사원의 잘못을 인성한다고 발표하였다.

7월 29일 투표가 완료된 서천에서는 오후 11시 30분부터 개표에 들어갔으나 기산면 제2 투표함에서 투표용지가 38매가 부족한 반면 제3 투표구에서는 40매의 투표용지가 더 많이 집계되는 사태가 발생하였다. 득표수

---

[5] 7월 29일 부정선거 규탄과 관련하여 8월 1일 대전경찰서에 구속된 사람들은 다음과 같다. 이길동(21세, 무직, 대전 문창동), 황명수(29세, 노동, 대전 오류동), 이승균(19세, 학생, 대전 삼성동), 권처달(22세, 학생, 충남 조치원읍), 송석인(24세, 직공, 서울), 박갑천(23, 학생, 서울), 유충현(20세, 대전 은행동), 김재수(22세, 점원), 김학만(21세, 무직, 대전 용두동), 윤일생(21세, 무직, 대전 용두동), 황성웅(21세, 대전 선화동), 황달연(서울), 기풍금(21세, 무직). 8월 3일 대전경찰서에 추가로 구속된 사람들은 다음과 같다. 최동혁(22세, 대전 선화동), 허창범(21세, 학생, 대전 선화동), 강성덕(22세, 학생, 대전 천동), 송문호(48세, 송도용 후보 운동원), 박동종(대전 탄방동), 신희철(대전 용운동), 김용손(26세, 대전 탄방동), 양종수(21세, 대전 대흥동), 김풍화(20세, 대전 대흥동), 윤춘산(22세, 대전 용두동).(『중도일보』 1960년 8월 2일자, 8월 3자, 8월 5일자)

가 적은 후보자 측에서는 즉시 부정선거라고 항의를 제기하며 투표한 27개소의 투표함을 소각시켜버렸다. 이후 선관위에서는 8월 13일 재선거를 실시하기로 하였고, 70%의 투표율로 결국 선거가 완료되었다.

개표 결과 반혁명세력이 당선되자 이를 규탄하는 시위도 전개되었다. 공주 갑구 선거위원회는 7월 29일 선거개표결과 무소속(전 자유당 소속) 후보 박충식이 당선되었다고 발표하였다. 공주지역 학생 200여 명은 "자유당의 박충식을 몰아내자", "박충식은 양심에 따라 즉시 사퇴하라" 등의 구호를 외치며 트럭 4대에 분승하여 31일 새벽 1시부터 박충식의 별장이 있는 갑사로 가서 박충식의 부인을 만나고 다시 공주로 돌아오기까지 했다. 학생들은 이날 오전 10시경 시위를 해산한 후, 다시 밤마다 시위를 벌였다. 밤마다 계속되는 학생들의 시위에 '올빼미 데모'라는 별명이 붙어질 정도였다. 8월 1일이 되자 학생들은 오후 9시부터 공주사대 교정에서 공주사대 학생들을 비롯한 300여 명의 학생들이 모여 집회를 가진 후 공주경찰서 앞 광장으로 이동해 갔다. 그곳에서 학생들은 시위 도중 구속된 학생들의 석방을 요구하며 투석전을 벌이며 경찰청사 안으로 진입을 시도했다. 학생들은 새벽 4시까지 시위를 벌이다가 해산하였고, 다음 날 오후 2시경 구속된 4명의 학생들이 석방됨으로써 시위가 진정되었다.

제3장 박정희 정권의 수립과
유신체제 이전의 반독재민주화투쟁

제1절 5·16군사쿠데타와 박정희 정권의 수립

1960년 6월 15일 국회는 민주당의 주도하에 내각제 개헌안을 통과시켰다. 제2공화국이 시작된 것이다. 이 개헌안이 통과된 직후 제2공화국 헌법에 따라 민의원, 참의원 선서를 통해 새로운 정부를 구성할 때까지 임시 국무총리에는 4월 27일 이후 내각수반을 맡았던 허정이 선출되었다. 1960년 8월 12일 국회 양원합동회의 대통령선거에서 윤보선이 당선되었다. 이후 제2공화국이 수립되었다. 4월혁명으로 죽어간 숭고한 민주열사들의 피의 희생으로 세워진 제2공화국은 윤보선을 대통령으로, 국무총리를 장면으로 하는 대한민국 역사상 유일한 내각제 기반의 헌정체제였다. 하지만 제2공화국은 박정희 군사쿠데타에 의해 다시 무참히 짓밟히고 말았다. 민주화의 싹이 채 피지도 못한 채 다시 꺾이는 순간이었다.

1961년 5월 16일 새벽 3시 제2군사령부 부사령관인 소장 박정희와 그를 추종하는 장교 250여 명과 부사관 및 사병 3,500여 명은 한강을 도하하여 서울의 주요 기관들을 점령하였다. 박정희 쿠데타 세력들은 곧 주요 기관을 장악하고 군사혁명위원회를 구성해 육군참모총장 장도영을 의장으로 추대하고 박정희가 부의장이 되어 사실상 국가의 전권을 장악했다. 당시 허약하기만 했던 장면 정권은 이미 수차례의 쿠데타 조짐이 있었음에도 불구하고 이에 대비하지 않았으며, 쿠데타가 일어나자 바로 군인들에게 정권을 내줘 버렸다. 쿠데타가 발생하자 장면 총리는 카르멜수도원에 피신하여 숨어 있다가 5월 18일에 밖으로 나와 사퇴를 선언하였다. 5월 20일에는 장도영이 내각수반이 되고, 박정희는 군사혁명위원회 의장에 취임하면서 혁명위원회를 국가재건최고회의로 개편하였다.

　장면 정권을 하루아침에 무너트린 5·16군사쿠데타가 성공한 데는 미국의 암묵적인 지지가 한몫했다. 쿠데타 세력들은 6개 항의 '혁명공약'을 발표하였다. 국가재건최고회의는 1962년 12월 17일 국민 투표를 실시하여 헌법을 확정하고 이에 따라 다음 해인 1963년 10월 15일에 제5대 대통령선거를 실시했다. 5·16쿠데타로 집권한 박정희는 조만간 군대로 원대복귀 하겠다던 애초의 혁명공약 제6조를 번복하고, 1963년에 실시된 대통령선거에 출마하여 현직 대통령이었던 윤보선을 물리치고 대통령에 당선되었다. 그리고 1963년 12월 17일 박정희가 제5대 대통령으로 취임하면서 제3공화국이 정식 출범하였다. 이후 박정희는 1967년 대통령선거에서 다시 대통령에 당선되었다. 이 무렵 공화당 의장 윤치영은 이른바 3선개헌의 필요성에 대해 발언하기 시작했다. 그리고 1969년 초부터 3선개헌 논의가 본격화 되었다. 3선개헌은 헌법의 대통령 연임조항을 3선이 가능하도록 바꾸어 박정희 대통령의 장기집권을 획책하려는 것이 주목적이었다. 박정희 대통령은 김종필 등 공화당 내 개헌반대파에 대한 제명과 숙당 작업을 통해 당을 정비하고 본격적인 3선개헌을 추진하였다. 1969년 1월 14일 야당인 신민당은 3선개헌 반대투쟁 방안을 마련하기 위하여 '호헌5인위원회'를 구성하였다. 이후 당내 기구로 '3선개헌저지투쟁위원회'를 설치하고 원내

투쟁을 벌이는 한편, 대도시를 기점으로 '개헌 반대 시국강연회'를 개최하였다. 하지만 1969년 9월 14일 새벽, 공화당은 농성중인 야당 몰래 국회 제3별관에 모여 날치기로 개헌안을 통과시켰다. 이 사실이 알려지자 각 대학과 시민 및 야당 등에서는 '개헌 무효 성토대회'가 계속되었다. 이에 박정희 정권은 학원에 경찰 병력을 투입하고 휴교령 등으로 탄압의 강도를 높이면서 3선개헌을 끝까지 강행하였다. 결국 1969년 10월 17일에 실시된 국민투표를 통하여 총유권자 중 77.1% 투표에 65.1% 찬성으로 3선개헌안이 최종 통과되었다. 이로써 박정희 대통령은 1971년 제7대 대통령선거에 다시 출마할 수 있는 법적 근거를 마련하여 장기집권의 토대를 구축하였다. 박정희 대통령은 1971년 대통령선거에서도 김대중을 이기고 다시 대통령에 당선되었다. 그리고 1972년 10월 17일 박정희 대통령은 종신집권을 위해 헌법을 개정하여 유신체제로 전환했다.

제2절 한일협정 반대투쟁

1961년 5·16 쿠데타로 정권을 잡은 박정희 정권은 동북아 정책을 원활하게 실현하기 위해 한일관계 정상화를 강력히 촉구하는 미국의 압박으로 한일협정 체결을 서둘렀다. 박정희 대통령은 1962년 10월 김종필 중앙정보부장을 일본에 파견하여 일본과의 국교 정상화와 식민지 지배 청구권을 요구하는 등 한일회담의 일괄타결을 시도했다. 특히 1962년 11월 12일 김종필은 오히라 마사요시 일본 외상과 만나 협상을 진행해 합의에 이르렀고, 이를 '김-오히라 메모'로 작성했다. 이후 이 메모는 한일협정을 맺는 데 중요한 분수령이 되었다. 하지만 한국과 일본의 평화선에 대한 각각의 입장을 좁히지 못해 한일협정은 최종적으로 타결되지 않았다. 당시 박정희 정권은 '김-오히라 메모'를 포함한 회담 진전 과정을 모두 비밀에 부쳤다. 그 결과 굴욕적인 한일회담에 반대하는 시위가 전국적으로 일어나게 되었다. 교착상태에 빠진 한일회담을 타결하기 위해 1964년 3월부터 두 나라는 '한일실력자 회담'을 다시 열었다.

민정당, 민주당, 자민당, 국민의당 등 모든 야당과 재야 세력은 한일회담에 반대하기 위해 1964년 3월 9일 '대일굴욕외교 반대 범국민투쟁위원회'를 결성하고, 전국을 돌면서 한일회담을 규탄하는 집회를 열었다. 대전에서도 '대일굴욕외교 반대 범국민투쟁위원회 충남도지부'가 결성되어 한일회담 반대투쟁을 전개해 나가기로 했다. 3월 24일 서울에서 일어난 대학생들의 시위를 기점으로 전국적으로 한일회담 규탄 시위가 확산되기 시작했다.

대전에서는 3월 26일 고등학생과 대학생들이 처음으로 한일회담을 규탄하는 시위를 벌였다. 학생들은 이 날이 마침 민주공화당이 한일회담을 홍보하는 지방순회강연회가 대전 원동국민학교에서 열리는 날이라 시민들에게 시위의 내용을 알리기에 적절한 날이라고 판단했다. 먼저 25일 시내 고등학생 대표자 모임을 열어 26일 10시경에 시위를 벌이기로 계획했다. 이 계획은 사전에 알려져서 학생들이 시내에서 연합하여 시위를 벌일 것이라는 소문이 널리 퍼졌다. 하지만 대전고 학생들만이 시위를 벌이게 되었다. 이 날 연합시위가 무산된 이유는 대전고 학생들이 약속시간 전에 시위를 벌여 다른 학교 학생들이 호응을 하지 않았기 때문이다.(『중도일보』 1964년 3월 27일자)

26일 오전 10시 대전고 학생 1,000여 명은 학교에 등교하자마자 "굴욕회담 반대"와 "평화선 사수" 등이 적힌 플래카드를 앞세우고 학교를 나와 가두시위를 벌이며 대전역까지 진출했다. 학생들은 대전역 광장에 모여 한일회담을 규탄하는 연좌시위를 벌였으며, 다음과 같은 내용의 결의문을 발표하였다.

1. 우리는 평화적인 시위로 의사만을 전달한다.
2. 우리는 평화선을 수호하기 위하여 굴욕적인 한일회담을 반대한다.
3. 우리는 정부의 새로운 대안을 기대한다.
4. 우리는 의사전달이 끝나는 대로 학원에 즉각 복귀한다.

학생들은 경찰의 호위 아래 충남도청까지 가두 시위를 벌였고, 도청 앞에서 "평화선은 생명선이다", "이완용을 가장한 매국노를 철수시키라" 등의 구호를 외치면서 도지사와의 면담을 요구했다. 결국 노명우 도지사와의 면담이 이루어지고, 한일회담에 반대하는 학생들의 주장을 도지사가 중앙정부에 반영해 주겠다는 입장을 밝힘에 따라, 학생들은 학교로 복귀했다.(『대전일보』 1964년 3월 27일자; 『중도일보』 1964년 3월 27일자)

충남대 학생들 역시 이 날 한일회담을 규탄하는 시위를 열었다. 충남대 농대 학생들은 2교시 수업이 끝나자마자 500여 명이 중강당에 모여 한일 굴욕외교 반대 성토대회를 가지면서 본격적인 반대투쟁에 들어갔다. 이후 다른 단과대 학생들이 시위에 참여하여, 시위대는 800여 명으로 불어났다. 이들은 "평화선 사수"와 "굴욕외교 반대" 등의 구호를 내걸고 문리대 앞을 지나 학교 밖으로 나갔으며, 경찰의 호위 하에 '3·1절', '통일행진곡' 등의 노래를 부르면서 대전역까지 가두시위를 벌였다. 그곳에서 시위대는 연좌 시위를 벌이면서 한일회담 중지와 김종필의 귀국 등이 담긴 결의문을 다음과 같이 발표하였다.

1. 우리는 나라를 사랑하는 국민이 잘 살 수 있는 데모다. 경찰은 억압하지 말라.
2. 쥐새끼들은 반역자, 왜놈과 즉각 손을 떼고 한일회담을 중지하라.
3. 우리의 평화선은 국민의 생명선이다. 일보도 양보할 수 없다.

4. 한국에 들어온 독점자본의 앞잡이를 하루 빨리 처단하라.
5. 김종필씨를 즉시 귀국케 하라.
6. 기아선상에서 허덕이는 국민을 하루 속히 해결하라.
7. 우리의 궐기를 3천만 앞에 선언한다.

이후 학생들은 도청 앞까지 가두시위를 벌였으며, 도지사를 만나 결의 내용을 전달한 후 자진해산하였다. 시위 과정에서 많은 시민들의 지지와 격려도 받았다.(『충대신문』 1964년 4월 5일자)

박정희 대통령은 전국적인 시위에도 불구하고 3월 26일 한일회담 강행에 관한 특별담화를 발표하였다. 하지만 국민의 비판여론을 의식하고 3월 28일 김종필을 귀국케 했다. 이로써 시위는 전국적으로 잠시 소강상태에 빠졌다.

하지만 대전에서는 전국적인 상황과는 달리 28일 오전 대전 시내 고등학생들의 대규모 연합시위가 일어났다. 이날 오전 중도공고 학생 500여 명이 가장 먼저 대전역에 도착했으며, 이어서 대전여고 학생 1,200여 명, 대성고 학생 500여 명, 대전상고 학생 2,000여 명, 대전여상 학생 1,500여 명 등 총 5개 학교 6,000여 명의 고등학생들이 대전역 광장에서 굴욕적인 한일회담을 규탄하는 대회를 열었다. 학생들은 한일회담의 즉각적인 중단과 대표단 소환을 요구했다. 학생들은 집회를 마친 후 "평화선을 사수하자"는 플래카드를 들고 원동네거리를 지나 도청 정문까지 가두시위를 벌였다. 도청 앞에서 학생들은 연좌시위를 벌이면서 한일회담 반대투쟁을 계속할 것을 결의했다. 학생들의 주장을 도지사가 중앙정부에 반영해 주겠다는 약속이 있자 학생들은 시위를 마무리하고 자진 해산하였다.(『대전일보』 1964년 3월 29일자; 『중도일보』 1964년 3월 29일자)

한일회담을 규탄하는 시위가 3월 말까지 전국적으로 계속되기는 했으나, 그 규모와 양상은 현격히 약화되었다. 그것은 김종필의 귀국과 학생

대표들의 대통령 면담이 이루어졌기 때문이다. 한일회담 규탄 시위는 전국적으로 잠시 냉각기를 거치는 듯하다가, 박정희 정권이 일본 기업들로부터 거액의 돈을 받은 사실과 국유지를 부정으로 불하했다는 소식이 알려지면서, 다시 학생들의 시위가 일어났다. 더욱이 중앙정보부가 학생들을 친북좌파세력으로 몰려는 공작 내용이 폭로되고, 학원사찰단체인 YTP(청년사상연구회)의 실체도 폭로되었다.(『경향신문』 1964년 4월 18일자; 『동아일보』 1964년 5월 27일자) 학생들은 4월 중순부터 서울에서 학원사찰 중지를 요구하는 시위를 전개하였고, 5월에는 박정희 대통령이 주창한 민족적 민주주의의 장례식을 개최하였다. 하지만 대전에서는 4월혁명 기념식을 열고 5·16군사쿠데타를 비판한 뒤 침묵으로 가두행진을 하는 데 그쳤다.(『충대신문』 1964년 4월 27일자)

박정희 정권은 6월부터 한일회담 조기 타결을 위해 본회담 재개를 서둘렀다. 이에 학생들과 시민들은 6월 2일부터 서울을 비롯하여 전국에서 시위를 벌였다. 이런 상황에서 대전에서는 6월 3일 충남대 농대 학생 400여 명이 교내에서 난국 타개를 촉구하는 성토대회를 열었다. 학생들은 정부의 형식적인 중농정책을 비판하고, 학원사찰 도구로 이용되었던 YTP를 규탄하였다. 학생들은 또한 시위와 관련되어 연행된 학생들의 석방과 학원의 자유를 요구하는 내용의 결의문을 채택했다. 성토대회를 마친 후 학생들은 "무력한 황소, 농민은 통곡한다" 등의 플래카드를 들고 교외로 나가 대전경찰서 앞까지 가두시위를 벌였다. 경찰들의 저지로 시위가 어렵게 되자 학생들은 대전경찰서 앞에서 연좌시위를 벌였고, 이 과정에서 경찰의 진압으로 학생들이 연행되었다. 또한 다른 학생 시위대는 대전역 쪽으로 진출했는데, 소방서 앞에서 경찰이 저지하자 연좌시위를 벌였다. 이후 경찰의 진압으로 시위대는 흩어졌다가 문리대 교정에 다시 모여 집회를 마무리했다.(『충대신문』 1964년 6월 5일자)

6월 3일을 기해 시위가 전국적으로 격렬해졌을 뿐 아니라 박정희 정권의 퇴진을 요구하는 수준으로 시위의 양상이 바뀌었다. 그러자 6월 3일 밤 정부는 서울 일원에 비상계엄령을 선포했다. 이로써 모든 시위가 금지되고 대학은 휴교에 들어갔다.

경찰과 교육 당국의 삼엄한 경계 속에서 6월 4일 대전에서는 고등학생과 대학생들이 다시 시위를 벌였다. 3월에 있었던 고등학교 연합시위에 참여하지 않았던 보문고 학생 700여 명이 이날 오전 "계엄령을 즉시 해제하라"는 플래카드를 앞세우고 학교를 나가 대전역을 거쳐 도청 앞까지 가두시위를 벌였다. 학생들은 "불안과 공포로부터 국민을 해방시키라", "학생들의 정당한 요구를 수락하라" 등의 구호를 외치며 도청 앞에서 연좌시위를 벌였다. 경찰이 시위대를 포위했으나 별다른 충돌 없이 시위는 마무리 되었고, 학생들은 다시 학교로 돌아갔다.

이날 충남대 문리대와 법경대 학생 300여 명도 교내에서 성토대회를 열고 시위를 벌였다. 학생들은 "뿌리 없는 정당의 파편들에 전략 흥정을 하지 말라", "오발탄과 같은 악몽에서 깨어나라", "사생아 최루탄과 국적 없는 방망이는 물러가라" 등의 구호를 외치며 무능한 정치권과 경찰의 폭력 진압을 규탄했다. 또한 학생들은 즉각적인 비상계엄령 해제와 구속학생 석방을 요구하였다. 학생들은 교내시위 후 가두시위를 계획했지만 경찰의 저지로 실패했다.(『중도일보』 1964년 6월 5일자)

대전 지역 고등학생과 대학생들은 6월 5일에도 대규모 시위를 계획하였지만, 사전에 정보가 유출되어 시위는 무산되었다. 무산 소식을 모른 채 시위를 위해 대전역에 모이던 학생들은 경찰에 연행되고 플래카드는 압수되었다. 또한 시위 계획을 주도했던 중도공고 학생 고명덕과 강영식, 한밭상고 학생 김동하와 이선희, 한밭중 학생 신방현 등이 경찰에 연행되었다. 대전초급실업대 학생 15명도 시위와 관련해서 경찰에 연행되었다. 6월 5일부터 정부의 지시에 따라 전국의 학교들이 휴교에 들어갔다. 충남대는 무기휴학을 결정했고, 중고등학교는 11일까지 1주일간 휴교를 결정했다. 정부의 강경책에 따라 6월 3일부터 5일까지 시위를 계획하거나 주도한 대학생들과 고등학생들이 시위와 관련하여 경찰에 연행되었고, 이후 학교들은 이들에 대해 무기정학 등의 징계를 내렸다.(『대전일보』 1964년 6월 6일자; 『중도일보』 1964년 6월 6일자)

한동안 중단되었던 한일회담은 미국의 적극적인 개입으로 1964년 12월에 재개되었다. 1965년 2월 한일 양국은 기본조약에 합의하고, 일본 외상 시이나 에쓰사부로가 한국을 방문하여 과거사에 대해 유감과 반성을 표명한 후 기본조약에 가조인하였다. 이후 박정희 정권은 한일협정 비준을 앞두고 이를 홍보·선전하는 데 주력했다. 4월 3일에는 한일 양국은 '어업', '청구권', '재일한인의 법적 지위와 대우' 등 그동안 쟁점이 되었던 내용들에 대해 합의하고 한일협정에 가조인하였다. 이런 시국적 상황에서 대일굴욕외교반대범국민투쟁위원회는 전국을 돌며 대규모 성토대회를 개최했다. 대일굴욕외교반대범국민투쟁위원회는 4월 3일 내전 공실운동장에서 8,000여 명이 참석한 가운데 강연회를 개최하였다. 이 때 김경연, 윤제술, 한건수, 방일홍 등 야당 의원 20여 명도 참석했다. 강연회 후 시민, 학생들 및 야당 의원들은 "굴욕외교를 결사 반대한다", "제2의 이완용을 몰아내자" 등의 구호를 외치면서 경찰의 저지선을 뚫고 약 500미터가량 전진하여 대전 시민회관 앞 로터리에서 만세를 부른 다음 해산하였다. 이 과정에서 방일홍, 김경연, 윤제술 의원 등이 경찰로부터 폭행을 당했으며, 세 명의 시민들이 구속되었다.(『대전일보』 1965년 4월 4일자; 『중도일보』 1965년 4월 4일자)

4월 6일 충남대 총학생회와 각 단과대 학생회 간부들은 '매국외교 반대 학생투쟁위원회'를 결성하고 다음과 같은 내용의 결의문을 채택하였다.

1. 매국외교를 즉시 중단하라.
2. 평화선은 사수되어야 한다.
3. 진정한 애국의 소리를 경청하라.
4. 평화적이고 합리적인 방법으로 우리의 결의를 관철한다.
5. 타 세력과 압력의 개입을 불허한다.
6. 우리의 요구가 관철되지 않을 시에는 어떠한 희생도 각오하며 극한투쟁을 불사한다.(『충대신문』 1965년 4월 15일자)

　정부의 지시에 따라 충남도는 4월 19일부터 도내 전 중고교에 대해 휴교 조처를 취했다. 이로써 학생들의 시위는 다시 약화되었다. 4월 21일에는 대전상고와 중도공고 학생들이 시위를 계획했지만, 사전에 발각되어 무산되었다.(『대전일보』 1965년 4월 23일자; 『중도일보』 1965년 4월 23일자) 4월 30일에는 대전감리교신학교(현 목원대) 학생들이 한일협정 체결을 반대하는 성토대회를 개최했다. 학생들은 "평화선 사수는 무엇보다 우리의 생명이며, 3억 불을 받는다 해도, 이것은 어민의 생명인 생선 값과 비교해 볼 때 다시 한 번 생각해야 하며, 굴욕적인 외교로써 조기 타결을 서두르지 말고 진행 중인 회담을 즉각 중지해야 한다"는 내용의 결의문을 채택했다.(『대전일보』 1965년 5월 1일자; 『중도일보』 1965년 5월 1일자) 이런 상황에서 대일굴욕외교반대범국민투쟁위원회는 전국을 돌며 지방순회 강연을 계속했다. 충남 지역에서는 5월 초순에 공주, 합덕, 당진, 논산 등에서 성토대회가 열렸다.
　학생들과 시민들의 한일협정 반대투쟁은 정부의 강경한 태도와 학교 측의 통제로 인해 다시 약화되었다. 또 시위를 주도하거나 시위에 참여한 많은 학생들이 정부와 학교로부터 처벌을 받고 집중적인 감시를 받고 있었다. 결국 1965년 6월 22일 이동원 외무장관과 시이나 에쓰사부로 외상이 도쿄의 일본 총리 관저에서 한일협정에 서명함으로써 양국의 협정은 타결되었다.

이에 학생들과 시민들 및 야당 의원들을 중심으로 한 반대투쟁이 곳곳에서 일어나기 시작했다. 대전·충남 지역에서도 한일협정 반대투쟁이 전개되었다. 먼저, 이날 오후 보문고 2학년 학생 10여 명은 한일협정을 반대하는 구호를 외치면서 교내에서 연좌시위를 벌였다. 1학년생들이 시위에 가담했지만, 교사들의 제지로 곧 해산되었다. 23일에는 대성고 학생 200여 명이 한일협정 반대를 외치며 학교를 나가 가두시위를 벌였다. 학생들은 시내로 진출하려고 시도했지만 경찰의 저지로 좌절되었다. 시위를 주도한 학생들은 경찰에 연행되었다.(『대전일보』 1965년 6월 24일자; 『중도일보』 1965년 6월 24일자)

23일에는 대전 시내 학교 전체에 휴교령이 내려졌다. 이날 충남대 학생들은 교내에 모여 시위를 벌였다. 충남대 3개 단과대 300여 명의 학생들이 교내 종합운동장에 모여 "삼천만은 통곡한다", "매몰된 민족의식을 통감한다", "누구를 위한 조인인가", "반민족적 비준을 반대한다" 등의 구호를 내걸고 한일 굴욕외교 성토대회를 가진 것이다. 문리대 학생들은 단식투쟁을 벌였고, 공대와 법경대 학생들이 매국노 이완용과 데라우치 미사다게 화형식을 진행하였으며, 공대 학생 이인화는 "한일협정 조인 결사 반대"라는 혈서를 써서 국회에 보내기까지 했다. 성토대회 후 교외로 진출하여 가두시위를 시도했지만, 교수들과 학생대표들의 만류로 좌절되고 말았다.(『대전일보』 1965년 6월 24일자; 『중도일보』 1965년 6월 24일자)

24일에는 대전농업전문학교 학생들이 교내에서 시위를 시작하여 시내까지 가두시위를 벌였다. 하지만 경찰의 제지로 가두시위는 좌절되고, 학생들은 학교로 돌아갔다. 이 과정에서 30여 명의 학생들이 경찰에 연행되었다. 또한 같은 날 충남대 학생들도 한일협정 조인문서를 불사르고 정치인들의 화형식을 가질 계획이었으나, 학교 측의 휴교조치로 무산되었다. 이에 철학과 학생 40여 명은 대학 교문 앞에서 "국민의 여론을 참작한 한일회담을 재개하라"는 현수막을 내걸고 한일협정 비준 반대를 위한 무기한 단식농성에 들어갔다. 단식농성에는 공과대 학생 40여 명도 참여했다. 학생들은 34시간 동안 단식농성을 벌이다가 26일에 해산하였다.(『대전일보』 1965년 6월 25일자;『중도일보』 1965년 6월 25일자)

28일에도 시위는 계속 되었다. 충남대 학생 100여 명은 교내에서 다시 집회를 개최하여 시위 도중 부상을 입고 사망한 동국대 학생 김중배의 추도식을 거행하고, 3·1정신과 4월혁명의 정신을 살려 계속 투쟁할 것을 결의했다. 이어 학생들은 한일협정을 제2의 을사조약으로 규정하고, 이를 상징하는 이완용과 데라우치의 화형식을 거행하였다. 같은 날 대전대(현 한남대) 학생 150여 명도 학생총회를 개최하여, 한일조약의 전면적인 무효와 학원에 대한 정치 간섭을 배제한다는 내용의 결의문을 채택하고 단식농성에 들어갔다. 대전초급실업전문대 학생 50여 명도 한일회담 비준을 반대하는 성토대회를 갖고 단식농성에 들어갔다가, 한일협정 조인 화형식을 가진 후 해산하였다.(『대전일보』 1965년 6월 29일자)

단식투쟁에 들어간 대전대 학생들은 7월 2일부터 학교가 방학에 들어가자 이 날 단식투쟁을 마쳤고, 충남대 학생들도 3일에 단식농성을 마쳤다. 충남대 학생들은 단식농성을 마치면서 애국 동포와 청년 학도에게 보내는 호소문을 낭독하였다.

종교인들과 법조인들도 한일협정에 반대하는 투쟁을 벌였다. 7월 4일 대전 시내 감리교 목사와 전도사 등 수백여 명은 7월 4일부터 11일까지 한일협정 비준 반대를 위한 구국기도회를 열었다. 대전변호사협회 역시 한일협정 비준을 반대하는 내용의 결의문을 발표하였다. 대일굴욕외교반대 범국민투쟁위원회는 9일 대전 공설운동장에서 '한일조약 비준 반대 민중 성토대회'를 개최했다.(『대전일보』 1965년 7월 6·11일자;『중도일보』 1965년 7월 6·11일자)

방학을 마친 후 2학기가 되자 전국에서 학생들의 시위가 다시 일어났다. 대전에서는 8월 23일 충남대 학생 100여 명이 국회의 한일협정 비준을 반대하는 성토대회를 벌였다. 학생들은 다음과 같은 내용의 결의문을 채택했다.

1. 매국협정의 무효화를 위해 결사 투쟁한다.
2. 정부와 여당은 위헌매국 국회를 즉시 해산하고, 총선을 실시하여 국민의 준엄한 심판을 받으라.
3. 야당 의원은 대여 투쟁에서 탈피, 매국 협정 무효투쟁에 앞장서라.
4. 신식민주의와 제국주의 근성에 사로잡힌 일본은 한일협정을 자진 폐기하라.
5. 우리는 이상과 같은 협정 폐기의 역사적 사명을 다하고자 각 대학 연합전선을 형성하여 목숨을 내걸고 투쟁한다.

이 날 결의한 내용에 따라 8월 26일 충남대 학생들은 대전초급실업대 학생들을 만나 고등학생을 포함하여 연합시위를 28일에 벌이기로 계획했다. 하지만 계획이 사전에 발각되어 시위는 무산되었으며, 7명의 학생들이 시위 계획과 관련하여 경찰에 연행되었다.(『대전일보』 1965년 8월 24·28일자; 『중도일보』 1965년 8월 24·28일자; 『충대신문』 1965년 9월 1일자)

대전·충남 지역의 한일협정 반대투쟁은 약 1년 6개월 동안 지속되었는데, 고등학생들의 역할과 참여가 컸다는 점이 특징적이다. 투쟁의 양상은 다른 지역과 비슷했지만, 투쟁의 주도 세력들은 고등학생들이었다. 특히 1964년 3월 6,000여 명의 고등학생들이 참여한 연합 시위는 다른 지역에서 찾아 볼 수 없는 역사적 사건이었다. 고등학생들이 주도한 시위는 규모와 횟수에 있어서 대학생들의 시위를 능가했다.

대전 지역 학생들의 박정희 정권에 대한 인식과 투쟁의 수위는 서울을 비롯한 일부 지역의 대학생들보다는 낮았는데, 이는 학생들이 박정희 정권에 대해 가지는 기대감에서 비롯되었다. 그리고 주요 도시 대학들에 존재했던 이념 서클이나 소모임이 대전지역 대학들에는 존재하지 않았던 점도 하나의 요인이다.(허종, 2011, 94쪽, 100쪽)

제3절 3선개헌 반대투쟁

1967년 5월에 실시된 대통령선거에서 박정희 후보는 영남 지역 몰표에 힘입어 윤보선 후보를 큰 표차로 물리치고 재선에 성공했다. 박정희 대통령은 장기집권을 위해 대통령임기를 중임重任으로 제한한 헌법을 개정할 필요가 있었고, 이를 위해서는 먼저 국회의원 의석수 확보가 시급했다. 이런 배경에서 1967년 6월 8일 4년 임기의 제7대 국회의원선거가 전국적으로 실시되었다. 이 선거에 민주공화당을 비롯한 총 11개 정당이 참여했지만, 결국 민주공화당이 의원정수의 73.7%에 해당하는 129명의 의원을 배출하게 되어 제6대보다 19명이 늘어나 절대다수 의석을 차지하게 되었다.

하지만 선거 과정에서 관권선거와 금권선거 등 수많은 부정행위가 저질러졌다.(『중도일보』1967년 6월 17일자) 이에 야당과 국민들은 부정선거 문제를 제기하면서 '선거의 전면 무효화'와 '전면 재선거'를 요구하였으며, 야당 의원들은 의원등록을 거부하였다. 이러한 정국 혼란의 여파는 학원가에까지 번져 대학은 휴교조치에 이어 조기 방학에 들어갔고, 학생들과 시민들은 다시 투쟁하기 시작했다. 박정희 정권은 이렇게 사회 각계각층의 거센 항의에 부딪히게 되었다. 이에 중앙정보부를 동원해 '동백림 간첩단사건', '민족주의비교연구회사건' 등을 연일 터트리며 사회혼란상을 부각시켜 국민의 관심을 돌리려 했다.

1967년 6월 19일 충남대 학생 500여 명은 문리대 운동장에서 오전 10시부터 6·8 부정선거를 규탄하는 성토대회를 가졌다. 이들은 "민주주의는 통곡한다"는 구호를 외치면서 교문 밖으로 진출했는데, 병무청 앞에서 경찰의 제지를 받고 약 30여 분간 대치하였다. 이후 학생들은 다른 길을 택해 되돌아갔으나 도청 뒤에서 다시 경찰과 대치하였다. 이후 중교를 거쳐 대전 역전 광장에 집결하는 데 성공하였다. 그곳에서 성토대회를 가진 후 전원 학교로 복귀하였다. 이날 시위 과정에서 여러 명의 학생들이 경찰에 연행되었으나 즉시 석방되었다. 19일부터 시작된 6·8부정선거 규탄대회가 24일까지 계속되자 충남대는 임시휴교에 들어갔다가 7월 3일에 개학하였다. 학교 당국이 개학과 동시에 기말고사 시험을 치르자, 문리대, 법경대, 농대 소속 학생들 일부가 기말시험을 거부하고 성토대회를 벌였다. 이들은 "최인규는 부른다, 6·8 원흉을"이라는 플래카드를 들고 시내로 진출하여 시위를 벌였다. 또한 7월 4일에는 문리대, 법경대, 농대 학생 300여 명이 스크럼을 짜고 시내로 진출하여 6·8부정선거에 항의하는 시위를 벌였다. 양일간의 시위에서 총학생회장 유행길(사학 4), 총학생회 총무부장 방상웅(경영 4), 총학생회 섭외부상 안상길(섬유 3), 총학생회 직업보도부장 권준호(경영 4), 총학생회체육부장 성귀모(철학 3) 등이 불구속 입건되었다. 학교 측은 학사일정을 앞당겨 7월 4일부터 8월 19일까지 여름방학에 들어갔다.

　개헌에 필요한 국회의원수를 확보한 박정희 정권은 1968년부터 개헌을 추진하기 시작했고, 마침내 1969년 1월에는 조국 근대화와 민족 중흥을 위한 강력한 리더십이 필요하다는 논리로 개헌을 주장하면서 공식적으로 개헌 논의를 시작하였다. 이에 맞서 신민당은 3월부터 전국 주요 도시를 순회하며 개헌 저지를 위한 유세를 벌이기로 결정하였다. 또한 당의 운명을 걸고 개헌을 저지할 것이며 상황에 따라서는 소속 국회의원들의 총사퇴도 불사하기로 결의했다.(『동아일보』 1969년 1월 14·17일자) 6월이 되자 신

민당은 김재준, 장준하 등의 재야인사들과 연합하여 '3선개헌 반대 범국민
투쟁위원회 준비위원회'를 결성하여 개헌반대투쟁을 본격화하였다.(『경향
신문』 1969년 6월 5일자) 이런 정세에서 대학생들의 개헌반대투쟁이 서울
대와 고려대를 시작으로 전국으로 확산되었다.

대전 지역에서는 6월 18일 원동국민학교에서 신민당 충남도지부의 주최
로 시국강연회가 열렸으며, 5,000여 명의 학생, 시민들이 참여하였다. 강연
회에 앞서 신민당 당원들이 플래카드를 앞세우고 강연장으로 들어가던 중
저지하는 경찰과 충돌하는 사태가 일어나기도 했다.(『대전일보』 1969년 6
월 19일자; 『중도일보』 1969년 6월 19일자) 이 무렵 공주 지역 학생들이 개
헌반대 시위를 벌였다. 6월 30일과 7월 1일 공주사대 학생 200여 명이 3선
개헌에 반대하는 성토대회를 가졌다. 학생들은 4월혁명의 재발 방지와 언
론자유 보장을 요구하는 내용의 결의문을 낭독하고, 박정희 대통령과 전
국 학생들에게 보내는 메시지를 채택한 뒤, 학교 당국의 만류로 자진 해산
하였다.(『대전일보』 1969년 7월 1일자) 7월 7일에는 공주교대 학생 200여
명이 개헌반대 성토대회를 가질 계획이었으나, 학교 당국의 휴교령으로
무산되었고, 농성을 벌이는 데 그쳤다.(『대전일보』 1969년 7월 8일자; 『중
도일보』 1969년 7월 8일자)

이 시기 대전 지역 대학생들은 시위를 우려한 당국의 조치로 조기 방학
에 들어가 3선개헌 반대투쟁을 활발하게 펼치지 못했다. 사정은 고등학생
들에게도 마찬가지였다. 고등학생들 역시 전국적인 흐름에 맞춰 개헌반대
투쟁을 벌이려고 계획을 했다. 먼저 7월 9일 대전고 학생들이 개헌반대 성
토대회를 계획했는데, 이를 알아챈 학교 측이 8일 밤 갑자기 휴교령을 내
리고 교문을 봉쇄하는 바람에 대회는 무산되었다. 같은 날 중도공고와 보
문고 학생들도 개헌반대 성토대회를 가지려다 학교 측의 제지로 무산되었
다.(『대전일보』 1969년 7월 10일자) 11일에는 유성농고 학생들이 시위를

계획했으나 역시 좌절되고 말았다.(『중도일보』 1969년 7월 11·12일자) 이
처럼 학교 당국의 휴교조치로 인해 6~7월에는 대전 지역 고등학생들의 3선
개헌 반대시위는 계획과 시도만 있었을 뿐 실행에 옮겨지지는 못했다.

1969년 8월 공화당은 대통령의 3선 연임과 국회의원의 각료직 겸직을
허용하는 내용의 개헌안을 국회에 제출했고, 8월 30일에 신민당 의원들이
퇴장한 가운데 국회 법사위가 개헌안 처리를 위한 국민투표법안을 통과시
켰다. 이에 전국 각 지역에서 개헌반대투쟁이 다시 일어나기 시작했다.

대전에서는 9월부터 개헌반대투쟁이 전개되었다. 9월 3일 신민당 충남
도지부를 중심으로 3선개헌 반대 범국민투쟁위원회 충남도지부(이하 '범
투위')가 결성되었고, 이날 오후 대전천변에서 개헌반대 시국강연회가 범
투위와 신민당의 주최로 열렸다. 강연회에는 3만여 명의 시민들이 참여했
는데, 이는 당시 대전시 인구의 10%에 해당되는 규모로서 시민들의 관심
이 얼마나 뜨거웠는지를 잘 보여준다. 강연회에서 연사로 나선 유진오·
김영삼 등은 박정희 정권이 개헌 이유로 내세운 북한의 도발과 경제건설
등은 영구집권을 위한 구실에 불과하며, 개헌이 될 경우 부정부패의 악순
환이 거듭될 것이라고 비판하면서, 온 국민이 개헌반대투쟁에 나서줄 것
을 호소했다.(『대전일보』 1969년 9월 3~5일자)

같은 날 오전에는 대전대(현 한남대)에서 3선개헌 반대 성토대회가 열
렸다. 이날 성토대회는 '개헌반대투쟁위원회'와 총학생회 부회장 정재택
등 일부 총학생회 간부들이 주도하였다. 이날 성토대회는 전교 학생들이
모이는 채플 시간을 이용하여 열렸다. 채플이 끝난 후 자리에 남아있는
300여 명의 학생들은 개헌반대 성토대회를 열었고, 학원의 자유와 사찰 금
지를 요구하는 내용의 선언문을 낭독하고, 개헌을 반대하는 내용의 결의
문을 채택했다. 성토대회를 마치고 150여 명의 학생들은 플래카드를 앞세
우고 교문 밖으로 나가 개헌반대를 외치며 시내로 진출했으나, 대한극장

앞에서 경찰들의 제지로 중단되었다. 학생들은 도로변에서 개헌반대 구호를 외치며 연좌농성에 들어갔다. 결국 경찰의 진압과 교수들의 설득으로 농성은 해산되었고, 20여 명의 학생들이 경찰에 연행되었다.(『대전일보』 1969년 9월 4일자; 『중도일보』 1969년 9월 4일자)

대전대 학생들의 개헌반대 성토대회는 9월 5일에도 열렸다. 이날 대회는 가두시위를 벌이지 않겠다는 서약서를 학교에 제출하고서야 이루어졌다. 이날 성토대회에는 전교생이 참여했다. 학생들은 박정희 정권의 집권 연장을 위한 개헌을 비판하는 내용의 메시지를 정치인들에게 보내기로 하고, 수업을 받으면서 합법적 테두리 내에서 개헌반대투쟁을 벌이기로 결의했다. 성토대회를 마친 후 가두시위를 계획했으나 학교 측의 제지로 무산되고, 학생들은 개헌반대 구호를 외치며 농성을 하다가 자진 해산했다. (『대전일보』 1969년 9월 6일자; 『중도일보』 1969년 9월 6일자)

한편, 개헌을 찬성하는 집회가 개최되기도 했다. 1969년 9월 9일 오전 10시에 충남대 체육관에서는 총학생회장과 간부들이 파월장병 위문단으로 참가한 가운데, 전임 학생회 간부들이 교내 체육관에서 500여 명의 학생들이 참석한 가운데 '학원정상화를 촉구하는 성토대회'를 개최했다. 이날 대회는 시위를 벌이다 처벌받은 학생들의 구제를 요청하기도 했지만, 대체로 3선개헌 반대투쟁을 비판하는 내용으로 이루어졌다. 즉 3선개헌 반대투쟁을 직접적으로 비판하기보다는, "정치는 정치인들이, 그리고 국회에서", "학원을 정치인의 연수도장으로 생각하지 말라" 등의 내용을 주장하는 등 사실상 3선개헌 반대투쟁을 간접적으로 비판하였다. 이날 성토대회가 3선개헌 반대 집회인 줄 알고 참여한 학생들은 동요하기 시작했고, 곧 이를 비판하는 분위기가 형성되었다. 전 문리대 학생회장이 결의문을 읽는 도중 학생들은 이를 비판하면서 대회를 중단시켰다.

학생들은 바로 체육관을 나와 종합운동장에 모여 3선개헌 반대 집회를 열고 곧 연좌농성을 벌였다. 충남대 의예과 학생 150명도 이날 오후 1시부터 교내 태극정원에 모여 3선개헌을 반대하는 내용의 플래카드를 앞에 걸고 단식농성에 들어갔다. 이들은 문리대 309강의실에 가마니를 깔고 밤을 새워 농성을 벌였으며, 다음날 10일 교수들의 권유로 자진 해산했다. 충남대 법경대 학생 40여 명도 10일 본부 서편에서 스크럼을 짜고 거리로 나섰다. 하지만 교수들의 저지로 다시 법경대로 돌아와 농성을 벌이다가 5시경 해산했다.(『대전일보』 1969년 9월 11일자;『중도일보』 1969년 9월 11일자)

대전실업전문대 학생 60여 명도 9월 11일 3선개헌 반대 성토대회를 열었다. 학생들은 제지하는 교수들을 뿌리치고 휴강 철회와 학원정상화를 촉구하는 내용의 결의문을 낭독하였다. 성토대회 후 학생들은 개헌반대 구호를 외치면서 강의실에 방벽을 치고 외부인의 출입을 차단한 채 단식농성을 벌였다.(『대전일보』 1969년 9월 12일자;『중도일보』 1969년 9월 12일자)

대학가에서 개헌반대시위가 계속되자 학교 당국은 9월 10일부터 충남대를 시작으로 휴교조치를 내렸다. 대전실업전문대는 9월 11일부터 휴교에 들어갔다.

공화당은 1969년 9월 14일 농성 중인 야당 몰래 3선개헌안을 날치기로 통과시켰다. 이에 학생들과 시민들의 반대투쟁이 좀 더 적극적으로 표출되기 시작했다. 당시에는 시민들의 반대를 조직화할 뚜렷한 운동조직이 없었기 때문에 시민들의 개헌반대투쟁은 개별적으로 전개되었다. 대전은 개헌안이 통과된 14일부터 날치기 처리에 항의하고 개헌에 반대한다는 의미로 밤낮으로 호롱불을 켜들고 거리행진을 벌였다. 16일에는 동네에서 반장을 맡고 있던 대전의 한 시민이 "3선개헌 결사 반대"라고 쓴 띠를 허리에 두르고 각 가정을 방문하여 개헌반대의 뜻을 밝혔다.(『중도일보』 1969년 9월 19일자)

대전대(현 한남대) 학생들은 9월 17일 다시 개헌반대투쟁을 전개했다. 100여 명의 학생들이 참여한 가운데 강의실에서 개헌의 날치기 처리를 비판하는 시국기도회가 열렸다. 18일에는 강당에서 전교생 300여 명이 모인 가운데 성토대회와 시위를 벌였다. 시국토론회를 마친 후 학생들은 국회의 개헌안 처리가 무효라는 구호를 외치면서 가두로 진출하여 시위를 벌이고자 하였다. 경찰과 교수들의 제지로 무산되자, 다시 교내로 돌아와 강당에서 농성을 벌였다.(『동아일보』 1969년 9월 17일자; 『중도일보』 1969년 9월 18일자)

같은 날 대전감리교신학대학(현 목원대) 학생들도 채플에 모여 개헌을 반대하는 구국기도회를 가질 계획이었다. 하지만 학교 당국의 휴교조치로 무산되고 말았다.(『대전일보』 1969년 9월 20일자; 『중도일보』 1969년 9월 20일자)

시민들과 대학생들의 개헌반대투쟁 소식을 접한 고등학생들도 다시 연합하여 시위를 벌이기로 계획했다. 먼저 대전고 2학년 학생들이 9월 17일 개헌반대시위를 하기로 계획했는데, 학교 측이 2학년에게 휴교령을 내려 무산되었다. 18일에는 3학년 학생들이 개헌반대 성토대회를 열고 가두시위를 계획했지만, 이 역시 학교 측의 휴교조치로 무산되었다. 18일 학교에 등교한 200여 명의 학생들은 휴교조치에 항의하며 시민회관 앞에서 시위를 벌이다가 경찰에 의해 강제로 해산되었다.(『대전일보』 1969년 9월 18 · 19일자; 『중도일보』 1969년 9월 18 · 19일자)

충남고에서는 학생회 간부들이 단체행동에 대해 논의하다 '민주주의의 죽음'이라는 의미로 검은 리본을 착용하기로 결정했다. 19일 학교 당국이 학생들의 이런 행동을 제지하자, 학생회장 류창기와 간부 강희재, 이병도, 황인철 등은 개헌의 부당성과 수업 거부의 취지를 설명했다. 이 때 학생들은 복도에서 애국가를 부르며 연좌농성에 들어갔다. 결국 교장과 교사들의 설득으로 학생들은 농성을 해산했으며, 학교 당국은 1학년과 여학생을 제외한 2·3학년에 대해 무기한 등교중지조치를 내렸다.(류창기의 증언) 이외 한밭상고와 대전상고 등의 학생들도 시위를 계획했으나 실현되지는 못했다.

휴교에 들어간 후 정부와 학교 당국은 개헌반대시위를 주도하거나 참여한 학생들을 징계하기 시작했다. 대전대 개헌반대 성토대회와 시위를 주도했던 개헌반대투쟁위원회 위원장 박재영을 비롯한 6명의 학생이 기소되었고, 각 고등학교에서 시위를 주도한 학생들은 제적과 퇴학을 당했다. 박정희 정권은 1969년 10월 17일에 국민투표를 통하여 3선개헌안을 최종 통과시켰다. 개헌반대시위를 벌였던 대전고와 충남고는 9월 30일에 개학을 했고, 대학도 10월 20일 대부분 휴교령을 해제하였다. 이로써 3선개헌 반대투쟁은 막을 내렸다.

대전·충남 지역의 3선개헌 반대투쟁은 다른 주요 도시들에 비해 저조한 편이었다. 다른 지역보다 늦은 7월에 들어서야 고등학생들이 반대투쟁을 시도하였지만 모두 좌절되었다. 9월에 들어 학생들이 개헌반대투쟁을 벌이기 시작했지만, 대전대의 경우를 제외하곤 매우 저조한 수준이었다. 물론 국회에서 개헌안이 통과된 후 시민들이 직접적으로 개헌반대 의사를 표현하고, 고등학생들이 보다 적극적으로 개헌반대투쟁을 벌인 것은 전국에 유례가 없는 매우 의미 있는 일이다.

대전·충남 지역의 3선개헌 반대투쟁이 다른 지역에 비해 부진했던 이유는 학교 당국의 철저한 방해에만 원인이 있었던 것은 아니다. 오히려 다른 원인들, 즉 투쟁을 주도할 세력과 조직의 부재가 더 큰 원인이었다. 게다가 현실적인 의사표현 방식인 시위에 대한 학생들의 부정적인 인식과 박정희 대통령에 대한 기대감도 원인으로 작용하였다.(허종, 2015)

제4절 교련철폐투쟁과 공명선거운동

박정희 정권은 1970년 12월 대학생들의 반대에도 불구하고, 교련시간을 연장하고 현역 장교를 교관으로 배치하는 교련강화정책을 발표했다. 정책의 주요 내용은 교련수업시간을 대학생의 4년간 총 수업시간의 약 20%에 해당하는 711시간으로 하고, 군사교육을 위해 대학에 현역 군인을 배치한다는 것이었다.(『동아일보』 1970년 12월 21일·1971년 1월 27일자) 교련 문제는 대학생들과 직접 관련된 문제였다. 학생들은 군사훈련 시간이 지나치게 많고, 현역 군인이 학교 내에 들어올 경우 학원병영화가 강화되어 학생활동이 제약되고, 결국 학원의 자율성이 침해될 것이라고 비판했다. 또한 학생들은 교련강화정책을 위기에 몰린 박정희 정권의 대내적 강압책으로 사용하기 위해 내놓은 정책으로 간주했다.

3월 2일 서울대 문리대 학생들은 〈문리대생에게 고함〉이라는 성명서를 발표하여, 그 어느 때보다도 국방태세가 완벽하게 갖추어져 있는 상태에서 국방력 강화를 구실로 학생군사훈련 강화를 추진하는 것은 설득력이 없다고 지적했다. 같은 날 부산대 총학생회는 교련강화안에 대한 재학생들의 여론조사 결과를 발표했다. 이 조사에서 90% 이상의 학생들은 교관이 현역으로 교체되면 학원의 자율성이 심각하게 침해되리라고 보았다. 3월 15일에는 서울대 법대학생회가 교련 수강 여부에 대한 찬반투표를 실시하였는데, 95% 이상이 반대한다는 결과가 나왔다. 3월 19일에는 서울대 상대 학생회가 교련반대 찬반 투표를 실시하여 학생들의 강력한 거부 의사를 재확인했다. 같은 날 고려대 총학생회 역시 학생들을 대상으로 여론조사를 하여, 절대 다수 학생들의 교련 반대 의사를 발표했다.

교련반대 여론은 전국 대학으로 확산되었다. 마침내 3월 23일 전국의 12개 대학 학생회 대표들이 함께 모여 학원병영화를 가져오는 군사교육의 전면

철폐를 요구하는 내용의 공동선언문을 발표했다. 이후 전국 각 대학 학생들은 "학원의 병영화 반대", "학원자유 수호" 등의 구호를 외치면서 반대시위를 벌였다.(민주화운동기념사업회 연구소 편, 2008, 551~554쪽)

대전 지역에서는 4월 15일 충남대 법경대 학생들이 교련 강화에 반대하는 집회를 열었다. 4월 15일 오후 2시경 200여 명의 법경대 학생들은 종합운동장에서 교련 강화를 반대하는 집회를 열었다. 학생들은 교련강화 결사 반대, 학원사찰 중지, 학생의 자율성 보장, 일부 대학의 휴교 조치 해제 등을 주장하였다. 또한 학생들은 현역 교관들을 예비역으로 교체시켜줄 것과 실기 위주의 교련교육을 정훈교육 위주로 바꿔줄 것을 요구했다. 학내 집회 후 학생들은 시내로 진출하려다가 출동한 경찰과 대치하자 다시 교정으로 들어갔다. 시위대들은 다시 문리대 201강의실에 들어가 "교련 강화로 인한 학원자주성 침해, 학원사찰 즉각 중지, 서울의 일부 대학 휴교령 철회" 등의 구호를 외치며 농성을 벌였지만, 밤 11시경 교수들의 만류로 농성을 해산했다.(『대전일보』『중도일보』1971년 4월 17일자)

다음 날인 4월 16일에는 문리대 학생들을 중심으로 교련반대시위가 벌어졌다. 이날 오후에는 의예과를 주축으로 한 150여 명의 학생들이 학교 교정에 모여 교련반대 성토대회를 열고 시위를 벌였다. 학생들은 "교련반대", "휴강조치 철폐" 등 6개 조항의 결의문과 건의문을 채택했지만, 교수들의 만류로 오후 3시경 집회를 해산했다.(『충대신문』1971년 4월 21일자)

학생들은 교련반대투쟁을 강력하게 전개해 나갔지만, 곧 열릴 대통령선거와 정부의 대학 휴교조치를 의식하여 운동방식을 고민하였다. 그 결과 민주수호를 위해 조용한 분위기와 학원질서 수호의 범위 내에서 교련반대 투쟁을 벌이고, 4월 27일 대통령선거가 끝날 때까지 가두시위 등을 벌이지 않기로 결의했다.(『경향신문』1971년 4월 16·21일자) 그 대신 학생들은 공명선거를 치르기 위해 민주주의 수호와 공명선거를 목적으로 결성된

'민주수호국민협의회'에 참여하기로 했다. 충남대 학생들 역시 민주수호국 민협의회에 참여하여 공명선거를 위한 선거참관인단으로 참가하였다.

대통령선거가 끝나자 박정희 정권은 교련반대투쟁과 공명선거운동에 참여했던 학생들에 대한 대대적인 탄압에 들어갔다. 박정희 정권은 교련 반대투쟁을 벌이는 학교마다 즉각 휴교령을 내리고 학생들을 연행했다. 하지만 학생들의 반대투쟁 역시 격렬해졌다. 10월에는 고려대에 군인들이 난입하여 농성 중에 있는 학생들을 납치해 가는 일이 벌어졌다. 학생들은 더욱 분노하게 되었고, 시위는 전국적으로 확산되었다. 10월 중순에는 서 울대, 경북대, 부산대 등 전국 14개 대학 학생대표가 모여 규탄대회를 열 고, 군인 난입의 주모자 처벌, 학원사찰 중지, 부정부패 원흉 처벌 등을 요 구했다.(『경향신문』 1971년 10월 13일자)

박정희 정권은 탄압을 더욱 강화하여 전국적으로 학생들을 연행하고, 시위 학생 징계, 학내 서클 해체와 간행물 폐간 등의 조치를 단행했다. 충남 대에서는 1명의 학생이 제적되고 대다수의 학내 서클이 해체되었다.(『경 향신문』 1971년 10월 20일자; 『동아일보』 1971년 10월 20일자) 또한 교련 수강거부 학생들을 입영 조치하였다. 충남대에서만 24명의 학생들이 병무 청에 입영대상자로 통고되었다.(『매일경제신문』 1971년 10월 20일자)

박정희 정권의 강력한 탄압으로 교련반대시위는 더 이상 일어나지 않았 다. 박정희 정권은 그해 10월 15일 학원질서 유지를 위한 특별 성명을 발 표했고, 이어서 12월 6일 비상사태를 선포했다. 이로써 정국은 더욱 얼어 붙었고, 박정희 영구집권을 위한 유신체제로 진입해갔다.

제2부

유신체제기의 반독재민주화투쟁

제1장 유신체제의 성립과 성격

군사쿠데타로 집권한 박정희 군사세력은 민정으로의 약속을 저버리고, 박정희 스스로 정계에 진출하여 대통령이 됨으로써 군사독재정권의 역사를 시작했다. 박정희 정권은 1969년 제6차 개헌안을 국민투표를 통해 통과시켜 3선의 기반을 만들었다. 국민들을 무력으로 억누르며 종신집권을 향한 박정희의 시나리오는 계속 진행되었다. 먼저 박정희는 3선개헌을 근거로 1971년 4월 27일 제7대 대통령선거에 출마하여 김대중 후보를 이기고 대통령에 다시 당선되었다.

한편, 1960년대 후반부터 박정희 정권은 대내외적으로 위기에 봉착하게 되었다. 미국의 닉슨독트린 발표는 박정희 정권이 정권 유지의 근본이념으로 삼고 있던 반공이데올로기의 존립을 근본적으로 위협했다. 또한 외자의존적인 경제개발로 인해 원리금 상환 부담과 기업의 경영부실을 초래했으며, 그 결과 자본축적상의 위기에 빠져들게 되었다. 나아가, 성장제일주의와 저곡가저임금정책은 농민과 노동자의 생활을 피폐화시켰고, 대도시 외곽에는 농촌에서 이주해 온 사람들이 거주하는 빈민촌이 형성되기 시작했다. 그 결과 국민들의 민심은 점차 박정희 정권으로부터 멀어져 갔다.

이런 총체적인 위기에서 등장한 것이 유신체제이다. 무엇보다 박정희 정권은 집권체제를 공고히 하기 위해 여러 가지 조치를 시행하였다. 먼저 박정희 정권은 1971년 10월 15일 서울시 일원에 위수령을 발동하고, 10월 19일에는 '학원질서 확립에 관한 대통령의 특별명령'을 공포했다. 이어 같은 해 12월 6일에는 비상사태를 선포하고, 12월 27일에는 '국가보위에 관한 특별조치법'을 공포했다. 1972년에 들어서자 7월 4일 '남북공동성명'을 발표하여 마치 남북관계가 획기적으로 개선될 것처럼 국민의 관심을 집중시킨 뒤, 바로 10월 17일 대통령 특별선언을 통해 계엄포고 제1호를 선포하였다. 이 계엄포고 1호를 통해 국회가 해산되고 정당과 정치활동이 금지되었으며, 대학이 폐쇄되었다. 이 날 박정희 정권은 유신헌법을 공포하고, 이후 국민투표를 통해 유신헌법을 확정시켰다. 유신헌법은 이른바 남북통일과 지속적인 경제성장이라는 명목으로 선포되었다. 1972년 삼엄한 계엄령 아래 통과된 유신헌법은 박정희 대통령이 명목상 내건 평화통일과는 거리가 멀었다. 그저 박정희 대통령의 1인 종신집권을 보장하는 데 초점이 맞춰졌을 뿐이었다. 1972년 장충체육관에서 열린 첫 체육관 선거에서 박정희 후보는 혼자 입후보하여 총 2,359명의 대의원표 중 단 두 표의 무효표를 제외한 2,357표를 얻어 6년으로 임기가 늘어난 대통령에 당선되었다. 통일주체국민회의 의장은 대통령 자신이었다.

유신체제는 통일주체국민회의와 유신정우회를 통해 운영되었다. 유신헌법은 주권자인 국민이 직접 선거에 의해 대통령을 뽑는 직선제 대신 이른바 '통일주체국민회의' 대의원들이 모여 체육관에서 간접선거로 대통령을 뽑는 대통령 간선제가 그 요체였다. '체육관 대통령'의 탄생이 그 목적이었다. 또한 유신헌법은 대통령 중임에 관한 조항을 폐지함으로써 종신집권의 길을 열었다. 유신헌법에 의하면, 국회의 국정감사권은 폐지되는 대신 대통령은 국군통수권과 국회해산권을 가지며, 법관과 국회의원 1/3

에 대한 임명권을 가진다. 이로써 대통령은 국회조차 마음껏 좌지우지할수가 있었으며, 마음만 먹으면 종신토록 이 나라의 대통령이 될 수가 있었다. 유신헌법에 의해 수립된 유신체제는 삼권분립의 원칙을 무시하고 대통령의 권한만을 기형적으로 확대시킨 독재체제였다.

특히 유신헌법의 대표적인 독소 조항 중 하나는, "대통령은 필요하다고생각할 경우 헌법에 규정되어 있는 국민의 자유와 권리를 정지"할 수 있다는 제53조 대통령 긴급조치권이다. 긴급조치란 대통령이 자기 멋대로 '필요하다고 판단되면' 언제든 그 내용을 마음대로 만들어 선포할 수 있는 무소불위의 법 아닌 법이었다. 국회도 필요 없었고, 사법부도 필요 없었다.박정희 대통령은 긴급조치를 실제로 악용하여, '국가안보나 공공의 안녕질서가 중대한 위협을 받거나 받을 우려가 있을 때' 발동되어야 할 긴급조치권을 수시로, 무자비하게 발동하였다. 긴급조치권은 국회의 동의 없이 발동할 수 있었고 사법부의 심사대상도 되지 않았다. 1974~1979년 동안 9호까지 발동된 긴급조치에 의해 구속된 사람은 1,086명에 이르렀다. 유신헌법에 대해 각계각층의 반대 시위가 격렬하게 전개되었는데, 그 때마다 박정희 정권은 유신헌법을 강화해 가면서 반대시위를 철저히 탄압하였고 비판자들을 구속 수감하였다.

박정희 정권은 나라 전체를 병영화하여 통제를 강화했다. 1974년에는국민윤리, 국사, 한문, 교련 등을 새로운 학과목으로 독립시켜 이데올로기교육을 강화했다. 또한 1975년에는 학도호국단을 학교에 설치하고, 사회에는 민방위대를 결성하여 모든 사람들을 준군사조직에 편입시켰다. 박정희 정권의 민주주의 말살정책에 반대하여 전국 곳곳에서 양심적인 민주인사들이 반민주적 독재체제에 저항하는 투쟁을 벌이기 시작하자, 박정희유신정권은 국가안정을 위한다는 명목으로 수시로 긴급조치를 남발하면서 민주화운동을 탄압했다.

제2장 유신체제 전기의 반독재민주화투쟁

유신체제가 선포되자 민주화운동은 위축된 듯 했다. 특히 학생운동은 더 이상 공개적으로 민주화운동을 벌일 수 없게 되었다. 하지만 초억압적인 유신헌법이 통과되는 살벌한 상황 속에서 학생들은 소규모의 비밀조직을 만들어 유신반대투쟁을 전개하기 시작했다. 이런 상황에서 먼저 1973년 고려대에서 『민우』지 사건과 『야생화』 사건이 발생했다. 이 사건은 유신선포 이후 해제되었던 학생운동권이 조식을 재건하여 유신반대운동을 벌이려 했던 대표적인 예였다. 『민우』지는 학생들이 만든 지하신문이었고, 『야생화』는 서클 등림회에 속한 학생들이 발행한 회보였다. 박정희 정권은 이들을 국가전복단체라는 이름으로 잡아들였다. 전남대에서도 반유신지하신문인 『함성』지 사건이 발생하여 학생들이 구속되었다. 유신반대운동은 학생들에만 국한되지 않았다. 1973년 4월 22일 남산 야외음악당에서 열린 부활절 연합예배에서 권호경 전도사와 김동완 전도사를 비롯한 젊은 목회자들과 기독 학생들은 유신에 반대한다는 내용의 유인물을 미리 준비해서 이날 참여한 군중들에게 배포했다. 이후 이 사실을 알게 된 박정희 정권은 주모자들을 연행해 내란음모죄를 뒤집어 씌었다. 단순히 유신체제를 비판했다는 이유만으로 성직자와 학생들이 내란음모죄인으로 취

급되는 비참한 현실에 기독교장로회와 한국기독교협의회 등이 즉각 대책
마련에 들어갔다. 이후 유신반대투쟁은 더 확대되기 시작했다.(민주화운
동기념사업회 연구소 편, 2009, 95~99쪽)

대전·충남 지역의 유신반대투쟁은 1973년 들어 목원대 학생들에 의해
처음으로 전개되었다. 1973년 가을학기에 들어서자 목원대 신학과에 재학
중이던 71학번(당시 3학년) 김영주, 박화원, 김홍수, 송영환 등은 학교 교
정과 학교 근처 조중희 선배의 집에 종종 모여 시국을 논하고 소식을 나누
다가, 목원대에서도 유신반대투쟁을 전개해야 한다면서 시위를 계획했다.
박화원이 시국선언문 초안을 작성하고, 김성수와 백선용(음대 71학번)이
학교 뒤 용두동교회에서 등사기와 인쇄 잉크를 가져오기로 했다. 시위 예
정일은 전교생이 모이는 채플 예배 후로 잡고, 먼저 교내에서 힘을 모은
후 교문 밖으로 나가 시민들에게 유신독재 반대의 뜻을 전하기로 했다.
"목원의 신앙 동지 여러분!"으로 시작되는 시국선언은 "박정희가 유신을
통해 장기집권 음모를 꿈꾸고 있으니, 민주화를 위해 싸워야 한다. 이 정
권은 정치는 없고 통치만 있다" 등의 내용으로 이루어졌다.

이 때 또 하나의 시위 준비 그룹이 있었다. 신학과 72학번 학생들이 유신
헌법에 대한 거부의사를 밝힌다는 의미로 전원 삭발하기로 결의를 한 것이
다. 학생운동 조직이 전혀 없는 상황에서 이들은 단순히 신앙과 양심의 소리
에 눈떠 시위를 벌이고자 했다. 표언복, 조백형, 이철, 최대용, 김성갑, 신관
우, 백성기 등이 삭발사건을 주도하였고, 시위에 필요한 유인물을 준비했다.

11월 어느 날[6] 학교 채플에서 예배가 있었던 당일 신학과 2학년 40명(8
명의 여학생은 단발) 전원과 3학년 김영주가 삭발하였다. 목원대 학생 전
체가 정기적으로 드리는 예배가 끝난 후, 신학과 3학년생 중 한 명이 시국

---

[6] 불행히도 자세한 날짜는 기록이 없다. 당시 시위를 주동했던 사람들의 증언에 의하면,
11월 초 정기 채플이 있었던 화요일이나 목요일에 시위가 발생했다.

성명서를 낭독하고, 학생들 전원이 채플에서 나와 도서관 앞 잔디밭을 한 바퀴 돈 후 교문 쪽을 향해 질주했다. 학생들이 "유신독재 물러가라!"는 구호를 외치면서 교문 앞까지 진출하자, 경찰이 학생들을 저지했다. 남기철 학장 역시 "학생들, 차라리 나를 밟고 넘어가라"고 외치면서 시위를 만류했다. 교문을 사이에 두고 시위대와 진압 경찰 사이에 밀고 당기는 공방전으로 교문이 넘어가는 사고도 일어났다. 결국 학생들은 시내로 진출하지 못하고 학내로 돌아와 시위를 끝내야 했다.

이날 시위는 대전·충남 지역 대학가에서 처음으로 일어난 유신반대투쟁이었다. 대전 지역에 있는 대학들 중 목원대는 기독교 대학으로서 전국적인 조직망을 갖춘 교회를 통해 시국에 관한 정보를 가장 빨리 입수할 수 있었다. 이런 점이 목원대에서 가장 먼저 시위가 일어날 수 있는 조건으로 작용했다. 목원대 학생들의 유신반대시위를 시작으로 대전 지역의 대학가에도 시위가 조금씩 전개되기 시작했다.(목원대학교 민주동문회 편, 1994, 5~12쪽)

한편, 1973년 10월 2일 서울대에서 문리대 학생들이 주도하여 공개적이고 대중적인 유신반대투쟁이 일어났다. 이 사건을 계기로 유신반대투쟁은 전국적으로 확산되었다. 먼저 10월 30일 경북대에서 유신반대시위가 일어났고, 이후 각 전국 각 대학들에서 유신반대투쟁의 일환으로 동맹휴학을 결의하기 시작했다. 학생들의 유신반대투쟁은 사회전반의 민주화 요구를 촉발시켰다. 그 결과 1973년 10월 19일부터 12월 초까지 기자들이 언론자유수호투쟁에 나섰으며, 재야 인사들도 시국선언을 통해 민주주의 회복을 요구했다. 대표적으로 1973년 11월 5일 민주수호국민협의회 인사들이 서울 YMCA에서 시국선언을 발표했으며, 12월 24일에는 헌법개정청원운동본부를 구성하고 '개헌청원100만인서명운동'을 공식적으로 시작하였다. 이로써 공개적이고 전면적인 유신반대운동이 전국적인 차원으로 발전하기 시작한 것이다. 확산되는 유신반대운동에 박정희 정권은 계속 긴급조치를 발동하여 민주화운동을 혹독하게 탄압했다. 특히 학생들의 유신반대투쟁을 전국적인 차원에서 보다 효과적으로 전개해야 될 필요성이 대두되자, 학생운동 지도부는 서울지역을 시작으로 각 지방 대학의 투쟁조직을 연결하는 작업을 시작했다. 그 결과 1974년 3월에 전국적인 유신반대투쟁 네트워크인 전국민주청년학생연맹(이하 '민청학련')이 결성되기에 이른다. 이제 학생들은 전국 각지에서 수시로 모여 조직적인 유신반대투쟁을 전개하기 시작했다.(민주화운동기념사업회 연구소 편, 2009, 103~129쪽)

이렇게 유신반대투쟁이 전국적으로 거세게 확산되자, 박정희 정권은 1974년 4월 '긴급조치 4호'를 발표하고, 학생운동 지도부에 대한 대대적인 검거에 들어갔다. 학생 운동가들은 경찰의 검거망을 피해 전국으로 뿔뿔이 흩어져 숨기 시작했고, 1973년 목원대에서 일어난 유신반대투쟁의 선봉에 섰던 김영주, 김홍수, 박화원 등도 경찰의 검거를 피하기 위해 전국을 떠돌면서 친구나 친척집 등을 전전했다.

유신정권은 민청학련 사건을 발표하고, 그 배후로 '인민혁명당(이하 '인혁당') 재건위'를 지목하였다. 박정희 정권은 대구·경북 지역의 혁신계 인사들이 1964년에 적발된 인혁당을 재건해 민청학련의 유신반대투쟁을 조종하고 북한의 사주를 받아 정부 전복활동을 했다고 발표했다. 이 사건으로 국가보안법 위반 등의 혐의로 23명이 구속 기소되고, 이 중 여정남, 도예종, 서도원 등 모두 8명이 1975년 4월 9일 오전 6시 형장의 이슬로 사라졌다. 4월 8일 대법원 상고기각 결정이 내려진 지 20여 시간만에 사형이 전격적으로 집행된 것이다. 이는 사상 유래가 없는 일로서, 대한민국 사법 사상 가장 '치욕스런 날', '사법살인'의 날로 기록될 정도였다. 당시 '인혁당 재건위 및 민청학련 사건'으로 253명이 구속되었는데, 이중 이철과 김지하 등 민청학련 관계자들은 1975년 2월 대부분 석방됐지만, 유독 인혁당 재건위 관련자들에게는 사형이나 징역 15년~무기징역의 중형이 선고됐다.

1974년에 일어난 긴급조치 4호 발표와 인혁당 재건위 및 민청학련사건으로 전국은 유신정권이 자행하는 탄압의 광기 아래 어둠이 진하게 내리워졌다. 그 어떤 비판도 용인되지 않은 채 침묵만이 강요되었다. 하지만 학생들과 시민들의 민주화에 대한 열기는 사라지지 않았다. 박정희 군사정권의 계속된 긴급조치 발동과 민청학련사건으로 사라지는 듯 했던 유신반대투쟁은 1974년 가을이 되자 다시 일어나기 시작되었고, 유신반대시위는 전국으로 확산되어 갔다.

1973년에 이미 유신반대시위와 삭발사건이 학생들에 의해 자발적으로 일어난 목원대 역시 1974년 가을 학기에 들어서자 반독재투쟁의 열기가 다시 꿈틀대며 되살아났다. 일부 학생들의 유신반대시위가 학내에서 간헐적으로 지속되었다. 1974년 중간고사일인 10월 17일 오전 8시 30분 신학과 학생 100여 명이 신학관 앞 잔디밭에 모여 "주여, 우리로 하여금 나라를 위해 기도하지 않는 죄를 범하지 말게 하소서"라는 기도문을 내걸고 구국기도회를 가졌다. 이날 기도회는 신학과 4학년들이 주도하였으며 밤 11시까지 계속 되었다. 신학과 학생 50여 명은 단식을 했다. 이날 기도회가 계속될 조짐을 보이자 학교 당국은 1주일 휴강조치를 내려 10월 23일까지 임시휴교를 시행했다. 하지만 휴교기간인 10월 18일에 신학과 3학년들이 주축이 되어 10시 30분에 교내 채플에 모여 '목원인의 양심선언 대회'를 열고 시국선언문을 낭독했다. 학생들은 구속 학생과 교수, 성직자를 석방할 것 등의 5개 항을 결의했다. 이후 학생들은 신학관 앞에 다시 모여 학내에 상주하는 형사들의 철수 요구가 받아들여지지 않은 것을 성토하는 대회를 가졌다. 그 후 인근에 위치한 대전여대 교문을 통해 교외 진출을 감행했으나, 출동한 200여 명의 경찰들의 저지로 실패한 후 연좌농성을 벌였다. 그날 오후에 학생들은 선화동 사거리에서 다시 모여 연좌농성을 벌이다 경찰들의 저지로 40여 분만에 자진 해산했다.(『목원대신문』 제34호)

1974년 가을 학기 목원대에서 유신반대투쟁의 열기가 고조되면서 휴교와 복교가 반복되었다. 학내 시위가 지속되는 가운데, 1974년 11월 22일 목원대에서 기념비적인 반독재투쟁이 일어났다. 당시 박정희 독재정권은 취약해진 유신정권의 기반을 미국과의 긴밀한 관계 속에서 풀어내기 위해 포드 미국 대통령의 방한을 계획했다. 미국 역시 군사·경제적인 이권을 영구히 보장받기 위해 이를 수용하여 포드 대통령이 11월에 한국을 방문하기로 결정했다. 1973년 11월부터 시작된 목원대 시국 시위에 참여했던 학생들은 너무 순수해서, "어떻게 국빈이 오는데 나라 안의 문제로 싸울 수 있느냐"고 말하면서 시위를 자제하기로 했다. 하지만 목원대 학생회 지도부의 생각은 달랐다. 이들은 포드 대통령 방한 시기에 맞추어 유신독재 반대시위를 벌이면, 국내에 집중된 세계 여론을 통해 현 정권의 비민주성을 폭로할 수 있다고 보았다.

시위를 벌이기로 결정한 학생회 지도부는 구영회(신학과 71, 총학생회장)의 기숙사 방에 모였다. 구영회, 송영환, 이훈국, 김정식, 박화원, 김흥수 등은 이날 함께 모여 시위를 계획했다. 이들은 포드 대통령의 방한이 유신반대투쟁의 좋은 계기가 될 것이라 인식했다. 일단 시위의 모든 1차적 책임은 구영회가 지고, 김흥수와 박화원은 시장에 가서 광목과 페인트를 구입해 기숙사 샤워장에서 "유신헌법 철폐하라"는 구호가 적힌 시위용 플래카드를 만들기로 했다.

한편, 신학과 72학번 학생들도 학생회 지도부의 시위 계획을 모른 채 포드 대통령 방한 전날 최대용과 장병선의 자취방에 모여 그동안 계속되어 온 유신독재 반대시위를 다음 날에도 계속할 것을 계획했다. 이 계획은 정보가 새어 나가 남기철 학장과 직원들이 학생들을 찾아다녔다. 하지만 학생들을 찾지 못하자 학교 측은 다음 날 휴교령을 내리고 교문을 닫아버렸다.

포드 대통령 방한일인 11월 22일이 되자 학생들은 굳게 닫힌 교문 앞으로 모여들었다. 휴교령이 내려진 것을 모른 채 등교한 학생과, 시위에 참여하기 위해 등교한 학생들로 뒤섞여 있었다. 학생들은 이곳저곳의 틈을 이용하거나 담을 넘어 학교에 들어가서, 도서관 앞에 모여 유신독재를 규탄하는 1차 집회를 가졌다.

전날 밤 시위를 계획한 지도부는 중앙데파트 앞 목척교에 다시 모여 2차로 시위를 벌이기로 했다. 이날은 그동안 시위에 소극적이었던 미대, 음대 학생들도 목척교에 집결하는 등 많은 학생들이 시위에 참여했다. 하지만 이 날 학생들의 시위 계획을 미리 알게 된 경찰들이 목척교 주위에 이미 배치되어 있었다. 학생들은 중앙호텔 앞 대전천변에 드문드문 모여 서로를 눈짓으로 확인했다. 이 때 신학과 이훈국이 갑자기 "유신헌법 철폐하라"는 구호를 외쳤다. 이 구호를 시작으로 150여 명의 학생들이 순식간에 모여들어 대열을 형성하고 플래카드를 펼쳐 들었다. 학생들은 "유신헌법 철폐하라! 유신독재 물러가라!"는 구호를 외쳤고, 동시에 대열 맨 앞에서 선언문이 낭독되었다. 퇴진 요구였다. 학생들은 유신독재의 비민주성을 만천하에 알리고자 했다. 하지만 경찰의 무지비한 진압으로 시위는 10분 만에 끝나고 말았으며, 이 과정에서 학생들은 경찰의 진압봉에 얻어맞으면서 전원 연행되었다. 연행 과정에서 대열 앞의 50여 명의 학생들이 경찰들로부터 심하게 구타를 당했으며, 김정식(신학과 71학번)은 눈위가 찢어지는 부상을 당해 병원으로 옮겨졌다.

이날 시위는 매우 짧게 끝났는데, 그것은 시위 계획을 사전에 인지한 경찰의 진압 때문이었다. 그렇지만 이날 시위는 예상외로 학내외에 엄청난 파문을 일으켰다. 그것은 학생들이 대전 시내 한복판에서 조직적으로 벌인 이 지역 최초의 유신반대시위였기 때문이다. 당시 『동아일보』는 이날 저녁 목원대 학생들의 시위를 다음과 같이 보도했다.

목원대 학생 시위, 22일 오전 10시 5분경 대전 목원대학 학생 100여 명이 중동 중앙데파트 앞 목척교 위 광장에 모여 "유신헌법 철폐하라"는 플래카드를 내걸고, 15분간 찬송가를 부르며 농성을 벌이다 경찰의 제지로 해산했다. 대전경찰서는 신학과 4년 류해헌(25살)군 등 70여 명을 연행했다.(『동아일보』 1974년 11월 22일자)

이날 시위로 총 70여 명이 연행되었는데, 구영회(구류 29일), 이훈국(구류 28일), 김정식, 박화원, 한순동, 정향희, 이희수(이상 구류 15일), 전계남(구류 10일), 최정성(구류 7일) 등이 구류 처분을 받았다. 학생들은 대전경찰서 지하실에서 조사를 받았는데, 담당 형사는 "나는 간첩을 몇 놈 죽인 사람이다. 무슨 일이든 다 할 수 있다"고 말하면서 공포감을 조성하기까지 했다.

11월 22일 목척교 광장에서의 시위가 있은 후, 목원대 학생들은 연행된 학우들을 직접 면회하고, 이들의 조기 석방을 위해 학내에서 계속 집회를 가졌다. 이에 학교 당국은 학생들의 투쟁을 막기 위해 11월 25일을 기해 조기 방학에 들어갔다. 이로써 목원대 학생들의 시위는 더 이상 계속 될 수 없었다.

그렇지만 11월 22일 목원대 학생들의 유신반대시위는 대전·충남 지역에서 반유신독재투쟁의 깃발을 휘날린 역사적인 사건이었다. 이날 시위는 우연적으로 발생한 것이 아니라, 그전까지 학내에서 끊임없이 계속되었던 유신반대투쟁의 연장선상에서 일어난 사건이었다. 당시 유신독재가 기승을 부리며 전국적으로 탄압이 자행되는 가운데, 대전·충남 지역에서 학생들이 희생을 각오하고 학내가 아닌 대전시내 한복판에서 시위를 벌였다는 것은 큰 의미가 있는 사건이다. 이는 1980년대 들어와 목원대가 민주화운동의 주역으로 학생운동의 선봉에 설 수 있는 좋은 토양을 형성했다고 볼 수 있다.(목원대학교 민주동문회 편, 1994, 5~12쪽)

충남대 학생들도 1974년 10월부터 본격적으로 유신반대시위를 벌였다.

관련 학생들은 곧 제적되었고, 학교 당국은 휴교를 발표했다. 10월 17일 학생회가 해산되었으며, 19일에는 학교 당국이 개강 선행 조건을 제시하는 등 강경 정책을 고수하였다. 이런 상황 속에서 학생들은 학교 당국의 부당한 처사에 맞서 결연히 투쟁하기 시작했다. 10월 14일 충남대 교수회의에서는 그동안 학내에서 전개되었던 학생들의 유신반대시위와 관련하여 16명의 학생들을 처벌하였는데, 이중 10명이 무기정학 처벌을 받았다. 10월 30일에는 2,700여 명의 학생들에게 가정통신문을 보냈는데, "새로운 면학분위기 조성에 적극 참여하고, 앞으로 학칙을 준수, 학구활동에만 전념하며, 만약 추호라도 학칙에 위배되거나 학교에 불명예스러운 언동을 했을 때는 어떠한 학교 당국의 조처도 감수하겠다"는 내용의 서약서를 친권자 1명과 대전시내 거주자 1명 등 2명의 연대보증을 첨부하여 11월 10일까지 제출하라는 내용이었다. 11월 3일 서약서 접수 사실이 밝혀지자, 학원가와 재야 단체들이 이에 항의하는 성명서를 연이어 발표했다.(『조선일보』 1974년 11월 6일자) 11월 19일 박희범 총장은 '선개학 후구제'라는 방침 아래 개강을 서두르고 있으며, 학생 시위와 관련되어 처벌된 학생들은 지도교수의 보증을 전제로 구제할 수 있다고 밝혔다.

11월 25일 충남대 당국은 다시 개강을 하였다. 이날 300여 명의 학생들은 오전 10시 30분에 종합운동장에 모여 학내사태 관련 집회를 갖고, "구속 학생 및 구속인사를 즉각 석방하고, 폐쇄된 학원자유를 보장하라! 극단적 히스테리 환자인 박희범 총장은 즉각 사퇴하고, 총학생회를 즉각 부활시켜라. 이번 사태와 관련, 일체의 휴강 휴교 조처를 취하지 말라"는 내용의 결의문을 채택했다. 이중 100여 명은 중앙도서관으로 들어가 농성을 계속했다. 11월 29일 오전 10시경에는 단식 농성 중이던 100여 명의 학생들이 도서관 옥상에 올라가 "박 총장 물러가라"는 구호를 외치자, 등교했던 150여 명의 학생들도 합세해 박 총장 퇴진을 요구하였다. 이날 박총장은 경찰에게 강제 해산을 요청했으나 거절당하였다. 같은 날 낮 12시에 학교 측은 긴급 교수회의를 열고 법경대와 문리대를 무기휴강하기로 결정하였다. 12월 2일에는 충남대 학생 200여 명이 박희범 총장의 학생 처벌에 대한 책임을 물어 대학 내에서 무기한 단식투쟁에 돌입하였다. 12월 3일 밤 9시부터 박 총장과 농성 중인 학생대표 최낙헌 등 9명이 총장 공관에서 대화를 갖게 되었다. 그리고 다음 날 새벽 4시에 징계 학생 전원 구제와 총학생회 부활 등에 대해 학교 당국의 확약을 받고 도서관 농성을 풀었다.(『조선일보』 1974년 12월 4일자;『충대신문』 1974년 12월 6일자))

　대학생들의 구속을 각오한 희생적인 투쟁에 이어 천주교계와 기독교계까지 유신반대투쟁 대열에 합류하였고, 언론인, 문인 및 지식인들도 이에 가세하였다. 이렇게 언론인들의 운동과 종교계의 인권운동 등 사회 각계의 반독재민주화투쟁이 점점 고조되자, 이들 운동 세력들을 연합운동체로 함께 묶어 좀 더 체계적이고 효과적으로 투쟁을 전개해야 한다는 인식이 대두하였다. 1974년 11월 27일 '민주회복국민회의'가 발족되었고, 여기에 재야 각계 인사 71명이 참가했다. 민주회복국민회의는 이날 오전 서울 종로구의 기독교회관에서 서명자 중 50여 명이 참석하여 민주회복국민선언 대회를 개최하고, 〈국민선언〉을 발표하였다.

　민주회복국민회의는 긴급조치 1·4호 발동 이후 사실상 활동이 정지되어 버린 '민주수호국민협의회'의 뒤를 이어 결성된 단체였다. 이날 발표한 〈국민선언〉을 통해 민주회복국민회의는 계속 민주화를 위해 싸워 나갈 것을 다짐하면서, 정부에 개헌과 구속자 석방, 언론자유 보장 등을 요구하고, 국민들의 동참을 호소하였다. 이후 1974년 12월 25일 민주회복국민회의는 서울 YMCA회관에서 창립총회를 가지고 정식으로 출범하였다.

　민주회복국민회의는 암울한 시대적 환경 속에서도 전국에 지역 조직을 건설하기 위해 노력했다. 그 결과 민주회복국민회의가 공식 출범한 지 3개월 남짓한 1975년 3월경까지 전국에 7개 시도지부와 20여 개의 시군지부가 결성되기에 이르렀다.

대전·충남 지역에도 지부가 속속 결성되었다. 1975년 2월 19일에 민주회복국민회의 대전지부가 설립되었다. 이 날 결성대회는 오전 10시 대전시 대흥동 가톨릭 문화회관에서 100여 명이 참석한 가운데 열렸으며, 지헌영(전 충남대 교수), 박병배(통일당 국회의원), 송진백(제헌의원) 등 3인이 고문으로 추대되었으며, 김영곤 신부가 대표위원으로 선임되었다. 상임위원에는 김병재(신부)와 유영소(신부), 유병각(통일당 대전시부위원장), 이치원(신민당), 유죽촌(시인) 등 5인이 선임되었으며, 대변인은 송좌빈(통일당 제3지구 위원장)이 맡았다.(『조선일보』 1975년 2월 22일자)

같은 해 2월 22일 오전 9시 천안 오룡동 김승경산부인과병원에서 민주회복국민회의 천안시·천원군지부 결성대회가 열렸다. 8명이 참석한 가운데 이 날 결성대회에서 이상돈(전 국회의원)이 고문으로 추대되고, 대표위원으로 김승경, 김복관(전도사), 황규영(통일당 천안·천원지구 위원장) 등이 선출되었다. 또한 운영위원으로 시득희(씨알농장장), 공병내(씨알농장 주인), 이영일(민주전선 기자) 등이 선출되었으며, 대변인은 이완창이 맡았다.(『조선일보』 1975년 2월 23일자)

민주회복국민회의 논산지부도 2월 27일 오후 논산시 반월동 박창래의 집에서 결성되었다. 고문으로 육완국(전 국회의원), 박상래(신부), 김병희(논산교회 목사), 박창래(전 대전고 교장) 등이 선출되었으며, 상임위원으로 김필보, 이기철, 임기웅, 이철중, 김각수가 선임되었다. 사무국장으로 전병돈, 대변인으로 김수진이 각각 임명되었다. 이후 박정희 정권의 탄압에 맞서 민주회복국민회의를 중심으로 곳곳에서 민주화투쟁이 전개되었다.(『조선일보』 1975년 3월 2일자)

제3장 긴급조치 9호와 유신체제 후기의 반독재민주화투쟁

박정희 정권은 1975년 5월 13일을 기해 '국가안전과 공공질서의 수호를 위한 대통령 긴급조치' 제9호를 발령하였다. 이로써 박정희 유신독재정권의 공포정치는 극에 달했다. 긴급조치 9호는 '유언비어 날조·유포' 행위 등을 처벌한다는 명분 아래 영장 없는 체포·구금 등을 가능하게 한 초헌법적인 악법이었다. 10·26정변 직후 폐기될 때까지 4년여에 걸쳐 가장 오랫동안 지속된 긴급조치 9호는 유신헌법에 반대하는 모든 싹을 영구히 잘라내기 위한 극단적 조처였다. 긴급조치 9호에 따르면, 유신헌법에 대해 일체의 비방이나 부정·반대·왜곡 또는 비방하거나 유신헌법의 개정 혹은 주장·청원·선동·선전하는 행위를 할 수 없었다. 또한 이런 내용을 방송·보도하거나 표현물을 제작·배포·판매·소지하는 일체의 행위 역시 긴급조치 위반으로 법관의 영장 없이 체포 구금할 수 있었다. 위반자에게는 1년 이상의 유기징역과 10년 이상의 자격정지를 부과할 수 있었으며, 위반자가 소속된 학교나 단체의 장에게 해당자의 해임이나 제적을 명령할 수도 있었고, 심지어는 휴업·휴교, 잡지의 정간·폐간이나 승인·등록 취소도 주무장관의 재량 하에 마음대로 할 수가 있었다. 그리고 시장과 도지사는 필요하면 '군대 출동'을 요청할 수도 있었다. 더욱이 긴급조치는 긴급조치에 의해서만 해제가 될 수 있었다. 긴급조치에 대해 이렇다 저렇다 부정적인 대화를 나누는 것 역시 긴급조치 위반에 들어갔다. 그래서 긴급조치 위반으로 재판을 받고 있는 사람을 변호하는 변호사 역시 긴급조치 위반으로 들어가는 일까지 벌어졌다.

유신헌법으로 국민들에 대한 억압과 통제가 가능할 듯 보였지만, 이는 박정희 정권의 오판이었다. 긴급조치 9호 발표 이후 박정희 독재정권에 반대하는 투쟁은 전국적으로 거세게 불타오르기 시작했다. 1975년은 아이러니컬하게도 유신 이후 유신 철폐, 민주회복 국민운동이 가장 활발하게 일어난 해였다. 중요한 시국 사건들이 계속 일어났고, 그 결과 많은 반독재민주화투쟁 지도자들이 구속되고 감금되는 희생을 치르기도 하였다.

먼저, 1975년 4월 11일 서울대 농대 축산과 학생인 김상진이 농대 학생들 성토장에서 양심선언문을 읽은 후 할복자살을 했다. 한 달여 뒤인 5월 22일 서울대 관악 캠퍼스에서 1,000여 명의 학생들이 모여 김상진 열사 장례식 및 추도식을 거행한 후 반정부 구호를 외치면서 대규모 시위를 벌였다. 긴급조치 9호 발표 이후 최초로 이루어진 대규모의 반독재 시위였다. 서울대 교문을 막아선 경찰들은 최루탄을 쏘아대며 강경하게 시위를 진압했다. 이 날 시위로 학생 60명이 구속되고, 53명이 제명되었다. 그리고 시위 책임을 지고 서울대 총장이 사임을 하고, 전략본부장과 남부경찰서 서장이 경질되었다.

민주화에 대한 열망은 계속되었다. 1976년 3월 1일 명동성당에서 재야 인사 10여 명과 신자 700여 명이 미사를 드린 후 〈민주구국선언〉을 낭독하였다. 성명서의 내용은 박정희 일인독재 아래 인권이 유린되고 자유가 박탈당하는 현실을 비판하고, 앞으로 한국의 발전 방향을 논하는 비교적 온건한 내용이었다. 그럼에도 불구하고 그 자리에 있었던 사람들 중 전직 대통령 윤보선을 제외하고 김대중, 문익환, 서남동, 이문영, 안병무, 윤반웅, 신현봉, 문정현, 문동환, 함세웅, 이해동 등 11명이 긴급조치 위반으로 구속되었다. 다음 해 1977년 3월 22일에는 3·1민주구국선언 1주년을 맞아, 윤보선, 천관우, 지학순, 박형규, 조화순 등 나머지 재야 인사들이 〈민주구국헌장〉을 발표하였고, 같은 해 2월 3일에는 천주교정의구현전국사제단에서 〈우리의 태도〉를 발표하여, 사회정의가 거부당할 때 소리높이 외치는 것이 우리의 소망이라고 주장했다. 진보적인 문인들 역시 시인 김지하 석방운동에 이어 '자유실천문인협의회'를 결성하였고, 긴급조치 하에서 재갈이 물려있던 양심적인 언론인들은 언론의 자유를 위한 '자유언론실천운동'을 전개하였다. 1978년 7월 각계 인사 300여 명이 '민주주의국민연합'을 결성하면서 반독재민주화투쟁은 새로운 국면에 들어섰다. 특히 박정권 말기 각 대학가에서는 유신철폐 시위가 격렬하게 일어났다. 이런 학생들의 시위를 막기 위해 서울대는 1979년 10월 19일 '지도휴학제'를 실시하여 학생들의 시위를 막으려 했고, 그 결과 많은 운동권 학생들이 강제로 징집되어 1980년대 녹화사업의 희생자가 되기도 하였으나, 그럴수록 학생들의 반독재 시위는 더욱 거세져만 갔다.

　하지만 1970년대 후반 대전·충남 지역에는 중앙에 비해 아직 체계적인 조직을 갖춘 운동 단체가 존재하지 않았으며, 반독재민주화투쟁 역시 활발하게 전개되지 못하였다. 1980년 '민주화의 봄'을 맞이하기 직전, 대전·충남 지역에서는 일부 학생들을 중심으로 유신 독재정권에 대한 저항운동이 자발적인 형태로 일어났다. 1979년 10월 13일 공주사대에서 유신철폐 벽서 사건이 발생했다. 5명의 학생들이 학교 내 건물에 유신철폐 등의 벽서를 하여 구속된 사건이었다. 이 사건의 주동자였던 5명의 학생들은 1979년 10월 13일 새벽 공주사대 본관 현관에 부착된 "유신과업 이룩하여 멸공통일 이룩하자"라는 글자 중 '유신'자를 페인트로 지우고, 동시에 과학관 등에는

"유신 철폐", "학원의 자유화", "민주 회복" 등의 구호를 붉은 페인트로 벽서 (壁書)하였는데, 경찰의 수사로 수일 후 주동자들이 밝혀졌다. 주동자로서 사회계열의 이상헌, 정선원, 이영복, 권선길, 교육학과의 김익중 등이 10월 16일 부로 구속되었다. 이상헌은 제적되고 다른 학생들은 무기정학에 처해졌지만, 곧 이어 발생한 10·26정변으로 이들은 큰 제재를 받지는 않았다.(공주대학교50년사편찬위원회 편, 1998, 131쪽)

1979년 10월 26일 18년간의 박정희 군사독재는 박정희의 비극적인 죽음으로 종말을 고하였다. 이는 단지 역사적으로 우연히 발생한 사건이 아니라, 수많은 사람들의 지속적인 희생적 투쟁의 결실이었다.

제3부

1980년대의 반독재민주화투쟁

제1장 신군부의 등장과 '민주화의 봄'

제1절 신군부의 등장

1979년 8월 YH무역노조 사건과 김영삼의 총재직 정지 처분과 의원직 제명파동 및 10월에 일어난 부마항쟁 등은 철옹성 같았던 유신체제의 붕괴를 재촉했다. 부마항쟁에 대한 대응을 놓고 지배세력은 분열하였고, 그로 인해 10·26정변이 발생하여 박정희가 살해되었다. 이로써 유신체제는 종말을 고하였다. 국무총리 최규하가 대통령권한대행이 되었다가, 통일주체국민회의에 의해 제10대 대통령으로 선출되었다. 유신헌법 즉각 철폐와 민주헌법 제정 및 직선제 선거를 통해 민주주의가 실현되리라는 국민들의 열망과는 전혀 다른 일이 벌어지고 만 것이다.

당시 박정희살해 사건을 조사하는 과정에서 국군보안사령관 전두환 소장과 9사단장 노태우 소장이 중심이 된 신군부 세력이 부상했다. 1979년 12월 12일 전두환, 노태우, 정호용, 박준병, 최세창 등 하나회 소속 군인들은 정국의 혼란한 틈을 이용하여 군사반란을 일으켰다. 이들은 육군참모총장이자 계엄사령관인 정승화 총장을 박정희 살해사건 관련자로 지목하고, 참모총장 공관에서 총격전을 벌여 정승화를 보안사령부 취조실로 연행하였다. 대통령권한대행 최규하의 재가 없이 직속 상관을 체포하는 군사반란이 일어난 것이다. 12·12군사반란은 유신 연장을 획책하는 강경파 신군부가 현상유지를 꾀하려던 온건파를 제거한 군사쿠데타였다.

10·26정변 후 최규하 국무총리가 대통령권한대행을 맡았으며, 계엄사령관에는 정승화 육군참모총장이 임명되었다. 1979년 11월 10일 최규하는 대통령선거 관련 '특별담화'를 발표했다. 이 담화에서 최규하는 1980년 1월 25일에 끝나는 대통령 권한대행 잔여임기를 채우지 않고, 그 이전에 조기선거를 실시하겠다고 밝혔다. 아울러 국가 안위가 위기에 처한 상황에서 헌법문제를 포함한 정치발전문제는 신중하고도 질서정연하게 다루어져야 한다고 밝혔다. 다시 말해, 유신헌법을 개정하지 않고 기존의 틀 안에서 대통령 선거를 치르겠다고 공포한 것이다. 그리고 마침내 그해 12월 6일 통일주체국민회의 선거를 거쳐 최규하가 10대 대통령으로 선출되었다. 대통령 취임식에서 최규하는 잔여임기를 채우지 않고 가능한 빨리 개헌과 총선을 하겠다고 다시 언명했다. 이런 상황에서 3김을 중심으로 한 정치권은 12·12군사반란을 심각하게 받아들이지 않은 채 헌법개정과 정권교체를 위한 정치일정에만 몰두했다. 특히 신민당과 공화당은 정권교체와 집권가능성을 바라보면서 새 헌법의 시안에 관심을 쏟았다. 1979년 12월말부터 국회 헌법개정심의특별위원회 주관 아래 개헌공청회가 중앙과 지방에서 열렸다. 개헌공청회는 사법권 독립, 지방자치제 실시, 헌법에 명시된 기본권 보장 등을 내세우면서 정권교체와 민주화에 대한 전국민적 기대를 높여갔다. 1980년 2월 9일 양 당은 대통령 중심제, 대통령 직선제, 임기 4년에 1차 중임, 통대선출의원제 폐지 등의 내용을 핵심으로 한 헌법시안을 마련했다. 하지만 같은 날 신군부가 장악한 계엄사령부는 정치발전이 국가안보태세를 약화시키는 결과를 초래해서는 안 된다고 언급했다. 그러면서 현존 사회질서를 어기는 무분별한 행동은 결코 용납할 수 없다고 주장했다. 이에, 국무총

리 신현확은 3월 11일 산케이신문과의 회견에서 급속한 민주화는 사회혼란을 초래하므로 단계적으로 추진해야 하며, 유신체제는 국방력의 충실과 경제발전을 위해 필요한 것이었다고 발언했다. 야당은 이에 반발하며 강력한 대정부 투쟁을 벌이겠다고 밝혔다. 하지만 야당 내에서 '당권파'(김영삼계)와 '비당권파'(김대중계)의 갈등은 해결되지 못한 채 시간은 흘러갔고, 신군부 세력은 정권을 장악하기 위한 준비를 착실히 해 나갔다.

'12·12군사반란'으로 군부의 실권을 완전히 장악한 전두환 신군부 세력은 1980년 4월 14일 중앙정보부장 서리직을 겸임함으로써 권력 찬탈의 야심을 본격적으로 드러냈다. 신군부는 1980년 5월 17일 자정을 기점으로 비상계엄을 전국으로 확대하면서, '계엄포고 10호'를 발표했다. 계엄포고 10호란 정치활동 정지, 언론·출판·보도·방송의 사전검열, 대학 휴교조치, 북한과 동일한 주장이나 용어 사용 및 선동행위 금지 등을 내용으로 하였는데, '민주화의 봄'으로 상징되는 민주화 열기를 억누르기 위한 것이었다. 신군부는 야당 지도자 김대중과 김영삼을 연금하고, 많은 민주화운동 인사들을 체포 및 구속하였다.

한편, 광주에서는 신군부의 계엄 확대와 휴교령에 반대하는 대학생들의 시위가 일어났다. 학생들의 시위에 대한 신군부의 진압이 격렬해지자, 과잉 시위진압에 분개한 시민들이 시위에 가담하여 시민항쟁으로 발전하였다. 전두환을 중심으로 한 신군부는 5·18민중항쟁을 무력으로 잔인하게 진압하였다. 즉 1980년 5월 27일 신군부 세력은 전투사단과 공수여단 400여 명의 병력을 광주에 투입하여 진압작전을 벌였고 많은 사상자를 냈다. 전두환은 5·18민중항쟁을 무력으로 진압한 후 마침내 정권을 장악하기에 성공했다.

신군부는 대통령 자문보좌기관으로 국가보위비상대책위원회(이하 '국보위')를 신설하고, 5월 31일 상임위원장에 전두환 보안사령관 겸 중앙정보부장서리를 임명하였다. 이로써 전두환은 입법·사법·행정의 3권을 장악했다. 이후 국보위는 대규모 숙청을 단행하면서 국민을 공포의 분위기로 몰아갔고, 정치적 반대세력과 민주화운동세력을 탄압하였다. 특히 국보위는 김대중 등 '내란음모사건' 관련자 24명을 군법회의에 기소하고, 제10대 국회의원 231명 중 210명과 각 정당의 중견 간부 254명, 전직 고위관리 347명의 정치활동을 규제했다. 또한 고급 공무원, 대학교수, 금융기관 임직원, 언론인 등 총 8,500여 명을 숙정이란 명목으로 강제 해직시켰다. 이외에도 사회정화라는 이름으로 172개 정기간행물과 617개 출판사의 등록을 취소했으며, 방송과 신문사 및 통신사를 통폐합하는 등 온갖 폭력적 조치를 자행했다. 이는 불법적으로 권력을 장악한 신군부가 '사회악 일소'라는 명분으로 국민의 환심을 사는 한편, 온 나라를 장악하려는 폭력적인 조처였다. 결국 전두환은 박정희의 전철을 그대로 밟아 스스로 육군대장으로 진급해서 전역하고, 1980년 8월 27일 제11대 대통령에 단독 출마하여 유신헌법에 의해 통일주체국민회의에서 총 투표자 2,525명 가운데 기권 1명을 제외한 전원의 찬성으로 대통령에 당선되었다. 이로써 군사독재 정권이 다시 대두하였다.

제2절 민주화의 봄

박정희의 죽음으로 유신체제가 붕괴되자, '민주화의 봄'이 왔다. 1980년 '민주화의 봄'을 맞으면서 학생들과 시민들은 계엄령 철폐와 유신헌법 폐지 및 민간정부 수립을 요구하였다. 전국에서 불일 듯 일어난 민주화운동은 먼저 각 대학에서 학원자율화운동으로 표출되었다.

1979년 11월 10일 최규하가 통일주체국민회의를 통해 대통령을 선출한다고 발표하자 재야민주화운동세력은 즉각 항의하고 나섰다. 11월 12일

'민주통일국민연합' 공동의장단(윤보선, 함석헌, 김대중)은 성명서를 발표하여 최규하의 성명서를 비판하고, 민주화를 위해 민주헌법을 3개월 이내에 제정하고, 거국내각 구성 및 민주화 인사들의 석방과 복권·복직, 계엄령 해제 등을 요구했다. 이후 해직교수, 자유실천문인협의회, 민주청년협의회, 동아투위, 조선투위도 〈나라의 민주화를 위하여〉라는 제목의 성명서를 발표했다. 또한 광주지역 민주화 운동단체들도 11월 28일에 통대선거 결사반대를 주장하는 결의문을 발표했다. 재야민주화운동세력은 속히 유신체제를 해체하고 민주화를 달성하기 위해 행동이 필요하다고 판단하고 '통대선출 저지 국민대회'를 열기로 계획했다. 민주통일국민연합은 시국에 대해 내부적으로 의견이 엇갈리고 있었다. 점진주의자들은 헌법개정과 선거를 통한 새로운 정부 구성을 추진하자는 생각이었고, 반면에 투쟁파들은 민주화를 위해 적극적인 투쟁을 전개해야 한다고 생각했다.

마침내 민주화를 위해 적극적인 투쟁을 지지하는 그룹에 의해 11월 24일 YMCA에서 결혼식을 가장한 집회가 열렸다. 이 집회에서 〈통대저지를 위한 국민선언〉, 〈거국민주내각 구성을 위한 성명서〉 등이 낭독되었다. 계엄군의 무력진압으로 행사는 쑥대밭이 되었지만, 참여자 일부는 시내로 빠져나가 시위를 전개하기도 하였다. 한 편, 점진주의적 경향을 지닌 교수, 성직자, 정치인들이 1980년 2월 29일 김대중의 복권과 함께 신당 창당을 계획하게 되었다.

지역 대학가에서는 학원자율화운동이 1980년 1월에서 4월까지 진행되었고, 5월이 되면서 정국과 관련한 이슈로 옮겨가기 시작했다. 지역대학의 경우 운동역량이 많지 않기 때문에 일반 학생들이 쉽게 참여할 수 있는 학내 이슈를 가지고 문제제기를 하고 일정한 수준의 대중동원이 이루어지면 시국과 관련된 이슈로 옮겨가는 양상을 띠었다.

1980년 '민주화의 봄' 시기 대전·충남 지역 학생들의 반독재민주화투쟁은 지도부에 의해 체계적으로 조직되고 기획되기보다는 자연발생적이고 우연적으로 일어났다. 물론 '학원자율화추진위원회'나 '총학생회'와 같은 공식적 기구가 초기 학생운동의 태동에 큰 역할을 한 것 역시 사실이다. 1980년 초 대전·충남 지역 대학들에서는 '학원자율화 투쟁'으로 민주화운동이 시작되었고, 5·18민중항쟁 이후로 정국과 관련한 이슈로 운동의 방향이 전환되었다. 그렇지만 여전히 운동의 역량은 그리 크지 않았다. 그래서 일반 학생들이 쉽게 참여할 수 있는 학내 이슈를 가지고 투쟁을 전개하다가 일정한 수준의 대중동원이 이루어지면 시국과 관련된 이슈로 옮겨가는 양상을 반복하곤 했다. 이런 양상은 1984년 학원자율화조치 시기에도 되풀이 되었다.

먼저, 1979년 10·26정변이 발생한 직후 대전·충남 지역 대학가에서 매우 중요한 시국 사건이 발생했다. 그것은 1979년 11월 29일 충남대 도서관과 목원대 도서관 앞에서 학생들이 시국선언서를 낭독한 사건이었다. 이 사건의 개요는 다음과 같다. 11월 24일 서울 YMCA에서 위장 결혼식 사건이 일어났다. 윤보선, 함석헌, 백기완, 박종태, 임채정, 김병걸, 문동환, 최열, 한명숙, 김상현 등 많은 재야 인사들이 이 자리에 참석하여 민주주의를 요구하는 성명서를 낭독하고 구호를 제창하였다. 마침 이 자리에 참석했던 선병렬은 곧 대전으로 내려와 이 사건을 충남대 학우들에게 알려야겠다고 생각하고, 도서관 앞에서 시국선언을 계획하였다. 먼저 위장 결혼식 사건 선언문을 가톨릭농민회를 통해 확보했다. 당시 가톨릭농민회는 천주교회의 지원을 받고 있었기 때문에 외국의 자료를 비롯해서 국내 시위관련 자료들을 구입할 수 있는 좋은 통로였다. 선병렬이 시국 선언문을 직접 철필로 인쇄하여 등사기로 밀었다. 당시 관련자 선병렬, 박정균, 선재규 등 7명은 연행되어 구속되었으나, 12월 22일 법원의 불기소처분을 받고 모두 석방되었다. 같은 날 목원대 도서관 앞에서도 시국선언서가 낭독

되었다. 목원대 시국선언서 낭독 사건은 김영범(신학과 78)과 이경하(신학
과 79)가 주도하였다. 이들은 YMCA 위장 결혼식 사건에 대해서 기독교대
한감리회 청년연합회 회장이었던 김정택(감신대 75)으로부터 들었다. 이
와 동시에 충남대에서 이와 관련한 시국선언을 한다는 소식도 들었다. 충
남대와 함께 같은 날 동시에 목원대 도서관 앞에서도 시국선언을 하기로
정하였다. 이경하가 선언서를 낭독하였는데, 너무 갑작스런 사건이라 경
찰은 물론 학교 당국이 미처 제재할 틈이 없었다. 선언서 낭독 후 이경하
는 연행되어 훈방조치 되었고, 김영범은 도서관으로 피해 연행을 피할 수
있었지만, 도피생활을 하다 주위의 권유로 12월 26일 자수하여 결국 3군사
령부 군사법정에 서게 되었고, 불기소처분을 받았다.(김영범의 증언)

　1979년 10·26 정변 이후 '민주화의 봄'이 도래하자 대전·충남 지역 대
학생들은 긴급조치 9호 이후 완전히 해체되었던 학생 자치기구들을 복구
해 나가기 시작했다. 특히 1980년 2월 29일 최규하 정부의 복권조치로 인
해 해직교수들과 학생들이 학교로 돌아오게 되면서 학생들의 학원 자율화
운동은 더욱 힘을 얻게 되었다. 학생들은 유신체제 아래 억압된 학생활동
의 자율성을 회복하고 부정부패로 얼룩진 학원의 운영을 민주적으로 개혁
하기 위해 운동을 시작했다. 충남대에서는 1979년 12·12사태 직후 학원자
율화추진위원회(이하 '학자추')를 발족하고 학원자율화운동을 시작하였다.
학자추는 1차, 2차 비상임시학생총회를 개최하여 학생회 부활 준비위원회
를 구성하고 학생회칙 등을 준비하여 나갔다. 이러한 학자추의 움직임은
1980년 4월 10일에 실시된 단과대학 학생회장 선거와 총학생회장 선거로
결실을 맺었다. 공주사대에서는 1980년 2월 12일 운동권 학생들, 각과의
학회장, 과대표, 서클 대표들이 모여 제1차 학원자율화 추진을 위한 학생
총회'를 열고 공주사대 학원자율화추진위원회(이하 '사대 학자추') 결성을
결의하고 10인의 준비위원을 선출하였다. 그리고 4월 2일에는 대의원 창

립총회를 개최하고, 학생회칙의 확정 및 임시 대의원회장 및 선거관리위원장을 인준하였으며, 마침내 4월 11일 총학생회장 선거로 총학생회를 부활시켰다. 목원대도 1980년 3월 중순경에 '목원대 학원자율화추진위원회'가 발족되어 학생대표기구 부활운동을 시작했다. 그러나 4월에 접어들면서 목원대 학원자율화운동은 14년 동안 장기 집권해 오던 남기철 학장의 퇴진이라는 새로운 목표를 설정했다. 목원대의 경우 4월 8일부터 4월 28일까지 학장퇴진 요구 시위에 돌입하면서 매우 복잡한 상황에 처했지만 이런 와중에도 학생회장선거를 실시하여 총학생회장과 총무를 선출하면서 학생회를 출범시켰다.

4월 28일 공주사대 총학생회는 시국과 관련한 대중집회를 열었다. '시국에 관한 성토대회'는 2,000여 명의 학생들이 참가한 가운데 28일 오전 11시부터 29일 오후 11시까지 이틀간에 걸쳐 개최되었다. 시위대는 "계엄령의 즉각 철폐", "정부주도 개헌작업의 즉각 중단", "군사교육제도의 대폭 개선", "구속된 민주인사의 즉각 석방" 등을 요구하였다. 이러한 요구들은 그 당시 대학생 시위대의 일반적인 요구와 일치했다. 하지만 공주사대 시위대는 "복권, 복직의 실현", "노동3권의 보장" 등과 같은 노동자의 요구와 학내문제를 반영하는 "대학 내 외부세력 배제", "교수 재임명제의 철폐", "교수협의회에 의한 학장 직선" 등도 요구하였다. 5월 초에도 대대적인 시위가 계속되었으며, 교수협의회는 시국성명을 통하여 학생회의 주장을 지지하였다. 그 당시 발표된 교수협의회의 시국성명은 "계엄령 즉각 철폐", "정부주도 개헌작업의 즉각 중단", "구속된 민주인사의 즉각 석방" 등을 요구했다.

1979년 10·26정변 이후로 형성된 1980년 '민주화의 봄' 시기에 학생들이 벌인 가장 중요한 민주화투쟁은 충남대 학생들이 5월 1일 벌인 비상계엄해제시위이다.(『중도 포커스』 1996년 1월 16일자; 『충대신문』 1980년 5월 12일자) 5월 1일 오후 2시 충남대 총학생회는 대운동장에서 500여 명의 학생들이 참여한 가운데 학생회의를 개최하여 시국토론회를 진행하였다. 시국토론회가 끝난 후, 총학생회는 〈학생총회에 부치는 성명서〉를 발표하여, "과도정부는 그 본연의 자세로 돌아가 국가보위와 민생안정, 그리고 조속한 시일 내에 정권을 이양할 수 있도록 그 토대를 마련하는 데 전력할 것을 촉구"하고, 또한 이미 존재 이유가 없는 비상계엄령 해제를 요구하면서 반민주세력에 과감히 도전할 것이라고 선언하였다. 이날 비상시국 토론회는 500여 명으로 시작하였지만 집회는 삽시간에 5,000여 명으로 불어났으며, 5분 발언대 형식으로 학생들이 돌아가면서 시국에 대한 자유토론을 벌였다. 이때 학생들의 가장 중요한 요구는 "이유 없다, 명분 없는 비상계엄 해제하라"였다.

시국토론회가 끝난 후 3시경부터 학생들은 교내 시위로 들어가 보운언덕과 본부 앞을 돌고 난 뒤, 40여 분간 '자숙론'과 '즉각 시위'를 가지고 토론을 벌였다. 대다수의 학생들이 강경론 쪽으로 기울어 교외 진출에 합의하고, 피켓과 플래카드를 준비한 뒤 10열로 열을 지어 법대 학생들을 선두로 "계엄령을 해제하라" 등의 구호를 외치며 정문을 통해 교외 진출을 시도하였다. 경찰이 교문을 봉쇄하고 기동경찰대가 출동하여 바리케이트를 치자 시위대 3,000여 명은 곧 연좌시위에 들어갔다. 학생대표들이 경찰 측에 '비폭력이며 평화적인 시위임'을 알리고 협조를 구했으나, 경찰 측에서는 이를 받아들이지 않았다. 경찰은 "5분 내에 해산하지 않으면 전원 입건하겠다"는 경고와 함께 페퍼포그를 발사하기 시작하였다. 3,000여 명의 학생들은 경찰과 투석전을 벌이다가, 경찰의 최루탄 발사로 흩어졌다. 다시 학생들이 교문 앞으로 모여들면서 경찰과 대치하였다. 경찰과 시위대의 대치가 길어지자, 출동한 기동타격대가 학생회에게 양보하여, 문화동 캠퍼스에서 대전역까지 2km의 가두시위가 경찰의 보호아래 이루어졌다.

대전역에서 3,000여 명의 학생들은 "계엄령 해제", "언론자유 보장", "민주주의 수호" 등을 외치며 시위를 벌였다. 대전역 군중집회는 경찰과 충돌하는 등의 다소 과격한 대중투쟁으로 발전하기도 하였다. 오후 6시경에 총장과 단과대 학장들이 대전역에 도착하여 학생들과 시위에 관련하여 협의하였고, 학생들은 학교 측과 합의하에 대전역으로부터 2km에 걸쳐 가두시위를 벌이면서 학교로 복귀하였다. 학교로 복귀하는 시위 과정에서도 경찰과 학생들은 투석전과 몸싸움으로 발전하는 경우가 종종 있어서 부상자가 발생하였다. 당시 군부가 쿠데타를 일으킬 명분을 준다고 하여 서울에서는 시위를 자제하는 분위기였는데, 대전 지역에서 선도적으로 민주화시위가 일어났다는 것은 매우 의의가 있는 일이었다.(충남대학교 민주동문회 편, 2006, 8쪽)

5월 1일에 벌어진 시위와 관련하여 7명의 학생이 5월 3일에 연행되었다. 연행 소식이 캠퍼스에 알려지면서 교내에서 연행학생 석방 요구시위가 전개되었다. 5월 3일부터 6일까지 단과대가 차례로 돌아가며 도서관에서 연좌시위를 진행하였다. 6일에는 시위 규모가 최대로 불어나서 6,000여 명의 학생들이 집결하였다. 이들은 시국토론회를 개최하였고 〈교수들에게 보내는 질의서〉를 채택하였다. 그 당시 발표된 〈시국에 관한 2차 성명서〉가 보여 주고 있듯이, 그 당시 가장 주요한 구호는 "계엄령 해제", "유신잔당 물러가라"였다. 5월 6일에는 학생들의 주장에 동의하는 교수들 일부가 성명서를 발표하여, "민주화가 조속히 실현되고 학생들의 의견이 시국에 반영되기를 희망한다"는 내용의 결의문을 채택하였다. 시위는 5월 7일에도 계속되었다. 3,000여 명의 학생들이 시위에 참여하여 "연행 학생의 전원석방"과 "계엄령 해제" 등을 주장하였다.

당시 경찰 발표에 의하면, 5월 1일 시위와 관련하여 기동경찰관 14명, 전투경찰관 32명, 그리고 대학생 7명이 중경상을 입었다. 시위와 관련하여 주동 학생 7명이 경찰에 연행되었다. 그리고 5월 17일 전두환 신군부에 의해 계엄령이 전국으로 확대되면서, 5월 시위와 관련하여 충남대 학생회 지도부는 대부분 검거되었다. 오원진(당시 총학생회장), 방비호, 김용범, 선병렬, 선재규, 김정호, 이준희, 조일제, 조광휘 등 13명이 구속되어 많게는 2년에서 3년의 실형을 선고받았다. 그리고 5월 1일 시위와 관련하여 충남대 탈춤반원들이 대전역 광장에서 운동가요인 '흔들리지 않게', '진달래' 등을 지도했다는 이유로 구속되었다.

목원대의 경우 학내 사태가 진정되면서 5월 8일 이후부터는 시국과 관련된 시위로 방향이 바뀌기 시작했다. 5월 12일부터 15일까지 200~300여 명의 학생들이 매일 운동장에 모여 시국 관련 토론과 시위를 전개했다. 특히 5월 15일에는 목원대 학생들이 교내 시위 후 시내로 진출하였고, 대전역과 도청 앞까지 중앙로에서 다른 대학 학생들 및 시민들과 함께 시위를 벌였다. 시위대는 경찰의 봉쇄로 대전역 광장에 진입하지 못하다가, 마침내 5월 16일 0시경 대전역 광장에 집결하였다. 이때 충남대 학생 2,000여 명, 목원대 학생 500여 명, 한남대 학생 200~300여 명이 시위에 참여했다. 대전역에 모인 시위대들은 충남대 총학생회와 목원대 총학생회의 도움으로 즉석에서 시국대토론회를 개최했다. 당시 운동가요가 많지 않은 시절이었으므로, 감리교청년연합회나 장로교청년연합회 활동을 하던 대학생들이 나서서 '흔들리지 않게'와 같은 노래들을 시위대들이 시국대토론회 중간 중간에 부를 수 있도록 지도했다. 이 날 시위와 집회는 가장 오랫동안 지속되었다. 경찰들도 학생들이 학내 집회를 마친 후 시내에서 오후에 모든 시위가 마쳐질 것이라고 예상하고 있었다. 하지만 예상을 넘어서 이 날 시내 시위와 대전역 광장에서의 시국대토론회는 16일 새벽까지 계속되었다. 그 다음 날인 5월 17일 계엄령이 전국으로 확대되기 직전 학생들의 민주화 운동이 절정에 이르렀던 사건이었다.(김영범의 증언)

제2장 전두환 정권하의 반독재민주화투쟁

제1절 전두환 정권의 출범과 성격

1980년 10월 22일 유신헌법에 의해 성립된 전두환 정권은 계엄령 아래 새 헌법을 마련하여 국민투표에 부쳐 발효시키고, 초헌법 기구인 국가보위입법회의를 통해 5공체제 확립에 필요한 법적 장치를 마련했다. 또한 전두환을 총재로 하는 여당 민주정의당과 유치송을 총재로 하는 우당友黨 민주한국당을 만들어 명목상으로 정당정치의 형태를 갖추었다. 당시 신군부를 주축으로 우익 정치인, 친미 보수 지식인, 독점재벌 등이 5공화국의 지배블럭을 형성하였다. 전두환은 새 헌법에 따라 통일주체국민회의를 대신한 대통령선거인단을 선출하고, 다시 그 선거인단에 의해 전두환은 1981년 2월 25일 다시 제12대 대통령이 되는 절차를 밟았다. 제5공화국이 출범한 것이다.

제5공화국은 박정희 유신체제의 연장에 지나지 않았다. 제5공화국 초기에 전두환 정권은 국가보안법, 사회보호법, 노동관련 법률, 집회 및 시위에 관한 법률 등을 통해 국민기본권을 유린했다. 이런 악법들은 정권안보와 사회통제의 도구로 남용되었다. 또한 전두환 정권은 국가안전기획부와 보안사령부라는 강압적인 국가기구를 이용하여 반대세력을 탄압하고 자신들의 정권유지를 위한 방어벽으로 사용하였다. 특히 국가안전기획부가 주도했던 관계기관대책회의는 정치·경제·사회·문화 등 모든 분야를 통제하려는 공작정치와 민중탄압의 대표적인 예였다.

전두환 정권은 1981년에 접어들자 정권을 비판하며 저항했던 민주화운동권과 기타 시민 세력들을 가혹하게 탄압하기 시작했다. 또한 전두환 정권은 대학가에서 계속 확산되고 있는 학습서클들을 제거함으로써 이른바 '불온 세력'이 학원에 퍼지는 것을 방지하고, 학생운동세력을 약화시키려고 하였다.

대전·충남 지역에서도 여러 시국 사건과 탄압 사건들이 발생했다. 이는 이 지역의 민주화운동을 단기적으로는 위축시켰지만, 장기적으로는 학생운동과 지역 민주화운동의 성장을 돕는 결과를 가져왔다. 왜냐하면 탄압사건에 연루된 인물들이 1980년대 중반의 학생운동을 주도했을 뿐 아니라, 졸업 이후에는 지역 민주화운동의 주요 활동가로 성장하였기 때문이다. 당시 대전·충남 지역에서 일어났던 대표적인 시국사건들과 탄압사건들로는 한울회 사건(1981. 4), 아람회 사건(1981. 7), 충남대 청람회 사건(1981. 9), 공주사대 금강회 사건(1981. 11) 등을 들 수 있다.

먼저, 한울회 사건은 대전 지역의 기독청년·학생들의 성서연구모임인 한울공동체 회원 30여 명이 1981년 4월 17일 공산주의자로 몰려 연행된 후, 국가보안법 위반으로 6명이 구속, 3명이 불구속 입건된 사건이다.[7]

둘째로, 아람회 사건은 단순한 친목 모임을 고문과 가혹행위를 통한 허위자백으로 반국가 이적 단체로 만들어서 무죄한 여러 사람들을 탄압했던 대표적인 사건이다. 이 사건의 개요는 다음과 같다. 동창생 등으로 서로

---

7) 한울회 사건은 이 책 제4부 제4장 종교계의 민주화운동 부분에서 자세히 다룬다.

잘 아는 사이에 있던 교사, 학생, 직장인, 군인, 주부 등이 1980년 5월에서 1981년 7월 사이에 금산, 대전 등지에서 친목 모임을 갖곤 했는데, 여기서 전두환 대통령을 비난하거나 미국에 대해 비판적인 발언을 한 것이 문제가 되었다. 대전고 학생의 제보를 받은 같은 학교 교련 교사가 전화로 신고를 했고, 대전경찰서는 이들을 불법 연행하였다. 그 후 이들은 10일 내지 35일 동안 가족 및 변호인 접견을 차단당한 채 충남도경 대공분실과 여관 등에 불법감금된 상태에서 고문 등 가혹행위를 받았고 허위 자백을 강요당했다. 이 자백을 근거로 이들은 반국가단체 구성 및 찬양고무죄로 재판에 넘겼다. 이들은 벌금 50만 원의 선고유예부터 징역 10년 자격정지 10년형에 이르는 중형을 선고받고 복역하였다.[8]

셋째, 청람회는 1978년에 충남대에서 결성된 대전 최초의 의식화교육 서클이었다. 1977년 5월 서울대 제적생 강구철이 대전에 내려와 이완규, 이범구, 정운영, 김필중 등과 함께 야학활동을 시작하면서 청람회의 싹이 텄다. 이들은 그해 여름방학을 이용해 사회의 부조리함과 개선방향에 관해 공부하게 된다. 1977년 가을 강구철이 활동부대를 서울로 옮긴 후 김필중이 야학을 총괄하면서 인적확대를 모색하게 되었다. 1978년 초에는 송인용, 강일석, 김용진 등을 교사로 영입하여 원동사거리와 인동사거리에 위치했던 선교원을 빌어 벧엘야학을 시작했다. 그 후 이완규와 김필중이 중심이 되어 지역운동론에 입각하여 정치적 민주화투쟁과 민중의 생존권

---

8) 『씨울의 소리』 205호(2009년 7·8월호), 166~179쪽. 이들은 '아람회'라는 이적단체 또는 반국가단체를 구성한 것으로 피소되었는데, 아람회는 한 사람의 아기 이름을 딴 일종의 친목단체였다. 이후 진실화해위원회에 사건규명을 요청하였고, 이를 바탕으로 다시 재심을 청구하여 마침내 2009년 5월 1일에 전원 무죄를 선고받았다. 이 사건 관련자는 모두 12명으로 박해전(숭실대 재학), 정해숙(교사), 황보윤식(교사), 신용(교사), 박경옥(교사), 김창근(경찰관), 이재권(새마을 금고 직원), 김현칠(대전검찰청 금산지청 직원), 최재열(대전공업고등기술학교 학생), 김이준(숭실대학교 강사), 박진아(전업주부), 김난수(육군 대위) 등이었다.

투쟁을 전개할 지하조직으로 청람회를 건설하였다. 이들은 서울 지역에서 지식인 중심으로 이루어지던 당시 민주화운동의 한계를 비판하고, 지역의 학교와 현장에 뿌리박은 조직을 결성하려 하였다. 특히 긴급조치 9호 위반으로 구속되었다가 석방되었던 이완규(충남대 기계과 73학번)가 스터디 그룹 멤버들을 주도적으로 지도하였다. 1978년 11월 김필중, 이범구, 송인용, 강일석, 김용진, 김홍갑, 안정혜, 옥명자, 김혜숙, 선병렬 등은 당시 노동운동에 참여하고 있던 이완규와 함께 충남대 최초의 사회과학 학습 서클 '청람회'를 출범시켜 의식화 교육을 본격적으로 시작하였고, 이후 충남대 경제학과 학습모임 등 다수의 학습모임을 진행하면서 조직을 확대하였다. 1979년부터는 이완규와 김필중이 중심이 되어 충남대 안에서 합법조직 강화를 위해 소그룹인 경제학회(조복현), 사회학회(심재수), 역사학회(송인용) 등을 창립하였으며, 강일석과 옥명자가 김진수, 김승훈, 이규동, 정지석, 선창규 등과 함께 공개 서클을 조직하였다. 1979년 10 · 26정변이 발생하자 선병렬, 김용진, 선재규는 '학원자율화추진위원회'를 결성하고, 이듬해인 1980년 학생회 출범에 결정적인 역할을 했다. 1980년 이후 청람회는 적극적으로 공개투쟁에도 참여해 총학생회장 선거나 대전 시내 5 · 18민중항쟁 진상규명 전단 살포, 각 단체 연석회의 구성, 광주 유인물 학내 전교실 살포 등 다양한 학내외 활동을 전개하였다. 청람회는 1980년 5월 22일 5 · 18민중항쟁의 진상을 알리는 유인물 배포 사건을 주도했던 송인용을 중심으로 우리문화연구회(이규동), 경제학회(정천귀), 사회학회(이외원), 역사학회(정희영), 여성학회(최종숙) 등으로 소그룹을 확대하고, 지역 학생운동의 조직기반을 다져 나갔다. 하지만 1981년 9월 12일 대부분의 핵심 멤버들이 검거되면서 청람회는 와해되었다.[9]

---

[9] 이때 검거된 사람들은 이완규(기계학과73), 송인용(사학과 78), 정천귀(경제학과 79), 이규동(경제학과 79), 전용우(경제학과 79), 최종숙(사회학과 79), 정희영(사학과 79), 김진

넷째로, 공주사대 금강회 사건 역시 충남대 청람회 사건처럼 대학생들의 소규모 학습서클을 문제 삼아 탄압한 대표적인 사건이었다. 당시 공주사대의 미등록 서클인 '금강회'에서 학생들이 함께 모여『노동의 역사』,『서양경제사론』 등 사회과학 서적을 공부하며 토론하곤 했는데, 경찰은 이런 것들을 문제 삼아 연행하였고, 1981년 11월 13일에 국가보안법, 반공법, 집시법 등의 명목으로 8명을 구속하고 4명을 불구속기소하였다. 이 사건과 관련하여 정선원(역사교육 3, 징역3년), 이영복(교육 3, 징역3년), 최영일(체육 4, 징역2년), 이성근(미술교육 2, 징역1년), 이애경(교육 3, 기소유예), 양성철(불어교육 2, 기소유예), 장재을(자연계열 1, 기소유예), 정혜승(미술교육 2, 징역2년6월), 이상헌(징역2년6월), 서미연(국어 2, 기소유예), 임규호(불어교육 3, 기소유예), 최연진(인문계 1, 기소유예) 등이 구속 또는 불구속되었다.(기쁨과 희망사목연구소 편, 1996a, 454쪽)

제2절 1980년대 초기의 반독재민주화투쟁

1. 반독재민주화투쟁의 재개

전두환 정권의 가혹한 탄압하에서 반독재민주화투쟁은 숨을 죽일 수밖에 없었다. 하지만 그러한 가운데에서도 광주학살의 진상을 알리기 위한 노력은 행해졌다. 충남대 2년에 재학 중이던 송인용, 정지석, 방덕인, 이대

수(응용통계과 78), 이외원(사회학과 79) 등이었고, 이외의 핵심 회원들은 군 복무를 이유로 검거 대상에서 제외되었다. 검거된 사람들은 충남도경 대공분실에 30~45일 동안 감금되어 모진 고문과 취조를 받았다. 1982년 9월 23일 열린 선고공판에서 보안법을 적용하여 이완규과 송인용을 구속하고 나머지는 석방하였다. 그 후 청람회는 1984년 조직을 재건하여 활동하다, 1987년 6월민주항쟁을 계기로 발전적으로 해소하였다.

영 등은 5·18민중항쟁의 진상을 대전 시민들에게 알릴 목적으로 1980년 5월 22일 오후 6시에 대전시내 중앙데파트와 홍명상가 옥상에서 1,000장 가량의 전단을 기습적으로 살포하고 잠적하였다. 경찰은 이 사건을 집요하게 추적하였으나, 전단 살포자를 잡지는 못하였다.

그리고 1983년 5월 초 충남대 내에서 유인물 살포사건이 있었고, 1983년 5월 4일과 6일에는 전상준, 김우경이 학생회관에서 유인물 〈충남대 민주청년을 위한 양심선언〉을 통해 "전두환 퇴진", "학내 기관원 철수" 등을 주장하다 적발되어 구속되었다.(기쁨과희망사목연구소 편, 1987d, 938쪽) 이 외에도 대전·충남 지역 대학 내에 유인물 사건들이 눈에 띄게 늘어나고 있었다.

전두환 정권의 혹독한 탄압에도 반독재민주화투쟁이 계속해서 전개되면서 전두환 정권은 특단의 조치를 취하지 않을 수 없었다. 레이건 미국 대통령과 교황 요한바오로 2세의 방한, 86아시안게임과 88올림픽도 전두환 정권에게는 상당한 부담으로 작용했다. 전두환 정권은 1983년 12월 '학원 자율화조치'를 단행하였고, 이후 정국은 유화국면으로 전환되었다.

학원자율화조치 시기(1984~1985. 8) 대전·충남 지역의 학생운동은 자신들의 정치공간을 확대하여 나갔고, 그 결과 학생활동이 크게 활성화되었다. 학생회가 명실상부한 자치기구로 전환되었을 뿐 아니라 학생들의 취미활동, 서클활동, 학술활동이 다양화되고 활성화될 수 있도록 많은 측면의 제도적 변화를 학교 당국과 정부에 요구하였다. 그 결과 제도적 변화를 통해 학생활동은 전반적으로 활성화 되었으며, 결국 학생운동의 성장을 가져왔다. 또한 이 시기에 학생운동가들이 재학 중 노동현장이나 빈민들의 현장으로 투신하거나, 혹은 졸업 후 지역의 운동 현장으로 옮겨가는 일이 흔하게 나타나기 시작했다. 학생운동과 지역운동은 서로 생산과 재생산이라는 유기적인 관계를 맺으면서 결과적으로 대전·충남 지역의 민주화운동이 성장하는 데 크게 기여하였다.

학원자율화조치 시기에 대전·충남 지역 학생운동은 학원자율화 문제에만 집중하지 않았다. 이 기간 동안 '학원민주화추진위원회'는 시국과 관련된 다양한 대중집회를 개최하였다. '학원자율화조치'로 운동에 참여하는 것에 커다란 위험부담을 느끼지 않는 학생들이 늘기 시작하였다. 따라서 선진적 활동가들을 충원하는 것과 동조자들을 집회로 동원하는 것이 다소 용이하게 되었다. 대중동원의 규모가 확대되기 시작하였고, 격렬한 가두 시위도 가능하게 되었다. 그리고 이러한 과격한 시위 이후에도 대중동원을 조직한 활동가들이 구속되는 사례는 극히 드물었다.

대전·충남 지역에서 시국과 관련된 공개적인 학내 시위가 시작된 것은 1984년 5월이다. 목원대 학원민주화추진위원회와 충남대 학원자율화추진위원회는 5월 18일 충남대 학생회관 앞에서 '광주 영령 추모제'를 공동으로 개최하였다. 학원자율화조치 시기가 시작되고 나서 최초로 이루어진 집단행동이었다. 이날 추모제는 추모를 위한 시 낭송, 탈춤과 농악과 같은 문화제, 성명서 채택의 順으로 진행되있다. 학생들은 〈광주사태 4주기에 부침〉이라는 제하의 성명서를 통해 광주사태의 진실을 폭로하고, 5·18민중항쟁 진상규명, 책임자 처벌을 요구하였다. 추모제가 끝난 후 목원대 학생과 충남대 학생 400여 명은 서문을 통하여 유성으로 진출을 시도하였지만, 경찰이 서문을 봉쇄하자 경찰과 대치하며 투석전을 벌였다. 이날 추모제는 10시 반까지 계속되었으며 학생들의 자진해산으로 마무리 되었다. 이날 집회는 대학 간 연대를 통하여 조직된 최초의 대중집회였다.

가을 학기에 접어들면서부터 시국과 관련된 시위는 대전·충남 지역 대학 캠퍼스의 일상이 되었다. 충남대에서는 1984년 3월부터 '충남대 학원자율화추진위원회'를 중심으로 학도호국단의 폐지와 총학생회의 부활 등을 위해 투쟁해 왔는데, 이후 2학기가 시작되면서 '충남대 학원민주화추진위원회'로 이름을 바꾸고 투쟁을 지속했다. 1984년 9월 4일 오후 2시 '충남대 학원민주화추진위원회'(위원장 정천귀, 전용우)와 '목원대 학원민주화추진 위원회'(위원장 장수찬, 임성대)의 공동주최로 충남대 학생회관 광장에서 '전두환 대통령 방일에 즈음한 한·일 관계 심포지엄 및 대동놀이'를 개최 하였다. 학생들은 일본의 신군국주의화와 대한 문화침탈 등을 비판하고, "방일의 즉각 취소", "한·미·일 삼각안보체제의 성립과 한반도의 핵전쟁 기지화 결사 반대" 등을 주장했다. 집회가 끝난 뒤 500여 명이 학생들은 교문에서 경찰과 대치하여 격렬한 시위를 전개하였다. 충남대 서문으로부 터 유성으로 진출하려는 학생들을 제지하기 위해 경찰은 페퍼포그를 쏘거 나 최루가스를 살포하였다. 이에 맞서 학생들은 벽돌과 돌멩이를 사용하 여 투석전을 벌였다. 이 날의 시위로 충남대 학원민주화추진위원회 위원 장이었던 정천귀가 경찰에 연행되어 10일의 구류를 받았다.

1985년 5월 전국 대학가에서는 5·18민중항쟁에 대한 진상규명을 요구 한 시위가 대대적으로 전개되었다. 대전·충남 지역 대학들도 '광주민중항 쟁수호투쟁위원회'를 대학별로 구성하고, '광주사태 진상 요구투쟁'을 전개 하였다. 5월 13일 충남대, 5월 14일 목원대, 5월 14일 한남대 등이 광주진 상규명을 위한 투쟁위원회를 속속 만들어 나갔다.

5·18민중항쟁 진상규명 투쟁이 진행되면서 대전·충남 지역 대학의 대 중집회에서 '외세 배격', '민족자주'와 같은 반미문제가 공개적으로 제기되 기 시작하였다. 이전까지 반미문제는 선진 활동가들 사이의 이슈에 머물 렀으나, 이제는 대중집회에서까지 반미구호가 공공연하게 등장한 것이다. 이것은 지역 학생운동이 이데올로기적으로 '민족자주화'에 대한 입장을 정리 했음을 의미하고, 또한 급진주의로 학생운동이 이동하고 있음을 의미했다.

5월 15일에는 충남대, 목원대, 한남대가 연합하여 목원대 '자유의 광장' 에 집결하여 '대전 지역 대학생 광주민주항쟁수호투쟁위원회'를 결성하고,

'광주항쟁 진상규명대회'를 열었다. 위원장에는 이계석(충남대 중문4)이 선출되었다. 이 날 지역의 각 대학에서 250여 명의 학생들이 참여하여 격렬한 시위를 벌였다. 5월 16일에도 충남대 제1학생회관 앞에서 충남대와 목원대 등의 대학생 600여 명이 광주진상보고대회를 열고 경찰과 투석전을 벌였다. 이들은 "광주사태 진상 규명하라", "노동삼권 보장하라" 등의 구호를 외치며 교문 밖으로 진출을 시도하다 여의치 않자, 7시 30분경 교내로 철수하여 한바탕 굿판을 벌인 다음 자진해산했다. 이날 시위로 투쟁위원장 이계석이 경찰에 연행되었다가 3일 후인 19일에 귀가조치 되었다. 5월 17일에도 대전·충남 지역 대학 학생들은 충남대 제1학생회관 앞에서 광주영령 진혼제를 개최하고 추모대행진을 가졌다. 이날 행진은 제1학생회관-대학본부-도서관-서문 밖 진출 등으로 이어졌다. 이날 시위에는 500여 명의 학생들이 참여하였다. 5월 18일까지 진행된 5·18민중항쟁 진상규명시위로 인해 4명의 학생이 연행되고, 4명이 중경상을 입었으며, 4명의 경찰이 부상을 입었다. 지역 차원의 '광주민중항쟁수호투쟁위원회' 결성은 대전·충남 지역 학생운동이 개별 대학 수준을 넘어 연대의 폭을 넓혀가고 있었고, 대중동원도 보다 광범위하게 이루어질 수 있었다는 것을 의미한다.

1985년 2학기가 시작되면서 정부의 학원 사찰이 강화되었고 사복 경찰들이 학내에 상주하게 되었다. 정국이 탄압국면으로 바뀜에 따라 학생들은 주로 '학원자율화투쟁'과 '학원안정법 반대 투쟁'에 초점을 맞추었다. 이로써 학내 시위 역시 학생들의 참여 저조로 인해 매우 약화되기 시작했다. 1986년 2월 20일 목원대 졸업식장에서 '학원안정법'과 '광주학살자 처단'을 요구하는 유인물이 살포되었다. 이 사건으로 안재영, 최만석 등 신학과 학생 4명이 정학처분을 받았으며, 신학과 학생들은 4명의 학생들에 대한 징계 철회를 요구하며 농성을 벌였다. 이 사건 이후 시내 곳곳에서 유사한 전단지가 살포되곤 했다. 이 시기에 학생회 활동에 대한 간섭, 학교신문에 대한 검열, 서클 활동에 대한 규제 등과 같은 정부의 학원 탄압이 광범위하게 자행되었다. 하지만 이런 학원 탄압의 상황에서도 대전·충남지역 대학들의 학생회들은 1985년 2학기부터 운동권학생들에 의해 장악되었으며, 반독재투쟁의 역량을 갖춰 나갔다. 마침내 1986년 4월 19일 대전에서 열린 '신민당 개헌추진위 충남도지부 결성대회 및 현판식' 행사에 학생들이 지역 민주화운동 세력과 연대하여 참여함으로 학생들의 반독재투쟁은 다시 본격화되었다.

2. 반독재민주화투쟁의 조직화

1985년 3월 15일 충남민청이 결성되면서 대전·충남 지역의 반독재민주화투쟁은 조직화되어 가기 시작했다. 충남민청은 1980년대 초반 이후 학생운동을 통해 성장한 활동가들이 노동현장과 사회운동현장으로 이전하여 가면서, 지역 차원에서 민주화운동의 지평을 사회영역으로 넓혀 나가고자 한 노력의 산물이었다. 충남민청이 조직되기 전에 다양한 형태의 민주화운동이 이 지역 사회에 이미 존재하고 있었으나 소규모 서클의 형태[10]를 벗어나지 못했고, 그나마 다양한 서클들 사이의 의사소통도 제대로 이루어지고 있지 않았다. 따라서 '기독교운동'을 제외한 이 지역의 민주화운동은 미약하기 짝이 없었다. 이런 상황에서 당시 비非합법적 운동공간으로 활용되었던 청람[11], 아리랑출판사, 창의서점 등에서 활동하던 청년

---

10) 당시 기독교를 제외한 일반사회 영역에서 존재했던 운동조직에는 터, 창의서점, 아리랑출판사, 대화동 현장노동운동그룹, 충남가농 등이 있었다.

11) '청람'은 충남대 의식화 동아리 '청람회'와는 다른 조직이다. 청람은 대전 지역에 존재했던 반합법 활동가 조직으로 가장동 아파트에 거처를 정하고 활동하면서, 창의서점, 충남민청, 아리랑출판사 등에서 활동하던 자들, 기타 현장노동운동가, 학생운동가 등을 조직하고자 했다. 1987년 6월민주항쟁 이후 운동이 급성장하면서 발전적으로 해소하였다.

운동가들의 주도적인 논의를 거쳐 충남민청이 조직되었다. 이들이 충남민청을 조직한 문제의식은 다음과 같다.

> 70년대 공개 정치투쟁이 재야 명망가나 보수자유주의 정치세력에 의존하여 도덕적 감성적 차원에서 수행되어 온 점이 일부 있음을 반성한다. 대중노선과 조직운동에 대한 이해를 바탕으로 운동이 전개될 필요성이 있다. 충남 지역에서 노동운동을 비롯한 기층민중운동 역량이 아직 정치투쟁을 수행할 만큼 성장해 있지 못한 조건 아래에서, 학생운동으로부터 배출된 인자들을 규합, 조직화함으로써, 사회운동 차원에서 84년 학원자율화조치 이후 형성된 유화국면의 반半합법 공간을 활용하여 정치투쟁을 선도해 갈 임무를 부여받고 충남민청은 시작되었다.(『충남민주선언』 신년특집호(1987. 1. 15))

충남민청이 조직된 배경을 구체적으로 살펴보면 다음과 같다. 첫째, 1983년 초 전국 단위에서는 이미 민주화운동청년연합(이하 '민청련')이 시작되었고, 이어서 민통련이 창립되어 연합운동체로서 출발하였다. 지역 차원에서도 이러한 연대투쟁의 틀을 만들 필요성이 제기되었다. 다시 말하자면, 전국 단위의 연대투쟁을 지역 차원에서 받아서 실행할 수 있는 단위가 필요하게 되었다. 둘째, 한국사회가 민주화 이행기로 들어서면서 다양한 양태의 정치적 이슈들이 봇물처럼 쏟아져 나오는 시기임에도 불구하고, 민주화운동은 대중적으로 확산되고 있지 못하였다. 따라서 이러한 정치적 이슈들을 선도적으로 대중에게 제기하여 미래의 대중운동으로 확산시킬 필요성이 제기되었다. 셋째, 지역에 존재해 왔던 소규모 서클 형태의 운동이 파벌주의로 소모적인 형태를 띠고 있어서, 이를 극복할 필요성이 있었다.

충남민청을 이끌었던 주요 인사로는 초대 의장을 지냈던 오원진(전 충남대 총학생회장), 지도위원을 맡았던 강구철, 최교진, 집행부로 상근했던 이준희(충남대), 정천귀(충남대), 이규동(충남대), 정선원(공주사대), 이영복(공주사대), 김병국(목원대) 등이 있었다.

충남민청은 1985년 3월 15일 대흥동 가톨릭문화회관에서 김근태와 이철을 초청하여 강연회를 개최하면서 창립식을 거행하였는데, 창립선언문에서 "민주 쟁취", "조국 통일", "민족 해방"을 3대 강령으로 정하여 공표하였다. 전국적으로는 광주와 부산에 이어서 대전·충남지역에서 세 번째로 청년운동단체가 조직된 것이다. 당시 경찰이 가톨릭문화회관을 에워쌈으로써 높은 긴장감 속에서 행사를 치러야 했는데, 대부분의 청중들은 조직적으로 동원된 청년과 학생 운동가들이었다. 충남민청은 공개 운동을 표방한 조직이기는 하였으나, 당국으로부터는 불법단체로 규정당하고 있었다. 하지만 그 당시 대전·충남 지역 청년운동세력은 당국의 협박과 방해 공작에도 불구하고 이미 상당 부분 성장해 있었다.

충남민청은 지역의 다수의 청년들의 참여에 기초한 대중조직은 아니었다. 오히려 초기의 충남민청 회원 대다수는 1980년 5·18민중항쟁 관련 구속자들, 각종 탄압 사건 관련자들, 1980년대 초반의 투쟁 사건 관련자들을 포함한 150여 명으로 구성되어 있었다. 즉 1980년 이후 대전·충남 지역의 학생운동 구속자들의 총 집결지였다고 해도 과언이 아니다. 그리고 초기에는 재정 상태가 좋지 못해서 목동사거리에 위치한 2층의 낡은 건물에 사무실을 마련하였다.

충남민청이 벌였던 주요 활동은 다음과 같다. 첫째, 『충남민주선언』과 같은 홍보물을 발간하여, 군사정권의 탄압과 부당성을 시민들에게 알렸다. 『충남민주선언』은 그 당시만 해도 지역 차원에서는 일반 언론에서는 읽을 수 없는 민주화운동 관련 기사들을 접할 수 있는 유일한 통로였다. 그리고 『충남민주선언』은 충남민청 집행부와 학생운동 활동가들의 손을 통해 조직적으로 지역의 곳곳에 뿌려졌다. 그 당시만 해도 기관지를 배포하는 것조차도 불법이었기 때문에 배포 과정에서 경찰과 숨바꼭질을 해야 했고, 배포 중에 현장에서 체포되면 최소한 구류를 감수해야 했다. 『충남민주선언』 1호는 군 보안대의 학생운동가들에 대한 녹화사업의 실상을 공개하였는데, 이와 같이 군사정권의 탄압 사례나 민주화운동 관련 소식이 기관지 내용의 대부분을 차지하고 있었다. 지역 보안대는 군 녹화사업에 관한 기사를 게재한 책임을 물어 오원진 의장과 이규동 홍보부장을 충남기업사(지역보안사)로 끌고 가 구타와 협박을 가하기까지 하였다.

둘째, 주요 정치적 이슈들이 제기될 때 마다 농민, 노동, 학생, 기독교, 문화, 교육 등 각 부문운동 활동가들과 함께 논의의 장을 마련하였고, 부문운동의 연결을 위한 매개 역할을 하였다. 이를 통해 지역 차원에서 연대투쟁을 의식적으로 혹은 무의식적으로 발전시킴으로써 충남민청은 연대투쟁을 한 차원 높이는 역할을 하였다. 그리고 농민운동, 노동운동에 대한 탄압, 혹은 군사정권에 의한 인권유린이 있는 곳에서는 민주기자로 혹은 선도투쟁가로 나서서 지역운동이 공동으로 대처할 수 있도록 하는 데 기여하였다. 이러한 충남민청의 활동은 지역 차원에서 전선운동을 강화시킴으로써 향후 벌어질 대중운동의 역동성을 담아내려는 조직적 준비를 하는 데 기여하였다고 볼 수 있다.

셋째, 충남민청은 전국 차원의 주요한 정치적 이슈를 지역 단위에서 받아서 수행하였다. 물론 충남민협이 상층 연합조직으로 지역에 존재했지만, 실질적으로 연합운동의 실무는 충남민청의 몫이었다. 그리고 전국연합운동체였던 민통련이 주요 정치적 이슈나 조직 관련 문제를 다루기 위해 중앙회의 혹은 지역회의를 소집할 때도 충남민청 집행부에서 참석하는 일이 많았다. 전선운동 혹은 연대투쟁과 관련된 역할과 정치적 선도투쟁을 매개하는 역할 때문에 충남민청은 정세를 판단하고 이에 기초하여 지역 차원의 투쟁 방향과 투쟁 방식을 조직하는 임무를 담당하였다.

충남민청은 창립 이후 4월혁명 기념행사(4. 19), 광주학살진상규명투쟁 기간(5. 17~20), 광주학살 진상규명을 위한 국민대회(5. 18), 군사정권의 학원안정법제정 기도를 저지시키는 투쟁(7월) 등을 전개했으며, 9월에는 지역 교육민주화 관련 교사들에 대한 교권 탄압을 위한 기도회와 행사를 주최하였다. 이외에도 공주 우금치에서의 동학운동 기념행사 주최, 아산군 영농후계자 오한섭 자살 사건에 대한 공동대처, 김근태 민청련 의장의 고문사건과 관련한 지역 차원의 '고문 및 용공조작 대책위원회' 구성과 활동, 지역 민주화운동 관련 구속자 석방을 위한 법정투쟁과 항의농성 등 많은 지역 행사와 투쟁을 조직하였다.

1986년에 들어서 김대중과 김영삼이 이끄는 신민당은 집권세력의 호헌 의도를 저지하기 위해 3월 11일 '신민당 헌법개정추진위원회 서울시지부 결성대회 및 현판식'을 시발로 전국 주요 도시들을 순회하면서, 지역 단위의 '개헌추진본부 현판식'을 거행하였는데, 재야의 전선단체로 있었던 민주통일민중운동연합(민통련)이 신민당과 함께 이 행사를 공동으로 개최하였다. 이 집회는 정부가 허가한 합법적인 집회로서, 주요 도시를 순회하는 과정에서 행사에 참가하는 군중의 숫자가 눈덩이처럼 불어났다. 대구와 부산을 거쳐 마침내 4월 19일에 대전에서도 신민당 개헌추진위 충남도지부 결성대회 및 현판식(이하 '4·19 개헌 현판식')이 진행되었는데, 충무체육관에서 열린 이날 대회에는 3,000여 명 이상의 군중이 참가하였다.

충남민청은 충남민협과 함께 결성대회 후 '4·19 직선제개헌 범도민대회'를 개최하여 중구 대흥동 김태룡 의원 사무실 앞까지 가두시위를 전개하였다. 이후 개헌현판식이 진행되는 20여 분 동안 인근 도로를 점검하고 "헌법개정", "독재타도" 등의 구호를 외치면서 연좌농성을 벌였다. 또한 충남민청은 신민당이 구호에 관해 정해놓은 기준을 벗어나서 "독재타도 민주쟁취"를 슬로건으로 내걸고, 충남민청 집행부 전원이 구속될 각오를 하고 시위선동을 주도하여 대대적인 군중집회를 열었다. 이날 충무체육관에서 충남도청까지 진행된 가두시위에는 수천여 명의 군중이 참여하였다.(『동아일보·1986년 4월 21일자)

가두시위는 당일 오후 6시부터 10시까지 계속되었다. 시위대는 도청에서 200여 미터 떨어진 선병원 앞에서 경찰의 저지를 받고 돌과 나무토막으로 격렬하게 맞섰다. 이 날의 시위로 50여 명이 연행되었는데, 이 중 강구철(충남민협 사무국장), 유달상(대전기청협 회장), 이외원(충남대 사회학과 졸), 김홍영(충남대 경제학과 졸), 김대현(한남대 행정2년), 문인권(목원대 음악과 4, 기소유예), 오학수(충남대 사회학과 3, 기소유예), 정희영(충남대 사학과 졸), 조도형(충남대 사학과 3) 등 9명은 구속되었다. 송홍상(43, 정읍 농민), 염오태(30, 고창농민), 정차기(34, 옥천중앙교회 목사), 이성구(28, 대전시민) 등을 비롯한 9명은 15일에서 5일의 구류처분을 받았으며, 나머지는 '훈방' 조치되었다.

4월 19일의 개헌현판식 투쟁은 "드디어 터져 나온 15만 대전 민중의 군사독재 타도의 함성"으로(『충남민청』 8호) 지역 민주화운동세력에게 여러 가지 의미가 있었다. 우선 그때까지 대전지역에서 벌어졌던 시위 중 가장 최대 규모의 가두 군중시위였다. 그리고 일반 시민들의 권위주의적 군부정권에 대한 불만과 민주화 요구수준을 확인하는 계기가 되었다. 또한 이 사건을 통하여 지역 민주화 운동세력은 시민들의 지지를 확인하였고 자신감을 확보하게 되었다.

4·19 개헌현판식 이후 대전의 대부분의 대학에서 4월 21일부터 5월 20일까지 총 20회에 이르는 시위와 집회가 연일 이어졌다.(『인권소식』 제1호 1986년 8월 27일자) 충남민청은 4·19 개헌현판식에서 확인된 민주화에 대한 일반 대중들의 열기를 '광주항쟁 6주기 기념행사'로 이어가고자, 5월 18일 '광주학살 진상규명 및 직선제개헌 쟁취 2차 범도민대회'를 개최하기로 하

였다. 4·19 개헌현판식에서 불법적 정치 슬로건을 내세웠다는 이유로 이미 수배상태에 놓여있던 충남민청 집행부 임원 5명 전원은 앞으로 있을 5·18투쟁의 전면에 나서기로 결정하고, 충남민청 회원과 대학생 50명과 함께 5월 17일 오후 7시쯤 은행동 충청은행 앞에서 홍명상가 앞까지의 중앙로에서 "독재 타도", "광주사태 진상규명", "광주 학살자 처단" 등을 외치며 10여 분간 시위를 벌였다. 출동한 경찰에 의해 시위대는 강제 해산되고, 충남민청 집행위원 5명은 전원 연행되어 구속되었다.[12]

충남민청은 집행부가 없는 상태에서 오원진 의장과 상무위원들을 중심으로 5·18투쟁을 이어가기 위해 5월 27일 천안 오룡동성당에서 천주교정의구현사제단 대전교구 신부들, 충남민협 등과 공동으로 '구속자를 위한 기도회 및 광주민중학살 진상규명대회'를 개최하였다. 전투경찰의 삼엄한 경비 속에서도 시민 1,000여 명이 참석하였고, 〈광주민중항쟁 6년을 맞는

---

[12] 『인권소식』 제1호. 충남민청은 1986년 6월 초에 임시비상총회를 열어서 최교진(공주사대 졸)을 의장에, 장수찬(목원대 졸), 서기원(충남대 졸), 신태식(고려대 조치원캠퍼스 졸) 등을 집행위원으로 위촉하여 제2기 지도부를 구성하였다. 하지만 집행부가 공개 대중운동 경험이 없던 활동가들로 구성되어서 초기에 많은 어려움을 겪어야 했다. 그리고 재정 상태나 조직상태도 썩 좋지 못했기 때문에 충남민청 활동은 다소 소강상태에 들어갈 수밖에 없었다. 그러한 가운데 충남민청은 『충남민주선언』을 계속 발간하고 이를 배포하는 활동을 지속해 나갔다. 그 당시 『충남민주선언』은 3,000부 정도가 발간되었으며, 시내 주택가나 상가에 대부분 배포되었다. 배포의 상당 부분은 학생운동조직이 담당하였으며, 늘 경찰과 숨바꼭질을 해야만 했다. 『충남민주선언』 발간과 관련하여 최교진 의장과 집행부가 구류를 살기도 하였고, 배포 현장에서 체포되어 경찰로부터 구타당하는 일도 빈번하게 일어났다. 또한 『충남민주선언』 인쇄를 맡아줄 인쇄소를 구하기가 쉽지 않아서 인쇄 과정과 배포 과정에서 늘 경찰의 감시를 피해 다녀야만 했다. 1986년 여름과 가을 초까지 침체기에 들어갔던 충남민청은 1987년 4월 13일에 한국가톨릭농민회관에서 100여 명의 회원과 내빈이 참석한 가운데 제3차 정기총회를 개회하였다. 이하원을 신임 의장으로 선임하고, 최교진(중앙위원장)·오원진·강구철·이완규·김영완·김관희·김병국·김호진·정천귀·이규동·이준희·정선원·이영복·선병렬·장재인 등을 중앙위원으로 위촉하였으며, 장수찬(집행위원장)·서규원·신태식 등을 집행위원으로 임명하였다. 그리고 유덕준(충남대), 이기원(충남대), 임성대(목원대) 등의 활동가와 간사인 이영주(침신대) 등으로 집행부를 보완하고, 사무실을 대전역 근처에 위치한 YMCA 6층으로 이전했다. 제3기 집행부가 구성되면서 충남민청 활동은 제2기보다 활기를 띠기 시작하였다.

우리의 입장〉이라는 제목의 성명서를 발표하였다.

6~9월에는 개헌 현판식과 관련하여 구속된 전임 집행부의 재판이 진행되었는데, 충남민청은 대전 · 충남 지역 구속자 가족으로 이루어진 충남민주화운동실천가족협의회(이하 '충남민가협')와 공동으로 법정 항의투쟁과 검찰청 농성을 벌였다. 검찰청 농성시위 도중에 충남민청 집행위원장 장수찬이 검찰청 수사관들로부터 심하게 구타당해서 들것에 실려 성모병원에 입원하는 사태가 발생하였다. 이에 충남민청과 충남민협의 검찰청 농성이 다시 계속되었고, 결국에는 대전지방검찰청 검사장의 사과를 받아내었다. 이 과정에서 특히 충남민가협 어머니들이 보여준 치열한 법정 몸싸움, 검찰청 농성, 눈물어린 호소 등은 이 당시 지역 민주화운동의 소중한 자산이었다.

9월 19일 충남민청 집행부가 수감되어 있던 대전교도소에서 양심수들에 대한 폭행사건이 발생하였다. 대전교도소에 수감 중이었던 강구철(충남민협 사무국장), 이준희(충남민청 집행위원장), 정천귀(충남민청 홍보부장), 송영배(목원대), 임성대(목원대) 등이 목이 멍들고 눈 수위에 심한 상저를 입고, 걸음을 제대로 걷지 못할 정도의 심한 구타를 당했다. 충남민청 간부들에 의해 이 소식이 밖으로 전해졌고, 지역의 재야 인사들(송좌빈 등), 신부(김순호), 목사, 충남민가협 회원(이중주 등), 충남민청 간부들이 대전교도소를 방문하여 교도소장에게 항의하고 정문 앞에서 시위를 벌였다. 이들 중 일부는 "양심수 처우 개선", "아시아경기대회 반대" 등의 구호를 외치며 정문에서 장기간 농성에 들어갔다.

이외에도 충남민청을 비롯한 운동단체들에 대한 당국의 탄압은 여러 가지 형태로 자행되었다. 예를 들면, 1986년 11월 4일 대전경찰서는 대전지법 이수형 판사로부터 압수수색영장을 발부받아 오후 4시 30분부터 20분간 충남민청과 '대전기청협'이 함께 입주해 있는 충남민협 사무실을 수색하였다. 경찰은 이른바 교육민주화선언과 관련된 유인물 등 문제도서목록, 각종 유인물, 서적, 스티커, 머리띠 등을 압수해 갔다. 그리고 유인물 인쇄를 어렵게 하기 위해 인쇄소에 압력을 가하거나, 유인물 작성·인쇄·배포에 대한 책임을 물어서 이들 단체 임원들에게 구류를 살리는 등 반합법 공개운동에 대한 탄압을 수시로 하였다.

1986년 11월과 12월에 접어들면서, 충남민청은 청년운동조직의 독자적인 실천 내용을 담보해 내기보다는 충남민협이 연합운동체로서의 역할을 성공적으로 수행할 수 있도록 보조하고 지원하는 쪽으로 방향을 전환하였다. 특히 1986년 6월에 터져 나온 '권인숙 양 성고문 사건'에 대한 공동대응은 전국적 차원에서 뿐 아니라 지역적 차원에서도 천주교계와 개신교계가 반독재민주화투쟁에 적극적으로 참여할 수 있는 기폭제가 되었으며, 교육계, 여성계, 농민운동 세력 등이 지역 차원에서 광범위한 연대를 형성하는 계기로 작용하였다. 이후 청년운동 활동가들은 지역 차원에서의 연대투쟁의 필요성과 중요성을 새롭게 인식하고, 전선운동을 의식적으로 발전시킴으로써 향후 벌어질 대중운동을 담보하고자 노력했다.

3. 연대를 통한 반독재민주화투쟁의 발전

전국 단위의 연합운동체였던 민통련이 1985년 초에 창립되자, 각 지역 운동세력들은 어떤 형식으로든 지역운동 연합체를 만들어 대중운동을 추동해 나갈 것에 대해 논의하였다. 인천이나 강원 지역의 경우에는 민통련 지부를 조직하였고, 광주·전남 지역의 경우에는 청년운동단위를 먼저 만들고 나서 지역 연합운동체를 만들었다. 대전·충남 지역의 경우에는 청년운동체를 우선적으로 조직하여 선도적인 정치투쟁의 역할을 맡기고, 동시에 대전 지역의 운동단체를 포괄하는 연합운동체를 조직하기로 하였다.

그리하여 1985년 2월 13일 충남민주운동협의회(이하 '충남민협')를 창립하였다.

충남민협에 참여한 단체로는 충남가농, 충남기농, 대전기청협(EYCD), 대전가톨릭청년회(이하 '대전가청'), 충남민청, 천안인권위원회, 금강인권선교위원회 등이 있었다. 초기 공동의장에는 김순호 신부와 원형수 목사가, 부의장에는 김영주 목사가 선임되었고, 강구철이 집행위원장을 맡았다. 그리고 각 단체 대표들을 중심으로 상임집행위원회[13]를 꾸리고, 이를 통하여 연대투쟁의 실질적 내용을 채워가기로 합의하였다.[14]

참여단체를 통해서도 알 수 있듯이 충남민협은 각계각층의 계급적 연대의 성격을 띠는 전선운동이라기보다는 그때까지 준비된 지역의 운동단체들을 총망라한 '연합운동체'로서의 성격이 강했다. 그때까지도 지역의 노동운동은 발아조차 하지 못하고 몇몇 학생운동 출신들이 현장에 침투하여 활동하는 수준이었다. 농민운동도 개신교나 가톨릭의 외피를 벗어나서는 존재할 수 없을 정도로 강하지 못했다. 반면에 이 지역의 기독교운동은 예외였다. 기독청년, 학생들 및 목회자들이 중심이 된 기독교운동은 이 지역의 지식인 사회가 침묵했던 것과는 대조적으로, 다른 민주화운동 단체와

---

[13] 상임집행위원회에는 한상열(충남가농), 양주석(충남기농), 유영완(대전기청협), 이상태(가노청), 손문규(대전가청), 이준희(충남민청), 허원배(천안인권위), 나도현(금강인권위) 등이 참여하였다.

[14] 충남민협은 1987년 4월 23일 괴정동 천주교회에서 3차 정기총회를 열고 조직을 확대 개편하였다. 3기에 공동의장으로 김순호 신부와 원형수 목사가, 부의장에는 최병욱(전 한국가톨릭농민회 회장)이, 사무국장으로는 김필중(충남대 졸)이 선임되었다. 보다 광범위한 세력결집을 위해 상무위원제도를 신설하여 한상렬, 박종만, 류달상, 박영기(한남대 졸), 최교진, 이완규, 정봉연, 손문규 등을 상무위원으로 임명하였다. 새로운 회원단체로 문화운동단체인 '터'와 충남민가협을 참여시켜 상임위원을 확대하였는데, 최병욱과 이재만(충남가농), 이명희와 이재욱(충남기농), 이상태(가노청), 윤민수와 김진만(대전가청), 정명석과 박만규(대전기청협), 이하원과 장수찬(충남민청), 양봉석과 김신회(놀이패 터), 허원배(천안인권위), 나도현(금강인권위), 정효순과 이인복(충남민가협) 등이 상임위원으로 참여하였다. 그리고 지도위원으로 재야 변호인, 재야 정치인, 기독교 목회자들을 포함시켰다. 이를 통해 연합운동체로서의 위상을 높여 나갔다.

연대하면서 민주화운동에 적극적으로 참여했다.

이 시기에 지역 차원의 연대투쟁은 몇 가지 사건을 거치면서 성장해 갔다. 특히 충남민협과 충남민청은 지역의 연대투쟁을 추동하고 조직하는 역할의 중심에 서 있었다. 충남민청과 대전기청협(EYCD)과 같은 청년운동 조직은 연대투쟁의 실무와 집행을 담당함으로써 충남민협을 보조하였다.

1986년 6월에 불거져 나온 권인숙 성고문사건은 지역 차원에서 광범위한 연대를 만드는 계기가 되었다. 그해 8월 11일 성남동성당에서 개최된 '고문과 폭력추방을 위한 기도회 및 성고문 규탄대회'는 천주교정의구현전국사제단 소속 대전교구(이하 '천주교 정의구현 대전교구사제단') 신부들과 충남인권선교위원회, 충남민협 등을 망라한 광범위한 연대의 시발점이었다. 그리고 8~9월에 걸친, 충남 지역 교육민주화운동 탄압에 대한 공동대처 역시 개신교, 가톨릭, 지역 운동단체 전체가 연합하여 벌인 주요한 연대투쟁으로 평가된다.

1986년 12월에 접어들면서부터 전두환 정권이 장기집권계획을 노골화하자, 충남민협은 충남 지역 14개 운동단체, 개신교, 천주교, 충청민주교육실천협의회 등과 공동으로 12월 26일 괴정동성당에서 '장기집권 음모저지 충남지역 공동투쟁위원회'를 결성하고, 충남 지역 전 도민의 역량을 결집하려는 노력을 기울였다. 이 날 경찰은 수백 명의 전투경찰을 동원하여 괴정동성당을 포위하였으며, 충남민청 홍보부장 서규원을 연금하기도 하였다. 이처럼 주요 정국 이슈와 지역 이슈를 중심으로 군사정권의 탄압에 대처하기 위해 지역 차원에서 다양한 계급계층과 연대하려는 노력이 지속적으로 시도되었다.

1987년 초반 지역 차원의 연대투쟁 혹은 전선운동은 천주교, 개신교, 신민당, 재야 정치권까지 포함함으로써 가장 광범위한 계층과 인사들을 총망라하여 6월민주항쟁을 추동하고 담아낼 조직적 그릇을 준비해 나갔다고

볼 수 있다. 하지만 노동운동 세력과 농민운동 세력은 연대투쟁에 적극적
으로 결합하지 못하였으며, 또한 주도적이지도 못하였다. 이 지역의 노동
운동 세력은 공식적인 조직을 준비하지 못했으며, 농민운동 역시 충남기
농과 충남가농이 결성되어 있었으나 기층 농민들과의 결합 정도는 미약한
수준이었다. 연대투쟁에서 중심적 역할을 담당하기에는 역부족이었다. 따
라서 지역 차원의 연대투쟁은 계급과 계층이 결합하는 '전선운동'적 성격
보다는 1980년 초중반을 통하여 생성된 민주화운동 세력의 연합운동의 성
격이 강했다고 볼 수 있다.

제3장 6월민주항쟁

제1절 6월민주항쟁의 배경

집권 세력이든 저항 세력이든 일정한 로드맵에 따라 민주화이행을 진행하는 것이 아니라 변화무쌍한 정치 환경에 따라 정치적 선택을 강제당할 수밖에 없다. 한국의 민주화는 이른바 '성공의 위기'로부터 시작되었다. 전두환 군사정권은 1980년 경제위기를 구조조정을 통해 나름대로 성공적으로 극복하고 우호적인 경제 환경을 배경으로 하고 있었다. 즉 성공의 위기는 지배블록에게 민주화이행을 해나가는 데 우호적인 환경으로 작용하고 있었다. 하지만 광주학살 주범이라는 이유 때문에 취약한 정치적 정통성에 시달려야만 했다. 1983년 12월에 군사정권은 정치적 정통성을 물고 늘어지는 학생운동 진영에 경제적 자신감을 바탕으로 '학원자율화조치'를 단행하였다. 이로써 정국은 일련의 '자유화' 과정에 진입하게 되었다.

이것은 권력 집단의 권력 재생산 과정의 일부이면서 주요한 정치 실험이었다. 이 시기는 장기집권 구도를 강하게 주장하는 강경파와, '자유화 조치' 이후 일정을 적절히 소화하면서 민주화이행을 통해 정렬된 후퇴를 강조하는 온건파 사이의 이견이 잠복된 시기라 할 수 있다. 하지만 유화국면에서 터져 나온 학원민주화와 사회민주화에 대한 요구는 시간이 갈수록 확대 재생산되어 갔다. 민주화운동 세력의 도전에 위기를 느낀 군사정권은 집권 말기에 들어서면서 내각제개헌 구도로 압축되는 안정적 재집권 계획을 세웠던 것으로 보인다. 야당 세력의 일부를 끌어 들여 권력 연장의 기반으로 이른바 보수대연합을 실현하려는 노력이 '이민우 구상'으로 나타나기도 하였다.

하지만 1985년 2·12총선에서 김대중, 김영삼이 이끄는 신민주당이 70%가 넘는 득표율로 대대적인 성공을 거두었다. 이에 정치적 자신감을 얻은 신민주당은 4월과 5월에 전국 주요 도시들을 돌며 '개헌현판식'을 개최하면서 대대적인 대중몰이에 성공하였다. 그 결과 군사정권은 보수대연합의 안정적 파트너를 확보하는 데 실패하게 되었다. 이에 따라 2·12 총선에 나타난 민의를 무마하는 정치 일정이 필요하게 되었으며, 1986년 초반부터 여러 가지 구상을 놓고 혼돈을 일으켰다.

전두환 정권은 말기에 들어서면서 야당과는 정치적 협상 여지를 열어 놓은 반면에, 민족민주 운동 세력에게는 강경일변도의 정책을 사용함으로써 야당과 민중민주주의 세력을 분리하려고 노력하였다. 1985년 말 민주화추진위원회 사건과 민주화운동청년연합에 대한 탄압을 비롯하여 구미유학생 간첩단 사건 등 1986년 한 해 동안에 하루가 멀다 하고 국가보안법 사건들이 계속 터졌다. 서울노동운동연합사건, 마르크스·레닌당 사건, 반제국주의동맹사건, 구국학생연맹사건, 1987년 2월의 제헌의회그룹사건, 5월의 서울남부지역노동자연맹사건 등등 많은 시국 사건들이 뒤를 이었고, 운동가들은 대대적으로 구속되었다. 그리고 이런 시국사건들이 일어날 때마다 한결같이 이데올로기 공세가 뒤따랐다.

1986년 이후 군사정권의 탄압이 심해질수록 민주화운동 세력의 도전은 더욱 거세졌다. 군사정권은 잘 정비된 경찰조직과 군의 폭력에 의존하여 권력을 유지할 수밖에 없게 되었다. 군사정권의 폭력성은 민청련 의장 김근태 고문사건, 서울노동운동연합 지도위원 김문수 전기고문사건, 부천경찰서 권인숙 성고문사건, 녹화사업과 관련된 의문사 사건으로 이어지다가, 박종철 고문치사 사건에 이르러 절정에 달하였다. 이러한 정세를 등에 업고 김대중과 김영삼이 보다 많은 정치적 양보를 요구하자, 전두환은 4월 13일 대통령 특별담화를 통해 야당의 개헌 요구를 거부하고, 그 어떤 개헌 논의도 엄벌에 처할 것임을 천명하였다.

이 '4·13호헌조치'는 그 동안 집권 블록에서 시도되어 왔던 보수대연합의 파탄을 의미하였으며, 미국이 전두환 정권과 거리를 두는 계기가 되었다. 이에 따라 전두환 정권은 급속하게 고립되어 갔다. '4·13호헌조치'를 계기로 야당이 적극적 공세로 돌아선 데에는 몇 가지 이유가 있다. 당시 헌법을 그대로 두고 민주화이행이 이루어질 경우, 양 김이 권력에 도전하여 승리할 가능성은 높지 않았다. 그리고 2월 7일의 대행진과 3월 3일의 국민대회[15]에서 나타난 대중들의 민주화에 대한 열망은 야당이 가두투쟁에 적극적으로 참여하는 동기를 부여하였다.

다른 한편, 민족민주운동 진영은 반독재투쟁을 효과적으로 전개하기 위해 범민주세력을 통합하는 방향으로 나아갔다. 1985년 3월에 민주통일국민회의와 민중민주운동협의회(이하 '민민협')가 통합되어 민통련이 결성되었다. 민통련은 노동운동 세력을 제외한 모든 민주화운동 세력이 결집한 '전선운동'적 성격을 가지고 있는, 해방 이후 단일 대오를 갖춘 최대의 운동단체였다. 민통련은 1986년 초중반에 군사정권의 표적이 되어 심한 탄압을 받으면서도 정치투쟁에서 선도적인 역할을 담당하여 왔다. 1987년 1월 14일

---

[15] '고 박종철 군 국민추도회 준비위원회'가 중심이 되어 2월 7일에는 16개 지역에서 추도대회를 가졌고, 3월 3일에는 전국 주요 도시에서 '고 박종철군 49제 추모집회'와 '고문추방 민주화 국민평화대행진'을 함께 진행하였다.

에 터져 나온 박종철 고문치사 소식은 천주교와 개신교, 지식인, 변호사, 교사, 문화예술인 등 각계각층의 인사들을 결집하게 만들었다. 그리고 2월 7일에 있었던 '고 박종철 군 추모 및 고문살인 종식을 위한 범국민대회'와 3월 3일의 49재 행사를 치루면서 연대와 단결의 수준을 높여갔다.

4월 13일에 발표된 전두환의 '4·13호헌조치'는 민주화 열기가 달아오르고 있던 민족민주운동 진영에다 기름을 붓는 격이 되었다. '4·13호헌조치'로 더 이상 군사정권과의 정치 협상에 미련을 갖지 않게 된 야당이 민족민주운동 진영에 합세하면서, 5월 27일 민통련과 야당 세력이 주축이 되어 광범위한 민주세력을 묶어세운 민주헌법쟁취 국민운동본부(이하 '국민운동본부')가 탄생하였다. 국민운동본부는 신부·목사·승려 등 종교인, 국회의원·재야 정치인 등 정치인, 변호사, 교수·교사 등 교육자, 문인·화가 등 문화예술인, 청년학생, 노동자, 농민, 빈민, 여성, 구속자 가족 등 각계각층의 조직과 인사들이 결집하여 구성되었다.

대전·충남 지역에서도 1987년 2월 2일의 '고 박종철 군 추모 및 고문살인 종식을 위한 범도민대회'와 3월 3일의 국민평화대행진 등 연대집회와 연대투쟁을 통하여 지역의 연합운동이 조직적 내용을 다져나갔다. 4·19기념집회와 5·18기념행사(5월 18일~27일)는 '고문추방 민주화 국민평화대행진 준비위원회'16)가 주도하였다. 충남민협, 충남민청, 대전기청협 등이 중심이 된 이 준비위원회는 지역 차원에서 가장 광범위한 민주세력과 인사들을 결합시킨 연합운동조직이었다.

---

16) 준비위원은 김순호(신부, 충남민협 공동의장), 원형수(목사, 충남민협 공동의장), 김병재(신부, 천주교 정의구현 대전교구 사제단)), 박종덕(목사, 충남인권선교협의회 위원장), 이명남(목사, 충남인권선교협의회 감사), 송좌빈(민주헌정연구회 충남지부장), 김태룡(신민당 국회의원), 송천영(신민당 국회의원), 조주형(변호사), 윤석빈(신부, 충남민협후원회 대표), 최병욱(한국가톨릭농민회 회장), 정효순(충남민가협 회장), 이명희(충남기농 회장), 김필중(충남민협 사무국장), 유영완(충남인권선교협의회 사무국장), 최교진(충남민청 의장), 유달상(대전기청협 회장) 등 17명이었다.

5월 28일에는 국민운동충남본부가 발족되었다. 참여단체는 20여 개 단체로 확대되었으며, 처음으로 대학생 자치기구들이 공식적으로 참여하였다. 국민운동충남본부 이전의 연합체에는 학생들이 선배 운동가들에 의해 수동적으로 동원되거나 개별적으로 참여하였을 뿐, 실제적으로 연대조직 체계 내에 들어오지는 않았다. 하지만 국민운동충남본부에는 초기부터 충남대, 공주사대, 대전대의 총학생회가 참여하였으며, 나중에 목원대, 배재대, 한남대 총학생회 등도 참여하였다.

김순호 신부, 원형수 목사, 김병재 신부, 이명남 목사, 재야 정치인 송좌빈 등이 공동의장단으로 선임되었고, 집행위원장에 허원배 목사, 사무처장에는 강구철, 총무국장에는 김필중, 조직국장에는 박영기가 임명되었다. 그리고 지역에서 민주화운동에 헌신해왔던 146명의 인사들을 중앙위원회 위원으로 선임하여 개별적 차원의 운동 결합력을 높이고자 시도하였으며, 동시에 단체대표를 실행위원으로 포함함으로써 명실상부한 운동연합체를 구성하고자 시도하였다. 즉 김기만(가톨릭), 김용호(충남기농), 김규복(대전기독교노동상담소), 김필중(청년), 변갑철(충남가농), 박종만(충남기농), 신상욱, 우희수, 윤종관(가톨릭), 이명희(충남기농), 이길동(재야), 이하원(청년), 조홍구, 정지강(인권), 정효순(충남민가협), 정진일(대전기청협), 최병욱(충남가농), 한상열(충남가농), 허원배(인권) 등이 실행위원으로 참여하였다. 그리고 나중에는 각 대학의 총학생회 회장들이 실행위원으로 참여하였다.

'국민운동충남본부'의 발족은 6월민주항쟁을 주도할 대전·충남 지역 민주세력의 최대 조직연합이 탄생했음을 의미한다. 그리고 사회운동 세력이 제도화된 야당과 연대함으로써 보다 광범위한 대중에게 호소력을 가지게 되었다. 학생 계층도 선도투쟁에서 가지는 부담감으로부터 벗어나서 집단행동에 보다 적극적으로 참여할 수 있는 계기가 되었다. 이렇게 형성된 폭넓은 관계망을 통해 6월민주항쟁이라는 거대한 대중항쟁이 가능했다.

만약 각 부문운동 세력을 결집하는 연합체 조직이 준비되지 못했다면, 지역 차원에서 6월민주항쟁을 성공적으로 수행해 나가는 것은 애초부터 불가능했을 것이다. 그리고 1987년 초부터 진행된 일련의 대중투쟁 경험 속에서 부문운동은 조직적으로 성숙되어 갔고, 활동가들도 정치적으로 훈련되어 갔다. 뿐만 아니라 어떻게 연대하고 단결해야 하는지, 어떻게 운동 네트워크가 구축되어야 하는지를 학습하여 갔다. 6월민주항쟁을 주도적으로 이끌었던 운동 주체들은 6·10 항쟁 직전에 부문운동 세력을 결집하여 국민운동충남본부를 결성하고, 6월민주항쟁을 준비하였다. 다른 한편으로 지역의 일반대중들도 수많은 정치적 사건과 시위를 거쳐서 정치적 인식의 변화를 겪었다. 군사정권에 의한 인권유린이 더 이상 방치할 수 없는 수준에 이르렀고, 무고한 학생들의 희생은 더 이상 지켜 볼 수 없다는 대중적 공감대가 확산되어 갔다.

6월민주항쟁의 주체들이 어떻게 준비되고 성장하여 갔는가를 이해하기 위해서는 5월 밀의 국민운동본부 결성과 함께 지역 대학 학생들의 '애국 학생 투쟁위원회' 결성에 대한 이해가 필요하다. 6월 8일 치안본부가 전국 경찰에 갑호 비상근무령을 내린 가운데 도내 대학생 350여 명은 오후 3시 10분 충남대에서 호헌 철폐 및 장기집권 저지를 위한 충남애국학생연합투쟁위원회(이하 '충남애학투')를 결성하였다. 충남애학투에는 초기에 6개 대학 '애국 학생 투쟁위원회'가 참여하였고 나중에는 12개로 불어났다. 이 날 결성식을 끝낸 후, 충남애학투는 "투혼의 열정으로 군부독재 타도하고 민주정부 수립하자"는 내용의 성명서를 발표하고, 돌과 화염병을 던지며 격렬한 시위를 벌였다. 충남도경은 밤 10시부터 2시간 동안 검문검색을 실시하여 형사 및 보안사범 143명을 체포하였다. 이 중 34명을 입건하고 10명은 즉심에 넘겼으며, 99명은 통고 처분하였다.

'애국 학생 투쟁위원회'를 결성했다는 것은 6월민주항쟁 주체로서 가장 주요한 역할을 했던 학생들이 선도적 정치투쟁부대를 결성했다는 것을 의미한다. 지역 대학 총학생회가 전체 학생대중을 상대로 해서 정치선전과 동원을 하는 역할을 담당하는 반면에, '애국 학생 투쟁위원회'에게는 급변하는 정치상황에 보다 적극적이고 기민하게 대처하는 일종의 '기동타격대' 역할이 맡겨졌다. 이는 대전·충남 지역의 학생운동 세력이 조직정비를 통해 6월민주항쟁을 견인하고 이끌어갈 조직적 준비를 마쳤다는 것을 의미한다.

제2절 박종철 고문치사사건과 호헌반대투쟁

1987년 새해 벽두에 '박종철 고문치사 사건'이 터졌다. 박종철은 1987년 1월 13일 자정 무렵 하숙집에서 치안본부 대공분실 수사관 6명에 의해 연행되었다. 대학문화연구회 선배이자 민주화추진위원회 지도위원으로 수배 중이었던 박종운을 잡기 위함이었다. 박종철은 물고문과 전기고문을 받다가 14일에 숨졌다. 경찰은 초기 발표에서 책상을 "탁"치니 "억"하고 죽었다는 터무니없는 얘기를 하며 발뺌을 하였다.(민주화운동기념사업회 연구소 편, 2006, 472쪽) 전기고문과 물고문에 의한 사망이라는 사체부검 결과가 보도되고, '고문 및 용공조작 저지 공동대책위원회'가 고문폭로대회를 개최하는 등 박종철 고문치사사건은 점차 확대되어갔다. 이에 치안본부는 다시 가담자를 축소하는 등 진상을 은폐·조작하려 하였다. 하지만 5월 18일 '천주교 정의구현 전국사제단'의 김승훈 신부가 '광주민주항쟁 제7주기 미사' 2부에서 고문의 진상을 밝히고, 3인의 추가 가담자를 발표하면서 사건의 전모가 알려졌다.

박종철 고문치사 사건은 대전·충남 지역에서 반독재민주화투쟁이 확산되는 계기를 제공했다. 1986년 4월 19일 신민주당 개헌현판식 투쟁을 통하여 대규모 대중투쟁을 경험한 바 있던 대전 지역에서는 1987년 초반 폭발적 대중투쟁이 전개되기 시작한 것이다. 지역 차원에서 전개된 신민주당 개헌현판식을 통해 '민주개헌'이라는 이슈를 중심으로 지역 대중이 대규모로 결집할 수 있는 잠재력을 확인하였음에도, 지역운동은 개헌현판식 투쟁 이후 지역 주민들을 민주화 정치투쟁으로 견인할 수 있는 새로운 계기를 잡지 못하고 있었다. 그러다가 1987년 1월에 불거져 나온 박종철 고문치사 사건이 발생하면서 가톨릭계와 개신교계가 인권 신장과 민주화를 위한 정치개혁운동에 적극적으로 참여하기 시작하였고, 박종철 고문치사 사건은 군사정권에 의해 일회적으로 저질러진 실수가 아니라 군사정권이 구조적으로 인권을 유린하고 있다는 것을 단적으로 보여주는 사건이라는 주장이 대전 지역에서도 점차 대중적 설득력을 얻어갔다. 그리고 지역에서 민주교육 실천에 앞장서다 파면당한 뒤 암투병하던 이순덕[17] 교사의 죽음(1월 3일)은 지역 활동가들에게 커다란 충격으로 주었으며, 고문치사 정국에서 민주투쟁에 대한 각오를 다지는 계기로 작용하였다.

박종철 고문치사사건이 발생하자, 대전·충남 지역에서는 청년단체들이 제일 먼저 고문철폐투쟁에 나섰다. 1987년 1월 15일 충남민청, 대전기청협(EYCD), 충남민협 등은 사무실에 박종철 군을 추모하기 위한 분향소를 설치하고, 고문살해를 일삼는 경찰국 대공과에 '항의전화 걸기'와 고문살해와 인권유린 중단을 촉구하는 '서명운동'을 전개하였다. 1월 20일에는

---

[17] 이순덕은 1976년 6월에 태안여중에서 교직생활을 시작했다. 1984년부터 YMCA중등교사협의회 회원으로 활동하다 교육민주화에 참여했다는 이유로 예산여고(1984년 부임)에서 대전체고로 발령을 받았고, 교육운동 탈퇴 지시에 굴복하지 않자, 1986년에 서면중으로 다시 발령을 받았다. 이순덕은 1986년 6월의 '충청 교육민주화 선언'에 앞장섰다는 이유로 같은 해 8월에 해임되었다. 그리고 그 충격으로 쓰러져 병마와 싸우다, 끝내 1987년 1월 3일에 영면하였다.(『충청민주교육』 4호)

충남민가협이, 21일에는 대전·충남인권위원회, 천주교 정의구현 대전교
구사제단이 잇따라 성명서를 발표하였다. 1월 22일에는 송좌빈이 이끄는
재야 정치인 모임인 민주헌정연구회에서 고문살인 항의농성을 시작하였
다. 1월 27일에는 150여 명의 충남 지역 대학생들이 고문치사에 반대하며
대전 시내에서 가두시위를 전개하였다. 이 시위로 인해 이기원(충남대 미
술교육 4)군과 박종범(대전대 영문과 4)군이 구속되었다.

　박종철 고문치사에 항의하는 집회가 전국에서 개최되는 가운데, 전국
각지의 운동단체 실무 책임자들은 2월 2일 전국 각지에서 동시다발적으로
항의집회를 개최하기로 합의하였다. 이에 대전·충남 지역에서는 2월 2일
고문치사에 저항하는 일련의 운동세력이 총결집하여 충남민협을 중심으
로 16개 단체[18]로 구성된 '고문 및 폭력저지 공동대책위원회' 주최하에 '
고 박종철 군 추모 및 고문살인 종식을 위한 범도민대회'를 개최하기로 하
였다. '고문 및 폭력저지 공동대책위원회'는 "고문살인 자행하는 군부독재
타도하자!", "영구집권 획책하는 군부독재 타도하자", "용공조작 강간살인
고문정권 처단하자!" 등을 가장 중심 되는 슬로건으로 내걸었고, 일반인들
에게 ① 고故 박종철 군의 분향소에 분향하기 ② 박종철 군을 추모하여
검은 리본 달기 ③ 충남도경 등에 항의전화 하기 ④ 박종철 군 추모사업과
인권운동 모금 사업 참여하기 등의 행동지침을 제시하였다.

　2월 2일 오후 3시에 대전 기독교연합봉사회관에서 개최될 예정이었던 행
사는 경찰의 원천봉쇄로 무산되었다. 이를 미리 예상한 대회 지도부는 인
근 지역인 서대전사거리에서 충남민협 사무국장 김필중의 사회로 가두집
회를 시작하였는데, 이 집회에는 1,000여 명이 넘는 대중들이 참가하였다.

[18]　천주교정의구현대전교구사제단, 충남목회자정의평화실천협의회, 충남인권선교협의회,
　　대전지역인권선교위원회, 금강인권선교위원회, 천안지역인권선교위원회, 충청민주교육
　　실천협의회, 충남민가협, 충남민협, 충남가농, 가노청, 충남기농, 대전기독청년협의회,
　　충남민청, 놀이패 얼카뎅이 등.

충남민청을 중심으로 한 청년들과 전투경찰대와의 육박전을 방불케 하는 치열한 몸싸움 끝에 시위대는 서대전사거리와 유성 방면 대로를 장악하였다. 가두집회가 진행되고 있는 동안 허를 찔려 뒤늦게 달려온 경찰이 최루탄과 사과탄을 무차별 난사하여 운집한 시민을 강제해산 시켰다. 이에 격분한 시민들은 산발적으로 "독재 타도", "고문 추방"을 외치며 가두시위를 했고, 일부 시위 대열은 중앙로로 진출하여 오후 5시까지 시위를 계속했다. 또한 6시 정각에는 청년과 학생 등 150여 명이 원동사거리에 집결하여 유인물을 뿌리며 중앙시장 쪽으로 기습시위를 했고, 7시 30분경에는 목회자들과 민주화실천가족운동협의회 회원들이 가톨릭문화회관 앞에서 가두시위를 벌였다.

이날 행사로 28명이 서부경찰서와 대전경찰서에 연행되었으나, 고문 및 폭력저지 공동대책위원회의 연좌농성과 항의 때문에 두 명만 구류처분 되고 전원 풀려났다.(『충남민주선언』 제15호) 하지만 2월 2일 고문 및 폭력저지 공동대책위원회의 행사는 전국적으로 통일된 행동과 동일한 일정을 가지지 못함으로써[19] 대중직 폭빌력을 가지지 못하고 지역 차원의 산빌적 시위로 끝나고 말았다. 한 가지 주목할 만한 사실은 2월 2일 행사부터는 행사를 주관한 고문 및 폭력 저지 공동대책위원회가 연행자들의 석방을 위한 투쟁을 경찰서 현장에서 당당히 벌여 나갔으며, 경찰도 연행자 구속처리에 신중을 기하는 모습을 보였다는 점이다.

박종철에 대한 국민추도의 날로 정해진 2월 7일에는 천주교 정의구현 대전교구사제단이 괴정동성당에서 고 박종철 군 추모 및 고문살인 종식을 위한 특별미사가 진행되었다. 이 미사에는 500여 명의 학생, 시민, 그리고 가톨릭 신자들이 참여하여 폭력 추방과 민주주의를 염원하였다.

---

[19] 대전·충남 지역을 제외한 다른 지역에서는 준비가 제대로 되지 않아 2월 7일로 항의 집회를 연기하였다.

박종철 추모 49재를 맞이한 3월 3일에는 '고문추방 민주화 국민평화대행진' 행사가 전국적으로 진행될 예정이었다. 이 날의 행사를 준비하기 위해 대전·충남 지역에서는 고문 및 폭력저지 공동대책위원회를 신민당과 재야 정치인을 포함시켜 확대개편하여 '고문추방 민주화 국민평화대행진 준비위원회'를 구성하였다.

국민평화대행진은 대전역을 출발하여 중앙로를 거쳐 충남도청으로 행진하도록 계획되었다. 하지만 2,000여 명의 전투경찰이 대전역을 봉쇄하는 바람에 주최 측은 부라다백화점 옆과 신도극장 앞에서 각각 200여 명씩 집결하여 태극기를 흔들며 대전역을 향하여 출발하도록 시위를 재조직하였다. 시위대가 중앙데파트와 신도극장에 도착했을 때, 경찰은 최루탄과 사과탄을 난사하며 시위 군중을 해산시키려 하였다. 이 와중에서 유달상 대전기청협 회장이 경찰의 최루탄 직격탄에 맞아 머리에 크게 부상을 입는 사태가 발생하였다. 이 날 시위가 시작되자마자 대전 시내 상공에는 헬리콥터가 떠서 경찰을 지휘했다. 군사작전을 방불케 하는 시위 진압은 얼마나 군사정권이 전국에서 최초로 동시다발적으로 진행되는 전국적 대중집회를 두려워했는지를 보여 주었다.

오후 3시가 지나면서 소청일번가 근처로 시위 군중이 모여들어 1,500여 명으로 불어났다. 시위는 오후 5시까지 계속되었다. 시위대는 목원대와 대흥동성당에서 각각 해산식을 거행하였다. 이로써 시내 곳곳에서 진행되던 시위는 마감되었다. 이날 시위로 22명이 경찰에 연행되었으나 '고문추방 민주화 국민평화대행진 준비위원회'의 농성과 경찰서 항의방문으로 대전기청협 회장 유달상만 구류4일에 처해지고 나머지 시민들은 전원 석방되었다. 충남민가협 회원들도 별도로 대전경찰서를 방문하여 연좌농성을 하였는데, 그 과정에서 충남민가협 회원 4명이 강제 구금되었다.[20]

국민평화대행진은 2월 2일의 행사와는 달리 동일한 날짜에 동일한 행동

지침을 가지고 전국적으로 동시에 실시됨으로써 높은 수준의 대중적 파급력을 가졌다. 이날의 시위는 2월 2일의 시위와 비교하여 규모면에서나 일반시민들의 참여와 호응도에 있어서 한층 더 대중지향적 특징을 가지고 있었다.

대전·충남 지역의 민주화운동 세력은 3월 3일에 있었던 국민평화대행진의 열기를 이어가고자 노력하였다. 3월 5일 지역의 가톨릭 신부들이 연합하여 '군사독재 퇴진 촉구와 민주헌법 쟁취를 위한 범국민서명운동'을 전개할 것을 선언하고 이를 지상에 발표하였다. 이 서명운동에는 권태웅, 김기만, 김병재, 김순호, 나기순, 박상옥, 안상철, 여충구, 유영소, 유성균, 이계창, 이상룡, 이은진, 이종대, 이종란, 이한영, 장영식, 정지풍, 정호경, 정호영, 지만 등 총 21명의 가톨릭 신부들이 참여했다.

하지만 국민평화대행진의 열기를 이어가기 위한 노력은 뚜렷이 기억될 만한 대중투쟁을 끌어내지는 못하였다. 부문별로 일상적 투쟁을 전개하면서 3월~4월을 보냈다. 학생들은 학원탄압에 반대하면서 학원민주화투쟁을 벌였고,[21] 농민들은 농민운동 탄압에 대한 농성과 항의시위를 벌였다.[22]

---

[20] 충남민가협 회원들은 시위가 있을 때마다 경찰서로 찾아가 연행학생 석방을 요구하며 연좌시위를 하거나 거칠게 항의함으로써 경찰을 곤혹스럽게 하였다. 그 당시 충남민가협 회원이었던 이중주의 경우, 2월 25일 서울고법 104호 법정에서 열리던 부천서 성고문사건 권인숙 양 항소심 공판에서 검사를 모독했다는 이유로 전격 구속되기도 하였다. 충남민가협 회원들은 자신들의 자녀 이상으로 민주화투쟁에 앞장섰다.

[21] 충남대총학생회는 3월 3일 신입생들에게 〈대학문에 서서 무엇을 생각할 것인가?〉라는 제목의 유인물을 배포하였고, 4월 6일에는 전방 입소를 앞둔 한 충남대 학생이 〈민족통일의 함성으로 휴전선을 찾아가자!〉는 제목의 유인물을 배포하였다. 5월 7일에도 충남대 민주학생일동 명의로 〈광주는 아직도 불타고 있는가〉라는 제목의 유인물이 배포되었다. 다음날 충남대총학생회 운영위원회는 민주광장에서 '폭력 교수 사건 경과보고회'를 갖고 학원자유화를 요구하였다. 이어 충남대총학생회는 5월 12일 〈학원민주화의 깃발을 들자〉라는 제목의 유인물을 배포하였으며, 5월 14일에는 〈학원민주화의 깃발 아래 하나 되어 전진하자〉는 제목의 성명서를 발표하였다.

[22] 충남가농은 한국가톨릭농민회 경기연합회와 합동으로 3월 13일 영농후계자 오한섭 추도식 탄압 및 농민운동가 집단 폭행, 납치감금 사건에 대한 항의농성을 시작했고, 14일

노동자는 노동운동 탄압과 기본권 쟁취를 위해 투쟁하였고,[23] 기독교계는
인권과 교회탄압에 저항하면서 군사정권과 맞섰다. 충남민청과 충남민협
도 3차 정기총회를 각각 4월 13일과 23일에 열어 정세분석과 당면과제를
정하고, 조직정비 등의 사업을 진행하였다.[24] 이렇듯 각 부문운동 세력들
은 군사정권의 탄압에 저항하면서 일상적인 사업들을 펼쳐나가면서 조직
을 정비하였다.

그러한 가운데 전두환 정권이 '4·13호헌조치'를 발표했다. 1986년 말과
1987년 초 호헌론, 내각제개헌, 신민당과 합의 개헌 등으로 혼돈을 거듭하
던 집권세력은 강경파가 득세하면서 호헌론으로 돌아섰으며, 4월 13일 전
두환 대통령이 특별담화를 통해 개헌 논의를 전면적으로 유보한다고 발표
하였다. 그리고 4월 18일에는 개헌 문제로 집단 소요나 장외 불법투쟁은
엄단할 것이라고 경고하였다. 대전·충남 지역에서는 충남민청이 4월 27
일 『충남민주선언』 16호를 발행하여 "4·13 발표는 영구집권 음모의 노골
적 표현"이라고 반박하였다. 그리고 신민주당에 대해서도 군사정권과 타
협 없이 헌신적으로 투쟁해야 민중의 지지를 얻을 수 있을 것이라고 일침
을 가했다. 4월 30일에는 〈호헌 책동 분쇄하여 민주헌법 쟁취하자〉라는
제목의 전단을 대량으로 제작하여 배포하여, 군사독재정권과의 투쟁을 주
장하였다. 그 내용은 다음과 같다.

에는 성명서를 발표하여 경찰의 집단폭행을 규탄하였다.

[23] 3월 10일 노동자의 날을 맞이하여 〈노동3권 쟁취하고 8시간 노동제 확립하자〉는 제목으
로 성명서를 발표하였다.

[24] 충남민청과 4월 13일에 열린 정기총회를 통해 〈모든 민주운동세력이 강력히 연대하여
대중노선을 견지하고 군사독재의 타도와 미·일 외세 극복을 위해 강력히 투쟁한다〉는
요지의 결의문을 채택했다. 충남민협은 4월 23일 열린 정기총회에서 〈모든 민주운동세
력의 굳건한 연대 속에 민주화와 민족통일의 깃발을 드높이자〉는 제목의 선언문을 채
택했다.

300만 충남 애국 도민 여러분! 전두환 군사독재정권은 개헌 논의를 중지하고 현행 헌법을 고수하겠다며 전 민중을 협박, 우롱하고 있습니다. … 애국 도민 여러분! 이제 결전의 때가 왔습니다. 동장에서 대통령까지 우리 손으로 뽑기 위해.… 군부독재의 심장을 향해 돌진합시다!

대전기청협도 5월 1일 '선교 자유를 위한 특별기도회'를 개최하여, 호헌책동을 저지하고 민주화투쟁에 나설 것을 결의하였다. 대전기청협은 〈군부독재 몰아내고 민중민주헌법 쟁취하자!〉라는 제목의 유인물을 배포하여, 대전 지역 모든 민주화세력이 대동단결하여 군부독재를 몰아내자고 호소하였다.

지역 청년단체들의 호헌반대투쟁에 뒤이어 5월 4일에는 천주교 정의구현 대전교구사제단 소속 신부 30여 명이 괴정동성당(주임 김순호 신부)에서 '군부독재의 종식과 조국의 민주화를 기원하는 단식기도'를 시작하였다. 사제단은 성명서를 통해 첫째, 4·13 중대 결단이라는 호헌선언을 단호히 배격하며, 둘째, 모든 양심수는 사면 복권되어야 하고, 셋째, 국민의 기본 권리와 언론자유는 반드시 보장되어야 하며, 넷째, 민주화는 우리 힘으로 이룩해야 한다는 것 등을 주장하였다. 사제단은 단식 중에 매일 오후 7시 단식기도 사제 공동 집전으로 미사를 봉헌하면서, 전 신자들에게 군사정권 종식을 위한 운동에 동참할 것을 촉구하였다. 사제단의 단식은 5월 8일까지 계속되었다. 단식 마지막 날에는 2,000여 명의 신자들과 함께 공동미사를 드리고, 하루 속히 이 땅에 민주 정부가 탄생하도록 힘을 합치자고 다짐하였다. 그리고 사제단의 단식 기간 동안 가톨릭 단체들의 사제단에 대한 정치적 지지가 조직되었다. 대전교구 가톨릭대학생연합회가 자신들의 기관지 『주님 뜻대로』를 통해 사제단의 단식을 지지하는 내용의 성명서를 발표하였다. 5월 5일에는 충남민협이 10개 가맹단체의 연명으로 〈군부독재의 종식과 조국의 민주화를 기원하는 천주교 대전교구 사제단의 단식기도를 전폭적으로 지지한다〉라는 제목의 성명서를 발표하였다.

5월 7일에는 충남 지역 개신교 목회자 197명[25]이 연명하여 〈4·13 담화에 대한 충남 목회자의 입장〉이라는 제목의 성명서를 발표하였다. 이날 발표된 성명서에서 목회자들은 ① 민주화와 이를 위한 개헌은 역사의 필연적 요구라는 것 ② 선명 야당의 출현이 개헌 합의를 묵살, 포기할 명분이 될 수는 없다는 것 ③ 4·13 담화는 역사를 거꾸로 돌리는 반역사적 폭거라는 것 ④ 민주화는 민족공동체를 구성하고 있는 각계각층의 국민의 단결로 이룩해야 한다는 것 ⑤ 민주화는 하나님 나라 실현의 길임을 고백하며 실천할 것 등을 주장하였다. 그리고 이들 중 32명은 대전 제일감리교회에서 단식에 돌입하였다. 목회자들은 단식 중에도 목회 서신을 통해 교우들에게 호헌철폐투쟁에 동참할 것을 독려하였다.

목회자들의 단식투쟁에 대한 지원도 이어졌다. 5월 9일 대전기청협이 성명을 발표하여 목회자들의 단식을 지지하였으며, 5월 10일에는 개신교 신자 150여 명이 제일감리교회에 모여 목회자들의 단식을 지지하는 기도회를 갖기도 하였다. 그리고 5월 11일에는 경찰이 서울선교교육원에서 단식기도 중이던 목회자들에게 물 공급을 끊고 외부와의 완전 차단을 강행하자 지역의 또 다른 목회자들이 이들을 지원하기 위해 서울로 이동하기도 하였다.

5월 15일에는 제일감리교회에서 단식 중이던 목회자들이 중심이 되어 '민족자주와 민주 쟁취를 향한 충남 지역 기독자대회'를 개최하고, 〈광주여! 민족자주와 민중민주로 부활하라!〉는 제목의 성명서를 발표하였다. 이 성명서에서 목회자들은 5·18민중항쟁의 의미를 신앙적으로 해석하면서, 미국에 대한 사대주의를 배격하고, 양심수들의 즉각적인 석방을 요구하였다.

---

25) 감리교 91명, 성결교 5명, 침례교 2명, 성공회 6명, 예수교장로회(통합) 61명, 기독교장로회 32명 등이다.

호헌반대투쟁은 5 · 18민중항쟁 추모행사와 시위로 이어졌다. 충남대 총학생회를 비롯한 대전 · 충남 지역 대학 총학생회들(한남대, 배재대, 목원대, 대전대 총학생회)은 5월 18일 일제히 학내에서 광주민중항쟁 추모식을 개최하고, 〈장기집권저지와 민주적 직선개헌을 위한 우리의 입장〉이라는 성명서를 발표하여 "호헌 철폐하고 직선제 개헌 쟁취하자"고 주장하였다. (『배재대신문』 1987년 5월 28일자) 또 대전기독학생특별위원회는 5 · 18민중항쟁을 맞이하여 호헌 철폐와 독재 타도를 주장하는 내용의 〈애국 시민 여러분에게 드리는 글〉을 발표하였다. 충남민협은 제7주기 5 · 18민중항쟁을 맞이하여 5월 18일부터 27일까지를 추모 기간으로 정하고, 추모 기간에 '검은 리본 달기운동'과 함께 18일 오전 10시 30초간 추모 묵념을 권장하였다.

그리고 5월 23일에는 충남민협이 괴정동성당에서 5 · 18민중항쟁 추모집회를 개최하였다. 추모집회에는 450여 명의 학생, 시민, 가톨릭 신자들이 참여하였다. 그리고 추모집회가 진행되는 동안 충남민협은 사진 전시, 5 · 18민중항쟁 관련 영상물 상영, 5 · 18민중항쟁 증언자 강연 등을 통하여 5 · 18민중항쟁의 진실을 일리는 활동을 전개하였으며, 집회 마시막에는 〈5월 그 핏빛 하늘 아래 민주혼이 부른다〉는 제목의 성명서를 발표하였다. 5월 25일에는 대전 · 충남 지역의 대학들이 연합하여 '광주항쟁 계승 장기집권 저지 투쟁위원회'를 조직하고, 이 투쟁위원회가 주축이 되어 한남대에서 시국토론회를 개최하였다.

5월 말이 되면서 지역별로 광범위한 민주 세력이 연대하여 "호헌 반대"와 "민주헌법 쟁취"를 목표로 하는 국민운동본부들이 속속 건립되었다. 5월 20일 부산에서 처음으로 '호헌 반대 민주헌법 쟁취 범국민운동본부'가 결성되었으며, 5월 21일 '민주헌법 쟁취 국민운동 대구경북본부'가 발족되었고, 5월 25일에는 '호헌 반대 민주헌법 쟁취 전북연합'이, 5월 27일에는 전국 차원의 국민운동본부가 결성되었다. 대전 · 충남 지역에서는 5월 28일에 국민운동충남본부가 결성되었으며, 은행동에 소재한 빈들감리교회 사무실에 자리잡았다. 국민운동충남본부는 발족문에서 다음과 같이 발족의 의의를 천명했다.

> …우리의 역사는 외세와 야합한 독재정권의 탄압 속에서 국민의 자유로운 의사 표현이나 인간다운 생활이 전혀 보장되지 않는 억압과 굴종의 기나긴 과정이었다.… 민족과 국가에 닥친 위기를 더 이상 좌시할 수 없기에 … 호헌 반대와 민주헌법 쟁취의 종을 울린다.…

국민운동충남본부는 초기에 천주교 정의구현 대전교구사제단, 전국 목회자정의평화실천협의회, 충남대·공주사대·대전대 총학생회를 비롯한 20개 단체가 참여하였고, 나중에 신민당 충남도당과 그때까지 참여하지 않았던 목원대, 배재대, 한남대 총학생회 등이 참여함으로써 25개 단체로 늘어났다. 국민운동충남본부는 참여 단체들의 결합을 높이기 위해 '실행위원'들을 각 단체를 대표하는 대표자들로 구성하였다. 그리고 시·군 단위에 지부를 두기로 결정하였다. 마지막으로 국민운동충남본부는 소수 몇몇 사람이나 단체에 의해 움직여 가는 모임이 아니라, 이 지역의 모든 사람들이 함께 모여서 올바른 세상을 만들어 나갈 수 있는 개방된 공간임을 천명하였다.

제3절 6월민주항쟁의 전개

6월민주항쟁은 6월 10일부터 28일까지 19일 동안 거의 매일, 전국 30여 개 시·군에서 연인원 400~500만여 명이 참여한 반독재민주화투쟁이었다. 6·10 국민대회는 전국에 걸쳐 '국민운동본부'라는 동일한 조직체계를 갖추고 동일한 이슈를 가지고 동일한 날짜와 시간을 정해서 전국 동시다발적 집회를 가졌다는 점에서 대중적 파급력을 가질 수 있는 조건을 갖추고 있었다. 즉 형식에서뿐 아니라 전국과 지역이 그동안의 민주화투쟁을 통하여 대규모 대중투쟁을 끌어낼 수 있는 주체역량을 준비하여 왔기 때문에 가능하였다.

대전·충남 지역에서 6월민주항쟁이 본격적으로 시작된 것은 6월 10일 전국에서 '박종철군 고문살인 은폐 규탄 및 호헌 철폐 국민대회'가 개최되면서였다. 당일 민정당은 기존 헌법 테두리 내에서 전두환으로부터 노태우에게로 권력을 승계하는 절차를 밟고 있었다. 민정당은 잠실체육관에서 제4차 전당대회를 개최하고, 노태우를 차기 대통령후보자로 지명하였다. 노태우를 차기 집권자로 지명함으로써 집권세력은 "대통령직선제 불가", "기존 헌법 수호"라는 원칙을 분명히 했으며, 이러한 민정당의 태도에 전국과 대전·충남 지역의 일반대중들은 분노했다.

전국 22개 지역에서 30만여 명이 참여한 6·10 국민대회의 중심적 목표는 호헌을 저지시키는 데 있었다. 6·10 국민대회의 슬로건은 전국적으로 통일되었는데, "더 이상 못 속겠다, 거짓 정권 물러나라", "민주헌법 쟁취하여 민주정부 수립하자", "행동하는 국민 속에 박종철은 부활한다", "국민합의 배신하는 호헌 주장 철회하라" 등이었다. 그리고 국민운동본부는 "저녁 6시를 기점으로 모두 애국가를 부르고, 모든 자동차는 경적을 울리고, 교회와 사찰은 일제히 타종을 하며, 모든 참석자들은 태극기를 들고" 대회에 참석하라는 시민행동지침을 발표했다.

대전에서는 국민운동충남본부가 중심이 되어 대흥동에 소재한 가톨릭문화회관에서 도민대회를 개최하였다. 도민대회는 국민운동충남본부 간부들(교회 지도자, 진보적 지식인, 청년 활동가), 충남민청 간부, 대전기청협 간부, 학생운동 지도부 등에 의해 기획되고 주도되었다. 국민운동충남본부를 실무적으로 뒷받침하고 있었던 청년 활동가들은 학생운동 지도부와 만나 대체적인 동원 학생수, 투쟁의 양식 등에 대해 구체적으로 협의했다.

6·10 국민대회가 열리기 전에 대전·충남 지역의 부문운동단체들과 종교계는 성명서 발표, 기도회·출정식 개최 등을 통해 일반대중들에게 대회에 적극 동참할 것을 권유하였다. 천주교 정의구현 대전교구사제단은 이날 오전 〈우리의 기도와 선언〉이라는 제목의 성명을 발표하여 '국민운동충남본부'가 주관하는 6·10 국민대회에 신자들이 적극 동참할 것을 권유하였고, 충남목회자정의평화실천협의회, 충남인권선교협의회, 충남기농, 대전기청협 등도 각각 대회 지지성명을 발표하여 개신교도들의 참여를 권장하였다. 충남 지역에서는 지역의 가톨릭농민회(천안, 서천, 청양, 대천)들이 참여를 결의하고, 시·군 단위에서 6·10 국민대회를 주도적으로 준비하였다.

대학생들도 각 학교별로 결의를 다지고 일반학생들의 대회 참여를 독려했다. 대전 지역 7개 대학 학생회는 한남대에서 '군부독재 타도 및 장기집권 저지 충남권 대학연합 실천대회'를 열고 6·10 국민대회 출정식을 개최하였다. 국민운동충남본부도 대회에 즈음하여 4·13 조치 철회를 요구하는 내용의 대회선언문을 발표하고, 일반시민들의 6·10 국민대회 참여를 독려하였다.

충남 지역의 6·10 국민대회는 당초 대전, 천안, 공주, 부여 등 6개 지역에서 10일 오후 6시를 기해 일제히 개최될 예정이었으나, 3,500여 명의 경찰이 각 대회장을 원천봉쇄하고 대회장 출입을 저지하는 바람에, '국민운동충남본부'에 의해 기획된 행사 그 자체는 무산되었다. 대전의 경우에, 경찰이 초기부터 대회장인 가톨릭문화회관을 원천봉쇄하여, 대회 자체는 열리지 못했다. 하지만 경찰의 원천봉쇄는 끓어오르는 대중적 열기를 막기에는 역부족이었으며, 자연스럽게 시내 곳곳에서 가두집회와 시위가 전개되었다. 물론, 국민운동충남본부 지도부와 학생운동 지도부는 대회장 원천봉쇄를 사전에 대비하였다. 국민운동충남본부 지도부는 학생운동 내부의 네트워크를 통해서 학생들에게 성심당제과(가군), 대전극장(나군), 동양백화점 사양백화점사거리 주변에서 각각 200명씩 집결토록 하달했으며, 이에 따라 학생들은 삼삼오오 짝을 지어 목적지에 집결했다. 학생들은 박종철의 사진을 붙인 피켓을 들고 "호헌 철폐", "독재 타도" 등의 구호를 외치며 대회장으로 행진했다. 시위대는 가톨릭문화회관으로 향하였지만, 주요 교차로는 경찰이 지키고 있었다. 저지당한 학생들은 자연스럽게 시내 곳곳에서 경찰과 대치하면서 시위를 전개했다.

경찰의 저지에도 불구하고 학생과 시민들은 대흥동성당 앞으로 하나 둘씩 몰려들기 시작하였고, 도민대회를 열기로 계획된 18시에는 대흥동성당 정문 앞에 400~500여 명의 군중이 형성되었다. 곧 대흥동성당 정문 옆 옥외에서 연좌하고 있던 학생들과 시민들을 중심으로 도민대회가 시작되었다. 경찰들은 대흥동성당을 겹겹이 에워싸고 외부 시위대가 성당으로 진입하는 것을 방해하였다. 일촉즉발의 긴장 상태에서 대회는 정상적으로 진행될 수가 없었다. 대회 주최자들은 선언문 낭독, 구호 제창, 노래 등으로 행사를 단축하고, 시내 행진을 위한 시위 대열을 편성하였다. 곧 바로 전투경찰이 동원되어 페퍼포그, 사과탄, 지랄탄 등을 난사하였다. 이때부터 대중들의 본격적인 가두투쟁이 시작되었다.

세 곳에서 형성된 시위대는 주변에 있던 학생들과 시민들의 합세로 순식간에 대규모로 불어났다. 대전극장과 성심당제과 부근에서 형성된 시위대는 전경과 숨바꼭질 싸움을 하면서 중앙시장, 중앙데파트, 대전역, 대전제일감리교회 주변에서 연좌시위와 골목 시위를 지속하였다. 시위 규모는 많을 때에는 2,000여 명, 적을 때는 200여 명 수준이었다. 동양백화점 네거리에서 형성된 시위대는 경찰의 저지로 인해 두개의 시위대로 나뉘어, 일부는 중앙데파트 시위대에 합류하였고, 다른 시위대는 선병원 앞에서 시위를 계속하였다. 시위는 주로 구호 제창, 유인물 배포, 사진 부착, "우리의 소원은 통일"과 같은 노래 제창 등의 평화적인 형태로 진행되었다.

오후 6시 13분쯤에는 시내 곳곳에서 시위를 벌이던 학생들과 시민들이 대전시 대흥동 성심당제과 앞에서 연좌시위를 벌이던 시위대와 합류하여 골목골목을 누비며, "우리의 소원은 통일" 등의 노래를 개사하여 부르며 유인물을 뿌렸다. 6시 38분쯤 시위대는 중앙로로 진출했고, 시민들이 뒤따르며 합세했다. 시위대가 중앙로로 진출하여 교통이 막히자, 경찰은 최루탄을 발사하여 시위 군중들을 분산시켰다. 하지만 시민, 학생들은 이에 굴하지 않고 중앙데파트와 중앙극장 양편에서 다시 집결한 뒤 대전역과 대전우체국 쪽으로 행진했다. 대전우체국 방면으로 가던 시위대는 원동 4가, 대흥동 4가를 거쳐 오후 7시 27분쯤 동대전세무서 앞에 모여 연좌농성에 들어갔다. 이들은 7시 46분쯤 중앙시장에서 연좌시위하던 시위대와 합류하여 중앙로 진출을 시도했다. 이때 경찰이 최루탄을 발사하여, 시위대는 중앙시장 쪽으로 후퇴했다.

시위대와 경찰의 숨바꼭질이 진행되는 동안 구경하는 시민들의 숫자는 삽시간에 불어났다. 오후 8시경에는 시위대를 보기위해 시민들이 차도로 들어오자, 경찰 지휘자가 인도로 돌아가라고 소리쳤다. 일부 시민들은 경찰 저지에 화가 나서 경찰 지휘차를 둘러싸고, "국민이 낸 세금으로 무슨 짓을 하는 거냐"라고 외치며 지휘차를 발로 차고 헤드라이트를 깨뜨렸다. 시민들의 기세에 놀란 경찰 지휘차는 마침내 후퇴하여 중앙시장 쪽으로 물러났다. 시위대는 다시 중앙로로 진출하였다. 1만여 명이 플래카드와 박종철 사진이 붙은 피켓을 들고 "호헌 철폐", "독재 타도"를 외쳤다.

경찰은 오후 8시 50분쯤 중앙로 양쪽을 차단하고 사과탄과 지랄탄을 발사했다. 시민들은 중앙로 양쪽으로 흩어졌다. 대전제일감리교회, 중소기업은행, 대전역에 각각 다시 집결하여 중앙로 진출을 시도했다. 이리하여 시위대는 9시 11분쯤 다시 중앙로를 탈환, 4,000~5,000여 명이 연좌농성을 하며 경찰과 대치했다. 경찰은 다연발탄과 페퍼포그 가스를 사용 시민들을 해산시키려 했으나 시민들은 30여 분간 흩어졌다 다시 모이기를 반복하면서 시위를 계속했다. 10시쯤 흩어졌던 시민, 학생들은 중앙데파트 지하도 입구 및 중앙시장 앞에서 대중 집회를 열고 "호헌철폐", "독재타도" 등의 구호를 외치며 경찰과 대치했다. 이후 시위대는 전경과 대치한 가운데 밤 12시까지 중앙시장, 동백4가, 대전역, 삼성동 일대에서 시위를 계속했다. 중심 활동가들은 그 당시 운동의 메카였던 괴정동성당과 대전제일장로교회에 모여 철야농성을 벌였다. 이날 시위로 63명(43명 훈방, 5명 불구속, 15명 즉심 회부)이 연행되었으며, 학생과 경찰 등 28명이 중경상을 입었다.

이날의 시위에는 일반시민들이 적극적으로 참여했다. 연행자 64명[26]의 절반이 일반시민들이었으며, 부상자 전원이 일반 학생과 일반시민들이었다. 대전의 시위 군중의 규모는 도시 규모를 고려하면 상대적으로 컸던 것으로 평가된다. 9시 10분경 4,000~5,000여 명이 중앙로를 점거하고 연좌농성을 벌인(『국민운동소식지』 제1호) 것을 고려하면, 연인원 대중 동원은 2~3만여 명에 이르렀던 것으로 추측된다.

6 · 10 국민대회는 대전 이외의 지역에서도 개최되었다. 특히 천안 지역의 경우 도시규모가 크고 농촌지역을 포함하고 있어서 시위가 독특한 양상을 띠면서 전개되었다. 민주헌법 쟁취 국민운동 천안본부(이하 '국민운

---

26) 이날 연행된 사람은 학생 16명, 종교인 12명, 재야 인사 3명, 회사원 6명, 정당인 1명, 일반시민 26명 모두 64명이었다. 이 중 김승영(충남민청 회원), 정양희(교사), 곽정구(농민), 김현진(시민) 등이 5일에서 3일의 구류처분을 받았고, 조영환(한남대 3), 박정민(목원대), 임상일(목원대), 윤종철(목원대), 박찬규(시민), 한만대(시민), 황은아(시민), 이청자(시민) 등은 부상을 당했다.(『국민운동소식지』 제1호, 1987. 6. 27)

동천안본부')는 6월 10일 오룡동성당에서 '호헌 철폐 및 민주헌법 쟁취를 위한 시민대회'를 열기로 계획하였다. 4개 대학(단국대 천안 캠퍼스, 호서대, 상명여대, 순천향대)의 학생들은 단국대 천안 캠퍼스에서 3시부터 연합 출정식을 가졌다. 출정식이 끝난 후 600여 명의 학생들은 시내로 진출하였다. 국민운동천안본부 인사들(신부, 목사, 농민회 간부 등 50여 명)은 5시 30분쯤 성황동성당을 출발하여 대회장인 오룡동성당으로 향하였다. 대회 참여자들은 손에 플래카드, 태극기, 피켓 등을 들고 복자여고, 천안역 앞을 지나 오룡동성당 입구인 시청 앞까지 도보시위를 하였다. 이들은 시청 앞 주변 지역에 모여 있던 시민, 농민, 학생들과 함께 대회장인 오룡동성당으로 진입하려 하였다. 경찰이 성당 입구를 에워싸고 진입을 저지하자, 이들은 시청 앞 노상에서 대회를 시작하였다.

대회가 진행되는 동안 경찰은 철제 바리게이트를 이동하여 집회 참여자들을 포위한 뒤, 포위망을 점차 좁혀 갔다. 하지만 대회주최 측은 경찰의 방해 책동을 무시하고 행사를 진행하였다. 대회는 오룡동성당의 이원순 신부의 사회로 진행되었다. 성황동성당의 김영곤 신부는 대회사에서 "국민의 동의 없이 만들어진 기만적인 현행 헌법은 마땅히 폐기되어야" 하며, "동장에서 대통령까지 우리 손으로 뽑기 위해.…… 오늘 이 자리에 와 있다"고 역설하였다. 대회 장소인 오룡동성당 안에서는 20여 명의 신자들이 대동교회 이선영 목사의 사회로 대회를 개최하였다.

다른 한편, 단국대 천안 캠퍼스를 빠져 나온 학생들은 고속터미널에서 한일쇼핑센터까지 가두 행진하였다. 학생들은 "호헌 철폐", "독재 타도" 등의 구호를 외치며 경찰과 대치하였다. 미도백화점 앞에서는 300여 명이 참여한 가운데 농민들이 주축이 되어 민주마당놀이를 진행하였다. 민주마당놀이는 풍물놀이, 개사곡 경연대회, 정치 연설 등으로 진행되었는데, 농민 특유의 가무와 정치집회의 혼합을 보여 주었다.

저녁 8시가 되면서 국민운동충남본부가 이끌던 시위대, 학생 중심의 시위대, 그리고 농민 중심의 시위대가 동양고속터미널에 집결하였다. 동양고속터미널 앞에서의 집회는 저녁 9시까지 계속되었다. 최대 인파가 운집했던 8시 30분경에는 시민, 학생, 농민 등 8,000여 명이 천안역 앞에서 기독서점에 이르는 도로들을 가득 메웠다. 건물의 옥상, 간선도로변, 골목골목이 "더 이상 못 속겠다, 거짓 정권 물러가라", "파쇼와는 타협 없다, 군부독재 타도하자", "호헌책동 분쇄하고 민주헌법 쟁취하자" 등의 구호로 가득 찼다.

집회가 끝난 후 학생들은 천안역으로 진출하였고, 경찰이 저지하자 투석전으로 맞섰다. 1,000여 명의 학생, 농민, 시민들이 밤 11시 30분까지 시위를 벌였는데, 11시경에는 시위대가 천안 서북부파출소에 화염병을 투척하여 파출소 일부가 불타고, 유리창과 문짝이 심하게 파손되었다.

6·10 국민대회 이후 대규모 군중집회를 자체적으로 조직할 수 있는 학생들의 주도하에 6·10 국민대회의 열기를 이어갔다. 6월 11일 오후 3시 충남대 총학생회는 민주광장에서 '6·10 대회 보고대회'를 열고 휘기말고사를 연기할 것을 결의한 후, 600여 명의 학생들이 참가한 가운데 서문 앞 진출을 시도하면서 시위를 벌였다. 목원대는 같은 날 오후 3시에 '애국 학생 투쟁위원회' 주최로 '6·10 보고대회 및 폭력 진압 규탄대회'를 개최한 뒤, 150여 명의 학생들이 가두 진출을 시도하였다. 한남대의 경우에는 같은 날 오후 3시 '장기집권 저지 투쟁위원회'가 중심이 되어 도서관 앞에서 집회를 가진 뒤, 500여 명의 학생들이 가두 진출을 시도하여 교문 앞에서 전경과 대치하였다. 이외의 대학들도 대학별로 '6·10 보고대회 및 폭력 정권 규탄대회'를 가졌다.

6월 12일에는 '국민운동충남본부'가 소식지를 발행하여, 지역의 항쟁 소식을 일반시민들에게 홍보하고자 노력하였다. 당시 소식지의 주제목은

"민주와 독재의 대결전에서 충남도민 승리하다!"이었으며, 대전, 천안, 청양, 대천에서 벌어진 대중투쟁 소식을 자세히 전했다. 그리고 그날의 연행자, 구속자, 부상자 등에 대해서도 보도했다. 충남대 총학생회는 오전부터 학과 총회와 단과대학별 총회를 가진 후 "군부독재 종식을 위한 2주간 시험 연기를 재결의"하고, 오후 3시 비상학생총회를 소집하여 앞으로의 투쟁 방향에 대해 논의하였다. 비상학생총회가 끝난 뒤, 1,000여 명의 학생들이 서문과 정문에서 격렬한 시위를 벌였다. 오후 9시경에 민주광장에 모여 집회를 마무리 하였다. 100여 명의 학생들은 도서관에서 철야농성에 돌입하였다.

13일에도 시위는 이어졌다. 충남대 학생 2,000여 명은 6월 13일 오후 2시경 도서관 앞에서 비상총회를 열었다. 충남민가협을 대표한 정효순 회장과 국민운동충남본부를 대표한 원형수 목사가 연사로 참석하였다. 충남대 학생들은 대책위원회 결성과 학외 진출투쟁에 대해 논의한 후 9시경까지 시위했다. 그 중 1,000여 명은 목원대 학생 100여 명 등과 함께 은행동에 소재한 대흥동성당에 진출하여 늦게까지 시위를 벌였다. 한남대 총학생회도 6월 13일 비상총학생회를 소집하고, 기말고사를 거부하기로 결의하였다. 비상총회에 참여한 학생 수는 1,000여 명에 달했다. 이날 가두 진출을 시도하는 시위대를 향해 쏜 최루탄에 서동인(지역개발학과 4년)이 맞아 병원에 입원하기도 하였다. 목원대 총학생회, 배재대 총학생회, 대전대 총학생회, 기타 지역 대학들의 총학생회의 기말고사 거부 결의가 뒤따랐다.

대전 시민들의 민주화에 대한 열기는 6월 15일 다시 거대한 힘으로 폭발했다. 대중 시위의 사이클을 유지하고 조작하는 원천적 요소는 조직화된 학생운동이었다. 민주화에 대한 강한 가치적 합의와 이를 대중적 조직으로 뒷받침할 수 있었던 학생운동 세력은 6월민주항쟁 시위 일정의 중심에 있었다. 6월 15일의 거대한 대중적 시위도 대학 캠퍼스에서 시작되었다.

한남대 학생 5,000여 명은 단과대학별로 도서관 앞에 집결하여 대중 집회를 열고, "호헌 철폐", "독재 타도"를 주장하였다. 학생들의 집회는 자연스럽게 가두 진출로 이어졌다. 교문에서 1,000여 명의 학생들이 경찰과 대치하는 동안, 300여 명의 학생들이 후문으로 진출하여 길거리 시위를 시도하였다. 이날 목원대 학생 1,000여 명, 대전대 학생 500여 명도 기말시험을 거부하고 민주화투쟁에 나설 것을 결의한 뒤, 개별적으로 주력부대인 충남대 학생들의 가두시위에 참여하였다.

충남대는 총학생회와 '군부독재 타도 장기집권 저지 및 민주정부 수립 투쟁위원회' 공동주최로 비상총회를 오전 10시부터 개최했다. 8,000여 명의 학생이 민주광장에 운집하였으며, 여기서 학생들은 수업을 전면 거부하고 투쟁 일선에 나설 것을 결의하였다. 충남대 학생들은 경찰의 저지선을 뚫고 교외로 진출하여 유성파출소 앞에서 일차 가두집회를 열었다. 유성전신전화국 앞과 유성관광호텔 앞에서 시위를 벌이다 시내 중심가로 향했다. 학생들은 오후 6시 10분경 라이프예식장 앞에 서있던 경찰 가스차에 화염병을 던져 전소시켰다. 이후 학생들은 별 저항을 받지 않고 유성에서 7km 떨어진 용문동 4가까지 도보로 진출했다. 학생 7,000여 명은 오후 8시 30분쯤 서부경찰서 앞에서 경찰과 대치하였는데, 치열한 투석전을 벌여 경찰을 무력화 시키는 데 성공하였다. 시위가 격화되자 총장이 경찰과 학생 사이에 중재자로 나섰다. 총장, 도경국장, 경찰서장 사이에 평화시위 보장이라는 타협이 이루어졌다. 이때부터 학생들은 대전역까지의 평화시위를 보장받았다.

충남대 학생들의 평화적 시위는 서西대전사거리와 도청 앞을 거치는 과정에서 목원대와 침신대 학생들과 시민들이 가세하면서 1만여 명으로 불어났다. "호헌 철폐", "독재 타도"의 함성이 온 시가지를 뒤덮고 있었다. 9시 30분경에는 한남대생 300여 명이 동양백화점사거리에서 시위대에 합류했

다. 9시 50분경에 대전역에 도착한 학생 시위대는 10시가 지나면서 1만여
명을 상회하였다. 학생들과 시민들은 '호헌 철폐를 위한 범시민대회'를 대
전역 앞에서 개최하였다. 학생 대표들이 차례로 군중 앞에 나서서 군사정
권의 퇴진을 요구하고 민주정부 수립의 필요성을 주장했다. 시민대회는
오후 11시 30분까지 진행되었다. 시민대회가 끝난 뒤 시민, 학생 2,000~
3,000여 명은 새벽 1시까지 중앙로 일대에서 평화시위를 계속했다. 이날
경찰에 연행된 사람은 없었다.

6·10 국민대회 이후 다소 소강 상태를 보였던 천안 지역의 시위는 15일
에 다시 불붙었다. 단국대 천안 캠퍼스 학생 3,000여 명은 학교 대운동장
에서 오전 11시 30분쯤 집회를 갖고 12시쯤 시내로 진출했다. 시위대는 둘
로 나뉘어졌다. 이공대, 사회대 학생 2,000여 명은 북일고 쪽으로 진출하였
고, 나머지 학생들은 고속도로 톨게이트 쪽으로 향했다. 톨게이트 쪽으로
향했던 학생들은 고속도로를 점거하고 농성을 벌일 계획이었다. 전경들이
톨게이트에서 학생들의 고속도로 진입을 저지하자, 투석전이 벌어졌다.
시위대는 전경차 1대를 포위하고 전경을 무장해제 시킨 다음, 전경이 소지
하고 있던 장비들을 모두 불태웠다. 하지만 경찰이 필사적으로 저지하는
바람에 학생들의 고속도로 점거는 무위에 그치고 말았다. 톨게이트로 향
했던 시위대는 오후 2시경에 천안역에 집결하여 시국토론회에 참석하였다.

북일고 쪽으로 진출했던 2,000여 명의 학생들도 경찰과 대치하면서 투
석전을 벌였다. 하지만 수적인 열세를 느낀 경찰이 안전 시위를 보장하자,
시위대는 역전광장을 향하여 평화적인 도보시위를 하였다. 시위대의 일부
는 도보 행진 중에 북부파출소에 돌과 화염병을 던져 파출소 일부를 불태
우고 기물을 파손하기도 하였다.

오후 2시쯤 역전광장에 집결한 학생, 시민 5,000여 명은 시국토론회를
가졌다. 단국대 학생들이 단과대별로 나와서 성명서와 입장을 발표하고,

〈시민들에게 드리는 호소문〉을 낭독하였다. 시위대는 시국토론회가 끝난 뒤 오후 3시경에 시가행진에 들어갔다. 일부 시위대는 민정당사에 돌과 화염병을 던져 건물 대부분을 불태웠고, 나머지 3,000여 명의 학생과 시민들은 터미널에서 천안경찰서 앞으로 평화적인 시위를 하였다. 학생들은 오후 4시 30분 쯤 학교로 돌아가 이날 상황을 평가하고, 농과대, 사회대 학생들이 일차로 농성에 들어갔다.

15일부터 군중집회는 다소 격렬해지면서 6월 10일 이후에 유지되어온 평화적인 시위 방식에서 벗어나기 시작하였다. 충남대 학생들은 시위 과정에서 라이프예식장 앞(6시 10분경)과 서대전네거리에서(8시경)에서 서 있던 경찰 가스차 2대를 불태웠다. 천안에서는 민정당 제3지구당이 시위대가 던진 화염병과 돌로 당사 내부가 일부 불타고 유리창이 모두 깨어졌다. 이후 시위대가 던진 화염병에 경찰 장비가 불타고 파출소가 시위대에 기습되는 사건이 빈번하게 발생하였다.

충남대 총학생회는 6월 12일 〈시험 연기의 정당성과 투쟁 방향성〉이라는 제목의 성명을 발표하였다. 이 성명에서 충남대 총학생회는 군부독재 타도를 위해 시험연기 투쟁이 불가피하며, 투쟁 기간 중 지켜야 할 활동수칙을 다음과 같이 제시했다.(『충대신문』 1987년 9월 7일자)

애국 학생들의 행동강령

1. 8시30분 모든 학과는 과별로 집결한다.
2. 9시 학과 총회를 개최, 시험연기 결의를 다진다.
3. 매일 열리는 비상총회는 한명도 빠짐없이 적극 참여한다.
4. 학기말 시험을 거부하고 민주 충남대 조직을 위한 모든 노력을 경주한다.
5. 가급적 개인행동을 삼가고 충남대인의 단결된 의지를 보인다.
6. 조국의 현실에 대해 깊이 이해할 수 있도록 한다.
7. 현 정세에 대해 시민들에게 적극 홍보하여 같이 참여할 수 있도록 한다.

6월민주항쟁에서 대학생들이 주도적인 역할을 수행하였는데, 그것은 학생운동 세력이 그간의 민주화투쟁을 통하여 몇 가지 중요한 경험을 축척해 왔기 때문이다. 첫째, 학생 집단은 다른 계급이나 계층에 비해 '민주화 이행'에 대한 가치적 합의를 강하게 견지하고 있었다. 둘째, 오랜 민주화투쟁을 통해 학생운동 세력은 다른 부문운동에 비해 이념적인 합의를 바탕으로 운동을 실천적으로 주도할 수 있는 활동가 조직을 잘 갖추고 있었다. 셋째, 학생운동세력은 대중조직인 학생회를 통해서 일반학생들을 조직하고 동원할 수 있는 체계를 갖추고 있었다. 넷째, 학생운동 조직은 학내 집회와 거리투쟁의 경험이 풍부하여 실제적인 투쟁을 조직하고 지도하는 데 부족함이 없었다. 다섯째, 학생운동 조직은 타 부문운동과의 네트워크를 형성하고 있어서 필요할 때마다 연대투쟁을 쉽게 조직할 수 있었다.

6월 16일에는 대규모 시위가 발생했다. 이날의 시위는 6월 26일 국민운동본부에 의해 '국민 평화대행진'이 전국에서 동시다발적으로 실시되기 전에 개최된 군중집회로는 규모가 가장 컸다. 이날 처음으로 시위대가 대전역에서 충남도청에 이르는 중앙로를 장시간 동안 완전히 장악 하였다. 충남대, 한남대, 대전대, 목원대, 배재대 등 대전 시내 총학생회가 오전부터 1,000~3,000여 명 단위로 학내 집회를 열었다. 대전대는 총학생회 주최로 대중집회를 열고 오후 2시까지 교내에서 시위를 하였다. 대전대 캠퍼스에서는 1,000여 명 이상이 운집하는 대규모 집회가 처음으로 열렸는데, "호헌 철폐", "독재 타도", "구속자 석방" 등의 구호가 캠퍼스를 진동했다. 목원대 학생 300여 명도 신학부 학생회와 '애국 학생 투쟁위원회' 공동주최로 집회를 열고, "독재 타도", "시험 연기", "민주 쟁취" 등의 구호를 외치며 정·후문을 돌파하여 오류동4거리로 진출하였다. 한남대 총학생회는 초청강연회를 개최할 예정이었으나 무산되었다. 이에 학생들은 즉석 노래경연대회를 열었고, 일반 학생들이 모여들기 시작하였다. 충남대의 경우에는 비상학생총회를 민주광장에서 개최하고 대전시 중심가에서 시민들과 연합하여 가두시위를 벌일 것을 결의하였다.

16일의 시위는 자연발생적 대중시위의 전형이었다. 학생들이 오후 6시쯤 시내 유락백화점, 대전역 광장, 아카데미극장 골목 등 도심지 곳곳에 집결하기 시작하였다. 중앙시장, 동양백화점사거리, 중앙데파트 등에서 산발적 시위가 시작되었다. 경찰의 저지로 시위가 대규모로 형성되지는 않았지만, 도심 전체가 시위로 빠져들기 시작하였다. 시위대는 중앙로(대전역과 도청 사이의 주 간선도로)로 진출하려고 시도하였고, 이를 저지하는 경찰과 자연스러운 대치선을 형성하였다. 경찰이 오후 6시 반경부터 시위대를 향해 가스를 뿜고, 시위대는 이에 저항하여 투석전을 벌이는 전형적인 양상의 시위가 시작되었다. 저녁 8시를 넘으면서 동양백화점 앞과 대한통운 앞에서 시민들이 가세하면서, 시위대는 급격히 불어나기 시작하였다. 밤 8~9시경 시위대가 2만여 명을 훌쩍 뛰어넘으면서 중앙로 진출이 이루어지기 시작했다. 시위대가 3만여 명을 넘어서자 중앙로를 방어하고 있던 경찰의 저지선이 자연스럽게 무너졌으며, 시위대는 홍명상가를 거쳐 도청 앞으로 행진을 계속했다. 홍명상가에서 도청 앞에 이르는 거리는 밤 9시 20분경부터 시위대에 의해 완전히 점거되었다. 시민과 학생들은 홀라춤을 추면서 "독재 타도", "민주 쟁취"등의 구호를 외치고 박수를 치며 노래를 불렀다. 처음으로 시위대가 중앙로를 완전히 점거하는 순간이었다.

밤 9시 30분경부터 충남도청을 지키고 있던 무술 경관과 시청 정문을 지키고 있던 전경 앞에서 1만여 명의 학생과 시민들은 대규모 군중집회를 열었다. 군중집회가 계속되면서 학생운동 지도부와 청년운동 지도부는 시위를 어떻게 종료할 것인지를 놓고 현장 토론을 벌였다. 도청을 점거하여 지속적인 민주화투쟁을 벌여 나갈 수 있는 '진지'를 구축하자는 주장과, 해산하고 내일 다시 집회를 계속하자는 주장으로 지도부는 나뉘어졌다. 도청 점거를 시도하면 경찰이 시위대 해산에 들어갈 것이고, 이럴 경우 대흥동 가톨릭문화회관에서 지도부가 농성을 벌이자는 주장도 제기되었다. 11시 30분경 시위대가 도청 점거를 시도하자, 도청을 에워싸고 있던 전투경찰이 4,000여 명의 시위대에게 페퍼포그, 최루탄, 사과탄, 지랄탄 등을 무차별로 발사하였다. 이 과정에서 시위 군중 내에서 30여 명의 부상자가 발생하였다. 특히 앞 대열에 있던 학생들 다수가 크게 부상을 입었다. 무차별적인 최루탄 난사에 시위 군중은 흩어지기 시작하였고, 이때부터 시위는 학생운동 지도부의 손에서 벗어나서 산발적이고 자연발생적으로 진행되었다.

경찰의 무차별 진압에 성난 군중은 이때부터 폭력을 쓰기 시작하였다. 도청으로부터 퇴각하고 있던 시위대가 밤 11시 45분경 은행동파출소에 화염병을 투척하였는데, 파출소장이 중상을 입고 경찰 5명이 부상당하였다. 이어서 중앙데파트 교통신고센터와 역전 교통신고센터가 시위대의 화염병, 돌, 그리고 각목에 완전히 부서졌다. 자정을 넘어서면서 역전파출소, 중구청, 중동파출소, 대흥동파출소, 삼성파출소 등이 시위대의 공격을 받아서 유리창이 부서지고 집기가 부서지는 등의 사태가 발생하였다. 민정당 도지부, 제1지구당에도 투석이 가해졌다. 그리고 대통령 영부인 이순자의 재산으로 소문이 돌았던 대전백화점은 성난 청년들에 의해 진열장 유리창이 심하게 파손되었다.

경찰은 밤 12시 30분부터 시위가 소강 상태에 들어가자, 시내 곳곳에서 시위를 벌이고 있던 시위대를 무차별적으로 연행하기 시작하였다. 이날 시위로 대전에서 92명이 경찰에 연행되었고, 천안에서는 11명이 연행되어 전체 연행자는 101명이었다. 이중 85명은 다음날 아침 8시에 훈방되었으며, 연행자 중에서 일반시민(교사, 재수생, 상인, 무직 등)은 30명, 학생이 71명을 차지하였다. 또한 40여 명의 시민들이 최루탄의 파편에 부상을 입어 시내 병원에 입원하였다.

6월 16일의 시위는 지역 차원의 민중항쟁과 관련하여 몇 가지 점에서 주목받아 마땅하다. 우선은 시위대가 경찰을 처음으로 완전히 무력화시켰다는 점이다. 둘째, 민주화운동 세력이 그토록 열망했던 도청과 대전역에 이르는 중앙로를 처음으로 장시간 동안 장악할 수 있었다는 점이다. 셋째, 6월민주항쟁 초반기의 대전 지역 시위의 규모나 격렬함은 도시 규모를 고려하면 상대적으로 높은 수준이었다는 점이다. 『국민운동』 창간호는 호남을 제외한 지역에서 대전 지역의 시위 규모가 가장 컸던 것으로 보도하였다. 넷째, 6월 16일 밤을 기점으로 성난 시위대가 파출소, 관공서를 다소 무차별적으로 공격하기 시작하였다는 점이다. 다른 말로 표현하자면, 시위대가 경찰의 무차별적인 저지에 인내를 잃기 시작하였으며, 평화적 방법으로 정치 의사를 표현하는 데 한계를 느끼기 시작하였다. 16일을 기점으로 시위 와중에서 폭력이 자주 등장하였다.

6월 17일 대전·충남 지역의 각 대학 당국은 더 이상 정상적인 학사 일정을 진행하는 것이 어렵다고 판단하여 기말고사를 무기한 연기하고 조기 방학을 실시한다고 발표하였다. 이것은 문교부 당국이 대학들이 조기 방학에 들어가면 학생 시위가 다소 소강 상태에 빠질 것으로 보고 취한 조치였다. 하지만 조기방학 실시는 대학생의 시위 동원에 전혀 영향을 미치지 못하였다. 대전·충남 지역의 각 대학 학생회는 학생총회를 학내에서 열고 시위를 전개했다. 배재대 학생 1,000여 명이 교내 시위를 하였고, 목원대 학생 1,000여 명도 '자유광장'에 집결하여 비상총회를 개최한 후, 교문 밖으로 진출하여 서대전고 앞에서 1,000여 명이 시위를 하였다. 한남대 학생 400여 명은 교내에서 촌극을 공연하고, 모의대통령선거를 실시하였다. 이후 교문에서 경찰과 대치하였다. 충남대 학생 2,000여 명은 민주광장에 모여 가두시위 보고대회 및 비상총회를 열었다. 대전지방 변호사회 소속 변호사 20명도 오후 2시경 〈시국수습에 관한 우리의 견해〉라는 제목의 시국성명을 발표하고, "4·13조치를 철회하고 국민의 의사에 따라 헌법을 개정해야 한다" 등의 3개 항을 주장하였다.

저녁 6~7시경이 되면서 16일과 마찬가지로 자연발생적 군중시위가 시작되었다. 전날의 경찰 폭력에 흥분한 시민들 5,000여 명이 대전역에서 홍명상가까지의 거리에 운집하였다. 이들은 중앙로를 점거하기 시작했다. 8시경이 되면서 1만여 명으로 불어난 시위대는 중앙로에서 폭력정권 규탄대회를 가진 후, 도청 쪽으로 이동하였다. 대전의 시위대는 다른 도시들에 비해 규모가 컸기 때문에 전주, 청주 등지로부터 차출되어 증강된 경찰 병력은 3,000여 명에 이르렀다. 경찰들은 시위대가 도청 쪽으로 이동하는 것을 저지하기 위해 시위대에 최루탄을 무차별적으로 난사하였다.

이날 1만여 명의 시위대는 10시경까지 경찰의 저지로 중앙로 주변, 즉 은행동, 도청, 선화동, 중앙데파트, 홍명상가 주변 도로와 골목에서 분산된 채 시위를 벌이면서 중앙로로 진출하고자 했다. 또한 경찰들이 무차별적으로 최루탄을 난사하고 폭력 저지하자, 시위대는 16일과 달리 시위 초반에서부터 유천동파출소(5시 10분), 은행동파출소(7시 20분), 대흥동파출소(8시 50분), 역전파출소(10시 30분), 목동파출소(11시), 용두동파출소(11시 40분) 등을 돌과 화염병으로 습격하였다. 그리고 민정당 충남도지부(8시 50분)에 화염병을 투척하였다. 민정당 충남도지부는 당사 내부가 그을리고 집기와 유리창이 파손되었다. 이외 민정당 제1지구당(남재두 의원 사무실), 대흥3동사무소, KBS 등도 공격하였다.

시위와 경찰의 진압이 격렬하여지면서 양측의 부상자가 속출하자, 개신교회, 여성단체, 재야 단체들이 나서서 18일 '최루탄 추방 범국민대회'를 개최하였다. 특히 충남인권선교협의회, 충남목회자정의평화실천협의회, 최루탄 추방을 위한 대전기독여성모임 등이 이 운동에 앞장섰다. 충남민협과 개신교 단체들이 함께 개최한 최루탄 추방 범국민대회는 경찰의 원천봉쇄로 무산되었다.

하지만 충남대 등 대전 시내 5개 대학과 대전실업전문대 등 2개 전문대 학생 4,500여 명은 오후 6시부터 중앙로에 집결하기 시작하였다. 오후 6시 40분쯤 충청은행 옆, 홍명상가, 중앙시장 일대에서 시위가 시작됐다. 시위가 시작되자 주변의 시민들이 점차 가세하여 중앙로 일대의 시위 군중은 7시쯤 1만여 명으로 불어났다. 이 와중에서 8시 40분경에는 홍명상가 앞에서 시위대에 박수를 보내던 신무상(29세, 양복공)이 10미터 전방에서 쏜 사과탄을 직격으로 맞고 쓰러져 두개골이 파열되는 사고가 발생하였다. 신무상의 부상은 상당히 위중하여 충남대학병원으로 옮겨졌다. 신무상의 부상 소식은 시위대를 격앙시키고 분노케 하였다. 시위대는 "살인 경찰 물러가라"고 외치기 시작하였고, 시위는 격화되기 시작하였다. 밤 10시쯤에는 중앙로를 중심으로 시위를 벌이던 군중이 산개하여 대전역 주변, 원동 4가, 선화 4가, 인동 4가 등 시내 곳곳에서 시위를 벌였다. 시위대가 경찰에 밀려서 철로 위로 후퇴하였는데, 이 때문에 열차 통행이 30분간 마비되기도 하였다. 동양백화점 앞에 있던 시위대 5,000여 명은 연좌시위를 시도하였다.

시위는 대전 시내 곳곳에서 19일 새벽 3시까지 산발적으로 계속되었다. 이날 시위로 대전 도심지역은 최루가스로 뒤덮이고, 중동파출소, 인동파출소, 신안동파출소, 대동파출소, 소재동파출소, 신흥동파출소, 가양동파출소 등이 11시 10분에서 19일 오전 0시 10분 사이에 피습되어 불탔다. 그리고 목동사거리에 위치한 KBS방송국은 귀가하던 성난 군중들로부터 돌멩이 공격을 받았다.

6월 19일에도 시위는 이어졌다. 학생들의 조직적인 참여 결의나 운동단체들의 행사가 없었음에도 불구하고, 시민들은 자발적으로 시위를 전개했다.

7시 30분경부터 대전역 주위에 시민 1,000여 명이 모여들기 시작하면서 시위로 발전하였다. 경찰이 최루탄을 난사하자 군중은 흩어졌다가 3,000여 명으로 불어나서 재집결하였다. 중앙시장, 홍명상가 등지에서 수백 명씩 몰려다니며 시위를 계속하였으며, 자정까지 대전역, 원동 4가, 중앙시장 선화동 등지에서 5,000여 명이 격렬한 가두시위를 벌였다.

밤 11시 7분쯤, 시위대에 속해 있던 허정길(30세, 노점상)이 경찰의 무자비한 최루탄 발사에 흥분하여 경찰 버스를 탈취한 뒤, 경찰 저지선을 뚫다 전경 박동진 상경 등을 들이받았다. 박동진 상경은 병원으로 옮기던 중 숨졌다. 그리고 3명의 전경이 부상을 입고 병원에 입원하였다. 허정길은 전투 경찰의 최루탄 발사로 노모가 행방불명돼 매우 흥분된 상태에서 시위에 참여하고 있었던 것으로 파악되었다. 경찰은 사복경찰을 동원해 밤 11시 30분부터 주변의 시민들을 닥치는 대로 연행하였다. 시위대는 연행을 피해 대전시 외곽을 돌며 시위를 벌였고, 밤 12시 30분쯤에는 신안동, 자양동 파출소를 공격하여 불태웠다. '국민운동충남본부'는 시위대와 경찰 간의 충돌이 점차 폭력적으로 발전하자, 사태의 심각성을 직시하고 6월 20일 "전경과 대학생을 보호합시다"는 내용의 성명서를 발표하여, 양측 모두 폭력 사용을 자제해줄 것을 당부하였다.[27]

6월 20일에도 일반시민들에 의한 자연발생적 시위는 계속되었다. 20일 지방 조간신문에 19일의 전경 사망 소식이 보도되었음에도, 시민들의 민주화 열기는 식을 줄을 몰랐다. 시위의 규모는 전날과 비교하여 다소 줄어들었다.

저녁이 되면서 시위 다발 지역에 자연스럽게 사람들이 모여 들었고 시

---

[27] 국민운동충남본부의 성명서에 의하면, 6월민주항쟁 기간에 박동진 상경이 숨지고, 손선목, 안무환 전경이 중상을 입었으며, 시민 신무상이 중상을 당하여 병원에서 수술을 받았다.

위로 발전하였다. 밤 10시쯤 시위대 1,000여 명이 대전백화점 앞에 이르자, "부정축재 이순자를 몰아내자"는 구호를 외치기 시작했다. 설립 과정에서 시 당국의 각종 특혜를 받았고, 당시 영부인 이순자의 소유라는 소문이 파다했던 대전백화점은 당시 시민들의 원성의 대상이 되고 있었다. 시위대는 밤 12시까지 가톨릭문화회관, 대흥 4가, 원동 4가, 대동 4가 등 주변 지역을 오가며 산발적인 시위를 벌였다.

국민운동본부가 군사독재 종식을 위한 '민주헌법 쟁취를 위한 국민평화대행진'을 6월 26일에 진행한다는 계획을 발표하자, 지역 대학의 총학생회는 비상총학생회를 소집하여 가두시위를 당분간 자제하고 '6·26 평화대행진'에 전력을 쏟을 것임을 천명하였다. 이에따라 20~25일까지 대전 지역의 대중시위는 다소 소강상태를 맞이하게 되었다.

천안 지역에서는 캠퍼스 시위와 가두시위가 15~17일 3일 동안 연속적으로 이루어지다가, 18~21일까지 다소 소강 상태를 맞았다. 하지만 22일 단국대 천안캠퍼스, 호서대, 상명여대, 순천향대 등 4개 대학이 연합시위를 전개하면시 시위의 불꽃은 다시 타올랐다. 오후 3시 45분경 힉생들은 천안우체국 앞에 집결하기 시작하였다. 삽시간에 불어난 시위대는 1,000여 명에 이르렀고, 경찰과의 공방이 시작되었다. 전경이 최루탄을 쏘고 곤봉을 휘두르자, 학생들은 화염병과 돌로 맞섰다. 오후 6시쯤에는 1,000여 명의 시민과 학생들이 미도백화점 앞에 모여 대중집회를 갖고, 7시 30분쯤 고속터미널 방면으로 진출했다. 하지만 경찰의 최루탄에 밀려 시위대는 산개하였다. 8시가 지나면서 복자여고 앞, 천안공고 앞에 다시 거대한 시위대가 형성되었다. 11시 이후 시위대의 규모가 급격히 줄어들었으나 밤 12시까지 산발적인 시위는 계속되었다. 이날 시위와 관련하여 총 28명이 연행되었는데, 이 중 정한국(단국대 경제학과 3년) 등 8명이 구류를 받았다.

며칠간 소강 상태에 빠졌던 시위는 6월 26일 '민주헌법 쟁취 도민 평화대행진'을 계기로 다시 거대한 힘으로 폭발했다. 온 국민의 기대와 우려 속에 강행된 '6·26 평화대행진'은 전국 37개 지역에서 동시다발적으로 진행되었는데, 여기에는 130여 만 명이 참여하여 "독재 타도", "직선제 쟁취" 등을 외쳤다.

경찰은 집회 전에 국민운동충남본부, 대전인권위원회, 충남민청 등이 사용하는 전화를 불통시키고 시위를 방해하였다. 국민운동충남본부는 경찰의 진압을 피하고 효과적으로 시위를 전개하기 위해 시위대를 몇 개의 그룹으로 분산하여 시내를 돌며 시민들을 규합하기로 계획하였다. 오후 6시 국민운동충남본부 간부들과 학생, 시민들은 3개 조로 나뉘어 원동사거리, 가톨릭문화회관, 선화교를 출발하였다. 국민운동충남본부 간부, 재야 인사, 성직자, 학생들은 손에 태극기를 들고 "군부독재 타도하여 민주정부 수립하자", "직선개헌 쟁취하여 민주정부 수립하자", "살인 무기 최루탄을 몰아내자" 등의 플래카드를 앞세워 평화대행진에 들어갔다. 연도의 시민들에게 국민운동충남본부의 성명서와 충남민청이 발행한 『충남민주선언』을 배포하였다. 그리고 태극기도 일반시민들에게 나누어 주었다.

먼저 국민운동충남본부 총무국장 김필중이 청년, 학생, 정당 그룹 등을 중심으로 시위대를 조직하여 선화초등학교 앞에 집결하였는데, 오후 6시 30분쯤 중동4거리에서 통일민주당원과 합류, 시위대는 500여 명으로 불어났다. 주위에 모여 있던 시민들이 합세하면서 시위 군중이 3,000여 명으로 불어나자 대중 집회가 자연스럽게 시작되었다. 원동사거리에서 시작한 그룹은 중교－원동 4가－대흥 4가－대전극장 통을 거치면서 500여 명의 시위대를 만들어 갔다. 국민운동충남본부 조직국장 박영기 역시 천주교와 개신교 성직자 및 기독청년들을 중심으로 시위대를 조직하여 가톨릭문화회관에서 출발해서 동양백화점을 거쳐 소청1번가에 이르렀는데, 그 사이 시위대는 200여 명으로 불어났고, 주변에 구경나온 시민들의 숫자는 1,000

여 명을 헤아렸다.

경찰은 오후 6시 50분까지만 해도 최루탄을 쏘지 않고 자제하였다. 중앙로에 집결했던 시위 군중은 순식간에 5,000여 명으로 불어나 홍명상가에서 대전역 간의 중앙로를 꽉 메웠다. 시위대가 불어나자 경찰은 오후 6시 50분쯤 최루탄을 발사하여 시위대는 중앙로에서 후퇴할 수밖에 없었다. 밤 10시 30분에는 원동4거리에서 900명의 시민들이 연좌시위를 했으며, 선화교 부근에서는 3,000~4,000명이 대중 집회를 열었다.

『국민운동본부 소식지』 제1호에 의하면, 대전 지역에서 연인원 5만여 명이 시위에 참여한 것으로 보도되었다. 인천이 2만 5,000여 명, 대구가 4만여 명, 부산이 5만여 명 등으로 언급된 것을 보면, 대전의 6월민주항쟁의 시위 규모는 상당한 수준이었던 것으로 보인다. 하지만 대전에서 벌어진 '6·26 평화대행진'은 서울, 부산 등 타 시·도의 격렬한 시위와는 달리, 중구 은행동 흥국생명빌딩 앞과 한밭식당 골목에서만 경찰과 투석전을 벌였을 뿐, 화염병 투척이 없는 가운데 비교적 평화적으로 전개되었다. 이것은 지난 19일 시위에서 빅동진 싱경이 숨지면서 지역의 운동본부가 시위대에게 폭력을 자제해줄 것을 촉구한 결과로 이해된다. 특히 이날 시위에서는 종전의 "호헌 철폐"에서 "직선제 쟁취"로 구호가 바뀌었다. 시내 중심가엔 각종 대자보를 많이 붙여 일반시민들에게 민주개혁의 방향을 제시했다. 운동 진영이 군사독재의 퇴진을 확신하고 구체적인 민주개혁의 방향을 일반인들에게 제시하는 쪽으로 투쟁방향이 모아져 갔다.

천안 시민들의 민주화에 대한 요구도 '민주헌법 쟁취를 위한 국민평화대행진'을 통하여 폭발적으로 표출되었다. '국민운동천안본부'는 천안역 광장에서 집회를 개최할 계획이었다. 경찰은 오후 3시부터 가스 차와 전경을 동원하여 대회장을 완전 봉쇄하였다. 오후 5시 30분쯤 신부, 목사 등 100여 명은 성황동천주교회를 출발하여, 태극기와 플래카드를 들고 "독재 타도", "민주 쟁취" 등의 구호를 외치면서 대회장인 천안역으로 행진하였다. 경찰이 저지하자 시위대는 시청을 거쳐 국민은행-중앙시장-미도백화점-중소기업은행 앞으로 나아갔다. 시위대는 "우리의 소원은 통일"을 개사한 노래 등을 부르며, 연도에 나와 있던 시민들에게 〈폭력탄압 중단하라〉는 제하의 유인물을 나누어 주었다. 대부분의 시민들은 시위대를 향해 박수로 환호하거나 구호를 함께 하였다.

시위는 시내 곳곳에서 산발적으로 전개되었다. 농협 앞에는 오후 6시경부터 시골에서 올라온 농민들이 속속 집결하고 있었다. 농민들이 주력이 된 시위대는 농협에서부터 조흥은행 방향으로 이동하다 전투경찰과 대치했다. 전투경찰들이 최루탄을 발사하자 시위대는 흩어졌다가 다시 모여 대열을 정비하였다. 6시 50분경 중소기업은행으로부터 이동하고 있던 시위대와 결합하면서 시위대의 규모가 1,000여 명으로 불어났다. 이때부터 주민들이 적극적으로 가세하기 시작했고, 연좌농성에 들어가면서 시위대 규모는 2,000여 명으로 늘어났다.

오후 7시부터 2,000여 명의 시민, 농민, 학생들은 '민주헌법 쟁취를 위한 국민평화대행진' 집회를 음봉교회 허원배 목사의 사회로 시작하였다. 이 자리에서 김세환 충남가농 부회장은 "민주주의가 실현되는 그 날까지 끝까지 싸워나가자"고 연설하였다. 또 성황동성당 김영곤 신부는 "4·13호헌조치 철폐", "6·10대회 구속자 및 양심수 전원 석방", "집회시위 및 언론자유 보장", "최루탄 사용 즉각 중지" 등을 요구했다.

7시 50분경에는 천안역에서 연좌시위를 벌이고 있던 시위대가 합류하면서 시위대 규모는 3,000여 명으로 불어났다. 대중 집회를 마치고 오후 8시 35분쯤 시민, 학생 3,000여 명은 "출정가"를 부르며 조흥은행-세무서 앞-충청은행-중앙시장-국민은행-중소기업은행 앞으로 행진하였다. 중소기업은행 앞에서 연좌농성을 벌이던 시위대는 경찰이 9시경에 무차별적으로 발사한 최루탄 때문에 산개하였다. 하지만 흩어졌던 시위대는 "독재 타도", "직선 쟁취"를 선창하면서 삼도상가 쪽과 한일극장 쪽에서 전열을 정비하여 시위대를 구성하였다. 밤이 깊어지면서 시내 곳곳에서 경찰과 시위대 사이의 공방이 산발적으로 전개되었다.

경찰의 무차별적인 최루탄 진압에 분개한 일부 시위대는 시청청사에 돌과 화염병을 던져 시청 유리창 일부를 파손하였다. 그리고 원성동 남부파출소에 화염병과 돌을 던져 방범 순찰용 오토바이 4대를 불태우기도 하였다. 이 날 이광영(농민) 등 12명이 연행되었고, 이중 장주찬(20, 오산공업전문학교 1년)이 폭력 및 공공기물 방화로 구속되었고, 김정식(호서대, 경제학과 3년) 외 5명이 구류처분을 받았다.

대전 · 충남 지역의 6월민주항쟁은 6월 10일부터 29일까지 20일 동안 연인원 50만여 명의 학생, 청년, 중산층, 노동자, 농민, 기독교인 등이 참여한 대규모 대중봉기였다. 이 대규모 대중봉기는 6월 29일 민정당 노태우 대표가 소위 '시국수습을 위한 특별선언'을 발표하면서 소강 상태에 빠져들게 되었다. 노태우 대표의 특별신언 내용은 전격적이있으며 야당의 요구를 대폭적으로 수용하는 것이었다. 6월 10일 이후 진행되었던 민주항쟁은 군사독재 권력으로부터 민주주의 이행에 필요한 최소한의 요구를 획득하였다.

노태우 민정당 대표의 6 · 29선언은 적어도 야당이 주장해온 몇 가지 주요한 민주화 개혁 내용을 담고 있었다. ① 대통령직선제 개헌안에 의한 연내 대통령선거, ② 대통령선거법 개정, ③ 김대중을 포함한 정치범 · 양심범의 사면복권, ④ 국민의 기본권 신장, 언론의 자유 창달, ⑤ 지방자치제 실시와 대학자율화, ⑥ 정당의 자유로운 활동 보장, ⑦ 과감한 사회정화 조치 등이 그것이다. 6 · 29선언은 기본적으로 대중들의 민주화 요구가 폭발하면서 지배블록 내에서 위기의식이 심화되자, 권력 내부의 강경파에게 눌려서 정국을 주도하지 못했던 온건파가 이를 기회로 삼아서 주도한 정치 작품이었다. '호헌론'을 계속적으로 옹호하다가는 정국이 파국으로 치닫게 되고, 결국은 권력 전체를 잃어버리고 최악의 상황에 직면할 가능성이 높아지자, 강경파가 민주세력에 대한 양보를 통해 정치협상을 주장하는 온건파에게 정국 주도권을 넘겨준 것이다.

대전·충남 지역에서 대규모 민중 시위가 조직될 수 있었던 것은 지역적 차원의 조건들이 충족되었기 때문이었다. 먼저, 대전·충남 지역 주민들은 더 이상 독재체제를 두려워하지 않게 되었으며, 정치적으로 잘 훈련된 헌신적 학생운동 활동가들이 준비되어 있었다. 또한 학생운동, 청년운동, 기독교운동 등 각 부문운동들이 일정한 수준으로 성장하여 조직적 체계를 갖추고 있었다. 청년활동가들 역시 이들 조직들을 지역의 명망가, 지식인, 종교인들과 연결하여 거대한 연합조직체를 준비하고 있었다. 결론적으로, 대전·충남 지역의 6월민주항쟁은 전국적 정치 상황에 의해서 자연발생적으로 일어난 것이 아니라, 지역 차원에서 민주화투쟁을 확대하고 연결하려는 의식적이고 조직적인 노력의 결과였다고 말할 수 있다.

그리고 대규모 군중시위는 다른 지역에서와 마찬가지로 특정한 양식으로 진행되었다. 첫째는 연인원 50만여 명이 동원되는 대규모 군중시위였음에도 불구하고, 극히 제한적인 폭력을 수반하였다. 모든 사회운동은 이데올로기적 과격함과 폭력을 수반한다. 특히 군중시위에서 폭력은 필요불가결한 요소이다. 대전 지역에서는 한명의 전경이 희생되고, 150여 명의 시위대와 경찰이 부상당하고, 23개의 파출소가 파괴되었다. 하지만 대전 지역의 군중시위는 한국사회가 갖는 전통적 시위 레파토리인 '연좌', '평화행진', '투석전', '화염병 투척', '리플릿 배포' 등을 벗어나지 않았다. 이것은 시위대가 1960년대부터 익숙한 형태의 시위문화를 크게 벗어나지 않았음을 의미한다. 필리핀의 경우 민주화 시위 과정에서 폭력이 난무하였고 그 결과 많은 인명이 희생되었던 것과는 대조되는 대단히 평화적인 시위였다.

둘째는 학생이 시위 군중의 절대다수를 차지하였다. 이것 역시 학생 계층이 한국사회에서 민주화운동을 주도해온 전통을 벗어나지 않았다. 대전과 달리 천안의 경우에는 조직화된 농민들이 몇몇 시위에서는 주도적 역할을 했지만, 대체로 6월민주항쟁의 주력은 학생이었다. 어떤 사회계층도 조직적 차원에서 시위에 결합하지는 못했다. 무정형無定形의 도시 중산층은 시위에 개별적으로 참여했으며, 전혀 조직화되어 있지 못했다. 결론적으로 말하면, 대전 지역의 6월민주항쟁은 한국 사회운동의 전통을 크게 벗어나지 않은 양식으로 진행되었다.

제4절 6월민주항쟁의 운동사적 의미

대전·충남 지역에서 전개된 6월민주항쟁의 의미는 첫째, 지역에서 전국 차원의 6월민주항쟁을 성공적으로 매개하고 수행했다는 점에서 찾을 수 있다. 6월 10일에서 29일까지 20일에 걸친 대규모 대중투쟁의 경우 대전 지역에서만 연인원 50만여 명이 동원되었던 것으로 평가된다. 특히 항쟁 초반기에 대전은 서울과 광주를 제외한 주요 도시들 중에서 가장 큰 규모의 대중시위를 조직해냈다. 6월 10일 전국 동시다발 집회가 끝난 후 서울에서 시위대가 명동성당에서 농성을 계속하면서 항쟁의 불씨를 유지했었는데, 6월 15일 대전 지역에서는 충남대 학생을 비롯한 1만여 명의 시민·학생 시위대가 유성에서부터 대전역까지 장장 12km의 대행진을 전개하여 6월민주항쟁이 전국적으로 확산되는 데 기폭제의 역할을 담당했던 것이다. 특히 6월 16일에는 가장 중요한 시위 거점이었던 중앙로를 장악하고 경찰을 완전히 무력화시켰으며, 4~5만여 명에 이르는 최대 군중이 도청 앞에 결집하였다. 시위대의 규모는 다른 주요 도시의 시위 군중보다 컸다.

이는 대전·충남 지역이 전국 차원의 6월민주항쟁을 성공적으로 매개하였다는 것을 입증한다.

둘째, 다른 지역에서와 마찬가지로 대전 지역의 6월민주항쟁은 비폭력시위라는 특징을 가지고 있다. 즉 지역 차원의 비폭력시위가 군사정권의 붕괴를 이끌어 내는 데 크게 기여를 했다. 그리고 이러한 대규모 비폭력시위가 군사정권을 굴복시킨 점은 대단히 특이하다. 이것은 1980년 5·18민중항쟁에서 수많은 인명이 살상되고 희생된 결과를 딛고 6월민주항쟁이 진행되었기 때문에 일어난 현상으로 파악된다. 그러므로 1987년 6월민주항쟁은 5·18민중항쟁과 분리하여 이해할 수 없다. 먼저 1단계로 5·18민중항쟁이 일어났고, 2단계로 6월민주항쟁이 폭발되었다고 보아야 할 것이다. 5·18민중항쟁은 좌절된 항쟁이었지만 저항세력에게뿐 아니라 지배계층에게도 커다란 정치적 학습효과를 주었다. 미국과 군사정권은 폭력의 무차별적인 사용이 사후 통치 과정에서 얼마나 큰 정치적 부메랑으로 돌아오는지를 학습하였다. 특히 한국과 같이 제도화의 수준이 높은 나라에서 인명 살상은 정치적 정통성에 치명적 문제를 제기했다. 전두환 군사정권이 폭력을 행사함으로써 국가권력을 장악하였지만, 통치를 받아들이는 사람들이 많지 않았기 때문에 군사정권은 집권 초기부터 정통성 시비에 시달려야 했다. 따라서 6월민주항쟁과 같은 비폭력 시위 앞에서 군사정권은 다시 폭력을 동원할 것인가 아니면 정치적 양보를 통하여 권력의 일부를 보전할 것인가를 고민했고, 온건파에게 정국의 주도권을 양보함으로써 민주화이행을 위한 일정에 들어갔다.

셋째, 민주화운동의 사이클(발생-성장-확산-동원-폭발-성숙-쇠퇴) 중에서 6월민주항쟁은 폭발에 해당된다고 할 수 있다. 폭발기는 대개의 경우 운동세력에게 자유로운 정치 공간을 폭발적으로 확대시킨다. 자유로운 정치 공간 확대는 핵심 운동세력에게 그리고 주변 대중에게 운동

개입으로 인해 야기되는 위험부담을 현격히 낮추어준다. 6월민주항쟁은 정치 공간 확대를 통해 지역의 학생운동, 농민운동, 교사운동, 문예운동, 노동운동, 여성운동, 기독교운동의 핵심 활동가와 주변 대중에게 위험부담을 낮추어줌으로써 운동을 확산시키고 성숙시키는 데 크게 기여하였다. 특히 발생 초기 단계에 머물렀던 노동운동이 확대된 정치 공간을 뚫고 폭발했다. 7월 24일 동신전선 파업을 시작으로, 충남방적, 시내버스, 택시운전사, 동일계전, 대전공단의 7개 회사 등에서 파업이 봇물처럼 터져 나왔다. 그 결과 공단에서, 작업장에서 노동조합이 속속 결성되었다. 농민들도 더 이상 천주교회와 개신교회의 우산 아래 있지 않고 자신들이 주체가 되어 홍성, 아산, 부여, 금산 등지에서 농민회를 조직하기 시작하였다.

넷째, 대전·충남 지역의 시민, 학생, 청년, 종교인, 노동자, 농민, 도시빈민 계층은 6월민주항쟁을 통해 자신들의 정치사회적 욕구를 분출하고 다양한 가치들을 집단적으로 쏟아냈다. 그 가치들은 민주주의의 기초를 놓았을 뿐 아니라 집단적 정치 경험을 통하여 미래의 지역 시민사회의 기초를 놓았다. 이 지역의 기독교운동이 제시했던 인권, 신잉의 자유, 평화, 평등, 인간해방 등의 주제들은 시민사회에 새로운 가치를 제시하였다. 학생운동권과 교수들이 제시했던 사상의 자유, 표현의 자유, 대학의 자유, 기본권, 급진적 민중주의, 민족주의 등은 새로운 시각에서 사회적 현상을 해석하게 만들었을 뿐 아니라 한국사회에 전무하였던 급진주의 사상을 소개하여 한국사회의 이데올로기적 균형회복에 다소나마 기여하였다. 농민운동, 노동운동, 빈민운동이 제시했던 평등사상은 모든 공동체의 일원이 평등하게 대우받아야 하고, 모든 사람들에게 공평한 정치적 기회가 주어져야 하고, 이러한 원칙에 따라 국가와 공적 영역이 운용되어야 한다는 공화주의를 한국사회에 상기시켜 주었다. 다시 말해서 6월민주항쟁을 통해 얻은 민주화운동의 집단적 정치 경험과 새로운 사상은 진정한 의미에서 시민사회의 시작이었고, 나아가 1990년대 시민운동의 자산이 되었다.

물론 대전·충남 지역의 6월민주항쟁은 한계 또한 지니고 있는 민주화운동이었다. 6월민주항쟁의 성과와 한계를 결정짓는 요소들은 두 가지로 나누어 생각해 볼 수 있다. 먼저, 운동의 주체들이 가지고 있었던 한계를 지적할 수 있다. 전국적으로 6월민주항쟁의 중심 세력은 학생과 도시 신중산층으로 이루어져 있었다. 국민운동충남본부에 적극적으로 참여한 단체들의 면면을 통해서 알 수 있듯이, 대전 지역의 경우에 개신교회 목회자, 천주교회 사제단, 청년, 그리고 학생들이 운동의 핵심을 이루고 있었다. 특히 개신교 목회자들과 가톨릭 사제단은 지역 장년층으로서는 유일하게 국민운동에 조직적으로 참여한 집단으로 볼 수 있다. 이들의 참여는 운동의 정당성과 도시 신중산층의 참여를 끌어내는 데 결정적이었다고 할 수 있다. 지식인, 노동자들은 아예 빠져 있었으며, 농민 계층의 경우에도 교회기구인 기독교농민회와 가톨릭농민회를 통해서 참여하고 있었다. 국민운동충남본부에는 지역의 대학교수, 전문직종인으로서 사회적 영향력을 행사할 수 있는 변호사 등의 법조인, 의료계 종사자들이 참여하지 않고 있었다. 지역 대학의 지식인 사회가 참여한 것은 4월 29일 충남대 교수 21명이 "4·13호헌조치에 반대"한다는 내용의 성명을 발표하는 정도였다. 그리고 유럽 시민혁명 과정에서 주도적으로 참여했던 도시 신흥 부르주아지는 그 모습을 전혀 드러내지 않고 있었다. 단지 도시 중산층이 시위에 참여했지만, 이들은 조직적으로 참여하지 못하고 무정형의 개인으로서 시위에 참여했다. 따라서 6월민주항쟁 이후 하나의 조직된 정치세력(즉 화이트 칼라층의 노동조합)으로 성장하는 데 많은 시간이 소요되었다.

특히 대전 지역의 6월민주항쟁에서 가장 주요한 역할을 했던 세력은 학생 계층이었다. 따라서 학생들이 민주화운동 세력의 중심을 차지함으로써 향후 민주화운동의 한계가 심각하게 드러나게 되었다. 학생 계층은 하나

의 계층으로서 비연속성을 가지고 있으며, 계급적으로 단일한 사회경제적
이해를 공유하고 있지 않기 때문에 민주화이행의 방아쇠 역할을 담당할
수 있을지 모르나, 6월민주항쟁의 성과를 정치적으로 수확하고 확산시키
는 데 많은 한계를 가지고 있었다. 대전·충남 지역의 학생들도 예외는 아
니어서 6월민주항쟁 이후 민주화이행 과정에서 정치적 역할을 감당하는
데 한계를 노출시켰으며, 사회경제적 이슈와 관련하여서도 학생 대중은
직접적인 이해 당사자가 아니라 지원자이기 때문에 민중운동은 소수 학생
운동 활동가의 관심 영역으로만 남아 있을 수밖에 없었다. 그리고 다수 학
생들에겐 아직도 미진한 학내민주화가 우선적인 관심 사항이었으며, 학생
운동 지도부의 이슈 선택에는 한계를 가질 수밖에 없었다.

보다 중요한 것은 기층 민중으로 볼 수 있는 노동자, 농민, 도시빈민들
이 6월민주항쟁 과정에서 어느 정도 중요한 역할을 했는가, 조직적으로 단
결되어 있었는가, 정치적 경험과 학습은 되어 있었는가의 문제이다. 대전
지역의 경우에 산업단지의 규모가 작아서 산업노동자들의 숫자가 적었고,
연구단지에 있는 과학 지식인 노동자들도 아직 조직되지 못한 상황이었
다. 따라서 개발도상국의 민주화이행과정에서 일반적으로 볼 수 있는 노
동자의 조직적이고 집단적인 참여는 이루어지지 않았다. 농민계층의 경우
에도, 충남가농과 충남기농이라는 기구를 통해 부분적으로 조직되어 있기는
하였으나 참여수준이나 항쟁과정에서의 역할은 지극히 한정적이었다. 따
라서 지역차원의 6월민주항쟁은 학생과 교육받은 도시 신중산층에 의해
주도되었으며, 이들이 가지고 있는 계층적 성격으로 인해 6월민주항쟁의
성과는 사회경제적 민주주의로 확산되는데 한계를 가질 수밖에 없었다.

둘째로, 6월민주항쟁의 중심적 이슈들이 "독재 타도"와 "직선제 쟁취"와
같은 절차적 민주주의와 규범적 제도적 민주주의 요구에 머물렀다는 점을
지적할 수 있다. 즉 6월민주항쟁 내내 일반시민들에게 제시된 정치 슬로

건은 "호헌 반대", "민주 쟁취", "직선제 쟁취"와 같은 민주화 문제에 집중되어 있었다. 따라서 민주화의 문제를 사회경제적 문제와 결부시키고, 개인 권리와 권력 참여의 문제로 확대시켜서 차후 실질적 민주주의를 구성하기 위한 기초를 놓지 못했다. 예를 들면 충남민협 창립정신 속에 포함되어 있었던 "민주 쟁취", "민중 승리" "민족 자주"의 3대 강령은 자취를 감추고, 민주주의 정치사상 중에서도 한 부분에 지나지 않는 '민주화'만이 강조되었다. 민주화는 일반적으로 '보통, 평등, 비밀, 직접 선거권이 모든 시민에게 부여되고', '모든 시민들이 공직에 출마할 피선거권을 가지며', '정치적 결사체를 만들 자유를 가지며', 그리고 선거를 통해서 자유롭게 권력경쟁을 할 권한을 갖는 것을 의미한다. 이러한 절차적 민주주의에 대한 요구가 6월민주항쟁의 중심을 차지함으로써 사회경제적 이슈와 민족문제는 대중들이 학습할 기회가 없었다. 따라서 이런 문제들이 민주화 이후에 제기됨으로써, 결국 지배권력 층이 야당과 민주화운동 세력을 쉽게 분리해 낼 수 있는 여지를 만들게 되었다.

제4장 노태우 정권하의 반독재민주화투쟁

제1절 노태우 정권의 출범과 성격

1987년 12월 16일 제13대 대통령선거가 실시되었다. 원래 전두환은 권력 승계 시나리오에 의거 12·12군사반란의 동지 노태우를 차기 후계자로 지명했지만, 6월민주항쟁으로 표출된 국민들의 거대한 저항에 직면하여 결국 직선제 개헌을 받아들였다. 이후 노태우는 6·29선언을 통해 야당과 협의하여 헌법개정안을 만들겠다고 발표했다. 그 후 10월 29일 대통령직선제 규정을 명시한 헌법을 확정하여 공포했다. 드디어 1987년 12월 16일 6월민주항쟁의 결과로 만들어진 신헌법에 따라 유신 이후 최초로 직접선거에 의한 대통령선거가 전국에서 실시되었다. 이 날 선거에는 12·12군사반란의 주역이자 전두환 정권의 핵심 세력이었던 노태우와 야권 후보로 김영삼과 김대중 및 5·16쿠데타 주역 중 하나인 김종필이 출마했지만, 선거 결과 여당이었던 민주정의당의 노태우 후보가 36.6%의 득표율로 당선되었다. 6월민주항쟁으로 끓어오른 민주화에 대한 국민들의 열망에도 불구하고, 결국 선거라는 합법적인 장을 통해 또다시 군부 세력에게 권력을 넘겨주고 만 것이다. 무엇보다 국민들의 염원이었던 야권 단일후보가 무산된 것이 가장 큰 원인이었다. 이로써 또 다시 전두환 군사정권의 연장인 제6공화국이 출범하게 되었다.

1987년 4월 26일 제13대 국회 의원 선거가 민주정의당·통일민주당·평화민주당·신민주공화당의 4당 체제로 진행되었다. 선거 결과, 민주정의당이 총 125석(지역구 87석, 전국구 38석), 통일민주당이 총 59석(지역구 46석, 전국구 13석), 평화민주당이 총 70석(지역구 54석, 전국구 16석), 신민주공화당이 총 35석(지역구 27석, 전국구 8석), 한겨레민주당이 1석, 무소속이 9석을 차지하였다. 집권 여당인 민주정의당이 제1당이 되었으나 과반수 의석 확보에 실패함으로, 여소야대(與小野大)라는 헌정 사상 초유의 사태가 발생하였다. 민주정의당은 득표율에서도 34.0%를 얻는 데 그쳐, 노태우 정부의 6공화국이 향후 험난한 길을 갈 것을 예고하였다. 6월민주항쟁으로 폭발된 온 국민들의 민주화 열기와 군사정권에 대한 거부감이 민정당의 과반수 의석 확보실패에 영향을 미쳤던 것이다

노태우 정권의 특징은 '유사類似 민주화'와 '북방정책'으로 요약된다. 먼저, 노태우 정권은 여소야대라는 정국에서 전두환 정권의 결점이었던 이른바 '정통성 결여'에서 벗어나기 위해 5공화국과의 단절작업을 시도한다는 명분으로 5공청산 청문회부터 열었다. 5공청문회에서 그동안 금기사항이었던 '광주사태' 문제가 논의되었다. 결국 '광주사태' 문제를 처리하기 위해 1988년 1월 20일에 이른바 민주화합추진위원회가 구성되고, '광주청문회'가 열렸다. 하지만 청문회는 '광주사태' 문제의 핵심인 발포 명령자를 밝히지 못한 채 수박 겉핥기식으로 흐지부지 끝나버리고 말았다. 전두환은 정치자금 139억 원과 모든 재산을 국가와 사회에 헌납하겠다고 선언한 후 백담사에서 은둔생활을 하기에 이르렀다.

여소야대 정국에서 5공청산 문제 등으로 시달린 노태우 정권은 공안정국 형성과 보수대연합으로 정권의 불안을 해소하려 했다. 먼저 청문회 정

국으로 위기에 몰린 노태우 정권은 1989년 합동수사본부를 설치하고 노동
운동과 문익환 목사 방북사건 등을 빌미로 하여 민주주의 체제의 위기의
식을 조장하며 공안통치에 나섰다. 이것은 사회 전반을 보수와 혁신, 좌와
우의 대립으로 몰아가서 결국 노태우 정권의 반민주적 성격을 희석시키려
는 데 목적이 있었다. 나아가 이런 정책들을 통해 보수 야당을 끌어 들여
보수대연합을 만들어 노태우 정권의 기반을 더욱 공고화하려 했다. 결국
보수대연합은 1990년 5월 내각제 개헌을 밀약으로 해서 노태우의 민주정
의당, 김영삼의 통일민주당, 김종필의 신민주공화당 등 3당이 통합한 민자
당이 결성되는 것으로 현실화되었다. 개헌선 198석을 훨씬 넘는 216석의
민자당이 탄생한 것이다. 3당 합당은 공작과 야합에 의해 국민의 선택을
하루아침에 무너뜨린 폭거였다. 이로써 총선으로 성립된 여소야대 국회가
무너지고 다시 거대 여당 국회가 지배하는 상황이 되었다.

　다음으로 노태우 정권은 1980년대 후반 동구 사회주의권의 변화를 계기
로 북방외교에 적극 나섰다. 노태우 정권은 서울올림픽을 앞두고 1988년
7월 7일 이른바 '7 · 7신인'을 발표했다. 이 신인은 "자주 · 평화 · 민주 · 복
지의 원칙에 입각하여 민족 구성원 전체가 참여하는 사회 · 문화 · 경제 ·
정치 공동체를 이룩함으로써 민족 자존과 통일 번영의 새 시대를 열어나
갈 것임을 약속한다"면서, 여섯 가지의 방안을 제시했다. 이 선언은 노태
우 정권이 서울올림픽을 앞두고 대외적으로 대북 유화정책을 과시하고,
또한 '북방정책'을 추진하기 위한 길을 닦는다는 목적을 갖고 있었다. 7 · 7
선언 후 노태우 정권은 적성 국가였던 동유럽 사회주의권 헝가리(1989. 2),
폴란드(1989. 11), 유고슬라비아(1989. 12), 소련(1990. 9) 등과 수교를 맺었
고, 북한의 오랜 주요 동맹국인 중국과도 1992년 8월에 결국 수교를 맺었
다. 또한 창구 단일화를 주장하며 북한과의 관계 개선에도 적극 나섰다.
노태우 정권은 유엔에의 '남북 단일 의석 가입안'을 주장하는 김일성 정권

에 맞서서 남한 단독 가입안으로 공세를 취하더니, 결국 1990년 9월 17일 '남북 동시 각기 의석 가입'을 이루었다. 1990년 12월 13일에는 '남북 사이의 화해와 불가침 및 교류·협력에 관한 협의서'를 북한과 체결했다. 노태우 정권의 이런 북방정책은 사회주의권으로의 진출을 통해 값싼 노동력 확보와 상품시장 확대라는 국내 독점자본의 이해가 적극 반영된 것이었다. 또한 사회주의권에 대한 공세적인 외교를 통해 북한을 고립시켜 남북 관계에서 유리한 위치를 차지하고, 학생들과 재야 운동권의 통일운동을 저지하려는 목적을 지니고 있었다.

제2절 6월민주항쟁 이후의 반독재민주화투쟁

1. 12·16대통령선거 부정규탄 및 노태우 집권 반대투쟁

제13대 대통령선거가 있기 바로 직전인 12월 5일 10시경 대전역 광장에서 야권 후보 단일화를 외치면서 박응수(노동자, 29세, 대전 낭월동 거주)가 분신자살하였다. 박응수는 평소 과묵하고 남의 고통을 자신의 고통으로 알고 실천하는 성격의 소유자였다. 그는 6월민주항쟁에서도 가장 선두에 서서 투쟁에 참여했다. 그는 12월 2일 친구들과의 모임에서 야권 분열로 인해 군정 종식과 민주화 실현에 암운이 드리워지기 시작하는 현실을 개탄하면서, "노태우의 집권을 저지하기 위해 후보 단일화는 반드시 필요하다. 단일화가 이루어지지 않으면 분신을 해서라도 이루겠다"고 자신의 결의를 토로하기도 했다. 그리고 12월 5일 대전역 광장에서 열린 대통령후보 선거유세에 동원된 버스에 올라타 사람들을 내리게 한 후 도청 앞으로 버스를 몰고 갔다. 그 후 경찰과 대치하다 "후보를 단일화하라"고 외치며 몸에 신나를 뿌리고 자신의 몸에 불을 붙였다. 그리고 병원으로 옮겼지만 끝내 숨을 거두고 말았다. 그는 분신 직전에 "군부독재를 끝내기 위해 모든 민주세력이 대동단결해야 한다. 야권 후보를 단일화해야 한다. 이 몸을 불살라 단일화를 이루고야 말겠다"라는 말을 남겼다.

박응수의 분신 직후 '애국 청년 고 박응수 열사 장례위원회'가 사회 각계 인사들을 중심으로 조직되었다. 장례위원회는 국민운동충남본부와 군정 종식, 단일화 쟁취 국민협의회 등과 함께 공동주최로 12월 9일 오전 10시 목원대 자유의 광장에서 장례식을 개최하였다. 참여한 시민·학생들은 민주주의를 열망하는 고인의 뜻을 기리며 군정 종식과 민주화 실현을 위한 결의를 다졌다.

이 땅의 민주화를 열망하는 수많은 국민들의 염원에도 불구하고 결국 야권 후보가 분열한 가운데 12월 16일 대통령선거가 치러졌다. 그런데 선거가 채 끝나기도 전에 서울 구로구에서 부정선거 논란이 일어났다. 선거 투표 당일 오전 11시 20분경 부정 투표함이 구로구청 현관 앞에서 반출되고 있다는 제보가 공정선거감시단에게 들어왔다. 이에 공정선거감시단원들이 현장에 달려가서 조사한 결과, 트럭에 귤·과자와 함께 실려 있던 빵 상자 안에서 봉인되어 있지 않은 부정 투표함이 발견되었다. 학생과 시민 단체로 구성된 공정선거감시단은 즉각 구로구선거관리위원회에 이를 항의하였으나, 개표소로 이송 준비 중이라는 말만 들을 수 있었다. 이에 시민들은 투표함이 빵 상자에 은폐되어 호송될 이유가 없으며, 투표가 끝나기 전에 옮길 수 없게 되어 있다고 주장하면서, 이를 부정투표함으로 규정하였다. 분노한 학생들과 청년들이 투표함이 이송되지 못하도록 투표함을 깔고 앉았고, 시민들은 부정선거를 규탄하기 시작하였다. 더 나아가, 학생들과 시민들이 구로구청 내의 구로구선거관리위원회에 들어가 투표 위조 여부를 조사하였다. 조사 도중 3층 선관위 사무실에서 투표함 1개, 붓 뚜

껑 60개, 새 인주 70개, 정당대리인 도장, 백지 투표용지 1,560매 등을 발견하였다. 명백한 부정선거의 증거들이었다. 이에 분노한 시민과 학생들은 곧바로 농성에 돌입하였다. 이 때 전경 3,000여 명이 완전무장을 하고 출동하여 구청을 포위하여 투표함을 탈취하려고 시도하였다. 학생들과 시민들은 당국의 정확한 해명이 있을 때까지 부정 투표함을 사수할 것을 결의하였다. 시간이 지남에 따라 부정 투표함 소식을 들은 학생·시민들이 모여들기 시작했다. 이들은 부정 투표함을 끝까지 지킬 것을 결의하고, 부정선거 규탄대회를 진행하였다.

17일 오후 5시 30분경 전날 구로구청 농성에 참가했던 허기수(41)가 구로동 가리봉시장에서 부정선거에 항의하며 온몸에 석유를 뿌린 후 분신자살을 기도했다. 이 소식이 구로구청에서 농성 중이던 시위대들에게 전해지면서, 항의하는 시민들이 더 늘어났다. 그러한 가운데 공정선거감시단은 선거무효화투쟁위원회로 전환하고, 선거무효화와 독재 타도를 위한 범국민적 투쟁을 전개해 나갈 것을 결의했다.

부정선거 규탄투쟁은 곧 전국으로 확산되었다. 선거 다음날인 12월 17일 광주, 여수, 대전, 순천, 목포, 나주, 장흥, 이리, 전주, 청주 등 전국 11개 도시에서 총 5,600여 명(경찰 추산)의 시민·학생들이 밤늦게까지 부정선거를 규탄하는 대회를 가졌다. 이날 부산, 대구, 마산 등 전국 7개 도시에서 열릴 부정선거 규탄대회는 경찰의 방해로 인해 열리지 못했다. 12월 18일에는 구로구청 개표소 농성장을 경찰이 급습하여 시위대를 해산하고 993명의 시민·학생들을 연행했다. 이날도 경찰은 광주 등 전국 8개 도시에서 부정선거 규탄 시위를 벌인 사람들 중 230명(일반인 101명, 대학생 89명, 고교생 40명)을 연행했다.(『동아일보』1987년 12월 18일자)

1988년 들어 부정선거 규탄과 노태우 정권에 대한 반대 투쟁이 더 커져

갔다. 2월 16일 천주교정의구현전국사제단 대표 김승훈 신부와 천주교 공정선거감시단 단장 오태순 신부는 천주교 전국정의평화위원회(서울 중구 명동 가톨릭회관 6층) 사무실에서 내외신 기자회견을 갖고, 지난 12·16대통령선거는 컴퓨터 조작을 통해 국민의 주권을 강탈한 부정선거이므로 무효라고 주장했다. 이 기자회견 이후 부정선거 규탄과 노태우 집권 반대 투쟁이 전국에서 격렬하게 일어났다.

대전 지역에서는 2월 24일 오후 한남대 자유의 광장에서 '부정선거 독재연장 노태우 집권 반대 범국민대회'가 열렸다. 이 날 대회는 국민운동충남본부 주최로 열렸으며 200여 명의 시민, 학생들이 참석하였다. 국민운동충남본부 의장 김순호 신부의 개회사로 시작된 이 날 대회에서 이강철 대전기청협 회장은 구로구청 부정투표함 및 유혈폭력사태 등 부정선거사례 진상보고와 KBS와 MBC 등 방송사들의 당선 조작을 규탄하였다. 그리고 2월 2일 대전교도소에서 석방된 충대협 윤재영 의장은 성명서 낭독을 통해 부정선거로 집권한 노태우의 당선 및 제6공화국의 출범은 민중의 의사를 외면한 것이며, 현 친미군부독재정권은 민족의 자주권과 민중의 생존, 이익보다는 자신들의 정치적 이해관계에 따라 미국의 제국주의적 이해만을 반영하는 반민족적·반민중적 정권이라고 규탄했다.

집회를 마친 시민, 학생들은 "부정선거 독재연장 노태우 집권 결사반대", "민중생존 압살하는 수입개방 강요 미국놈들 몰아내자" 등의 구호를 외치면서 대전역까지 평화행진을 하려 했다. 하지만 경찰의 저지로 실패하고, 교내에서 노태우 화형식을 가진 후 오후 5시 30분경 집회를 해산하였다.

1988년에 치러진 총선 결과, 여소야대 정국이 형성되자, 야당의 강력한 요구에 의해 6월 27일 5공비리 특별조사위원회가 설치되어 5공청문회가 개최되었다. 5공청문회에서는 광주학살의 진상규명과 제5공화국 정권의 비리 조사가 이루어졌다. 1988년 11월에 들어서면서는 전국 단위의 대학들에서 학생들이 '전두환·이순자 구속처벌을 위한 학생투쟁연합'을 결성한 후, 각 대학별로 체포결사대를 조직하여 활동하기 시작했다.

대전 지역에서도 충남대, 목원대, 대전공업대(현 한밭대), 대전대협 등이 전두환과 이순자의 구속을 요구하며 시위를 벌이기 시작하였다. 11월 1일 충남대 학생들은 '5공비리, 광주학살 책임자 처벌을 위한 특별위원회 발족식 및 투쟁주간 선포식'을 개최하여, 주정봉(국문 4)을 위원장으로 선출하였다. 집회 후 경찰에 맞서 격렬히 투쟁하였다. 11월 3일에는 대전공업대에서 대전 지역 3개 대학 400여 명이 참석한 가운데 '광주학살, 5공비리 진상규명과 전두환·이순자 구속처단을 위한 대전 지역 4만 학도 결의대회'가 개최되었다. 이후 학생들은 대전공업대 정문 앞에서 경찰들에 맞서 격렬하게 시위를 벌였고, 경찰의 최루탄에 맞아 10여 명의 학생들이 부상당하였다. 11월 8일에도 충남대 전두환·이순자 체포결사대원 5명과 목원대 학생 3명이 대전지방 검찰청을 점거하여 40여 분간 전두환·이순자 부부 구속수사를 촉구했고, 이들은 경찰의 진압으로 전원 연행되었다. 11월 1일부터 벌였던 '대전 지역 전두환·이순자 부부 구속 촉구투쟁'으로 11월 10일 전·이 부부 체포결사대장 노재동(충남대 사학 4), 조통특위장 허태정(충남대 철학 4), 총학생회문화부장 서용석(충남대 조선 4), 이기완(충남대 사학 4) 등이 검찰에 구속·기소되었다. 단국대 천안캠퍼스에서도 동일한 투쟁이 전개되었다. 11월 9일 단국대 천안캠퍼스 학생들은 노천극장에서 '전두환·이순자 구속과 노태우 처단을 위한 일만 단국인 결의대회'를 갖고 '반민족적이며 가증스러운 전두환·이순자를 처단하자'는 구호를 외치며 시위를 벌였다. 11월 19일에는 천안지역대학생대표자협의회(이하 '천대협') 주최로 천안역에서 '전두환·이순자 구속과 노태우 퇴진을 위한 천안시민 학생 결의대회'가 열렸다. 대회 후 참석자들은 가두 행진을 벌였다.

2. 대전·충남 민족민주운동연합 결성

1989년도가 시작되자 1987년 대통령선거를 비롯한 여러 운동 국면을 통해 입장 차이로 분열되어 있던 민주화운동 세력들의 단결과 연합이라는 문제가 대두되었다. 노동자, 농민, 청년학생, 양심적 지식인 등 이 땅 모든 지역의 크고 작은 민주화운동세력들을 민족민주운동의 단일대오 아래 묶어서 정치적 구심력을 확보해 내는 것이 당면 과제로 떠올랐다. 이렇게 할 때만 민주화운동이 기층 대중운동으로 한 단계 더 성장할 수 있다는 판단이었다. 이런 배경에서 전국 차원에서는 전국민족민주운동연합(이하 '전민련')이 결성되었고, 대전·충남 지역 차원에서는 대전·충남 민족민주운동연합(이하 '충민련')이 결성되었다. 먼저, 전민련의 경우 1987년 10월경부터 민족민주 세력의 구심을 형성하기 위한 전국적 차원의 운동연합체 건설 문제를 논의하기 시작했고, 1988년 9월 2일 전국민족민주운동협의회 추진위원회를 발족하였다. 그 후 12월 22일 제14차 회의에서 전민련 결성대회 준비위원회가 구성되었다. 그 후 1989년 1월 21일 전민련 창립대회가 1,100여 명의 대의원이 참석한 가운데 연세대에서 개최되었다. 이 대회에는 노동자·농민 등 8개 부문 단체와 전국 12개 지역 단체들이 참석하였으며, 공동의장으로 이부영과 이창복을 선출하였다. 전민련은 기층 민중운동의 참여가 대폭 확대되었다는 점에서 이전의 전선운동과 차별성을 가졌다.

대전·충남 지역의 경우 전국적 흐름에 부응하는 지역 연합조직을 결성하여 전민련에 참여하기로 하였다. 결국 1989년 1월 9일 대전 가톨릭농민회관에서 충민련 결성대회가 열렸으며, 이명남 목사와 김순호 신부가 공동의장으로 선출되었다. 충민련에는 그간 충남 지역에서 반외세 자주화투쟁, 반독재 민주화투쟁을 적극 전개해 온 7개 부문운동 단체들이 정식 회원 자격으로 참여하였으며,[28] 3개 부문운동단체들은 참관 자격으로 참여하였다. 충민련은 대전·충남 지역 내 민족민주운동 세력의 연대틀로서, 군정통치를 종식하고 조국의 평화적 통일을 이루기 위한 정치투쟁의 구심체로 자신의 성격을 규정했다. 또한 충민련은 대전·충남 지역의 각 부문과 지역을 포괄, 하나의 통일 단결된 대오로 꾸려내는 통일전선을 지향하는 민주화운동 연대조직이라고 밝혔다. 충민련 결성은 민족민주운동에 있어서 단결이 얼마나 중요한가를 새삼 확인시켜주었다. 또한 과거 민족민주운동의 성과를 올바로 수렴, 계승하고 동시에 과거의 오류와 한계를 극복, 혁신해냄으로써 앞으로의 조직운동에 새로운 기풍을 진작시키는 계기를 마련했다는 데 큰 의의가 있었다.

충민련은 1988년 6월 초부터 지역 운동단체 지도자들이 모인 가운데 지역 내 통일전선적 대중조직 건설에 대한 논의를 시작했다. 무엇보다 1980년대 이후 성장해 온 이 지역 민주화운동에 대한 반성과 비판을 통해 새로운 도약을 모색하려는 것이 목적이었다. 당시 대전·충남 지역에서는 야권 분열과 대선 패배를 통해 들어선 노태우 정권 체제하에서 민족민주운동 세력이 당면하고 있는 문제들이 제기되었다. 그것들은 다음과 같다.

① 분열로 인해 대선 시기 쓰라린 패배를 맛보았는바, 당면투쟁으로의 효율적 결집이 되지 못하여 이의 극복이 중요한 직접과제가 되었다.
② 그간 투쟁의 구심체였던 충남민협 및 국민운동충남본부가 사실상 와해되어 힘있게 진출하는 지역 내 대중들의 투쟁을 담보하지 못하게 되었다.
③ 1988년 4월 이후 당면투쟁을 공동 수행할 사안별 공동투쟁위원회가 건설되었으나, 지속성과 안정성이 없음으로 인해 성과의 축적, 각 부문운동의 확대 강화에 기여하지 못하고 대중적 기반을 갖지 못하였다.(『충민연 창립대회 자료집』, 5쪽)

---

28) 이 때 회원으로 참여한 단체들은 다음과 같다.
충남민주노동자연합, 충남농민운동연합, 충남민청, 충남문화운동협의회, 충남여민회, 대전·충남기독교사회운동협의회, 충남민가협 등

이후 논의가 계속되어 6월 22일과 8월에 운동단체 대표자 회의가 개최되었다. 그동안 단결의 원칙에 입각하여 주체적이고 실천적으로 운동을 전개해 오지 못한 것에 대해 비판하고, 연대운동에 대해 평가하였다. 9월 20일과 22일에 운동단체 연석회의를 개최하였고, 10월 초에는 제3차 대표자 회의를 소집하여 지역 내 모든 민족민주운동권을 포괄하여 충민련 건설준비위원회(이하 '충민련 준비위')를 조직할 것에 합의하였다. 이후 전민련 결성 추진 모임에 참석하여 전국적 범위의 운동연대조직 결성에 대해 논의하였다. 그 과정에서 대전·충남 지역 조직의 입장과 동일하다는 것을 확인하고, 전국적 조직 건설에 보조를 맞출 것을 결의하였다. 마침내 10월 19일 충민련 준비위를 결성하여, 이듬해인 1989년 1월 5일 충남대에서 대전지역 사회운동단체들이 참여한 가운데 충민련 건설에 관한 간담회를 갖고 대중적인 인식을 도모하였다. 충민련은 1월 9일 정식으로 결성되었는데, 다음과 같은 역할을 제시했다.

① 주어지는 주객관적 정세가 요구하는 반미 반독재 구국투쟁을 벌여나간다.
② 지역 내 기층 민중의 생존권 투쟁을 적극 옹호, 지원 연대한다.
③ 지역 내 각계각층 대중을 애국주의, 민주주의 사상으로 각성시키는 선전사업을 지속적으로 수행한다.
④ 노동자, 농민 등 기층민중의 역량 강화와 구국운동의 핵심역량으로의 발전을 위해 노력한다.
⑤ 우선 각 부문단체간의 통일단결을 도모하고, 이를 통해 자체의 대중적 기반을 확대 성장시키기 위한 제 의식화 조직화 사업을 수행한다.
⑥ 통일전선적 질서 강화를 부단히 다그쳐 나간다.
⑦ 전국적인 연대운동의 확대 장성에 주동적으로 참여하고 매개한다.(『충민련 창립대회 자료집』, 9쪽)

충민련은 이 지역 운동단체들의 연대조직으로서, 한 단계 발전된 민족민주운동의 차원을 잘 보여준다. 충민련은 기관지『충민연신문』을 발간하여 지역 내 운동단체들의 소식과 투쟁 이슈들을 신속하게 보도했다. 이명남·김순호 충민련 공동의장은『충민연신문』창간호에서 "충민연이 노동자, 농민 등 기층민중이 연대운동의 중심에 굳건히 자리잡도록 각별히 노력할 것과, 민중의 이익을 실현하는 데 앞장섬으로써 민중을 조직하고 정치적으로 각성시키는 데 열심을 다해 줄 것"을 당부했다.

1989년도 중반에 접어들면서 5공비리 청산 문제가 사회적인 문제로 대두되었다. 이에 민주화운동 세력들은 5공비리 청산 문제를 비민주적인 노태우 정권과 연결시켜 저항의 소리를 높여갔다. 그해 11월이 되자 민주화운동 세력은 전국 10개 도시에서 '민중운동 탄압 분쇄 및 광주학살 5공비리 책임자 처벌을 위한 89민중대회'를 갖기로 결의하였다. 대전에서는 11월 26일 오후 2시 충민련, 대전대협, 대전지역 노조협의회 건설준비위원회, 의료보험조합, 천안대협 등이 함께 연대하여 '대전 지역 89민중대회'를 한남대에서 개최했다. 대전대협과 천안대협 소속 300여 명의 학생들은 이날 민중대회를 가지기 전 정오부터 한남대에서 자체로 10만 학도 출정식을 갖고, "민주 대 파쇼, 통일 대 분단의 기로에 선 현 시기에서 역사의 반역자 처단은 미룰 수 없는 역사적 과제"라고 전제하면서, "87년 6월민주항쟁의 기백과 기상을 가지고 자기희생적 투쟁을 통해 자주, 민주, 통일의 활로를 열어나가자"고 선언했다.(『한남대학신문』1989년 11월 27일자)

이날 민중대회에는 1,000여 명의 시민, 학생들이 참여했다. 이 날 대회 참여자들은 "민중의 요구에 대한 무자비한 탄압과 기만적 5공 청산의 음모는 이 땅에 군사독재를 영구화하려는 술책"이라고 주장하면서, "성숙된 민중연대로 노태우 정권을 물리치고 자주·민주·통일 민중해방의 새날을 열어갈 것"을 결의했다. 이 날 민중대회의 주요 의제는 노동악법 철폐와 전노협 건설, 쌀값 보장 및 농가부채 해결, 농축산물 수입 저지, 전교조 합법성 쟁취, 국가보안법 철폐, 광주학살 5공비리 책임자 처벌 등이었다. 대회가 끝난 후 한남대 정문에서 최루탄을 쏘며 시위를 저지하는 경찰에 맞서 격렬하게 투쟁하였다. 이날 집회 참가자들은 시내로 진출하여 대국민 홍보전을 전개하였다. 오후 6시쯤에는 민중대회 참가자 중 500여 명이 대전시 중구 중동으로 진출하여 가두시위를 벌이고자 하였다. 시위가 저지당하자, 시위 도중 연행된 학생들을 석방할 것을 요구하며 도로에서 1시간가량 연좌 농성을 벌였다. 이후 150여 명의 학생들이 대전 제일장로교회 골목에서 2차 시위를 전개하다가 저녁 7시 10분경 경찰에 전원 연행되었다. 이 날의 대전 민중대회와 관련하여 한남대 학생 김영석(행정 4)은 징역 1년 6개월과 집행유예 2년을, 이광기(법학 4)는 징역 1년과 집행유예 2년을 각각 선고받았다.(『한남대학신문』 1990년 2월 28일자)

3. 미 8군 기지 대전 이전 저지투쟁

1988년 8월 한·미 양국은 용산의 미 8군사령부를 한강 이남 지역으로 이주하기로 원칙적인 합의를 하였다. 하지만 한·미 양국은 미국 기지 이전 대상지에 대해서 협의 중이라거나 고도의 기밀사항이라는 말만 늘어놓을 뿐 구체적인 언급을 회피했다. 1988년 국회의 정기감사에서도 미군 기지 이전에 관해 대전과 오산 등 이전 가능 지역에 대한 소문의 진상이 밝혀지기는커녕 의혹만 짙게 하는 질문들만 무성했다. 그런데 홍콩의 주간지 『파이스트 이코노믹 리뷰Far East Economic Review』 1989년 1월 25일자가 "이전 지역이 대전일 것"이라는 보도를 내자, 국내 방송들이 이를 다시 보도하기 시작했다. 대전 근교의 대규모 공사에 이목이 집중되기 시작했고, 대전 지역은 미군 기지 이전 예정지로 언급되기 시작했다. 대전 시민들은 미군 기지 이전에 반대하는 운동을 벌이기 시작했다. 당시 지역 신문인 『중도일보』는 6월 24일자 보도에서 대전 시민 800여 명을 대상으로 실시한 여론조사를 통해 74%의 시민들이 미 8군의 대전 근교 이전을 반대한다는 결과를 발표하기도 했다.

이런 배경에서 1989년 6월 4일 '미 8군 대전 이전 저지를 위한 범시민 대책 준비위원회'가 대전 지역 주민의 광범위한 반대 여론을 바탕으로 시민들의 관심과 지지 속에 출발하였다. 준비위원회는 그동안 대전 지역에서 산발적으로 전개되었던 미군 기지 이전 반대 운동의 성과를 점검하고 보다 효과적인 대응을 위해 시민들과 각 운동단체들로 이루어진 미 8군 대전 이전 저지를 위한 시민공동대책위원회(이하 '미대위')를 정식으로 발족하기로 결의했다. 이후 준비위원회는 수차례에 걸쳐 준비 모임을 갖고 시민공동대책위원회의 성격, 내용, 조직체계, 참여 범위, 사업 방향 등에 관해 활발하게 논의하고 발기대회를 개최하기 위한 준비를 했다. 7월 6일 '미대위 발기대회'가 개최되어 창립대회 준비위원장과 준비위원들이 선출되었다. 이후 준비위원들은 창립대회 준비를 위해 7월 10일과 24일에 두 차례에 걸쳐 모임을 가졌다. 그리고 7월 27일 종교계를 비롯 8개 부문 45개 민주화운동단체 대표 200여 명이 참석한 가운데 '미대위' 창립대회가 개최되었다. 창립대회는 사업 진행을 위한 임원을 구성하였는데, 김규태(대전 NCC 회장, 대전제일감리교회 목사), 김병욱(민주화를 위한 전국교수협의회 대전·충남지회, 충남대 국문과 교수), 김순호(충민련 의장, 괴정동 성당 신부), 민명수(충남여민회 공동대표), 황규상(YMCA 이사장) 등이 공동대표로 선출되었다.

이어 창립대회는 대전 시민들의 의사를 공개적으로 취합, 반영하여 미 8군 기지 대전 이전을 시민 공동으로 저지할 것을 천명하였으며, 창립취지문을 채택하였는데, 주요 내용은 다음과 같다.

미 8군 기지 이전은 주변 지역에 퇴폐, 향락 문화와 아울러 AIDS, 마약 및 각종 미군 범죄 등 사회문화적인 충격을 야기하며, 또한 핵과 관련된 심각한 위험을 직·간접적으로 야기할 수 있다.··· 이에 우리 지역 시민들은 우리 자신의 절박한 생활상의 요구를 수렴할 공식적 기구의 필요성을 절감하여, '미 8군 대전 이전 저지를 위한 시민공동대책위원회'를 창립한다. 우리는 이 대책위원회를 통하여 미 8군 대전 근교 이전과 관련된 사실과 문제점을 확인, 조사, 연구함과 동시에, 대정부, 대미 자세 변화를 지역 시민의 이름으로 요구함으로써 미 8군 기지의 대전 근교 이전을 저지하고자 한다.··· 우리는 이 운동이 민주시민정신에 바탕을 두고 있음을 분명히 한다.··· 관계 당국은 백만 대전 시민의 요구와 의사를 적극 수렴하여 미 8군 기지의 대전 근교 이전을 전면 백지화하라. 우리는 지방화 시대의 정당한 지역 시민의 권리로써 관계 당국의 성실한 노력을 엄중히 촉구한다.(『미8군이 대전에 온다는데? − 미대위 자료집』, 28~29쪽)

이후 미대위는 미 8군 기지 이전에 관한 내용의 공개질의서를 충남 도지사와 대전시장에게 보냈으며, 두 사람으로부터 각각 8월 5일과 7일에 아는 바 없다는 답변을 받았다. 8월 19일 미대위 공동의장단은 다시 대전시장과 면담하기로 결정하여, 8월 23일 대전시장과 비공식적으로 면담하였다. 이 날 면담에서 대전시장은 미 8군 기지를 대전으로 이전할 가능성은 없지만, 이를 공식적으로는 발표하기 어렵다고 답변했다. 8월 24일 미대위는 기자회견을 통해 미 8군 기지 대전 이전 가능성에 관해 계속 확인해 나가겠다고 밝혔다. 9월 1일에는 공개질의서를 외무부장관과 주한 미 대사에게 미군 기지 이전 진위 여부를 묻는 내용의 공개질의서를 보냈다. 9월 24일 미대위는 민주당 김태룡 의원을 만나 이 문제에 관해 질의했다. 그러자 김태룡 의원은 기지의 이전 가능성을 개인적으로는 확신하고 있지만 이에 관해 정부에서 공식적으로 발표한 것이 없었기 때문에 이의 진위 여부를 알기 위해 노력하겠다고 답변했다. 9월 25일 외무부는 답신을 통해

미 8군 기지 이전 문제는 현재 한미 간 협의 중이며 구체적인 내용이 결정
된 바 없다고 답변했다.

1989년 12월 12일 미대위는 대의원대회 및 시민보고대회를 개최했다.
여기서는 규약을 개정하여 미대위 회원 자격이 단체에 한정되던 것을 개
인도 가능하게 만들었다. 그리고 제주도 송악산 기지 반대투쟁위원회 사
무국장 양영운이 주민투쟁에 관해 강연을 하였으며, 미대위의 1990년도
사업계획을 확정했다. 특히 사업계획안에는 '반전반핵 평화주간 선포'와
같은 계획도 들어 있었다.

이 무렵 『연합통신』 12월 29일자는 미 8군 기지의 대전 근교 이전이 확
정적이라고 보도했다. 보도 내용은 한·미 양국이 용산의 미 8군과 한미연
합사령부를 대전으로 옮기기로 하고, 기지 이전에 따른 소요 경비 30억 불
을 한국 측이 부담하는 데 원칙적으로 합의했다는 것이다. 그간 한·미 양
국은 미8군 기지 이전 장소를 놓고 협의를 계속해 왔는데, 미국 측의 주장
과는 달리 한국 측이 대전 근교로 이전할 것을 주장해 왔으며, 단지 소요
경비의 부담 문제로 합의가 지연되어 왔던 것으로 알려졌었다.

12월 30일 미대위는 대전시 중동의 라이프호텔 커피숍에서 기자회견을
갖고 미 8군 기지의 대전 근교 이전 결정에 항의한다는 입장을 밝혔다. 미
대위는 그간 지역 주민들이 미 8군 기지의 대전 근교 이전에 따른 제반
문제점들을 지적하고 이에 반대해 왔는데도, 정부 당국은 지역 주민의 의
사를 추호도 고려하지 않은 채 미 8군 기지의 이전 문제를 결정했다고 비
난했다. 미대위는 아울러 공화당 김현 의원이 미 8군 기지의 대전이전설
을 부인하는 기사를 내보낸 데 대해서도 비난하고, 이러한 사실이 밝혀진
이상 강력한 반대운동을 전개하겠다고 밝혔다.

1990년 1월 5일 미대위는 국방부와 미 대사관에 공개질의서를 발송하여,
미 8군 기지의 대전 이전의 사실 여부를 명확히 할 것과, 정부가 미 8군

기지를 대전으로 이전하려는 저의를 밝히라고 촉구했다. 1월 10일 미대위 임원들인 김병욱 교수(충남대 국문과, 공동의장), 전광희 교수(충남대 사회학과, 대변인), 김준식(YMCA 부총무, 전 사무처장) 등이 대전시청을 방문하여 시장을 면담하고, 미 8군 기지의 대전 이전 문제에 항의하고 시 당국의 입장을 물었다. 이 자리에서 이봉학 대전시장은 미 8군 기지의 대전 이전은 공식적으로 확인된 바 없으며, 대전으로 이전할 경우 시에서도 관심을 갖고 반드시 대전 시민과 상의하겠다고 밝혔다. 면담 소식을 듣고 찾아온 김현 의원도 미 8군은 절대 대전으로 내려오지 않는다고 단언하고, 숯골에도 미군부대가 아닌 한국군 비전투부대가 온다고 밝혔다.

미대위는 대전시장과의 면담 결과를 평가하면서 계속 투쟁하기로 결론을 내렸다. 당국에서는 대전으로의 이전이 공식적으로 결정된 바 없으며, 또한 비공식적으로 오지 않는다고 말하고 있지만, 용산 기지 이전이 이미 확정된 상태에서 이전 대상 지역으로 대전이 보도되고 있기 때문에 계속 반대 의사를 분명히 하고 저지투쟁을 벌이는 것이 여전히 중요하다고 생각했기 때문이다. 그리고 미대위는 미 8군 기지의 대전 이전에 대한 적극적인 저지투쟁을 벌이기 위해 각 지구위원회를 결성하기로 하고, 이에 참여하여 일하고자 하는 시민들을 공개로 모집하기도 했다.

한편, 1월 16일 미대위는 국방부로부터 공개질의에 대한 답변서를 받았다. 이 답변서에서 국방부는 미 8군 기지 대전 이전은 사실무근이며, 주민들은 유언비어에 동요되지 않길 바란다고 밝혔다. 미대위는 이후 계속해서 미 8군 기지의 대전 이전 문제에 대해 대시민 홍보전을 벌였으며, 미 8군 기지의 대전 이전 결정이 철회될 때까지 투쟁을 계속 전개해 나갔다.

4. 민족민주운동권의 연대와 노태우 정권 퇴진투쟁

1) '민자당 일당독재 분쇄와 민중기본권 쟁취 대전·충남국민연합' 결성과 연대투쟁

1990년 1월 22일 노태우 정권은 민주정의당과 통일민주당 및 신민주공화당을 합당시켜 민자당을 출범시켰다. 보다 안정적인 구도로 정권을 유지하기 위함이었다. 3당합당을 통한 민자당의 일당독재 음모와 노골화되는 민주운동 탄압이라는 새로운 정세를 맞으며 민주화운동권은 1987년 이후 급속하게 성장한 모든 민주세력들이 결집된 대중투쟁전선을 구축하는 것이 시급하다고 인식하였다. 그리하여 2월 중순경부터 대전·충남 지역 내 반민자당 전선 구축을 위해 지역 운동단체들이 모여 논의를 시작했다.

1990년 2월 25일 대전대협, 전교조 대전·충남지부, 대전지역노동조합협의회 준비위(대전노협〈준〉), 충민련 등이 한남대에서 '반민주 3당 야합 분쇄 및 민중 기본권 쟁취를 위한 국민대회'를 공동으로 주최하였다. 이날 학생, 시민, 노동자 등 500여 명이 참석한 가운데 이명남(충민련 공동의장) 목사가 개회사를 했으며, 김용호(대전·충남기독교교사협의회 공동의장) 목사는 대회 연설을 했다. 이들은 연설에서 3당 합당의 부당함과 국가보안법 철폐 및 민중민주주의 실천을 위한 민중 세력의 총단결을 역설했다. 각계 대표들의 연설에 이어서 연단에 선 충남대 총학생회장 맹정호는 "청년이 일어서야 외세와 독재가 없는 자주민주통일을 이룰 수 있다"고 주장했다. 참석자들은 결의문을 낭독한 후 3당 야합을 뜻하는 허수아비 화형식을 가진 후 가두홍보전에 나섰다. 경찰이 저지하자, 이에 맞서 돌과 화염병을 던지며 격렬한 시위를 벌였다. 그 후 오후 4시부터 열린 실천대회에서 권봉재(대전공대 총학생회 문화부장)가 전경이 던진 돌에 맞아 머리가 찢어지는 부상을 입었으며, 오후 6시 30분부터 시내 중앙로에서 홍보전을 전개하던 중 조정희(한남대 국문 3) 등 3명의 학생들이 경찰에 연행되었다가 풀려났다.(『충대신문』 1990년 3월 5일자; 『한남대신문』 1990년 2월 26일자)

2월 중순 정세의 요구에 따라 지역 내 반민자당 전선구축을 위해 충남민주노동자연합에서 정세보고와 함께 민자당 일당독재 음모 분쇄와 민중 기본권 쟁취를 위한 민주단체 연석회의(이하 '민주단체 연석회의')를 구성할 것을 제의하였다. 이후 이 지역 민주운동단체들이 민주단체 연석회의를 구성하고, 3월 14일부터 매주 금요일마다 모임을 가졌다. 4월에는 민주단체 연석회의를 중심으로 물가, 주택, 토지 문제 등을 해결하기 위해 대국민 캠페인을 전개했고, 4월 21일 개최된 평민당 집회 공간을 활용하여 '민자당 일당독재 음모 분쇄와 민중 기본권 쟁취 대전시민 결의대회'를 개최했다. 5월 1일에는 다시 운동단체 대표자 회의를 개최하고 KBS와 현대중공업의 노조 탄압에 맞서 공동 투쟁할 것을 결의했다. 5월 3일에는 대전·충남국민연합 결성 준비와 5월투쟁 문제를 '민주단체 연석회의'에서 담당할 것을 결의하고, 대전·충남국민연합의 구성과 명칭 및 원칙과 체계를 정하였다. 5월 9일에 민주단체 연석회의의 주도로 다시 '민자당 해체와 노태우 퇴진 대전시민 궐기대회'를 가진 후, 9일과 10일에 연이어 가두투쟁을 전개하였다. 5월 18일에는 5·18민중항쟁 계승을 내용으로 하는 가두선전전을 벌였으며, 27일에는 '민자당 일당독재 분쇄와 민중 기본권 쟁취 국민대회'를 한남대에서 개최했다.

이런 연대투쟁의 결과로 마침내 6월 10일 이 지역의 모든 민주화투쟁을 주도해 나갈 투쟁기구로서 대전·충남국민연합이 출범하였다. 대전·충남국민연합은 1989년 전교조 공동대책위 활동에 이어 민주단체 연석회의 형태의 회의체로 운영되어 오던 것을 조직을 확대 개편하여 대전·충남지역 민주역량을 총결집한 단체였다.

대전·충남국민연합 결성대회는 6월 9일의 전야제에 이어 한남대에서 10일 오후 2시에 열렸다. 충민련, 대전노협, 전교조 충남지부, 전교조 대전지부, 민주화를 위한 전국교수협의회 대전충남지회, 대전대협, 천안대협 등의 단체들이 회원으로 참가했다. 이 날 결성대회에서 이명남, 김순호, 박성영 등이 공동의장으로 선출되었다.[29] 대전·충남국민연합은 결성선언문에서 결성의 취지를 이렇게 밝혔다.

교활한 파쇼정권과 독점자본가의 착취와 폭력을 더 이상 누가 용납하고자 하는가? 오늘 민중의 생존권과 민주주의를 철저히 실현하기 위해 필요한 것은 지난날과 같은 체제내의 부분적인 개혁이나 선거 협잡을 통해 정치 사기꾼을 인물교체하는 투쟁이 결코 아니다. 그것은 오직 노태우 파쇼정권의 완전 타도를 실현하고 민중 자신이 온전한 권리를 관철하고 행사할 수 있는 새로운 체제를 건설하는 길뿐이다. 우리는 투쟁을 통하여 독점 재벌의 이해에 부합하는 제반 정책과 제도를 민중의 이익을 위해 행사되도록 해야 하며, 저들의 토지를 몰수하여 서민용 영구임대 주택을 건설하고 농민의 숨통을 죄는 농어촌종합개발대책 철폐, 8시간 노동제, 최저임금이 아닌 생활임금제 쟁취, 그리고 나라의 백년대계인 참교육을 이 땅에 정착시켜야만 한다. 또한 민주주의적 제 권리 보장을 위한 조치와 정책들을 하나도 남김없이 실현토록 해야 한다. 다시금 투쟁으로 하나 되고자 여기에 모인 동지들! 우리에게 부여된 임무는 성스럽다. 강철같은 연대투쟁의 대오로 달려나가 한 걸음에 민주주의와 민중해방을 안아오기 위해 한가슴으로 여기에 모인 동지들!! 대전·충남국민연합의 기치가 저 푸른 하늘로 높이 솟았다! 우리에게 남은 것은 투쟁의 한길뿐이며 파쇼와 독점자본가에게 남은 것은 황혼녘 뒤에 오는 파멸뿐이다. 자! 가자! 완전한 민주주의 실현! 민중해방 쟁취의 그날까지!! 민주주의 만세! 민중해방 만세! 민족통일 만세! 민중연대투쟁 만세! 대전·충남국민연합 만세!

---

29) 대전·충남국민연합 공동대표로 이명남, 김순호, 박성영, 김병욱, 최교진, 김우성, 선재규, 맹정호, 양봉석, 김문창, 김홍영, 허성우, 이은태 등이, 집행위원장에 강구철, 정책위원장에 김문창, 사무국장에 김지철 등이 선출되었다. 그리고 집행위원으로는 김진모, 조재도, 김창태, 김미영, 한명선 등이 선출되었다.

민자당 일당독재 분쇄와 민중 기본권 쟁취를 위해 제기되는 당면투쟁을 실천하는 한시적 지역 공동투쟁체인 대전·충남국민연합은 민자당 세력의 장기집권 음모 분쇄와 민중기본권 쟁취, 민자당에 반대하는 모든 세력들을 결집하여 반민자당 투쟁전선 구축, 이를 통해 지역 주민의 정치의식을 고양하고 민족민주운동세력의 조직력 확대강화라는 세 가지 목표를 설정하고, 결성대회가 끝난 오후 2시에 1,000여 명이 참가한 가운데 가두투쟁을 전개하였다.

이후 대전·충남국민연합은 이 지역에서 전개된 모든 민주화투쟁에 주도적으로 참여하였다. 대전·충남국민연합은 특히 1990년도에 매우 활발한 투쟁을 전개하였는데, 월별로 살펴보면 다음과 같다. 먼저, 충남 대천고가 광주순례단 학생 2명을 유기정학 처분하자, 6월 15일 대전·충남국민연합 집행위원장 외 9인이 대천고를 방문하여 이에 대해 항의하였다. 6월 16일에는 정부의 공권력 남용에 대한 기자회견을 가졌으며, 22일에는 동일계전노조 부위원장 불법연행에 항의하기 위해 서부경찰서를 방문하였고, 27일에는 학생들을 의식화시켰다는 이유로 징계를 빌은 논산 양촌고 이진형 교사 징계에 항의하기 위해 양촌고를 방문하기도 하였다.

7월에는 대전·충남국민연합 차원에서 지역운동을 활성화시킨다는 목표를 세우고, 부여(2일), 당진(4일), 공주(7일), 논산(9일), 홍성(10일), 온양(12일), 서산(14일) 등에서 지역 설명회를 개최했다. 7월 13일에는 공동의장 등 30여 명 민주 인사들이 참여한 가운데 대전·충남국민연합 현판식을 거행하였다. 곳곳에서 지역 설명회가 한창 개최되고 있던 와중에 대전·충남국민연합 집행위원장이 경찰로부터 출두요구서를 받았다. 이에 항의하기 위해 먼저 대전기독교협의회 인권위원회 소속 목회자들이 7월 5일에 해당 경찰서를 방문했으며, 7일에는 대전·충남국민연합 회원들이 경찰서를 방문해서 항의했다.

지역 설명회와 현판식으로 조직을 재정비한 대전·충남국민연합은 7월 16일 민자당의 방송 장악을 위한 법이 국회에서 날치기로 통과되자 공동투쟁위원회를 결성하여 '방송법 개악저지를 위한 평화대행진'을 진행하였다. 7월 18일에는 청양농민회 농성에 참여하여 경지정리 피해보상 투쟁을 위한 농성조를 편성하였으며, 19일에는 대전교도소 이중주를 면회하였다. 당시 이중주는 1984년 민정당사 기습 점거를 주도한 서울대 이기정의 어머니로서 민가협 활동을 적극적으로 하던 중 시국관련 재판 중 법정소란으로 구속되어 6개월을 선고받고 대전교도소에 수감되어 있었다.

26일에는 200여 명이 참석한 가운데 대전·충남국민연합 주최로 시국강연회를 개최하였다. 이 날 행사에는 강사로 이해찬 의원과 오충일 목사가 초대되었으며, 민자당 장기집권 음모의 일환으로 국회에서 날치기 통과된 법의 실상을 폭로하고 규탄하는 시간을 가졌다. 7월 27일에는 대전 가톨릭 문화회관에서 열린 전농 충남도연맹 준비위원회에 참석하여, 청양군에서 벌어진 경지정리 피해보상 투쟁을 지지하고 연대하기로 하였으며, 또한 같은 날 열린 평화구축의 날 행사를 대전·충남기독교사회운동연합 및 대전대협과 함께 주관하였다.

8월 10일 대전역에서 1,000여 명이 참석한 가운데 통일선봉대 대전시민환영대회를 개최하였고, 20일에는 28명이 참석한 가운데 정세인식에 대한 간담회를 개최하였다. 24일에는 한남대 학생회관에서 개최된 전농 충남도연맹 결성대회에 참석하였으며, 28일에는 노동자 김혜성의 음독자살 기도와 관련 노동 탄압에 항의하는 내용의 성명서를 발표하였다.

9월 1일 충남 지역에서 가장 처음으로 홍성민족민주운동협의회(이하 '홍민협')가 대전·충남국민연합에 정식으로 가입하였다. 홍민협은 전교조 홍성지회, 홍성농민회, 홍성 YMCA, 홍성민주시민회로 이루어진 지역의 민주운동연합체였다. 이는 대전·충남국민연합이 지역조직으로 확대되는 중요한 계기가 되었다. 3일에는 논산민족민주운동협의회(이하 '논민협')가 대전·충남국민연합에 가입했다. 논민협에는 전교조 논산지회, 논산군농민회, 한겨레독자모임, 논산인권위원회 등이 가맹단체로 가입되어 있었다.

대전·충남국민연합은 7일 대전 가톨릭문화회관에서 열린 제1차 농민대회를 주도적으로 이끌었으며, 19일에는 기자회견과 동시에 전국에서 동시다발적으로 열린 '민자당 일당 국회 분쇄와 민중생존권 쟁취대회'를 주관했다. 20일에는 대전·충남국민연합의 제반 사업과 투쟁을 널리 알리고 시민들과 공유하기 위해 『국민연합신문』 창간호를 발간했다. 27일에는 대전시 중구 문화동에 위치한 기독교연합봉사회관에서 100여 명이 참석한 가운데 "우루과이라운드와 한국 민중의 위기"라는 주제로 토론회를 개최했다. 29일에는 중앙택시 기사들의 승무 거부투쟁 현장을 방문하여 지지와 연대를 표명하였다. 중앙택시 기사들의 투쟁은 8월에 새로 바뀐 사업주가 단체협약을 거부하고 여름 휴가를 결근 처리하여 기본급에서 삭감하는 등 노동자들에 대한 탄압에 노조가 승무 거부로 대응하면서 시작되었다. 결국 대전·충남국민연합의 지지 가운데 58일 만에 노조가 승리를 거두었다.

10월 3일에는 대전·충남국민연합의 투쟁과 노동, 농민, 교육 등의 문제를 국민들에게 널리 알리기 위해 전단 3만 장을 인쇄하여 배포하였다. 특히 추석 연휴를 맞아 고향을 찾는 귀성객들을 대상으로 전단을 배포함으로써 선전의 효과를 극대화시키고자 했다.

1990년 10월 3일부터 충남 서해안에 위치한 안면도에서 핵폐기물처리장 건설 반대투쟁이 일어나자, 대전·충남국민연합은 안면도로 내려가 주민들의 투쟁에 함께 했다. 안면도 핵폐기물 반대투쟁은 노태우 정권이 핵폐기물 영구처분장과 관련 시설 건설 후보지로 안면도를 생각하고 있다는 것이 알려지면서 시작되었다. 안면도 주민들은 평화적인 시위를 통해 반대 의사를 표명하고자 했다. 하지만 노태우 정권은 시위 중의 주민들을 강제 연행하고 공포 분위기를 조성하였다. 경찰은 평화적인 시위 현장에서 연좌시위를 벌이고 있는 어린 여학생들에게까지 최루탄을 무차별로 난사하고, 고교생들을 무자비하게 구타하였으며, 주민운동 지도자들을 마구잡이로 연행하는 등 주민들의 불만과 분노를 폭발시켰다. 노태우 정권은 3일부터 시작된 투쟁에서 7명의 주민들을 구속하고 620명의 리스트를 작성하여 조사하는 등 강경책으로 일관하였다. 주민들이 과학기술처장관과 충남도지사에게 이 문제에 대해 공개적으로 질의를 했음에도, 관계자들은 계속 답변을 회피하거나 무시하였다.

주민들은 "내 고장, 내 후손들을 핵 쓰레기장의 방사능오염으로 죽어가도록 내버려둘 수 없다"고 외치면서 반대투쟁을 전개했다. 노태우 정권은 주민들의 시위를 폭동과 난동으로 몰아붙이면서 주민들을 탄압하고 회유하는 한편, 시위 주동자들은 물론 배후세력까지 언급하면서 색출하려 했다. 시위는 계속되어 8일에는 주민 2,000여 명이 경찰 진압에 대비하여 가스통과 석유통을 안면도 입구에 쌓아두고 경찰과 대치하는 일까지 벌어졌다.

대전·충남국민연합은 안면도 핵폐기물처리장 건설 반대투쟁에 적극 참여하고 지원하였다. 이를 통해 지역적인 차원에서 대중운동을 발전시키고 조직을 확대할 수 있는 중요한 계기를 마련했다.

2) 노태우 정권 퇴진투쟁

1990년 10월 4일 보안사령부(현 기무사)에 파견근무를 한 윤석양 이병이 탈영하여 양심선언을 하면서 그동안 보안사에서 관리했던 사찰대상자 1,303명의 명단을 공개했다. 윤석양 이병은 보안사 서빙고분실에서 탈영 당시 갖고 나온 동향파악자 개인 색인표와 컴퓨터 디스켓 내용에 근거해 보안사가 민간인을 상대로 광범위하게 자행한 사찰의 실체에 대해 폭로했다. 윤석양 이병의 보안사 민간사찰 폭로로 인해 전 국민들은 엄청난 충격과 분노에 휩싸이게 되었고, 전국에서 규탄대회가 일어났다. 민주화운동세력은 노태우 정권 퇴진투쟁을 본격적으로 벌이게 되었으며, 국방부장관은 경질되었고 보안사령관은 대기발령을 받았다. 보안사는 1991년 이름을 기무사로 바꾸면서 정치 사찰 중지를 선언했다. 당시 윤석양 이병이 폭로한 자료에 따르면, 민간인 사찰대상자 가운데는 김대중·노무현 전 대통령, 김수환 추기경, 조영래 변호사 등 사회 각계 지도자들을 비롯해 야당 정치인, 언론계, 학계, 종교계, 재야 인사 등 각계 인사들이 광범위하게 포함돼 있었으며, 대전·충남 지역의 민주화운동에 헌신해 온 지역 내 각계각층의 인사들도 포함되어 있었다. 그동안 사찰대상자들은 매일 같이 미행과 도청을 당하기가 다반사였고, 집을 비우고 출타 중일 때는 사찰 요원들이 집 안에 들어와 집안 구조를 살피고 집 안팎 전경을 찍어가는 등 온갖 형태의 사찰 행위를 겪어 왔던 터였다.

전 국민의 분노가 커져가는 가운데 대전·충남 지역 시민들 역시 이를 규탄하기 시작했다. 먼저, 기독교 인권위원회 등 대전·충남 지역 8개 민주화운동 단체로 구성된 '대전·충남비상시국회의'는 1990년 10월 8일 오후 2시 대전시 중구 문화동 기독교연합봉사회관 내에 위치한 인권위원회 사무실에 모여 노태우 정권의 불법 사찰에 항의하는 내용의 〈보안사 불법 사찰 항의규탄 성명서〉를 발표했다. 이후 10여 명이 중구 대흥동 대전지역 보안대를 방문하여 보안대장과의 면담을 요구하며 1시간여 동안 항의농성을 벌였다. 10월 10일에는 대전·충남 지역 사찰대상자 84명이 오전 9시에 기독교연합봉사회관 인권위원회 사무실에 모여 기자회견을 갖고 보안사의 민간인 사찰 행위를 강력하게 규탄하였다. 이들은 이날 발표한 기자회견문에서 정부는 보안사에 의한 민간인 사찰활동 전반을 국민에게 공개하고, 국방부와 보안사의 책임자를 교체한다는 것은 사건의 본질을 은폐하는 미봉책에 불과하므로 사찰 관련자를 전원 구속수사하며, 보안사를 해체하고 군의 민간인 사찰을 근원적으로 방지할 수 있는 법적, 제도적 장치를 마련하여 군의 정치적 중립을 보장할 것을 촉구했다. 이들은 또한 대전·충남 지역 내 제반 정당, 사회단체 민주인사들에게 '대전·충남 비상시국회의'로 모여, 현정세의 엄중성에 대한 인식을 같이하고, 이를 해결하기 위한 방안을 모색하자고 제안했다. 이어 16일 오후 2시에 좀 더 확대된 차원의 비상시국회의 구성을 위한 1차 준비모임을 갖기로 했다.

대전·충남 지역 사찰대상자들의 제안에 따라 대전·충남국민연합, 대전기독교교회협의회 인권위원회, 평민당, 통추회의30), 민중당, 대전대협 등 지역의 제 정당 및 사회단체 대표자들은 10월 16일 대전 기독교교회협의회 인권위원회 사무실에 모여 대전·충남 비상시국회의 준비모임을 개최했다. 참석자들은 안정적인 장기 집권을 획책하며, 한반도의 영구 분단을 꾀하고 있는 미국 등 외세와 결탁한 노태우 정권의 만행을 규탄했다. 또한 앞으로 지역 주민들과 함께 노태우와 민자당 정권을 타도하기 위해 대전·충남비상시국회의를 구성하고, 앞으로 홍보선전, 대중집회 등 다양한 형태의 방법으로 투쟁을 전개하기로 했다. 이날 결의에 따라 18일에 대전·충남비상시국회의를 같은 장소에서 개최하였다.

1990년 11월 25일 대전 목원대에서 대전·충남국민연합의 주최로 '노태우 정권 퇴진 90민중대회'가 열렸다. 이 대회는 1990년도의 이 지역 자주민주통일운동을 총결산하고 1991년도 운동사업을 준비하기 위해 개최되었으며, 전국적인 차원에서 동시다발적으로 열린 집회이기도 했다. 이 대회에는 전교조 가입 교사, 농민회 회원 농민, 재야 인사, 노동자, 학생 등 300

30) 범민주통합수권정당 촉구를 위한 추진회의(이하 '통추회의')는 1990년 6월 28일 재야인사 1백33명에 의해 구성되었다. 통추회의는 김관석·박형규·최성묵, 이돈명, 김찬국 등 재야원로 5인이 5월 8일에 야권통합을 촉구하는 서명을 시작한 후로 전국으로 확산되어 이루어 낸 결실이었다.

여 명이 참가하였다. 개회사로 시작된 이 날 대회는 민중의례, 대회사, 내 각제 저지·우루과이라운드 반대·국가보안법 철폐·노태우 정권 퇴진에 관한 연설, 공주교대 학생의 "임용고시의 본질과 대응방안"에 관한 연설, 안면도 투쟁 보고의 순서로 진행되었다. 이날 모인 참석자들은 〈90민족민 주선언〉을 발표하고, 우루과이라운드 반대, 보안사 철폐, 양심수 석방, 자 주평화 민족대단결을 통한 겨레의 통일과 민주 정부 수립 등에 관한 결의 문을 채택했다. 참여자들은 대회가 끝난 후 가두홍보를 위해 학교 밖으로 진출하려고 했으나, 경찰들의 저지로 인해 2시간가량 교문 앞에서 시위를 벌이다가 해산했다. 학생들 중 일부는 오후 6시경 중앙시장가 대전극장통 일대에 집결하여 대국민홍보전을 벌였다. 백골단을 위시한 폭력 경찰들은 중앙시장으로 난입하여 수많은 학생들을 구타하고, 25명의 시민과 학생들 을 연행하였다. 경찰의 진압으로 시내에서의 집회가 해산된 후, 시민·학 생들은 다시 대전개방대에 모여 향후 투쟁의 결의를 다졌다.

대전·충남국민연합(소집의장 유영소) 소속 14개 단체와 대전 지역 목 회자 154명은 1990년 12월 5일 대전시 중구 문화동 기독교연합봉사회관 내 대전 기독교교회협의회 인권위원회 사무실에서 민자당 김홍만 의원 퇴진 투쟁을 벌이기로 결의했다. 김홍만 의원은 판검사는 물론 폭력배와 술자 리를 같이한 것으로 알려졌다. 참석자들은 "이번 사건은 말로만 민생치안 을 외치며 뒤에서는 폭력배들을 비호하고 민중들의 생존권을 압박해온 현 정권의 본질을 그대로 드러낸 사건"이라고 주장하면서, 김홍만 의원의 퇴 진을 위해 서명운동을 벌여나가겠다고 밝혔다. 동시에 참석자들은 민자당 의원 및 판검사와 폭력배들의 야합 사건 진상을 밝힐 것, 대전 지역에서 뇌물을 받은 것으로 알려진 12명의 명단 공개와 진상을 규명할 것 등 6개 항을 요구했다. 그 후 12월 10일에는 대전 기독교교회협의회(NCCD) 인권 위원회가 다시 기독교연합봉사회관에서 기자회견을 갖고 "신성한 법이 지배층의 기득권 수호와 정권 유지를 위해 악용되어 왔다"는 내용의 성명을 발표했다. 계속해서 인권위원회는 "올 들어 10월 말 현재 800여 명의 양심수가 구속당하는 등 인권탄압이 행해지고 있으며, 국회의원은 폭력배와 술판을 벌이는 등 무법이 판을 치고 있다"고 주장하면서, 오는 11일부터 15일까지 민자당 김홍만 의원 퇴진을 위한 가두서명을 벌이기로 결의했다. 또한 14일에 대전교도소를 방문하여 교도소 내 인권 상황과 실태에 대해서도 조사하기로 했다.

1991년 2월 19일 대전교도소 4사에 수감 중이던 배종철(전 전국농민회 공동의장) 등 재소자 9명이 TV 시청을 요구하다 수갑이 채워진 채 징벌방에 격리 감금되었다. 이데 항의하기 위하여 10사와 16사의 양심수들이 단식에 들어갔고, 20일부터는 가족들과의 면회가 전면 금지되었다. 이에 충남 민주화실천가족운동협의회(이하 '충남민가협') 회원들과 민중당 대전지구당 당원 등 30여 명은 2월 23일 오전 10시경부터 대전시 유성구 대정동 대전교도소 정문 앞에서 '대전교도소 양심수 탄압 및 단식농성사태에 대한 규탄대회'를 열고 농성을 벌였다. 이들은 양심수들에 대한 면회 재개와 교도소장의 공개 사과를 요구했다. 2월 25일 저녁 6시 50분경 대전교도소 정문 앞에서 시국사범 재소자 가족과 충남민가협 및 민중당원 등 20여 명이 농성을 벌이다가 경비교도대원 50여 명에게 폭행을 당했다. 그 결과 민가협 회장 유근선 등 2명이 잠시 실신했으며, 민중당 대전지구당 당원 황인성이 온 몸에 타박상을 입었다. 재소자 가족들과 충남민가협 회원들은 교도소 소장의 사과, 행형법 개정, 양심수동 별도 설치 등을 요구하고, 관철되지 않을 경우 3월 11일까지 단식농성을 하겠다고 밝혔다.

노태우 정권 타도투쟁은 대전 지역뿐 아니라 천안 지역으로도 확산되었는데, 단국대 천안캠퍼스 학생들의 투쟁이 대표적이다. 1991년 2월 4일 천안시 신부동 단국대 치대병원 앞길에서 100여 명의 학생들이 고故 최덕수31) 학우 추모비 파괴 진상규명 및 규탄시위를 했다. 이 시위 중 윤광한(단국대 천안캠퍼스 열대농학 1)이 경찰에 쏜 최루탄에 맞아 왼쪽 눈을 실명하게 되었다.32) 단국대 천안캠퍼스 학생들은 4월 3일에도 '부정부패 노태우 정권 퇴진을 위한 청년단국 4월 투쟁선포식'을 갖고 가두시위를 벌였다. 이들은 5월 8일 교내 노천극장에서 다시 '민중생존 압살 주범 독점재벌과 노태우 정권 타도를 위한 단국학생특별위원회'를 결성하고, 이후 천안종합터미널 광장에서 노태우 정권 타도를 외치며 유인물을 시민들에게 나누어 주었다.(단국대학 교사편찬위원회 편, 1997, 451쪽)

1991년 4월 26일 명지대 경제학과 1학년생 강경대가 학원자주화투쟁대회 관련 시위에 참여했다가 시위 진압을 위해 출동한 백골단 소속 사복경찰에게 쇠파이프로 구타당해 사망하는 사건이 발생했다. 이 사건을 계기로 노태우 정권의 폭력성과 비민주성을 알리고 정권 퇴진을 요구하는 투쟁이 전국적으로 학생들을 중심으로 일어났으며, 학생들이 분신자살하는 일이 연이어 벌어졌다.

대전·충남 지역에서는 1991년 4월 28일 배재대 총학생회가 가장 먼저 '폭력살인 정권 규탄 및 백골단 해체, 노태우 퇴진을 위한 결의대회'를 열었으며, 5월 10일까지 격렬하게 투쟁을 벌였다. 특히 최영동 총학생회장은 살인폭력정권 퇴진을 요구하며 5월 3일에서 12일까지 시한부 단식농성을 벌였으며, 9일부터 12일까지 전대협이 결의한 동맹휴업을 주도하였다. 이

---

31) 단국대 천안캠퍼스에 다니던 최덕수(사회대학법학과 1년 휴학)는 1988년 5월 18일 "광주항쟁 정신계승, 광주학살진상규명 공동올림픽 개최" 등을 주장하며 교내 시계탑 앞에서 몸에 신나를 붓고 분신했다.(『단대신문』 1988년 5월 18일자) 그 후 병원으로 후송되어 치료를 받다가 5월 26일에 끝내 사망했다.

32) 이후 윤광한은 국가를 상대로 손해배상 청구를 냈고 일부승소판결을 받았다.(『동아일보』 1991년 2월 5일·8월 12일자) 학생들의 시위에 대한 경찰의 과잉진압이 공식적으로 인정된 사건이었다.

동맹휴업에는 총 25개 학과 중 23개 학과의 학생들이 참가했다. 5월 9일에 열린 결의대회에는 1,000여 명의 학생들이 참여하여 저지하는 전경들에 맞서 정문을 뚫고 유등천교를 넘어서까지 진출하기도 했다. 이들은 "해체 민자당", "타도 노태우" 등의 구호를 외치며 격렬하게 시위를 벌였다.

대전대협도 노태우 정권 타도투쟁을 전개했다. 대전대협 소속 학생 2,000여 명이 1991년 5월 3일 오후 4시 30분 대전 중앙로에서 집결해 '노태우 정권 타도와 5월 구국투쟁 선포 6만 학도 결의대회'를 가졌다. 이날 결의대회의 주최자인 대전대협은 노태우 정권의 명지대 강경대 학우 살인에 대한 규탄 성명서를 발표하고, 노태우 정권 퇴진, 백골단과 전경 해체, 총학생회장 석방, 내각 총사퇴, 보수야당 각성 등을 공개적으로 요구했다. 학생들은 저지하는 경찰을 물리치고 중앙로를 중심으로 평화적인 시위를 벌였으며, 저녁 8시경 대흥동천주교회에 재집결하여 정리 집회를 갖고, 밤 11시경 해산했다.

다음 날인 5월 4일 오후 1시에는 시민, 학생, 재야 단체들이 연합하여 '민자당 해체와 공안통치 종식을 위한 제1차 대전·충남 국민대회'를 대전역 광장에서 열 계획이었는데, 경찰의 원천봉쇄로 무산되었다. 이에 시민과 학생 2,000여 명이 대전역 앞 중앙로를 중심으로 곳곳에서 가두시위를 벌였다. 시위대들은 저녁 7시 30분경 대흥동천주교회 앞에서 재집결한 후 대학별로 집회를 갖고 "노태우 정권 타도"와 "백골단 해체"를 외치면서 계속 가두시위를 벌였다. 결국 이 날 시위는 밤 10시경까지 이어졌다.

충남대에서는 5월 3일부터 9일까지 경제학과 학생회, 복학생협의회, 민족민중운동연합회 학생들이 주축이 되어 노태우 정권에 대한 대정부투쟁을 동맹휴업과 단식 등의 방법으로 전개했다. "민자당 1년의 정치활동 심판과 백골단 해체 및 공안 내각 총사퇴"라는 표어를 내걸고 이재후(경제학과), 조용구(경제학과 4), 최인경(천문우주 3)을 비롯한 여러 학생들이 5월

3일부터 단식투쟁을 시작했으며, 5월 6일부터는 여학생자치위원회, 법과대, 문과대 학생회 간부들이 단식에 동참했다. 5월 8일과 9일에는 각 학과 학생회들이 비상총회를 열어 동맹휴업에 대한 의견을 수렴한 결과 전체 85개 학과 중 56개의 학과가 동맹휴업을 결의하였다.

5월 9일 오후 2시에는 충남대 민주광장에 3,000여 명의 학생들이 모인 가운데 '살인정권 민자당 1년 학정 심판 및 백골단 해체·공안내각 총사퇴를 위한 결의대회'를 개최했다. 이날 모인 학생들은 투쟁의 결의를 다지는 의미에서 사회과학대 학생회장 김태성(정외 4)과 법과대학 학생회장 박규섭(사법 3)이 삭발을 하기도 했다. 이날 결의대회가 끝난 후 학생들은 오후에 시내 중앙로에서 열린 국민대회에 참여했다.

민자당 창당 1주년인 5월 9일 오후 6시경 '민자당 해체와 공안통치 종식을 위한 제2차 대전·충남 국민대회'가 중앙로에서 열렸으며, 시민과 학생 3,000여 명이 참여했다. 대회 참여자들은 "타도 노태우, 해체 민자당" 등의 구호를 외치면서 격렬히 저항했다. 경찰은 시위 초반부터 강경 진압에 나섰으며, 최루탄을 대량으로 난사해 시내는 최루탄 가스로 자욱했다. 동양백화점 4거리에서 결의대회를 약식으로 치르고, 시민, 학생들은 계속 가두시위를 벌였다. 경찰이 다연발탄을 쏘며 시위를 막자, 시위 군중들은 골목으로 흩어졌다가 동양백화점 일대에 다시 집결했다. 오후 8시경 시위대는 7,000여 명까지 불어났다. 대치 중이던 경찰은 계속 다연발탄과 최루탄을 난사했다. 이에 시민, 학생들은 돌과 화염병으로 맞서서 격렬하게 저항했다. 그 과정에서 김정란(충남대 한문 2) 등 6명의 충남대 학생과 그 외 많은 시민들 및 학생들이 부상을 당했다. 이후 시위대는 경찰의 무장해제를 요구하며 연좌농성에 들어갔다.

밤 10시경 시민, 학생들은 다시 대흥동성당 앞에 재집결하여 대책회의를 갖고, 다음 날도 노태우 정권 퇴진 관련 집회를 계속 갖기로 결의했다. 이

날 발표한 결의문에서 시민, 학생, 재야 단체 회원들은 "노태우 정권은 더이상 국민의 정부가 아니다. 공안통치 종식하고 부패 폭력통치 민자당을 해체하라"고 호소했다. 시민들은 이날 경찰의 다연발 최루탄 발사와 학생 구타에 강하게 반발하고, 오히려 시위를 벌이는 학생들과 시민들에게 박수를 보내며 음료수와 담배를 나누어 주는 등 적극적으로 시위를 지지했다.

5월 10일에는 1,000여 명의 충남대 학생들이 민주광장에서 2차 결의대회를 가졌다. 이날 단과대 학생회장들이 삭발을 통해 결의를 다졌으며, 대전대협 소속 학생들과 함께 시내에 다시 결집하여 오후 11시까지 시위를 전개하였다.

5월 18일 오후 5시에 대전 대흥동성당에서 1,000여 명의 시민들과 학생들이 모인 가운데 '광주항쟁 계승 및 현 정권 퇴진을 위한 제4차 대전·충남 국민대회'가 열렸다. 이 날 대회에서는 5·18민중항쟁 당시 산화한 민주 영령들과 그 후 민주화투쟁 과정에서 희생당한 민주열사들에 대한 묵념, 5월 10일 광주에서 분신한 고故 윤용하 열사 분신상황 보고 및 결의, 성명서 낭독의 순으로 진행되었다. 투쟁 결의의 시간에는 대전·충남국민연합 집행위원장 강구철이 단 위에 서서 "노태우 정권은 열사의 죽음에 대한 사과도 없으며, 김지하, 김동길 등을 시켜 열사의 죽음을 모독하고 있다"고 주장하며, 노태우 정권의 폭력성을 규탄했다. 이어 민중당 대전지구당 창당위원 김용명이 단 위에 나와 "지금의 정권은 가진 자들만을 위한 정권이며, 이제 시민들도 민중운동 투쟁 대열에 참가해야" 한다고 호소했다. 국민대회를 마친 시민, 학생들은 가두시위를 벌이며 대시민 선전전을 펼쳤으며, 시내 대자피약국 앞에서 30여 분 동안 연좌시위를 벌인 후 7시쯤에는 중앙로 쪽으로 진출을 시도하였다. 하지만 경찰들의 강경 진압으로 무산되어 다시 대흥동성당에 집결하였다. 이어 시위대는 대흥동성당 앞 도로로 진출하여 다연발 최루탄 등으로 강경하게 진압하는 경찰에 맞서 화염병과 돌을 던지며 격렬하게 시위를 벌였다. 이날 시위는 대흥동성당에서 정리 집회를 가진 후 오후 11시경 끝이 났다.

6월 8일에 다시 '공안통치 종식, 노태우 퇴진 제5차 대전 · 충남 국민대회'가 열렸다. 이 날 대회는 대전 · 충남국민연합, 대전 기독교교회협의회 인권위원회, 신민당, 민주당, 민중당 등이 공동으로 주최하였다. 당시 공안통치 분쇄와 민주정부 수립을 위한 범국민대책회의는 노태우 정권 퇴진과 민주정부 수립을 목표로 전국적인 차원에서 실천해야 할 10대 당면과제를 선포하였다. 그 중 대표적인 내용으로는 "내무부 장관 이하 고故 강경대 열사 살인과 애국시민 권창수 씨에게 폭력만행을 저지른 책임자를 구속시키고 전투경찰 백골단을 해체할 것, 모든 양심수들을 석방하고 수배자들의 수배를 해제할 것, 국가보안법, 안기부, 기무사, 치안본부 대공분실 등 고문과 밀실수사를 자행하는 폭압기구를 해체할 것" 등이었다.

3) '민주주의민족통일 대전 · 충남연합' 결성과 14대 대선투쟁

1990년 6월 10일에 결성되어 그동안 지역 민주화운동 단체들의 연대기구로 활발히 일해 온 대전 · 충남국민연합은 1991년 7월부터 상설연합체 건설을 공식적인 목표로 설정하였다. 10월 11일에는 상설연합체 건설을 위한 지역조직 건설안을 만들었고, 10월 17일에는 상설연합체 건설을 위한 준비위원회가 구성되었다. 이후 준비위원회는 7차례에 걸쳐 회의를 갖고 1990년대 연대투쟁을 총 평가함과 동시에 지역 상설연합의 필요성에 대해 동의했다. 이후 충남여민회, 공주 지역 대학, 전교조 예산지회, 천안 지역 대학, 청양, 부여, 대천, 홍성, 서태안, 서천 등 10개 부문 · 지역 단체들을 대상으로 설명회를 개최했다. 마침내 11월 25일 대전 · 충남국민연합 대표자 회의를 개최하여 대전 · 충남국민연합을 발전적으로 해체하고 민주주의민족통일 대전·충남연합(이하 '대전·충남연합') 준비위원회를 발족하기로 결정했다. 이 준비위원회에는 전농 충남도연맹과 대전민주청년회 등 총 10개 단체들이 참여하였으며, 논산민주단체협의회와 충문연 등은 참관단체로 참여하였다.[33] 또한 준비위원장에 이명남 목사와 김순호 신부를 추대하고, 임시집행위원장에 김필중 대전민주청년회 회장을 선임하였다. 또한 준비위원회 산하에 5개 위원회를 설치하여 1992년 2월 중에 정식으로 결성대회를 갖기로 합의했다. 이런 합의를 바탕으로 11월 27일에는 민주주의민족통일 전국연합(이하 '전국연합')에 가입신청서를 제출했다.

이후 대전·충남연합 준비위원회는 창립 준비사업에 박차를 가하여 의장단과 고문단 등의 지도력과 실무집행 주체들을 확보했으며, 강령과 규약 및 활동방향 등을 마련하여 마침내 1992년 2월 15일 한남대 소강당에서 창립대회를 개최했다. 이날 출범한 대전·충남연합은 어떻게 해서 이런 운동연합체를 결성하게 되었는지 그 배경과 위상에 대해 강령 전문을 통해 이렇게 밝혔다.

> 민중의 염원을 대변하고 이의 실현을 위해 싸워온 민족민주세력은 오늘, 91년 5월 투쟁에서 나타난 민중의 광범위한 정치적 진출을 더 한층 촉진시키고, 민족민주세력의 통일단결된 투쟁을 진전시키기 위하여 '민주주의민족통일 대전·충남연합'을 건설한다. 이는 87년 6월민주항쟁 이후 자주, 민주, 통일운동을 총체적으로 담보하기 위해 노력해 온 '충남민주운동연합'과 기층 대중의 힘을 바탕으로 민주주의의 실현을 위해 활동해 온 '민자당 일당독재 분쇄와 민중기본권 쟁취를 위한 대전·충남국민연합'의 투쟁을 발전적으로 계승하여 기

---

33) 이날 준비위에 참여한 단체들로는 전농 충남도연맹, 대전민주청년회, 충남민주노동자연합, 대전·충남여민회, 전교조 충남지부, 전교조 대전지부, 대전·충남기독교사회운동연합, 대전대협, 충남지역대학생대표자협의회(1990년 천안대협에서 개명), 전국도시노점상연합회 대전지부 등의 단체들이 참여했으며, 1992년 2월 15일 결성대회 때는 대전·충남민교협이 추가로 회원에 가입하였으며, 대전·충남업종노동조합회의, 충문연, 홍민협, 대전·충남청년단체협의회 건설준비위원회 등의 단체들이 참관단체로 참여하였다.

층대중조직이 중심이 되어 모든 민족민주 세력을 결집시키는 연합운동체로서,
민생민권투쟁과 반독재민주화투쟁을 중심으로 자주, 민주, 통일운동을 총체적
으로 담보하는 민족민주운동의 투쟁의 구심이자 정치적 대표체이다.(『민주주
의민족통일 대전·충남연합 창립대의원대회 자료집』, 14쪽)

이 날 창립대회에서 이명남, 김순호 공동준비위원장 등은 대회사에서
"모든 계급·계층의 민주 역량을 모아 대전·충남연합을 강화시켜야 하고,
민중의 생존권과 민주주의를 짓밟는 노태우 정권과 독점재벌을 민중의 투
쟁으로 타도해야 하며, 또한 진정 민중이 정치의 주인으로 굳건히 서야 한
다"고 결의를 다졌다. 대전·충남연합은 주요 사업과제를 조직사업, 투쟁
사업, 정책사업, 연대사업 등으로 설정했다. 특히 투쟁사업의 경우 민중생
존권 쟁취와 경제개혁을 위한 투쟁, 반독재 민주화투쟁, 자주통일투쟁 등
에 초점을 맞추었다.

대전·충남연합을 중심으로 연대투쟁이 계속되면서 사회 각 영역에 걸친
반反노태우, 반민자당 투쟁은 확산되었다. 1992년 3월 24일 실시된 제14대
총선에서 집권당인 민자당이 겨우 과반에 육박하는 149석(선거 전 194석)
밖에 얻지 못함으로써, 97석을 얻은 김대중의 민주당과 31석을 얻은 정주
영의 통일국민당과 함께 삼당 체제가 확립되었다. 이어 14대 국회가 개원
할 무렵인 6월 13일 대전·충남 지역의 각계각층 485인은 "노태우·김영삼
민자당 정권의 불법적인 지방자치단체장선거 연기를 강력히 규탄한다"는
내용의 성명을 발표하였다. 지방자치제 실시는 1987년 6월민주항쟁으로
쟁취한 것으로서, 6·29선언문에도 들어 있는 국민과의 약속 사항이었다.
이후 제정된 지방자치법 부칙 제2조 2항은 "92년 6월 30일까지 지방자치단
체장선거를 실시해야 한다"고 규정하고 있다. 또한 지방자치단체의 장 선
거법 제95조 3항에 따르면 "단체장 선거일 19일 전에 선거 공고를 해야 한
다"고 정하고 있다. 노태우 정권은 선거공고 기한을 이미 넘기는 등 현행

법까지 어기고 있었다. 485인의 지역 인사들은 정부를 향해 지방자치 선거 공고를 하지 않은 불법행위에 대해 사과하고, 조속히 지방자치단체장선거를 실시할 것을 촉구했다. 더 나아가 14대 국회에 대해서도 6공청문회를 실시하여 6공화국 치하에서 자행된 부정과 비리의 진상을 규명할 것, 악법을 철폐할 것, 국가보안법 철폐와 양심수를 석방할 것 등을 요구했다.[34]

1992년 후반기에 접어들면서 대통령선거가 얼마 앞으로 다가오자, 대전·충남연합은 10월 20일 배재대에서 제1기 임시대의원대회를 개최하여 대선투쟁을 위해 체제를 갖추기 시작했다. 대선투쟁의 최우선 목표는 민자당의 재집권을 저지하고 정권교체를 실현함으로써, 민주 정부를 수립하는 것이었다. 민중의례로 시작된 이 날 대회에서 김용우 대전·충남연합 상임의장은 다가오는 대선에서 대전·충남연합이 역할을 성실히 수행하여 민주 정권을 창출하고 조국 통일을 앞당기는 역사의 추진세력이 되어줄 것을 당부했다. 황인성 전국연합 정책위원장의 강연이 있은 후, 전국연합에서 논의된 대선투쟁 방침에 대해 보고가 있었다. 그리고 대선대중투쟁기획단[35]이 현 정세에 대한 발제와 함께 효과적인 대선투쟁을 위해 '민

---

34) 이 날 성명서에 나와 있는 각계 대표자들의 이름은 다음과 같다.
　종교 : 김순호(괴정동성당 신부), 이명남(당진장로교회 목사)
　노동 : 정기현(대전·충남업종노협 의장)
　농민 : 이장호(전농 충남도연맹 의장)
　학계 : 손명환(민주화를 위한 전국교수협의회 대전충남지회 회장)
　의료 : 김형돈(건강사회를 위한 치과의사회 대전충남지부 회장)
　청년 : 김필중(대전민주청년회장)
　여성 : 장하진(대전·충남여민회 의장)
　학생 : 이병구(대전대협 의장)
35) 대전충남연합은 92년대선을 맞으면서 범민주 세력의 결집을 위한 '민주대개혁과 민주정부 수립을 위한 대전·충남국민회의'를 구성하기로 하고, 그해 7월 30일부터 여러 차례에 걸쳐 발기인모임과 추진위모임을 가졌다. 특히 임시대의원회 직전 10월 15일에 모인 추진위에서는 민주주의민족통일전국연합에서 대선과 관련하여 확정한 투쟁방침을 바탕으로 대전충남지역에서의 기본 투쟁 방침을 대선대중투쟁기획단이라는 이름으로 10월 20일 임시대의원회에서 제출하여 승인을 받기로 했다.

주정부 수립을 위한 대전·충남연합 대선운동본부 구성안'을 제안했다. 이 구성안의 목적은 무엇보다 각 시군 단위 조직들의 대선투쟁을 효율적이고도 집중적으로 지원하며, 대선 공간을 이용해 지역 대중들을 민주화운동의 주체로 조직하고, 또한 전국연합의 대선투쟁의 목표와 원칙에 의거한 민주대개혁안을 제시하여 민주정부 수립 투쟁을 효과적으로 전개하는 데 있었다. 대선운동본부는 형태와 이름을 달리하는 대전·충남 전 지역의 대선투쟁기구를 지원하는 기구로서, 대전·충남연합의 중앙집행위 산하에 두고, 대선투쟁에 관한 모든 사업을 기획하고 집행하는 조직이었다.

이 날 임시대의원대회에서 대전·충남연합은 민주화와 통일을 열망하는 모든 세력을 망라한 범민주세력의 결집체를 만들기 위해 '민주대개혁과 민주정부 수립을 위한 대전·충남국민회의'를 결성하기로 결의했다. 대전·충남국민회의는 민주대연합을 통한 민주대개혁, 민주정부 수립을 위한 각종 대중투쟁 및 정치적 사안에 대하여 공동으로 대응하며, 특히 대선 과정에서 범민주 진영의 통일된 대응을 모색해 나가는 것을 주요 역할로 설정했다. 대전·충남국민회의라는 새로운 연대기구는 민주당까지 포함하여 모든 반민자당 민주세력들이 참여하는 넓은 규모의 조직을 목표로 삼았는데, 현실적으로 민주당 쪽에서 소극적으로 참여할 가능성을 대비해 우선 가능한 세력들을 결집하여 대전·충남국민회의를 조직하고, 점차 조직의 폭을 확대하기로 결정했다. 즉 대전·충남연합 미가입단체들과 제도정당권 세력, 여타의 정치권 세력 및 대중적 상징성이 있는 사회 각계 인사들을 접촉하여 대전·충남국민회의에 가입하도록 적극 설득하기로 했다. 또한 앞으로 300여 명을 발기인단으로 조직하여 10월 6일에 대전·충남국민회의 발기인대회를 거쳐 10월 말까지 조직을 완료하기로 했다. 그리고 11월 1일부터 15일까지는 대전·충남국민회의 결성 및 '민주대개혁과 민주정부 수립을 위한 범국민 실천기간'으로 삼고, 이후부터는 선거투쟁에 전력을 다하기로 결정했다.

　대전·충남국민회의라는 새로운 조직은 후보전술 문제를 중심으로 논의를 전개할 경우, 단일한 의견에 이르지 못해 또 다시 분열할 위험이 있다고 판단하고, 우선 반민자당 투쟁에 주력하기로 했다. 즉 특정 후보 지지는 삼가면서 철저히 반민자당 활동을 전개함으로써 반민자당 투쟁의 구심이자 결집체로 기능하고자 했다. 이런 맥락에서 이후 대통령선거 투쟁에 들어가면서 대전·충남국민회의의 현실적인 활동 방안이 네 가지로 제시되었다. 첫째, 먼저 특정 후보 지지·지원을 전제로 활동을 전개하지 않는다. 둘째, 민자당의 재집권을 저지하고 민주정부 수립을 위한 제반 활동을 전개한다. 셋째, 반민자당 제 정당·사회단체와 개인을 망라한다. 넷째, 힘찬 대중투쟁의 전개를 통하여 민주정부 수립의 대중적 토대를 강화하고 대선 시기의 단결을 보장할 수 있도록 한다.

　당시 대전·충남연합은 대전·충남국민회의를 만들면서 지역의 참여를 적극 보장하기 위해 대전도 지역으로 참여하게 하고, 각 시군 단위 민주세력들의 참여를 적극적으로 추동하기로 했다. 또한 회의와 논의를 통해서가 아니라 현재 요구되는 대중투쟁을 통해 힘을 모으고 정치적 위상을 강화해 나가기로 했다. 대전·충남연합은 대전·충남국민회의를 튼튼히 세우기 위해 다음의 4가지를 강조했다 첫째, 대전·충남연합이 대선에 대한 명확한 방침을 신속히 세워야 한다. 이는 후보 문제를 중심으로 대선투쟁 막판의 분열의 소지를 없애기 위함이었다. 둘째, 대전·충남국민회의를 견인하는 대전·충남연합의 지도, 집행력이 강해져야 한다. 이럴 때 대전·충남연합과 대전·충남국민회의의 상호보완적 관계가 유지될 수 있고, 대전·충남국민회의의 성과를 대전·충남연합 강화로 귀결시킬 수 있기 때문이다. 셋째, 지역연합들의 적극적 추동 속에서 지역 차원의 국민회의 구성에 주력해야 한다. 이것은 대전·충남국민회의 구성에 소극적인 세력들을 적극 견인해내기 위한 하층연대사업을 강화하는 것을 의미한다. 넷째, 대전·충남국민회의 완료 시기까지 범민주세력들이 공동으로 전개할 수 있는 크고 작은 투쟁들에서 서로 연대함으로써 대전·충남국민회의를 구성해나갈 세력들 간의 단결을 강화해 나가야 한다.

10월 20일 배재대에서 개최된 대전·충남연합 제1기 임시대의원대회에는 17개 단체 소속 104명의 대의원 중 54명이 참석했다. 당시 대전·충남연합 대의원들은 전농 충남도연맹, 전교조 충남지부, 전교조 대전지부, 충남지구총학생회연합, 대전대협, 충남민주노동자연합, 전국도시노점상연합회 대전지부, 대전민주청년회, 대전·충남 기독교사회운동연합, 민주화를 위한 전국교수협의회 대전충남지회, 일꾼문화사랑, 민주주의민족통일청양연합, 논산민주단체협의회, 부여민주주의민족통일운동연합, 홍성민족민주운동협의회, 대천·보령민주단체협의회 등의 단체들에 소속되어 있었다. 결성 당시의 11개 단체에서 6개 단체가 더 늘어났다. 이 날 대의원대회를 마치면서 대의원들은 〈결의문〉을 통해 노태우 정권에 반대하면서 민주정부 수립을 위해 하나가 되어 투쟁해나길 것을 만천하에 공포했다.

오늘 우리는 타오르는 민중 투쟁의 열기를 모아 민중 주도 민주대연합의 정치 방침에 따른 대통령선거 투쟁방침을 결정하였다. '대전·충남연합'은 민족민주 진영의 독자성 강화와 민주정부 수립을 위해 정치연합을 통한 범민주 진영의 후보단일화를 이룩할 것이다. 우리는 부문과 각계각층의 민주대개혁 요구투쟁을 '대전·충남연합'을 중심으로 힘 있게 전개하며, 이러한 부문의 대중투쟁을 하나로 모아 향후 반민자당·반김영삼 민주대개혁을 위한 범국민총집결투쟁을 집중적으로 벌여나갈 것이다. 이제 우리가 단결하면 승리할 수 있으며, 반드시 단결하여 승리하여야 한다. 한 번도 국민의 손으로 민주정부를 세워내지 못한 뼈아픈 현실을 극복하고, 이번에는 반드시 국민에게 자주와 민주, 통일을 향한 새 날의 희망을 줄 수 있는 새 역사의 장을 열어야 한다. 조국에 대한 사랑과 독재에 대한 분노를 모아 동지의 손을 마주잡고 우리의 의지

와 열정과 결의를 함께 나누어야 한다.(『민주주의 민족통일 대전·충남연합
제1기 임시대의원대회 자료집』, 41쪽)

대전·충남연합은 이후 대전·충남국민회의를 중심으로 대선투쟁을 전
개했으나, 3당합당의 주역인 김영삼이 대통령으로 선출되면서 다시 민자
당 정권의 연장으로 귀결되고 말았다. 민주화운동 세력들이 오랫동안의
논의 끝에 단일한 대선투쟁 방침을 결정하는 성숙한 모습을 보이면서 단
결하여 대선투쟁을 전개했지만, 대선 결과는 참담한 패배로 끝나버리고
말았다. 이후 대전·충남연합을 비롯한 민주화운동 세력들은 침체되었고,
이런 전반적인 침체 현상을 극복하는 데 많은 시간이 걸렸다.

하지만 각 단체별로 대선투쟁에 대한 평가작업을 시작하였고, 이를 바
탕으로 제2기 대전·충남연합 사업을 준비해가기 시작했다. 먼저, 대전·
충남연합은 1993년 1월 초 가톨릭문화회관에서 신년하례회를 개최하여
1993년도 민주화투쟁의 해를 힘차게 시작했다. 그 후 2월 11일 상임집행위
를 열어 대의원대회 준비 일정에 대해 논의를 했고, 2월 18일에는 제10차
중앙집행위원회를 열어 대의원대회 일정을 확정하여 회원 단체들에게 공
고를 하였다. 2월 19일에는 제1차 대의원대회 준비위원회가 모임을 갖고
각 분과 소위원회를 구성했으며, 2월 26일에는 제2차 대의원대회 준비위
원회를 갖고 대의원대회에 상정할 문건을 검토하였다. 3월 4일에는 중앙
집행위원회를 열어 대의원대회 때 논할 구체적인 토의 안건과 인선안 등
을 최종 확정했다.

마침내 1993년 3월 12일 오후 2시 대전시 동구 원동 오인빌딩에 위치한
대전·충남연합 사무실에서 대전·충남연합 제2기 대의원대회가 열렸다.
이 대의원대회에서는 창립 이후 대전·충남연합의 활동을 돌아보고 평가
하는 시간을 가졌다. 특히 제2기 대의원대회는 급변하는 정세와 대선 패

배 이후 민족민주운동 세력이 다시 새로운 모습으로 대중 앞에 우뚝 설 수 있기 위해 조직과 운영 실태 및 사업을 총체적으로 분석하고 앞으로의 방향을 설정하는 중요한 대회였다.

이 날 대의원대회에서는 대전 · 충남연합이 14대 대선투쟁을 통해 이룬 성과로 다음의 세 가지를 평가하였다. 첫째, 단결의 기운을 높이고 민주 진영의 연대 기반을 확대했다는 점이다. 둘째, 지역 조직을 확대할 수 있는 토대를 마련했다는 점이다. 셋째, 연합운동의 수준 및 대중들과의 결합력을 높였다는 점이다. 하지만 많은 한계와 문제점도 드러났다. 먼저, 민족민주운동의 조직력과 대중 활동력이 상대적으로 취약하다는 것이 드러났다. 1987년 이후 대중운동이 획기적으로 발전하였음에도 부문운동들은 부문운동들대로 자신이 토대하고 있는 계층의 작은 부분밖에 장악하지 못하고, 각 지역 주민의 일상적 생활공간까지 조직력이 미치지 못했다는 사실이다. 둘째, 전국연합과 대전 · 충남연합의 정치적 통일성과 결합력이 약했다. 그 결과 서로 정치적 이견을 조정하거나 통일하는 데 매우 취약했으며, 반복되는 지루한 논쟁으로 인해 대선투쟁에 대한 실질적인 준비를 신속히 하지 못하였다. 셋째, 지도집행력이 매우 취약하였다.

이 날 대회에서는 대전 · 충남연합이 대선 승리와 민주정부 수립을 위해 구성한 대전 · 충남국민회의에 대한 평가도 이루어졌다. 무엇보다 대전 · 충남국민회의를 통해 더 많은 사람들이 대선투쟁에 다양한 방법으로 참여하게 된 것이야말로 대전 · 충남국민회의 활동의 가장 큰 결실이었다. 하지만 모두가 투쟁의 주체로서 활동하지 못하고, 거의 모든 사업들이 대전 · 충남연합의 관계자들을 중심으로 이루어진 것이 한계로 지적되었다.

이런 평가와 함께 대회 참여자들은 대선 패배 이후 민족민주운동 세력이 나아가야 할 방향을 다음과 같이 세 가지로 설정했다. 첫째, 운동을 대중화 하기 위해 노력해야 한다. 즉 민족민주운동의 힘은 조직된 대중의 힘에서 나온다는 것을 다시 한 번 확인하면서, 각 지역에서 주민들과 밀접히 결합하여 활동할 수 있는 조직형식과 활동방식을 찾아야 한다는 것이다. 이를 위해 기층 대중조직을 강화함과 동시에 국민들의 다양한 생활상의 요구에 응답할 수 있고 운동의 유연성에도 관심을 가져야 한다. 둘째, 부문 조직, 지역 조직을 막론하고 대중들의 정치의식을 강화시켜야 한다. 그래야만 민족민주운동이 승리할 수 있으며, 부문운동이나 지역운동 모두 발전할 수 있다. 셋째, 전국연합과 대전·충남연합을 더욱 강화하고, 이 두 연합조직이 중심이 되어야 한다. 그렇게 되어야만 민족민주운동이 계속 발전할 수 있다. 대전·충남연합은 정치적 통일성을 더욱 강화하고, 회원 조직들의 주체적인 참여로 이루어지는 연합조직으로 바뀌어야 한다. 그리고 변화하는 상황에서 보다 적절한 활동방식을 개발해야 한다. 이것은 관성적인 거리투쟁에 의존하는 시대가 이제 끝나가고 있고, 이른바 문민정부라는 새로운 국내 정치현실 및 동구 사회주의권의 몰락과 같은 세계적인 정세에 민족민주운동권이 어떻게 적응할 것인가 하는 문제와 연결된다.

이 날 참여한 대의원들은 앞으로 민족민주운동 세력은 대안적 가치를 제시하고 구체적인 정책을 개발하며, 국민들의 생활상의 다양한 요구에 응답하고, 의식적으로 여론을 형성하며, 대안세력을 실제적으로 조직해야 한다는 점에 동의했다. 그리고 새 시대를 향한 민족민주운동 세력의 비전을 다음과 같이 제시했다. "자본과 기계가 아닌 인간을 중시하고, 소비적 퇴폐문화가 아닌 생산적 문화를 가꾸어나가고, 경쟁과 분열의 담을 허물고 그 자리에 나눔과 희망의 공동체를 세우는 과제는 민족민주 진영의 전체의 땀을 요청하고 있다."

제5장 1980년대 대전·충남 지역 반독재민주화투쟁의 성격과 의의

　1980년 민주화의 봄으로 온 국민이 잠시나마 맛보았던 민주화에 대한 꿈은 전두환 군사쿠데타로 사라지는 듯 했다. 또한 민주화운동 세력들에 대한 전두환 군사정권의 혹독한 탄압과 감시가 계속되었다. 하지만 이런 암울한 시대에도 참된 자유와 평등과 인권을 열망하며 저항하는 세력들이 곳곳에서 등장하기 시작했다. 대전·충남 지역에서는 이런 혹독한 정세 속에서 민주화운동이 조금씩 체계를 갖추며 등장하기 시작했다. 이 지역에서는 특히 학생들의 희생적인 투쟁으로 반독재민주화투쟁이 시작되었다. 1979년 10·26정변 직후 충남대 도서관과 목원대 도서관에서 일어난 시국선언서 낭독 사건은 대전·충남 지역 반독재민주화투쟁의 시작을 의미했다. 당시 체계적인 조직을 갖춘 운동조직이 없었는데도 불구하고, 대학생들의 자발적인 저항으로 이 지역에서 반독재민주화투쟁이 시작되었다는 특징이 있다. 또한 서울 중심의 반독재민주화투쟁이 아니라 지역 스스로 지역의 관점과 자원을 가지고 민주화운동을 전개해 나가야 한다는 문제의식도 있었다. 대학생들은 각종 학습 서클들을 만들어 정치학습을 함으로써 지역 학생운동 세력은 조금씩 역량을 갖추기 시작했다. 이후 전두환 정권의 탄압을 거친 후 1983년 시행된 학원자율화조치를 계기로 학생운동은 공개적인 학생회 활동을 통해 조직을 갖추게 되었다.

이렇게 학생운동이 성장하면서 지역에 다수의 청년 운동가들을 배출하게 되었다. 그 결과 지역의 민주화운동이 성장하였고, 1985년에 충남민청과 충남민협이 결성되기에 이르렀다. 이후 대전·충남 지역의 반독재민주화투쟁은 대학생들 및 충남민청과 연대기구인 충남민협을 통하여 발전하게 되었고, 1987년 6월민주항쟁에도 크게 기여를 하였다. 충남민청은 지역학생운동의 성장이 낳은 결과물로서 지역의 민주화운동 역량을 강화시키는 직접적인 요인이 되었다. 또한 충남민협은 지역 민주화운동을 포괄하는 연합운동체로서 지역 민주화운동을 대중운동의 차원에서 효과적으로 견인해내는 역할을 했다. 결국 충남민청과 충남민협을 통해 대전·충남 지역 민주화운동은 조직적으로 발전하게 되었다. 다시 말해, 부문운동들이 충남민청과 충남민협이라는 매개를 통해 수시로 연대하게 되면서 성장하게 되었고, 이런 맥락에서 1987년 6월민주항쟁이 이 지역에서 크게 일어나게 된 것이다.

대전·충남 지역의 6월민주항쟁은 전국 차원의 6월민주항쟁을 성공적으로 매개하고 수행했다는 점에서 큰 의의를 갖는다. 6월민주항쟁은 각 부문운동들의 효과적인 연대를 통해 민주화운동이 한층 더 발전하는 중요한 계기가 되었다. 무엇보다 6월민주항쟁을 통해 각 부문의 민주화운동들이 폭발적인 성장을 이루게 되었다. 그렇지만 6월민주항쟁으로 얻어 낸 민주화의 성과물이 노태우 정권의 출범으로 다시 무효가 되어 버리고 말았다. 또다시 군사정권의 연장인 6공화국이 출범하게 되었다. 이런 패배와 좌절의 아픔 속에서도 민주화투쟁의 열기는 13대 대통령선거를 둘러싼 부정선거 규탄투쟁으로 다시 타오르기 시작했다. 이 투쟁은 이후 노태우 정권 퇴진투쟁으로 이어졌다. 대전·충남 민주화운동 진영은 이런 시대적인 전환기에 다시 운동의 전열을 가다듬고 투쟁에 힘을 쏟기 시작했다. 그 결과 충민련, 대전·충남연합, 대전·충남국민회의 등의 운동연합체를 다시 결성하게 되었다. 또한 1989년에 전개된 '미 8군 기지 대전 이전 저지투쟁'과 1990년에 전개된 '안면도 핵폐기물 처리장 건설 반대투쟁'은 대전·충남 지역 민주화운동이 지역의 이슈를 가지고 민주화운동 세력들을 규합하여 벌인 매우 좋은 예였다.

일부 학생들의 양심적인 저항 형태로 시작된 1980년대 대전·충남 지역 민주화운동은 전두환·노태우 정권의 억압과 불의에 맞서 중단 없이 전개되었으며, 여러 조직과 부문운동들로 크게 발전될 수 있었다. 결국, 역사의 대변혁기였던 1980년대에 활기차게 전개되었던 대전·충남 지역 민주화운동은 1990년대 이후 시작된 지방자치제의 정착과 각종 시민운동의 발전에 크게 기여했다.

제4부

부문운동의 성장과 역사

제1장 학생운동

　대전·충남 지역 민주화운동의 역사를 이해하기 위해서는 먼저 지역 학생운동을 이해하여야 한다. 특히 1987년 6월민주항쟁 이전까지 민주운동 진영 내에서 학생운동이 차지하는 비중은 막대하였다. 또한 6월민주항쟁에서 주도적 역할을 했던 대부분의 인물들은 학생운동을 통하여 성장하였다. 그러므로 6월민주항쟁의 주체가 어떻게 성장 발전하였는가를 이해하기 위해서는 학생운동사를 우선적으로 살펴볼 필요가 있다.

　1980년대 초 대전·충남 지역에서 군사정권에 대항했던 유일한 계층은 대학생들이었다. 5·18민중항쟁이 민주주의를 위한 새로운 '정치적 기회'를 제공했지만, 신군부 정권은 모든 통치기구들을 장악하고 자신들에게 저항하는 자들을 가혹하게 탄압하고 있었다. 이런 상황에서 대전·충남 지역에서는 학생 계층만이 집단적 행동을 통해 권위주의 체제에 저항했다. 이런 집단행동들은 학생운동이라는 큰 흐름을 형성하게 되었다.

　학생운동은 특징에 따라 1980년 민주화의 봄(1979. 10~1980. 5), 학생운동의 성장(1980.5~1985.8), 민주화운동 탄압기의 학생운동(1985. 9~1987. 6), 학생운동의 분화와 발전(1987. 7~1992) 등의 시기들로 구분된다. 위의 시기들은 '정치적 기회구조', '학생 대중 동원 수준', '주요 이슈와 이데올로

기', '운동 양태', '운동조직' 등에서 볼 때 큰 차이를 드러낸다.[36]

제1절 민주화의 봄(1979. 10~1980. 5)

대전·충남 지역의 학생운동은 1979년 10·26정변으로 인해 갑작스럽게 형성된 정치공황政治恐慌 상태에서 학생 계층이 반응하면서 다시 시작되었다. 박정희 대통령이 살해되자 권위주의체제는 일시적으로 붕괴되고 정치적 혼란이 초래되었다. 이것을 '정치적 기회'로 해석한 학생 계층이 민주화를 기치로 대중 동원에 나서게 되었다. 하지만, 대전·충남 지역 학생운동 지도부는 지속적인 집단행동을 조직할 수 있는 준비가 부족했다. 무엇보다 가치와 이데올로기를 공유하고 있는 선진적 학생지도자 그룹이나 조직이 아직 존재하지 않았다. 1980년 '민주화의 봄' 시기 직전인 1979년에 겨우 세 가지 사건 – '공주사범대 유신철폐 벽서사건', '충남대 중앙도서관 시국선언문 낭독 사건,' '목원대 중앙도서관 시국선언문 낭독 사건' – 만 일어났다는 사실은 여러 가지를 시사해 준다.

이 세 가지 사건을 통해서 1980년 '민주화의 봄' 이전의 지역 학생운동의 수준을 가늠해 보면, 지역 학생운동은 집단적으로 조직화 되어 있다기보다 의식 있는 개별 학생들만 존재했다고 말할 수 있다. 그리고 이들의 운동양식도 장기적으로 기획된 행동이라기보다 권위주의에 대한 단순저항 수준에 머물렀다. 지속적인 집단행동을 조직하기 위해 필요한 최소한의 요소들을 가지고 있지 못했다. 다수 활동가들로 이루어진 운동 네트워크

---

[36] 여기서는 1980년대 이후의 학생운동만을 다루고자 한다. 그 이유는 1960~70년대에도 학생운동은 존재했지만 1980년대에 들어와 좀 더 조직적인 운동으로 학생운동이 발전되었고, 무엇보다 사회변혁운동으로서의 성격을 갖추게 되었기 때문이다. 1960~70년대의 학생운동은 제1부와 제2부에서 다른 민주화운동들과 함께 다룬 바 있다.

가 아직도 부재하였고, 활동가들이 존재했다 하더라도 이들 내부에 가치를 공유하거나 이데올로기적 합의도 아주 낮은 수준이었다. 그리고 운동 네트워크를 보호해 줄 수 있는 지원세력 혹은 주변세력도 그리 많이 확보되어 있지 못했다. 따라서 1980년 '민주화의 봄' 시기 지역 학생대중투쟁은 '학원자율화 추진위원회' 또는 '총학생회'와 같은 공식적 기구를 중심으로 이루어지기는 했지만, 지도부에 의해 기획되고 조정되기보다는 자연발생적이고 우발적인 측면이 강했다.

1979년 10·26정변 이후 군사정권을 지탱해오던 억압기구들이 일시적으로 기능을 상실하자, 지역 학생운동은 우선적으로 권위주의 체제하에서 관제기구화 되어 있던 학생대표기구들을 개혁하는 노력을 기울였다. 충남대에서는 1979년 12·12군사반란 직후 학원자율화추진위원회[37]를 발족하고 학원자유화운동을 시작하였다. 학원자율화추진위원회는 1차, 2차 비상임시학생총회를 개최하는 한편, 학과별 대표들로 학생회 부활 준비위원회를 구성하고 학생회칙 등을 준비하여 나갔다. 이러한 학원자율화추진위원회의 움직임은 1980년 4월에 실시된 단과대학 학생회장 선거와 총학생회장 선거로 결실을 맺었다. 4월 10일에 5개 단과대학 별로 직접선거가 실시되어 학생회장을 선출했는데, 단과대는 운동권 학생들이 장악하지 못했다. 이날 실시된 5개 단과대학 학생회장 선거에는 총유권자 6,557명 중 5,075명이 투표에 참가하여 약 77%의 투표율을 기록하였으며, 문과대 오수성(영문 3), 경상대 박춘홍(경영 3), 법과대 이윤환(법학 3), 농대 이춘배(임학 3), 공대 권영주(기계설비 3)가 각각 학생회장으로 당선되었다. 뒤이어 4월 15일에 실시된 총학생회장 선거에서 운동권 학생인 오원진(철학 3)이 투표 참가자의 48.9%의 지지를 받아 총학생회장에 당선되었다. 이로써

[37] 충남대 학원자율화추진위원회는 선병렬, 김용진, 선재규, 이윤환, 박춘홍, 이춘배 등이 주도적으로 이끌었다.

1975년 유신과 함께 학도호국단으로 대체되었던 학생자치기구가 학생들의 손에 의하여 6년 만에 부활되었다.

공주사대에서는 1980년 2월 12일 운동권 학생들, 각과의 학회장, 과 대표, 동아리 대표 등이 중심이 되어 '제1차 학원자율화 추진을 위한 학생총회'를 개최한 뒤, 학원자율화의 방향에 대해 토론하였다. 1차 총회에서는 공주사대 학원자율화추진위원회 결성을 결의하고 10인의 준비위원을 선출하였다. 1차 총회에서는 학원자율화 추진과 관련된 기본 입장을 정리하였다. 이어서 2월 28일 열린 2차 총회에서는 임원을 선임하고, 학칙 개정 및 학생회 부활에 따르는 제반 사항을 준비하는 작업을 임원들에게 위임하였다. 이날 총회에서 위원장에 김관제, 부위원장에 배상선, 홍보관리분과장에 한기호, 학칙개정 및 회칙제정분과장에 박진상, 자치활동분과장에 이인호 등이 선출되었으며, 다음과 같이 5개 항의 결의문을 채택했다.

첫째, 학원민주화 작업을 전 학생들의 자주적, 공개적, 민주적 원칙으로 추진한다.
둘째, 학도호국단을 전면 폐지하고 학생자치기구인 학생회를 부활한다.
셋째, 학원자율화추진위원회에 대한 외부의 부당한 개입을 배격한다.
넷째, 학원의 언론, 출판, 집회. 결사의 자유를 전면적으로 실현한다.
다섯째, 교수와 대학 당국자는 학원자율화추진운동에 적극 협조할 것을 촉구한다.

4월 2일에는 정식으로 대의원 창립총회를 개최하여 학생회칙을 확정하고, 임시 대의원의장과 선거관리위원장을 인준하였다. 2월 초경부터 추진해왔던 총학생회 부활은 4월 11일 총학생회장 선거로 결실을 맺었다. 4월 11일 실시된 학생회장 선거는 재학생 2,119명 중 1,804명이 투표하여 85%의 높은 투표율을 기록하였다. 5명의 입후보자 중 운동권 학생인 장재인

(영어교육과)이 투표참가자 1,804명 중 574표의 지지를 얻어 학생회장에 당선되었다.

학생자치기구가 구성되자 학생회 주도로 시국과 관련된 비판적 논의가 행동으로 구체화되기 시작했다. 4월 28일 학생회 주최로 11시부터 다음날 밤 11시까지 이틀간에 걸쳐 '시국에 관한 성토대회'를 개최하여, 계엄령 즉각 철폐, 정부 주도 개헌작업 즉각 중단, 군사교육제도 대폭 개선, 구속된 민주인사 즉각 석방, 복권·복직 실현, 노동3권 보장, 대학 내의 외부 세력 추방, 교수재임용제 철폐, 교수협의회에 의한 학장 직선 등을 요구하였다. 수백여 명이 참여하는 교내 시위가 캠퍼스에서 일어났으며, 대학 교수협의회도 시국성명을 발표하여 학생들의 입장을 지지하고 나섰다. 학생들 역시 교수협의회의 입장을 지지하는 내용의 성명을 발표하였다. 학생회장단을 중심으로 4월 28일부터 시작된 학원자율화 및 민주주의 실현을 위한 집회는 9월까지 지속적으로 열렸다. 결국 학교 당국은 휴교령을 내리기에 이르렀고, 학생 다수가 구속되거나 제적되었다.

사립대학인 목원대 학생들의 학원자율화 투쟁은 국립대학인 충남대나 공주사대와 아주 다른 양상으로 전개되었다. 국립대학의 총장이나 학장이 당시 문교부에 의해 임명되었던 것과 달리 사립대학 학장은 이사회에 의해 임명되었기 때문에 학장이 장기 집권하는 경우가 많았다. 목원대는 1954년 기독교대한감리회에서 설립한 감리교대전신학원으로 출발한 학교로서 1972년 목원대로 교명이 바뀌어서 현재까지 이르고 있다. 특히 목원대는 종교 관련 사립대이다 보니 오랫동안 각종 비리가 끊이지 않았고 이에 대한 적발이나 시정 역시 쉽지 않은 실정이었다. 3월에 봄 학기가 시작되면서 마침내 목원대에서도 학원자율화 투쟁이 시작되었다. 먼저 총학생회부활준비위원회가 결성되었고, 3월 31일에는 총학생회부활추진위원회 주최로 목원대 음악당에서 공청회를 열어 목원대 학원자율화추진위원회를 발족시켰다. 목원대 학원자율화추진위원회는 유영완, 김영범, 김영완, 김병국 등에 의해 주도되었다.(『목원대신문』 1980년 5월 6일자) 학원자율화추진위원회의 초기 활동은 대전 지역에 있는 일반 대학처럼 학생대표기구 부활에 초점이 맞추어졌지만, 4월에 접어들어 학생들의 학교 당국에 대한 불만이 표출되면서 학원자율화투쟁은 12년 동안 장기 집권해 오던 남기철 학장을 목표로 삼았다.

4월 8일 목원대 사회과학부 학생회의 주도하에 학내 시위가 벌어졌다. 이날 학생 1,000여 명이 도서관 앞 자유의 광장에 모여 시위를 벌이면서, 학교 당국의 독재적인 학교 행정 반대, 경리 담당자의 독재 반대, 족벌체제 타파, 유신체제 학칙 폐기와 새로운 학칙 제정 등 학원민주화를 요구하였다. 그리고 학원민주화를 위해서는 학교를 독단적으로 경영해온 남기철 학장의 퇴진과 어용무능교수의 자진 사퇴 등이 불가피하다고 주장하였다. 그리고 학생들은 앞에서 언급한 요구들을 외치며 스크럼을 짜고 캠퍼스를 도는 등 성토 및 농성을 벌였다.

긴급 소집된 교수회의에서 이 사태를 숙의하는 동안 학생 대표들의 요구에 따라 대화가 시작되었다. 팽팽한 대립으로 대화가 길어지자 흥분한 학생들이 학장실로 진입하였다. 유리창 2장이 파손되고, 그 파편에 여직원이 상처를 입었다. 이에 남기철 학장과 참석 교수들이 폭력과 교권 침해를 이유로 총사퇴를 결정하고 사의를 표명하였으며, 무기한 휴교령을 선포하고 학장과 교수 전원(53명)이 교정을 떠났다. 휴교령이 선포되자 학생들은 "휴교령 철회", "남 학장의 사표 수리", "학자적 양심이 있는 교수는 돌아오라" 등의 구호를 내걸고 철야농성에 돌입하였다. 그리고 학원자율화추진위원회는 수습위원회를 구성하여 교수와의 대화를 시도하였다. 학생 대표들은 4월 22일 "학생들의 경솔했던 행동을 솔직히 시인하고 대화를 통하여 전진적인 개선을 한다"는 내용의 성명서를 발표하고 농성을 해제함으로써, 20일 동안 지속된 시위와 농성이 종결되었다. 28일부터 정상수업에 들어가면서 학내사태는 일단락되었다.

학원민주화 투쟁이 지속되는 가운데 5월 7일 총학생회장 선거가 실시되었다. 이는 지난 4월 7일 총학생회구성을 위한 선거시행세칙이 제7차 총학생회부활준비위원회에서 결정됨에 따라 가능해진 일이었다. 선거 결과 김윤오(신학과 4)를 총학생회장에, 김영완(경영학과 3)을 총무로 각각 선출하였다. 이후 목원대 학원자율화추진위원회는 총학생회에 학원자율화운동의 주도권을 넘겼고, 이후 더 적극적으로 학원자율화운동을 전개해 나갔다.

하지만 학원자율화 투쟁은 1980년 5월 17일 24시를 기하여 실시된 비상계엄 전국 확대로 인해 수그러들 수밖에 없었다. 신군부는 전국의 대학에 휴교령을 내리고 학생운동의 지도부를 체포 구속하였다. 5월 18일에는 신군부에 저항하는 광주 시민들이 무참히 학살되었고, 여름을 거쳐 가을에 접어든 9월 5일에야 개강이 이루어졌다. 휴교 조치가 해제된 것은 무려 111일 만이었다. 1980년 '민주화의 봄' 시기에 충남대 총학생회를 이끌었던 오원진, 방비호, 김용범, 선병렬, 선재규, 김정호, 이준희, 조일제, 조광휘, 김관희, 노기현, 문성식 등이 구속되어 많게는 3년 적게는 2년의 실형을 선고받았다. 공주사대 총학생회를 주도했던 장재인, 정관영, 이상헌, 김관제, 한기호, 권영국, 최영일 등 여러 학생들이 휴교 중 구속되고, 제적 처리되었다. 일부 학생은 '순화교육'이라는 이름으로 군 부대의 '교육'을 경험하게 되었다. 목원대의 경우에도 학원자율화 투쟁을 주도했던 유영완, 김영범, 김병국, 김영완, 김윤오, 이하원, 이경하 등이 구속되거나 순화교육을 받아야 했다. 단국대 천안캠퍼스의 경우 유종덕이 구속되었다.

이상에서 기술한 1980년 '민주화의 봄' 시기의 지역 학생운동 양태를 살펴보면 몇 가지 특징이 드러난다. 우선은 폭발적인 학생 대중들의 집단행동이 발생하였으나, 이것은 일회적 수준에 머물렀고 지속적으로 조직화되지 못했다. 지속적 대중행동이 발생했던 목원대의 경우에는 시국관련 이슈가 중심이 아니라 학내 관련 이슈가 중심이었다. 12·26정변으로 생겨난 정치공황이 '정치적 기회'를 부여하고 있었지만, 이것을 활용할 수 있는 선진적 운동가와 조직이 준비되어 있지 못했다. 그 결과 대중적 집단행동은 일회적이거나 자연발생적 수준에 머물 수밖에 없었다. 그리고 지도부는 기존 권력질서를 대체할 수 있는 이데올로기적 대안을 가지고 있지 못했으며, 단순히 권위주의 체제를 반대하는 자유주의 수준이나 부당한 권력에 저항하는 수준을 벗어나지 못하였다.

하지만 학생운동 지도부에 대한 대거 구속과 5·18민중항쟁은 학생운동의 질적 발전을 초래하였다. 구속수감은 이들에게 정치적 훈련과 교육의 기회를 제공하였고, 이들 중에 상당수는 구속 기간 동안 정치적으로 단련되고 이데올로기적으로는 급진화되었다. 1980년 '민주화의 봄'을 주도했던 학생운동 지도부에 대한 구속은 운동세력의 소멸을 의미하는 것이 아니라, 오히려 지역에서 새로운 운동집단의 발생을 의미했다.

제2절 학생운동의 성장(1980. 5~1985. 8)

1. 학생운동 탄압과 문화운동의 성장(1980. 5~1983)

1980년 5·18민중항쟁 직후 민주화운동 세력에 대한 신군부의 대대적인 탄압이 시작되면서 학생운동은 거의 중단되다시피 했다. 하지만 학생운동 세력은 새로운 방향을 모색하기 시작하였다. 1980년 5월 말부터 1983년 말 학원자율화조치가 내려지기까지 학생운동은 몇 가지 주요한 특징을 가지

고 있다. 신군부에 의해 5·18민중항쟁이 무참히 압살됨으로써 학생운동
은 엄청난 좌절을 경험해야 했고, 1980년 '민주화의 봄' 기간 동안 운동의
조직망은 상당 부분 와해되었다. 좌절이 깊고 클수록 운동은 급진주의로
발전하는 경향이 있으며, 1980년 한국 학생운동도 비슷한 경로를 경험하
였다. 이제 자유주의적 민주주의는 대안이 될 수 없고 민중의 힘에 기초하
여 민족문제와 계급문제를 해결하는 것만이 유일한 방안으로 대두되었다.
민족문제와 계급문제를 해결하기 위해서는 운동을 선도할 조직은 이데올
로기적으로 더욱 강고해지고 정치적으로 훈련될 필요가 제기되었다. 이
당시 학생운동에 대한 탄압이 대대적으로 실행되고 있었기 때문에 정치적
탄압을 피해 소그룹 동아리에 숨어서 운동가들을 생산하는 작업이 진행되
었다. 소그룹은 개별 학생운동 지도자들이 가지고 있었던 네트워크를 통
하여 학생들을 모집하고 훈련하였다. 1980년 5월의 광주 학살은 전두환 신
군부에게 심각한 정치적 정통성 문제를 야기하였다. 따라서 대다수 일반
학생들이 신군부의 통치를 인정하고 있지 않았기 때문에 동료 학생들을
모집하는 것이 그리 어려운 일만은 아니었다.

　1980년 초반의 학생운동 세력은 사회과학 학습을 통해 한국사회를 과학
적으로 이해하려고 노력하였다. 다양한 사회과학 학습 동아리들이 비공개
적 혹은 공개적으로 존재하고 있었는데, 학습 동아리들은 학생들을 정치
사상적으로 준비시키고, 활동가 조직을 확대재생산하였으며, 이를 통해
투쟁의 진원지로서 기능하였다. 학습 동아리들은 권위주의 정권에게 가장
도전적이고 위협적인 세력이 되고 있었고, 그 당시 권위주의 정권은 대학
캠퍼스에 다양한 형태로 존재하는 이 학습 동아리들을 가장 두려워하여
가혹한 탄압을 가하였다. 권위주의 정권은 학습 동아리들을 미리 제거함
으로써 소위 말하는 '불온 사상'의 학원 전파를 방지하고, 학생운동세력을
약화시키려고 하였다.

이 시기 지역의 학생운동은 두 가지 유형으로 성장하였다. 첫 번째 유형은 소규모 학습동아리 활동에 대한 당국의 '탄압사건'이 학생운동을 단기적으로는 위축시켰지만 장기적으로는 지역민주화운동의 역량을 강화시키는 계기가 되었고, 두 번째 유형은 학생운동에 대한 당국의 탄압을 피해 일반 학생들에게 쉽게 접근할 수 있는 문화운동이라는 새로운 운동 형태로의 발전이다. 지역에서 일어났던 주목할 만한 '탄압사건'은 대전 한울회사건(1981. 4), 아람회 사건(1981. 7), 충남대 청람회사건(1981. 9), 공주사대 미등록 동아리 금강회사건(1981. 11), 공장의 불빛 테이프사건(1982년 초),[38] 대전 민중교회 야학교사 탄압사건(1983. 5), 충남대 우리문화연구회사건(1983. 10), 통일문제연구회 사건 등이다.

충남대에서 결성된 대전 최초의 사회과학 학습 동아리 청람회는 1977년 5월 대전에 내려온 서울대 제적생 강구철이 이완규, 이범구, 정운영, 김필중 등과 함께 야학활동을 시작하면서 그 싹이 텄다. 그 후 1978년 11월 김필중, 이범구, 송인용, 강일석, 김용진, 김홍갑, 안정혜, 옥명자, 김혜숙, 선병렬 등은 당시 노동운동에 참여하고 있던 이완규와 함께 충남대에서 '청람회'를 출범시켜 의식화 교육을 본격적으로 시작하였다. 1979년부터 청람회는 충남대 안에서 합법조직 강화를 위해 여러 소그룹들과 공개 동아리들을 조직하였다. 1979년 10·26정변이 발생하자 청람회 회원들은 학원자율화추진위원회를 결성하고, 이듬해인 1980년 학생회 출범에 결정적인 역할을 했다. 1980년 이후 청람회는 적극적으로 공개투쟁에 참여해 총학생회장 선거나 대전 시내 5·18민중항쟁 진상규명 전단 살포, 각 단체 연석회의 구성, 광주 유인물 학내 전교실 살포 등 다양한 학내외 활동을 전개하면서 지역 학생운동의 조직기반을 다져 나갔다. 하지만 1981년 9월 12일

---

[38] 충남대 탈춤반 회원들이 유영완(목원대 신학과)의 도움으로 김민기의 노래극 "공장의 불빛" 등을 공부했다. 이와 관련하여 유영완 등이 당국으로부터 조사를 받은 사건이다.

대부분의 핵심 멤버들이 검거되면서 청람회는 와해되었다.[39]

청람회는 지역의 학생운동이 사회과학적 인식에 입각해서 조직운동으로 진화하는 계기를 마련하는 데 결정적인 역할을 하였다. 신군부의 철권 통치가 지속되던 1980년 10월에 청람회 회원이던 강일석(사학 77학번) 등이 우리문화연구회라는 공개 동아리를 조직하였고, 허성우(사학 79학번) 등은 1981년 3월 여성학연구반[40]을 조직하였다. 그 외에도 경제학회, 사회학회, 역사학회, 여성학회 등 학과 단위의 학회를 구성하는 데 청람회는 커다란 영향력을 끼쳤다.

청람회가 학생운동의 성장에 끼친 영향의 대표적인 예는 충남대 우리문화연구회이다. 청람회는 1979년 10 · 26정변 이후 전개되는 전환기를 이용하여, 합법, 비합법 운동을 유기적으로 전개하기 위해 학습을 진행하면서 1980년 '민주화의 봄' 시기에 공개단체를 출범시킬 계획이었다. 청람회 회원인 강일석, 옥명자(사회 77학번) 등을 중심으로 정치적 민주화운동을 학생 대중 속에서 실천하기 위한 공개단체로 우리문화연구회를 조직하였다. 초대 회장은 김진수(응용통계, 78학번)였으며, 초대 지도교수로는 송현호(경제학과)를 위촉하였다. 우리문화연구회 회원들은 정치적 민주화와 민중생존권에 대해 관심을 갖고 사회과학 서적 탐독을 통해 인식을 심화시키고자 했다.

1983년 학교 측의 동아리 규제가 강화되면서 이른바 '우리문화연구회 사

---

[39] 청람회에 대해서는 제3부 제2장 전두환 정권하의 반독재 민주화 투쟁 부분에서 자세히 다루고 있다.

[40] '여성학 연구반'은 허성우, 최종숙, 전용란 등이 중심이 되어 1981년 3월에 여성학을 공부하는 공개단체로 창립되었다. 사회과학 공부를 진행하던 이들은 가부장적 가족제도와 남성 중심의 사회 속에서 발생하는 여성 억압에 관심을 지니고 정치적 민주화투쟁과 여성해방투쟁이 동시적으로 진행되어야 한다는 입장을 가지고 있었다. 내부적으로 여성해방이론을 집중적으로 학습하고, 동시에 민주화투쟁을 위한 학습을 진행하였다. 주로 초청강연회, 학술발표회 등을 통하여 진보주의적 여성운동을 전파하고자 노력하였다.

건'이 발생했다. 1983년 10월 충남대 당국은 종래 25인 이상의 학생들이 등록하면 동아리 활동의 등록이 가능하던 것을 35명 이상으로 상향 조정하고, 지도교수의 승인 없이는 동아리 활동이 불가능하게 만들었으며, 동아리 회장의 자격도 강화하였다. 그리고 이런 내용을 『충대신문』에 발표하였다. 이 문제를 가지고 동아리 대표자들이 논의를 했고, 10월 26일 우리문화연구회 회원 선창규의 주도하에 '동아리 자유화' 시위를 벌였다. 경찰은 학내 시위를 규제하기 위해 학내 상주 경찰을 증원하고 집회를 차단하였다. 11월 4일과 8일에는 최미숙과 이은희가 레이건 대통령의 방한을 반대하는 내용의 유인물을 살포하였다. 경찰은 레이건 방한 반대 시위를 우리문화연구회가 주도한 것으로 판단하고 우리문화연구회 회원들을 다수 구속했다. 이 사건과 관련하여 당시 회장을 맡고 있던 김홍영을 비롯하여 최미숙, 이은희, 박영순, 신현정, 주영란, 이동대 등이 구속되었고, 이인영과 황연민은 불구속되었다. 구속된 자들 대부분은 재판과정에서 집행유예로 석방되었으나, 신현정은 이 사건으로 1년 동안 실형을 살았다. 선창규는 시골로 도피하였다가 상황이 종료된 후 1984년 8월에 구속되어 실형 2년을 살고 석방되었다.

통일문제연구회(이하 '통문연')는 우리문화연구회가 탄압을 받으면서 비슷한 시기에 등장한 사회과학 동아리였다. 통문연은 이계석(중문과 78학번), 강남원 등이 중심이 되어 1982년 3월 통일문제를 연구하는 공개 동아리로 창립되었다. 통문연은 통일과 민주는 동시적인 과제라는 인식하에 자주적이고 민중을 지도하는 민주적 통일을 진행해야 한다는 입장을 견지하였다. 통문연은 학내에서 공개된 조직으로 활동하면서 동시에 비공개 지하조직도 동시에 운영하였다. 통문연은 회원들에게 사회과학을 학습시키고, 일반 학생들에게 유인물을 나눠주고 초정강연회 등을 통해 통일문제와 민주주의에 관한 교육을 진행했다. 또한 통문연은 대외적으로 전국

대학생 통일문제 심포지엄에 박경환(심리학과)을 대표로 참석시키기도 했다. 통문연은 1985년 이후 학생운동의 발전을 위해 희생적인 투쟁을 전개하였고, 1987년부터 학생회 중심의 학생운동에 동참하면서 발전적으로 해소하였다.(충남대학교 민주동문회, 2006, 17쪽)

대전·충남 지역에서 일어난 1980년대 학생운동 탄압사건들은 지역의 학생운동을 단기적으로 위축시키는 결과를 가져 왔지만, 장기적으로는 학생운동의 성장을 돕는 결과를 가져왔다고도 할 수 있다. 왜냐하면, 탄압사건에 연루된 인물들이 1980년대 중반(1984~85)의 학생운동을 주도했을 뿐 아니라, 졸업 이후에는 지역 사회운동의 주요 활동가로 성장하였기 때문이다. 실제로 지역 운동주체들을 이해하기 위해서는 이들의 면면을 살펴보아야 할 정도로 탄압사건에 연루된 인물들이 지역 민주화운동에서 주요한 역할을 하였다.

대전지역 최초의 의식화 스터디 그룹이자 학내 조직사건으로 발전되었던 청람회는 핵심 지도력이 검거로 외형상 와해되었지만, 회원들은 이후 학내와 지역사회에서 적극적으로 활동을 했다. 즉 정천귀는 84년 충남대 학원자율화추진위원회를 주도적으로 결성해 학생회를 재건했고, 청람회 출신 운동가들이 87년 6월민주항쟁을 통해 이 지역 민주화운동의 지도력으로 참여했으며, 89년에는 청람회 마지막 세대인 박영순(영문 83)이 충남대 총학생회를 맡아 운동 역량을 발휘했다. 이후로도 이완규(노동운동가), 강구철(정치인), 김필중(정치인), 송인용(기업인), 강일석(학원강사), 김용진(신문기자), 김홍갑(노동운동가), 옥명자(교사), 선병렬(정치인), 조복현(교수), 김승훈(사업운영), 정천귀(건설회사 전무) 등은 지역 사회 곳곳에 뿌리를 내린 채 현대사의 뿌리를 가꾸어 가고 있다.(『중도포커스』 1996년 1월호, 27쪽).[41]

문화운동 역시 1980년대 학생운동을 성장시키는 데 주요한 역할을 했다. 1980년대 초반에 문화운동이 활발하게 전개되자 이에 대한 탄압이 가해지고, 이러한 탄압을 통해 많은 활동가들이 배출되었다. 1980년대 초에는 시위 등이 수그러든 반면 문예활동은 비교적 활발하게 이루어졌다. 먼저 1980년부터 목원대 탈춤반이 흑석리와 충북 청원군 부용군 매포리에서 연습을 해오고 있었는데, 이 매포리에서 1981년 12월 대전·충남 지역 문화패 약 160명이 참석한 가운데 탈춤을 비공식적으로 공연하였다. 그리고 1982년 6월에는 대전 제일감리교회에서 감리교 청년회 주최로 개최된 문화선교의 밤에서 목원대, 충남대, 실업전문대 탈춤반이 연합하여 '새재'를 공연하였다.(충남대학교 탈춤연구회 총동문회 편저, 1990, 14~16쪽)

대전·충남 지역 탈패들은 농촌에서 두레활동도 전개했다. 1980년대 초에는 지역 대학들의 탈춤반, 농악반, 민요반, 연극반 등은 충남 지역이나 다른 지역에서 다양한 형태의 농촌봉사활동을 전개하였는데, 이 기간 동안 선배들이 후배들에게 탈춤이나 농악을 '전수'하였으며, 봉사활동이 마무리되는 시기에는 마당극이나 농악을 공연하였다. 그리고 가톨릭농민회와 같은 농민난체들과 공동으로 농민문화활동을 실시하기도 하였다.

문예활동이 비교적 활발하게 전개되자, 이에 대한 탄압이 가해졌다. 1983년 4월 충남대 탈춤 연구회가 공연을 준비하고 있었는데, 공연의 대본이 사전에 유출되는 일이 벌어졌다. 학원 탄압의 주축을 이뤘던 소위 관계기관원들이 학생들의 공연대본을 입수하여 학생처장에게 넘겨주었고, 학생처장은 관련 학생들을 소환하여 대본 내용의 불온성을 지적하였다. 학교 측은 대본의 내용을 문제 삼아 공연을 불허하였다. 문제가 된 부분은 학동들이 사는 마을의 명칭이 '진달래골'이라는 점이었다. 학교 측은 진달래가 북한의 나라꽃이므로 북한을 찬양하려는 시도에서 창작극이 각색되

---

41) 1996년 현재 기준으로 파악된 사실이므로 이후로 개개인들에게 많은 변화가 있었을 것이다. 특히 강구철 선생은 2002년에 지병으로 사망했다.

었다고 주장하였다. 당시는 좌경 동아리에 대한 탄압이 강화되고 있던 시기여서 진달래라는 말 자체만으로도 북한 찬양으로 매도되고 있었다. 결국 공연은 당일에 취소되었다.

1983년 9월에는 목원대 농악반 사건이 벌어졌다. 목원대 가을축제 기간 동안 경찰과 목원대 학생과의 공연 불허에도 불구하고 농악반이 농악 공연을 강행했고, 학교 당국은 주동자인 장수찬(경영 3)과 최만석(신학 1)을 제적상신하고 농악반을 해체시켰다. 이에 학생들이 반발하여 농악반 재등록 서명운동을 벌여 2,000여 명의 서명을 확보하였다. 학생징계위원회는 장수찬과 최만석을 다시 제적상신하였으나, 남기철 학장은 제적 처리를 미루고 있었다. 이때 마침 12월부터 '학원자율화조치'가 취해짐으로써 이들은 구제되었다.

이외에도 충남대, 한남대, 목원대, 공주사대를 중심으로 탈춤, 민요, 풍물, 연극, 문학 관련 동아리들이 활발하게 활동하였고, 이러한 동아리의 선배들은 자신들의 기량을 전수하기 위해 방학기간을 이용하여 다양한 프로그램을 진행하였다. 당시 어느 대학이든 학내에 들어서면 풍물소리와 탈춤 추는 모습이 낯익은 광경이었다. 학생들은 축제기간 동안에 공연을 통해 자신들의 문제의식을 표현하였다.

1980년대 초중반에 지역의 학생운동이 문예운동 양식으로 나타난 주요한 이유 중의 하나는, 그 당시 학생운동에 대한 당국의 집요한 탄압이다. 즉 지역의 학생운동세력은 당국의 날카로운 탄압 예봉을 피해가고 일반 학생들에게 쉽게 접근할 수 있는 방도로 문화운동을 선택했던 것이다.

2. 학원자율화조치 시기의 학생운동(1984~1985. 8)

학원에 대한 강경일변도의 탄압이 오히려 정치적 역효과를 내자, 전두환 정권은 '학원자율화조치'를 취했다. 전두환 정권은 1983년 12월 21일 제적생 복교허용 조치를 시작으로, 1984년 봄학기가 시작되면서 '학원 내 상주 경찰 철수'와 '학원 사찰 중지'를 선언했다. 충남대에서는 1980년 5·18 민중항쟁과 관련하여 제적되었던 노기현(철학 2), 문성식(철학 3), 김정호(국문 4), 조일제(기계 3), 조광희(금속 3), 황선건(화공 4), 방비호(전자 4), 김관희(법학 4), 김준희(법학 1) 등이, 1981년 9월 23일 유인물 사건으로 제적되었던 김우경(국문 3)과 서규원(국문 3)이, 1983년 6월 민중교회야학사건으로 제적되었던 유덕준(물리 2), 김승식(사회 2), 이철호(경제 2), 김제선(행정), 이인영(중문 3)등이 학원자율화조치로 학교로 복교했다.

학원자율화조치는 집요한 학생운동의 도전에 권위주의 정권이 양보한 결과이고, 이 조치로 학생운동 세력은 더욱 확대된 '정치적 기회'를 얻었다. 탄압 기간 동안에는 신군부에 대한 어떤 도전도 상당한 보복조치를 감수해야 했고, 따라서 도전에 따른 비용도 상당히 높았다. 하지만 학원자율화조치는 군부정권이 운동의 동원화 수준에 따라 민감하게 반응할 수밖에 없음을 드러낸 것이었다. 동시에 권위주의 권력에 대한 도전에 따른 위험부담이 줄어들고 있다는 인식이 확산되자, 학생운동 지도부에 의한 대중동원이 용이해졌다.

학원자율화조치가 취해지자, 지역의 학생운동은 우선적으로 학내민주화 문제를 제기하였다. 이 시기를 '학원자율화 투쟁시기'(1984~1985. 8)로 부를 수 있다. 가장 중요한 사건으로는 '충남대 학원자율 수호 사건'(1984. 3~1985년 초), '목원대 학원민주화 추진위 사건'(1984. 4. 13~5. 25), '한남학원 자율화운동'(1984. 5. 3~1984. 11. 12)이 있다. 당시 학내 문제와 관련하여 제기된 문제는 지도휴학제 폐지, 강제 징집 철폐, 총학생회 인정, 평교수회의 부활, 해직교수 복직, 학원사찰 중지, 학도호국단 폐지, 폭력경찰의 사과, 집시법 폐지 등이었다.

당시 군사정권은 중앙정보부의 이름을 국가안전기획부로 바꾸고, 반공법을 국가보안법에 흡수하는 등의 일련의 조치를 취하였다. 이런 시국적 상황에서 위에서 언급된 학내문제 중에서 지도휴학제와 강제징집은 바로 폐지되었지만, 가장 중요한 이슈였던 학도호국단 폐지와 총학생회 부활은 학생운동의 중요한 과제로 남았다.

총학생회 부활은 쉽게 이루어지지 않았다. 서울에 위치한 대학들의 경우에는 학생 대중들의 총학생회에 대한 요구가 높았기 때문에 폭발적인 학생대중 동원을 통하여 기존 학도호국단제도를 쉽게 무력화 시킬 수 있었다. 하지만 지방 대학의 경우에는 학생들의 권리의식, 선택권, 자유 등에 대한 요구가 크지 않았기 때문에, 학생운동 활동가들이 토론회, 집회, 시위 등을 통하여 대중동원을 조직해 나가면서 학교 측에 요구의 수준을 높여가는 수밖에 없었다.

충남대에서는 1984년 3월 26일 제적생들을 중심으로 '충대제적학우협의회'[42]가 결성되었고, 이들이 〈재학생들에게 드리는 글〉을 통해서 비민주적 학칙 개정, 학도호국단 폐지와 학생자치활동 보장 등의 요구조건을 내걸었다. 충대제적학우협의회의 발표가 있은 후, 사회, 경제, 의예, 물리학과 등이 과총회를 열어 자율화토론회를 거치고, 학도호국단 폐지와 총학생회 부활, 비민주적 학칙 개정, 평교수협의회 부활, 학생자치활동 보장 등을 결의하여 자율화에 대한 학내분위기를 조성시켜 나갔다.

1984년 4월 20일과 23일에 대학 자율을 위한 2차 공개토론회가 열렸다. 학생회관 앞에서 300여 명의 학생이 모인 가운데 진행되었으며, 학칙, 학도호국단, 학생단체활동 등에 관한 규정의 전면개정이나 폐지, 학내언론 자율 보장 등에 관해 토론하였다. 2차 토론회에서는 단과대학별, 동아리별

---

42) 청람회 사건에 관련되었던 정천귀(경제 3), 전용우(경제 3), 김진수(통계 4) 등이 주도가 되어 제적생 중심으로 '학원자율화 공개토론회' 등이 개최되었다.

로 대표를 선정하여 '충남대 학원자율화추진위원회'를 구성하였다. 학생들
은 학도호국단을 민주적으로 개편하고 학원사찰을 중지할 것을 요구하는
한편, 신현정(의예 2)을 석방할 것을 촉구하였다. 이후 학생처장과의 면담
을 요구하였으나, 학교 당국은 학생들의 모든 요구는 학도호국단을 통하
여 제기하여 줄 것을 요청하는 등 학원자율화추진위원회를 인정하지 않으
려 하였다.

4월 30일 충남대 학원자율화추진위원회는 '3차 학원자율화 공개토론회'
를 개최하고, "학생 활동에 관한 규정" 중에서 학생 대표자의 자격과 관련
된 일부를 개정하기 위한 토론을 벌였다. 하지만 계속되는 학생들의 요구
에도 불구하고, 학교 당국의 무성의로 인해 학칙과 관련하여 별다른 진전
은 없었다. 3차 토론회 이후 학원자율화추진위원회는 〈학원민주화를 위한
우리의 선언〉이라는 제목으로 성명서를 발표하여 ① 기존 학도호국단은
총사퇴하라 ② 학교 당국은 자율 노력에 대해 성의를 보여라 ③ 학원 당국
과 경찰이 결탁된 학원사찰을 즉각 중지하라 ④ 지도교수제를 폐지하고
평교수회의를 부활하라 ⑤ 학원자율화추진위원회를 공식단체로 인정하라
등의 5개 항을 요구하였다.

1984년 봄 학기의 하반기로 접어들면서 지역의 학생운동세력은 학내자
율화 투쟁의 한계를 느끼기 시작했다. 5월 2일 발표된 충남대 학원자율화
추진위원회의 성명은 학생들의 인식전환을 잘 드러내고 있다. 학원자율화
추진위원회는 유인물을 통해 사회민주화가 진전되지 않는 상황에서는 학
원민주화투쟁이 한계를 지닐 수밖에 없다는 인식하에 사회민주화로 방향
전환을 시도하였다. "학원자율화 정책은 발생 배경을 분석해 볼 때 정부의
제반 화해조치란 것이 얼마나 허구성을 내포한 것인가를 인식할 수 있다.
이 같은 결과에서 결국 우리의 학원자율화 문제는 정치적 차원에서 해결
될 수밖에 없음을 재확인했고, 우리의 목적을 달성하기 위해서 자유와 민

주주의를 열망하는 수많은 생명이 희생되고 투옥, 구금됨으로써 형성되었다"는 것이다. 충남대 학원자율화추진위원회는 1984년 2학기에 '학원민주화추진위원회'로 개편되었다.

10월 30일 '학생의 날' 기념 세미나를 준비 중이던 경제학과 학생 6명[43]이 경찰에 연행되었다. 이 사태는 경제학과를 넘어서 전교적 차원의 문제로 확산되었다. 경제학과 학생들을 중심으로 학생들은 비상총회를 열고, 11월 1~2일에 걸쳐 연행 학생 석방을 요구하며 격렬한 가두시위를 벌였다. 11월 1일의 가두시위에는 1,500여 명의 학생이 참여하였고, 11월 2일 시위에도 500~600여 명의 학생들이 참여하였는데, "연행 학생 석방"이 주요한 요구였다. 시위는 야간으로 이어지면서 200여 명의 학생들이 철야농성에 들어갔다. 11월 3일 '학생의 날'이 부활되어 휴강조치가 이루어짐으로써, 학생들이 학교에 나오지 못하자 시위는 수그러들었다.

학원민주화추진위원회가 학도호국단 주도의 간선제로 학생회장을 선출하려는 학교 측의 움직임에 맞서, 총학생회 직선제 투쟁을 벌여 나가는 가운데, 1984년 12월 17일 학도호국단 선거가 선거인단을 조금 확대한 수준에서 치러졌다. 학생운동 세력이 강세인 경제학과에서는 선거인단 전원이 투표를 거부하였다.(『충대신문』 1985년 1월 14일자) 선거 당일 선거가 진행된 제2학생회관 앞에서 30여 명의 학생들이 선거반대시위를 벌이며 선거 관계자와 충돌하였다.

학원자율화 투쟁은 개별 대학이 가지고 있는 구조적 문제와 학생운동 역량에 따라 아주 다른 이슈와 양태로 발전했다. 목원대와 한남대는 1984년 상반기와 하반기의 대부분을 학내비리문제와 학장퇴진투쟁으로 보냈다. 학생들의 학내비리 척결 요구가 높았던 목원대와 한남대에서는 학생들이

---

[43] 경제학과 전용우, 정훈기 등 6명이 연행되었고, 이중 전용우, 정훈기는 구류를 받았고, 나머지 4명은 훈방 조치되었다.

그 당시 학장직을 수행했던 남기철 학장과 오해진 학장의 사임을 요구함으로써 학원자율화투쟁이 시작되었다.

목원대 학생운동세력은 1984년 봄 학기에 전면적인 학원자율화 투쟁에 돌입하였다. 신학부 학생들이 주축이었는데, 목원대 신학부는 이미 6·3세대에서부터 민주화운동의 전통을 가지고 있었다. 목원대 학생운동 지도부는 탈반, 농악반, 성서연구회 활동 등을 통한 학습을 통해 학원자율화에 대한 운동적 인식을 확고하게 갖추고 있었다. 그리고 학생운동 지도부의 역량은 신학부 학생들의 목회자 소명의식과 결합되어 있었다. 이러한 목원대의 운동역량을 기반으로 43일간 전면적으로 수업을 거부하고 1,000~2,000여 명의 학생들이 농성에 참여하여 연좌시위를 벌일 수 있었다. 학생 시위가 진행되는 동안 다수의 교수들이 금식기도회를 개최하고 남기철 학장의 퇴진을 공식적으로 요구하기도 하였다. 봄 학기 말까지 버텨오던 남기철 학장이 방학 기간 동안 학내 사태에 대한 책임을 지고 8월 말경 사임함으로써 4월 초에 시작된 목원대 사태는 종결되었다.

목원대의 학원민주화투쟁의 전개과정을 자세히 살펴보면 다음과 같다. 목원대의 학원민주화투쟁은 1984년 봄 학기부터 시작되었다. 3월 초에 장수찬(경영 4)과 임성대(무역 2)는 학도호국단 측과 협의하여 학생대표체제 변경을 추진하였다. 학과 대표들만 학도호국단장 선거의 선거권을 가지고 있던 것을 학생 10명당 1명의 선거인단을 구성하여 학생대표를 선출하자고 요구하였으나, 학도호국단 측은 이 제의를 받아들이지 않았다.

4월 11일 신학부 신학과 학생 400여 명은 학원민주화추진위원회를 신학부 차원에서 구성하고, 신학부민주화추진위원회 대표로 김병호(신학과 학생장)를 선출하였다. 4월 12일에는 채플에서 문리학부와 사회과학부 학생 800여 명이 모여 학내 제반 문제에 대한 공청회를 개최하여, 문리학부와 사회과학부 공동으로 학원민주화추진위원회를 구성하고, 장수찬(경영 4)

을 위원장으로 선출하였다. 그리고 8개 분과를 두었는데, 언론분과장에는 강희문(경영 2), 학칙분과장에는 차용배(영문 3), 선거분과장에는 이덕희(경영 2), 서클분과장에는 김용현(경영 2), 일반분과장에는 정연수(경영 2) 등을 선출하였다.

4월 13일에는 신학부, 문리학부, 사회과학부, 미술학부, 음악학부가 공동으로 목원대 학원민주화추진위원회(이하 '학민추')를 구성한 뒤, 이영호(신학 3)를 위원장으로 선임하고 총무에 장수찬(경영 4)을 선임하였다. 동시에 학민추 주최로 1,500여 명의 학생들이 참석한 가운데 도서관 앞 광장에서 학장·보직 교수들과의 토론회를 개최하였다. 이때 학생 측은 학내 비리를 조사하여 발표하고, 남기철 학장의 퇴진과 교수들의 학원자율화에의 동참을 촉구하였다.

이에 학교 측은 휴교조치로 대응하였다. 학교 당국의 휴교조치가 발표되자 학생들의 농성 규모는 3,000여 명으로 불어났다. 그 당시 목원대의 등록 학생이 4,000여 명이었던 사실을 고려하면 얼마나 많은 학생이 시위에 참여했는지를 짐작할 수 있다.

4월 14일에는 학민추의 이름으로 〈휴교조치에 대한 우리의 입장〉을 발표하였다. 4월 15일, 학생 측과 학교 측이 대화를 시작하였으나 결렬되었고, 곧 이어 학생들은 남기철 학장의 퇴진을 요구하였다. 3차례에 걸친 협상이 결렬되자, 학생들은 더 이상의 협상은 의미가 없다고 판단하고 수업거부 등의 실력행사를 시작하였다. 신학과 학생들이 중심이 되어 삭발식을 가진 후에 학장실을 점거하고 단식 농성에 들어갔다. 단식이 길어지자 이들 중 실신자가 속출하여, 병원에 입원한 실신자는 총 18명에 이르렀다. 학생들의 실력행사가 극단으로 치닫자, 총동문회에서는 동문회 수습위원회(총동문회장 김수현 목사)를 구성하고 학교 측과 학생 측의 중재를 시도하였다. 하지만 학생 측과 남기철 학장 측이 자신들의 주장을 굽히지 않는 바람에 동문회 수습위원회는 별다른 성과를 거두지 못하고 철수하고 말았다. 43일 동안 계속된 수업 거부는 학사행정 문제 때문에 더 이상 지속될수 없는 수준에 이르렀다. 5월 25일 학생 측에서 요구한 행정사항(인사문제, 수업보강문제, 수습위 구성) 등을 몇몇 교수들과 이사가 남기철 학장을 찾아가 수용할 것을 강력히 요구하여 허락을 받아냈다. 이에 따라 학생과 학교 양측은 성명서와 담화문을 각각 발표하고 수업에 들어가기로 결의했다. 또한 결의서에서 제외된 학원자율관련 문제 등 모든 사항은 수습위원회를 통해 계속해서 추구해 나가기로 했다. 결국 학생들은 수업을 재개하기로 결정하고 수업 거부를 중단하였다.(『목원대신문』 1984년 6월 7일자)

한남대 학원자율화투쟁은 크게 두 시기로 구분될 수 있다. 1984년 상반기는 공청회추진위원회와 학원자율화추진위원회를 통해 학생들이 권위주의 시대에 빼앗겼던 권리들을 회복하려고 노력을 기울인 시기이다. 반면에 1984년 하반기는 학원자율화추진위원회와 학원자율화실천협의회 활동을 통해 학내 비리와 여타 학내문제에 직접적으로 개입하여 문제의 해결자로 전면에 나선 시기이다.(이강철, 1987, 102~110쪽) 1984년 상반기 동안에 학생운동 세력은 학원자율화 관련 이슈들을 제기하기는 하였으나 학장퇴진을 직접적으로 요구하지는 않았다. 하지만 7월 13일 교수 전체회의에서 교수회의 도청사건을 문제 삼아 전체 교수의 이름으로 학장의 퇴진을 요구하였다. 2학기에 들어서면서 학생들은 본격적으로 학장 퇴진투쟁을 전개하였다. 학생들은 오해진 학장의 독선적인 학교 운영과 비윤리적 행위, 학장 자격 등의 문제를 제기하기 시작했다. 학생들의 문제제기가 있자오해진 학장은 10월 25일자로 재단 이사회에 사표를 제출하였다. 하지만재단 이사회는 무슨 이유에서인지 오해진 학장의 사표를 수리하지 않았다. 이에 1984년 11월 6일 영문과를 비롯한 16개 학과에서 12월 8일까지 수업을 거부하기로 결의하였다. 수업 거부를 단행한 학생들은 11월 7일 교외 진출을 시도하였고, 교문에서 경찰과 대치하며 투석전을 벌였다. 오후 1시 30분경부터는 수백여 명의 학생들이 동양백화점 앞에서 "학원자율 보장하라", "오해진 학장 퇴진" 등을 요구하며 가두시위를 벌였다. 11월 8일부터 12일까지 오해진 학장의 퇴진을 요구하는 교내 시위가 연일 발생하였고, 일부 학생들은 불발 최루탄을 행정부서에 터뜨려 행정을 마비시키기도 하였다.

한남대 학내 사태는 1984년 11월 13일 새벽, 오해진 학장의 요청에 의해 600여 명의 경찰이 학내로 진입하여(서울대에 이어 경찰의 두 번째 학내 진입), 학원자율화 추진위원과 단식 중이던 학생 19명을 연행함으로써 극에 달하였다. 연행된 학생 중에서 2명이 구속되고 8명의 학생이 즉심에 넘겨졌다. 경찰의 학내 진입에 분개한 학생들 3,000여 명이 오전 9시경에 교내에서 집회를 열었다. 오전 11시경에는 70여 명의 학생들이 스크럼을 짜고 "학장 퇴진"을 요구하며 교내 시위를 벌이다 12시경 학장실로 몰려가 집기를 부수고, 다시 행정사무실의 집기도 파괴하였다. 학생들은 12시 30분경부터 중앙도서관 앞에 모여 농성을 벌이다 오후 5시부터 20여 명이 기획실에서 철야농성을 벌였다. 또한 이 날 오전 11시 30분에는 300여 명의 학생들이 아카데미극장, 대전경찰서 앞 등에서 시위를 주도하여 50여 명의 학생들이 연행되었다.(『한남대학신문』 1984년 12월 3일자)

학생들의 시위로 학교는 정상업무가 불가능하게 되었고 기능이 거의 마비되었다. 강의는 14개 강좌 중에서 7개만 진행되었다. 경찰이 학생들을 강제 해산시킨 직후, 학교 측은 이강철(학원자율화추진위원회 위원장), 김회연, 이상열, 이상만, 김동우, 한성림 등 총 14명의 학생들을 징계위원회에 회부하여, 7명을 제적 처분하고 그 외 7명의 학생들을 무기정학 처리하였다. 이때 구속된 이강철, 김회연은 징역1년 집행유예2년을 선고받고 복역하다가 1985년 5월 29일 출감하였다.

학생들과 학교 측의 갈등이 극단으로 치닫자, 1984년 11월 14일 오후 2시 전체 교수 132명 중에서 90여 명의 교수가 참석한 가운데 '학원정상화 비상 교수회의'가 문학관에서 개최되었다. 교수들은 14일 오후 4시부터 '학원정 상화를 위한 금식기도회'에 돌입하였고, 학교 측에 "경찰력 투입 요청의 철 회", "이사회의 결정 재고", "학장의 즉각 사퇴", "학생들의 강의실 복귀", "구 속 학생에 대한 당국의 선처" 등을 요구하였다. 11월 16일에는 비상교수회 의 교수들의 설득으로 학생들은 수업 거부를 중지하고 정상화에 들어갔다.

교수, 동문, 학생들의 오해진 학장에 대한 사퇴 압력이 거세어지자, 재 단 이사회는 1984년 11월 20일 이사회를 개최하여 오해진 학장의 사표를 수리하였다. 오해진 학장은 사임하기 전 김병우(철학과) 등 6명의 교수들 에게 직위해제를 명령하였고, 이후 비상교수회의 교수들은 직위해제 교수 들의 복직 투쟁을 전개하였다.

지방 대학에서 학생회 부활투쟁이 지지부진하게 이루어지고 있던 것에 비해, 서울의 일부 대학에서는 1984년 2학기에 접어들면서 직선을 통해 학 생회를 구성하기 시작했다. 학생들을 대표하는 학생 자치기구가 실질적으 로 학도호국단을 대체하여 가고 있었다. 따라서 문교부가 더 이상 학도호 국단을 고집하는 것은 의미가 없었다. 따라서 1985년 1월 24일 대학교육협 의회의 건의로 문교부가 '학생자치기구 구성 허용방침'을 발표하였다. 단 지 학생회는 '정치 불관여 원칙'을 준수하고, 교수들의 지도와 지침을 받아 서 활동한다는 조건을 달았다.

문교부의 학생 자치기구 허용방침이 발표되면서, 충남대에서도 1985년 1월부터 학교 측과 학생 측이 총학생회를 부활시키기 위한 논의를 시작했 다.(『충대신문』 1985년 2월 22일자; 『한남대학신문』 1985년 2월 25자) 1985 년 2월 16일 학도호국단 간부회의는 학도호국단 즉시 해체, 간부의 자진사퇴, 단과대 대표들로 구성되는 총학생회 준비위원회 결성 등을 결정하였고, 3월 7일 학생 자치기구에 대한 지침이 학무회의에서 결정되었다.

일부 학회장 및 동아리 대표들이 중심이 되어 3월 20일 오후 1시부터 제1학생회관 앞 광장에서 300~400명이 참여한 가운데 총학생회 구성 준비를 위한 학생총회를 개최하였다. 김승욱(약학 3)의 사회로 진행된 이 날 총회에서는 총학생회 결성 준비 과정에 대한 보고가 있은 후, 학생 자치활동 보장의 제도적 여건을 조성해줄 것을 요구하고 기존 학도호국단의 문제점을 지적하였다. 그리고 학교 측이 제시한 후보자 자격 기준 및 회칙 시안은 문제가 있다고 주장하고, 이를 철회할 것을 요구하였다.

토론회가 끝난 후 총학생회 선출 세칙을 마련하였다. 단과대학 학생장을 우선적으로 선출하고, 단과대학 학생장들을 중심으로 선거관리위원회를 구성하여 총학생회장 선거를 하는 것으로 결정하였다. 3월 31일에는 각 단과대학별 대표 7명과 여성 대표 1명으로 총학생회 준비위원회를 구성하였다. 4월 9일 학무회의에서 일차적으로 승인을 받은 총학생회 준비위원회는 학칙을 작성하는 한편, 선거관리위원회로서의 활동을 시작하였다. 4월 15일 학교 측이 최종적으로 총학생회 준비위원회를 공식적으로 인정하고, 총학생회 준비위원회 명단을 발표하였다.[44] 1985년 5월 20일경에 학교 측과 총학생회칙에 관련된 최종 협의를 마치고, 6월 4일 총학생회장 선거가 치러졌다. 김용덕(경제 4)이 유효 투표의 29.92%를 획득하여 1980년 이후 최초로 학생들의 직접선거를 통해 총학생회장에 당선되었다.

목원대에서는 1985년 3월부터 총학생회 개혁투쟁이 시작되었다. 3월 11일 학도호국단 간부 중심으로 '총학생회선거 준비위원회'가 구성되었다.

---

[44] 총학생회 준비위원회는 문과대 구본중(사회 80학번), 이과대 서훈(생물 3), 경상대 김동전(경제 82학번), 공과대 임병일(건축 3), 농과대 최재영(임학 3), 법과대 이진석(법학 3), 의과대 차영조(의학 3), 약대 김성욱(약학 3), 동아리 대표 홍미라(사회 4)로 구성되었다.

총 204명의 선거인단은 학생 20명당 한 명씩을 학생들이 직접 선출하였으며, 선거인단에 의한 선거는 6월 20일 실시되었다. 6월 16일부터 4명의 총학생회장 후보자가 등록하고, 4명의 부총학생회장 후보가 러닝메이트로 출마하였다. 학생운동세력을 대표하여 차용배(영문 3)와 성욱제(응용 3)가 출마했으나, 박희만(독문 3)과 류명규(국교 3)에게 패배했다.

  1985년 봄학기부터는 당면한 정치 이슈와 관계없는 행사들이 기획되었다. 이러한 행사 뒤에는 시위가 잇따랐다. 4월 19일 '4 · 19학생의거 기념 학술 심포지엄'이 대학별로 개최되었다. 충남대에서는 4월 18일과 19일 양 일간에 걸쳐 '4 · 19 기념 학술 심포지엄'이 개최되었다. 먼저 18일 오후 4시부터 학생회관 2층 로비에서 경제학회, 사회학회, 사학회, 서클연합회 등의 공동 주최로 심포지엄이 시작되었다. 구교열(경제 3), 조정미(사회 3), 이안재(사학 4)가 3편의 논문을 발표하고, 또한 탈춤연구회, 민요연구회 등 5개 동아리 주최로 제1학생회관 앞에서 소리마당극을 공연했다. 이후 300여 명의 학생들이 "외세 배격", "민족 수호" 등을 외치며 교문 밖 진출을 시도하였다. 대기하고 있던 경찰과 투석전을 벌이다 9시 반경 자진해산하고, 일부는 철야농성에 돌입하였다.

  5월에 들어서면서 전국 대학가에서 5 · 18민중항쟁에 대한 진상규명을 요구한 시위가 대대적으로 전개되었다. 당시 5 · 18민중항쟁 진상규명 투쟁은 그 규모나 격렬함이 이전의 학생운동 수준을 뛰어 넘고 있었다. 광주에서는 5월 7일과 11일 광주시 서구 백운동 파출소 외 3개의 파출소가 학생들에 의해 기습을 당하였다. 11일에는 광주 금남로 1가 YMCA 앞에서 시위를 하던 전남대와 조선대 학생들이 경찰과 난투전 끝에 대거 연행되기도 하였다. 5월 10일과 15일에는 서울 지역 대학생 8,000여 명이 주요 대학에 집결하여 5 · 18민중항쟁 진상규명을 요구하였다. 대학별로 이러한 시위 분위기 속에서 5월 23일에 함운경 등 민족통일민주쟁취민중해방투쟁위원회 소속 대학생 73명의 학생들이 서울 미문화원을 3일 동안 점거하고 광주학살의 배후 조종자로 미국의 책임을 추궁하였다. 이것은 학생운동이 그동안 금기시 되어왔던 반미 문제를 제기하는 중대 사건이었다. 시위 양상도 보다 과격해졌다.

대전·충남 지역의 대학 학생들도 '광주민중항쟁수호투쟁위원회'를 대학별로 구성하고 '광주사태 진상규명 요구투쟁'을 전개하였다. 충남대(5. 13), 목원대(5. 14), 한남대(5. 14) 등에서 광주학살 진상규명을 위한 투쟁위원회가 결성되어, 외세 배격과 민족자주 등과 같은 반미문제를 공개적으로 제기하기 시작하였다.

학원자율화 시기 동안(1984~1985. 8) 대전·충남 지역의 학생운동 세력은 학원자율화 투쟁을 통하여 자신들의 정치공간을 확대하여 나갔고, 그 결과 학생운동의 르네상스를 가져오게 되었다. 학생회가 명실상부한 자치기구로 전환되고 있었을 뿐만 아니라, 학생들의 취미활동, 동아리활동, 그리고 학술활동이 다양화되고 활성화될 수 있도록 많은 제도적 변화를 요구하였다. 그 결과 동아리 지원금 확대, 동아리장 자격제한 철폐, 입회자격제한 철폐, 학내언론 자율화를 위하여 선전검열제 완화, 신문 격주 발행, 방송프로그램과 신문편집 자율화 등이 이루어졌다.

제도적 변화는 학생활동의 변화를 초래하였다. 각 대학에서 동아리연합회, 학회연합회가 창립되고, 이들의 활동으로 대학 캠퍼스 문화는 확연히 달라지고 있었다. 충남대와 공주사대에만 존재했던 비판적 학술 동아리들이 목원대와 한남대로 번져갔다. 목원대의 경우, 사회과학회(이덕희 경영 2), 농촌목회연구회(김홍선 신학 4), 선교신학회(이철승 신학 3), 역사학회(이영호 신학 4), 구약학회(최광선 신학 4), 인문과학회(차용배 영문 3), 빈민선교연구회(조수현 신학 2), 철학학회(용환수 신학 4), 현대신학회(김유배 신학 4) 등의 학회들이 새롭게 시작되었고, 이것들이 모아져서 1985년

6월 13일에는 학회연합회가 출범되었다. 목원대 제1대 연합학회장에 이철승, 부학회장에 이덕희, 서기에 김소영(영문 3)이 선출되었다.

이뿐만 아니라 학생들의 놀이문화 혹은 축제문화에도 대대적인 변화가 일어나고 있었다. 개별 대학들의 축제가 보다 학생들의 자발적인 참여와 아이디어로 진행되었다. 한남대의 청림축전은 1985년 5월 29일 청운대동제로 명칭을 바꾸어 치러졌고, 내용도 그 당시 학생운동의 분위기를 반영하듯 민족주의적 색채와 민중적 지향이 뚜렷하게 드러나고 있었다. 특히 대학에서 진행되었던 대동제 등에서 학생들의 참여는 눈에 띄게 불어나고 있었다. 뿐만 아니라 대학 문예 활동가들이 상황극, 탈춤 공연, 민요 창작극 등을 통하여 사회비판적 상황극을 캠퍼스에 쏟아 내었다.

그 대표적인 사례를 몇 가지 소개하면 다음과 같다. 1985년 4월 19일 탈춤연구회와 민요연구회 공동으로 발표된 상황극 "미완이 완으로"는 미완성된 4월혁명을 현실에서 어떻게 완성할 것인가에 대한 학생들의 고민을 표현하고 있었다. 1985년 5월 23일에는 충남대 탈춤연구회가 정기공연으로 "푸른 하늘 은하수"를 공연하였는데, 외형적 경제성장 아래에서 신음하는 농민들과 공해 피해로 금수강산이 폐품처리장으로 되어가는 모습을 그렸다. 5월 24일 공연된 충남대 민요연구회의 "강강수월래"는 미국의 문화제국주의를 비판하고, 현재 한국의 대중문화의 매판성과 무주체성을 다루었다. 표현의 자유가 대학가에 주어지자 억압되어 있던 학생들의 상상력과 창발성이 한꺼번에 쏟아져 나오면서 대학 문화의 르네상스를 이루었다.

제3절 민주화운동 탄압기의 학생운동(1985. 9~1987. 6)

학생운동 지도부가 열려진 정치적 공간을 더 많은 대중동원의 기회로 활용하자, 군부정권은 방향을 선회하여 학원자율화조치를 재고하게 되었다. 전두환 정권은 1985년 5월 23일 민족통일민주쟁취민중해방투쟁위원회(이하 '삼민투')의 주도로 서울대, 고려대 등 5개 대학 남녀 학생 73명이 서울 미문화원을 점거 농성하는 사건이 일어나자, 이후 국가보안법을 적용하여 삼민투를 용공이적 단체로 규정하는 한편, 학원 탄압을 교묘하고 체계적으로 실행하기 위해 '학원안정법' 제정에 나섰다.

1985년 가을학기부터는 사복 경찰이 다시 학내에 상주하게 되었고, 학원에 대한 사찰도 재개되었다. 정국이 탄압 국면으로 전환되면서 대전·충남 지역의 대학생들은 주로 '학원자율수호 투쟁'과 '학원안정법 반대투쟁'에 몰두하였지만, 일반 학생들의 참여는 눈에 띄게 줄어들었다. 시위 규모나 집회 규모는 100명을 넘어서기 어려웠다. 1985년 9월 11일 오후 2시 충남대 총학생회 주최로 '학원탄압 결사저지 투쟁위원회' 발대식이 제1학생회관 2층 로비에서 거행되었다. 이 자리에서 학원자율 수호, 학원안정법 반대, 학생회실 물품도난 사건 해명, 사복 경찰의 학내 상주와 진입 반대, 학원사찰 중지 등을 요구하였다. 이 날 집회는 총학생회가 주최하였음에도 불구하고 참여 학생 숫자는 100여 명에 불과하였다. 9월 13일에 거행된 학원안정법 반대 시위에도 겨우 50여 명의 학생들만 참석하였다. 그리고 충남대를 제외한 다른 대학에서는 시위가 자취를 감출 정도였다. 거기에다가 학교 측의 계속되는 학생회 활동 방해에 불만을 품은 충남대 총학생회 간부들의 학교 기물 파손사건으로 학생회 주요 간부 4명이 지명 수배되었다.[45]

학원 탄압은 1986년 봄 학기까지 지속되었다. 이에 따라 1985년 하반기

---

[45] 총장이 학원탄압을 주도하자 1985년 10월 11일 충남대 총학생회장 등 4명이 총장실에 들어가 석유를 뿌리는 등 소란을 피웠다. 이 혐의로 초대 총학생회장 김용덕, 사회문화부장 박홍규, 사회문화부차장 박영례, 학술부 차장 박용운 등 4명이 수배되었다.

부터 1986년 초까지 대전·충남 지역의 학생운동 세력은 한 번도 규모 있
는 대중동원에 성공할 수 없었다. 이것은 선진적 활동가들의 숫자가 아직
미약하고 대다수의 일반 학생 대중도 확실한 동조자로서 운동에 지원을
보낼 의지를 가지고 있지 않았기 때문이다. 따라서 운동은 게릴라 방식이
나 소극적 저항의 형태를 띨 수밖에 없었다.

　1986년 2월 20일 목원대 졸업식장에 학원안정법에 반대하고 광주학살자
처단을 요구하는 내용의 유인물이 배포되었다. 이 사건으로 인해 남재영,
최만석 등 신학과 학생 4명이 정학 처분을 받았다. 신학과 학생들은 4명의
학생들에 대한 징계철회를 요구하며 농성을 시작하였다. 학생들의 요구를
학교가 수용하지 않자, 농성은 10일 동안 계속되었다. 12일에는 학교의 요
청으로 경찰이 학내에 진입하였고, 20일에는 흥분한 학생들이 교무처와
학생처의 집기를 모두 뒤집어엎는 사태로까지 악화되었다. 신학과 학생들
의 문제제기는 학교법인 목원대의 이사회 구조 개혁과 기독교대한감리회
교단 개혁으로까지 확대되었다. 결국 학교 측이 22일 학생지도위원회를
소집하여 정학처분 학생들에 대한 신처를 약속함으로써 사건은 일단락되
었다.(『목원대신문』 1986년 3월 22일자) 목원대에서의 유인물 살포 후 학
내와 도시 중심가에서 유사한 전단지들이 종종 뿌려졌다. 그리고 '충대신
문 제작 거부사건'과 같이 자율적 권한 침해에 대해 학생들이 소극적으로
저항하는 사건들이 발생하였다.

　1985년 9월부터 시작된 탄압 국면 속에서 학생회 활동에 대한 간섭과 검
열, 학교 신문에 대한 검열, 동아리 활동에 대한 규제와 간섭 등이 진행되
었다. 특히 1986년 4월 3일에 발생한 『충대신문』 사전검열 사건은 매우 심
각하였다. 학생 기자들이 『충대신문』 549호에 "학생회칙 전문"과 "학우여
해방의 그날까지 전진하자!"는 구호가 선명한 시위 사진을 게재하려 하였
으나, 학교 측은 사전검열 과정에서 이를 허락하지 않았다. 이에 학생 기

자들을 중심으로 편집자율권 침해와 언론 규제에 항의하면서 사건이 시작되었다. 4월 3일『충대신문』기자들은 〈1차 성명서〉를 발표하고, 학생회관, 우정의 집 등에 대자보를 게재하였다. 이에 총학생회, 동아리연합회, 교지편집위원회, 충대 포스트, 방송국 등에서 활동하는 학생들이 지지성명을 발표하였다. 4월 7일에는『충대신문』기자들이 '언론자유 쟁취 투쟁위원회'를 발족하려고 시도하였으나, 학교 측의 방해로 무산되었다. 5월 8일에는『충대신문』기자들이『언론백서』를 발표하고 사전검열제도 폐지를 요구하였다. 하지만 당시의 편집장이 4·19개헌현판식 사건과 관련하여 구류처분을 받아 휴학을 한 데다가, 독자층의 호응도 부족하였다. 이에『충대신문』기자들은 학교 측과 일부 항목에서 타협을 하고 말았다. 결국 2학기부터『충대신문』기자들은 신문제작에 들어갔다.(『충대신문』1987년 1월 19일자)

학원 탄압의 와중에도 대전·충남 지역의 대학 학생회는 학생운동 세력에 의해 대부분 장악되어 있었다. 충남대에서는 1985년 11월 13일에 치러진 총학생회 선거에서 김진종이 압도적인 표차로 당선되었고,[46] 목원대에서도 1985년 4월 11일부터 시작된 총학선거에서 강휘문이 당선되었다.[47] 한남대, 침례신대, 배재대 등의 사정도 마찬가지였다. 1986년 4월 19일에 있었던 '신민당 개헌추진본부 대전 현판식' 행사에의 참여를 계기로 대전·충남 지역 대학의 학생운동은 점차 침체에서 탈출하였다.

---

[46] 1985년 11월 13일 실시된 17대 총학생회장 선거에는 총 6명이 입후보하였다. 10월 22일 대흥동 의과대 7층 강당에서의 유세를 시작으로, 25일에는 제2학생회관 2층 로비에서, 그리고 26일에는 3차 유세가 이어졌다. 10월 29일 총유권자 1만 4,829명 중 8,703명이 참가해 58.57%의 투표율을 보인 선거에서 2,518표를 얻은 기호 2번 김진종(기술교 83학번)과 김형국(사학 2)이 17대 총학생회 정·부회장에 당선되었다.

[47] 1985년 4월 11일부터 시작된 실시된 목원대 총학생회장 선거에서는 4명이 입후보하였다. 4월 11일 제1차 학견 발표가 있었고 그후 4월 15일에 제2차 학견발표, 4월 30일에 제3차 학견발표가 있었다. 이후 실시된 선거에서 강희문(경영 3)과 조문희(미술교육 3)가 총학생회 정·부회장에 당선되었다.

개헌현판식 행사는 신민당과 '충남민협'의 공동주최로 진행되었다. 1986
년 3월 11일 개헌추진위원회 서울시지부 결성을 시발로, 3월 30일 광주대
회, 3월 23일 부산대회, 4월 19일 대전대회로 이어지고 있었는데, 개헌현판
식 집회에 대전 지역 대학생이 3,000여 명이나 참가하였다. 현판식 행사를
통해 대대적인 대중동원에 성공한 대학 학생회들과 충남민협은 이 집회를
통해 자신감을 회복하였다. 현판식 행사 때 다수의 학생들이 연행되어 구
속되고, 연행자들에 대해 학사징계조치가 내려졌다. 충남대 총학생회는
학사징계조치에 항의하며 중간고사를 거부하며 시위를 단행하였다. 3차에
걸친 비상학생총회에는 2,000여 명의 학생들이 참가하여 교내외 시위에
나섰다. 이들은 도서관을 점거하고 철야농성을 벌였다. 결국 학사경고자
729명, 학사제적자 55명이라는 초유의 사태가 벌어졌다. 상황의 악화를 우
려한 충남대 교수 21명[48]이 4월 29일 〈대학과 사회의 문제 해결을 위한
제언〉이라는 제목의 시국선언문을 발표하였다. 시국선언문에서 교수들은
"사회의 갈등이 첨예화되고 있는 현 상황의 가장 기본적인 원인은 사회정
치구조의 비민주성에 있다"고 지적하면서, "민주국가에서 개헌 및 사회문
제 전반에 관한 견해 표명은 어떤 이유로도 유보되어서는 안 된다"고 주장
하였다.

4·19개헌현판식 사건은 몇 가지 점에서 지역 민주화운동의 분기점이
되었다. 학생운동, 재야운동, 그리고 제도권 야당인 신민당 등의 다양한
조직과 세력이 조직연대를 이루었고, 이것이 3,000여 명이라는 대대적인
대중동원에 성공했다는 점이다. 그리고 많은 숫자의 학생들이 제적되는
초유의 사태로 번지면서 학내 교수들의 시국선언을 끌어냈고, 학내에서

---

48) 시국선언문 발표에 참여한 교수들은 강창구, 김교헌, 김원선, 박광자, 박노영, 박재묵,
배진한, 서창원, 신용협, 손명환, 송계층, 안문영, 이경자, 이승원, 이주영, 장하진, 장휘
숙, 정명교, 정용길, 조명현, 허수열 등이다.(『대전일보』 1986년 4월 30일자)

확고한 지원세력을 확보하게 되었다. 학내외에서의 지원세력 확보는 운동 참가자들의 위험부담을 낮추어 주는 데 기여했다. 연합조직－조직－운동 가－동조자－대중을 잇는 운동 네트워크에 새로운 정세인식과 자신감을 부여하였다. 그리고 정국은 신민당의 개헌현판식 투쟁이 대대적인 성공을 거두면서 '탄압 국면'에서 '개헌 국면'으로 전환해 갔다.

1986년 4·19개헌현판식 이후 대전·충남 지역의 학생운동은 두 가지 양식으로 진행되었다. 총학생회, 공식 동아리, 공식 학회 등은 '광주민중항 쟁계승 투쟁',[49] '민속전통축제', '농촌봉사활동', '시국토론회' 등을 조직하 였다. 이러한 공식적인 행사와 집회를 통하여 대중동원에 나섰다.

반면에 조직 활동가들은 조직을 동원한 게릴라식 타격전을 시내 곳곳에 서 전개하였다. 5월 6일 유덕준(충남대 물리 2), 김현주(공주사대), 김제선 (충남대 행정 2) 등이 〈학원탄압 자행하는 전두환 정권 물러가라〉는 제목 의 유인물을 살포함과 동시에 용전동파출소에 화염병을 투척했다. 6월 12 일 7시 30분경에는 임성대(목원대 무역 4)와 송영배(목원대 경영 4), 기타 충남대 학생 2명이 충청은행 본점 건너편에 위치한 검은 돛배 건물 옥상 을 점거 한 다음 "광주학살 책임지고 전두환은 물러가라"고 적힌 4m 길이 의 플래카드를 내걸고, 〈애국 시민에게 드리는 글〉이라는 제목의 유인물 500여 장을 살포하였다. 이와 동시에 뉴타운극장 앞에서는 150여 명의 학 생들이 "파쇼 타도", "민중생계 보장하라" 등의 구호를 외치며 10여 분 동안 가두시위를 벌였다. 충청은행 본점 골목에서도 30여 분간 시위를 벌이다 출동한 경찰에 의해 강제해산되었다. 이 시위와 관련하여 임성대와 송영 배가 구속되었다.(『목원대 신문』 1986년 6월 14일자) 9월 10일에는 동양백 화점 앞에서 대학생들의 연합 가두시위가 벌어졌다. 즉 충남대, 한남대,

---

[49] 광주민중항쟁계승투쟁위원장을 맡았던 김진종(총학생회장)은 5월 12일에 개최된 집회 와 관련하여 구속되었고, 나머지 학생회 간부들도 구속 혹은 구류처분을 받았다.

목원대, 배재대 등에 다니는 150여 명의 학생들이 연합하여 동양백화점 앞에서 오후 6시 30분경에 기습시위를 벌인 것이다. 이 시위와 관련하여 충남대 학생 15명, 한남대 1명, 배재대 3명 등 총 19명이 연행되었다. 이재열(충남대 경제 81) 등 남학생 6명은 구류 15일, 김홍영(충남대 사학 3) 등 여학생 6명은 구류 10일, 유경하(충남대 법학 2)는 구류 7일의 처분을 받았다. 김경숙(충남대 불문 1) 등 2명은 훈방되었다.(『충대신문』 1986년 9월 29일자) 9월 24일에는 목원대 학생 100여 명이 대전시 중동에 위치한 은모래다방 옥상에서 "미일 외세 축출하고 민족자주 쟁취하자, 민중생존 압살하는 86아시안게임, 88올림픽게임 저지하자" 등의 구호가 적힌 플래카드를 내걸고, 유인물을 뿌리며 시위를 벌였다. 이 사건으로 목원대 신학과 3학년 김인재와 손근석 등 2명이 연행 · 구속되어 '집회와 시위에 관한 법률' 위반과 폭력 혐의로 1987년 5월까지 약 8개월간 복역했다.(기쁨과 희망 사목연구소, 1996c, 61쪽) 이외에도 많은 기습 가두시위가 발생하였으나 기록에 남아 있지 않다.

위에서 언급된 시위들은 학생운동세력 내부의 네트워크를 통하여 비밀리에 조직적으로 동원된 것이었다. '개헌 국면'이라고 하지만 당국의 탄압이 심하였기 때문에 학생운동 세력은 부득이 조직적인 동원을 통한 기습적인 가두시위를 선택할 수밖에 없었다. 가두시위에 동원된 학생들의 규모를 통해 그 당시 대전 지역 학생운동가들의 숫자를 엿볼 수 있다. '충청은행 본점 옥상 시위사건'의 경우 충남대와 목원대 학생들만이 동원되었는데 150여 명 규모 수준이었다. '동양백화점 시위'의 경우 대전 시내 4개 대학 연합시위에 200여 명이 동원된 것으로 기록되어 있다. 따라서 동원되지 않은 일부 활동가들을 계산한다면 대전 지역의 학생운동가들은 300여 명 안팎이었던 것으로 추산된다.

당시 학생운동 조직은 이중적인 구조를 가지고 있었다. 학생회와 동아리를 중심으로 한 공식적인 조직과 소규모 패밀리 학습조직 형태의 비공식적 조직이 존재했다. 1985년 봄부터 대전·충남 지역의 학생운동세력은 총학생회와 동아리를 장악할 수 있었다. 하지만 군사정권이 언제든지 마음만 먹으면 공개 학생조직에 대해 탄압을 가해올 수 있었기 때문에, 1986년 하반기까지만 해도 학생운동세력의 핵심은 소규모 패밀리 조직에 남아 있으면서 공개조직인 총학생회를 비밀리에 이끌거나 적절한 조직관계를 유지하였다. 즉 1986년 후반기까지도 학생운동 세력은 학생회를 중심으로 충분히 활동하지 못하였으며, 비공개 소규모 동아리들이 학생운동의 주요한 활동영역으로 자리 잡고 있었다.

1986년도 5월에 들어서자 공주사대에서는 교육부의 교원임용 국가고시 실시와 교사 발령적체 문제를 가지고 1년여에 걸쳐 투쟁을 전개했다. 이 투쟁은 단순히 학생들이 직면한 교육문제의 해결뿐 아니라 억압적인 제5공화국에 대한 저항운동의 성격을 띠고 있었다. 투쟁의 주요 내용은 다음과 같다.

5월 12일 학교 목련사 앞 잔디밭(신축 도서관 자리)에서 학생들은 총학생회 주최로 학생총회를 열고 교원적체문제의 해소, 교육부의 교원임용고사 실시에 대한 학교 측의 반대입장 표명, 졸업정원제 폐지, 학생 공식기구의 인정과 활동 보장 등 총 9개항의 요구사항을 결의하고 교내에서 시위를 벌였다. 다음 날 국문학의 밤이 끝난 후 일부 학생들은 도서관을 점거하고 철야농성을 하였다. 5월 14일 학생들의 요구사항에 대한 학교 측의 긍정적인 답변을 듣고 학생들은 일단 시위를 해산하였다.

방학을 이용하여 보직교수들이 교체되고 학생들의 요구는 실현되지 않았다. 2학기가 시작되자마자 학내의 상황은 매우 격화되었다. 정치문제, 교육문제에 대한 대자보 게재, 유인물 배포, 강의실에서의 벽서 등의 선전활동이 교내 곳곳에 확산되었다. 9월 10일 20여 명의 학생들이 목련사 앞

잔디밭에서 '어용교수 퇴진, 상대평가제 폐지, 교원적체 해소' 등의 구호를 외치며 시위를 벌임으로 2학기 학내 투쟁이 시작되었다. 9월 11일 오전 11시 30분경, 학내시위 주동자로 제적 혹은 무기정학의 징계 상태에 있던 4명의 학생들이 행정관 2층에 소재한 교무과장실을 점거하여 농성에 들어갔으며, 일부 학생들 역시 교내 시위를 지속했다. 같은 날 오후 7시 30분경 시위 진압을 위해 소방차와 경찰이 교내에 진입하였고 교무과장실을 점거하고 농성 중이던 학생 4명을 연행해 갔다. 이 사건으로 현장 주위에 모여 있던 학생들은 흥분하여 전경들과 투석전을 벌였으며, 교문 밖으로까지 진출하여 가두시위를 벌이기까지 했다. 일부 학생들은 학교에서 2킬로미터 떨어진 신관파출소까지 가서 연행된 학생들의 석방을 요구하며 화염병과 돌을 투척했다. 밤 11시경, 마지막까지 학교에 남아 있던 학생 20여 명은 도서관 2층을 점거하고 철야농성에 들어갔다. 9월 12일 오후, 재집결한 학생들은 교문 밖으로 진출을 시도하며 대치 중이던 전경들과 교문 주위에서 치열한 공방전을 벌였다. 학생들은 화염병과 돌을 투척했고, 전경들 역시 최루탄을 무차별적으로 발사함으로 최루탄 가스가 교내에 가득할 지경이었다.

9월 10일부터 12일까지 계속된 시위는 교원적체문제 해소와 상대평가제 폐지 등과 같은 직접적인 교육 문제와 관련되어 있었지만, 전두환 군사정권에 편승하여 지난 수년간 억압적이고 경직되어 있던 대학 행정 당국에 대한 반발이기도 하였다. 또한 3일간의 학생들의 시위는 공주사대에서 1980년 민주화의 봄 이후 가장 격렬하게 일어난 중요한 사건이기도 하였다.

1987년에 들어서서 교육부의 교원 국가고시 실시안이 구체화되자 학생들의 투쟁 역시 보다 조직적으로 전개되었다. 공주사대 총학생회는 4월 10일 교내 민주광장에서 학생정기총회를 열고 그동안 각과별로 학생 공청회를 통해 수렴된 의견을 종합하여 교원임용 국가고시안 철회에 대한 4개 요구조건을 작성했다. 학생들은 요구조건을 문서화하여 교육부에 보내는 한편 요구조건이 받아들이지 않을 경우 전면적으로 수업을 거부하기로 결의했다. 4월 30일 교육부는 학생회 측의 공문에 간접적인 답신을 통해 '교원국가임용고시안을 검토한 바가 없으며, 혹 검토한다 하더라도 현재 학생들에게 소급적용하지 않는다'는 입장을 표명했다.

교육부의 모호한 입장 표명에 대해 학생들은 이것이 국립사대의 공동 문제라는 인식을 갖고 전국국립사대들 간의 연대를 모색하기로 했다. 그 결과 학생들은 전국국립사대학생연합(이하 '전사련')을 결성하고 5월 7일 전남대에서 열린 발대식에 참여하기로 결의했다. 이날 발대식에서 공동위원장에 공주사대 총학생회장 류응주(불어교육 4)가 선출되었다. 이날 학생들은 국가고시안 및 교육세 관련 문제, 교원대학 문제, 시위가담 학생들에 대한 발령유보 문제 들을 논의하고 결의문을 발표했다. 또 학생들은 5월 11일부터 16일까지의 1주간을 '학내민주권리 쟁취 및 전사련 공동실천 주간'으로 정하고, '식민교육 청산하고 민족민주교육 쟁취하자'는 구호와 함께 교원대학 철폐, 국가고시 철회, 발령적체 해소, 교원임용조치 즉각 철회 등의 이슈를 내걸고 전면적으로 수업을 거부하기로 결의하였다.

5월에 들어서자 축제기간과 맞물리면서 학내 시위는 장기적인 양상으로 발전하였다. 학교 측의 허가가 늦어짐으로 인해 공주사대 학생 축제인 제18회 웅진대동제는 5월 6일부터 8일까지 거행되었다. 축제는 학내시위의 전단계적 성격을 갖고 있었다. 5월 7일 '한삼'의 탈춤공연이 끝난 후 200여 명의 학생들이 '국가고시 철폐'를 외치며 교내시위를 벌였고, 5월 8일에는 대동제의 본놀이에 300여 명의 학생들이 횃불행진을 하고 '국가고시 철폐'를 외치면서 신관동 삼거리까지 가두시위를 벌였다.

대동제가 끝나자 전사련의 결의에 따라 수업거부가 시작되었다. 총학생회의 주도로 5월 11일 오후 1시에 비상총회를 열어 23개학과의 수업거부가 결의되었고, 가두시위와 철야농성까지 이어졌다. 수업거부는 다음 날 12일부터 시작되어 14일간 계속되었고 모든 학사활동이 중단되었다. 시위가 진행되면서 경찰이 교내에 진입하여 학생회 간부들을 연행했고, 학생들이 수업 거부뿐 아니라 교생실습마저 거부하기까지 하는 등 시위는 심각한 양상으로까지 발전했다. 이런 와중에 학생회 측은 학교 측과 3차례에 걸쳐 면담을 진행하여 주요 이슈들에 대해 논의를 했고, 마침내 5월 27일 학장이 담화문을 발표하기에 이르렀다. 학장은 담화문에서 "국가고시안 철회 등의 문제는 교육부에 지속적으로 요구할 것이며 상대평가제를 완화하고 구속 학생들의 석방도 학부모들과 공동으로 노력한다"는 입장을 표명했다. 학장의 입장표명에 따라 5월 28일 학생들은 정상수업에 복귀하였다.(공주대학교 50년사 편찬위원회, 1998, 160~164쪽)

1986년 가을학기부터 대전·충남 지역의 학생운동은 그동안 진행되어 오던 학생운동과는 다른 양상을 보여주었다. 연합시위가 성행했으며, 시위가 대학 캠퍼스에서 일상화되었다. 당국이 용공좌경으로 매도하는 가운데 구속자의 숫자가 기하급수적으로 늘어났으나, 학생들의 시위는 줄어들지 않았다. 다시 말해서 학생운동 역량이 이미 권위주의 정권의 학원탄압 공세를 넘어서는 수준으로 성장해 가고 있었다. 1986년 9월 9일부터 11일까지 한남대에서 진행된 '아시안게임 반대투쟁'은 대전·충남 지역 대학들의 대규모 연대투쟁이 일상적으로 조직될 수 있는 가능성을 보여 주었다.

한남대학교 동아리연합회와 총학생회는 9월 9일과 11일 각각 성명서를 발표하고 아시안게임반대투쟁을 시작했다. 동아리연합회는 9월 9일 발표한 성명서를 통해 부천서 성고문사건과 아시안게임, 특히 아시안게임 중 나카소네 일본 수상의 방한에 대해 언급하면서 부천서 성고문 사건 책임자 처벌, 아시안게임 반대 및 독재정권 타도를 주장했다. 총학생회는 9월 11일 오전 10시 총학생회 게시판을 통해 발표된 〈아시안게임과 우리의 입장)이라는 성명서에서 제5공화국 스포츠 정책의 허실과 아시안게임 및 민중의 생존권에 대한 관계, 정치·문화·경제·사회 각 측면에서 살펴본 아시안게임의 문제 등을 지적했다. 또한 총학생회는 "민중의 생존권을 압박하는 아시안게임 결사반대"의 입장을 천명하면서 9월 10일 시내에서 있었던 아시안게임 반대 가두시위에서 연행된 박수현(한남대 수학 4)의 즉각적인 석방을 요구했다.(『한남대학신문』 1986년 9월 15일자)

1986년 가을학기 대전·충남 지역의 학생운동에 지대한 영향을 미친 사건은 '건국대사건'이었다. 10월 28일 전국 22개 대학생 2,000여 명이 참가한 가운데 건국대 민주광장에서 전국 반외세 반독재 애국학생 투쟁연합(이하 '애학투련') 결성식이 거행되었다. 경찰의 학내 진입으로 3박 4일 간의 철야농성이 시작되어 연일 신문지상에 대서특필되었다. 10월 31일 오전 10시 30분 경찰의 완전 진압으로 1,525명이 연행되어 이 중 1,288명이 구속되었다. 군부정권은 '건국대사건'을 좌경, 친공親共, 공산주의 혁명분자의 난동으로 매도하면서 학생운동은 곧 좌경이요 친공이라는 등식을 만들었다.

10월 31일부터 11월 10일까지 대전·충남 지역 대학의 총학생회들은 건국대사건에 대한 입장을 표명하고, 애학투련을 지원하기 위한 성명전, 투석전, 가두시위 등을 조직하였다. 특히 10월은 총학생회가 주최하는 축제 기간이어서 다양한 문화축제와 학술제가 가능하였고, 행사가 끝난 후에는 예외 없이 시위가 진행되었다.

충남대에서는 10월 31일 '86추계 학술문화제' 셋째 날 차전놀이를 벌였다. 이 와중에 총무부장이던 이기원(미술 82학번)이 건국대사건를 보고한 후에 혈서로 "경찰의 강제 진압에 분개한다"라고 써서 애학투련 학생들에 대한 지지를 표명하였다. 이후 이기원의 혈서에 공감을 한 충남대 학생 300여 명도 건국대사건에 대한 성명서를 발표하고, 교문에서 경찰과 대치하며 투석전을 벌였다. 11월 7일에는 충남대에서 대전·충남 지역 대학 연

합으로 '건국대사건 보고대회'가 개최되었다. 이 보고대회에서 건국대사건
의 일지와 정부의 대처 방법, 농성 학생들의 거취와 구속 등에 관한 보고
가 있은 후, 300여 명의 학생들이 "구속학생 전원 석방"을 외치며 시위를
벌였다.

　1987년 초에 들어서면서 학생운동은 조직형태와 운동방식에 있어서 질
적 변화를 겪었다. 1987년 초에 불거져 나온 '박종철 고문치사사건'을 계기
로 동조자들이 폭발적으로 늘어나면서 대중동원이 가능하게 되었는데, 이
것을 소규모 동아리조직에 담아내기에는 역부족이었다. 즉 학생운동을 보
다 대중적으로 풀어가야 할 숙제가 제기된 것이다. 비공개 동아리에서 지
도력을 가지고 있던 고학년 학생 운동가들이 총학생회 기구로 이전하여
핵심적 자리를 차지하였다. 1987년에 들어서면서 대중운동의 중요성에 대
한 논의가 시작되었고, 소수 조직 활동가를 제외한 대다수의 활동가들이
총학생회와 문과대 학생회 기구로 이전하여 지도력을 확보하였다.(충남대
학교 민주동문회 편, 2001) 1986년 11월 18일에 실시된 총학생회 선거를 통
해 이미 학생운동세력이 학생회를 장악하고 있어서 총학생회 중심의 학생
운동으로 넘어가는 데 별 무리가 없었다.

　1987년 4월과 5월을 거치면서 대중투쟁이 일상화되어 나가자, 학생회는
학생 대중을 이끄는 지도부로서 자리를 잡게 되었고, 일반 학생들을 결집
시키는 기구로 일약 성장하였다. 그리고 공개적인 학회나 동아리 건설을
통하여 적극적 동조자들을 조직으로 흡수하려는 노력을 기울었다. 충남대
의 경우, 휴머니즘연구회(조미자, 배은병), 민족사상연구회(김승일), 한국
사회연구회(장희자, 강영희), 가톨릭학생회(손정민, 이상택, 박선희), 기독
학생회(전병배), 탈춤연구회(이은수, 송찬호), 민요연구회(배영길, 서용석)
등의 동아리와 학교 교지(『백인』) 및 충대신문사 등을 통하여 적극적으로
동조자들을 조직하려 시도하였다. 한남대의 경우도 약 15개의 동아리가

활동하고 있었으며, 13개의 학회들이 다양한 이슈들을 가지고 학생들을 운동영역으로 끌어 들이고 있었다. 목원대의 경우 9개의 학회와 12여 개의 진보적 동아리들이 활동하고 있었다. 즉 학생운동가들은 공개적인 학회나 동아리를 통하여 운동가를 충원할 수 있는 시스템을 구축하고 있었다.

1986년 말과 1987년 초에 발생했던 학생운동의 내용상의 중요한 변화로는 개별 대학 캠퍼스를 뛰어넘는 대학 간의 연대사업 전개를 들 수 있다. 이 연대 사업은 1985년 초 이후 대전·충남 지역 대학들 사이에서 지속적으로 시도되어왔던 연대투쟁의 결과물이다. 뿐만 아니라 대학 간의 연대사업은 지역 차원에 머무르지 않고 전국 차원으로 뻗어나갔다. 1987년에 들어서면서 대전·충남 지역 대학들 사이의 연대사업은 일상화되었고, 이것이 먼저 조직적 결정체로 나타난 것이 '호헌 철폐 및 장기 집권 저지를 위한 충남권 대학연합위원회'였다. 호헌 철폐 및 장기 집권 저지를 위한 충남권 대학연합위원회는 6월 5일 한남대 자유의 광장에서 '군부독재 타도 및 장기집권 저지 충남권 대학연합 실천대회'를 개최했다. 이 날 대회에는 한남대, 충남대, 목원대, 배재대 학생 300여명이 참석하여 "친미독재 타도하고 민주정부 수립하자, 군부독재 타도하여 민주정부 쟁취하자"는 구호를 외치며 시위를 벌였다.

'호헌 철폐 및 장기 집권 저지를 위한 충남권 대학연합위원회'는 이후 충남애국학생투쟁연합(이하 '충남애학투')으로 발전되었다. 충남애학투는 각 대학에서 5·18민중항쟁 계승투쟁을 주도했던 투쟁위원회가 주축이 되어 1987년 6월 8일 충남대에서 결성되었는데, 공주사대, 고려대 서창캠퍼스, 목원대, 충남대, 한남대 등의 학생들이 참여하였다. 충남애학투는 대전·충남 지역 대학 간의 연대투쟁을 조직화하였으며, 6월민주항쟁 이후 전대협으로 전환하였다.

학생운동 세력은 지역 차원에서 학생 계층 내부의 연대만을 확장해 나간 것이 아니라, 다른 계급 계층과의 연대도 확대해 나갔다. 다른 조직들과의 연대사업은 1986년 6월에 불거져 나온 '부천서 권인숙 성고문사건'을 계기로 본격적으로 시작되었다. '부천서 권인숙 성고문 사건'은 '건국대사건'과 함께 1986년 가을학기 대전·충남 지역 대학의 주요한 이슈였다. 1986년 8월 11일 성남동성당에서 개최된 '고문과 폭력 추방을 위한 기도회 및 성고문 규탄대회'는 천주교 정의구현 대전교구사제단, 충남인권선교위원회, 충남민청, 대전기청협, 충남민협, 기타 학생조직들 간 연대의 시발점이었다.(『충남민주선언』11호) 대전·충남 지역의 학생운동세력은 '부천서 성고문 대책위원회' 활동을 통하여 사회운동세력과 본격적으로 연대투쟁을 조직하였다.

1986년 12월에 접어들면서 전두환 정권의 장기집권계획이 노골화하자 학생운동 세력은 개신교, 천주교회, 충청민주교육실천협의회, 충남민협 등 대전·충남 지역 14개 운동단체와 공동으로 '장기집권음모 저지 충남 지역 공동투쟁위원회'를 결성하고, 대전·충남 지역 전 도민의 역량을 결집하고자 노력하였다. 긱 대학 총학생회는 1987년 5월 28일 '국민운동충남본부'가 빌족되자 여기에 공식적으로 참가하였다. 처음에는 충남대, 공주사대, 대전대의 총학생회가 참가했으며, 목원대, 배재대, 한남대 등은 뒤에 참가하였다.

제4절 학생운동의 분화와 발전(1987. 7~1992)

1987년 8월 이후 대통령선거 국면을 맞게 되면서 민주화운동세력은 투쟁의 방향을 올바르게 설정하지 못하고 분열되었다. 민주화운동세력 전체가 이른바 선거혁명론이라는 거대 담론에 매몰되어 서로 각개 전투하는 양상이 벌어졌다. 선거혁명론이란 이른바 선거를 통해 군사독재를 물리치고 민주정부를 수립한다는 것이다. 선거혁명론을 받아들인 민주화운동 진영은 각기 서로 다른 입장, 즉 비판적 지지론, 후보단일화론, 독자후보론의 세 갈래로 분열되었다. 그 결과 군사독재정권이 부정·조작 선거를 통해 재집권할 수 있는 길을 열어주고 말았다. 학생운동세력 역시 다른 사회운동 진영과 마찬가지로 적절한 전략전술을 선택하지 못하고 분열함으로써 패배를 경험하였다.

당시 대전·충남 지역 학생운동세력은 대체적으로 대선에 무관심하였고, 내부적으로 통일된 입장을 정하지 못한 채 정국의 흐름에 끌려갔다. 그 결과 학생운동세력은 각 정파가 지닌 입장에 따라 세 갈래로 나뉘어 대선 국면에 임했다. 즉 충대협 대전지구와 민족해방NL 진영은 김대중 후보 비판지지 쪽으로, 제헌의회CA 진영은 민중후보추대위를 결성하고 독자후보를 추대하는 쪽으로 방향을 잡았다. 학생운동세력은 이념과 투쟁의 방법을 서로 달리한 채 분열되고 말았고, 그 결과 뼈아픈 패배를 경험하였다. 이후 학생운동세력은 패배의 원인을 다음과 같이 분석하였다.

첫째, 부르주아민주주의적 환상에 불과한 이른바 선거혁명론의 환상에 빠졌기 때문이다.

둘째, 운동권의 분열 때문이다. 강력한 군사독재정권에 맞서 운동권 전체가 하나가 되어 싸워야 했는데도, 서로 차이를 극복하지 못하고 사분오열되었으며, 결국 모든 투쟁을 무의미한 것으로 바꿔놓고 말았다.

셋째, 민중의 투쟁의 성과를 보수 야당에 넘겨주려 했기 때문이다. 1986년과 1987년에 전국에 걸쳐 폭발적으로 일어난 민중운동의 힘으로 정권을 바꾸고 사회를 변혁시켜야 했음에도 불구하고, 기존의 보수 야당을 통해 그것을 대신 실현시키려 했다는 것이다.(오재록, 1989, 68쪽)

1987년 하반기 이후 대전·충남 지역 학생운동은 좀 더 체계적으로 조직화되기 시작했다. 6월민주항쟁의 결과물인 전국대학생대표자협의회(이하 '전대협')가 1987년 8월 19일 충남대 운동장에서 95개 대학 4,000여 명의 학생들이 모인 가운데 결성되었다. 전대협이 결성되기 직전 7월에 전대협에 참여하는 지역조직으로 충청지역대학생대표자협의회(이하 '충대협')가 8월 15일 충북대에서 결성되었다. 당시 의장에는 윤재영(충남대 총학생회장)이, 부의장에는 박영호(충북대 총학생회장)와 박정열(상명여대 총학생회장)이 선출되었다. 충대협은 결성 당시 대전지구, 천안지구, 충북지구 등 3개 지구대협으로 편재되어 있었으며, 총 13개 대학 총학생회들이 회원으로 참여했다. 전대협이 결성된 이듬해인 1988년에는 충대협 산하 3개 지구대협은 서로 분리되어 독자적으로 발전하였다. 먼저 1988년 4월 10일 고려대 서창캠퍼스에서 천안지역대학생대표자협의회(이하 '천안대협')가 결성되었다. 천안대협은 대전 지역을 제외한 충남 지역 대학들의 학생운동 세력을 결집시키고자 했으며, 1990년 하반기에 충남지역대학생대표자협의회(이하 '충남대협')로 이름을 바꾸었다. 한편, 충북 지역 대학생들은 1988년 5월 충북대에서 충북지역대학생대표자협의회(이하 '충북대협')를 결성했다. 마지막으로, 대전 지역 대학생들은 1988년 5월 10일 배재대에서 대전지역대학생대표자협의회(이하 '대전대협') 발족식을 거행했다. 이 날 발족식에서 대전대협 의장 윤석대(충남대 총학생회장)는 인사말을 통해 식민지분단 상황의 청년학도로서 자주, 민주, 통일의 새 나라를 열기 위해 건강하고 패기가 넘치는 열정을 가지고 단결할 것을 강조했다. 대전대협은 또한 1988년도 주요 사업으로 반미투쟁의 대중적 확산, 군부독재 타도, 분단 극복과 조국통일운동 등을 결의했다.

1987년 2학기에는 초등학교 교사 양성기관이라는 독특한 여건으로 인해 그동안 다른 지역 대학들과는 달리 조용했던 공주교육대학에서 학원민주화투쟁이 일어났다. 이 투쟁의 도화선이 된 것은 박자현 학장이 고등학교 동문 출신의 어용 교수들을 중심으로 공주교대 출신의 유능한 교수들을 몰아내고 학교운영을 장악하려한 데 있었다. 박자현 학장은 평교수 시절에 부실한 강의로 수업거부를 당한 바 있으며 번호로 학점 처리를 한 적도 있었다. 또 학장 부임 후에는 아파트를 부정 신축하여 시중보다 900만 원이나 비싼 값에 입주하는 것을 교수채용조건으로 내세우기도 했다. 이런 학장과 결탁한 교수들 중 유병학, 김수균, 조준명, 김대열 등은 학생 언론을 통제하고 판공비를 유용했으며 학생들의 건의를 묵살하곤 했다. 또한 학점을 이용해 학생들에게 폭언과 협박을 자행하고 여학생들에게는 성적 모욕을 가하기도 했다.

이런 상황에서 총학생회 대의원회, 학원민주화협의회, 민주교육협의회(동아리) 등이 연합하여 공주교대 학원민주화투쟁연합을 결성하고 9월 23일부터 학원민주화투쟁을 시작했다. 이들은 '학칙의 개정, 어용 무능 부정 폭력 교수 및 학장 퇴진, 학보사 및 방송사의 자율화' 등을 학교 측에 요구했다. 일부 학생들은 단식투쟁을 벌이다 쓰러지기도 했으며, 학장 측은 학생들에게 엄포와 협박으로 일관하다가 마침내 학생들에게 공개 사과를 하고 '학생복지 개선 학칙개선, 언론자율화' 등을 약속했다.(『전국교사신문』 1987년 11월 1일자)

1988년 대전·충남 지역 학생들의 투쟁은 한남대에서 시작되었다. 4월 7일 한남대에서 '정부의 수입개방과 노동운동 탄압 저지를 위한 범한남인 결의대회'가 열렸다. 이때 시위를 진압하던 전경의 최루탄에 오재록(화학과 4)이 부상을 당하였다. 이에 사건의 진상을 규명하고 폭력 경찰을 규탄하는 대회가 한남대 자유의 광장에서 4월 14일까지 계속 열렸다. 4월 8일 비상총회 이후 1,000여 명의 학생들이 격렬한 시위를 전개했다. 4월 9일에는 '폭력 경찰 해체를 위한 범한남인 결의대회' 후 교외 진출을 시도하며 시위를 전개했는데, 이 시위에서 유지영(철학 2)이 경찰의 최루탄에 다시 부상을 당했다. 12일의 시위에서도 전성남(화학 3)과 유승희(전산 3)가 경찰의 최루탄에 맞아 머리 부분에 경상을 입었으며, 조정희(국문 3)가 경찰에 연행되었다. 시위는 계속 확산되어 갔다. 충대협 대전지구의 주최로 '민중생존 압살하는 노태우 정권 타도 및 폭력경찰 규탄대회'가 13일 오후 2시부터 한남대 자유의 광장에서 1,500여 명의 학생들이 참여한 가운데 열렸다. 이 날 시위에서 구자영(경영 2), 김성범(이부무역 2), 문진영(고대 서창캠퍼스, 경영 2) 등이 또다시 부상을 당했다. 14일에는 오후 1시부터 국민운동충남본부, 충남가농, 충남기농 등 14개 운동단체들이 연대하여 한남대 자유의 광장에서 "폭력경찰 응징 및 노태우 정권 타도를 위한 범도민 결의대회"를 개최하였다.

1988년 5월에 들어서면서 충남대 2학년 남학생들이 전방입소 거부투쟁을 전개했다. 이 투쟁은 4월 28일 전방입소 철폐를 위한 1차 결의대회로 시작되어, 5월 9일의 '식민지용병 교육 철폐 및 민족통일교육 쟁취 결의대회' 및 자진 퇴소, 5월 10일의 '제2차 결의대회', 5월 12일의 '제3차 결의대회'로 이어졌다. 전방입소 거부투쟁은 그동안 거의 금기시해왔던 군사훈련에 대한 최초의 집단적인 거부라는 점에서 큰 의의를 지닌다. 학생들은 이 투쟁을 통해 전방입소 교육의 문제를 분단과 연결된 현 정권의 문제로 파악했고, 분단이 아닌 통일의 문제를 운동의 방향으로 설정하기 시작했다. 특히 5월 9일 충남대 보운캠퍼스에서 공대, 예대, 법대의 입소 대상자들을 대상으로 열린 '식민지용병 교육 철폐 및 민족통일교육 쟁취 결의대회'에서 총학생회장 윤석대(사회 4)는 "전방입소 교육이 궁극적으로 이 민족에게 슬픔을 가져오므로, 아메리카의 용병교육인 전방입소는 철폐되어야 한다"고 주장했다.(『충남대신문』 1988년 5월 16일자)

대전 지역을 중심으로 전개되던 학생운동은 천안 지역의 대학들로 확산되었다. 1988년 5월 18일 단국대 천안캠퍼스에서 학교축제인 천웅대동제가 열렸는데, 최덕수(법학 1, 휴학)가 학생회관 시계탑 앞에서 "광주항쟁

진상규명하라", "광주항쟁 기간에 향락주점 웬말이냐" 등의 구호를 외치며
몸에 신나를 뿌리고 분신자살을 기도하였다. 최덕수는 급히 병원으로 옮
겨져 치료를 받았으나 26일 사망하였고, 민주국민 5일장을 치른 후 5·18
묘역에 안장되었다. 1988년 10월 7일에는 천안대협 주최로 전대협 의장 구
출투쟁 및 양심수 석방을 위한 3만 학도 결의대회가 단국대 천안캠퍼스에
서 열렸다. 대회 후 2시간여 동안 격렬한 시위를 벌였는데, 시위 과정에서
이충연(영문 2)이 부상을 당했다.

1988년도 2학기에는 목원대에서 학원민주화투쟁이 다시 일어났다. 목원
대는 이미 1984년에 남기철 학장 족벌체제 퇴진과 학원민주화 달성을 위
해 44일간의 장기 농성을 벌인 끝에 남기철 학장이 퇴진하는 성과를 이루
어냈다. 하지만 남기철은 학장에서 물러났지만 다시 이사장으로 복귀해
계속 영향력을 행사했다. 1969년 학장 취임과 1984년 사퇴 후 다시 이사와
이사장직으로 복귀하여 1989년까지 장장 20여 년간 남기철은 사학의 지배
자요 독재자의 상징이 되었다. 당시 남기철은 이사장으로서 학장의 당연
이사직 조항을 개정하여 학장이 이사가 되지 못하게 함과 동시에 학장의
권한을 축소하여 학교의 행정권을 계속 장악하려 했다. 교직원 인사에 있
어서 이사장의 권한을 절대화하고 교직원 대다수를 특정 교회 출신으로
충원하는 등 재단과 학교를 사조직화 하였다. 특히 남기철 이사장은 재정
문제에 있어서도 자신의 하수인인 서승무 재무처장과 최용규 사무처장을
통해 오랫 동안 학교 예산의 편성과 집행을 독단적으로 해왔으며, 학교 재
정이 비공식적으로 지출되었는데도 형식적인 회계감사만을 되풀이해 의
혹을 짙게 하였다. 이런 와중에 일부 교수들과 이사들이 '남기철 총장 추
대위원회'를 구성함으로써 학원민주화 투쟁이 다시 불붙게 된 것이다.50)

---

50) 남기철총장추대위원회(이하 '남총회')란 남기철을 다시 총장으로 복귀시키려는 계획으
로서, 사학비리의 전형적인 예였다. 남총회는 소문으로만 알려졌던 조직이었는데, 1988

1988년 목원대 학원민주화투쟁은 이전 해에 재단 측에 서서 학점을 무기로 삼아 학생들에게 소요선동을 한 이유로 면직처분을 당한 무역학과 정만식과 남금식 교수 사건에서 비롯되었다. 이들은 교원면직처분 및 효력가처분 소송에서 다시 승소하여 1988년 2학기부터 강의를 재개하게 되었다. 그리고 무역학과 전학생들이 이에 반발하여 9월 16일부터 수업 및 시험거부에 들어가면서 학원민주화투쟁이 본격화되었다. 10월 5일에는 사회과학부 전원이 수업을 거부했고, 10월 10일부터는 6개 학부 28개 전 학과가 '남기철 이사장 퇴진, 정만식, 남금식, 김원배, 김병윤 등의 어용교수 퇴진'을 내걸고 수업 및 시험을 거부했다. 이후 학원민주화투쟁은 총학생회의 주도로 전개되었으며, 교수협의회 소속 교수 43명이 학생들의 투쟁을 전폭적으로 지지하며 학원민주화투쟁에 동참하게 되었다. 10월 6일에는 교수협의회가 임시총회를 열고 학장 직선제와 남기철 재단이사장 및 모든 이사의 즉각 퇴진을 결의했다. 10월 10일에는 총학생회가 학원민주화결사쟁취 특별위원회(이하 '학민특위')를 결성하였다. 이날 결성식에서 학민특위는 다음과 같은 내용의 성명서를 발표했다.

사대주의적, 반민족적, 반자주적 올림픽은 88년 이 땅의 모든 반역 무리들이 판치게 만들었다. 목원대도 남기철을 비롯한, 그를 바라보는 해바라기형 어용 교수들이 판치고 있다. 정만식과 남금식이 그 대표적인 예이고, 김원배와 김병윤도 그에 상응하는 자들이다. 또 그 속에서 진정한 목원의 진리탐구 풍토를 수호해야 할 이군호는 자기의 회전의자만 지키기에 급급했다 … 현재의 무역학과 학우들의 단독적인 투쟁으로는 결코 승리할 수 없으며, 목원 전

년 목원대 학원민주화투쟁으로 학생들이 학교 본관을 점거했을 때 재무처장실에서 이 문건을 발견함으로 사실로 확인되었다. 남총회는 마치 비밀 결사조직처럼 상당액의 학교 예산을 사용하였으며, 학생들과 교직원 및 학생회 간부들을 포섭대상과 제거대상으로 분류하여 놓았고, 구체적인 방법까지 명기해 놓을 정도였다. 또한 남총회는 돈과 취직을 미끼로 하여 특정교수에 대한 반대데모나 어용데모를 주동했다.(『목원대신문』 1988년 11월 30일자)

체 학우들은 이런 아픔을 방관하지 말고 총학과 함께 민족 목원, 자주자립 목
원, 민주의 목원, 민중의 목원이 건설될 때까지 싸워 나갈 것이며 어떤 희생이
치러지더라도 결코 학민특위의 깃발은 내려지지 않을 것이다.(『목원대신문』
1988년 11월 8일자)[51]

10월 25일 목원대 총동문회는 〈학원 정상화를 위한 우리의 천명〉이라는
성명서를 발표하여, '이사장의 사퇴, 이사진의 개편, 학내사태와 관련된 문
제의 교수들과 무능 학장의 퇴진' 등을 요구했다. 이후 남기철 이사장은
이군호 학장의 사표를 수리하고 신학과 김익원 교수를 학장대리로 임명하
여, 김 학장 대리를 배후조종해 계속 전횡을 일삼았다. 11월 8일에는 목원
대 교수 70여명과 동문, 직원, 조교, 학생 등 총 2,000여 명이 참가한 가운
데 '학원민주화연합 대행진'이 시내 중촌4거리, 동양백화점, 도청, 법원을
거쳐 약 3시간 동안 열렸다.

9월 16일 무역학과에서 시작된 목원대 학원민주화투쟁은 총 82일간 지
속되었다. 투쟁 과정에서 학생 3명이 제적되고 7명이 무기정학 처분을 받
았으며 14명의 교수가 징계에 회부되었다. 학장대리체제의 무자비한 탄압
에 맞서 학생들과 교수들이 하나로 뭉쳐 싸운 결과 11월 21일 마침내 남기
철 이사장은 이사장 및 이사직을 사퇴하기에 이르렀다. 장기간의 투쟁 가
운데 총학생회 집행부와 교수협의회 소속 교수들은 학내 문제에 관해 서
로 간의 원활한 의사소통과 의견수렴을 모색하다가 마침내 11월 28일 교
수학생평의회(이하 '교학평')를 구성하게 되었다. 그리고 12월 6일 교학평
이 마침내 이사회의 공식 인정을 받으면서 목원대 학원민주화투쟁은 대단
원의 막을 내리게 되었다. 교학평의 구성 원칙은 '목원대학의 자주적 민주
적 학풍을 건설하며, 민족, 지역사회의 역사적 사명을 실현시키고 새 민주

---

51) 『목원대신문』에 보도된 기사가 좀 더 내용이 통하도록 문장을 약간 고쳤음.

목원을 건설하기 위한 기구로서 교수학생협의체를 건설한다'는 것이었다. 목원대 교학평은 12월 7일 자유의 광장에서 3,000여 명의 학생들과 교수들이 참여한 가운데 발대식을 가졌다. 이날 발대식에서 총학생회장 정상훈(물리 3)은 "오늘의 승리를 맞이한 것을 5천 목원학우들과 함께 기뻐하며 전국대학에서 최초로 건설한 교학평을 우리 손으로 지키자"고 주장했다. 이어서 교수협의회 측 대표로 이규금 교수(상업교육학과) 발언자로 나서서 "교학평은 학원의 민주화와 자율화에 의한 목원대학의 발전을 도모하고 학생과 교수의 건설적 의견의 수렴과 학사행정에의 반영 등을 목적으로 한다"고 밝혔다. 이는 전국에서 처음 있는 역사적인 사건이었다.(이주현, 1989, 69~70쪽, 『목원대신문』 1988년 11월 8일자; 11월 30일자; 12월 19일, 『한국대학신문』 2004년 1월 15일자)

1988년도에 또 하나의 특기할 사항은 '대전 지역 여자 대학생 대표자 협의회'를 결성하려는 움직임이 일어났다는 것이다. 충대협이나 대전대협 같은 학생운동 조직과 함께 각 대학 여학생운동을 조직할 목적으로 여자 대학생협의회 건실준비위원회와 같은 모임이 시작되었다. 하시만 사제 역량 부족으로 해체되었다. 그러다 여학생들의 시대적 역할과 임무의 긴박함을 인식하여 대전공대, 대전대, 한남대, 배재대를 중심으로 준비작업을 거친 후, 1989년 초 '대전지역 여자 대학생 대표자 협의회'가 발족되었다. 초대 의장에 조금령(배재대 유교 3)이 선출되었다. 조금령은 『배재신문』과의 인터뷰에서 주한 미8군 대전 근교 이전문제와 평양청년학생축전 참가투쟁에 초점을 맞출 것이라고 밝혔다.(『배재신문』 1989년 4월 14일자)

1988년 대전·충남 지역 학생운동에서 가장 획기적인 것은 '조국통일 촉진투쟁'을 새로운 전략적 목표로 내세운 점이다. 당시 노태우 정권은 직접 선거라는 이름으로 재집권한 군사정권의 정당성을 확보하고, 북한에 대한 남한의 우위성을 세계에 알려 한반도의 분단을 영구화하는 데 88올림픽을 이용하고자 했다. 이에 학생운동 세력은 분단 올림픽을 거부하고 통일 올림픽을 쟁취하는 데 투쟁을 집중하였고, 이를 위한 방법으로 남북학생회담을 추진하였다. 하지만 조국통일 촉진투쟁은 노태우 정권의 탄압에 의해 좌절되었다. 그것은 대중적인 지지를 획득하지 못하고 고립된 채 학생운동 세력만으로 전개되었기 때문이다. 하지만 일정 부분 성과를 거둔 측면도 있다. 조국통일 촉진투쟁은 1989년 평양에서 개최된 세계청년학생축전 참가투쟁으로 발전하였다. 이 시기 조국통일 촉진투쟁의 의의는 다음과 같이 요약할 수 있다.

첫째, 미국 제국주의와 군사독재의 반통일성을 폭로하는 데 기여했다.
둘째, 통일 논의를 전 계층으로 확산시키는 데 기여했다.
셋째, 북한바로알기운동을 통해 북한을 적이 아닌 민족공동체의 일원으로 바라보기 시작했다.
넷째, 분단 이후 고착된 반공이데올로기의 문제를 폭로하고, 그 결과 분단이 아니라 통일이 더 중요한 이념이라는 생각을 전 국민에게 알리게 되었다.(오재록, 1989, 54~71쪽)

1989년도에 들어서자 학생운동세력은 통일운동과 관련하여 국가보안법 문제를 적극적으로 거론하기 시작했다. 1989년 4월 13일에 한남대에서 대전대협 주최로 문익환 목사 방북 지지 및 귀환 환영대회가 열렸다. 대전대협 소속 4개 대학 180여 명의 학생들이 참석하여 문 목사 석방과 국가보안법 철폐를 촉구했다. 대회가 끝나고 이 날 오후 16명의 충남대 학생들은 현대엔진 노동조합에 대한 현대그룹의 무자비한 탄압에 항의하기 위해 기독교봉사회관 내 현대자동차 대전지점을 응징하였다. 이와 관련하여 변규병(회계 4)이 연행 구속되었다.

1989년 9월 7일에서 8일까지 천안대협과 대전대협 주최로 전교조 사수를 위한 청년학도 결의대회가 단국대 천안캠퍼스와 대전공대에서 각각 500여 명의 학생들이 참여한 가운데 열렸다. 학생들은 평화적인 집회를 봉쇄한 경찰에 항의하며 격렬하게 투쟁했다.

11월에 들어서면서는 공안통치 분쇄투쟁이 전개되었다. 11월 3일 충남대에서 학생의 날 60주년 기념 및 공안정국 분쇄와 노태우 정권 퇴진을 위한 특별위원회 발대식이 열렸다. 200여 명의 학생들이 참석한 가운데 특별위원회 위원장에 장인철(사회 4)이 임명되었다. 이날 결의대회에서 총부학생회장 김강우(조선공 4)는 "민족의 참자유 해방과 90년대 민족해방의 토대를 마련하고 공안통치를 분쇄하자"고 주장했다. 11월 13일에는 목원대에서 '고故 전태일 열사 추모제 및 민중운동탄압 분쇄를 위한 범목원인 결의대회'가 열려 70여 명의 학생들이 참여했다. 이들 역시 전태일 열사의 뜻을 이어받아 노태우 정권의 공안통치 분쇄와 국가보안법 폐지, 민족자주, 조국통일을 위해 결사투쟁할 것을 결의했다.

1990년 1월이 되자 노태우 정권은 여소야대 정국을 타개하기 위해서 민주정의당, 통일민주당, 신민주공화당 등 3당을 합당시켜 민자당을 탄생시켰다. 이에 대전·충남 지역 학생들은 3당합당에 반대하는 투쟁을 전개하였다. 2월 14일 김경범(충남대 총학생회 사회부장, 회계 3), 남기명(경제 2) 등 충남대 학생 10여 명은 김종필의 부여사무소에 화염병을 투척하여 사무실 내부를 불태웠다. 이들은 "지역민의 민의를 저버리고 민정당 및 통일민주당과 야합한 공화당과 민중의 생존권을 위협하는 '핵 군단, 에이즈 군단 미군'의 철수를 반대하는 김종필 씨를 척결하기 위해 이 같은 행동을 하였다"고 밝혔다.

1990년에는 반미투쟁과 통일운동이 보다 적극적으로 전개되었다. 3월 14일 충남대에서 '친미 독재연합 분쇄 및 팀스피리트 훈련 저지를 위한 민족 충대 투쟁선포식'이 150여 명의 학생들이 참석한 가운데 열렸다. 이날 총학생회장 맹정호는 "4천만 민중들의 뜻을 저버리고 정계개편을 강행하여 식민통치를 확고히 하고, 한미 합동 군사훈련으로 침략적 전쟁을 연습하는 파쇼정권에 충대 학우들의 투쟁이 필요하다"고 주장했다. 참석자들은 서문으로 나가 홍보전을 벌이려 했으나 전경들이 저지하였다. 이에 맞서 학생들은 격렬하게 시위를 전개했다. 충남대 총학생회가 발행하는 신문『문화전선』에 탄압이 가해졌다. 안기부는『문화전선』이 국가보안법상 이적표현물에 해당한다는 이유로 전 총학생회장 박영순(영문 4), 김경범(회계 4), 변규병(회계 4), 남기명(경제 3) 등을 연행하여 구속하였다. 이중 박영순은 실형 2년 6개월을, 변규병은 실형 1년 6개월을 선고받았다. 그리고 조용진(철학 4), 유철하(국문 1990년 졸), 정태하(불문 1990년 졸), 표미향(국문 4), 김형서(일문 4) 등도 안기부에 연행되어 조사를 받았다. 이에 충남대 학생들은 공동대책위를 구성하고, 3월 30일 200여 명의 학생들이 참석한 가운데 '학원침탈 저지 및 친미 독재연합 분쇄를 위한 민족 충대 실천대회'를 개최하여 안기부의 만행을 규탄하였다. 철학과와 불문과 학생회장은 "지금 자행되고 있는 학원 탄압의 본질을 파악하고, 파쇼 악법인 국가보안법을 철폐하자"라고 주장하였다. 학생들은 집회 후 가두 홍보전에 나섰으나, 경찰이 저지하자 이에 맞서 화염병을 던지며 시위를 벌였다.(『충대신문』 1990년 4월 2일자)

1990년 5월 24일부터 노태우 대통령은 일본을 방문했다. 이 때 국내에서 일본의 전쟁 책임문제가 거론되면서 강제 연행자 명부를 일본 정부에 요청하였지만, 일본 정부는 거절하였다. 이에 학생들은 노태우 대통령의 일본 방문을 규탄하고, 정권의 보호자인 미국을 비판했다. 5월 24일 충남대에서 200여 명의 학생들이 참가한 가운데 '광주학살 진짜 주범 민자당 산파자 미국 반대와 노태우 매국 방일 규탄대회'가 열렸는데, 참가자들은 매국 방일에 대한 규탄선언문을 발표하고, 성조기와 일장기를 찢고 불태웠다.

대전 지역 대학생 통일학교도 8월 9일부터 11일까지 충남대 문과대 옆 솔밭에서 열렸다. 이 통일학교는 전대협 통일선봉대가 대전에 도착하는 시기에 맞추어 열렸는데, 통일선봉대원 500여 명과 150여 명의 대전대협 소속 학생들이 참가했다. 8월 9일에 시작된 입학식에 이어, 8월 10일에는 '통일선봉대 환영식 및 범민족대회 성사를 위한 대전 시민 · 학생 결의대회 출정식'이 진행되었다. 출정식 후 대전역에 집결하여 시민들과 함께 결의 대회를 다시 진행하고, 이후 통일 속보, 유인물, 플래카드 등을 들고 시민 회관까지 행진하면서 시내홍보전을 전개하였다.

1990년 10월 4일에는 군복무 중 보안사에 연행되어 수사에 협조를 해오 다가 탈영한 윤석양 이병이 '보안사의 민간인 사찰 자료'를 폭로했다. 이 자료에 의하면, 사찰대상자 중에는 한남대 학생 6명도 포함되어 있었다. 이에 한남대 총학생회는 17일부터 18일까지를 반민자당 투쟁기간으로 선 포하고 시위를 전개했다. 즉 17일에는 '보안사 해체와 노태우 정권 퇴진을 위한 민족 한남 결의대회'를, 18일에는 '보안사 해체와 학원사찰 분쇄를 위 한 민족 한남 결의대회'를 각각 개최했다. 이들은 보안사 해체뿐 아니라 군의 중립화를 요구하고 1992년을 민주정부 수립의 해로, 1995년을 조국통 일의 해로 만들기 위한 운동에 매진할 것을 결의했다.

이어 한남대 총학생회는 북한 바로 알기운동의 일환으로 10월 31일부터 북한 영화를 상영했다. 1990년 10월 26일 서울지역총학생회연합 산하 5개 대학과 지방의 대학 등 전국 14개 대학에서 북한 사회에 대한 이해를 높이 기 위해 북한 영화를 동시상영하기로 결정했다. 이에 한남대 총학생회는 10월 31일부터 11월 2일까지 학술문화제를 개최하여, 이 기간 동안 북한 영화 "소금", "탈출기", "피고인" 등을 상영하였다. 경찰은 이를 저지하기 위 해 압수수색영장을 발부받아 교내로 진압하였으나, 영화 테이프를 압수하 는 데는 실패했다.

충남대에서도 10월 31일과 11월 2일에 북한 영화 "소금", "탈출기", "꽃파는 처녀", "피바다" 등을 상영했다. 이를 막기 위해 경찰이 여러 차례 대학 내에 진입했다. 이에 학생들은 격렬하게 저항했으며, 충대방송국에서는 학원 침탈을 알리는 임시방송을 내보내기도 하였다.

1991년에 들어서도 노태우 정권의 학생운동 탄압은 계속되었다. 4월 26일 명지대 경제학과 1학년생 강경대가 시위 도중 백골단 소속 사복 경찰에게 쇠파이프로 구타당해 사망하였다. 이 사건을 계기로 노태우 정권 퇴진을 촉구하는 투쟁이 전국적으로 일어났다.

대전 지역에서도 4월 28일 배재대를 시작으로 각 대학에서 노태우 정권의 폭력성을 규탄하고 노태우 정권의 퇴진을 촉구하는 투쟁이 전개되었다. 5월 3일부터는 대전대협으로 투쟁의 폭이 확대되었다. 학생들은 "해체 민자당", "타도 노태우" 등의 구호를 외치며 학내뿐 아니라 대전 시내에서도 격렬하게 시위했다. 충남대에서는 5월 3일부터 9일까지 경제학과 학생회, 복학생협의회, 민족민중운동연합회 학생들이 주축이 되어 동맹휴학과 단식을 통해 노태우 정권 타도 투쟁을 전개했다.

학생들의 투쟁은 다른 운동단체 및 시민들과의 연대로 더욱 발전되어, 5월 9일 민자당 창당 1주년을 맞아 대전 중앙로에서 '민자당 해체와 공안통치 종식을 위한 대전·충남 국민대회'가 개최되었다. 이 날 대회에는 대전대협 소속 학생, 재야 단체, 시민, 노동자 등 총 7,000여 명이 참가하여 동양백화점 일대를 완전히 메운 채 격렬하게 시위를 벌였다. 이 날 시위로 여러 명의 시민들과 학생들이 부상을 당했다. 이후 5월 10일 1,000여 명의 학생들이 충남대 민주광장에서 다시 2차 결의대회를 가졌다.

1991년 8월 들어 학생운동권세력은 통일문제를 중심 이슈로 다시 내걸기 시작했다. 먼저 8월 8일에서 10일까지 충남대에서 '통일방안 합의 및 조국의 평화와 민족대단결을 위한 6만 학도 지구대축전'이 개최되었다. 이

행사는 대전대협 산하 조국통일위원회의 주최로 열렸는데, 비핵군축에 대한 강연, 연방제통일 방안에 대한 심포지엄 등으로 진행되었다. 8월 27일에는 충남대 민주광장에서 '범민족대회 보고와 비핵지대 · 불가침선언 채택을 위한 백만인 서명운동 결의대회'가 열렸다. 학생들은 비핵군축, 연방제통일 방안에 대한 홍보작업과 대국민 서명을 받기 위해 결의대회를 열고, 교내 선전전을 가졌다. 이후 시내(유성)로 옮겨 다시 집회를 열고 가두시위 및 서명운동을 전개하여 100여 명의 주민으로부터 서명을 받았다. 또 이날부터 제1학생회관 문과대에서 전국청년단체대표자협의회, 반핵평화운동단체, 기독교단체, 전대협 등의 공동 주관으로 '한반도의 비핵지대화와 불가침 선언 채택을 위한 백만인 서명운동'이 시작되었다.

1991년 후반에 잠시 휴식을 가진 학생운동 세력은 1992년 벽두부터 반미투쟁에 나섰다. 1992년 1월 6일 대전대협은 대전공대에서 학생 300여 명이 참가한 가운데 '부시 방한 반대와 쌀 수입 저지를 위한 청년학생 결의대회'를 개최했다. 이들은 미국에의 경제적 예속화가 심화되고 있는 상황에서 쌀마저 개방하는 것은 700만 농민을 죽이고 더 나아가 4,000만 민중을 몰살하려는 의도라고 주장하면서, 노태우 정권의 쌀 개방정책을 규탄했다. 학내 집회 후 시내 이안경원 앞에서 실천대회를 개최했다. 이들은 "내정간섭, 경제침략 미국놈들 몰아내자"라는 구호를 외치면서 1시간여 동안 집회를 가진 후 해산하였다.

1992년 3월 24일 국회의원을 뽑는 제14대 총선이 전국적으로 실시되었다. 선거전 194석을 유지하던 민자당은 149석을, 김대중의 민주당과 정주영의 통일국민당이 각각 97석과 31석을 획득해 삼당 체제가 확립되었다. 대전 · 충남 지역 학생들은 부정선거 규탄투쟁에 나섰다. 1992년 3월 26일 한남대에서 대전대협 소속 학생 200여 명이 참가하여 '전대협 총선투쟁 보고 및 부정선거 규탄대회'를 대전대협의 주최로 개최했다. 이날 학생들은

집권 민자당이 과반수에 못 미치는 의석을 얻게 된 것에 승리의 초점을
맞추고, 민중당 해체와 통일국민당의 대거 당선에 대해 평가하고, 민자당
의 안기부를 통한 선거 개입, 기무사의 공개투표, 부재자 투표의 부정 등
을 폭로해야 한다고 주장했다. 집회 이후 학생들은 대전 시내 일대에서 부
정선거 규탄대회를 1시간가량 전개했다.

　이어 4월 1일 충남대에서는 400여 명의 학생들이 참여한 가운데 '부정선
거 규탄과 전대협 총회 사수 및 4월 투쟁선포식'이 총학생회 주최로 열렸
다. 총학생회장 나정헌(해양 4)은 3·24총선의 특징을 민자당 패배, 국민당
의 제3교섭단체로의 부상, 연예인들의 당선 등 대중사회적 정치현상의 대
두 등으로 규정하면서, 안기부의 선거 개입과 기무사의 공개선거를 규탄
했다. 학생들은 6공화국의 반민중적 경제를 규탄하고 민중생존권 쟁취를
위해 계속 투쟁하기로 결의했다. 집회 후 서문 밖으로 행진하면서 실천대
회를 개최하였는데, 전경의 진압으로 박성일(경영 3)과 성창호(중문 2) 등
11명의 학생들이 부상을 당하고, 이종석(신방 1)이 연행되었다 석방되었다.

　1992년 7월 28일에는 한남대 학생회 전 간부 5명이 이적단체 결성 혐의
로 충남경찰청에 의해 연행되는 사건이 일어났다. 이들은 1989년도 한남
대 총학생회 간부들로 활동하던 자들로서, 당시 총여학생회 여학생부장
서동순(회화, 1991년 졸), 문과대 학생회장 한동인(국문, 1992년 졸), 그림
패 '그림마당' 회장 송현경(회화, 휴학), 김강미(1991년 법정대 학생회장,
1992년 졸), 문석주(지역개발, 1992년 졸) 등이었는데, 전원 국가보안법과
집시법 위반 혐의로 구속되었다. 경찰은 이들이 1989년 1월부터 한남대를
중심으로 '민족 한남 활동가 모임'이란 이적단체를 만들어 강령과 규약을
정해 놓고, 시위를 주도하거나 각종 유인물을 제작해 살포해왔다고 발표
했다. 이에 대전·충남연합 인권위, 한남대 총학생회, 한남대 민주동문회
와 구속자 가족들은 기자회견을 열고, 경찰의 수사 발표는 다가오는 대통

령선거를 겨냥해 민주세력을 약화시키기 위해 날조한 것이라고 주장하면서, 그 증거로 "군복무 중 연행돼 고문을 받고 허위로 자백했다"라는 내용이 담긴 이광기(1989년 당시 총학생회 기획2부장)의 편지를 공개했다.(『한겨레』 1992년 7월 29일자; 『대전일보』 1992년 7월 28일자)

1992년 8월 들어 대전대협과 천대협 소속 학생운동세력은 대전 · 충남연합과 연대하여 배재대에서 8월 7일부터 9일까지 '92평화와 통일을 위한 시민 한마당'을 개최했다. 첫째 날 행사는 '겨레의 하나됨을 앞당기는 시와 노래 한마당 통일맞이' 순회공연이 있었다. 둘째 날에는 지역 비핵지대화와 토론 대회 및 통일 족구대회와 노래한마당이 열렸다. 셋째 날 행사로 통일선봉대 환영식 및 '92범민족대회 성사 결의대회'가 대전역에서 개최될 예정이었으나 경찰의 원천봉쇄로 무산되었다.

1993년 김영삼 문민정부가 들어서면서 학생운동 세력은 처음으로 들어선 문민정부를 어떻게 평가해야할지 몰라 갈피를 잡지 못한 채 많은 혼란을 겪었다. 특히 김영삼 정부가 여론에서 우위를 차지하고 있던 시기여서 전선을 명확히 한 투쟁을 전개하기가 어려웠다. 따라서 학생운동 세력에게는 조직력과 결속력을 강화하고 대중조직으로서의 기능과 역할을 더욱 높이기 위한 새로운 전환점이 마련되었다. 이제 학생운동 세력은 대외투쟁보다는 학내 복지사업과 대중운동에 대한 관심을 갖게 되었고 기층학생회 강화사업과 과별 학생회용 공간 확보사업, 족구대 설치, 바닥화 그리기 등의 복지사업을 전개해 나갔다.(충남대학교 민주동문회, 2006, 124쪽).

1980년대 후반 학생운동에 주요한 역할을 담당했던 전대협은 1993년 3월 20일에 전대협의 발전적 해체와 한국대학총학생회연합(이하 '한총련') 건설을 결의했다. 이후 3월 25일 한총련은 창립대의원대회를 갖고 공식적인 출범을 선언했다. 이런 전국적인 변화에 발맞추어 대전대협은 4월 3일 충남대 문과대 소강당에서 대전지역대학총학생회연합(이하 '대전총련') 건준위 제1차 정기대의원대회를 갖고 6기 대전대협을 평가한 후 대전총련을 건설해 나가기로 결의했다. 그 결과 5월 6일 충남대에서 지역 대학 800여 명이 참석한 가운데 대전총련이 공식적으로 출범했으며, 1기 의장으로 충남대 총학생회장 김율현(낙농)이 선출되었다.(『충대신문』 1993년 4월 5일자; 5월 10일자) 이후 이 지역 학생운동은 60년대부터 시작되어 80년대에 변혁운동으로 발전한 학생운동의 주요 흐름을 다시 계승하면서 한총련과 대전총련을 중심으로 새로운 시대를 향해 힘차게 나아갔다. 특히 김영삼 문민정부의 개혁이 허구임을 깨닫게 되면서 학생운동 세력은 다시 전열을 가다듬고 민주화의 실현을 위해 투쟁을 이어갔다.

제5절 대전·충남 지역 학생운동의 성격과 의의

대전·충남 지역의 학생운동은 1960년 4월혁명기부터 시작되어 한일협정반대투쟁, 유신반대 투쟁 등을 통해 그 맥이 이어졌다. 그리고 이런 운동의 전통이 강했던 대학들에서는 시대가 바뀌면서도 학생들의 동원화가 잘 이루어졌고 학생운동의 발전에 큰 공헌을 했다. 하지만 엄밀히 볼 때 지역운동의 관점에서 체계적으로 전개된 학생운동은 1980년대에 들어서서 본격화되었다. 이는 이 지역 최초의 의식화 동아리인 청람회가 만들어질 때 주동자들이 그동안 서울 중심으로 전개되던 민주화 운동을 지역운동의 시각에서 전개해야 한다는 생각을 가졌다는 점에서 잘 드러난다.

이 지역 학생운동은 1979년 10·26정변으로 인해 말미암아 갑작스럽게 찾아온 '민주화의 봄'이라는 새로운 정치상황에 학생들이 반응하면서 본격적으로 전개되었다. 물론 1980년 '민주화의 봄'시기 직전인 1979년에 일어난 '공주사범대 유신철폐 벽서사건', '충남대 중앙도서관 시국선언문 낭독

사건,' '목원대 중앙도서관 시국선언문 낭독 사건' 등도 1980년대 이 지역 학생운동의 태동에 상징적인 역할을 했다고 볼 수 있다. 10·26정변 이후 학생들의 집단적인 행동이 이곳저곳에서 발생했는데 이것들을 조직화하고 지속시킬 있는 선진적 운동가나 지도부가 잘 준비되어 있지 않았다. 따라서 폭발적인 학생들의 집회와 시위가 일어났지만, 이것은 일회적 수준에 머물렀고 지속적으로 조직화되지 못했다. 학생 지도부가 차츰 형성되면서 학생 자율기구의 부활과 학원민주화를 위한 투쟁을 시작했으나, 지도부는 기존 권력질서를 대체할 수 있는 이데올로기적 대안을 가지고 있지 못했으며, 기껏해야 자유주의 수준이나 부당한 권력에 저항하는 수준을 벗어나지 못하였다.

하지만 5·18민중항쟁과 학생운동 지도부에 대한 구속을 통해 이 지역 학생운동은 질적인 발전을 경험했다. 1980년 '민주화의 봄'을 주도했던 학생운동 지도부에 대한 구속은 운동세력의 소멸을 의미하는 것이 아니라, 오히려 지역에서 새로운 운동집단의 발생을 의미했다. 이 시기 학생운동은 엄청난 좌절을 경험했으며, 조직망은 역시 상당 부분 와해되었다. 그렇지만 학생운동은 새로운 방향으로 발전되었다. 즉 소규모 학습동아리 활동에 대한 탄압을 통해 학생운동이 단기적으로는 위축되었지만 장기적으로 지역민주화운동의 역량을 강화시키는 계기가 되었고, 당국의 탄압을 피해 일반 학생들에게 쉽게 접근할 수 있는 문화운동이 활성화되었다는 것이다.

1984년 전두환 정권이 단행한 학원자율화조치로 인해 학생운동 세력은 학내민주화 문제를 제기하면서, 학원자율화 투쟁에 몰입했다. 가장 중요한 사건으로는 '충남대 학원자율 수호 사건'(1984. 3~1985년 초), '목원대 학원민주화 추진위 사건'(1984. 4. 13~5. 25, 1988. 9. 16~12. 6), '한남학원 자율화운동'(1984. 5. 3~1984. 11. 12), '공주사대 교육문제 관련 학내 투쟁'(1986.

5. 12~1988. 5. 27), '공주교대 어용교수 퇴진 및 대학언론 자율화 시위'(1987. 9. 23) 등이 있다. 당시 학내 문제와 관련하여 제기된 문제는 지도휴학제 폐지, 강제 징집 철폐, 총학생회 인정, 평교수회의 부활, 해직교수 복직, 학원사찰 중지, 학도호국단 폐지, 대학언론의 자유 보장, 폭력경찰의 사과, 집시법 폐지, 구속학생 석방, 어용교수 퇴진, 상대평가제 폐지, 교원적체 해소, 교원 임용고시 철회 등이었다.

1986년 가을학기부터 대전·충남 지역의 학생운동은 그동안 진행되어 오던 학생운동과는 다른 양상을 보여주었다. 공동 목표와 연합시위가 성행했으며, 시위가 대학 캠퍼스에서 일상화되었다. 1987년 초에 들어서면서 학생운동은 조직형태와 운동방식에 있어서 질적 변화를 겪었다. 1987년 초에 불거져 나온 박종철 고문치사사건을 계기로 학생운동은 보다 대중적인 방향으로 발전하였다. 그 결과 비공개 동아리에서 지도력을 가지고 있던 운동가들이 총학생회와 단과대 학생회로 이전하여 지도력을 확보하였다.

또 이 시기 학생운동의 내용상의 중요한 변화로는 개별 대학 캠퍼스를 뛰어넘는 대학 간의 연대사업을 들 수 있다. 이 연대 사업은 1985년 초 이후 대전·충남 지역 대학들 사이에서 지속적으로 시도되어왔던 연대투쟁의 결과물로서, 지역 차원에 머무르지 않고 전국 차원으로 뻗어나갔다. 1987년에 들어서면서 대학 간 연대사업의 결과로 '호헌 철폐 및 장기 집권 저지를 위한 충남권 대학연합위원회'이 결성되었고, 이후 충남애국학생투쟁연합(이하 '충남애학투')으로 발전되었다. 충남애학투는 각 대학에서 5·18민중항쟁 계승투쟁을 주도했던 투쟁위원회가 주축이 되었으며, 대전·충남 지역 대학 간의 연대투쟁을 조직화하였다. 충남애학투는 6월항쟁에도 주도적으로 참가하였으며, 6월민주항쟁 이후 전대협으로 전환되었다.

1987년 8월 이후 대통령선거 국면을 맞게 되면서 이 지역 학생운동세력은 다른 사회운동 진영과 마찬가지로 적절한 전략전술을 선택하지 못하고 분열함으로써 패배를 경험하였다. 그 결과 군사독재정권이 부정·조작 선거를 통해 재집권할 수 있는 길을 열어주고 말았다. 당시 대전·충남 지역 학생운동세력은 대체적으로 대선에 무관심하였고, 내부적으로 통일된 입장을 정하지 못한 채 정국의 흐름에 끌려갔다. 그 결과 학생운동세력은 각 정파가 지닌 입장에 따라 나뉘어 대선 국면에 임했다.

　1988년 대전·충남 지역 학생운동은 '조국통일 촉진투쟁'을 새로운 전략적 목표로 내세웠다. 당시 노태우 정권은 직접선거라는 이름으로 재집권한 군사정권의 정당성을 확보하고, 북한에 대한 남한의 우위성을 세계에 알려 한반도의 분단을 영구화하는 데 88올림픽을 이용하고자 했다. 이에 학생운동 세력은 분단 올림픽을 거부하고 통일 올림픽을 쟁취하는 데 투쟁을 집중하였고, 이를 위한 방법으로 남북학생회담을 추진하였다. 이후 조국통일 촉진투쟁은 1990년에 반미투쟁과 통일운동이라는 발전된 운동의 양상으로 나타났다. 특히 학생운동은 민족의 통일문제를 전면에 내걸고 1990년대를 향해 새롭게 발걸음을 내딛었다.

　대전·충남지역의 학생운동은 전국의 주요 대학들 못지않게 매우 활발하게 민주화운동을 전개했으며, 민주화운동사에서 여러 가지 의의를 갖는다. 무엇보다, 1960년대부터 비롯된 반독재민주화투쟁의 정신이 1980년대에 들어와 조직적인 체계를 갖춘 학생운동으로 자리 잡게 되었다는 것이다. 특히 학생운동 세력은 처음으로 지역운동이라는 관점에서 민주화 운동을 시작한 집단이라는 점에서 큰 의의를 갖는다. 그리고 학생운동 세력은 이 지역에서 민주화의 봄 시기에 가장 먼저 민주화의 기치를 내건 집단이었다는 점도 중요하다. 학생들은 억압당했던 학원의 자율화를 회복하기 위해 투쟁했을 뿐 아니라 혹심한 탄압 가운데 많은 희생을 치루면서도 민주화운동을 계속 전개했다. 그리고 이 지역 학생운동 출신들이 노동 현장

과 지역 운동계에 대거 투신함으로써 1990년대 이후 이 지역 민주화운동
과 시민운동의 역량을 증진시키는 밑거름이 되었다.

제2장 노동운동

제1절 대전·충남 지역의 사회경제적 상황

대전·충남 지역은 몇몇 도시를 제외하고 전통적으로 농업을 중심으로 발전되어 온 지역이다. 박정희 정권은 제1차 경제개발계획(1962~1966)을 추진하면서 서울 구로공단을 시작으로 전국에 수출산업단지를 개발하기 시작했다. 특히 노동집약적 경공업을 중심으로 공단을 조성하기 시작했는데, 1960년대 중반에 들어서면서 지방도시에서도 산업단지 개발이 이루어졌다. 하지만 수출산업단지 건설은 전국 제조업에서 서울시가 차지하는 비중이 증가하는 데 중요한 영향을 미쳤다. 산업화가 급격하게 이루어지면서 농촌과 지방 인구들이 대도시로 유입되어 도시노동자들이 점점 증가하게 되었다. 이것은 서울이나 몇몇 도시를 제외하고는 노동운동이 발전하지 못하는 요인으로 작용했다.

광공업 종사자의 시·도별 비중을 보면 서울시가 1960년에 전국의 22.5%에서 1970년에는 31.4%로 급증하였다. 충남은 오히려 1960년대 7.8%에서, 1970년대 5.7%로 수치가 줄어들었다.

〈표 1〉 전국 대비 시·도별 광공업 종사자 수 비중

(단위: %)

	전국	서울	부산경남	경기	강원	충북	충남	전북	전남	경북	제주
1960년	100.0	22.5	21.0	9.3	8.7	3.3	7.8	5.9	6.0	14.9	0.6
1970년	100.0	31.4	21.4	11.9	5.2	2.7	5.7	4.0	5.6	11.4	0.6

자료 : 통계청 KOSIS.

대전은 중부권의 중심 도시로서 일제강점기인 1932년에 도청소재지가 되었고, 1948년에는 대전부에서 대전시로 승격되었으며, 다시 1989년에 직할시로 승격될 때까지 계속 성장해 왔다. 1960년대와 1970년대에는 인구증가율이 30%를 넘을 정도로 인구가 급격히 증가했으며, 특히 산업단지 조성과 대덕군 편입으로 도시화와 산업화가 빠르게 진행되었다. 〈표 2〉는 1968년 대전의 산업별 총생산의 변화를 잘 보여준다.

〈표 2〉 대전 지역 총생산 산업별 구성비

(단위: 당해년 가격, 억원, %)

연도	대전				전국 총생산	전국대비 차지비중
	총생산	농림어업	광공업	SOC 및 기타서비스업		
1968	214	9	799	126	15,980	1.3
1970	409	12	169	228	25,892	1.6
1980	5,939	88	1941	3,910	343,216	1.7
1989	37,419	642	8890	27,889	1,616,926	2.3
1990	10,779	656	12,907	27,216	1,771,143	2.4
1995	95,595	591	17,187	77,818	1,011,300	2.3
2000	140,083	659	25,343	114,081	6,037,331	2.3
2005	200,299	569	28,213	171,517	8,693,046	2.3
2007	221,858	508	30,258	191,092	9,830,303	2.3

자료: 대전광역시, 『대전통계연보』.

전국 주요 도시마다 산업지구가 들어섰다. 하지만 대전·충남 지역의 경우, 1973년에 확정된 '대덕연구학원도시 건설 기본계획'에 따라 유성 일

대가 대덕연구단지 지구로 지정되고, 1977년에는 대덕연구단지가 산업기
지개발구역으로 지정되는 정도였다. 대전 지역은 영세 제조업체들이 시내
곳곳에 위치해 있었으며, 충남 전 지역에 걸쳐 1980년대 중반부터 농공단
지가 조성되기 시작했다. 대전 지역의 경우, 대화동에 1973년부터 제1공업
단지가 조성되고, 1975년에 제2공업단지가 조성되면서 본격적으로 제조업
체들이 밀접한 산업지역으로 바뀌었다. 이것을 좀 더 구체적으로 살펴보
면 제1단지는 1969년 4월~1973년 4월에 대화동에 총 1만 4,000평 규모로 조
성되었고, 기계 16, 화학 9, 섬유 2, 전기제품 4, 기타 10개 업체 총 41개
업체가 입주하였다. 제2단지는 1975년에 총 23만 5,000평 규모로 조성되었
으며, 섬유 4, 기계 12, 화학 13, 전기제품 3, 기타 6개 업체로 총 38개의
업체가 입주하였다. 1993년부터 제3, 4공업단지가 기존의 대화동 지역 이
외에 신탄진 지역 부근에 조성되었는데, 대전시의 취약한 2차 산업의 구성
비율을 높이고자 주로 제조업 계통을 입주시켰다.

제2절 노동운동의 대두

대전·충남 지역의 노동운동은 1970년대 후반까지 성장하지 못했다. 역
사적으로 중요한 시기를 겪을 때마다 이 지역의 일부 노동자들도 개별 사
업장에서 개별적으로 참여는 했지만 아직 조직적인 차원의 민주노동운동
은 찾아 볼 수 없었다. 그 주된 이유는 대전·충남 지역에 흩어져 있던 제
조업체의 수가 적고, 그 규모 역시 영세성을 벗어나지 못했기 때문이다.
그리고 노동운동을 조직하고 지원할 외부 세력들이 존재하지 않았다. 대
전 지역의 경우, 노동조합 수가 1959년에는 19개에 불과하였다. 1980년에
가서야 66개로 증가하였고, 87노동자대투쟁 이후 크게 증가하여 1990년에

는 210개가 되었다. 하지만 1990년대 중반 이후를 지나면서 크게 감소했다.(대전광역시 편, 2009, 53 · 59쪽)

1948년 대한민국 정부가 수립된 이후 대전 · 충남 지역에서 노동쟁의가 일어난 것은 1960년이 처음이다. 4월혁명기에 분출한 전국적 민주화투쟁은 사회 전반에 큰 영향을 끼쳤으며, 그 결과 각계에서 민주화운동이 일어났다. 대전 · 충남 지역의 노동계도 예외가 아니었다. 대전방직회사 남녀 노동자 950여 명이 1960년 5월 26일 오후 2시 회사 광장에 모여 노동자의 피와 땀을 착취하는 기업주를 추방하자고 외치면서 농성투쟁에 들어갔다. 이날 투쟁에서 이희연을 비롯한 대전방직 전 노동자들은 '현 임금을 배로 인상하고, 8시간 노동제를 실시하라', '악질 간부를 추방하라', '사원社員과 고원雇員의 차별을 없애라', '위생시설을 조속히 시설하라', '노동조합의 위치를 재인식하라' 등의 구호를 내걸었다. 이날 시위로 인해 대전방직회사 응접실 유리창 수십 개가 파손되었으나 인명피해는 없었다.

대전 남선전기 노동자 100여 명도 1961년 3월 31일 오전 10시 반부터 '전업 삼사 통합반대'를 외치며 시위를 벌였다. 이들은 남선전기노조 대전지부에 속한 조합원들이었으며, 이날 2열종대로 질서정연하게 시내 거리를 행진하면서, 퇴직금 일시 지불과 감원 반대 등 6개 항목의 요구조건을 내걸었다.

5 · 16쿠데타 이후 대전 · 충남 지역에서는 노동자들의 투쟁이 거의 일어나지 않았다. 노동자들의 투쟁이 다시 시작되는 것은 1970년대에 들어서면서이다. 1971년 9월 7일 대전역 무연탄 하차작업에 종사하는 운수노조원 37명이 작업비 인상을 요구하면서 쟁의를 벌였다. 1971년 10월 6일에는 천안시 완촌동 주민 100여 명이 무허가 건물 강제철거 후의 사후대책을 마련해달라고 요구하며, 천안시청에서 농성을 벌였다. 이 지역 도시빈민들의 최초의 집단적인 투쟁인 셈이다.

노동조합 결성투쟁도 벌어졌다. 1971년 11월 16일 대전 시내 15개 극장의 영화기사들이 노조를 결성하여 연합노조에 가입하자, 극장 측에서 40여 명을 무더기로 해고하였다. 이에 대해 영화기사들은 해고된 기사들의 복직을 요구하며 집단적으로 농성을 벌였다. 11월 23일에는 연합노조 충남지부에서 대전극장협의회 소속 17개 극장의 영화기사들이 노조를 인정할 것을 요구하면서 노동쟁의를 벌였다.

1970년대 후반에 들어서서 대전·충남 지역 대학의 몇몇 학생운동가들이 노동운동에 관심을 가졌지만, 현실로 구체화되지는 않았다. 당시 학생운동의 주요 관심사가 민주화에 있었기 때문이다. 하지만 1980년 민주화의 봄과 5·18민중항쟁을 겪으면서 대전·충남 지역의 노동자들과 학생운동가들의 사회·정치의식이 새롭게 깨어나기 시작하였고, 조직운동으로서의 노동운동 역시 태동할 준비를 하고 있었다. 이 때 일부 학생들과 종교인들은 노동야학을 운영하면서 노동자들의 권익 향상을 위해 이미 활동하고 있었고, 학생운동가들이 학교를 중퇴하거나 졸업한 후 노동현장으로 개별적으로 투신하기 시작했다. 이런 현장 투신은 1984년~1985년 무렵이 되면서 조직적이고 집단적인 형태로 발전되면서 이 지역 노동운동이 서서히 세력을 형성해 나갈 수 있게 되었다.(박노영 외, 2011, 25~26쪽)

제3절 노동운동의 성장(1980~1986)

1. 소망야학과 가톨릭노동청년회

1983년부터 대전 대화동 공단지역에서는 소망야학이 시작되어 이 지역 노동운동의 성장에 중요한 역할을 감당했다. 소망야학은 검정고시 야학으로 시작하여 점차 생활야학, 노동야학으로 발전되었으며, 1년에 30여 명의 졸업생들을 배출하였다. 이후 소망야학은 늘푸른야학으로 명칭을 변경해 활동을 계속하였고, 1989년 이후 졸업생을 중심으로 늘푸른노동청년회로 전환하여 노조 지원사업을 중심으로 활동했다. 졸업생으로 노동운동 지도력으로 활동하게 된 자들로는 상왕노조 조상익 위원장, 장경신 부위원장, 늘푸른청년회 이병국 회장, 이대환 등이 있다. 당시 야학 교사로 활동했던 자들로는 충민노협 김문창 의장, 선창규 의장, 대화노동상담소 정희영 소장, 전자통신노조 장길주 사무국장 등이 있다.

대전·충남 지역에서 노동운동이 성장하기 전에는 소망야학과 함께 대전지역 가톨릭노동청년회(이하 '대전지역 가노청')가 상당히 주요한 역할을 하였다.

대전지역 가노청 활동가들은 대사동성당을 중심으로 활동하였는데, 섬유, 봉제, 방직 등의 공장의 노동자들이 활동에 참여하였다. 대화동은 공단 노동자들이 제일 많아 제일제침, 마신산업, 한우 등의 노동자들도 가노청 활동을 했다. 당시 가노청은 본격적인 노동운동보다는 5·18민중항쟁의 충격에 따라 민주화운동과 근로조건 개선을 요구하는 차원이 혼합된 형태의 활동을 전개했다. 이들의 활동은 주로 기초적인 근로기준법 학습, 5·18민중항쟁 영상 상영, 의식화 학습, 문화모임 등이었다. 대전지역 가노청은 박종만 회장, 선재규 동일계전 위원장, 이상태, 윤석경, 나창수, 채병무 등 다수의 노동운동가를 배출하였다.(김문창, 2008, 1~2쪽)

2. 대학생들과 대학 졸업자들의 노동현장 투신과 노동운동 참여

대전·충남 지역의 대학생들과 대학 졸업자들의 노동운동 참여는 몇 가지 측면에서 중요한 의미를 갖는다. 첫째, 이 경험은 이후 사회 각 분야에서 활동하게 된 참여자들의 삶과 활동 방식에서 민중 지향적 규범과 가치를 형성하여 한국 사회 민주화와 사회운동에 중요한 영향을 끼쳤다. 둘째, 대전·충남 지역 민주화운동과 전국적 차원의 노동운동의 연대와 발전에 기여하였다. 특히 학생운동 출신 활동가들이 주축이 된 충남민노협과 충남민주노동자연합은 전국노동운동단체협의회에 적극적으로 참여함으로써 노동운동의 전국적 확산에 구심점 역할을 했다. 또한 금속노조 중심의 천안아산노조대표자회의와 화학노조 중심의 서산태안노조대표자회의에도 다수의 학생운동 출신 활동가들이 조직 운영과 투쟁을 조직하는 일에 직접적으로 참여하여, 충남 지역 노동운동을 활성화하는 데 많은 영향을 끼쳤다. 셋째, 학생운동 출신들이 1987년 6월민주항쟁으로 열린 정치적 공간에서 지역의 자주적 대중 노동운동·노동조합운동이 형성되는 초기과정에서 현장 활동의 경험을 바탕으로 일정 부분 기여를 했다. 즉 학생운동 출신 활동가들은 택시노동자노동조합 결성, 개별적 노동조합 결성, 연구전문기술직노동조합 결성 등 이 지역의 산업 노동자와 화이트칼라 노동자들이 벌인 크고 작은 조직 결성 투쟁과 근로조건 개선 투쟁을 지원하였다.

1980년대 중반까지 충남 지역의 학생운동은 전국적 차원의 학생운동 및 민주화운동과 조직적으로 밀접한 관계를 유지하지는 않았지만, 전국적인 계기와 흐름 특히 서울 중심의 운동에 영향을 받았다. 1980년 5·18민중항쟁 이후 전국적인 민주화운동은 점차 노동자·농민·빈민 계급들이 운동의 주체가 되어야 한다는 방향으로 전환되고 있었다. 대학에서 학원민주화운동을 경험한 학생운동가들은 졸업과 함께 점진적으로 공장으로 운동의 무대를 전환하였다. 대전 지역에서도 노동운동에 헌신하고자 개인적 차원에서 노동현장에 투신하는 활동가들이 있었고, 또 어떤 자들은 공개된 단체를 통하여 노동자들을 지원하고자 노력하였다.

대전·충남 지역에서 노동 현장에 먼저 투신했던 학생운동가 출신은 충남대에 재학 중이던 이완규(기계공학 73학번)이다. 그는 충남대 학생운동에서 중요한 역할을 담당했으며, 청람회라는 조직을 주도했다. 청람회는 현장활동을 주요 사업과제로 설정하고 있었는데, 이완규는 1970년대 말에 이미 현장에 투신해 있었다. 하지만 이완규는 1979년 10·26정변 이후 학생운동을 강화하기 위해 학교로 복학하면서 현장 활동을 마무리했다. 충남대 학생이던 선재규(사회학 75학번) 역시 노동운동에 뜻을 품고 개별적으로 노동 현장에 투신하였다. 이후 정희영을 중심으로 조직된 늘푸른야학의 활동과 김문창이 지도한 가노청의 활동 역시 대전·충남 지역 노동운동의 성장에 중요한 공헌을 했다.

천안·아산 지역에서는 정원영이 1989년에서 1990년에 천안노동상담소를 설립하여 지역의 다양한 노조민주화투쟁과 신규 노조 설립을 지원하였고, 노동자민주학교를 꾸준히 개최하며 민주노조운동의 흐름을 확대해 나갔다. 특히 김문창 등이 강사로 강의했던 노동자민주학교에는 매년 500여 명 이상이 참여했다.(안병일의 증언)

충남대를 중심으로 한 대전 지역 대학생들의 노동현장 투신은 1983년 민중야학 해산 이후인 1984년부터 시작되었다. 당시 학생운동 세력은 반독재민주화투쟁을 중시하는 '정치투쟁론자'와 노동운동이나 농민운동을 통한 사회변혁을 중시하는 '현장론자'로 나뉘어 있었다. 특히 현장론자들은 학생운동만으로는 진정한 사회변혁을 이룰 수 없다고 보고, 공장이나 농촌에 투신하여 사회변혁운동을 조직화할 필요가 있다고 주장했다.(박노영 외, 2011, 25~26쪽) 대전 지역에서의 노동현장 투신은 대화1·2공단에 집중되었다. 그리고 투신이 가장 활발하게 이루어질 때는 투신조를 섬유봉제팀(원미섬유, 한미타올, 충남방직, 옥산봉제, 동방의료양행, 성남무역 등), 화학팀(한우, 제일제화, 동신전선, 대전피혁, 한국타이어, 한국전지, 대성제화 등), 금속팀(한국이연, 한국특수금속, 삼왕, 남선기공, 기흥기계,

동방기계, 제일제침) 등으로 나누고, 소그룹 운동을 전개하기도 하였다.

당시 학생운동 출신들의 노동현장에 대한 조직적인 참여는 1986년 이후 좀 더 본격적으로 이루어졌다. 이것은 학생운동과 청년운동 등 대전·충남 지역 민주화운동이 전체적으로 네트워크화 되는 과정에서 이루어졌다. 대전 지역의 노동운동은 다른 운동과 분리되어 이루어지지 않았으며, 또한 노동현장에 참여한 활동가들의 지속적인 통합과 연대가 이루어졌다는 특징이 있다. 충남대의 경우, 1985년에 78학번의 송인용·심재수·김진수가, 1986년 이후에는 79학번의 전용우·장수명·이계석·박건병, 80학번의 박영순, 81학번의 이인영, 82학번의 이재철·최미숙·홍미라·황은경·박용운, 83학번의 이재영·전혜련·김진종(충남대 총학생회장)·이금자, 84학번의 김승일과 이은영, 85학번의 전정란과 김용삼, 88학번의 홍춘기와 홍미영 등이 노동현장에 투신하였다. 공주사대에서도 최민혁과 이상수 등의 학생운동 출신들이 노동현장에 투신하였다.(장수명과 김문창의 증언). 단국대 천안캠퍼스 84학번의 이홍근과 안병일, 87학번의 김광운, 순천향대 86학번 이병재, 기타 정원영, 이진숙, 조광복, 이해철 등 많은 학생운동 출신들이 노동현장으로 직접 투신하거나 노동단체를 조직하여 노동운동을 시작하였다. 이 시기는 그야말로 학생운동 출신들이 노동운동에 조직적으로 참여하는 전성기였다.

학생운동 출신들이 노동현장에서 크고 작은 투쟁을 활발하게 전개하였지만, 이들의 활동은 일정한 한계를 지니고 있었다. 극히 일부 사업장의 경우를 제외하고는 표면적인 성과와 대중조직화를 이끌어내기가 어려웠다. 그것은 사회적 여건이 미성숙했고, 개별적이고 단기적인 현장 활동의 상황 때문이었다. 1985년 이후에 집중적으로 일어났던 학생운동 출신들의 노동현장 투신은 오래가지 못했다. 현장에 투신한 운동가들이 노동현장에서 노동자들과 착근하는 시간은 길지 않았다. 결국 학생운동 출신들의 노

동현장 투신은 지역 노동운동의 조직적 발전에는 크게 기여하지 못한 것
으로 평가된다.

3. 1987년 이전의 주요 노동자투쟁

1985년 제일제침에서 김문창, 윤석경, 이상태 등이 중심이 되어 민주노
조 결성을 위한 투쟁을 전개했다. 하지만 노조 결성에 참여한 노동자 39명
이 해고되면서 노동자들의 투쟁은 좌절을 맛보았다.

같은 해 7월 주물생산업체인 성남주공의 노동자들이 체불임금 지급과
생계대책을 요구하면서 파업에 들어갔다. 성남주공은 임금체불이 3~5개월
에 이를 정도로 장기화되었는데, 노동자들은 체불임금 지급을 요구하면
서, 7월 8일에 1차 파업에 들어갔다. 파업 직후 사측이 임금 지급을 약속하
여 작업에 복귀했지만, 체불된 임금이 있는 상태에서 회사는 부도 처리되
었다. 노동자들은 다시 7월 25일과 26일 양일에 걸쳐 파업농성을 전개하였
지만 문제는 해결되지 않았다. 이에 노동자들은 7월 27일 '생계대책 보장
하라', '배고파서 못 살겠다'라고 적힌 플래카드를 들고 공단 거리로 나와
공단 입구까지 시위를 벌였다.

우레탄 신발을 만드는 제조업체인 한우에서는 노동자들이 열악한 노동
환경을 개선하기 위한 투쟁을 전개했다. 당시 한우 노동자들은 극심한 노
동 착취와 비인간적인 취급을 당하였다. 잔업수당도 받지 못한 채 하루
12~15시간씩 노동을 해야 했고, 관리자의 폭행도 빈번하게 일어났다. 이런
상황에서 일부 노동자들이 청주도시산업선교회와 접촉하게 되면서 비인
간적이고 부당한 노동현실에 눈을 뜨게 되었다. 그 결과 50여 명의 노동자
들이 1985년 4월경 '한마음'이라는 친목회를 만들어 근로기준법을 공부하
기 시작했다. 하지만 일부 노동자들의 배신으로 한마음회의 존재가 사측

에 알려지게 되었고, 회원들은 회사와 보안사로부터 심한 탄압을 받기 시작했다. 특히 한마음회 총무였던 김태평이 1986년 3월 20일 회사에서 군정보기관인 보안사로 끌려갔고, 이후 4명의 회원이 더 끌려가 온갖 협박과 위협을 받으면서 한마음회를 해체할 것을 강요받았다. 이에 불응하자 노동자들을 용공분자, 간첩, 빨갱이, 불순분자로 매도하기 시작했다. 결국 회사 간부와 보안사 직원이 보는 가운데서 한마음회 회원들은 한마음회를 해산했다. 총무 김태평은 강제 연행되어 고문을 당한 후 강제로 사직서를 썼다.(충남민주노동자협의회 편, 1989, 220~221쪽)

제4절 '87노동자대투쟁'과 노동운동의 폭발(1987~1988)

1. 87노동자대투쟁

1987년 6월에 전국적으로 일어나 민주항쟁의 열기를 이어 받아 노동운동 역시 폭발하기 시작했다. 억압적이던 정권이 민주화라는 새로운 역사적 장의 출현으로 그 힘이 약화되면서, 그동안 억눌려 왔던 노동운동계 역시 1987년 7~9월 노동자 대투쟁을 전개했다. 특히 울산 현대엔진 노동자들의 민주노조 결성 투쟁을 시작으로 노동자들의 투쟁이 전국에서 일어났다. 당시 노동부의 집계에 따르면, 1987년 한 해 총 3,749건의 노동쟁의가 발생했는데, 이는 전년도인 1986년에 발생한 276건의 무려 13.6배에 달하는 수치였다.

대전 지역에서는 대화공단에 위치한 동신전선투쟁(8월 7일)을 기점으로 8월에서 9월 초까지 폭발적으로 파업이 일어났으며 9월 중순으로 접어들면서 급격히 횟수가 줄어들어 소강상태에 접어들었다.[52] 당시에 노동자들의 투쟁은 방적, 피혁, 금속, 화학 등 제조업 부문에서 택시, 시내버스 등과 같은 운수 부문에 이르기까지 광범위한 범위에서 일어났다. 당시 이들의 주요 요구 사항은 자주적인 노조 결성과 활동 보장, 어용노조 퇴진, 임금 인상과 노동조건 개선, 인간적인 대우 등이었다.(박노영 외, 2011, 44쪽)

대전 지역 노동자들의 투쟁은 1987년 7월 대화공단에 위치한 동신전선에서 시작되었다. 동신전선은 형광등 갓을 만드는 회사로서 고용 노동자가 500여 명에 달할 정도로 규모가 큰 제조업체였다. 동신전선 노동자들이 근로조건 개선을 요구하자, 회사 측에서는 노동자들을 탄압하였고, 그 과정에서 어용노조 간부가 한 여성노동자를 폭행하였다. 이에 노동자들이 파업농성을 시작하였다. 이들은 어용노조 민주화를 핵심적인 투쟁 목표로 설정하였다. 회사 측은 파업 현장에 구사대를 진입시켜 파업 노동자들을 진압하려 하였다. 이에 현장투신 활동가였던 이재철과 이금자 등은 신나를 뿌리고 구사대에 대항하였다. 결국 동신전선 노동자들은 이 파업을 통해 노동3권을 보장받았다.

8월 12일에는 충남방적 노동자 2,000여 명이 임금인상과 준사원제 폐지를 요구하면서 농성에 들어갔다. 충남방적 노동자들은 이 날 오후 12시 30분부터 중구 원내동 100번지에 위치한 회사운동장에서 '어용노조 퇴진, 임금인상 40%'라는 요구조건을 내걸고 농성을 벌이기 시작했다. 오후 7시 45분 쯤 충남방적 회장이 노동자들과 대화를 시도했으나 실패하였고, 결국 충남방적 측은 대전세무서에 휴업신고서를 냈다.(『조선일보』 1987년 8월 13일자)

1987년 8월 14일과 15일 양일에 걸쳐 대전 시내버스가 총파업에 들어갔

---

52) 당시 1987년 6월 29일부터 10월 4일까지 전국에서 일어난 노동쟁의 건수는 3,255건수였고, 같은 기간 대전·충남 지역에서 일어난 노동쟁의 건수는 총 68건이었으며, 전국과 대전·충남 지역 모두 8월(8. 3~8. 30)에 가장 많은 노동쟁의가 일어났다.(김유선, 1998, 4쪽)

다. 당시 노동조합은 회사의 이익을 대변하는 단체로 전락한 상태였으며, 기업주와 결탁하여 만들어낸 임금협정은 노동자의 근로조건을 오히려 악화시켰다. 이의를 제기하는 조합원은 각종 불이익을 감수해야만 했다. 이에 노동자들이 스스로 일어나 총파업을 벌인 것이다. 이 총파업에는 계룡버스, 경익운수, 충진교통, 신일교통, 한밭여객, 동진여객 등 총 14개 시내버스 회사에 속한 운전사 1,106명이 참여했다. 이들은 임금인상, 상여금 인상 등 10개 항의 요구조건을 내걸었다. 14일 오전 6시 서진운수와 계룡버스 운전사 100여 명이 처음으로 버스 운행을 거부하기 시작했으며, 이후 전 회사로 확산되었다. 파업에 참가한 운전사들 150여 명은 15일 오전부터 중구 정동에 위치한 충남버스운송사업조합 광장에서 '임금협상 조기타결'을 외치며 농성을 벌이다 오후 4시쯤 오토바이 20여 대를 앞세우고 중앙로와 도청 앞을 행진하며 시위를 벌였다.(『조선일보』 1987년 8월 16일자)

시내버스 총파업 투쟁 이후 경익운수에서는 어용노조 집행부 사퇴와 민주노조 결성을 위한 움직임이 일어났다. 양일간에 진행된 파업에도 불구하고 어용노조 집행부는 사퇴를 하지 않았다. 김정복을 비롯한 몇몇 노조원들은 어용노조 집행부에 대한 불신임을 결의하고, 노조원 115명 중 111명의 서명날인을 받아 '민주노조 추진위원회'를 결성함과 동시에 김정복을 위원장으로 추대하였다. 1987년 8월 16일 현 어용노조 위원장에 대한 불신임 결의서를 제출하기로 결정한 상태에서 유천동에 살고 있는 한 조합원의 집에서 30여 명이 모여 '임시총회 소집을 위한 간담회'를 가졌다. 다음날 새벽 2시에 회사 사장이 구사대 12명을 대동하고 간담회 장소에 쳐들어왔고, 간담회장은 순식간에 아수라장이 되고 말았다. 대부분의 조합원들은 옥상으로 피신했지만, 김정복은 구사대의 폭력으로 목과 허리를 다쳐 3주 진단에 해당하는 상해를 입었다. 김정복은 치료 후 동지들을 재집결시켜 앞으로 계속 합법투쟁을 벌일 것을 결의하고 농성 2일만에 해산하였다.

1987년 8월 25일 회사 측은 김정복을 노동쟁의조정법, 집시법, 폭력, 명예훼손 등으로 고발했다. 김정복은 구사대에 의해 3주 진단에 해당하는 상해를 입었는데도 오히려 29일에 경찰에 구속되었다. 회사 측은 김정복을 1987년 10월 5일자로 해고했다.[53]

시내버스 운전사들의 총파업에 이어 8월 18일에는 대전·충남 지역 택시 운전사들이 파업에 돌입했다. 대전 시내 77개 택시회사 중 14개 택시회사 운전사 300여 명은 단위노조 결성을 요구하며 운행을 거부하고, 이날 오후 2시쯤 중구 선화동 동양백화점 앞 네거리에서 격렬한 시위를 벌였다. 오후 3시경에는 도청 앞으로 몰려가 구호를 외치며 연좌시위를 벌였다. 시위대는 이때 시위에 동참하지 않고 이곳을 지나던 택시 21대와 시내버스 2대의 유리창에 돌을 던져 부수는 등 과격한 시위를 벌였다. 운전사들은 자신들의 집회를 경찰이 강제로 해산시키려 하자, 오후 3시 30분쯤 도청 앞을 떠나 노동부 대전지방사무소 앞을 지나면서 보도블록을 부수고, 이를 노동부에 던져 건물 유리창 50여 장을 깨뜨리기도 했다. 오후 3시 50분쯤에는 대흥동5거리로 이동해 운행 중이던 화성운수 소속 택시를 유리창을 부수고 전복시켰다. 이후 원동4거리 등 시내 중심가를 돌며 가두시위를 계속했다. 이날 시위 운전사 중 47명이 경찰에 연행되었다.

대전 지역 택시 운전사들의 파업에는 다른 지역의 택시 운전사들도 동참했다. 온양의 2개 택시회사 20대, 홍성의 1개 택시회사 18대 등 많은 운전사들이 운전을 거부하고 파업에 동참했다.

18일 파업에 동참하지 않는 택시를 뒤엎는 등 과격 시위로 번진 택시

[53] 김정복은 1988년 1월 1일 석방된 이후 스스로 근로기준법, 노동조합법, 노동부 예규, 법원판례집 등을 보며 직접 재판을 진행하면서 결국 해고된 지 3년 2개월만인 1990년 12월 27일 대법원에서 해고무효 확정 선고를 받았다. 그 후 1992년 2월 1일에는 그동안 밀린 임금 및 상여금 등을 요구하는 소송에서 회사 측이 김정복의 요구조건을 100% 이행하는 조건으로 합의가 이루어져, 5년간에 걸친 긴 법정 투쟁을 승리로 마감하였다.(『노동법률소식』 26호)

운전사들의 파업은 19일 77개 택시 회사에 속한 총 2,280대의 택시가 전면 운행중지하는 사태로 확대되었다. 결국 사태의 심각성을 파악한 노사 양측은 19일 밤 5시간의 협상 끝에 합의에 이르렀고, 20일부터 택시 운행을 재개하기로 결정하였다. 이날 노사 양측이 합의한 사항은 근로자 30인 이상 업체를 연합노조에서 탈퇴시키는 문제는 도가 법 절차에 따라 처리하고, 사용자는 자율적인 단위노조가 설립될 때 이에 협조하며, 지난 8월 7일 협정된 임금인상률 8.7%는 내년 임금조정 때까지 유효하다는 내용이었다.(『조선일보』 1987년 8월 20일자)

8월 3일부터는 계량기 수리업체인 동일계전(대전시 동구 용문동) 노동자들이 노동조합 설립투쟁을 전개하였다. 동일계전 노동자 80여 명은 8월 3일부터 9월 4일까지 지속적으로 임금인상 투쟁을 벌였고, 그리고 9월 23일에 노동조합을 결성하였다. 노동자들의 월급은 초임이 한 달에 12만 원이 되지 않았다. 노동자들은 최소한의 인간다운 생활 보장을 위해 초임을 15만 원으로, 근무년수에 따라 일당 200원씩을 인상해 달라고 요구하였다. 회사 측은 노동조합원들에 대해 부서를 부당하게 이동 배치히고 불필요한 서류를 요구하면서, 이에 불응할 시 해고하겠다고 위협하였다. 동일계전노동조합은 이에 굴하지 않고, 회사 측의 탄압에 맞서 활발한 교육과 선전 활동을 전개했다. 11월 초에는 회사 측에 단체협약 체결을 요구하였으나, 회사 측은 여러 가지 핑계를 대면서 단체협약 체결을 미루었다. 사장 면담을 요구하던 노동조합 부위원장을 폭행한 회사 측은 12월 23일 사소한 품질관리를 트집잡아 작업반장들에게 사표를 강요하였다. 사표를 제출한 반장들 중에 노동조합 부위원장의 사표만을 수리하였다. 또한 노동조합 위원장, 쟁의부장, 사무장을 회사 단독의 징계위원회에 회부시켜 해고했다.

회사 측의 노조 파괴 행위에 분노한 조합원들은 1988년 1월 9일 임시총회를 소집해 부당해고 철회, 노동3권 보장, 노조활동 인정, 단체협약 체결

등을 요구하며 파업을 결의했으며, 지방노동위원회에 쟁의발생 신고를 하였다. 노동위원회는 2월 4일 단체교섭을 주도하여 마침내 부당해고 철회와 단체협약 체결을 성취하였다. 하지만 노동위원회는 교섭과정에서 노조위원장을 평조합원으로 복직할 것을 제안하는 등 시종일관 노조를 탄압한 회사 측의 편을 들었다. 결국 노조 위원장과 쟁의부장은 3개월 정직처분을 받았다.(『단결』 창간호, 1988. 3. 13) 동일계전 노동자들은 1989년 6월과 11월에도 파업투쟁을 진행하였다.

동일계전 노동자들의 투쟁은 당시 학생운동 출신 선재규와 김동출에 의해 사전에 철저히 준비된 투쟁이라는 점에서 자연발생적으로 일어났던 다른 현장의 노동 투쟁들과는 구분이 된다. 즉 동일계전 노동자들의 투쟁은 오랫동안 현장에서 준비한 활동가의 노력이 있었기 때문에 단순한 임금인상이나 근로조건 개선에 머물지 않고 민주노조 건설이라는 보다 높은 목표를 달성할 수 있었다.(박노영 외, 2011, 44쪽)

써니상사 노동자들도 87노동자대투쟁 당시 노동조건 개선투쟁을 전개했다. 노동자들은 약 2주간에 투쟁을 승리로 이끌고, 노동조합까지 설립했다. 하지만 학생운동 출신 장수명이 위장취업으로 구속되면서 조직적 운동은 지속되지 못했다.

노태우 정권의 노동운동 탄압이 지속되는 가운데 1988년 1월 21일부터 23일까지 두남실업(대전시 동구 석교동) 노동자들이 최저임금제 실시를 요구하며 파업을 전개했다. 두남실업은 수출품 와이셔츠를 만드는 전형적인 봉제공장으로서 종업원수는 80여 명이었다. 특히 두남실업에 출근하던 사업체 부설학교 학생들은 1일 평균 8시간 이상 노동에 월 6만 원의 월급을 받고 있었고, 기타 일반 노동자들은 하루 10시간 노동에 10여만 원의 월급을 받고 있었다. 이들은 또한 소음과 먼지로 가득 차고 희미한 조명시설을 갖춘 열악한 작업환경에서 일해야만 했으며, 관리자들의 고압적인 태도로 매우 억압적인 분위기에서 근무해야만 했다.

1988년 1월 21일 회사 측은 일요일인데도 불구하고 노동자들에게 공장에 나와 근무할 것을 강요했다. 이에 완성반 노동자 16명은 작업을 거부하고 출근하지 않았는데, 22일 회사 측은 이들에게 사퇴를 강요하면서, "무릎 꿇고 빌면 한번 봐 주겠다"라는 비인간적인 처사를 자행하였다. 회사 측 대응에 분노한 완성반 노동자들은 이 사건을 계기로 지금까지 누적된 회사 내 문제점들을 이번 기회에 해결하기로 결정하였다. 결국 23일에 완성반 노동자들은 "최저임금 실시, 일요일 출근 시 대체근무와 특근을 구별할 것, 수당으로만 지급되던 월차·생리휴가를 줄 것, 5대 명절 유급휴가 보장" 등의 요구조건을 제시하면서 사장 면담을 요청하는 동시에 파업 농성하였다.

하지만 사장은 노동자들의 요구를 무시하였고, 24일 회사 측은 전날 파업에 가담한 노동자들의 출근을 저지하였다. 노동자들의 저항이 계속되자 회사 측은 "노동법에 나오는 것은 다 들어 주겠다"고 일단 약속했으나, 문서로 된 합의서 작성은 거절하였다. 완성반만의 투쟁으로 힘겨웠던 노동자들은 사장의 구두약속만 믿고 일단 직업장으로 되돌아갔다. 하지만 회사 측은 27일 아침 전체 조회 때 최저임금은 4~5월경에 실시하되, 생리휴가는 일에 지장이 있기 때문에 실시할 수 없고, 5대 명절 유급휴가 역시 법에 없으므로 실시할 수 없다고 주장하면서, 24일 구두로 합의했던 사항을 파기해버렸다. 노동자들은 약속 이행을 요구하며 투쟁을 계속해 나갔다.

두남실업 노동자들의 투쟁은 같은 지역 봉제공장 노동자들의 열악한 노동조건이 폭로되는 데 중요한 역할을 했다. 대전 지역 봉제공장 노동자들은 최저생계비의 절반에도 못 미치며, 정부가 책정한 최저임금의 3분의 2에 해당하는 저임금을 받고 있었다. 두남실업 노동자의 투쟁은 대전 지역 봉제공장 노동자들이 최저임금 실시를 전면적으로 요구하는 계기가 되었다.(『단결』 창간호)

2. 충남민주노동자협의회 결성

1987년 6월민주항쟁과 87노동자대투쟁 경험을 통해 성장하던 민주화운
동과 노동운동은 1987년 12월 김영삼 후보와 김대중 후보의 분열 및 민중
후보의 등장이라는 복잡한 상황에서 대통령선거를 맞게 되었다. 그 결과
민정당 후보인 노태우 후보가 대통령으로 당선되었다. 이것은 전국과 지
역의 민주화운동 진영과 노동운동에 엄청난 충격을 주었다. 이런 상황에
서 대전 지역에서 개인적 · 조직적 차원에서 활동하던 학생운동 출신 현장
활동가들이 현장을 떠나면서 내부적으로 조직이 약화되었다. 활동가로 이
루어진 동아리 수준의 활동은 노동계급 중심주의 대중운동을 지원하거나
대신할 수 없다는 점이 인식되고, 대중적 노동조합운동의 성장을 충분히
지원하지 못한 것에 대한 반성이 이루어졌다. 이러한 가운데 현장 활동가
한 명이 '노동투쟁평가회'를 조직하여 공개적인 조직을 결성하자고 제안하
였다. 이에 현장 활동가, 기독교노동자회 모임, 가노청 등이 모여 노동투
쟁평가회를 조직하게 되었고, 짧은 기간 활동한 후 좀 더 대중적인 단체를
결성하자는 쪽으로 결론을 내리고 자진 해산하였다.

이처럼 87노동자대투쟁 이후 대전 · 충남 지역 노동운동가들은 지역 노
동운동의 단결과 발전을 위한 공개적 연합단체의 필요성을 절감하면서,
노동자들의 투쟁을 좀 더 효율적으로 지원하고 지도할 수 있는 대중연합
조직의 필요성을 강하게 제기하기 시작했다. 더욱이 1987년 6월민주항쟁
이후 공개적인 노동운동을 할 수 있는 합법적인 공간이 형성되면서, 현장
활동가들을 중심으로 대중적인 노동운동단체를 만들자는 쪽으로 의견이
모아지기 시작했다.

1988년 2월 28일 대전 가톨릭농민회관에서 100여 명이 참여한 가운데 충
남민주노동자협의회(이하 '충남민노협')이 결성되었다. 참석자 중 70여 명

은 노동자들이었고 30여 명은 학생운동 출신 현장 투신자였다. 충남민노협은 대전·충남 지역 노동운동 역사상 최초로 결성된 공개단체로서 이 지역 노동운동에 새로운 전기를 마련하였다. 그동안 현장에서 개별 조직으로 활동해오던 노동운동가들은 기존의 활동가 중심의 동아리들을 발전적으로 해체하고 공개 조직인 충남민노협으로 결집하였다.

대전·충남 지역 민주노동운동의 역량을 결집한 충남민노협은 지역의 민주노동운동을 대표하였다. 충남민노협은 활동가 중심의 연합체였으나 지역 민주화운동 및 민중운동과 적극 연대하였다. 충남민노협은 대중적인 노동조합 결성과 개별적인 노동자들의 권리투쟁을 지지하고, 사용주와 정부의 탄압을 폭로하는 활동을 전개하면서, 지역 노동자들을 위한 공간과 벗으로서의 역할을 수행하였다. 충남민노협은 1989년에 충민노련으로 명칭을 변경하였다.

충남민노협은 창립선언문에서 단체의 성격을 대전·충남 지역 노동자들이 만들고 참여할 수 있는 노동자들의 단체, 자주적인 노동자 단체, 민주적인 노동자 단체로 규정히면서, 앞으로 교육, 대중집회, 신문, 상담 등을 통해 각 공장 노동자들의 민주적인 노동조합 결성투쟁과, 8시간 노동제 쟁취투쟁, 최저생계비 보장을 위한 임금인상 투쟁 등을 지원하겠다고 밝혔다. 창립선언문의 일부를 소개하면 다음과 같다.

> 세계에서 가장 긴 노동 시간, 가장 낮은 임금 수준, 가장 높은 산업재해는 우리들이 얼마나 고통받고 어려웠는지를 단적으로 말해주는 것이며, 이와 같은 희생의 결과로 경제발전이 이루어졌다는 사실은 누구나 다 아는 사실이다. 그러나 자본가들과 독재정권은 우리들에 대한 정당한 대가는 고사하고, 우리들을 더욱 더 꼼짝 못 하게 만들기 위해 온갖 수단과 방법을 가리지 않고 폭력적인 정부 권력과 결탁하여, 용공좌경 조작으로 최소한의 생존권을 확보하기 위한 노동운동의 뿌리조차 뽑으려고 설쳐댔다.… 우리는 그저 동물처럼 일만

하도록 강요당해왔다. 쥐꼬리만한 임금으로 매일 잔업, 특근에 시달리면서 월차, 생리휴가 등도 제대로 받지 못했던 우리 노동자는 87년 7~9월 투쟁을 통해서 인간답게 살고자 하는 우리들의 의지를 표명하였다. 그러나 우리들의 인간답게 살고자 하는 노동투쟁에 대한 대가는 최루탄 살인이나 해고, 구사대 폭력, 구속으로 나타났으며, 얻은 것이라고는 겨우 몇 푼의 임금인상뿐이었다.…이제 우리는 그동안 쌓아왔던 우리의 힘을 모아 우리의 민주적 권리를 쟁취하고, 충남 지역에서의 노동자 연대, 그리고 나아가서 전국적 연대를 이루기 위해 자주적인 노동자 단체를 창립하기에 이르렀다. 우리는 노동자들의 인간적 존엄성을 획득하고, 노동의 정당한 대가를 쟁취하기 위해 전 노동자들의 힘을 모아 자본가와 독재권력에 대해 비타협적으로 투쟁해 나갈 것이다.(충남민주노동자협의회 편, 1989, 144쪽)

충남민노협은 주력 사업으로 노조 결성, 어용노조 견인사업, 노조지원사업, 정치사업 등의 분야를 설정했다. 기관지로『노동자의 함성』을 격주 단위로 매회 2,000~3,000부를 3년간 꾸준히 발간 배포함으로써 지역 노동현장 소식을 대변하였다.(『단결』 창간호)

3. 노조탄압 규탄투쟁

노태우 정권은 1988년 2월 노동조합 탄압에 항의하는 현대엔진 노동자들의 투쟁을 폭력으로 진압하는 등 노동운동에 대한 탄압을 지속하였다. 노동자들의 생존권투쟁에 대해 기업주와 노태우 정권은 구사대, 폭력 경찰, 노동악법 등을 최대한 이용하여 폭력으로 노동자들의 정당한 투쟁을 짓밟기 시작했고, 관제 어용언론을 이용하여 "나쁜 놈은 노동자들이다"라는 식으로 여론을 왜곡하기까지 하였다. 대대적인 노조 탄압은 대전·충남 지역 노동자들에게도 불어 닥쳤다. 충남방적 예산공장 노동자 2,000여 명이 벌인 파업농성, 동일계전노조, 남선전공노조 결성, 택시 노조 등에 대해 기업주와 경찰의 탄압이 자행되었다.

현대엔진노동조합에 대한 현대그룹의 무자비한 탄압은 급기야 노동자들의 전국적인 반발을 불러 일으켰다. 전국의 노동관련 단체들은 노조탄압저지 전국노동자공동대책협의회를 결성하여 이 사건에 공동으로 대응하기로 하였다. 그 결과 4월 2일 전국의 12개 지방 도시에서 8,000여 명의 노동자들이 동시다발적으로 항의집회를 열었으며, 그 여세를 몰아 4월 3일에는 서울 연세대에서 1만여 명의 노동자, 시민, 학생들이 집회에 참가하여 현대그룹과 노태우 정권의 노동운동 탄압에 대해 항의하였다. 이는 대통령선거 이후 침체되었던 민족민주 운동세력에 새로운 활력을 불어 넣어주는 계기가 되었다.

대전 지역에서도 1988년 4월 2일 한남대에서 300여 명의 노동자, 시민, 학생들이 참가한 가운데 '현대그룹 노조탄압 규탄 및 노동운동 탄압 저지대회'가 개최되었다. 오후 7시에 한남대 자유광장에서 진행된 이 날 대회는 노래 부르기, 개회사, 민중의례, 대회사, 참석인사 소개, 현대엔진노조 탄압보고, 충남 지역 노동자 탄압사례, 결단의 노래, 결의문 낭독 순으로 진행되었다. 이 날 대회는 충남민노협, 충남민청, 대전기청협, 충대협 대전지구 등에서 주최를 했고, 국민운동충남본부와 충남 지역 민중의 당, 통일민주당, 평화민주당, 한겨레민주당 등에서 후원을 했다. 이날 채택된 결의문의 주요 내용을 소개하면 다음과 같다.

1988년 노태우 정권이 들어서기를 전후하여 미국의 수입개방 압력과 농축산물 수입 압력이 극에 달하고 있으며, 노 정권은 최저한의 생계비와 환경 개선을 요구하는 노동 형제들의 정당한 권리를, 민주노조 파괴책동으로 맞서면서 급기야 3월 10일 경기교통의 김장수 노동 형제를 분신으로 항거하게 했고, 후지카 대원전기 오범금 형제를 구사대의 폭력 만행에 희생당하게 했습니다. 또한 현대 엔진 노동 형제들의 투쟁을 잔인한 폭력으로 진압하는 과정에서 칼빈 소총까지 동원하고 권용목 노조위원장을 비롯하여 다수의 노동 형제들을 구속하는 작태를 서슴지 않았습니다.…

인간이 인간으로 대접받고 안락한 가정생활을 유지하며, 건강한 사회적 활동을 보장받을 수 있기 위하여, 노동 형제들의 단결의 구심인 민주노조 쟁취 투쟁을 청년학생과 함께 힘을 모아 전개하여 기필코 승리할 것을 결의합니다.

－우리의 결의－
1. 우리는 노동자의 정당한 생존권 요구와 자주적 단결권을 억압하는 모든 악덕 자본가를 응징할 것이다.
2. 우리는 민주노동운동을 탄압하는 노태우 독재정권을 기필코 끝장 낼 것이다.
3. 우리 천만 노동자와 청년학생들은 대동단결하여 민주노조를 끝까지 사수할 것이다.(충남민주노동자협의회 편, 1989, 162~164쪽)

대전·충남 지역 노동자들의 투쟁이 점점 더 치열해지자, 회사 측 역시 직장 폐쇄, 부당해고, 휴업수당과 퇴직금 미지급 등의 방식으로 적극 대응하기 시작했다. 대전에 위치한 대원산업은 새참 시간과 점심시간에도 노동자들에게 일을 시키고, 일요일에 특근을 시키면서도 봉사라며 잔업수당과 특근수당을 지급하지 않았다. 또한 노동자들은 유독성 가스로 가득 찬 매우 열악한 상황에서 일해야만 했다. 참다못한 노동자들이 개선을 요구하자, 회사 측은 김일환을 비롯한 4명의 노동자를 해고시켰다.

동신전선 역시 1987년 3명을 부당하게 해고시킨 뒤, 노동위원회의 복직 명령을 따르지 않다가, 1988년에 이금자 등 2명의 노동자를 추가로 해고시켰다. 이금자 등은 회사가 제 날짜에 임금을 지급하지 않고 노동조합 역시 제 역할을 못하자, 동료 노동자들에게 이 사실을 알리기 위해 소식지를 만들어 돌렸다. 이상국 어용노조 위원장은 불법적인 운영위원회를 열어 조합 대의원인 이들을 제명시키고, 회사는 이들을 해고시켰다.

이외에도 각 처에서 노동탄압이 저질러졌다. 조치원에 위치한 국제정밀은 14명의 노동자가 강제 잔업을 거부하자 근로기준법에 어긋나는 취업규칙을 내세우면서 이들을 강제 사직시켰다. 남선기공은 1988년 4월 2일에 열린 현대노조 탄압 저지 및 충남 지역 노동자 탄압 분쇄대회에 참가했다는 이유만으로 노동자 류지덕을 해고시켰다.

이처럼 각 지역에서 자본가들의 대응으로 노동 현장의 조직들이 와해되어가고 있었다. 노동자들은 이 위기를 극복하기 위해 한 자리에 모여 공동투쟁을 도모하기 시작했다. 이런 상황에서 1988년 6월 11일 저녁 7시 대전 가톨릭농민회관 3층에 모여 '노동자 생존권 쟁취대회'가 개최되었다. 이날 대회는 노동자들의 투쟁을 적극 지지하는 충남민노협, 충남가농, 대전기청협, 충남여민회, 충남민청, 충남민주교육추진교사협의회 등의 공동주최로 열렸다. 1987년 6월민주항쟁 이후 이 지역 민주운동 단체들이 함께 연대해 노동자들의 생존권 투쟁을 지원한 중요한 행사였다. 이날 모인 150여 명의 노동자, 시민, 학생들은 '동일계전 직장폐쇄 철회 촉구', '마신산업 휴업수당 및 퇴직금 즉각 지급',[54] '대원산업, 국제정밀, 동신전선, 남선기공 등에서 부당하게 해고당한 노동자 24명의 복직' 등을 요구했다. 쟁취대회가 끝난 후 대회 참석자들은 가톨릭농민회관을 나와 성남동 4거리까지 평화적인 시위를 벌였으나, 경찰의 봉쇄로 강제 해산되었다.(충남민주노동자협의회 편, 1989, 177쪽)

1988년 7월 14일 대전·충남 지역의 택시운전사들이 권익을 찾고자 충청남도택시노동자협의회를 창립하였다. 충청남도택시노동자협의회는 1988년 임금협정을 위해 사용주 측과 계속 교섭을 벌여오던 중 근로자들의 기본

---

54) 마신산업은 1983년에 부도난 후 법정관리 하에 있다가 1988년 1월에 휴업상태에 들어갔다. 휴업상태가 5개월 동안 계속되는데도 노동자 100여 명에게 휴업수당이 전혀 지급되지 않았고, 회사 정리는 계속 미루어지고 있었으며, 퇴직금 지불도 불확실한 상태였다.

적인 권리를 무시하는 기본급 지급 제한을 철폐할 것을 요구하였다. 8월 17일 새벽 교섭이 결렬되자 택시운전사들은 당일부터 파업농성에 들어갔다. 그 후 사용주 측에서는 불법 파업이라는 이유로 모든 노사교섭과 협상을 거부하였다. 그리고 조합원들을 형사고발하고 손해배상을 청구하였다. 관계기관에서도 수수방관만 하였다.

충청남도택시노동자협의회 소속 중도택시와 보령운수 노동조합은 개별적인 문제로 파업농성을 3일 먼저 시작했다. 중도택시에서는 이 회사 상무의 노조파괴 음모가 발각되어 조합원들이 회사 측의 사과와 해명을 요구하였다. 회사 측이 거부하자 항의파업에 들어갔다. 같은 날 보령운수노동조합도 임금협상 중 회사 측의 계속적인 협상 회피에 맞서 완전월급제를 요구하며 파업농성에 들어갔다. 회사 측은 일명 영업방해 금지 가처분 신청서를 법원에 제출하겠다고 말하면서 노동자들의 파업을 무력화시키고자 하였다. 대성운수와 유림택시에서는 3~4차례씩 구사대를 투입하여 폭력적으로 파업을 진압하려 했다.

9월 2일 평민당에서 조사단을 파견하여 진상을 조사했다. 이후 관계기관에서 협상을 주선해 9월 8일 노사 대표가 충남도청에서 만나 노·사·정 회의를 열었다. 이 회의에는 중도택시, 보령운수, 대성운수 사장들이 위임을 하지 않고 협상을 거부하였다. 이에 이들 3개 회사를 뺀 나머지 회사들만 참여한 채 1단계로 노사 간 합의점을 찾기로 하였다. 그리고 2단계로 이전에 빠진 3개 사도 회의에 참여하도록 조치를 할 것이라는 관계기관의 구두약속이 있었다. 이에 참여자들은 협상에 응해 9월 9일 새벽 3시에 합의서를 작성하였다. 합의 사항에 따르면, 1988년 임금교섭은 9월 14일부터 재개하여 10월 5일까지 마무리를 하기로 하고, 그래도 끝나지 않을 경우에는 노동위원회에 알선을 의뢰하기로 하였다. 그리고 사용주 측은 파업 중에 일어난 일에 대해 모든 책임을 묻지 않으며, 농성 시간 중의 임금은 별도로 조치할 수 있도록 하였다. 비록 노동자 측에서 보면 만족할 수 없는 내용이었지만, 노동자들이 대폭 양보하여 사용주 측과 합의를 한 것이다.

중도택시와 대성운수 측은 이에 반발하였다. 노사 간 협상이 막 타결된 날인 9월 9일 오후 3시경 중도택시 사장 김선벽이 가스주입 공기총을 조합원들 가슴을 향해 발사하여 조합원 금영훈을 중태에 빠뜨리는 사건이 발생했다. 1988년 9월 9일 대전지법은 중도택시 사장 김선벽이 낸 '영업방해 중지 가처분 신청'이 이유 있다고 판결하였고, 조합 측은 즉시 이의 신청서를 제출하였다. 위원장 등 노조 대표와 사장이 법원에 가서 조사를 받고 회사로 돌아왔다. 이날 조합원 부인들이 점심 식사로 파전을 준비하던 중 식당이 연기로 가득 차 통풍을 시키기 위해 조합원 우세제가 사장의 사택과 접한 문을 여는 순간, 갑자기 김선벽 사장이 돌(수석)을 던지고 몽둥이를 휘두르기 시작했다. 이 때 한 조합원이 "나갈테니 고정하시라"고 사장을 말렸으나, 사장은 "죽여 버린다"며 돌과 몽둥이로 계속 조합원들을 구타하였다. 조합원들이 이에 대해 항의하자, 사장은 다시 돌 2개를 던진 다음 사택으로 들어가 5연발 가스총을 들고 "누구든지 들어오면 죽인다"고 고함을 지르며 사택을 배회하였다. 사장의 신고로 출동한 경찰 2명에게 조합원들이 경위를 설명하는 도중에도 사장은 총을 들고 주위를 배회하였다. 조합원들이 경찰들에게 이 같은 상황을 알리고 사택으로 올려 보낸 뒤, 사장과 경찰의 대화를 듣기 위해 대문 앞 쪽문으로 접근하자, 사장은 노동자들의 얼굴 부문을 조준하여 2발을 발사하였으나 총알은 문살에 맞고 튕겨 나갔다. 이에 격분한 조합원들이 대문을 밀고 들어가려 하자 안에 있던 경찰이 쪽문을 열어주었고, 조합원 금영훈이 들어갔다. 사장은 금영훈 앞에 있던 경찰에게 "비키라"고 한 뒤, 총을 금영훈을 향해 정조준하여 발사하였고, 금영훈은 우측 가슴에 중상을 입었다.(충남민주노동자협의회, 1989, 77~78쪽)

　대성운수(대전시 가양동) 측도 1988년 9월 9일 운전사들의 파업 파괴를 시도하였다. 대성운수 운전사들은 1988년 8월부터 9월까지 30여 일에 걸친 장기간의 파업에 돌입해 있었다. 회사 측은 관리자와 비조합원으로 구성된 구사대에게 술을 먹인 뒤 파업 농성장에 난입케 하였다. 당시 평화적으로 농성 중이던 17명의 조합원과 가족들은 결사적으로 대항하였다. 구사대는 저항하는 조합원들을 주먹으로 때리고 집어던지고, 넘어진 조합원과 가족들을 짓밟았으며, 조합원 부인들의 옷을 벗기고 똥물을 마구 퍼부었다. 심지어는 탈취한 택시로 조합원들을 밀어 붙여 바퀴 밑에 깔리게 만들기도 했다. 구사대가 난입할 무렵 이미 현장에 와있던 대전경찰서 정보과 소속 형사들과 경찰은 구경만 하였다. 이 사건으로 조합원 조성일, 남시섭과 김성근의 부인 및 김오중의 부인 등 5명이 크게 다쳐 한독병원에 입원하였다.(충남민주노동자협의회, 1989, 79쪽)

　충청남도택시노동조합협의회는 각 노동현장에서 일어난 이런 불의한 사건들에 대해 9월 13일 성명서를 발표하여 항의하면서 다음과 같이 주장했다.

1. 사용주는 88 임금교섭에 성실하게 임하기를 바란다.
2. 관계기관은 근로자의 입장에서 교섭에 협조하기를 바란다.
3. 중도택시 사장은 노동조합의 요구를 무조건 들어주고, 조합원에게 총격을 가한 것에 대해 사죄하는 뜻에서 회사를 근로자에게 인도하라.
4. 대성운수 사장은 조합 및 조합원에게 행한 모든 일을 사죄하고, 즉시 회사를 원상으로 복구시키고, 협의회의 임금교섭에 동참하라.
5. 보령운수와 중앙택시 사장은 노동조합 측과의 협의에 응하고 88임금 교섭에 동참하라. (충청남도택시노동조합협의회, 1988. 9. 13)

　택시 노동자들에 대한 회사 측의 갖가지 탄압에 민주화운동세력은 물론 일반시민과 학생들 역시 분노하였다. 택시 노조와 운동단체들은 공동으로 대책위원회를 구성하여 대응하기로 하였다. 1988년 9월 15일 오후 5시 30분 한남대 운동장에서 대전 지역 택시 노동조합 폭력탄압 저지 공동대책위원회 주최로 '중도택시 총기 난사와 대성운수 구사대 똥물 만행 범노동자·시민 규탄대회'가 열렸다. 이 규탄대회는 17개 택시회사 노동조합 조합원과 가족 800여 명과 기타 노동자, 학생, 시민 등 총 1,500여 명이 참가하여 3시간가량 진행되었다. 이 날 대회는 악덕 기업주와 독재정권에 대한 규탄의 열기로 가득 찼다. 대회가 끝난 후 참가자들은 도청까지의 평화적인 행진이 경찰의 봉쇄로 행진이 좌절되자, 약 2시간 동안 치열하게 가두투쟁을 벌였다.

이 날 규탄대회에는 택시회사 조합원들이 아이들을 비롯한 가족까지 대동하여 참여하였다. 그리고 경찰의 원천 봉쇄에 대비하여 오후 1시부터 모이기 시작하여, 미리 준비한 점심식사를 하면서 체육대회와 풍물놀이로 대회의 열기를 북돋웠다. 대회장 주변은 각 노동조합과 사회단체들이 내건 각종 만장과 플래카드로 뒤덮였으며, 1,500여 명의 참석자들은 모두 하나가 되어 기업주의 만행을 폭로해 나갔다. 5시 30분 노동자들을 위해 투쟁하다 돌아가신 노동열사들에 대한 묵념으로 시작된 본 대회에서 대책위원회 공동대표인 정진석 충남택시노동조합협의회 위원장은 대회사를 통해 노조 탄압에 맞서 각계각층의 민주세력과 연대하여 노동해방과 이 땅의 민주주의를 향해 전진해 나갈 것을 천명했다. 여러 임원들의 인사, 대책위원회 결성 경과보고, 김순호 신부(대전 괴정동성당 주임신부)의 격려사, 임금인상투쟁 보고 등의 시간이 있었다. 이어서 택시 기사들의 요구 관철을 주장하는 공동대책위원회의 성명서를 공동대표인 노정길 목사(충남인권선교협의회 인권위원장)가 발표하였다.

2부에서는 '범 노동자·시민 규탄대회와 노동자 승리를 위한 결의대회'

가 열렸다. 참가자들은 악덕 기업주의 상여를 메고 장례 행렬을 앞세우며 교문 밖으로 진출했다. 요령잡이의 악덕 기업주 규탄소리에 뒤이어 상여가 나가고, 그 뒤를 이어 17개 노동조합, 각 사회단체, 각 대학들의 만장이 열을 지어 나갔다. 참가자들은 공개요구서를 도지사에게 전달하기 위해 도청까지 평화적인 행진을 계획했지만, 결국 경찰의 봉쇄로 좌절되었다. 하지만 이에 굴하지 않고 2차례에 걸쳐 가두진출을 시도한 뒤, 밤 11시경 악덕 기업주 화형식을 거행하면서 택시 기사, 시민, 학생 모두가 '우리의 소원은 통일' 노래를 부르며 결의를 다졌다.(충남민주노동자협의회 편, 1989, 82~83쪽)

택시 노동자들을 지지하는 집회는 계속되었다. 1988년 9월 30일 오후 4시에 '대전 지역 택시 노조 폭력탄압 저지와 운수 노동자 생존권 쟁취를 위한 제2차 범노동자 시민 결의대회'가 목원대 대운동장에서 열렸다. 이 날 대회는 지난 9월 15일 한남대 운동장에서 열렸던 '중도택시 총기 난사와 대성운수 구사대 동물 만행 범 노동자·시민 규탄대회'에 이어 열린 2차 대회로서, '대전 지역 택시 노동조합 폭력탄압 저지 공동대책위원회'가 주최하고 평화민주당, 통일민주당, 한겨레민주당 등이 후원을 했다. 이 날 열린 2차 범노동자·시민 결의대회는 1부 범노동자·시민 규탄대회와 2부 민주노조 사수와 임금인상 쟁취대회로 진행되었다. 이 날 2차 규탄대회에서는 대회의 뜨거운 열기를 반영하듯, '총기난사 동물만행 악덕 기업주 처단하자!', '민주노조 사수하여 아내에게 사랑받자!', '노동조합 협박하는 폭력경찰 물러가라!', '민주노조 발전 없이 민주화는 어림없다!', '88임금 쟁취하여 인간답게 살아보자!', '노동악법 개정하여 노동3권 쟁취하자!', '민주노조 사수하는 우리 아빠 사랑하자!', '노동운동 탄압하는 군부독재 끝장내자!', '대동단결 대동투쟁 민주노조 사수하자!', '택시 기사 한 몸 되어 노조탄압 분쇄하자!' 등 다양한 구호들이 제창되었다.(충남민주노동자협의회

편, 1989, 92쪽)

대책위원회는 2차 규탄대회를 준비하면서 다음과 같은 4개의 행동지침을 발표하였다.

1. 첫째, 전 택시 기사들은 27일부터 시내에서 철저한 준법 운행을 실시하고, 27일부터 30일까지 매일 정오와 오후 7시에 1분간 실시하는 경적 시위에 모두 참가하라!
2. 대전의 전 택시 기사·노동자는 애국 시민 청년학생들과 단결하고, 30일 오후 4시까지 목원대 대운동장에 집결 투쟁하라!
3. 전 택시 기사들은 '대책위원회'가 발행하는 모든 선전홍보물을 차에 싣고, 손님과 시민에게 배포하라!
4. 시민들은 구사대가 탈취 운행하고 있는 대성운수 택시 안타기 운동을 계속 벌이며, 운전기사들은 이들에 항의한다. 또 이들이 불법으로 주차하고 있는 화성가스(홍도육교 아래, 전화 73-2166)에 항의 전화한다.

열악한 노동조건을 개선하기 위한 투쟁도 전개되었다. 1988년 8월 18일 오후 5시 30분경 대전지방 노동청 앞에서 '악덕기업주 처벌과 노동청장 구속을 위한 범시민 결의대회'가 열렸다. 이 결의대회는 충남민노협, 충남문화운동협의회, 대전기청협, 충남민청, 충남민가협, 대전대협 등에서 주최했다. 이날 대회는 대전시 서구 정림동에 위치한 블라우스 생산업체인 대화실업의 열악한 근로조건이 발단이 되었다. 대화실업에는 90여 명의 노동자들이 일하고 있었는데, 그 중 53명은 한밭여상 야간에 다니는 근로학생들이었다. 주간에 일을 끝내고 학교에 나가 수업을 마친 뒤, 다시 작업 현장으로 돌아와 작업을 계속하기가 일쑤였다. 특히 물건을 선적하는 날이면 철야를 하곤 했는데, 이 때 노동자들에게 커피에 타이밍이라는 각성제를 타서 마시게 했다. 더 나아가, 보너스를 지불할 때는 가불증을 받고 지불했는데, 회사를 그만둘 경우 퇴직금을 주지 않으려는 수단으로 이를

활용하곤 했다. 이러한 사정은 노동자 박신숙이 노동부에 진정서를 제출하면서 세상에 알려졌다.[55]

각 민주화운동단체들은 '악덕 기업주 처벌과 노동청장 구속을 위한 범시민 결의대회'를 8월 18일과 19일 대전지방노동청 앞에서 열기로 계획하였다. 하지만 경찰의 탄압으로 결의대회는 18일 하루만 진행되었다. 평화적인 집회였음에도 참석자 중 35명이 연행되어 충남민노협 사무국 요원 4명이 불구속 입건되고, 3명이 3일간의 구류를 받았다. 비록 이 집회는 노동자 대중들과의 결합이라는 기본적인 조건은 갖춰지지 않았지만, 대중노동조직인 충남민노협이 일반 노동자들에게 널리 알려지는 계기가 되었다.

전국적인 차원에서 비민주적인 정권의 노동악법을 철폐하려는 노력도 계속되었다. 1988년 11월 13일 '전태일 열사 정신 계승, 노동악법 개정 전국노동자대회'가 연세대에서 열렸다. 오후 1시부터 시작된 이 날 대회에는 전국 각지의 노동조합 소속 4만 명의 조합원들이 참여하였으며, '노동악법 철폐하여 노동해방 앞당기자' 등의 구호를 외치며 2시간에 걸쳐 모든 순서를 마쳤다. 집회를 마친 후, 오후 6시에는 여의도 국회의사당 앞에서 '망국 민정당 규탄 및 노동악법 개정 촉구대회'를 열어 대략 5만여 명의 노동자들과 시민·학생들이 참가한 가운데 노동악법 철폐의 의지를 드높였다.

대전·충남 지역에서도 1988년 12월 4일(일) 오후 2시에 한남대에서 '5공비리 척결과 노동법 개정을 위한 노동자 웅변대회와 노무현 의원 초청 강연회'가 충남택시노동조합협의회와 충남민노협의 주최로 열렸다. 이 날의 집회는 노동법 개정에 대한 대중적인 열기를 보다 확산시키고, 노무현 의원으로부터 5공비리와 노동자가 어떤 관계에 있는지를 알아보고 교육하기

---

[55] 박신숙의 진정서 제출은 노동자가 스스로의 문제를 주체적으로 인식하고 행동에 들어간 중요한 사건이었다. 당시에 현장 노동자들의 비인간적 굴레를 끊어버리려는 노력 없이 외부적으로만 문제를 제기하는 것은 노동자가 주체가 되는 노동운동의 올바른 방향이 아니라는 비판이 제기되고 있었다.

위함을 주목적으로 삼았다. 이 외에 민정당의 반反노동자적 태도를 폭로하는 시위도 계획하고 있었다. 대회 당일은 겨울비가 오는 가운데서도 600여명의 노동자, 시민, 학생들이 참여하여 성황을 이루었다. 이 노동자 웅변 대회에는 ㈜한우 해고 노동자 강장식과 동신전선 해고노동자 주남수가 각각 "노동 3권이 보장된 해고 없는 세상에 살고 싶다!"라는 제목과 "노동자와 노동악법"이란 제목을 가지고 참여하였다.(충남민주노동자협의회 편, 1989, 220~224쪽)

1988년 하반기에 대전지역 과학기술 노동자들의 투쟁이 시작되었다. 87노동자대투쟁의 영향이었다. 그동안 제조업 중심의 노동운동에서 중간계층인 과학기술 연구자들이 지식인이자 노동자로서 자신의 역할을 자각하게 된 것이다. 대전지역 과학기술자 노동운동은 업종노동운동의 틀에서 전개되었다. 1987년 8월 한국데이타통신을 시작으로 12월 한국전자통신연구소, 한국화학연구소, 1988년 4월 한국인삼연초연구소, 5월 한국원자력연구소, 한국에너지연구소 등에서 노동조합이 결성되었다. 1988년 7월 16일 한국데이타통신 강당에서 연구전문직 분야 단일 노조인 연구전문직노동조합협의회(이하 '연전노협')가 결성되었다. 연전의 신속한 결성은 1987년 12월 12일 한국과학기술원노동조합 신고증이 나왔음에도 불구하고 연구소 측이 노조활동을 인정하지 않고 한국과학기술원 노조위원장 이인우를 부당한 계약제에 근거해 단체교섭 중 해고해 버렸기 때문이었다. 이에 한국과학기술원 노동조합은 조합원전체 명의로 성명서를 발표하고 같은 날 12시부터 노조위원장 해고철회 및 노조활동 등을 요구하며 농성에 돌입했다. 또한 관련 노동조합들은 즉시 공동대응의 필요성을 절감하고 1988년 3월 12일 연전노협 건설준비위원회를 결성하고 공동으로 대응했다. 연구원들의 농성에 놀란 연구소 측이 노조위원장 해고철회와 노조활동 보장을 약속하고 단체교섭을 재개했지만, 연구소 측은 시종일관 불성실한 태도를 보였다. 결국 노조는 1988년 5월 12일 쟁의 발생 신고서를 노동청에 제출하고 5월 25일 조합원 8,883명중 593명이 참여한 파업찬반 투표에서 552명의 압도적인 찬성으로 파업을 결정했다. 또한 연전노협 준비위는 제조업 노동자와 연구전문기관, 과학기술노동자 1,500여 명이 참여한 대규모 집회를 6월 4일에 개최하여 한국과학기술원 노조 파업에 대한 지지를 표명했다. 결국 연구소 측의 갖은 회유와 협박에도 불구하고 연구원들의 파업투쟁은 승리로 끝났으며, 연전노협의 결성으로 이어졌다. 당시 연전노협에는 총 38개 사업장 1만 308명이 조합원으로 참여했다.

　연전노협은 1988년 12월 파업투쟁을 벌였다. 이는 한국 최초의 업종별 연대투쟁이었다. 대전 대덕연구단지에 위치한 정부출연 연구기관들은 연전노협을 지도부로 삼고 연구소 내부의 구조적인 문제를 해결하기 위해 '연구의 자율성 확보, 연구소의 민주적 운영, 연구원들의 처우 개선'등의 공동 요구조건을 내걸고 12월 산업연구원과 과학기술원을 시작으로 공동으로 투쟁을 시작했다. 이후 12월 초 국회에서 정부출현 연구기관의 1989년도 임금을 기본급 5%만 인상하기로 확정하자, 한국화학연구소, 한국전자통신연구소, 한국인삼연초연구소, 한국에너지연구소 등이 '대덕연구 단지 노동조합협의회' 명의로 공동성명서를 발표하고 연대파업에 들어갔다. 기본급 5%는 사실상 전체 급여의 2%에 해당되는 것으로 물가상승률 6%에 미치지 못하기 때문이었다. 파업이 계속되자 12월 27일 과학기술처 장관이 직접 대덕연구단지로 내려와 연구소의 연구원, 기능원 및 노조 대표들과 만나 면담을 진행하고, 모든 문제에 책임을 갖고 해결하기 위해 힘쓰겠다고 약속했다. 이에 연구단지 노동조합은 연구소 측과 협상에 들어가 시급한 문제를 우선 타결하고 파업을 끝냈다.(박노영 외, 2011, 312~315쪽)

제5절 노동운동의 조직화(1989년 이후)

1989년에 들어서면서 노조 설립투쟁이 전개되었다. 캐디노조(위원장 이정진)가 유성컨트리클럽에서 전국 최초로 조직된 것이다. 노조 설립 배경은 다음과 같다. 유성컨트리클럽에서는 1989년 5월경 골프장 식당의 직원들이 시간외 수당 문제로 회사 측과 협상이 타결되지 않아 식당 영업을 하지 않는 사태가 발생했다. 그 여파로 대기실에서 잠을 자고 새벽 근무를 하는 캐디(골프장 경기 보조원)들이 아침 식사를 못하게 되었다. 이 일을 계기로 캐디들은 근로 조건의 문제점을 개선하기로 마음먹고 정상 근무를 거부하는 단체행동을 벌였다. 캐디들은 캐디피caddie fee 인상, 장기 근속자에 대한 격려금 지급, 한 달에 2일의 휴무 제공, 조장 직선제 등을 요구했다. 캐디들의 단체행동 결과, 1989년 6월 1일 회사 측이 캐디들의 요구 사항 대부분을 수용하는 합의가 이루어졌다. 그런데 회사 측은 합의를 하고도 합의 사항을 이행하지 않았다. 회사는 캐디들이 조장을 직선으로 선출하려는 것을 용납하지 않았다.

이에 캐디들은 자신들의 권익을 옹호하기 위해서는 노동조합을 설립하는 방법밖에는 없다고 생각하고, 1989년 6월 4일 유성관광개발컨트리클럽 노동조합 설립 총회를 개최한 뒤, 즉시 관할 행정관청인 대전직할시 유성구청에 노동조합설립신고서를 접수하였다. 유성구청은 1989년 6월 23일에 노동조합설립 신고증을 교부하여 주었다.

그런데 유성구청장은 1989년 7월 3일자로 노동조합에 노동조합설립신고수리를 취소한다는 통지를 보냈다. 그 이유는 캐디들의 경우 회사와 근로계약을 체결한 것이 아니어서 근로자로 볼 수 없기 때문에 노동조합설립 신고증 교부가 잘못되었다는 것이다. 노조 측은 행정관청의 처분에 항의하는 한편, 회사 측에는 단체교섭을 요청하였다. 회사는 유성구청장의 취소 처분을 이유로 단체교섭에 응하지 않았고, 노동조합을 인정조차 하지 않았다.

노조 측은 1989년 7월 15일 노동조합 설립신고수리 취소 처분을 취소해 달라는 행정소송을 제기했다. 7월 16일 회사 측은 노조 집행부와 핵심 조합원 16명을 해고하는 것으로 대응했다. 회사는 근로자가 아닌 자의 가입을 허용한 경우 노동조합으로 보지 않는다는 노동조합법의 조항을 근거로 해고자들의 출입을 막았고, 이에 해고자들은 바로 해고무효확인 소송을 제기했다. 또한 회사 측은 회사와 캐디 사이에 정식 근로계약을 체결하지 않았고, 캐디들은 근로소득세가 아니라 사업소득세를 내고 있으며, 캐디 피도 회사가 지급하는 것이 아니라 고객이 지급하는 것이므로 이를 임금이라 할 수 없다는 등의 이유로 캐디들은 근로자가 아니라고 주장했다. 노조 측이 제기한 조속한 노동조합의 지위 회복을 위한 효력정지 신청에 대해, 재판부는 1989년 9월 27일자로 효력정지 신청을 기각했다.[56]

1991년 2월부터는 대전 지역 공단 사업장들에서 '공동임투'(임금투쟁)가 전개되었다. 지역 전체 노동조합을 총괄하기 위해 추진했던 대전노협이 와해된 상태에서 그나마 노동운동이 활발했던 사업장을 중심으로 결성되어 있던 대전공단지역 노조협의회 소속 22개 노동조합 위원장들이 공동으로 임금투쟁을 벌인 것이다. 이들은 2월 26일 공동교섭 일정에 합의하는 문건에 서명하고, 3월 20일부터 25일까지 임금요구안을 제출하며, 4월 3일부터 동시에 교섭에 들어가기로 결의하였다.

먼저, 대전공단에 위치한 혜성테이프노동조합은 3월 27일 총회에서 조합원 99%의 찬성으로 쟁의발생신고서를 4월 1일자로 제출하기로 결정했

---

56) 김선수, 2014; 김문창의 증언 등을 종합. 노조 측은 고등법원에 항소했으나, 1990년 2월 1일 고등법원 선고에서도 패소했다. 노조 측은 다시 대법원에 상고를 제기했다. 대법원은 1993년 5월 25일에야 "원심 판결을 파기하고 사건을 서울고등법원에 환송한다"고 선고하였다.

다. 혜성테이프노동조합은 단체협약 갱신을 놓고 회사와 협상을 벌이던 중 협상이 결렬되자, 쟁의발생신고서를 내게 된 것이다.

삼왕노동조합의 경우 4월 3일 교섭에 들어가기로 되어 있었다. 따라서 임투의 사전준비를 위해 조합원의 참여 속에 시장물가를 조사하였고, 조합원 설문지를 통해 확정한 요구안(정액, 정률 혼합 2,700원 인상)을 가지고 회사와 협상하기 시작했으며, 교섭 결렬시 쟁의도 불사할 것을 결의했다.

동양강철노동조합은 임투에 앞서 3차례의 조합 신문을 발간하고, 조합 간부를 전국 각지로 파견하여 동종 업체의 노동조건을 조사했다. 3월 4일부터 노조 교육부 주최로 4차에 걸쳐 조합원 교육을 진행했는데, 600여 명의 조합원이 참여하는 등 높은 참여율을 보였다. 동양강철 노조의 가장 중요한 문제는 단체협약 갱신이었으며, 핵심 쟁점으로는 노사 동수 인사위 구성, 통상임금에 기초한 상여금 지급, 퇴직금 누진제 개선 등이었다. 또한 3월 26일에는 노동조합 주최로 계룡산 등반대회를 개최하기도 했다.(충남민주노동자연합, 1994, 3쪽)

1992년에는 대전지역 과학술직 노동자들이 전국전문기술직 노동조합연맹(이하 '전문노련') 공동투쟁위원회를 중심으로 임금협상 및 단체협약(이하 '임단협')에 임했다. 전문노련은 과학기술직 노동자들의 연전노협을 강화시킬 목적으로 1989년 10월 14일 결성된 새로운 노동운동 조직이었다. 전문노련은 총 50개 노조 13,036여 명의 조합원이 참여하여 연전노협보다 규모면에서 더 확장된 연대조직이었다. 전문노련은 결성 4년만인 1993년 대법원의 판결로 합법적인 단체가 되었다. 무엇보다 1992년 임단협은 그동안 개별 노조 단위로 교섭에 임했던 연전노협 단계에 비해 투쟁이 더 조직화된 양상이었다.

정부는 임금인상 상한선을 5%로 정하고 1992년 4월 15일까지 임금협상을 타결하지 못할 경우 직장을 폐쇄하겠다고 엄포를 놓았다. 이에 전문노련을 중심으로 정부출연기관 노조들은 즉각 반발하여 노조원들의 서명이 첨부된 항의문을 총리에게 전달하기로 결의했는데, 전문노련 공동투쟁위원장 박태주는 정부의 탄압이 강경하므로 한 발 물러서자는 조직적 퇴각론을 주장하면서 항의문을 전달하지 않았다. 이런 와중에 연구소 측은 정부에서 압박하는 기간 내에 협상을 마무리 못할 경우 인사이동과 같은 불이익을 당할 것을 염려한 나머지 노조 측의 요구 사항을 들어주기로 합의하고 이면합의를 통해 정부의 5% 지침을 초과하는 임금인상을 묵인했다.

　다른 연구소들은 4월 15일 심야에 임금협상을 마쳤지만 전자통신연구소는 난항을 거듭한 끝에 4월 16일 심야에 임금협상을 타결했다. 하지만 4월 28일 경상현 전자통신연구소장이 퇴임하고 양승택 신임 소장이 부임하면서 상황은 다시 바뀌었다. 양승택 소장은 4월 16일 타결된 임금협상안을 뒤집으려 했다. 노조 측은 대의원대회를 소집해 조직적으로 대응했다. 연구소 측은 단체 협약 과정 중 돌연 노조간부들을 고소하고 노조전임자 축소, 근무 중 노조활동 금지 등을 요구하면서 노동조합 활동 자체를 인정할 수 없다는 자세를 취했다. 이에 노조 측은 7월 10일 침묵시위를 시작으로 노조활동보장, 노조탄압중지, 단체협약 준수 등의 요구사항이 적힌 리본을 달고 준법투쟁을 전개했다. 8월 19일에는 전체 조합원 1,074명 중 783명이 참여한 가운데 710명의 찬성으로 파업을 결의하기에 이르렀다. 연구소 측의 강경한 입장에 맞서 9월 21일 조합원 500여 명이 시한부 파업에 들어가자 연구소 측은 3시간 만에 직장폐쇄를 단행했다. 노조는 시한부 파업을 종료하고 업무복귀를 선언했는데도 연구소 측은 직장폐쇄를 철회하지 않았다. 이에 노조는 다시 출근투쟁을 전개했다. 600~700여 명의 조합원이 참여했는데도, 연구소 측은 입장을 바꾸지 않았다. 노조 측은 출근투쟁에서 노상근무 투쟁방식으로 투쟁을 전환했다. 연구소 측의 직장폐쇄가 길어지자 마침내 10월 15일 대전지방 노동청 국정감사장에서 중요한 안건으로 상정되었다. 노조원들은 국감장 밖에서 직장폐쇄 철회를 요구하며 이를 정치적 쟁점으로 부각시켰고, 그 결과 대전지방노동청이 전자통신연구소의 부당노동행위를 조사하기로 결정하기에 이르렀다. 사태가 불리하게 돌아가자 연구소 측은 10월 19일 단체교섭을 체결하고 직장폐쇄를 철회했다. 한 달여간의 투쟁을 거치면서 전자통신연구소는 상급단체인 전문노련이 당시 합법적인 조직이 아니었기 때문에 3자 개입 금지 조항을 의식하여 전자통신연구소 투쟁에 적극 참여하지 못했다는 한계가 드러났다. 전문노련 전체의 투쟁보다는 사실상 전자통신연구소 노동조합만의 투쟁이 되어 버리고 만 것이다.(박노영 외, 2011, 315~319쪽)

1980년대 말부터 대전·충남 지역 노동운동은 일종의 조직화의 시기로 접어들었다. 노동운동세력은 이제 단위사업장의 개별 투쟁수준을 넘어 지역 단위의 단일한 노동운동연합체를 형성하기로 하고, 점차 지역 연대조직을 결성하기 위한 활동을 더욱 적극적으로 확대해 나갔다.

먼저, 1980년대 말 충민노련과 같은 노동운동 지원단체가 조직되면서 노동조합들의 활동이 공개화되고 더욱 조직화되어 갔다. 사무직과 전문직 노동조합 대표들이 모여 논의한 결과, 연대기구를 결성하기로 하고 준비 작업을 해 나갔다. 그리하여 1988년 10월에 언론, 금융, 병원, 대학, 연구소 등의 총 11개 노동조합이 참여하여 전국에서 처음으로 대전지역 전문 사무직 노동조합협의회(이하 '대전사노협')를 결성했다. 결성 당시 초대 의장에는 전재규 대전일보노동조합장이 선출되었다.

대전사노협은 대전 지역 전문 사무직 노동조합 간의 유대감을 강화하고, 단위노조의 취약점을 극복하고 연합된 힘으로 민주노조 발전에 기여하는 것을 주된 사업 목표로 설정했다. 1989년 8월 총 24개의 노동조합이 대전사노협에 참가하고, 충남민노협 역시 참관단체로 참가함으로써, 대전사노협은 이 지역 최대의 노동조합협의회로 성장했다. 하지만 1990년에 들어서자 연구단지 노조들이 탈퇴하고, 아울러 몇몇 민주지향적인 노조들마저 탈퇴함으로써 대전사노협은 해체되었다. 해체 원인 중 하나는 대전사노협이라는 노조연합단체가 구체적인 연대사업을 제대로 추진해내지 못하고, 단순히 위원장단 수준의 친목단체로 전락해버린 것으로 파악된다.

대전사노협과는 별개로 지역 전체 노동조합을 포괄하여 전국노동자협의회(이하 '전노협')의 지역조직을 건설하려는 움직임도 있었다. 1988년 택시 노동자들이 벌인 투쟁을 바탕으로 하여 지역별노동조합협의회를 건설하자는 주장이 제기되기 시작했다. 이런 가운데 1989년 3월 19일 '대전지역 노동자 89임금인상 전진대회'를 시점으로 대전노동자협의회를 결성하기 위한 준비작업이 시작되었다. 이후 대전·충남 지역 노동자들은 전노협의 투쟁계획에 따라 현대중공업폭력규탄대회(4. 9)와 노동자대회(4. 30) 및 세계노동절 100주년 기념대회(5. 1) 등을 개최하며 투쟁을 전개했다. 9개월간의 준비 과정을 거쳐 마침내 1989년 12월 23일에 대전노협건설준비위원회가 결성되었다. 대전노협은 주로 택시 업종이 중심이 되어 결성되었는데, 동일계전, 삼왕, 한국병원 등이 참가했다. 당시 의장으로 선재규(동일계전노조 위원장)가 선출되었으며, 충민노련에서 파견된 활동가들이 사무처 간부들을 맡았다.

대전노협은 주로 택시 노조들을 중심으로 운영되다가 1990년 중반에 와해되었다. 대전노협이 와해된 이유로는 ① 현장 조직의 주체성 확보 실패 ② 상층 지도부 중심의 조직 운영 ③ 지역노조협의체를 이끌어갈 사업지도 역량 부족 등을 들 수 있다. 이 외에도 당시 동구 사회주의권 국가들의 몰락에 따른 세계적인 정세 변화와 노태우 정권의 노조 탄압에도 부분적인 원인이 있다.

노동운동이 전반적으로 침체기에 빠져 있는 가운데, 전국업종회의 소속 대전 지역 노조 지도부들은 1990년 6월에 지역회의체 구성에 관해 논의했다. 전국전문기술노조연맹 소속 과학기술분과에서 지역협의체 구성에 관한 의견들을 모아 정식 사업계획으로 추진하였다. 이후 대전·충남업종노동조합협의회의 결성이 본격화되었다. 1990년 12월 27일에 각 업종 대표자들이 준비 모임을 가진 후, 1991년 1월 21일에 한국과학기술원노동조합에서 대표자회의를 열고 정식으로 대전·충남업종노동조합협의회(이하 '업종노협')를 결성했다. 총 19개의 노동조합이 참여했으며, 조합원은 6,200여 명에 달했다. 초대 의장으로 전자통신연구소노동조합 위원장 현창희가, 수석부의장에는 임성재 대전MBC노동조합 위원장이 선출되었다. 당시 대전사노협에 참여했던 노동조합 중 농협충남도지회, 직업훈련관리공단, 한국도로공사 충청지사, 유성관광호텔, 건축사무소 노동조합 등을 제외한 노동조합들이 업종노협에 참여했다. 창립 이듬해인 1992년 6월에는 26개 노동조합에 조합원 1만 1,455명 규모로 성장했으며, 이런 성장세는 1993년도까지 이어졌다.

업종노협은 1991년 창립 후 1994년 12월 민주노총 대전·충남 지역본부 추진위원회를 구성할 때까지 약 4년간 존속했으며, 총 3명의 의장을 배출했다. 업종노협은 전투적 노동조합운동을 이끌 제조업 노동조합이 없는 상황에서 투쟁 지도부의 역할을 수행하지는 못했지만 민주노조의 큰 흐름을 유지함으로써 지역에서 민주노총을 결성할 수 있는 토대가 되었다. 업종노협은 결성 연도인 1991년에는 내부 정비와 지역연대사업에 중심을 두고 활동했다. 즉 수서비리 부패정권 규탄 대전시민대회 참가, 강경대 열사와 박창수 열사 범국민대책위원 참여, 윤용하 빈민운동가 분신대책위 참가, 강구철 국민연합 대책위원장 구속대책위 활동 등이 가장 대표적인 연대활동들이다. 1992년에는 현장투쟁을 중심으로 사업이 확대되었다. 소속 노동조합들인 선병원, 성모병원, 대전생명보험 사업장 등에서 노조 위원장들이 해고된 사건과 전자통신연구소의 직장폐쇄 사건 및 MBC의 낙하산

인사 저지와 공영방송 사수 등을 이슈로 내걸고 해당노조와 시민사회단체
들과 연대하여 함께 투쟁을 전개했다.

업종노협과는 달리 제조업 분야의 노동조합들의 협의체도 조직되었다.
즉 대전노협이 와해된 후 1991년 임금인상 투쟁기간 동안 제조업 분야 노
조 위원장들이 비정기적으로 모여 회의를 개최했고, 이를 토대로 '제조업
노조회의'를 발족시킨 것이다. 하지만 제조업 노조회의는 주목할 만한 활
동을 하지 못했다. 단지 동일계전노동조합만이 전노협에 1994년까지 개별
적으로 가입하여 계속 활동을 했다.(전국노동조합협의회 백서 발간위원회
편, 2003, 447쪽) 또한 과학기술직 노동자 쪽에서도 단일노조를 건설하고
자 했다. 즉 1994년 전문노련 과학기술노동자협의회는 대표자 회의를 통
해 단일노조 건설을 추진하여, 마침내 1994년 4월 15일 생명과학연구소 강
당에서 고영주(화학연구소)를 위원장으로 하는 '과학기술노동조합협의회'
를 출범시켰다.

1994년 업종노협은 민주노총 지역본부 추진위원회로의 전환을 결정했
다. 당시 지역 노동운동은 약세에 처해 있었고, 노동운동세력 간 연대 활
동도 빈약한 수준이었다. 따라서 민주노총 결성을 위한 논의가 지역에서
는 제대로 이루어지지 못하고 있었다. 대전·충남 지역에서는 1994년 11월
에 이르러서야 업종노협이 중심이 되어 민주노총 건설을 위한 정책토론회
를 개최할 수 있었으며, 12월 7일 회의에서 민주노총 대전·충남 지역본부
추진위원회를 구성하기로 결정했다.

1996년 5월 1일 대전 가톨릭농민회관 강당에서 민주노총 대전·충남 지
역본부가 공식적으로 결성되었다. 그동안 민주노총 대전·충남 지역본부
추진위원회와 충남 각 지역 노동조합들 간의 긴 논의 끝에 이 지역 노동운
동 역사의 한 장이 새롭게 열린 것이다. 이 날 대회에서는 초대의장으로
이용길 현대자동차서비스 충남지부장이 선출되었다. 수석부의장으로는

김상신(조폐공사노동조합 위원장), 부의장으로 정병석(동양강철노동조합 위원장)과 양복모(병원노련 대전 · 충남지역본부장, 홍성의료원), 사무처장은 김세동(과기노조 선전홍보국장, 한국과학기술원지부), 회계감사로 김창훈(대전MBC노동조합 위원장)과 김성훈(대전전문대 노조위원장)이 각각 선출되었다.(박노영 외, 2011, 93~151쪽)

제6절 대전 · 충남 지역 노동운동의 성격과 의의

대전 · 충남지역은 타 지역에 비해 노동 여건이나 노동운동을 위한 여건이 열악한 편이었다. 전체 산업 중에서 차지하는 광공업이 비율이 낮았으며 규모면에서도 중소기업이 주종을 이루었고 업종도 섬유를 중심으로 한 경공업이 대부분이었다. 또 노동시간이나 임금도 다른 지역에 비해 열악한 상태였으며, 노동조합의 결성이나 노동투쟁의 경험도 부족하였다.

대전 · 충남 지역의 노동자들은 1960년대와 1970년대에 개별적으로 각 사업장에서 투쟁을 벌였지만, 조직적이고 지속적인 차원의 노동운동을 벌이지 못했다. 그러던 중 1980년에 '민주화의 봄'을 맞아 학원가를 중심으로 민주화운동이 일어나면서, 노동운동 역시 성장하기 시작했다. 특히 5 · 18 민중항쟁을 겪으면서 이 지역의 노동자들과 학생운동가들은 사회 · 정치 의식이 새롭게 깨어나기 시작하면서, 노동 문제를 사회구조 문제와 함께 보기 시작했다. 그 결과 조직운동으로서의 노동운동의 필요를 인식한 학생운동 출신 활동가들이 개별적으로 노동현장에 투신하기 시작했으며, 1980년대 중반에는 집단적인 형태로 현장투신이 이루어졌다. 이들은 노동 현장에서 서로 유기적으로 관계를 형성하면서 민주노조의 결성에 큰 역할을 담당했다.

대전·충남 지역의 노동운동은 1987년 6월민주항쟁의 열기를 이어받아 1987~1988 사이에 폭발적으로 성장했다. 1987년 대전 대화공단의 동신전선 노동자들의 투쟁을 시작으로 7·8·9월 세 달에 걸쳐 87노동자대투쟁이 대전 대화공단을 중심으로 일어났다. 이런 폭발적인 노동운동은 이 지역 역사상 보기 드문 일이었다. 물론 이런 투쟁은 몇몇 사업장을 제외하곤 주로 자연발생적인 경제투쟁의 성격을 띠고 있었으며, 임금 인상이나 처우 개선 및 어용노조 개편 등의 수준에 머무른 경우가 많았다. 다시 말해, 노동자들의 계급의식에 바탕을 둔 정치투쟁의 장이 되지는 못했다는 것이다. 그렇지만 앞으로 지역의 노동운동이 발전해 나갈 수 있는 계기가 되었다는 점에 의의가 있다. 87노동자대투쟁은 사업장 전 지역에서 동시다발적으로 일어났고 또 투쟁이 치열하게 전개되었다는 특징이 있다. 그리고 이 투쟁으로 지역 노동운동은 노동자들의 장기적인 투쟁과 총파업이 가능하다는 것을 깨닫게 되었다. 즉 노동자들의 무기인 파업을 통해 노동현장뿐 아니라 사회전체를 변혁시킬 수 있다는 인식을 갖게 되었다는 것이다.

이후 노동운동에 대한 정부의 대탄압에 맞서 좀 더 효율적으로 노동운동을 전개하고, 더 많은 민주노조를 결성하며, 지역 노동운동의 단결과 발전을 위한 공개적인 연합단체의 필요성이 제기되었다. 마침내, 1988년에는 충남민노협이 결성되었다. 충남민노협은 이 지역 노동운동 역사상 최초로 결성된 공개 연합단체로서 대전·충남 지역 민주노동운동을 대표했다는 점에서 큰 의미가 있다. 충남민노협의 활동을 중심으로 이후 노동운동은 더욱 조직화되기 시작했다. 1980년대 대전·충남 지역에서는 주로 단위사업장 수준에서 노동운동이 형성되고 발전된 반면, 1980년대 말이 되면서 노동운동은 조직화의 시기로 접어들게 되었다. 노동운동세력은 이제 단위사업장의 개별 투쟁수준을 넘어 지역 단위의 단일한 노동운동 연합체를 형성하여 보다 효과적인 노동운동을 벌여나가고자 했다.

한편, 87노동자대투쟁 이후 대전 지역에서 사무직과 전문직 노동조합 대표들이 모여 연대기구를 만들기 위해 논의를 시작하여 대전사노협이 결성되었다. 이는 단순히 제조업 중심의 노동운동에서 벗어나 사무직 및 과학기술직 노동자들에게도 노동운동의 영역이 넓혀졌음을 의미했다. 대전사노협은 단위노조의 취약점을 극복하고 연합된 힘으로 민주노조 발전에 기여하는 것을 주된 사업 목표를 설정했지만, 얼마 지나지 않아 해체되었다. 이후 전국적인 차원에서 전노협이 결성되자 대전·충남 지역에서도 지역 노동조합 전체를 포괄한 지역조직을 건설하려는 움직임이 일어나, 1989년 12월에 대전노협이 발족되었다. 불행히도 대전노협 역시 주로 택시 노조들을 중심으로 운영되다가 1990년 중반에 와해되었고, 이 지역 노동운동은 침체기에 빠져들게 되었다. 하지만 1990년도에 들어와 노동운동을 조직적으로 성장시키려는 또 한 번의 시도가 있었다. 즉 전국업종회의 소속 대전 지역 노조 지도부들은 지역회의체 구성에 관해 논의하기 시작했고, 그 결과 그 다음 해에 업종노협이 결성되었다. 업종노협은 협의회를 구성하는 노동조합들의 특성이 반영된 신중간계급 노동조합들 간의 연대체였다. 즉 제조업 중심의 노동운동에서 벗어나 연구원, 언론종사자, 간호사 등 산업구조의 다양화에 따른 전문직 노동조합이라는 특징을 갖는다. (박노영 외, 2011, 120쪽)

업종노협은 전투적인 노동조합이 부재했던 대전·충남 지역에서 민주노조의 흐름을 계승해 민주노총이 출범할 수 있는 기반이 되었다. 업종노협은 4년여 동안 활발하게 활동을 전개한 후 민주노총 지역본부 추진위원회로의 전환을 결정했고, 마침내 1996년 5월 1일 민주노총 대전·충남 지역본부가 공식적으로 결성되기에 이르렀다. 이처럼 노동현장에서의 다양한 시도를 통해 이 지역 노동운동은 성장해 갔으며, 다른 민주화운동 세력과 적극 연대하면서 이 지역 민주화운동의 주요 부문운동으로서 체계를 잡아갔다.

제3장 농민운동

제1절 1970~1980년대 충남 지역 농촌의 상황

충남 지역은 도청 소재지였던 대전을 제외하곤 거의 전 지역이 전형적인 농촌지역이었다. 〈표 1〉에서 보듯이 1975년 당시 충남 지역에는 전국 논밭 면적의 약 7.7%에 해당되는 땅을 농민들이 경작하고 있었다. 이 비율은 1985년까지 크게 변하지 않았다. 대부분의 농가는 영세농으로 작은 규모의 농사에 전념하고 있었다. 〈표 2〉에서 보듯이 1980년 충남 지역은 276,124 농가에서 총 1,420,909명이 농민들이 농업에 종사하고 있었다. 당시 충남 총인구 2,956,214명의 48% 가량이 농업에 종사할 정도로 농업 인구가 큰 비중을 차지하고 있었다.

하지만 당시 농민들의 경제적 상황은 상당히 열악하였다. 1972년 비상계엄 선포로 시작된 박정희 유신체제는 독점재벌과 결탁하여 기층 민중들을 더 심하게 수탈하였다. 즉 내적으로는 독점자본 주도로 기층 민중들을 수탈하고, 외적으로는 저임금 저곡가 중심의 수출 제일주의를 표방했다. 노동자, 농민의 삶은 더욱 악화되었다. 수출주도형 경제성장과 값싼 노동력 유지를 위한 저곡가 정책으로 농업은 피폐화되었고, 식량의 대외 의존

<표 1> 전국(도별) 논밭별 경지면적

(단위:헥타르)

시도별	전답별	1975	1980	1985
전국	계	2,239,692	2,195,822	2,144,415
	논	1,276,599	1,306,789	1,324,932
	밭	963,093	889,033	819,483
충청남도	계	291,933	288,597	284,640
	논	180,237	186,265	194,687
	밭	111,696	102,332	89,953

자료 : 통계청 KOSIS

<표 2> 농가 및 농가인구 변화 추이

시도별	1980		1990		1995	
	총농가(가구)	개인농가인구(명)	총농가(가구)	개인농가인구(명)	총농가(가구)	개인농가인구(명)
전국	2,157,555	10,826,508	1,768,501	6,661,322	1,502,171	4,851,080
대전광역시	-	-	9,330	41,460	7,886	30,941
충청남도	276,124	1,420,909	225,587	901,333	192,888	641,781

자료 : 통계청 KOSIS

도는 높아만 갔다.(이칭헌, 2011)

특히 1970년대 말 이후부터 시작된 정부의 개방정책은 농업부문에도 예외 없이 적용되어 '개방 농정'이 빠른 속도로 진행되었다. 따라서 주곡 위주의 농업에서 농업소득원을 다각화하는 쪽으로 정부의 농정이 바뀌었고, 식량의 안정적 수급을 위해 농산물 수입 확대와 자유화가 이루어졌다. 이른바 농촌공업화를 통한 농외 소득원의 개발로 농가소득을 증대시키는 쪽에 정책의 주안점이 두어졌다. 이는 결국 추곡수매가의 실질적인 동결과 하락, 복합 영농 추진, 과잉 생산과 가격 폭락, 농산물 수입 급증 등을 초래해 농가경제가 더욱 피폐화되었고, 농가부채와 소작율 역시 증가하게 되었다. 이는 농가경제의 내용이 악화되는 데서 오는 변화에 기인한 것이다. 농업인구는 도시로 계속 유출되었고 농업노동력의 여성화, 노령화가 자작농지를 소작농지로 공급하게 하는 주된 원인이며, 부동산 투기와 농가경제 악화에 따른 농가의 농지 매각으로 비농민의 토지소유 확대와 이것의 소작지화가 꾸준하게 진행되었다. 충남 지역 농촌 역시 이런 전국적인 상황과 크게 다르지 않았다.

〈표 3〉 전국 농가부채의 추이

(단위 : 천원, %)

년도	호당총부채	생산성부채	소비성부채	증가율
1970	102			
1975	90			
1980	339	206	133	95.5
1985	2,024	1,306	718	13.5
1990	4,734	3,146	1,015	21.4
1995	7,885	6,190	1,055	15.5

자료: 농업협동조합중앙회 편, 『82 농협연감』·『87 농협연감』·『92 농협연감』·『95 농협연감』.

1989년을 기점으로 살펴보면, 충남 지역 농업은 타도에 비해 축산과 특수 작물의 비율이 높은 것으로 나타났다. 하지만 서해안 개발 붐으로 인해 농경지의 땅값이 폭등하면서 이농이 증가했다. 농민들은 적자 농업의 현실을 고민하기보다는 나날이 치솟는 땅값에 견디다 못해 이농을 심각하게 고민하고 있는 실정이었다. 특히 아산, 당진, 서산 등 해변지역에서 이런 현상이 더 심했다. 또한 도시 근교 소채 농사와 축사 등으로 농촌에 남아 있던 청년들이 결혼문제로 농촌을 떠나는 현상까지 겹쳐 농민운동 역량에도 심각한 악영향을 끼치게 되었다.(이준희, 1989)

충남지역은 해방 직후인 1946년 당시 12개 군에 농민조합이 조직되어 있었으며, 지방행정기능을 장악했던 좌익인민위원회 역시 9개 군에 조직되어 있었다. 이런 역사적 배경은 충남지역의 농민운동이 태동하는 중요한 밑거름으로 작용하였다. 그 결과 충남지역은 80년대 이후 전남북, 경북에 이어 전국에서 4번째로 농민운동의 대중적 진출이 매우 활발하게 이루어졌다.

1950~60년대에 농업의 상대적인 위축은 전국적으로 이농을 부추겼고 농가경제가 피폐화됨으로써 농민운동의 객관적인 조건을 제공했다. 하지만이 당시에는 조직화된 농민운동이 시작되지 못했다. 충남 지역의 농민운동은 1976년에 창립된 가톨릭농민회 충남연합회의 창립과 크리스찬 아카데미 농민교육의 영향으로 본격적으로 발전되기 시작했다. 1979년에는 충남의 서산, 당진, 예산, 공주 등이 농민운동이 발전가능한 곳으로 지목되기도 했다.(이대열, 1998, 81쪽) 이후 1980년대에 들어서서 기독교 농민회와 군 농민회가 등장하면서 충남지역 농민운동은 더욱 활발해졌다. 특히 5·18광주민주항쟁을 거치면서 농민운동 역시 질적 변화를 요구받게 되었으며 자연스럽게 사회체제의 변혁을 모색하게 되었다. 충남 농민운동은 1990년 4월 전국농민회총연맹 출범을 계기로 전국적으로 통일적인 체계안에서 농민운동을 전개하게 되었다.

제2절 교회 계몽주의와 초기의 농민운동(1973~1983)

1992년 12월 문민정부가 탄생할 때까지 대전·충남 지역의 농민운동은크게 세 가지 시기로 구분하여 살펴 볼 수 있다. 첫째 시기는 1970년 초반부터 1983년까지의 시기이다. 이 시기의 특징은 교회의 계몽주의적 지도와 지원 아래, 가톨릭농민회와 기독교농민회가 조직되어 사회적 약자인농민들의 손실을 보전해 주기 위한 '피해보상 요구투쟁'을 주도했다. 그리고 농민들의 권익과 이익을 옹호할 목적으로 설립된 농업협동조합이 본래의 기능을 상실하고 권력의 시녀로 전락하여 농민들을 소외시켜 왔는데, 농협을 개조하여 농민들의 자치기구로 변환시키기 위한 농협민주화운동 또한 주요한 이슈였다. 둘째 시기는 1984년 초반부터 '전국농민운동연합' 이 탄생한 1989년까지이다. 전두환 정권이 비교우위론에 입각하여 외국 농축산물을 대대적으로 개방하자 농민 전체 계층으로 피해가 확대되었고, 이에 따라 농민들의 계급적 연대가 자연스럽게 이루어졌다. 외국 농축산 물의 대대적인 수입으로 인해 농민들의 피해가 극심해지자, 피해보상투쟁 이 전국적 차원에서 격렬하게 전개되었으며, 농민운동은 교회의 보호와 지도를 더 이상 필요로 하지 않는 수준으로 성장한다. 그리고 학생운동 출 신들이 농촌 현장으로 대대적으로 유입되면서 농민운동은 교회 중심의 계 몽주의적 운동에서 농민 계층 스스로가 주체가 되는 운동으로 질적 도약 의 시기를 경험한다. 셋째 시기는 전국적인 단일한 농민운동 조직을 위한 논의가 시작되어 마침내 창립된 '전농'을 중심으로 전국적인 연대망을 통 해 좀 더 조직된 농민운동을 전개한 시기이다.

1970년대 충남 농촌 지역의 전반적인 환경은 농민운동의 발생과 성장에 우호적이지 않았다. 먼저, 운동의 가장 중요한 잠재적인 자원인 '정치적 기 회'가 그리 좋지 않았다. 여기서 '정치적 기회'란 농민들이 집단적 행동에 참여하도록 동기를 부여하는 외부적 환경을 말한다. 1950년대 농지개혁을 통해서 한국 농촌에서 지주계급은 사라졌다. 따라서 지주에 의한 소작인 들에 대한 수탈은 일반적인 상황이 아니었다. 대다수의 농가들은 영세농 으로서 작은 규모의 농지를 소유하고 있었고, 이들은 광범위한 농촌 지역 에 산재해 있었다. 이는 전국적인 농촌의 상황과 비슷했다. 시장에서 농산 물 가격이 낮아서 농가 수입은 대체적으로 낮은 편이었고, 대부분의 농가 들은 중하층이나 하층에 속했으나, 직접적인 수탈자가 쉽게 식별되지 않 았기 때문에 운동의 목표를 설정하기가 어려웠다. 한국 농민들이 겪는 생활고는 소규모의 경작지와 시장 메커니즘과 같은 보다 거시적인 구조에 기인한다. 그리고 대다수 농민들이 전통적인 가업농家業農이었고, 교육수준이 낮았기 때문에 높은 수준의 정치의식 혹은 권리의식을 가지고 있지 못했다. 따라서 농민운동을 농민들 스스로 조직하는 것을 기대하는 것은 애초부터 무리였다. 게다가 이들 소농들은 광범위한 지역에 산재되어 있어서 집단행동을 조직하는 데 필요한 네트워크를 구축하는 데 많은 어려움이 따랐다.

이런 어려운 조건에도 불구하고 충남 지역의 농민운동은 한국전쟁 이후 농민운동 기반이 말살된 가운데 시기적으로 영 · 호남 지역에 비해 조금 늦은 1970년대 초반부터 가톨릭농민회 조직 결성을 통해 자발적으로 생겨나기 시작했다. 초기에는 부여, 공주, 예산, 당진 등에서 소수의 천주교 신자들로 이루어진 조직으로 농민운동이 시작되었으며, 비록 소규모이기는 했지만 농민들의 생존권투쟁이 전개되고 조직이 확대되면서 점차 운동조직으로서의 위상을 갖추어 나갔다.

1970년대 초반 대전 · 충남 지역의 농민운동은 교회의 계몽주의적 지도로 차츰 성장해 나갔다. 이 당시 교회는 농민들을 사회적 약자로 보고 농민들을 지원하고 보호할 의무를 강하게 피력하였다. 특히 농촌사회에 위치한 천주교회는 사회적 약자인 농민들에 대해 관심을 가지고 적극적으로 책임을 지려 했다. 천주교회의 최고 지도자였던 한국천주교 주교회의 의장 윤공희 대주교의 한국가톨릭농민회 10주년 기념대회 강론에서 그 당시 천주교회의 농민들에 대한 입장을 잘 표명했다. "공무원이나 회사원들은 쉽게 만나서 공동권익을 주장할 수 있으나, 농민들은 지역적으로 산재해 있고 약자로 보이기 때문에 더욱 일치단결하여야 한다. … 농사는 자연과 가장 밀착된 직업이고 하느님의 능력을 가장 가깝게 느낄 수 있는 거룩한 직업이므로, 가톨릭농민회는 산업구조상 다른 직업보다 불리한 대우를 받고 있는 농민들의 권익 옹호를 위해 계속 노력해야 한다.… 가톨릭농민회는 농민들의 고통에 동참하여 교회의 사회적 책임을 다할 의무가 있다."

한국 천주교회가 농민들을 위해 일하고자 했던 역사는 한국가톨릭농민회가 조직되기 전인 1960년대부터 이미 시작되었다. 1966년 10월 17일 한국가톨릭농촌청년회JAC 창립총회가 경북 구미에서 천주교 대전교구를 포함한 전국 6개 교구의 농촌 청년 지도자들이 참가한 가운데 열렸다. 가톨릭농촌청년회의 전신은 1964년 창설된 한국가톨릭노동청년회JOC 산하 부서인 '농촌청년부'였다. 농촌청년부는 농촌 지역 천주교회를 중심으로 농촌 청년운동을 소개하고 조직활동을 전개했는데, 활동이 활발하게 진행됨에 따라 농촌문제는 가톨릭노동청년회의 일개 부서로는 더 이상 감당하지 못한다는 지적이 제기되었다. 이에 따라 농촌청년부를 별도로 분리시켜 자주적인 농민조직인 가톨릭농촌청년회가 출범하게 된 것이다.

가톨릭농촌청년회는 1966년부터 1968년 사이에 4차에 걸쳐 전국 지도자 훈련회를 개최하였으며, 천주교 6개 교구에서 11명이 참석하였다. 참가자들은 가톨릭농촌청년회 운동이론과 방법, 새 농사 기술, 지역사회 개발, 생활 개선, 공동체 형성과 실천, 양계·양돈에 관한 기술 등에 관한 교육을 받았다. 대전·충남 지역 가톨릭 농촌 청년들 역시 훈련회에 참석하였으며, 일찍이 이 지역 농민운동의 씨앗을 뿌릴 수 있었다. 당시 사회운동을 용공시하던 냉전적인 사회현실과 정권의 탄압 속에서도 천주교회와 개신교회를 비롯한 종교단체는 농민운동에 대해 지원을 아끼지 않았다. 따라서 비록 소규모였지만 농민운동이 지속될 수 있었던 것이다.

1970년대 초 천주교회와 개신교회는 대전·충남 지역의 농민운동이 도약할 수 있도록 다양한 역할을 담당하였다. 첫째, 교회들은 농민들을 교육하여 농민운동을 이끌 수 있는 지도자들을 양성했으며, 교회가 가지고 있던 네트워크를 활용하여 이들을 연결시켜줌으로써 운동조직의 산실 역할을 감당했다. 둘째, 교회들은 농민회에 재정과 공간을 지원하였을 뿐 아니라, 농민회를 교회의 공식기구로 인정함으로써 법적 교회 조직으로 권위를 부여했다. 셋째, 주요 사건이 있을 때마다 교회의 권위와 기구를 활용하여 농민운동가와 사건 관련자들을 보호하려고 하였다. 그 대표적인 예가 1979년의 '오원춘 사건'이다. 1984년까지 충남 지역의 농민운동은 이런 교회의 지원이 없었다면 존립이 불가능했다. 따라서 1970년대와 1980년 대 초반의 농민운동은 교회의 지원과 지도 속에서 성장해 갔다고 할 수 있다.

1970년대 중반에 들어와서는 크리스챤아카데미와 YMCA의 농촌부의 농민교육도 큰 역할을 하였다. 특히 예산, 홍성 지역 농촌 활동가들이 이 교육과정의 도움을 크게 받았다.

이제 구체적으로 교회가 농민운동에 지원자로서 어떤 역할을 했는지 살펴보자. 초기 가톨릭농민회, 기독교농민회, 후에 설립된 일반농민회 지도자들 대부분이 한국가톨릭농민회, 크리스챤아카데미, YMCA, 기독교농민교육원 등에서 집중적인 교육을 받았다. 한국가톨릭농민회 3~5대 회장을 지냈던 최병욱, 가톨릭농민회 충남연합회 회장 천선용, 서천농민회 1대 회장 양만규, 서천농민회 3대 회장 최명식, 충남농민회 초대 회장 이봉구, 가톨릭농민회 충남연합회 당진분회 초대 회장 이재만, 가톨릭농민회 충남연합회 매산리분회 초대 회장 정광영, 충남기독교농민회 초대회장 양주석 등 초기 농민운동 지도자 여러 명이 천주교회와 개신교회가 실시한 농민교육을 거쳤다.

1976년 기독교청년회YMCA의 농촌개발사업 또는 1979년 크리스챤아카데미는 충남의 서산, 당진, 예산, 공주를 농민운동이 발전할 수 있는 가능성이 있는 전략 지역이라는 점에 주목하고, 이 지역 농민들을 집중적으로 교육하였다. 그리고 교회가 실시한 농민 교육연수장이 운동가들의 네트워크가 형성되는 시발점이 되었다. 특히 천주교회는 우수한 조직적 제도적 자원을 가지고 있어서, 훈련되고 교육받은 농민 지도자들을 교회적 조직체계를 통하여 연결시킴으로써, 농민운동의 조직적 핵이 탄생하는 데 결정적으로 기여하였다.

1966년에 창립된 한국가톨릭 농촌청년회는 1972년에 자발적 농민운동 단체로서는 최초로 한국가톨릭농민회로 개편하여 농민운동의 주된 세력으로 새롭게 탄생했다. 한국가톨릭농민회는 "농민 스스로의 단결과 협력으로, 농민의 권익을 옹호하고, 인간적 발전을 도모하며, 사회정의 실현을 통한 농촌사회 복음화와 인류공동체 발전에 기여함"을 목적으로 하였다. 당시 한국가톨릭농민회의 대중적 기초는 분회였다. 군郡 단위 지역에 천주교회 본당을 중심으로 하여 지역 농민회가 설립되었고, 본당 하위 단위에 위치한 공소 단위에 농민회 분회가 결성되었다. 기본적으로 한국가톨릭농민회는 천주교회의 조직체계를 그대로 반영하여 공소에 농민회 분회를 결성하여 대중조직을 만들고, 군 단위에 단위 농민회를, 그리고 도道 단위에 농민연합회를 결성하였다.

천주교회는 농민들을 교육시킴으로써 농민운동의 핵심 지도자 그룹을 생산해 내고, 이들에게 운동의 이념을 제공했을 뿐 아니라 교회 조직체계를 통하여 이들을 연결시킴으로써 운동 네트워크 형성에 기여하였다. 한국가톨릭농민회는 『농민회 소식』을 년 4회에 걸쳐 발행하였고, 농업협동화, 쌀 생산비 조사, 농지임차관계 조사 등을 주요 이슈로 거론하였다.

한국가톨릭농민회는 천주교회로부터 합법적 지위를 부여 받음으로써 천주교 교인들 사이에서 권위를 인정받을 수 있게 되었다. 1975년 4월에 개최된 한국 천주교 주교단 회의에서 각 교구별로 가톨릭농민회를 육성하기로 결의하였고, 한국가톨릭농민회를 천주교회의 공식단체로 인준하였다. 당시 한국가톨릭농민회는 대전 가톨릭문화센터, 구미 가톨릭농민회관 등에서 사무실을 임대하여 쓰고 있었다. 그러던 중 1975년 대전시 성남동에 농민들의 기부와 천주교회와의 공동 노력으로 가톨릭농민회관을 건축했다. 이로써 한국가톨릭농민회 지역 조직 건설은 탄력을 받게 되었다. 1976년 10월 25일 대전 대흥동 성당에서 개최되었던 '한국가톨릭농민회 10주년 기념대회'는 천주교회가 적극적으로 농민운동을 지원했다는 사실을 보여주는 좋은 사례이다. 1976년은 한국가톨릭농민회의 창립 10주년이 되는 해여서 10년 동안 기울여온 끊임없는 노력의 성과를 평가하는 계기를 마련하고자 대회를 개최하였다. 1976년 10월 25~26일 대전 대흥동성당에서 주교회의 의장 윤공희 대주교, 대전교구장 황민성 주교, 원주교구장 지학순 주교, 전주교구장 김재덕 주교, 총재 이동호, 아빠스 주한 교황 대사관 가봉고 몬시뇰, 전국지도 사제단 등이 참여하여 한국가톨릭농민회가 주최한 10주년 기념대회 및 추수감사제를 공동 집전하였다.(한국가톨릭농민회 편, 1997, 46~47쪽)

1976년 4월 9일에는 천안성당에서 한국가톨릭농민회 충남연합회(이하 '충남가농')가 정식으로 창립되었다. 초대 회장에는 천선용, 부회장에는 이용호, 총무에는 박정신이 선임되었다.(한국가톨릭농민회 편, 1997, 45~46쪽) 이후 충남가농은 대전·충남 지역에서 농민운동을 발전시키는 데 매우 중요한 역할을 담당했다. 특히 아직 운동조직이 미비한 시절 충남가농은 농민들이 투쟁을 벌일 수 있는 중요한 자원이자 토대로 기능하였다.

1978년 1월에 시군 단위에서는 최초로 당진에서 가톨릭농민회가 탄생하였다. 가톨릭농민 충남연합회 당진분회의 경우에는 당진 본당 신부였던 김병재 신부의 역할이 컸다. 청년 피정에 한국가톨릭농민회 사무국장 이길재를 초청하여 "농촌문제와 농민의 삶"이란 주제로 강연회를 개최하였다. 그리고 이 날 교육에 참가한 농민들을 중심으로 자연스럽게 '한국가톨릭농민회 당진 본당 분회'가 시작되었다. 그 이후 서산, 아산, 예산, 청양, 금산 등에서 차례로 시군 단위의 가톨릭농민회가 결성되었다. 시군 단위가톨릭농민회가 결성되면서 당진과 같은 지역에서는 공소 단위에서 가톨릭농민회 대중조직의 기초단위인 분회가 결성되었다. 한국가톨릭농민회 당진 본당 분회에는 김성철, 김세환, 남기준, 박인순, 이재만, 황성룡 등 10명 이상이 회원으로 가입했으며, 본당 분회 회장은 이재만이 맡게 되었다. 이 무렵 신평면 매산리에서도 정광영을 중심으로 매산리 분회가 만들어졌다.

개신교 쪽은 천주교회와 같은 위계적 질서를 가지고 있지 못했기 때문에 농민운동 지원은 다른 양상으로 나타났다. 천주교회가 주교회의의 결정을 통하여 교회 체계를 통하여 농민운동을 지원했던 것에 비해, 개신교의 농민운동에 대한 지원은 개별 교회에 국한되었다. 교회의 사회책임을 강조하고 농촌공동체 내에서의 교회 역할을 중요하게 여겼던 목회자들이 농민운동을 지원했다. 이들 목회자들 대부분이 신학교 재학 시절에 학생운동을 경험했거나 진보적 신학을 가지고 있었다. 당진 제일교회의 이명남 목사, 아산 음봉감리교회의 허원배 목사, 아산 송악감리교회의 김영주 목사, 강경 제일감리교회의 원형수 목사 등이 대표적인 농민운동의 지원자들이었다. 선진적인 교회 목회자들의 헌신적인 지원이 있었지만, 지원이 개별 교회 단위로 이루어졌기 때문에 천주교회처럼 성과를 내지는 못했다.

개신교 쪽에서 농민운동을 지원하려는 시도는 전국적인 차원에서 조금씩 시작되었다. 그 결과 1980년 5월에 전북기독교농민회가 발족되었고 1982년까지 경북기독교농민회와 충북기독교농민회가 결성되었으며, 마침내 1982년 3월 '전국기독교농민회 총연합회'가 서울 영등포 도시산업선교회에서 출범하게 되었다. 초대 회장으로 배종렬이 선출되었다. 이런 전국적인 추세에 따라 충남지역에서도 기독교농민회를 건설하려는 움직임이 일어났다.(『한국농정』 2012년 5월 28일자)

양주석, 이봉구, 오재환과 같은 헌신적인 운동가들이 있었던 서천군에서 1983년 '서천군 기독교농민회'가 가장 먼저 건설되었다. 하지만 충남의 여타 지역에서는 1980년까지도 기독교농민회는 군 단위에서 건설되지 못했고, 1983년 3월에야 서천, 보령, 부여, 아산, 홍성에 시군 단위 농민회가 결성되면서, 이를 기반으로 충남기독교농민회(이하 '충남기농')가 건설될 수 있었다.(양수철, 2006, 27쪽) 초대 회장에는 양주석(서천), 부회장에는 이명희(부여), 이봉렬(아산), 이봉구(서천)가 선출되었고, 회계에는 정영진(서천), 감사에는 오재환(서천), 고석구(보령)가 선임되었다.

충남기농 창립 당시 천주교회 체제와 같은 보호막이 없었기 때문에 농민운동가들에 대한 탄압은 노골적이었고 강도도 높았다. 서천군 판교교회에서 50여 명의 농민들이 참석하여 거행된 창립대회를 막지 못해 판교 경찰지서장은 파면되었고, 안기부에서 농민회에 해산명령을 내렸다. 집행부 전원이 가택연금을 당했고, 기관원들이 충남기농 회원들에게 사퇴서를 강요하였다. 하지만 경찰의 끈질긴 협박에도 불구하고 양주석, 이명희, 이봉구, 오재환 등은 끝까지 버텨냈다.

교회들이 농민운동을 지원했던 또 다른 유형은 '정서적 지원과 유대 및 정치적 탄압으로부터의 보호'이다. 경북 영양군 청기면에서 발생한 오원춘 사건이 대표적인 사례이다. 1978년 경북 영양군 청기면 농민들은 군과 농협에서 알선한 감자씨를 심었으나, 싹도 나지 않아 감자 농사를 망쳤다. 이에 한국가톨릭농민회 청기분회 회원들은 피해 농민들과 함께 대책을 논의하고 피해상황을 조사하여 당국에 피해보상을 요구했다. 이에 관과 농협은 갖은 방법으로 피해 농민들을 회유, 협박하는 등 탄압을 자행했다. 그 결과 비회원 농민들은 중도에 권리를 포기하고 말았으나, 한국가톨릭농민회 청기분회 회원 농민들은 안동교구 사제단의 지원과 끈질긴 노력으로 피해액 전액을 보상 받았다.

하지만 그 후 보상 활동에 앞장섰던 청기분회장 오원춘이 15일간이나 정체불명의 사람들에게 납치당한 채 폭행을 당하고 격리되었다. 이 사실이 천주교정의구현전국사제단 조직을 통하여 7월 17일 전국에 일제히 폭로되었으며, 그 책임을 물어 당국은 신부와 한국가톨릭농민회 청기분회 간부들을 구속하였다. 대통령은 특별조사령을 지시하였고, 정부 측은 사실을 왜곡하여 한국가톨릭농민회와 천주교회를 비방하고 탄압하는 등의 온갖 음해를 시도하였다. 이러한 정부 차원의 탄압에 대응하여 천주교회는 기도회를 열고 성명서를 발표하였다. 오원춘 사건에 대해 천주교회는 모든 관련 기구들을 동원하여 적극 대응하였다. 즉 주교 상임위원회, 정의평화위원회, 한국가톨릭농민회, 천주교정의구현전국사제단 등이 나서서 당국의 탄압으로부터 한국가톨릭농민회 청기분회와 피해 농민들을 보호하고자 했다.(한국가톨릭농민회 편, 1997, 83·316쪽) 오원춘 사건이 발생하자 천주교 정의구현 대전교구사제단은 1979년 8월 3일 특별 기도회를 개최하여 다음과 같은 내용의 〈안동교구 오원춘 사건에 대한 성명서〉를 발표하였다.

- 최근 안동교구의 사태를 비롯하여 우리 한국 교회는 여러 측면에서 교권 침해 및 신앙의 자유가 최악의 탄압을 받고 있는바, 우리는 교권 수호 및 신앙의 자유를 위해 순교를 영광으로 알고 계속 투쟁해 나갈 것을 천명한다.
- 최근 정부는 오원춘 사건 및 몇몇 사건을 권력의 허수아비가 된 전 매스컴을 동원하고, 또한 각종 교활하고 가증스러운 수법을 통하여 전 국민을 오도하며 우롱하는 가증스런 사례들을 즉각 중단할 것을 우리는 촉구한다.
- 정부는 양심수호 인사 및 신부, 목사, 신자, 농민, 노동자, 학생들의 미행, 감시, 도청, 연행, 폭행, 구속, 사생활의 간섭 등으로 신앙, 집회, 언론, 인권, 자유 등 전 국민에 대한 기본권 말살 행위를 즉각 중단하라.

당시 대전교구 황민성 주교 역시 강론을 통하여 사회적 약자인 농민들을 교회가 보호할 의무가 있으며, 교회는 사회적 약자와 일치를 통하여 하나님의 모습을 실현해야 한다는 요지의 강론을 했다. 특히 천주교 정의구현 대전교구사제단은 교회의 사회적 책임의 첨병으로 천주교회의 최전선에 서서 탄압받는 농민들을 보호함으로써 농민들이 자유롭게 농민회 활동을 할 수 있도록 도왔다. 하지만 교회의 지원과 보호가 농민운동가들을 교회에 의존하게 만들거나 교회의 보호막 아래 숨어있게 만들지는 않았다. 농민운동가들은 교육과 정치적 경험을 통하여 자신들의 주체적인 운동관을 확고히 가지게 되었고 직업적 운동가로 변신하여 갔다.

1980년대에 들어와서는 농민운동의 조직 역량이 확대되고 조직 단위가 형성되기 시작했다. 충남가농은 이미 1979년부터 마을 단위 분회 조직과 군 단위 협의회 조직을 통해 개별적 운동역량을 조직화하기 시작했다. 또한 1982년에는 기독교농민회 충남 조직이 지역 농민운동에 합류하면서 농민운동의 조직과 역량이 강화되었다.

1970년대와 1980년대 초 대전 · 충남 지역의 농민들은 농민들의 권리를 찾기 위한 '농협민주화'와 '강제 농정에 반대하여 농민의 품종 선택권을 확보'하기 위한 투쟁을 펼쳤다. 또한 농민들은 부당한 농정으로 인해 피해를 입게 되는 경우가 종종 발생했는데, 피해 농가들이 중심이 되어 '피해보상투쟁'을 벌였다. 하지만 대부분의 경우, 준법 투쟁 수준이었고 대부분 충남가농, 충남기농 등 교회의 농민조직에 의존하여 전개되었다.

학생들이 학원자율화조치 기간 동안 학생 자치기구 부활을 위해 투쟁했듯이, 농민들도 농협을 농민들에 의한, 농민들을 위한 기구로 만들기 위해서 1970년대 후반부터 '농협민주화운동'을 시작했다. 당시에 농협은 방대한 조직과 사업규모를 가지고 있었다. 하지만 농협은 농민 조합원의 주체적인 의사에 따라 조직과 사업이 운영되지 못하였고, 조합장 역시 농민들의 손에 의해서 선출되지 못하고 위로부터 임명되었다. 농협중앙회의 경우를 보면 중앙회장은 농수산부장관이 재무부장관과의 협의하에 제청하여 대통령이 임명하고, 부회장과 이사는 농수산부장관의 승인을 얻어 중앙회장이 임명하도록 되어 있었다. 단위조합에 있어서는 농협법에 의해 단위조합장은 중앙회장의 위임을 받은 군 지부장이 군수의 승인을 얻어 임명하도록 하고 있었다. 1980년 제5공화국에 들어와 이를 약간 수정했으나, 9인으로 구성된 조합장 추천위원회를 통해 최다 득점자를 복수추천, 그중에서 군 지부장이 임명하는 식으로 겉만 조금 바뀌었다. 따라서 당시 농협은 농민의 경제적 권리를 보장하기 위하여 스스로 조직한 자주적 단체로서의 기능을 포기하고 관료화되어 농민들을 소외시키고 있었다.

한국가톨릭농민회는 1977년 8월 16일 '농협 실태조사'를 실시함으로써 농협민주화 운동의 시동을 걸었다. 한국가톨릭농민회는 농민회 회원들을 상대로 조합원의 실태조사와 세미나를 실시하여 농협에 대한 회원들의 인식을 제고시켰다. 농협민주화와 농협 발전의 실마리를 풀기 위해서 우선적으로 농민들의 농협에 대한 인식을 높이고 관심을 유도할 필요가 있었던 것이다. 1977년 2~3월 각 지구 총회에서 총 300명을 대상으로 '농협민주화 활동과 조사에 관한 교육'을 실시하였고, 그 해 3월에서 5월 사이에는 8개 도 75개 단위조합의 조합원 785명에 대한 설문조사를 집계하여 조사 보고서를 발행했다. 그 해 8월 16일에는 그동안 진행된 농협과 조합원의 실태조사를 토대로 대전 가톨릭문화회관에서 회원 150여 명과 농협 관계자들이 참석한 가운데 농협 문제 세미나를 개최하였다. 세미나는 조사연구 보고와 분반 토의, 결의문 채택의 순으로 진행되었다. 농민들은 농협실태조사에 나타난 농협은 협동조합의 기본원칙인 농민의 자주적 참여와 민주적 운영을 무시한 관제 농협이라고 비판했다. 추후 진행된 자유로운 의사 표현에서 농협은 원래 목적으로 하는 '농민의, 농민을 위한, 농민에 의하여'라는 민주적 원칙으로 운영되어야 한다고 지적했다. 또한 한국가톨릭농민회는 부당한 출자는 강요되어서는 안 되며, 대신 자진 출자를 원칙으로 정하고, 앞으로 출자 강요에 대한 시정 활동을 추진해 나갈 것을 결의하였다. 이 날 세미나 내용은 농민회 소식지에 게재되어 배포되었으며, 그 주된 내용은 농협민주화 활동의 필요성, 활동 사례, 강제 출자의 부당성 등에 관한 것이었다.(한국가톨릭농민회 편, 1997, 55~56쪽)

농협민주화 운동은 1970년대 후반과 1980년대 초반까지 농민들의 모든 집회에서 주요 이슈로 거론되었다. 1978년 11월 '전국 쌀 생산자대회', 1981년 11월 '가톨릭농민회 충남 농민대회', 1982년 '가톨릭농민회 충남연합회 추수감사제' 등에서 농협 민주화가 지속적으로 제기되었다. 농협민주화운동은 1983년 7월에 '농협 조합장 직선제 실시를 요구하는 100만 서명운동'을 벌임으로써 최고조에 달했다. 농협 조합장 직선제 운동은 한국가톨릭농민회가 주도적으로 이끌었는데, 한국가톨릭농민회는 전국 조직망을 이용하여 100만 인 서명운동을 전개하면서 농협이 농민들에 의한 농민을 위한 공동체 조직으로 전환해야 한다고 주장하였다. 1983년 7월 27일 한국가톨릭농민회는 '100만 인 서명운동 결의대회'를 도연합회 별로 개최하였으며, 8월 1일부터는 농협 조합장 직선제 실시 100만 인 서명에 돌입하였다.

하지만 서명운동은 초기부터 당국의 강력한 탄압에 직면하였다. 공무원과 경찰 등 전 행정력을 동원해 서명운동을 방해하였고, 전국에 걸쳐서 농협 직원과 면(面)직원, 경찰이 부락에 상주하면서, 회원 동태를 감시하고, 부락민이 서명운동에 동참하지 못하도록 공포 분위기를 조성하였다. 또 이장회의, 통장회의, 그리고 반상회를 통하여 서명운동을 적극적으로 방해하였다. 청년들에게는 영농후계자금을 받지 못할 것이라고 협박했고, 면(面)직원들은 "농민회 활동자금이 소련에서 조달되고 있다"는 유언비어를 퍼뜨리기도 하였다. 이러한 탄압에도 불구하고 농협 조합장 직선제 운동은 전국적으로 번져 나갔고, 1980년대 초반까지 농민운동의 주요 이슈가 되었다.

1970년대 후반과 1980년대 초반에 농민운동의 또 하나의 주요 이슈는 강제 농정 혹은 농업정책 실패로 인해 피해를 입은 농가들이 벌인 보상투쟁이었다.(한국가톨릭농민회 편, 1997, 65~66쪽) 1978년 11월 '78 전국 쌀 생산자 대회', 1979년 '부여 토마토 보상 요구투쟁', 1979년 '홍성 노풍피해 보상투쟁', 1983년 '수매가 동결 및 농산물 가격보장 투쟁' 등이 대표적인 보상투쟁 사례이다.

1978년 11월 16일에서 17일 양일간에 걸쳐 대전에서 '가톨릭농민회 78 전국 쌀 생산자 대회 및 추수감사제'가 800여 명의 농민과 시민, 학생들이 참석한 가운데 진행되었다. 이날 행사는 정부의 수매 정책으로 인해 농산물 생산비를 보장 받지 못한 농민들이 일방적으로 빼앗긴 농민의 권익을 되찾고 최소한의 농산물 생산비를 보장 받으려는 취지 아래 열렸으며, 다른 4곳에서도 동시에 열렸다. 행사 기간 내내 주최 측은 '농민도 인간이다, 잃어버린 농민의 권리를 찾자, 쌀 생산비를 보장하라' 등의 플래카드를 내걸었다. 대전 지역 행사는 총 4부로 진행되었다. 흥겨운 농악 장단 속에 시작된 이날 행사에서 농민들은 쌀 생산비와 수매 정책에 대해 토론을 벌였다. 또한 농민들의 의사를 반영하기 위해 실시되었던 서명운동 등 생산비 보상투쟁에 대한 경과를 보고하는 시간이 있었다. 행사가 끝날 즈음에는 당면하고 있는 농협 문제, 농업세제 문제, 강제 권장의 산물인 노풍 피해, 그 외 각 지역에서 일어난 많은 문제들을 소개하고 성토 규탄하는 시간을 가졌다. 무엇보다, 이날 대회에서 농민들은 쌀 생산비를 감안한 수매 정책, 농협민주화, 노풍으로 인한 피해 보상을 정부에 요구했다.

'전국 쌀 생산자 대회'는 전국에서 연쇄 집회로 개최되었다. 11월 13~14일 원주에서 강원 지역 1,200여 명의 농민들이, 11월 21~22일에는 상주 함창에서 영남 지역 1,000여 명의 농민들이, 11월 27~28일에는 광주에서 호남 지역 1,300여 명의 농민들이 '전국 쌀 생산자 대회'를 열었다.

농산물 피해 보상투쟁의 대표적 예는 1979년 홍성에서 일어난 '홍성 노풍피해 보상투쟁'이다.(한국가톨릭농민회 편, 1997, 70~71쪽) 1978년 정부는 미질이 좋고 더 높은 값을 받을 수 있는 일반벼 대신 단위당 생산량이 많이 나온다는 이유로 아무 보장 계획도 없이 농민들에게 '노풍'을 심을 것을 강요하였다. 당국의 위압적 지시 아래 각 도·시·군·읍·면의 직원들은 신품종 노풍을 농민들에게 강제 권장하는 데 앞장섰다. 하지만 정부가 강제 권장한 신품종 노풍을 재배한 농민들은 심각한 피해를 입었다. 신품종 노풍을 제대로 된 병리검사 없이 농민에게 강제로 권장했던 것인데, 그 결과 목도열병으로 농민들이 90% 가량 수확이 감소하는 피해를 입게 된 것이다. 실제 생산량에서 원래 70가마를 수확할 수 있는 논에서 5가마밖에 수확할 수 없었다.

농민들은 품종선택권을 잃어버린 것도 억울한 데다, 수확마저 형편없자 분노하였다. 노풍 피해를 본 농민들은 1978년 가을부터 정부에 피해보상을 요구했지만, 그 해에는 별다른 진전을 보지 못했다. 1979년 1월 23일 충남 홍성군 홍성읍 농민들은 '노풍피해 보상을 공정히 하라'는 플래카드를 들고 홍성읍 사무소 광장에 몰려가 3시간 동안 집단 농성을 벌였다. 이 사건을 계기로 노풍피해 문제는 전국적으로 번져나가게 되었다. 전국에 있는 피해 농가들이 노풍 피해에 대해 당국에 항의하기 시작했다. 하지만 초기에는 도지사와 농수산부장관은 노풍 피해 농가들의 요구를 묵살하거나 무시하였다. 홍성읍 농민들의 피해보상 문제에 대해 충남 도지사는 "78년의 노풍피해를 천재로 단정하고, 1978년 피해를 교훈삼아 과학 영농의 발전을 수립하여 기쁨을 함께 하자"고 하면서, "79년에는 쌀 증산의 신기록을 세우자"고 농민들에게 회신하였다.

홍성읍 농민들의 항의와 무성의한 도지사의 회신이 있은 후, 이 문제는 충남가농 회원들의 전체 문제로 확산되기 시작했다. 충남가농 회원들은

'노풍피해보상 대책위원회'를 구성하고 실제 피해액을 조사하기 위해 신품종 피해조사서 및 보상실태조사서를 작성하는 동시에 서명운동을 함께 추진하였다. 피해조사를 완료한 충남가농 회원들은 당국의 잘못된 피해조사와 보상액을 밝히고 이런 일이 두 번 다시 반복되지 않기를 촉구하는 기도회를 개최했다. 또한 충남가농 회원들은 농수산부장관과 도지사에게 농민들의 요구사항에 대한 답변을 요구하였다. 하지만 농수산부장관과 도지사로부터는 아무런 회신이 없었다. 6월부터는 충남가농의 힘에 한계를 느낀 회원들은 가농 전국 조직에 협력을 요청하였다. 그동안 아무런 조치를 취하지 않던 도道 당국은 문제가 가농 전국 조직으로 확대되자, 그때서야 보상에 대한 협상을 요청하였고, 피해액을 보상하고 강제 행정을 통해 농민들의 품종선택권을 빼앗지 않겠다고 약속했다.

농산물 피해보상투쟁의 또 다른 사례는 1979년의 '부여 세도 토마토 사건'이다. 토마토 재배 지역인 부여 세도 농민들은 제일종묘사에서 배부한 토마토 씨앗으로 농사를 지었는데, 후에 막대한 피해를 입었다. 그 원인이 불량 토마토 씨앗에 있음이 밝혀졌다. 이에 농민들은 제일종묘사 사장 허점식에게 피해보상을 요구했다. 하지만 이런 피해보상 요구가 경찰의 개입으로 번번이 무산되자, 농민들은 농민 대표(백수현)를 통해 갈라진 불량 토마토를 논산역에서 청와대로 보내려고 계획했다. 하지만 미리 출동한 경찰의 저지로 인하여 이 역시 실패로 돌아가고 말았다. 이에 격분한 농민들은 정부의 피해보상 저지에 맞서 논산, 강경, 강경다리 등에서 시위를 벌였다. 이후 농민들은 강경 제일교회에서 피해보상대회를 개최한 후 시위를 벌이고, 제일종묘사 사장을 체포하여 경찰에 인계하였다. 농민들이 시위를 벌이자 경찰이 출동하여 최루탄을 쏘면서 농민들의 시위를 진압했다.(한상열의 증언) 농민들은 도로를 점거하고 검사실까지 쳐들어갔고, 당국과 간접 보상에 잠정합의하고 시위를 중단했다. 이 시위로 인해 많은 농민들이 조사를 받고 구류를 살았다. 전국적으로 보면 1979년에 있었던 오원춘 사건도 전형적인 피해 보상투쟁의 하나였다. 하지만 박정희 정권은 농민들의 정당한 피해보상 요구를 묵살하는 것으로 일관하였다.

1980년대 초반에 들어서면서 대전·충남 지역 농민들의 주장은 보다 대담해지고 정부 비판적으로 변해 갔다. 1981년 11월 25일에 신합덕성당에서 개최된 '가톨릭농민회 81년도추수감사제 및 충남 농민대회'에서 농민들은 반농민적 농정을 직접적으로 비판하고 나섰다. 이날 행사는 가톨릭농민회 충남연합회(회장 이용호)가 주최했으며, 최병욱 한국 가톨릭 농민회장을 비롯한 대전교구장 황민성 주교와 이종창 지도신부 등 인근 본당사제와 8백여 충남가농 농민회회원들이 참가한 가운데 성대히 열렸다. 이날 대회를 마치면서 〈농업정책에 대한 우리의 주장〉이라는 제목의 성명서를 통해서 충남가농은 정부의 농산물 저가정책과 강제 농정, 전시 농정, 각종 조세 공과금의 부당성, 재벌과 외국인의 토지 잠식, 농협의 반농민적 행위 등을 지적하였다. 그리고 "① 농산물가격 결정권을 갖자, ② 우리의 땅을 지키자, ③ 외국농산물 수입을 막자, ④ 농협의 주인 자리를 차지하자, ⑤ 농지세, 수세를 비롯한 각종 불공평한 공과금을 바로잡자, ⑥ 각종 공해를 막자, ⑦ 지방자치제를 실시하도록 하자"고 결의하였다.(한국가톨릭농민회 충남연합회 편, 1981) 이 당시 쌀 생산비 보장 문제는 농민들에게 주요한 이슈였다. 농민들은 이 날 대회에서 당진의 매산, 항곡, 성산 분회를 비롯해 대전·충남 지역 30여 농가를 대상으로 1년여에 걸쳐 생산비를 면밀하게 조사한 결과를 보고하고, 그것을 토대로 추곡수매가격을 평균 생산비 6만9천3백 원 이상으로 재조정하고 농민이 원하는 전량을 수매하라고 요구했다.(『가톨릭신문』 1981년 12월 6일자)

제3절 농산물 시장개방과 농민운동의 질적 변화기(1984~1989)

1983년에는 정부가 수매가 동결 정책을 실시했다. 1983년은 어느 해보다도 농산물 가격 폭락현상이 심각한 해였다. 여기에 전례 없는 수매가 동결은 농민의 생존을 직접적으로 위협했다. 무분별한 외국농산물 수입에 바탕을 둔 농산물 저가정책이 최고조에 이르렀고, 농민들은 외국농산물 수입 반대, 생산비가 보장되는 수매정책을 요구하기 시작하였다. 외국농산물 수입으로 1970년대에 80.5%에 이르던 식량 자급률은 1980년에 56%, 1983년에 50.2%로 떨어지게 되었다. 즉 매일 먹는 식량의 반을 불안한 외국 시장에 의존해야 하는 지경에 이르렀다.

1983년부터 진행되어 오던 농축산물 시장 개방이 점차 확대되면서, 피해 농가가 농민 전체 계층으로 확대되었고, 농민들의 계급적 연대가 자연스럽게 이루어졌다. 외국 농축산물을 대대적으로 수입하면서 소 값이나 곡물 가격이 폭락하자, 농민들의 정부에 대한 분노는 극에 달했다. 여기에다 거시적인 정치환경도 농민운동에 유리한 방향으로 변하고 있었다. 전두환 군사정권은 학생운동에 대한 유화책으로 1983년 12월 '학원자율화조치'를 취했다. 1984년 봄부터 대학가는 학원민주화 시위로 시끄러웠고, 저녁 뉴스는 학생들의 시위 보도로 가득했다.

농민들의 투쟁방식도 1984년 초반부터 이전의 준법투쟁(가톨릭 농민대회, 추수감사제 등)으로부터 시위, 농성, 점거, 시위 등의 형태로 다양하게 나타났다. 운동의 주체도 제도 교회의 틀 안에 머물지 않고, 일반 농민회가 생겨나면서 새로운 운동 주체를 형성해 나갔다.

그리고 눈에 띄게 농민들의 권리의식도 높아져서 보상투쟁에 이전보다 훨씬 더 적극적이고 과감하게 행동하였다. 1985년 장항제련소 굴뚝사건,[57]

57) 장항제련소(럭키금속)는 일제강점기에 설립되어 일본의 군수품을 생산하였고, 박정희

1985년 5월에 발생한 금은농장 소작쟁의,[58] 1985년 9월에 발생한 서산 안면도 김양식장 피해보상 요구시위[59] 등은 대전·충남 지역 농민들의 권리의식이 급격히 성장하고 있음을 알 수 있게 해준다. 도로를 점거하고, 검사실에 쳐들어가고, 공장을 점거하여 농성하고, 지주에게 소작율의 조정을 요구하는 등 이전에는 볼 수 없었던 광경이었다.[60]

1984~1985년 동안에 가장 중요한 투쟁은 '소값 피해보상 투쟁'이었다.(한국가톨릭농민회 편, 1997, 131~132쪽) 소값 피해보상 투쟁은 그 규모가 전국적이었을 뿐 아니라 시위 양식도 과격하였고, 이 투쟁을 계기로 지역에서 일반 농민회, 예를 들면 서천농민회, 당진군 농민회 등이 결성되었다. 1980년대 초반에 정부는 소위 비교우위론에 입각하여 농산물 시장을 대대적으로 개방하여 외국농산물 수입을 확대하였다. 외국 농축산물을 대량으로 도입하면서 국내 농축산물의 가격은 엄청난 폭락을 겪었다. 이로 인해

시대에는 방위산업체로 지정되어 군수품을 생산하였다. 공장 폐수와 굴뚝에서 흘러나오는 일산화탄소로 인해 주변 지역의 농작물에 큰 피해를 입혔고, 무엇보다 환경 피해로 인해 주민들의 건강이 좋지 않았다. 이에 서천 지역의 농민운동가, 기농, 충남가농, 주변 3개 마을 주민들이 총동원되어 장항제련소 측에 항의하였다. 농민들은 장항제련소에 진입하여 농성을 벌였다. 결국 윤기성 소장이 농민에 대한 보상과 농번기에는 용광로의 불을 끄겠다는 약속을 했다. 이 사건으로 농민들은 뭉치면 자신들의 요구가 관철될 수 있다는 교훈을 얻게 되었다. 장항제련소는 5년간 제한적으로 조업한 뒤 온산제련소로 합병되었다.

58) 1985년 서산 금은농장 소작인 117세대가 소작료 인하와 작답비(간척지를 개답한 비용) 인정을 요구하며 시위를 벌였다. 1988년에는 서산 금은농장 지주 이한구의 땅을 소작하던 소작인 117세대 500명이 소작료를 2·8제로 해 줄 것과 부당한 소작권 박탈을 중지할 것을 요구하며 시위를 벌였다.

59) 1985년 9월 11일부터 16일까지 서산군 안면도 어민 700여 명이 '김 양식장' 피해 보상을 요구하며 현대건설 현장사무소에서 시위 농성을 벌였다. 결국 농수산부는 현대건설 측에 어민들의 피해액 전액(18억 4,000여 만 원)을 시급히 보상하라는 행정명령을 내렸다. 이후 현대건설 측이 정부의 지시를 불이행하자, 10월 14일 이 지역 어민 700여 명이 상경을 시도하였으나, 경찰에 의해 해산 당하였다. 10월 16일에는 어민 400여 명이 다시 안면지서 앞에서 연행된 어민들을 석방할 것을 요구하며 시위를 벌였다.

60) 한국가톨릭농민회 편, 1997, 141~142·316쪽; 기쁨과희망사목연구소 편, 1996b, 472·495쪽 등을 종합.

피해보는 농가가 많았다. '개방 농정'이라는 이름 아래 진행된 '농축산물 수입개방 확대'로 인해 많은 농가가 피해를 보았음에도 정부는 '하곡 및 추곡 수매가 동결' 정책을 강행하는 등 반反농민적 정책을 공공연히 표방하였다. 대다수 농민들은 정부의 반농민 정책으로 인해 많은 피해를 보거나 경제적으로 궁지에 몰렸다.

궁지에 몰린 농민들이 정부에 대응하여 집단행동을 취하면서 농민운동은 질적으로 변화하기 시작하였다. 기존 추곡수매가는 농촌 보호정책의 핵심으로 농민들의 기득권으로까지 인식되고 있었는데, 수매가 동결은 농민들에게 커다란 박탈감을 주었다. 박탈감이 큰 만큼 정부에 대한 분노도 극에 달하였다. 개방농업 정책으로 직접적으로 피해를 보는 농가가 늘어나면서 피해 농가들 사이의 연대는 쉽게 이루어졌다.

외국 소 수입으로 인해 국내 소값이 폭락하면서 소사육 농민들은 1마리당 평균 70~80만 원씩 적자를 보아 200만 농가가 총 2조 4,000억 원의 손해를 입었다. 피해 농가가 속출하자 가톨릭농민회가 중심이 되어 외국농축산물 수입 반대투쟁을 전개하였고, 외국 소와 쇠고기 수입으로 인한 소값 피해를 보상하라는 요구가 전국에서 빗발쳤다. 농민들의 소값 피해보상 시위는 전국 22개 지역에서 경운기와 소를 마을에서부터 몰고나와 군·면 소재지까지 시위를 벌이거나, 소를 시군에 반납하였다. 소를 살육하는 극단적 행동도 서슴지 않았다. 소값 피해보상 시위에 동원된 농민 수는 4,700여 명, 시위 도중 연행된 자는 419명, 부상자는 29명, 구류는 6명, 그리고 2명이 기소되었다가 석방되었다. 농민들의 저항이 거세어지고 확대되자, 정부 당국은 쇠고기 수입 정책에 신중을 기하게 되었고, 농협은 외국 농축산물 수입을 중단해 줄 것을 당국에 건의하였다. 농민들은 집단행동을 통한 정치적 의사 표현으로 자신들의 요구를 관철시킬 수 있다는 '정치학습'을 경험하였다.

그 당시 농축산물 수입으로 농민들이 얼마나 심각한 생활고를 겪었는지는 1986년 3월 13일 충남 아산군 영농후계자 오한섭의 음독자살 사건에서 잘 드러나고 있다.(기쁨과희망사목연구소 편, 1996b, 31·60쪽) 충남가농 회원이자 아산군 인주면 영농후계자인 오한섭이 정부의 농축산물 수입정 책과 복합영농정책으로 진 빚더미에서 헤어나지 못하자, '살인 농정에 대 해 항의'하여 농약을 마시고 자살을 기도하여 13일에 사망하였다. 4월 13 일 충남가농은 충남 아산군 안주면 공세리성당(변갑철 신부)에서 회원, 주 민 등 800여 명이 참석한 가운데 '오한섭 형제 추도식'을 주최하였다. 참석 자들은 추도식 공식 성명서를 발표한 후, 구호를 외치며 약 8km 떨어진 영인면사무소까지 진출하였다.

천안에서는 100여 명이 오룡동성당에 집결하여 오후 8시 40분경부터 교 회구내에 있는 신용협동조합 2층 회의실에서 다음날 14일까지 '고故 오한 섭 추모 살인농정 철폐 및 민주농정 쟁취'를 위한 철야농성을 계속하였다. 천안 오룡동성당 철야농성 후 농민들의 투쟁은 농가부채 해결 투쟁으로 발전하였다. 당시 추도식에서 사용된 머리띠와 만장, 현수막에 쓴 농민들 의 주장은 '살인농정 책임지고 현 정권은 물러가라', '군부독재 타도하자', '오한섭을 살려내라', '민주헌법 쟁취하자', '소값 피해 보상하라', '독점재벌 해체하라', '지방자치 실시하라', '노동자의 생활임금 보장하고 노동악법 철 폐하라', '농가부채 탕감하라', '미국은 농산물 수입 개방 압력을 중단하라', '외국농축산물 수입 중지하라', '토지개혁 실시하라', '민주농정 실현하라' 등이었다.

영농후계자 오한섭의 죽음에 대해 당시 충남가농은 4월 13일에 다음과 같은 내용의 성명서를 발표하여 오한섭의 죽음을 애도함과 동시에 정부의 잘못된 농정을 규탄했다.

오한섭 형제는 왜 죽어야 했는가? 보라! 80년 이후 정부는 엄청난 소와 쇠고기 수입으로 6천 억 원을 벌고, 농민은 소값 폭락으로 2조 원 이상 적자를 보았다. 새마을운동중앙본부(회장 전경환)는 소 2만여 마리 수입으로 100억 이상을 남겼다. 뿐만 아니라 350여 가지 농축산물 수입으로 정부와 식품 재벌, 사료 재벌들은 수백 억 원의 이익을 남기고 천만 농민을 빚더미 위에 올려놓은 것이다. 이처럼 농민의 피땀 짜서 번 돈으로 소수 재벌들은 호화방탕한 생활과 환락의 웃음소리 높지만, 밤잠 설치며 속 태우는 부채 농민들의 한숨소리는 걷잡을 수 없이 이 강산을 휘몰아치고 있다. …

일천만 농민 여러분! 더 이상 속지 맙시다. 오한섭 형제의 유서에 용기! 패기! 사기! 빚! 빚! 빚! 제 그물에 걸렸다고 했습니다. 정부는 농민에게 허울 좋은 영농후계자란 것으로 용기를 주고 패기를 갖게 하더니, 복합영농이니 종합대책이란 사기의 그물을 던져 놓고 있습니다. 우리 농민들은 참을 만큼 참았고 올 만큼 왔습니다. 더 이상 참는다는 것은 죽음을 뜻하며, 농가경제의 파탄이 나라살림의 기틀마저 위태롭게 할 것입니다. 농자천하지대본 깃발을 치켜들고 농축산물 수입 막고 농가부채 탕감하여 농민 살 길 찾읍시다! 빈익빈 부익부로 삐걱거리는 강대국에 종속되는 나라살림을 굳건히 합시다.(기쁨과희망사목연구소 편, 1996c, 113~114쪽)

'소값 피해보상 투쟁'과 같은 치열한 농민운동이 전개되면서 조직적 성과가 여러 지역에서 이루어졌다. 서천, 당진, 아산 등에서는 소값 피해보상 투쟁의 결과로 일반 농민회가 결성되었고, 기독교농민회가 부재했던 시군에서 기독교농민회가 결성되어, 이들 시군 단위 농민회를 기반으로 1985년 1월 30일 충남기농이 창립되었다. 1986년에 들어서면서부터는 충남가농, 충남기농, 일반 농민회가 연대를 모색하기 시작하였다. 가톨릭농민회 충남 당진군협의회[61]는 당진 지역 농민들을 대상으로 『당진 농민의 소리』라는 기관지를 발행하여 종파와 농민 기구를 뛰어 넘어 연대를 모색

---

[61] 1978년 5월 1일에 한국가톨릭농민회 충남연합회 "당진분회"가 결성되었고, 1982년 9월 9일에는 가톨릭농민회 충남연합회 당진협의회가 다시 결성되었다. 충남가농 당진협의회에는 3개 분회 총 43명의 회원이 참여했으며, 농지세 시정활동에 주력했다.

하기 시작하였다. 특히 서산, 당진 지역에서는 서산 간척지, 서천 김양식장 등의 특수성이 있어서 농민과 어민들 사이의 연대로 발전하기도 하였다. 지역의 다른 부문운동에서처럼 농민운동도 권력의 탄압이 느슨해지자 다수의 농민들이 조직 가담, 시위 가담에 대한 부담감이 줄어들게 되고 기회비용도 적어지게 되었다. 따라서 농민운동은 급성장할 수 있는 호기를 맞게 되었고, 이러한 정치기회를 이용하여 1987년에 충남 15개 군 중에서 5개 지역, 즉 아산, 홍성, 연기, 예산, 공주 등에서 일반 농민회가 결성되었다.

1987년 3월 20일 고故 오한섭 1주기를 맞아 아산군 공세리성당에서 300여 명의 충남가농 회원들이 참가한 가운데 추도식이 개최되었다. 이 날 참석자들은 추도식 이후 묘소 참배를 가기 위해 교회를 나섰으나 무장경찰의 진압으로 무산되고, 이후 점심식사 후 개별적으로 묘소를 참배하였다. 묘소를 참배하고 돌아오던 4명의 충남가농 회원들이 6~8명의 괴한들에게 쇠파이프로 구타당하였는데, 이 때 실신한 이영철은 납치당하였다. 농민들에게 테러를 가한 괴한들은 '실향민 호국운동 애국청년단' 소속 회원들로 밝혀졌는데, 이들은 모 수사기관의 사주를 받고 있는 극우 테러집단으로 알려졌다. 농민들은 오한섭 묘소 참배 도중 발생한 테러 사건에 항의하기 위해 아산군 인주지서에 찾아가 지서를 점거하여 범인 색출과 진상 규명을 요구하며 항의농성을 벌였다. 이후 온양시 온천동성당으로 장소를 옮겨 계속 투쟁을 전개했다.

1987년 7월 7일부터 충남 홍성군에서는 간척지 반환투쟁이 시작되었다. 홍성군 서부면, 갈산면, 결성면 간척지농민협의회 164세대는 정부를 상대로 간척지 반환을 위한 농성에 돌입했다. 1988년 1월 홍성군의 간척민들이 홍성군의 공유재산 대부 계약과 농지 구입 자금에 관해 공개질의를 제기했으며, 2월에는 간척지농민협의회가 거리 집회와 홍보활동을 진행했다. 간척지농민협의회의 투쟁으로 3월 26일 정부는 연리 5%, 2년 거치 18년 상환의 농지구입자금으로 평당 평균 980원씩 간척민이 사는 것으로 발표하였다.

1987년 6월민주항쟁을 거치면서 농민운동 역시 대중적 운동으로 변모해 갔다. 이제 농민대중들의 자발적 투쟁이 확대되고 농민운동 주체역량의 목적의식적인 자기 노력이 결합되면서 농민운동은 새로운 국면을 맞았다.(이준희, 1989)

1987년 4월 22일에 '농축산물 수입 저지 전국 농민대회'가 열렸고, 5월 26일에도 '농축산물 수입개방 반대 전국 농민대회'가 다시 열렸다. 1987년 7월 8일에는 '민주쟁취국민운동 전국 농민위원회'가 결성되었고, 1989년 2월 13일에는 서울 여의도광장에서 '고추 전량수매 쟁취 및 수세 폐지 전국 농민대회'가 열렸다. 이러한 투쟁을 거치면서 전국 각지의 농민 조직들은 농민문제가 어느 특정 지역이나 특정 작목을 뛰어넘어 하나의 조직으로 묶여 함께 투쟁해야 한다는 필요를 더욱 느끼게 되었다. 마침내 1989년 3월 2일 대전 가톨릭농민회관에서 90여 지역 대표들이 참석한 가운데 '전국 농민운동연합'이 창립되었다. 전국농민운동연합은 보다 전국적으로 체계화된 농민운동 조직이었다. 이는 1987년 6월민주항쟁 전후로 공통된 문제를 가지고 여러 차례 전국의 농민들이 함께 투쟁한 경험에서 비롯된 성과였다. 이후 농민운동은 그간 가톨릭농민회와 기독교농민회 중심으로 이루어졌던 활동에서 벗어나 좀 더 농민 스스로의 힘으로 이루어지는 운동으로 성숙 발전되었다.

1988년 4월 4일에는 서산 정죽리 금은농장에서 소작쟁의 투쟁이 일어났다. 36만평 규모의 서산 정죽리 금은농장은 1938년 제방완공으로 인한 간척지로써 생겨난 곳이었다. 지주 이성열은 일제시대에 조선총독부로부터 공유수면 매립허가를 받아 제방을 쌓았으나 자금난에 봉착하자 인근주민들에게 토지소유권의 1/3을 인정해준다는 조건으로 갯벌을 논으로 만들

것을 제안하였다. 당시 제방만 막아 놓고 토지 소유권의 1/3을 인정해 주
겠다는 지주 이성열의 구두 약속만 믿고, 어업생활 터전을 잃은 117세대
500여 명의 부락민들은 등짐으로 개답을 하여 갯벌을 옥토로 가꾸어 놓았
으며, 그후 50여 년간 농사를 지어왔다. 하지만 약속은 지켜지지 않았고,
이성열이 1979년에 사망한 후 그의 아들 이한구에게로 토지소유권이 이전
된다. 이후 1980년부터 새 지주 이한구는 개답을 인정하지 않고 소작료를
과다책정 하는 등 소작민들을 더욱 탄압하였다. 이에 대해 농민들은 1981
년 작인총회를 통해 '토지소유권의 1/3 인정과 소작료 인하'를 지주에게 요
구하고 정부에 탄원까지 하였으나 아무 것도 실현되지 않았다. 이때 지주
이한구는 작인대표와 주요작인 12명에 대해 농지인도 소송을 제기하여 승
리했다.

또한 1950년 농지개혁과정에서 현 지주의 아버지 이성열이 미완성간첩
답이라고 허위로 꾸며 농토의 분재에서 제외되었고, 이 과정에서 근흥면
면장 이완수가 이한구로부터 청탁을 받고 개혁대상에서 제외시켜준 정황
도 드러났다. 게다가 금은농장은 1962년부터 농지세법이 개정되기 전인
1985년까지 갑류 농지세를 작인들이 납부하였다. 농지세 고지서는 세무서
에 의해 작인들 모두에게 일일이 발부되었는데, 이것만 보더라도 갯벌땅
36만 평을 50여 년간 자신의 재산과 피땀 어린 노동을 투입하여 옥토로 만
든 주인공은 정죽리 117세대 500여 명의 소작인들임이 분명했다.

이한구가 상속을 한 후 1980~1985년 사이 수차례의 소작쟁의가 발생했
다. 그러나 악덕 지주 이한구가 재판을 걸어 개작비와 소작권마저 박탈하
고 논에 말뚝까지 박아버리자 소작민들은 소작인회를 구성하고 소작료 불
납, 경작거부, 시위 등으로 맞서 싸운 끝에 2:8제 소작료를 물게 되었다.
1985년부터 소작인들은 법에도 금지되어 있는 봉건적 소작제도(헌법 제
122조)에 의해 자신의 땅(1938년 당시 토지소유권의 1/3)에 지난 50여 년간

지불한 소작료만 해도 현재 땅값의 10여 배 이상이 되는 금액이 된다고 주장하면서 무상 양도를 요구하기 시작했다. 1985년부터는 15세대가 소작료를 불납하였고, 1988년 1월에는 무상양도 추진위원회를 구성하여 호소문을 발표하는 등 소작답 무상양도에 대한 농민들의 요구는 높아만 갔다.

농민들의 이런 움직임에 대해 1988년 4월 4일 지주 이한구는 쌀농사의 생명줄인 저수지 물 관리를 자신이 장악하여 농민들을 마음대로 지배하겠다는 생각으로 농민들 몰래 수문열쇠를 절단하고 새 열쇠로 바꾸려고 하였다. 들에서 일을 하던 농민들이 이 사실을 알아내고 분개하였다. 이후 농민 100여 명이 지주 이한구를 잡아 놓고 '부락민 앞에서 공개사과할 것, 다시는 이 같은 짓을 하지 않겠다는 각서를 써 줄 것' 등을 요구하였으나 이한구는 이를 완강히 거절하였다. 이때 인질구출이라는 명분을 내세워 500여 명의 경찰이 출동하여 최루탄을 쏘며 안방까지 난입하여 30여 명의 청장년 소작인들을 짓밟고 강제 연행하였으며, 김상곤, 김대진, 이광수, 김남식 등을 구속하였다. 또한 이에 항의하는 동네 부녀자, 심지어 초등학교에 입학하지도 않은 어린아이들까지도 무차별적으로 폭행하였다. 분노한 농민들은 같은 날 오후부터 밤을 꼬박 새우면서 도로를 차단하여 교통을 두절시키고 연행자의 전원 석방을 요구하며 투쟁에 들어갔다.

소작인들의 농성이 시작되자 한국가톨릭농민회는 4월 8일 〈금은농장 소작인의 정당한 싸움에 전폭적 지지와 연대를 보내면서〉라는 성명서를 발표했으며, 농민단체, 민주인사, 목사, 신부 등으로 대책위원회를 구성하여 4월 13일 조사단을 파견하기로 결정했다. 가농은 성명서에서 "① 금은농장 소작투쟁은 1950년 불철저한 토지개혁에서 비롯된 만큼 정부가 책임지고 무상양도 요구를 전면수용해야 한다. ② 금은농장 소작인 투쟁에 폭력적으로 개입하여 소작인들을 무차별적으로 짓밟은 경찰 만행은 천만 농민과 국민의 이름으로 처단하여야 한다. ③ 신문과 방송은 편파적, 일방적

보도를 즉각 반성하고 경찰정보나 보도자료에 의존치 말고 객관적으로 보도하라"고 주장했으며, "구속자 전원 석방, 부상자 전면 피해 보상, 비이성적, 폭력적 만행으로 사건을 확대비화시키고 경찰의 명예를 실추시킨 김기왕 서산경찰서장의 파면과 경찰책임자가 사과, 지주 이한구의 반성과 소작인들의 정당한 요구 수용, 위의 사항 실현을 위한 정부의 노력" 등을 요구했다.

농성은 80여 일 지속되었으며 여러 차례에 걸쳐 보고대회 및 규탄대회가 열렸다. 특히 4월 22일에 서산에서 열린 '정죽리 소작쟁의 보고대회 및 폭력경찰 규탄대회'에는 2,000여 명의 농민들이 참여할 정도로 규모가 커졌다. 이들은 구속자들의 석방 및 토지문제 해결을 위한 지주와의 협상자리 마련 등을 요구하며 농성을 계속했다. 결국, 검찰의 구속자 석방약속 불이행에 항의하며 농민들이 서산지청에서 침묵으로 시위를 벌였고, 이로 인해 4월 28일에는 구속자들이 석방되었다. 하지만 지주 측의 협상 지연과 비열한 공작 및 정부의 수수방관 등으로 농민들의 토지무상양도 요구는 이루어지지 않았다. 이에 금산농장 소작인들은 '정죽리소작지무상양도대책위원회'(회장 김상곤)를 결성하여 투쟁을 계속해 나갔다. 9월 15일에는 이와 비슷한 투쟁을 벌이고 있는 평택, 고창, 부안, 영광, 신안, 해남 등의 지역들과 연대하여 '전국토지무상양도대책위원회'가 결성됨으로 장기적인 투쟁 국면으로 들어가게 되었다.(『정평소식』 제15호, 1988. 5; 『정죽리 소작쟁의 소식』 제1호, 제2호, 제3호; 『한겨레신문』 1988년 5월 19일자)

한편, 1988년 5월 18일에는 서산군 해미 지역에서 군사시설 관련 토지 수용 거부투쟁이 발생했다. 당시 행정 당국은 서산군 해미 지역 60여만 평의 땅에 군사시설을 설치하기 위해 토지를 수용한다고 통고하였다. 이는 해당 지역 주민들의 의사를 알아보지 않은 채 일방적으로 추진되었는데, 6월 7일 서산 해미면과 고북면 일대 농민 1,500여 명은 정부의 '해미 공군

기지' 설치를 위한 토지 수용 통고에 항의하여 해미에서 서산군청까지 무려 12km를 행진하며 철야로 시위를 벌였다. 농민들은 "조상 대대로 살아온 땅을 쉽게 떠날 수는 없으며, 설령 보상을 잘해준다고 해도 그 정도의 보상액을 가지고서는 농협 빚을 갚고 나면 남는 게 없으므로 땅만 잃게 된다"고 주장하였다. 서산군청에 도착한 농민들은 해미면 공군기지 설치 결사 반대시위를 전개했으며, 경찰은 최루탄을 쏘며 이를 강제 해산시켰다. 이 과정에서 농민 3명이 크게 다쳤으며, 이에 분개한 부녀자 100여 명이 군청을 점거하고 농성을 벌이기도 했다.

1988년 8월 충남 연기군에서는 고추 피해보상 요구투쟁이 일어났다. 연기군 남면 등지의 70농가는 한농종묘회사에서 선전한 '풍성' 건고추를 심어서 크게 피해를 보았다. 이에 피해 농가들은 '풍성 고추 피해보상 대책위원회'를 만들어 한농종묘 측에 피해보상을 요구하였다. 피해 농민 200여 명이 참가한 가운데 연기군민회관에서 '한농종묘 불매운동 결의대회'를 갖고 연기시내에서 항의 집회를 가졌다. 이후 이 문제가 국정감사와 언론을 통해 전국에 알려지게 되자, 한농 측은 종자 값만 지불한다는 종전의 입장에서 후퇴하여, 평당 1,000원 정도의 보상에 합의하였고, 결국 10월 24일 재배지 3만 5,000평에 대해 3,500만 원을 농민들에게 지불하였다.

1988년 10월에 충남 당진에서는 농산물 제값 받기 투쟁이 일어났다. 과거 고추 가격이 최고 가격이 제대로 형성될 때는 근당 4~5,000원을 받았는데, 1988년 들어 근당 1,000원 이하로 떨어졌다. 이에 고추 주산지인 경북과 충북에서 농산물 제값 받기 투쟁이 시작되었고, 급기야 전국으로 확산되었다. 이에 충남 당진 지역에서도 10월 25일 당진 장터에서 전개된 농산물 제값 받기 투쟁을 시작으로 1989년 '쌀값 보상 및 전량 수매 투쟁', '고추 수매 투쟁'이 계속 일어났다. 제일 먼저 시작된 당진 장터 집회에서 농민들은 "쌀값 10만 7천 원 쟁취", "쌀값 보상과 전량 수매"를 요구하였고, 이후 우강, 산평면 매산 지역에서도 집회가 열렸다. 11월 5일에는 200여 명의 농민들이 '쌀값 보상 및 전량수매 쟁취 당진군 농민대회'를 열었고, 이어 고추 수매투쟁을 전개하여 당진읍 농협 창고에서 수매가 2,300원에 건고추 2만 근을 수매하기로 합의했다.

87년 6월민주항쟁의 여파로 전국적으로 수세폐지운동이 조직적으로 일어나기 시작했다. 수세란 쉽게 말하면 '물값'인데, 댐과 저수지, 수로 등 수리시설 건설비와 관리유지비 그리고 조합 직원의 인건비까지 포함하는 세금이었다. 이것은 일제가 자국 내의 부족한 식량과 군량미를 보충하는 산미증식계획의 일환으로 1917년 조선수리조합을 만들면서 시작되었다. 그런데 해방 이후에도 수세를 징수하는 기관이 수리조합에서 토지조합으로, 다시 농지개량조합으로 이름만 바뀌었을 뿐 수세징수는 계속되었다. 특히 1970년대 중반 들어서는 영산강, 낙동강 등 4대강 유역개발사업 이후 농민들의 생존권을 더욱 옥죄는 수단으로 작용했다. 수세는 일 년에 한 번씩 부과되었고, 300평당 수십 kg의 벼를 내야 했는데, 1987년에는 쌀값이 오른 만큼 수세도 올라 전국 평균 쌀 23kg에 해당하는 현금 1만 1,600원을 세금으로 내야만 했다. 수세는 땅의 소유 면적이 아니라 경작 면적에 따라 부과되었기 때문에 수세는 농가에 엄청난 부담이었다. 심지어 1987년의 경우 전국적으로 농민들이 부담해야 하는 수세는 1,000억 원에 달했다. 이렇게 불합리한 수세에 대한 농민들의 반발은 1983년 전남 구례, 함평 등지에서 있었던 수세현물납부 운동에서 시작되어, 1986년 해남 YMCA농어민회의 본격적인 문제제기로 발전되었다. 이후 1987년에 들어서서 전국적인 수세납부 거부 또는 수세폐지 운동이 일어나기 시작했다.(『한국농정신문』 2016년 5월 8일자)

수세 폐지와 농조 해체 및 수리청 신설의 요구가 전국적으로 드높아 가는 가운데, 1988년 10월과 11월에 충남 논산과 서천 지역에서는 농조 폐지 및 수세 거부 토론회가 열렸다. 10월 27일 논산기독교농민회 주최로 '농조 폐지 및 수세 거부 토론회'가 개최되었다. 200여 명의 농민들이 참석한 가운데 열린 이 날 토론회에서는 논산에 사는 농민 대표 두 명과 평민당 정책위원의 주제 발표가 있었고, 이후 전남기독교농민회 총무 최병상이 전남북 지역에서 일어난 수세 거부투쟁에 대한 경험을 소개하였다. 서천 지역에서는 11월 12일 서천 장날을 기해 '서천 농민대회'가 열렸다. 이 대회에서 전국수세폐지대책위원장 이수금은 "수세 폐지를 위한 서천 농민의 단결과 결의는 우리 농민문제 해결뿐만 아니라 조국의 자주·민주·통일 운동에 기여하는 것"이라고 주장했다. 최병상 역시 부당수세 거부 이유를 설명한 후, 조직력을 통해 부당 수세 거부투쟁을 벌여나가자고 역설했다.

노태우 정권은 1988년 4월 8일을 기해 243개 품목에 해당하는 농산물 수입 자유화 조치를 발표했다. 이는 우리나라 농업의 근간을 흔드는 조치였으며, 남은 품목의 수입개방 역시 시간문제였다. 1989년 5월 4일 천안역 광장에서 충남 농민들이 모여 '4·8 미국 농축산물 수입개방 저지를 위한 충남 농민대회'를 개최했다. 이날 모인 농민들은 정부의 4·8 수입자유화 조치에 대하여, "한국 국민 전체의 생명줄을 미국에 건네주는 것으로 800만 농민들의 목숨이 걸린 일이며, 수입 농축산물에 의한 국민의 건강과 생명을 위협하는 계기가 될 것"이라고 주장했다. 특히 현 도시인의 식생활 변화와 일본에 대한 미국의 쌀 수입 강요를 예로 들면서 "4·8 수입자유화 조치를 계기로 한국에 대한 쌀 수입 개방 강요는 자명한 것"이라는 점을 강조했다. 농민들은 4·8 수입자유화 조치 철회를 요구하며, 농민 대표를 참여시킨 가운데 수입개방을 다시 계획한다는 약속을 할 때까지 계속 투쟁할 것을 결의했다.

제4절 '전국농민회총연맹'을 중심으로 한 농민운동의 발전기 (1990~1992)

1988년부터 전국 단위의 농민운동 조직이 형성되기 시작했지만, 전국을 총괄하는 단일 농민운동 조직은 1990년에 와서야 결성되었다. 농민들은 그간의 여러 투쟁을 통해 특정 지역과 작목을 뛰어넘어 결집된 힘으로 보다 효과적으로 투쟁하기 위해 전국의 단일한 농민운동조직을 건설하여, 이를 중심으로 농민 대단결을 이루어야 한다고 생각하기 시작했다. 단일한 전국적 농민운동 조직 건설을 위한 논의는 여러 곳에서 이루어지다가, 1990년 1월 31일 전국 단일조직 건설을 위한 농민단체연석회의(이하 '연석회의')를 계기로 본격화되었다. 이후 두 차례의 전국 대표자회의와 다섯 차례의 추진위원회 회의가 열렸다. 첫 연석회의에서는 전국농민운동연합, 전국농민협회, 독자농 전국모임 등의 주요 간부 30여 명이 참석하여 전국적 농민운동 조직의 강령과 조직체계를 함께 논의했으며, 그 결과 4가지 원칙에 합의했다. 그것은 첫째, 합법적 공개 대중조직일 것, 둘째, 변혁 지향적 조직일 것, 셋째, 빈농 · 소농 주도의 원칙을 견지할 것, 넷째, 군 농민회를 구성 주체로 할 것 등이다. 이후 2월에 78개 군 농민단체 대표자들이 '전농 창립 준비위원회'를 구성했고, 29개 군 대표자로 '추진위원회'를 구성했다. 그리하여 4월 10일 전농 창립 준비위원회 총회를 거쳐, 마침내 4월 24일 건국대 강당에서 전국 농민 단일조직인 전국농민회총연맹(이하 '전농')이 출범하였다.(이창한, 2011, 311쪽) 이 날 창립대회에는 총 6개의 도 연맹과 72개의 군농민회가 참석했다. 초대 의장에 권종대, 부의장에 민일근, 송명재, 정광훈이 각각 선출되면서 지역조직들도 정비됐다.

지역 농민단체와 각종 농민운동단체를 전국 규모로 통합하여 출범한 전농의 시작은 농민운동사의 획을 긋는 역사적인 사건이었다. 1950년 전국

농민조합총연맹 해산 이후 단일 조직을 갖지 못한 채 그동안 가톨릭농민회, 기독교농민회와 같은 종교 관련 조직을 통해 지역적 투쟁을 전개해 오던 농민운동 세력은 전농을 중심으로 단일 대오를 갖추고 더욱 활발하고 효율적으로 운동을 전개하였다. '전국농민회총연맹 충남도연맹'은 같은 해인 1990년 8월 24일에 창립되었으며, 9월 7일 대전 대흥동성당에서 열린 '우루과이 라운드 협상 저지 농민대회'에서 보고회를 가졌다.

전농 창립으로 농민운동이 조직적으로 정비되어가는 가운데, 1990년 5월 충남 청양군농민회에서 경지정리 보상투쟁을 전개하기 시작했다. 1990년 이전까지 정부에 의해서 진행된 경지정리는 매 차례 시행될 때마다 부실 공사와 감보율 적용 등의 불이익을 농민들에게 안겨주었다. 청양군농민회는 5월 28일부터 부실 경지정리에 대한 자체 실태조사와 함께 경지정리 피해보상투쟁을 전개하기로 결정하고, 다음과 같은 세 가지의 요구 사항을 투쟁 조건으로 내걸었다.

첫째, 농민 노동력을 무상으로 이용한 것에 대한 대가를 농민에게 지불할 것
둘째, 기계모를 심으려다가 지균작업 불량으로 이양기가 들어가지 못해 손으로
　　　모를 심었는바, 추가로 들어간 영농비를 보상할 것
셋째, 경지정리가 제 때에 끝나지 않아 뒤늦게 모를 심어 비롯된 수확감소를
　　　보상할 것

청양군농민회는 4차례에 걸쳐 집회를 가졌고, 10일간 대전에서 농성을 벌였으며, 7·27충남농민대회에 참가하여 자신들의 투쟁을 충남 전 지역 농민들에게 알렸다. 투쟁 전 기간을 통해 1명이 구속되고 24명이 불구속 입건되었다.

1986년 9월 우루과이에서 개최되었던 '관세 및 무역에 관한 일반 협정'(GATT) 각료회의에서 새로운 다자간 무역협상의 개시를 위한 각료선언

이 채택됨으로써 제8차 다자간 국제무역협상인 '우루과이 라운드(UR)'가 공식적으로 출범하게 되었고 7년 7개월의 협상 끝에 1994년 4월 종료되었다. 2차 대전 후 유럽, 일본, 아시아 개도국들의 급속한 경제발전으로 제조 공산품 분야에서 미국의 비교우위성이 크게 위협받자 미국은 주로 공산품 분야에 한정되어 있던 동 협정에 농산물과 서비스(금융 등) 분야, 그리고 지적 재산권 분야까지 포함시키고자 했다. 특히 미국의 카길사 등 다국적 기업들이 앞장서서 우루과이 라운드 협상에서 '예외 없는 관세화(시장개방)'와 '농업 등 취약산업에 대한 정부지원 중단' 등의 원칙을 규범화하려 했다.

우루과이 라운드가 종료됨으로 세계무역기구(WTO)가 출범하게 되었고, 관세인하, 상품교역에 관한 규범강화, 다자간협정 도입, 서비스교역 무역 관련 지적재산권에 관한 규범신설, 무역정책 검토제도(TPRM)의 도입, 무역관련 분쟁해결에 관한 규범 신설 등의 결과를 낳게 되었다. 특히 한국은 농산물 시장 개방으로 인해 농가 피해액이 약 12조 7천억 원에 달할 수 있다고 진단되있다. 쌀의 경우 한국과 미국은 제네바 협상에서 쌀시장의 관세화 개방을 10년간 유예하기로 합의함으로써 쌀 개방으로 인한 피해는 훨씬 적어지게 되었다. 하지만 쌀 개방에서 유리한 조건을 얻어내는 대가로 한국은 미국에게 기타 농축산물 분야에서는 추가적인 양보를 했다. 쇠고기를 제외한 13개 중요 품목을 관세화 방식으로 1997년부터 완전 개방하기로 합의했다. 결국 우루과이 라운드 협상으로 인해 한국 농촌의 현실은 더 어렵게 되었고 막대한 피해를 입게 되었다.(『한국 농어민 신문』 2014년 7월 4일자)

1990년 9월에 접어들자 농민들은 노태우 정권의 기만적인 농어촌 발전 대책과, 수입자유화조치에 나날이 피폐화되고 있는 농촌 현실에 분개하기 시작하였다. 특히 농민들에게 우루과이 라운드 협상문제가 가장 중요한 이슈로 떠올랐다. 농민들은 정부의 농어촌 발전대책 분쇄와 농산물 제값 받기와 우루과이 협상 저지를 위한 투쟁을 전국적으로 벌이기 시작했다. 9월 7일 '우루과이 라운드 협상 저지 농민대회'가 전국적으로 열리는 것과 때를 같이 하여, 대전·충남 지역의 농민들은 대전 대흥동성당에서 경찰의 삼엄한 봉쇄를 뚫고 농민대회를 진행했다.

　이 날 대회는 총 2부로 나누어 진행되었다. 제1부는 '전농 충남도연맹 결성 보고대회'로 시작되었다. 전농 충남도연맹 양만규 회장은 인사말을 통해 "농민들이 이 순간 죽느냐 사느냐의 기로에 서 있기 때문에 투쟁할 수밖에 없으며, 투쟁하기 위해 전농 충남도연맹을 결성했다"고 말했다. 제2부는 '우루과이 라운드 협상 저지, 농어촌발전대책 분쇄 및 농산물 제값 받기 충남대회'로 열렸다. 대회투쟁위원장인 조성호 청양군농민회장의 대회사와 대전·충남국민연합 공동의장 김순호 신부의 연대사 및 공주농민회 이장호 회장의 성명서 낭독의 순으로 진행되었다. 2부 순서가 끝난 후 참가자들은 평화대행진을 진행하였으나, 사전에 배치된 전경들이 진압하자 이에 맞서 치열하게 투쟁하였다. 그 과정에서 농민 8명, 학생 3명, 목사 1명이 연행되었으며, 심하게 중상을 입은 자도 있었다. 이후 300여 명이 연행자 석방을 요구하는 농성을 벌였으며, 다음 날 연행자 전원이 석방되었다.

　우루과이 라운드 협상 저지투쟁의 열기는 식을 줄 몰랐다. 충남 지역 농민들은 '우루과이 라운드 협상 저지, 농어촌발전대책 분쇄 및 농산물 제값 받기 제2차 농민대회'를 9월 22일에 각 지역에서 동시다발적으로 개최하기로 결정했다. 정부는 경찰력을 동원하여 곳곳의 대회를 저지하려 했다. 농민들은 이런 방해에도 불구하고 22일과 24일 당진, 논산, 홍성, 서천, 청양, 예산, 아산 등에서 1,500여 명이 참가한 가운데 농민대회를 개최했다.

　11월 12일에도 '우루과이 라운드 협상 저지, 농어촌발전대책 분쇄 및 농산물 제값 받기 제3차 농민대회'가 열렸다. 이 날 열린 옥내 집회에는 100여 명의 농민이 참여하였고, 이후 당진 군민회관 마당에서 벌어진 옥외 집회에는 250여 명의 농민들이 참석하여 가두시위를 전개했다.

1990년 12월 15일에는 부여 장터에서 300여 명의 농민들이 참석한 가운데 '쌀값 보장 전량수매 쟁취 및 우루과이 라운드 협상 거부 부여군 농민대회'가 열렸다. 이날 대회에 참석한 농민들은 "농민의 생존권을 위협하는 미국과 독점재벌 및 노태우 정권을 농민의 손으로 몰아내자"고 주장하면서, "전농 부여군농민회로 일치단결해 쌀값 제값과 전량수매 쟁취에 총 매진할 것"을 결의했다.

1991년은 한국가톨릭농민회가 창립된 지 25주년이 되는 해였다. 이를 기념하기 위해서 한국가톨릭농민회는 1991년 11월 18일과 19일 양일에 걸쳐 대전 성남동성당과 가톨릭 농민회관에서 '가톨릭농민회 창립 25주년 기념대회 및 추수감사제'를 개최했다. 500여 명의 한국가톨릭농민회 회원들이 참석한 가운데 '하늘·땅·사람이 함께 사는 생명의 대동세상을 위하여!'라는 기치 아래 열린 이 날 기념대회와 추수감사제에서, 농민들은 지난 25년간의 활동을 평가하고 조직의 단합과 전진을 위해 새롭게 다짐했다.

1991년 9월 4일에 '농본산업 폐쇄와 환경 원상복구를 위한 온양시, 아산군민 규탄대회'가 아산군 산업폐기물처리장 폐쇄 대책위원회(위원장 방현석) 주최로 온양역 광장에서 농민 300여 명과 학생 50여 명이 참가한 열렸다. 이 규탄대회에서 참가자들은 (주)농본산업의 산업폐기물 불법매립의 부당성을 온양시민들에게 적극 홍보하였고, 관계당국에 문제 해결을 촉구하였다. 규탄대회 후 아산군청까지 가두시위를 벌인 농민들은 아산군청 앞에서 이들을 저지하는 경찰들과 4시간여 동안 대치하였다. 이날 군수와 가진 면담에서 아산군청은 농민들이 이 문제를 해결할 수 없다는 결론을 내렸으며 환경청 관계자를 만나기로 결정했다. 이날 규탄대회가 끝난 후

아산군 산업폐기물처리장 폐쇄 대책위원회와 주민들의 노력으로 아산온
양농민회, 온양인권선교위원회, 전교조, 순천향대학교 총학생회 등이 산업
폐기물 공동대책위원회(위원장 박명순 천안온양인권위원회 위원장)를 결
성하였다. 한편 농본산업 대표 박응재는 9월 4일 폐기물관리법 위반 등의
혐의로 구속되었다.

　1991년 10월 25일에 전농은 전남 나주를 비롯하여 충북, 음성, 강원 횡
성, 충남 홍성·예산, 전북 임실·익산 등 10여 개 지역에서 5,000여 명의
농민회 회원들이 참가한 가운데 '쌀값 보장 및 전량 매입과 미국 쌀 수입
저지를 위한 농민대회'를 개최했다. 농민들은 "민족의 식량안보와 농민 노
동의 대가 실현을 위해 쌀값이 보장되고 전량 매입이 이루어져야 한다"고
주장했다. 농민들은 또한 "일반벼 매입가 24%, 통일벼 10% 인상 및 전량
수매, 미국 쌀 수입 저지" 등을 내걸었다. 이 날 충남 지역에서는 홍성, 당
진, 예산, 공주 등에 농민들이 모여 산발적으로 시위를 벌였는데, 대부분
평화적인 진행으로 경찰과의 별다른 충돌은 없었다.

제5절 대전·충남 지역 농민운동의 성격과 의의

　충남 농촌 지역은 1946년에 12개 군에 농민조합이 조직되어 있었고, 지
방행정기능을 장악했던 좌익인민위원회 역시 9개 군에 조직되어 있었을
정도로, 농민운동이 태동할 수 있는 씨앗이 이른 시기에 뿌려졌다. 그 결
과 충남지역은 80년대 이후 전국에서 4번째로 농민운동의 대중적 진출이
매우 활발하게 이루어진 지역이었다.

　1970년대 충남 농촌 지역은 농민운동이 발생하고 성장하는 데 전반적으
로 열악한 환경이었다. 하지만 어려운 환경 속에서도 1970년대 초반부터

자발적인 농민조직들이 생겨나기 시작했다. 특히 1976년에 창립된 가톨릭 농민회 충남연합회의 창립은 충남지역 농민운동이 본격적으로 발전되는 역사적 시점이 되었다. 충남 지역의 농민운동은 대체적으로 3시기로 나뉜 다. 첫째는 1970년 초반부터 1983년까지의 시기이다. 이 시기에는 사회적 약자를 돌본다는 측면에서 비롯된 교회의 지원 아래 가톨릭농민회와 기독 교농민회가 조직되었고, 이 두 조직을 중심으로 농민들이 당한 여러 가지 '피해보상 요구 운동'이 일어났다. 그리고 농민들의 권익과 이익을 옹호할 목적으로 설립된 농업협동조합이 본래의 기능을 상실하고 권력의 시녀로 전락한 현실에서 농협을 개혁하려는 농협민주화운동도 이 시기의 주요한 이슈였다. 둘째 시기는 1984년 초반부터 '전국농민운동연합'(1989. 3. 2)이 탄생한 시기까지이다. 전두환 정권이 외국 농축산물을 대대적으로 수입하 자 피해 농가가 속출하기 시작했고, 이로 인해 농민들의 계급적 연대가 이 루어져 농민운동이 한 차원 발전하게 되었다. 농민들의 피해보상투쟁이 전국적 차원에서 격렬하게 전개되면서 농민운동은 교회의 보호와 지도를 필요하지 않는 수준으로 성장하여, 농민 스스로 운동의 주체가 되는 질적 도약의 시기를 경험하였다. 그리고 이런 도약의 결과물로 전국농민운동연 합이 탄생했다. 셋째 시기는 전국의 모든 농민운동 조직을 단일한 조직으 로 통합하자는 논의 끝에 창립된 '전국농민회총연맹'(1990. 4. 24)을 중심으 로 한 농민운동의 발전기이다. 이 시기부터 농민운동은 전국적인 연대망 을 통해 좀 더 체계화되고 효율적인 농민운동을 전개해 나갔다.

대전·충남 지역 농민운동을 전체적으로 평가해보면 두 가지의 뚜렷한 흐름으로 나타난다. 먼저, 1970년대 농민운동은 교육이나 조사활동에 치 중했는데, 1980년대에는 운동의 방식이 집회, 시위, 농성, 점거농성 등 좀 더 적극적인 방식으로 발전했다는 점이다. 이런 적극적인 방법은 1980년 대 들어와 폭발적으로 증가했다.(배성의·이대열, 1998, 90쪽) 농민운동의 내용에 있어서도 토지, 농산물가격, 농산물 피해보상 투쟁, 농가부채문제, 우루과이 라운드 협상 문제, 수세, 민주화, 수입개방 등과 같은 농업정책 문제, 농협민주화, 반독재민주화투쟁, 선거시기운동 등 매우 다양한 이슈들을 가지고 투쟁해 왔다. 또 한 가지 특징은 1980년대 초까지 이 지역 농민운동은 가톨릭농민회나 기독교농민회와 같은 종교 조직의 도움을 받았지만, 이후 농민 스스로 운동의 주체가 됨으로써 농민 자신들의 현실적인 문제뿐 아니라 사회적이고 구조적인 문제까지도 인식하였다는 점이다. 그 결과 이 지역 농민운동은 이 땅의 민주화를 위한 중요한 부문운동으로서 역할을 적극적으로 담당하였다.

제4장 종교계의 민주화운동

제1절 천주교계의 민주화운동

한국 교회는 1970년대부터 학생운동과 함께 독재정권에 대한 저항세력의 한 축을 구성하기 시작했다. 특히 한국 천주교회는 1970년대 초부터 진보적 교인들과 사제들을 중심으로 각종 시국 관련 기도회를 개최했다. 또한 천주교정의구현전국사제단이 중심이 되어 가톨릭농민회, 가노청 등을 창립함으로써 사회적 약자들에 대한 지원을 아끼지 않았다. 교회와 사제들이 이런 활동을 벌이기 시작한 데는 사회적인 요인과 신학적인 요인이 작용했다. 일찍이 한국 사회는 60~70년대 권위주의 정권하에서 급속한 산업화를 경험했다. 또한 산업구조의 급격한 변화에 따라 여러 가지 사회구조적인 문제들이 발생하였다. 권위주의 정권은 폭압적인 정치와 불평등한 경제구조를 강요함으로써 기층 민중들의 기본권마저 박탈함으로써 더욱 이들을 소외시켰다. 이런 현실에서 교회는 산업화로 나타난 노동자, 농민, 빈민 등 이른바 기층 민중들이 겪고 있는 문제에 주목하게 되었다. 억압받고 착취당하는 기층 민중들의 문제가 이제 신앙적으로 더 이상 용납할 수 없는 수준에 이르렀다고 판단한 신학자와 교인들이 늘어났고, 점점 더 많은 사람들이 새로운 신앙과 신학을 갈구하게 되었다. 그러면서 한국 천주교회는 제2차 바티칸 공의회의 개혁정신과 1970년대 라틴아메리카 민중의 현장에서 태동한 해방신학의 영향을 받게 되었다. 소외되고 억눌린 자들의 해방에 동참하는 것이야말로 이웃 사랑의 가장 구체적인 방법이요 하느님의 뜻이라는 점을 깨닫기 시작한 것이다. 이런 와중에 1970년대 한국 민주화투쟁의 현장에서 개신교 신학자들과 목회자들에 의해 태동된 민중신학 역시 영향을 끼치기 시작했다. 결과적으로, 해방신학과 민중신학은 가톨릭과 개신교계의 민주화운동세력에게 민주화운동의 신앙적·신학적 근거를 제공하였다.

1974년 7월 23일 지학순(池學淳) 주교가 '유신헌법 무효'라는 내용의 양심선언을 발표하고 체포되었다. 이에 천주교에서는 당국의 처사에 항의하였다. 1974년 10월 3일 대전 대흥동성당에서 전국 14개 교구 1,700여 명의 가톨릭 신자들이 참석한 가운데 '제4차 전국 울뜨레야 대회'[62]가 개최되었다. 이 대회에 참석한 6,000여 명의 가톨릭 신자들은 민주 회복과 인간의 기본권 수호를 다짐하는 내용의 4개 항의 선언문을 채택했다. 이날 미사에서 강론을 맡은 두봉 주교는 사회정의는 남의 일이 아니고 바로 우리의 일이라고 강조했다. 이날 채택한 선언문에는 지학순 주교 구속에 대한 입장도 담겨 있었다. 그 주된 내용은 다음과 같다.

교회 안팎의 불행한 사태에 즈음하여 … 다음과 같이 결의를 선언한다.
1. 세계 가톨릭교회는 … 회개와 속죄로 하느님과 화해할 것을, 우리들 사이의 화해와 일치를 거듭 촉구하고 있다.…
2. 우리는 수많은 순교자들의 거룩한 피를 이어받은 한국 가톨릭교회의 한 고

---

[62] 울뜨레야는 스페인어로 '전진하라, 여기까지 와라'는 뜻이며, 이 단어에서 유래한 울뜨레야 대회는 일종의 가톨릭 신앙 집회로서 신앙 지도자를 양성하고 그리스도 교인의 생활을 쇄신함과 동시에 사회를 복음화 시키는 데 그 목적이 있다.

위 성직자가 구금된 충격적인 사건의 귀추를 주시하고 있다.…
3. 한국 가톨릭교회는 … 자유와 정의에 바탕을 둔 의로운 민주사회의 수호자
로서 사명을 다할 것을 다시 한 번 다짐한다.

1974년 10월 11일에는 천주교정의구현전국사제단[63] 주최로 전국의 각
교구에서 동시에 '인권회복 기도회'가 개최되었다. 대전을 비롯한 전국 9
개 교구에서 동시에 개최된 이 날 기도회에서 신자들은 '가난한 자들에게
복음을, 눈 먼 자에게 빛을, 갇힌 자에게 자유를, 억압받는 자에게 해방을,
죄인에게 용서를 주실 것'을 위해 기도했다. 같은 해 11월 20일에도 천주교
정의구현전국사제단 주최로 오후 7시를 기해 대전을 비롯한 전국 12개 교
구에서 '인권 회복을 위한 기도회'가 개최되었다. 전국적으로 7,000여 명의
신자들이 이 기도회에 참석하였다. 이날 전국 기도회에서는 천주교정의구현
전국사제단이 사회정의 실천을 위해 채택한 '제3선언'에 속하는 선언문을
동시에 낭독하였다. 선언문의 주된 내용은 다음과 같다.

예수의 본래적 관심사는 하느님 나라에 있다. 하느님 나라는 해방을 향한
인간의 염원을 표현한다. 해방은 불안, 고통, 부정과 불의, 죄와 죽음과 같이
인간을 소외시키는 일체의 요인에서 해방된다는 뜻이다. 하느님 나라는 악마
적 권세로 말미암아 질식되어 있는 이 세계 위에 하느님이 몸소 발휘하시고
행사하시는 절대적 지배권을 가리키는 표현이요, 또한 하느님의 엄연한 현실
이다. 우리는 다시 한 번 마음가짐을 하느님과 교회, 그리고 온 국민 앞에 다짐
하면서 사회정의 실현에 구체적으로 솔선수범할 것을 거듭 선언하는 바이다.

---

[63] 천주교정의구현전국사제단은 1974년 9월 26일 강원도 원주에서 결성되었는데, 창립선언
문에서 다음과 같이 창립 목적을 밝혔다.
"하느님 나라는 인간의 영혼만이 아니라 묵은 세상과 구 질서의 모든 구조를 뒤엎고 새
세상과 새 질서를 마련하는 결정적 전기요, 하나의 위력이다.… 우리는 억압과 수탈의
청산을 통해 사회와 인간을 더욱 인간화하는 것이 바로 개인과 사회와 세상의 구원이라
믿는다."

1978년에는 천주교정의구현전국사제단을 중심으로 김지하 구출위원회
가 조직되어 옥중에 갇힌 김지하를 석방시키기 위해 문학의 밤을 열고 기
도회를 개최하기 시작했다. '김지하 문학의 밤'은 1월 11일 원주를 시작으
로 전주, 인천, 마산, 부산, 청주, 목포, 서울 등에서 개최되었다. 대전에서
는 1979년 2월 26일에 가톨릭문화회관에서 '김지하 문학의 밤' 행사가 열렸
다. 이날 행사는 주로 김지하 작품 낭독과 강론, 기도 등의 순서로 진행되
었다. 또한 구출위원회 이름으로 성명서가 발표되기도 하였다.

1979년 5월 5일 그동안 경북 영양군 청기면에서 감자농사 피해보상운동
에 앞장섰던 오원춘이 정체불명의 사람들에게 영양버스정류장에서 강제
로 납치되어 폭행을 당하고 15일간이나 감금되는 사건이 일어났다. 이 사
건은 천주교정의구현전국사제단 조직을 통해 전국에 알려지면서 수많은
시국 기도회가 열렸다. 천주교정의구현전국사제단 소속 대전교구 신부들
역시 1979년 8월 3일 오원춘 사건에 대해 시국성명을 발표했으며, 8월 30
일에는 천주교 대전교구 주교좌성당에서 '교권회복과 인권회복을 위한 기
도회'를 개최했다. 이날 기도회에서 대전교구 황민성 주교는 강론 중에
"어둠이 빛을 이겨본 적이 없으며, 불의가 정의를 영원히 짓밟는 역사는
없다"라고 천명했다. 이날 안동 교구에서 파견된 신부가 오원춘 사건에 대
한 경위를 설명하면서 녹음 내용을 증거물로 제시했다. 참석자들은 경찰
의 끈질긴 은폐에도 불구하고 완전범죄란 있을 수 없다는 사실을 다시 한
번 실감했다. 이날 대전교구사제단은 8월 3일 발표한 성명서를 다시 낭독
하면서 불의한 정권에 대한 투쟁의지를 다짐했다.

대전·충남 지역 천주교회는 전국적인 추세에 따라 1970년대 말부터 간
헐적으로 민주화운동에 참여해 오다 1980년대부터는 좀 더 본격적으로 민
주화운동에 참여했다. 주로 천주교 정의구현 대전교구사제단 소속 신부들
이 시국 관련 기도회나 미사를 개최했고, 또한 각종 집회나 사건에 참여하

면서 민주화운동을 직간접적으로 지원했다. 물론 전국 단위로 결성되어 이미 활발하게 운동을 전개했던 한국가톨릭농민회는 대전 · 충남 지역에서도 매우 적극적이었다.[64]

대전 · 충남 지역 천주교회의 경우 명확한 노선과 조직을 갖춘 차원의 부문운동으로서 민주화운동을 벌이지는 못했다. 하지만 천주교 정의구현 대전교구사제단 소속 신부들이 주로 개인적 측면에서 민주화운동에 참여했다. 그 대표적인 예가 김순호 신부이다. 김순호 신부는 천안 오룡동성당과 대전 괴정동성당에 재직하면서 당시 민주화운동 관련 집회를 위해 성당을 장소로 제공했으며, 오랫동안 각종 시국 사건 때마다 대표로 참여한 바 있다. 1987년 6월민주항쟁 당시 대전에서 벌어진 대규모 시위 때도 김순호 신부를 비롯한 20여 명의 가톨릭 신부들이 맨 앞에 서서 시위를 주도함으로써 참여한 시민들에게 큰 힘이 되어 주었다. 또한 대전 중심가에 위치한 대흥동성당 역시 대전 지역의 명동성당과 같은 역할을 했다. 당시 대전에서 벌어진 거의 모든 시위들은 대흥동성당 주위에서 일어났고, 또 대흥동성당 안에서도 여러 번 관련 집회를 가진 바 있다. 그 결과 대흥동성당은 대전 · 충남 지역 민주화운동의 성지 중 하나로 간주되게 되었다. 또 하나 대흥동성당 옆에 위치한 가톨릭문화회관 역시 1980년대 각종 시국사건 관련 집회가 종종 열렸던 장소이며, 대전 성남동에 위치한 가톨릭농민회관은 가톨릭 농민운동 탄생의 본거지이자 민주화운동의 후원기지이기도 했다.

1986년 6월 천주교 정의구현 대전교구사제단은 사회의 교육문제를 지적하면서 특히 교육민주화운동으로 징계를 받거나 해임된 교사들을 지지하며 성명서를 발표하였다. 이 성명서는 천주교 정의구현 대전교구사제단

---

64) 충남가농의 활동에 대해서는 농민운동 부분에서 서술한다.

소속 사제들은 물론 일반 사제들을 포함한 대전교구사제단 전체의 이름으
로 발표되었다는 데 큰 의의가 있으며, 당시 이 지역 천주교회의 현실 인
식과 실천 모습을 잘 보여준다. 성명서의 주요 내용은 다음과 같다.

> 5·16쿠데타로 민주주의가 짓밟힌 이후, 특히 현 정권하에서 참된 교육 부
> 재의 문교정책과 그 시행 과정을 겪어오는 동안, 개인 입신주의적 부도덕 세
> 태를 형성하고, 그에 따른 굴종 인간의 양성장으로 전락한 우리의 교육 현실
> 을 개탄하지 않을 수 없다.… 이러한 현실을 직시하는 수많은 중등학교 교사
> 들은 이른바 자율학습과 보충수업 등을 위와 같은 교육현장의 구체적인 비교
> 육적 양태로 지적하여, 이의 철폐론을 주장하기에 이르렀고, 이에 연유하는
> 깊은 독 뿌리가 군사문화적 사회 조성을 통한 통치이념에서부터 자라왔음을
> 고발하면서, 그 뿌리를 제거키 위한 교육민주화선언을 하기에 이르렀던 것이
> 다. 이러한 교사들을 민주교사로 일컫는다. 그러나 통치세력의 시녀역에 급급
> 하는 교육행정 당국은 이러한 민주교사들을 좌경용공분자로 몰아세우는 작업
> 을 획책하면서, 교사들의 사생활까지 감시하고, 민주의식 행위를 교육공무원
> 품위 손실로 단죄하며, 전국 각 시도교육위 별로 징계와 해임처분 경쟁에 시
> 녀적 충성을 다하게 하고 있다.… 교육은 이상적 나라와 민족, 그리고 인류를
> 세워 나가는 신적 소명인 것이다. 그 신적 소명을 역행하는 당국의 태도를 우
> 리는 강력히 규탄하며, 우리의 2세들을 자유인으로 키울 양심을 되찾아주기를
> 당국에 거듭 촉구하는 바이다.(기쁨과사목연구소 편, 1996c, 226~227쪽)

제2절 개신교계의 민주화운동

한국 개신교회는 일찍이 한국기독교교회협의회NCCK가 중심이 되어, 인
권선교위원회,[65] 한국교회사회선교협의회, 도시산업선교회, 기독교농민
회, 기독교사회운동연합 등을 조직함으로써 민주화운동의 선두에 나섰다.

---

[65] 한국기독교교회협의회 인권위원회는 1974년 5월에 창립되었다.

각 지역의 개신교회들도 이런 영향을 받아 민주화운동에 참여하였다. 대전·충남 지역 종교계의 민주화운동 중 개신교계가 벌인 민주화운동, 즉 기독청년들과 목회자들이 주축이 되어 벌인 기독교운동이 가장 적극적이었고 조직적이었다.

개신교계의 민주화운동은 다른 사회운동 세력과는 다른 독자적 정체성을 가지고 출발했다. 일반 사회운동 혹은 민주화운동은 불의한 사회구조를 변혁시켜 정의롭고 평화로운 세계를 건설하는 것을 궁극적 목표로 삼고 있었기 때문에 기독교운동이 지향했던 하느님 나라 실현이라는 목표와 가치를 공유할 수 있었다. 하지만 기독교운동은 교회 쇄신과 사회변혁이라는 목표를 실천하는 데 있어서 철저하게 신앙과 신학에 근거할 수밖에 없는 운동이었다. 다시 말해서 운동의 이념적 근거가 사회과학적 분석과 해석에 있는 것이 아니라, 신앙적·신학적 해석에 있었다. 기독교운동의 특성에 영향을 미치는 다른 한 요소는 한국 교회의 사회적 기능과 집단적 특성 혹은 문화적 전통이다. 해방공간과 6·25전쟁과 같은 한국 현대사의 질곡 속에서 한국의 개신교회는 반공주의, 사회질서 유지, 반사회주의, 사회적 통합을 강조해 왔던 보수적인 집단이었다. 이로 인해 한국 교회가 급진적인 사회변화를 추동하는 엔진으로 기능하는 데는 많은 어려움이 있었다.

보수적 입장을 견지하고 있던 한국 기독교계는 1970년대 들어와 서구의 진보신학과 라틴아메리카 해방신학의 영향을 받고 박정희 독재정권의 폭압에 맞서 민주화운동에 적극 나섰다. 특히 개신교 신학자들과 목회자들에 의해 태동한 민중신학은 개신교계가 민주화운동을 벌이는 데 직접적으로 가장 큰 영향을 끼쳤다고 볼 수 있다. 1970년대 고난과 억압의 현장 속에서 태동한 민중신학은 최초의 한국적인 신학으로서, 억눌린 민중 해방을 과제로 삼고 있었다. 라틴아메리카의 해방신학은 가톨릭의 위계질서를 철저히 따르고 전통 안에 머물면서 좀 더 개혁적이고 진보적인 신학을 추구하였으나, 민중신학은 서구 신학의 전통에서 벗어나 한국의 민중 전통과 상황을 강조한다는 점에서 차이가 있다. 무엇보다 민중신학의 가장 큰 공헌은 민중의 눈으로 세계와 역사를 보고, 더 나아가 성서를 보는 해석학적 관점을 획득함으로써 신학하는 방법의 혁명적 전환을 이룩했다는 데 있다. 이러한 해석학적 전환은 한편으로는 '서구 신학에 대한 반反명제'로서 한국 기독교인의 민족적 자각에 기초해 있고, 다른 한편으로는 1970년대의 민주화운동을 통해 현실의 중첩된 모순구조 속에서 억압당하고 착취당하는 민중들의 고난에 동참하면서 하느님 앞에 정직하게 서려는 노력과 반성에서 비롯되었다.

민중신학은 한국의 민중 전통을 발견하고 한국의 민중 전통과 그리스도교의 민중 전통이 현재에 일어나는 하느님의 선교활동에서 합류하고 있음을 인식하였다. 민중신학은 1970년대 민중의 고난을 증언하는 신학으로서 실천적 그리스도인들의 이념적 근거로서 충분한 역할을 해냈다. 하지만 1980년대에 들어서자 5·18민중항쟁을 계기로 한국 민주화운동이 사회변혁운동의 성격을 띠게 되고 이념지향성도 뚜렷해지자, 민중신학은 좀 더 철저히 사회변혁운동에 동참할 것을 요청받게 되었다. 다시 말해 증언의 신학에서 벗어나, 운동성과 과학성을 지닌 운동의 신학, 사회변혁의 신학이 될 것을 요청받았다.(이정순, 1992, 190~191쪽)

한국기독교교회협의회NCCK는 청년운동 활성화를 위하여 1974년 5월 25일 '한국 기독교 전국청년연합회'를 발족시켰다. 여기에는 NCCK 가입 6개 교단과 함께 루터교, 성결교 등 총 11개 교단에서 파견된 청년 대표들이 참석하였다. 그 후 NCCK 청년분과위원회는 1976년 1월 29일~30일에 유성 국제여관에서 NCCK 가입 교단으로 구성된 한국 기독청년협의회EYCK(이하 '기청협') 창립총회를 개최하여 기독청년운동의 새로운 활로를 열었다. 이날 창립총회에는 NCCK에 가입한 6개 교단과 지역의 청년 대표 70여 명이

참석하였으며, 〈에큐메니칼 청년운동 선언〉을 발표했는데, 그 주요 내용
은 다음과 같다.

> 주도 하나요 그리스도도 하나이며 성령도 하나이신 에큐메니칼 신앙 고백
> 을 함께 하는 한국기독청년들은 오늘의 한국적 상황을 수육하는[66] 그리스도
> 의 고난으로… 청년 예수의 삶을 현재화하려고 하는 한국기독교교회협의회
> 산하 기독 청년은 우리 앞에 놓여진 어떠한 난관도 극복하면서 에큐메니칼 운
> 동의 전위로서의 사명을 다할 것을 굳게 다짐한다.(조이제, 1997, 241쪽)

기청협 창립은 그동안 진보적인 교회 몇 군데에서만 전개되던 교회청년
운동이 전국 단위의 연합운동으로 전개되는 과정의 첫 결과물이었다. 또
한 한국 기독교운동사에서 기독청년운동의 대표단체의 출범을 의미하기
도 하였다. 이후 기청협은 1976년 4월에 "고난, 부활, 청년"이란 주제로 부
활절 청년연합예배를 각 지구별로 실시하였는데, 대전·충남 지역에서는
아직 조직이 되지 않은 상태였다.

1. 기독교운동의 태동(1975~1984)

대전·충남 지역 기독교운동은 크게 태동기(1975~1984), 각 지역으로 확산
되는 시기(1985~1986), 기독교운동의 사상과 조직이 강화되고 다양화되는
시기(1987~1988), 기독교운동이 대중운동의 차원과 지역 연대운동으로 확
대되는 시기(1989~1992) 등 네 시기로 구분된다. 유신정권의 발악이 극에
달하던 1975년 전국 각 지역에서 기독교운동이 태동하기 시작했다. 그해

---

[66] '수육'(受肉)이라는 단어는 '육화'(肉化), '성육신'(成肉身, incarnation)이라는 단어로도 사
용되며, 요한복음 1장 14절("말씀이 육신이 되셨다")에 근거하여 하느님의 아들 예수 그
리스도가 이 땅에 온 것을 의미하는 신학적 용어임. 이 성명서에서는 한국적 상황에 참
여하여 예수 그리스도처럼 고난을 받을 수 있어야 함을 의미함.

3월 7일과 8일에 한국기독교교회협의회는 청년분과연구위원회를 개최하고, 청년운동 활성화를 위해 지역별 기독청년협의회를 조직하기로 결정했다. 경북지구협의회에 이어 충남지구협의회가 구성되었는데, 이 때부터 대전·충남 지역의 기독교운동이 시작되었다. 하지만 이 단계의 기독교운동은 아직 조직적 수준의 운동이 되지 못했다. 단지 시대의 불의에 눈뜬 양심적 신앙인들의 저항이라는 형태를 띤 것이었다.

1970년대 말 대전·충남 지역에서 기독교운동이 본격적으로 시작되기 전 몇몇 중요한 사건들이 일어났다. 먼저 1977년 1월 21일에 대전 제일장로교회에서 대한예수교장로회(통합) 청년연합회(이하 '장청') 겨울대회가 열렸다. 이 대회에 참석한 청년들은 민주주의 실현과 인권 유린이 없는 사회정의 실현을 위한 선언문을 채택하였다. 선언문의 내용은 다음과 같다.

1. 기독청년으로서의 예언자적 사명을 다짐
2. 선한 사마리아인의 자세로 산업화 과정에서 소외된 민중에게 복음과 해방을 전하며
3. 진정한 민주주의 실현, 인권 유린 없고 사회정의가 실현되는 사회를 기대한다.

이후 대한예수교장로회 대전·충남노회 청년연합회는 전국 장청운동의 주요 지역조직으로 자리 잡으면서 대전·충남 지역 기독교운동에 주도적으로 참여하였다. 대전 제일장로교회도 대전·충남 지역 기독교운동의 진원지 중 하나가 되었다.

1977년 7월 21일 충남 부여 근교에 위치한 홍산장로교회에서 기독교장로회 충남노회 교회와 사회위원회가 주관하여 '제11회 나라와 선교 자유를 위한 구국기도회'를 개최하였다. 이 집회에서 대한복음교회 총회장이자 한국기독교교회협의회 실행위원인 조용술 목사가 "표리부동"이라는 제목

으로 설교를 하였다. 조용술 목사는 귀가하던 중 충남 홍산지서 앞에서 홍산지서로 연행되어 곧바로 긴급조치 9호 위반혐의로 구속, 기소되었다. 조용술 목사는 설교에서 새마을운동을 북한의 천리마운동을 본뜬 것이라고 언급하기도 하고, 구속 민주인사들을 석방할 것을 강하게 요구했다. 검찰은 연설 내용을 문제삼아 기소문에서 조용술 목사가 대한민국의 국정과 외교에 관한 유언비어를 날조, 유포하고, 현행 헌법 개정과 대통령 긴급조치를 비방했다고 적었다.

조용술 목사가 구속되자 즉시 NCCK를 중심으로 복음교회 총회는 물론 기장총회 및 기장충남노회, 기독교사회문제연구원 등이 연합하여 대책위원회를 조직하였다. 7월 26일 기장 충남노회는 조용술 목사 설교구속사건에 대해 〈충남노회 선언문〉을 발표하였고, 8월 18일 대책위는 서울 기독교회관에서 '조용술 목사 구속에 대한 연합기도회' 및 보고, 대책협의회를 가졌다. 이 연합기도회에서 조용술 목사가 홍산교회에서 설교한 내용을 보고한 오충일 목사(기독교 대한 복음교회 총무) 역시 8월 28일에 긴급조치 9호 위반으로 연행, 구속됨으로써 사건은 더욱 확대되었다.

교단을 초월한 연합대책 활동이 진행되는 가운데 구속 중이던 조용술 목사가 병세 악화로 전북대학병원에서 수술을 받게 됨에 따라 구속정지 판결이 내려져 9월 2일에 석방되었다 제1심 2회 공판을 기다리던 오충일 목사도 11월 12일 구속집행 정지로 석방되었다. 당시 기장 충남노회에서 조용술 목사 설교 구속과 관련하여 발표한 선언문의 주된 내용은 다음과 같다.

우리는 신앙인으로서, 또 이 나라의 운명과 번영에 책임 있는 한국민으로서 하나님과 민족 앞에 양심을 가지고 민주와 정의, 자유를 외치며, 이것이 오늘 이 시대에 우리에게 주어진 역사적 사명임을 자각해 왔다.… 우리는 다음과 같이 선언한다. 1. 우리는 조용술 목사가 애국적이고 양심적이며 예언자적인 통찰과 말씀에 대하여 공감하며, 그의 나라와 겨레의 내일에 대한 심각한 고뇌가 바로 우리의 고뇌임을 고백한다. 2. 그의 말씀은 미 지상군 철수 반대를 목적으로 하여 국제정치 현실, 국내 현실, 정부의 태도에 대한 진지하고도 명확한 견해를 표현한 것이다. 3. 우리는 오늘 이 나라에서 자유민주주의의 원리와 제도, 그 정치개념이 이 나라에서 소멸되어 가는 것에 대해 심각한 우려를 표한다.

1980년대 기독청년협의회를 중심으로 기독교운동이 조직운동으로 시작되기 직전 대전 YMCA 산하 청년Y가 전개했던 활동도 언급할 필요가 있다. 대전 YMCA 청년Y는 청년들을 대상으로 유신 말기의 불의한 현실을 인식하고 신앙적인 각성을 도모하기 위해 여러 번 강연회를 주최했다. 1978년과 1979년에 대전 YMCA 간사로 일했던 김흥수 교수(현 목원대 신학과 교수)의 증언에 의하면, 1979년 3월 16일 한남대 뒤에 위치한 헐몬수양관에서 신학강연회가 열렸다. 주로 지역의 기독청년들을 대상으로 한 이 강연회에는 민중신학자 서남동 교수를 초청하여 "민중과 예수"라는 제목의 강의를 들었으며, 140여 명의 청년들이 참석했다. 이후에도 사회학자 한완상 교수를 강사로 다시 초청하여 강연회를 열었다. 이후 대전 YMCA는 1980년대의 제한된 상황에서 여러 가지 방법을 통해 민주화운동을 지원하였다. 특히 정동에 위치한 YMCA 회관을 민주화운동단체들에게 대관하거나 각종 민주화운동 관련 모임 장소로 제공함으로써 이 지역 민주화운동에 크게 기여했다.(대전 YMCA, 2008)

이상의 사건들은 대전·충남 지역의 기독교운동이 태동하는 데 씨앗이 되었다. 1981년 3월 20일 발생한 한울회 사건과 같은 시국 사건도 기독교운동의 태동에 영향을 끼쳤다. 한울회는 회원 30여 명으로 이루어진 성서연구모임이었다. 이들은 정치적인 노선을 분명히 하는 운동조직과는 거리가 멀었다. 이들은 성서 연구를 통해 기독교 초기 공동체의 생활을 실천하는 것을 목표로 했다. 그런데 1981년 3월 15일 한울회 회원들은 대전 서부 경찰서에 갑자기 연행된 뒤, 대공분실 지하실에서 모진 고문을 받았다. 이 사건으로 이규호(대전상고 교사, 징역 7년), 박재순(한국신학연구소 연구원, 징역 2년 6개월), 김종생(침례신학대 학생, 징역 3년), 홍성환(교육개발원 연구원, 징역 2년 집행유예 4년), 이충근(정의여고 교사, 징역 2년 6개월, 집행유예 3년), 이건종(침례신학대 학생, 징역 2년 6월, 집행유예 3년) 등은 국가보안법 위반으로 구속되고, 장수명(충남대 경제 2), 임정수(침례신학대 학생 2년), 임정옥(대전고 3년), 예현주(청란여고 1년) 등은 불구속으로 처리되었다.(한국기독교교회협의회인권위원회 편, 1987, 863쪽; 『인권하루 소식』 제914호) 이 사건은 1980년대 초기 '아람회' 및 '오송회' 사건과 함께 5공의 대표적 공안조작사건으로 지목받았는데, 이 지역 기독교인들을 자극시켜 사회의식을 일깨우는 계기가 되었다. 한울회 사건 피해자 대부분은 이후에 기독교운동, 노동운동, 여성운동 등 지역의 민주화운동에 적극 참여하였다.

1976년 1월 한국기독청년협의회EYCK의 창립은 각 교단 청년운동의 방향성 설정에 많은 영향을 미쳤다. 기독교대한감리회 청년연합회는 1977년 5월 23일~24일에 '웨슬리 신앙강좌'를 열고 〈감리교청년운동 선언문〉을 발표하여 새롭게 변신하는 감리교청년운동의 나갈 길을 천명하였다. 또한 같은 해 7월 18일~21일까지 충북 청원의 매포수양관에서 1965년 이후 갖지 못했던 전국선교대회를 가지면서 기독교대한감리회 청년연합회(이하 '감청')의 활동을 강화하는 계기를 마련하였다. 이런 전국적인 흐름 가운데 대전·충남 지역 감리교 청년들에게도 변화가 일어났다.

1981년 3월 20일 기독교대한감리회 남부연회 청년연합회(이하 '남부연회 감리교청년연합회')가 대전 제일감리교회에서 "어찌 갈거나 이 길을"이

라는 주제를 걸고 제1회 대회를 개최하였다.[67] 남부연회 감리교청년연합
회는 "하느님의 정의, 평등, 그리고 자유를 실현시키고자 하는 공동체가
곧 교회라고 믿으며, 이를 실천하기 위해 청년들이 나설 것"을 천명하였다.
이 대회에서 청년들은 농촌봉사활동, 성서 연구, 추수감사제, 선교대회 등
을 주요한 사업으로 내걸고, 자신들의 사회적 책임과 선교 내용을 분명히
했다. 남부연회 감리교청년연합회는 1차 대회 이후 매년 감리교 청년대회,
여름 수련회, 추수감사제, 겨울 수련회 등을 개최하고 감리교청년 공동신
앙고백문을 통하여 교회 개혁과 민주화투쟁에 힘쓸 것을 다짐하였다.

이후에도 남부연회 감리교청년연합회는 청년대회, 선교대회 등을 개최
하여, 농민운동가, 인권운동가, 진보적 지식인, 진보적 신학자, 혹은 산업
선교 목회자 등을 연설자나 강사로 초청하였다. 주제나 표어들은 "한국 농
촌 현실과 기독청년의 임무", "교회, 선교, 개혁", "이 민족에게 빛을", "어찌
갈거나", "농촌의 현실과 한국교회", "땅 끝까지 이르러 내 증인이 되게 하
라" 등이었다. 남부연회 감리교청년연합회는 대회를 통하여 교회 개혁, 사
회선교, 사회적 약자에 대한 관심과 배려 등을 강조하였으며, 강연과 성서
연구 및 토론을 통해 시대적 현실을 인식하고 확고한 신학과 신앙을 바탕
으로 실천을 다짐하였다.

대한예수교장로회(통합)에서도 청년연합회 조직 사업이 시작되었다. 장
청은 1977년 1월 "갱신과 선교"를 주제로 대전 제일교회에서 400여 명이 모
인 가운데 겨울선교대회를 개최하였다. 다음은 당시 선교대회에서 발표되
었던 〈선언문〉의 일부이다.

① 우리는 지금까지 구태의연하고 무사안일적인 청년운동을 행해 온 것을 반

---

67) 기독교대한감리회는 지역별로 연회를 구성하고 있는데, 당시 대전·충남 지역은 남부연
회에 해당되었다.

성하고 사회불의와 부조리에 대해 기독청년으로서 예언자적 사명을 다하지 못한 것을 통감하면서 새 역사 창조자로서 진취적인 청년운동을 전개할 것을 다짐한다.

③ 우리는 희망과 구원의 주 예수 그리스도 안에서 거듭나서 물질주의와 허무주의 속에서 좌절하고 신음하는 이 시대 많은 젊은이들에게 그리스도를 통한 새로운 희망을 전하는 청년 선교의 사명을 계속해서 수행할 것을 사명한다.

⑤ 우리는 이 땅에 하루 빨리 진정한 민주주의가 실현되고, 인권 유린이 없고, 사회정의가 실현되어 죄 없이 고통 받는 외로운 사람들이 더 이상 생겨나지 않는 사회가 도래되기를 간절히 기도한다.

장청은 이 대회에서 교회청년운동의 방향성을 설정하고 사회 참여를 공식적으로 선언하였다. 그리고 분과조직에서 위원회 조직으로 개편을 단행하고, 본격적인 교회청년운동 수행에 나섰다. 1978년에는 고영근, 인명진 목사의 석방을 위한 기도회를 서울 새문안교회에서 진행하여 구속자를 위한 헌금을 모아 전달하기도 하였다. 대전·충남 지역 장로교 청년들은 주로 전국 단위에서 개최되는 대회에 참여하여 신앙과 사회의식을 일깨웠다. 이후 장청은 선교교육대회, 교육훈련 사업 등을 통해 조직을 전국적으로 확대해 나갔다.

1980년 3월 1일 대전에 민중교회(기장, 담임 유영소 목사)가 창립되면서 진보적 기독청년들의 활동은 주로 민중교회를 중심으로 전개되었다. 민중교회는 진보적인 신학과 사회 참여를 내세우며 설립된 최초의 지역 교회로서, 당시 학생운동가들의 근거지가 되었다. '민중'이라는 용어만으로도 박해를 받던 시대에 과감하게 '민중교회'를 교회 명으로 사용하여 지역 교회들에 신선한 충격을 주었다.

민중교회를 담임했던 유영소 목사는 주로 개인적 차원에서 인권운동과 민주화운동을 활발히 전개했다. 창립 1년 후인 1981년 3월에는 민중야학

을 시작하여, 공단 지역에 근무하던 노동자들이나 배우고 싶어 하는 근로
청소년들에게 배움의 기회를 제공함으로써 교회의 사회적 책임을 다하고
자 하였다. 하지만 민중야학은 당국의 압력으로 불과 8개월만인 1981년 11
월에 폐교되었다. 민중교회는 당국의 압력을 무시하고 1982년 3월 민중야
학을 재건하였으나, 그해 6월에 당국의 압력에 의해 다시 해산되었다.
1982년 말에 다시 민중야학은 재개되었는데, 당국은 야학을 급진주의자들
이 불온사상을 퍼트리기 위한 도구로 간주하였다. 그래서 1983년 5월 4일
에서 6월 3일 사이에 이른바 '민중교회 야학교사 탄압사건'이 발생하였다.

1983년 초, 야학생 오영희(미싱사)에게 보안사 수사요원 2명이 찾아와
야학 실정에 대해 묻고 야학에 나가지 말라며 위협하였다. 이것을 시작으
로 5월 4일~7일 사이에 보안사 요원이 야학교사 송대헌(충남대 졸, 방위
병), 박기호(서울대 졸, 방위병), 박종호(충남대 졸, 방위병) 등 3명을 연행
하였다. 그들은 야학 교사를 하지 않겠다는 각서를 쓰고 풀려났다. 5월 6일
야학생 염종노(공원), 박정숙(시험지 배달)을 보안대로 연행하여 야학에
나가지 말라고 협박하였다. 5월 16일에는 야학교사인 박순천(충남대 영문
과 3년)과 김희숙(충남대 영문과)을 대전경찰서 정보과로 연행, 야학에 나
가지 말라고 협박하고, 영장 없이 가택수사를 하였다. 같은 날, 민중교회
집사 한규태, 충남대 학생 김제선(행정 2), 이철호(경제 2), 유덕준(물리 2)
등 4명을 충남대 유인물 사건과 관련하여 구속하였고, 야학교사 이신규(충
남대 수학)는 대전경찰서 정보과로 연행되어 조사를 받았다. 중학교 교사
인 강래설(야학교사)도 연행되어 교육위원회에서 시말서와 야학 교사를
그만두겠다는 각서를 쓰고 석방되었다. 그 후 야학교사 관련 학교들인 충
남대, 한남대, 목원대 교수들이 야학교사 학생들을 면담하여 야학에서 손
을 뗄 것을 종용하고, 교회를 용공으로 몰아 붙였다.

이러한 탄압에 대항하여 대전 민중교회 교인들은 선교자유 수호를 위한

기도회를 개최하고 성명서를 발표하여 야학생 탄압 중지를 호소하였다. 6월 3일에는 야학에 대한 탄압에 항의하여 대전 지역 야학생들이 대전 민중야학생 일동의 이름으로 〈호소문〉을 발표하여, 야학을 폐지시킨 당국의 처사에 항의하였다. 민중교회는 한규태 집사의 즉각적인 석방, 민중야학 와해 공작 중지, 선교자유 보장, 민중야학 탄압 중지 등을 요구했다.(대전기독교교회협의회 편, 2006, 31~32쪽)

1981년부터 1983년 초까지에 기독청년운동 내에는 체계적인 학습이 비로소 이루어지기 시작했고, 민중의 현실에 동참하기 위한 노력들이 구체화되기 시작했다. 이런 노력 중 하나로 공개적인 기독청년운동 기구가 창립되었다. 즉 1983년 3월 대전기청협이 창립되었다. 다른 지역에 비해 다소 늦게 창립되었지만, 이를 계기로 각 교단의 청년연합회를 활성화시키고자 했다. 이때는 이미 1976년 창립된 한국기독청년협의회라는 전국 조직이 있어서 지역의 기독청년협의회 활동을 지원할 수 있었다.

대전기청협의 창립은 민중교회를 중심으로 형성된 기독청년운동 지도력들이 공개기구를 통해 배출되고, 또한 대중적인 기독교운동이 시작될 수 있었다는 점에서 의의를 갖는다. 대전기청협은 감리교 청년연합회, 기독교장로회 청년연합회, 대한예수교장로회(통합) 청년연합회 등에 속한 청년들이 교파를 초월하여 조직한 진보적인 청년연합 운동기구였다. 대전기청협은 1983년 3월에 열린 창립총회를 통해 교회 갱신과 민주화운동의 최전선에 기독청년들이 앞장설 것을 천명하였다.[68] 당시 대전기청협이 표명했던 활동목표는 다음과 같다.

---

[68] 대전기청협 초대 회장으로는 김윤환이, 총무에는 이규호가 선출되었다. 대전기청협은 감청, 장청, 기청이 중심이 되었다. 이후 대한성공회 청년회 대전연합회, 구세군 한국본영 대전청년연합회, 전원침례교회 청년회 등도 회원으로 가입했지만 실제 활동에는 잘 참여하지 않았다.

이 땅에 하느님의 뜻을 실현하기 위해 (1) 주님의 몸된 교회가 연합하여 성
도들의 교제와 교회 갱신에 힘쓰고, (2) 민족의 통일과 이 땅의 참된 평화를
실현하기 위해 노력하며, (3) 지역사회에서 소외당하고 고통당하는 이웃과 함
께 하며, (4) 교회를 섬기고 역사 변혁에 동참하는 청년 신앙공동체입니다.(『대
전 기독청년협의회(EYCD)는?』)

충남민청이 사회운동의 영역에서 민주화투쟁의 최전선에 위치해 있었
다면, 기독교운동의 최전선에는 대전기청협이 있었다. 지역의 기독교운동
이 아직 초보적인 수준에 있었기 때문에 1980년대 초기에 대전기청협의
역할은 매우 광범위하였다. 또한 지역의 다른 민주화운동단체들과 연대하
여 투쟁하기 위해 회지를 발행하고 여러 유형의 집회를 개최하였다.

1980년대 초 기독청년들뿐 아니라 신학대 학생들도 민주화운동에 뛰어
들었다. 이들은 개신교 목회자가 되기 위해 신학 과정을 공부하는 자들로
서 일반 학생운동권의 활동가들과는 달리 지역의 청년연합회와 교회 현장
에서 활발하게 활동했다. 특히 목원대 신학대 신학과 학생들의 활동이 활
발했다. 당시 대전 목동에 위치했던 목원대 신학과는 감리교 목회자를 배
출하는 지방의 신학교임에도 불구하고 감리교단이라는 전국 조직의 도움
을 통해 일찍이 시국에 관한 정보를 입수할 수 있었다. 그리하여 가장 먼
저 민주화운동에 동참하였다. 이는 목원대의 전신인 감리교대전신학원의
개교 정신과도 밀접한 관련이 있다.

6·25전쟁이 끝난 후인 1954년 5월 4일에 피폐해진 농촌을 건설할 농촌
목회자 양성을 목표로 설립된 '감리교대전신학원'은 뚜렷한 민중지향성과
현실참여의 신학을 내세우며 시작되었다. 이호운 2대 학장은 1964년 5월
4일 개교 10주년을 맞이하면서 목원대의 정체성과 앞으로 이룰 꿈에 대해
이렇게 언급했다.

오늘날 우리 대전신학교를 보고 "너는 무엇 때문에 세워졌느냐?"고 묻는다면, 우리는 이렇게 대답할 것입니다.… 우리가 소중히 지니고 실현시키려고 애쓰고 힘쓰는 꿈은 복음의 실제화와 생활화이요 복음의 대중화와 민중화입니다.… 우리의 이상은 … '복음을 흙에 개이려는 것'입니다. 우리는 성직자로 초연하고 성별된 사람들이라 해서 은근히 허세를 부리고 권위를 내세우기에 여념이 없는 교역자를 기르기보다, 민중을 이해하고 그들 속에서 그들과 함께 사는 친구와 일꾼을 기르렵니다.(감리교대전신학대학동문회 편, 1972, 262~263쪽)

이호운의 신학은 민중신학이 논의되기 시작한 1970년대 중반보다 10여 년이나 앞서서 탄생한 민중신학이었으며, 이호운은 그것을 농촌의 현장에 들어가 민중들과 함께 살며 직접 실천하라고 신학생들에게 가르쳤다. 이런 민중지향적이고 실천적인 신학은 그 후 남기철 학장의 미국 위주의 신학교육과 오랜 기간의 독재로 죽은 듯 했지만, 1980년대 초 민주화의 봄을 맞으면서 다시 꿈틀거리기 시작했다. 3대 김하태 학장의 토착화 신학과 송기득 교수의 민중신학을 통해 목원대 신학과의 민중지향성과 농촌선교라는 정체성은 꽃피게 되었고, 그 결과 목원대 신학과 학생들은 지역의 민주화운동과 기독교운동의 선두주자로 나설 수 있었다.

1984년에 접어들면서 공개 기구인 기독청년협의회를 통해 대중적인 선전, 투쟁사업이 전개되었다. 1984년 5월을 맞으면서 대전기청협은 전국적인 차원에서 벌어지는 5·18민중항쟁 4주기 기념 투쟁에 적극 참여하였다. 4월 30일자로 기청협은 '우리는 범국민적 반폭력 투쟁을 제창한다'는 제목의 선언문을 발표하여 투쟁의 방향을 제시했다. 기청협은 전두환 군사정권의 폭력성을 규탄하면서 5월을 평화행진의 달로 정해, 국민의 생존과 민주주의를 위협하는 폭력을 추방하고 평화를 정착시키기 위해 모든 기독청년들이 평화행진을 전개할 것을 제안하였다. 또한 5월 14일~20일 1주간을 '5·18 4주기에 즈음한 반폭력 투쟁주간'으로 설정하고, 이 기간 동안 억울한 죽음을 추모하고 폭력의 진상을 알리며 폭력에 대항하는 투쟁을 전개할 것을 제안했다. 이 선언문에서 구체적으로 제시한 반폭력 투쟁주간 행동 지침은 다음과 같다.

- 전국의 모든 기독청년들은 추모예배, 기도회를 개최하고 분향소를 설치하여 광주 희생자와 억울한 죽음을 당한 모든 사람을 추모하라!
- 모든 기독청년들은 각 교회, 연합회 단위로 반폭력 투쟁을 선언하라!
- 모든 기독청년들은 폭력과 죽음의 진상을 조사하고, 교인과 시민에게 진실을 알리자!
- 폭력에 의해 희생된 민주시민들을 위해 검은 리본을 착용하라!
- 우리의 투쟁은 민주와 통일을 평화적으로 쟁취키 위한 노력임을 천명하라!
- 이 땅에서 외세와 폭력 정권이 물러가고 민중이 주체가 되는 영광된 민주통일의 그날까지 맞서 싸워가자!

2. 기독교운동의 확산(1985~1986)

1985년에는 대전기청협뿐 아니라 각 교단 청년연합회 중심의 활동이 확대, 강화되었다. 대전기청협과 각 교단 청년연합회의 조직 사업을 통해 보수적인 교회 청년들의 사회·정치의식이 새로워지기 시작했다. 1985년부터는 교단 청년들의 조직사업이 한층 확대, 강화되었으며, 교단 중심의 연합활동의 비중이 높아졌다. 대전기청협을 통한 선전과 조직보다는 강화된 교단 청년연합회를 통한 교회 대중들의 직접적인 접촉과 교육활동이 활성화되면서 대전·충남 지역의 기독교운동이 더 많은 지역으로 확산된 것이다.

대전기청협은 연례적인 행사로 부활절 청년 연합예배를 통해 각 교단 청년들을 규합하고 신앙적 결단과 사회의식을 높이고자 했다. 1985년 열린 대전기청협 주최 부활절 예배에서는 〈기독청년 평화선언〉을 낭독하여 전두환 군사정권과 한반도에 핵무기 배치를 강화하고 있는 미국의 레이건 정부를 비판했다. 더 나아가 아시아를 강대국의 핵무기가 없는 '평화지대 화'하는 운동을 전개하기로 결의하였다. 그 주요 내용을 소개하면 다음과 같다.

오늘날 이 땅의 민주화가 실현되지 못하고 있는 첫째 원인은 외세에 종속 된 군부정권이 정치, 경제, 사회를 모두 틀어쥐고 있기 때문이다. 군 본연의 임무를 내던지고 정치에 뛰어든 군인들, 나라의 주요 국가기관과 공공기업을 장악하고 있는 퇴역 군인들, 농협, 수협, 축협 등 민중조직들을 위에서 장악하 고 있는 군인 등 반민주적 군부세력이 국가의 힘을 손에 놓고 민중 위에 군림 하고 있어, 국민의 자발적이고 창조적인 민주 발전을 저해하고 있다.… 레이 건 정권은 70년대 오일쇼크 후 구조적 불황에 빠진 미국 경제를 구한다는 명 분으로 미국 산업의 군사화를 다그치면서, 한국의 군사정권의 약점을 이용하 여 한반도에 핵병기 배치를 강화하고 있다.… 교회는 민족적 위기 의식을 갖 고 외세, 특히 미 레이건 정권의 반문명적 핵 전략을 예언자의 소리로 비판하 고, 미국의 한국 군사정권 지원과 국내 시장 개방 압력에 과감히 맞서야 한 다.… 전국 13개 지구 기독청년협의회는 물론 전국의 70만 기독청년들은 그리 스도의 부름에 따라 민족의 생명과 민중의 생존을 수호하기 위한 평화운동에 모두 나설 것이다.

1986년 4월 7일에도 대전기청협은 〈부활절을 맞는 기독청년 공동 메시 지〉를 발표하였으며, 5월 1일에는 대전 제일감리교회에서 선교자유를 위 한 특별기도회를 개최하고, '성직자 및 기독청년에 대한 보복적 탄압을 즉 각 중지하라'고 요구하였다. 더 나아가 교회 청년들을 조직하여 신학과 사 회과학을 공부하는 모임을 만들고, 대중적인 신학 교육을 위해 신학 강좌 를 열곤 했다. 1986년 10월 대전 제일감리교회 교육관에서 매주 한 번씩 개최한 신학 강좌가 대표적인 예이다. 이 강좌는 구약과 신약의 주요 주제 들을 다루었으며, 강사진은 대전 지역의 신학대 교수들과 서울에서 초청 된 신학자들이었다.

남부연회 감리교청년연합회는 매년 여름마다 전국 단위에서 열리는 대회에 참석했을 뿐 아니라, 겨울에는 자체로 남부연회 청년대회를 열곤 했다. 매년 열리는 대회를 통해 감리교 소속 청년 및 대학생들은 함께 신앙을 고백하고 시국에 대한 인식을 심화시켰고, 현장에 돌아가 교회 개혁과 사회 곳곳에서 민주화운동과 통일운동을 위해 노력했다. 남부연회 청년대회에는 충남 각 지역 감리교 청년들이 참석했다.

대한예수교장로회 대전·충남노회 청년연합회 역시 전국 단위에서 개최된 연례 대회에 계속 참여했으며, 자체적으로 성서연구반을 조직하여 성서와 신학에 대해 공부하고자 노력했다. 그리고 대전 지역에서는 교회 청년들을 대상으로 성서대학을 개최하여 청년들을 교육하고 조직하고자 했다.

이 시기(1985~1986) 기독교운동의 확산은 기독청년운동권 내에서만 이루어지지 않았다. 1986년 들어 목회자 중심의 인권선교위원회가 지역 곳곳에서 창립되면서, 기독교운동의 또 다른 축인 목회자운동이 본격적으로 시작되었다. 이후로 대전·충남 지역의 기독교운동은 기독청년운동과 목회자운동이라는 양대 축을 형성해가면서 활발히 전개되었다.

대전·충남 지역에서는 목회자 중심의 기독교운동이 다른 지역에 비해 상대적으로 늦게 시작되었다. 기독교운동의 대표적인 기구였던 한국기독교교회협의회 인권위원회가 1977년과 1978년에 부산, 서울, 전북, 전남 등에서 이미 창립되어 활동하고 있었지만, 대전인권선교위원회는 1983년이 되어서야 창립되었다. 1980년대 초반까지는 단지 몇몇 교회들과 청년들이 중심이 되어 인권주간 예배를 드렸으며, 이와 함께 인권탄압 사례집을 발간하고 인권에 대한 교회의 관심을 강조하는 수준이었다.

1983년 11월 24일 그동안 개별적으로 양심적인 차원에서 인권운동을 벌여왔던 대전·충남 지역 목회자들이 인권선교위원회를 창립하기로 결의하였다. 이날 한국기독교교회협의회 인권위원회 사무국장이었던 권호경 목사의 주관으로 지역의 황정기 신부, 김병화 목사, 김규태 목사, 박종덕 목사, 유영소 목사, 강우석 목사 이상 6명이 대전 중앙관광호텔에서 조찬 모임을 갖고 대전인권선교위원회를 창립하기 위한 준비모임을 가졌다. 1983년 12월 11일(일) 250여 명의 신자, 청년학생, 운동가들이 모인 가운데 '대전인권선교위원회'가 정식으로 창립되었다. 공동회장으로는 김규태 목사와 김병화 목사가 선출되었고, 총무에는 강우석 목사가 선임되었다. 초기 인권선교위원회 사무실은 박종덕 목사가 시무하던 대전 제일장로교회에 두었다.

그 당시 전두환 군사정권은 민주화운동세력의 성장으로 정치적 코너에 몰리자 양심적 지식인, 종교인, 학생 운동가들에 대한 미행, 감시, 도청, 연행, 폭행, 구속 등을 일삼았다. 그리고 당시 서울제일교회 박형규 목사 탄압사건에서 잘 보여주듯이, 일반적인 목회활동에 대한 탄압마저도 극단으로 치닫고 있어서 신앙의 자유에 대한 위협과 교권 침해가 빈번히 발생하였다. 대전인권선교위원회는 〈창립선언문〉을 통하여 "하느님의 형상을 따라 지음 받은 모든 인간들의 인권과 민생을 지키는 것은 교회의 일차적인 사명이다.… 대전인권선교위원회는 양심수들에 대한 인권 침해, 감시, 도청, 연행, 폭행, 구속, 사생활 간섭을 즉각 중단할 것을 촉구하고, 그리고 신앙, 집회, 언론, 인권, 표현의 자유 등 국민의 기본권을 보장할 것을 요구하며, 마지막으로 교권 침해, 신앙의 자유에 대한 위협에 의연히 대처해 나갈 것이다"라고 밝혔다.

대전인권선교위원회는 창립 후에, 지역 민주화운동을 지원하고 지역 활동가들과 사회적 약자들에 대한 당국의 인권 침해를 저지하기 위해 많은 활동을 벌였다. 우선 『대전·충남 지역 인권사례 보고서』를 정기적으로 발간하여 인권침해 사례를 수집하고, 이를 공개하여 군사정권의 부도덕성을 공격하였다. 둘째, 충남민주화실천가족운동협의회(이하 '충남민가협')와 함께 구속자들을 면회하고 영치금을 전달하였으며, 이들에 대한 현황보고 서를 발간하여 구속자를 보호하는 데 앞장섰다. 셋째, 악법 철폐와 법 개 정을 통하여 시민들의 기본 권리를 확대하고자 노력하였다. 특히 군사정 권에 의해 학생운동가들에 대한 고문과 폭력이 일상화되자, 이를 저지하 기 위한 고문 폭력 추방운동을 통하여 대중적으로 벌여나가기도 하였다. 그리고 인권선교의 필요성이 커지자, 1985년 1월 대전인권선교위위원회를 확대하여 '충남·대전인권선교위원회'로 개편하였다. 충남·대전인권선교 위원회는 충남 지역 전체를 포괄하는 조직을 목표로 결성되었으나 각 지 역과 거리가 먼 관계로 연대활동이 쉽지 않았다. 그래서 다시 대전인권선 교위원회를 중심으로 인권운동이 전개되다가, 후에 천안, 금강, 논산, 천 안, 공주 등에서도 인권선교위원회가 조직되면서 필요에 따라 서로 연대 하게 되었다. 대전인권선교위원회는 1985년 6월 3일~5일 사이에 대전 가 톨릭문화회관에서 "하나님의 법과 인간의 법"이란 주제로 인권문제 전국 협의회를 개최하였다. 이 날 대회에는 150여 명이 참석하여 "구약에 나타 난 법 정신"(김이곤 교수), "법과 인권―직선제, 집시법, 언론기본법을 중심 으로"(홍성우 변호사), "법과 인권―노동법을 중심으로"(이상수 변호사), "제3세계 인권상황과 교회의 대응"(김용복 교수) 등의 강연과 노동, 농촌, 도시빈민, 공해문제, 구속자에 대한 현장보고를 들었다. 그리고 대회를 마 치면서 〈1985년 인권선언〉을 발표했고, 나아가 5·18민중항쟁의 진상규명, 책임자 처벌, 희생자 명예회복 및 보상 등을 촉구하는 내용의 성명서를 채 택했다.

마지막으로, 대전인권선교위원회는 충남의 다른 지역에 인권선교위원 회를 설립하는 데 많은 도움을 주었다. 대전인권선교위원회의 지원하에 천안인권선교위원회(1986. 3), 금강인권선교위원회(1986. 4), 서부인권선교위원회(1986. 8), 공주인권선교위원회(1986. 9)가 차례로 창립되었다. 인권선교위원회 창립식은 단순히 예배의식을 넘어서서 구속자 가족, 인권 피해자, 목회자, 기독청년들의 시위장이 되기가 일쑤였다. 금강인권선교위원회 창립식에는 200여 명의 기독교운동 관계자가 참석하였는데, 기도회를 마친 후 80여 명의 성직자, 신학생, 교인들이 대전역에서 충남도청 앞까지 평화적인 가두행진을 하면서, '성직자 및 기독청년에 대한 인권 유린과 선교 탄압을 즉각 중지할 것', '구속된 민주시민 학생 기독청년들을 석방할 것', '경찰 폭력행위 공개 사과할 것' 등을 요구하는 시위를 벌이기도 하였다.

또한 지역 인권선교위원회들 간의 연대가 1986년 들어 본격화 된 예도 있다. 즉 1986년 4월 28일 대전, 천안, 금강 등 3개 지역 인권선교위원회는 충남인권선교협의회를 구성하고 대전 제일장로교회 내에 사무실을 개설했다. 이날 120여 명이 참석한 가운데 사무실 개설 축하 및 선교자유 수호와 구속자 석방을 위한 기도회를 열었다. 오충일 목사가 강사로 초청되어 주제 강연을 한 후 구속자 가족 10여 명의 호소문 발표가 있었다. 기도회를 마치면서 참석자들은 "성직자 및 기독청년에 대한 인권유린과 선교탄압 중지, 구속된 민주시민 학생 기독청년 석방, 경찰폭력 행위 공개 사과" 등을 요구하는 성명서를 채택했다. 기도회 후 80여 명의 목회자들은 오후 2시부터 대전역에서 충남도청 앞까지 평화적인 가두행진을 벌였다.

1984년 이후 대전·충남 지역 기독교운동의 성장에는 진보적 목회자들의 유입과 그들이 세운 교회들의 공헌도 많은 도움을 주었다. 1984년 9월 김규복 목사가 대전 대화동공단 근처에 빈들장로교회(예장 통합)를 창립하였다. 설립자인 김규복 목사는 한남대 앞에서 문화패와 야학을 시작하면서 노동자와 학생운동 활동가들을 교회로 끌어 들였다. 빈들장로교회는 대전 지역에서 도시 빈민들과 공단의 노동자들을 대상으로 한 빈민선교 및 산업선교를 교회 창립의 목표로 제시한 유일한 민중교회였다. 교회 창립 시부터 탁아소와 공부방, 작은 사랑회 등을 통하여 지역 주민들을 만나면서 그들과 연대하고자 노력하였다. 창립 이후 김규복 목사는 공단 주변의 노동자와 도시빈민을 위해서 노동상담소를 운영하면서 이들의 권익 옹호에도 앞장섰다. 이후에도 씨알학교, 느티나무학교, 희망살림터, 평화일군선교회, 희망사랑방, 씨알무늬, 씨알의 집, 씨알농장, 씨알생명학교 등을 운영하여 새로운 교회의 모범을 보여 주었다.

빈들장로교회와 함께 1980년대 대전·충남 지역 민주화운동에 크게 기여한 교회는 1985년 5월에 창립된 빈들감리교회였다. 빈들감리교회는 민중들과 연대하기를 원하는 진보적 지식인들이 중심이 되어 세운 교회였다. 담임자였던 정지강 목사는 초기에는 YWCA에서 해직 교사, 청년운동가, 구속 학생들을 모아서 성서 연구를 지도하였다. 이들은 기존의 제도교회가 권위주의 체제의 이데올로기적 수호자로서 기능하는 것에 반대하고, 새로운 형태의 진보 교회를 모색하고자 하였다. 빈들감리교회는 창립선언문에서 '참된 신앙공동체'를 추구한다고 선언했다. 즉 "무사안일해져가는 교회를 향하여, 무관심과 타성에 빠진 우리 자신을 향하여 책임을 다하려고 합니다. 그리하여 우리는 세상을 구원하신 하느님의 활동에 참여하기 위해 공동체를 이루어 함께 살아가며, 우리의 몸과 마음을 닦고 서로 사랑하는 법을 배우며, 이 사랑과 기쁜 소식을 이웃에게 널리 전해가려 합니다"라고 창립목적을 밝혔다. 빈들감리교회는 교회 공간을 지역의 교사운동단체와 청년운동단체에 내어주는 등 이들을 보호하고 지지하고자 했고, 이를 통해 지역의 민주화운동에 기여하고자 했다.

1980년대 초반부터 대전·충남 지역 민주화운동세력에 대한 인권침해 사례가 끊임없이 발생하였다. 앞에서 소개한대로 '민중교회의 야학 탄압 사건'과 '한울회 사건'은 1980년대 초반의 대표적인 탄압사례였다. 그 뒤를 이어서 1984년 2월 신문 『새암의 소리』 폐간 사건이 일어났다. 1979년 충남 아산의 새암교회로 부임한 임인수 목사는 군사정권에 대해 바른 소리를 하는 언론이 없음을 안타깝게 생각하고, 1983년부터 『새암의 소리』라는 자체 신문을 발간했다. 이 신문에는 주로 군사정권에 대한 비판과 남북문제 및 정부의 농업정책을 비난하는 글을 실었다. 하지만 1984년 2월 인쇄소의 신고로 아산경찰서가 이 사실을 알게 되었고, 아산경찰서는 신문을 즉각 폐간하도록 압력을 가했다. 그 결과 신문 발행은 불가능하게 되었고, 이후 임인수 목사는 주보를 통해서만 자신의 정치적 목소리를 표현할 수 있었다.

또한 기독교운동에 대한 다양한 형태의 탄압이 군사정권에 의해 곳곳에서 자행되었다. 국가정보 기관을 동원하여 교회를 사찰하고, 교회의 선교활동을 노골적으로 방해하였으며, 남부연회 감리교청년연합회의 활동이 왕성해지자 감리교 청년대회를 방해하기도 하였다. 그중에서도 당국의 탄압은 대전기청협에 집중적으로 이루어졌다. 대전기청협 사무실을 압수수색하거나 간부를 연행하여 조사하는 사건이 몇 차례에 걸쳐 일어났다.[69]

직접적으로 전두환 정권의 퇴진을 주장하거나 5·18민중항쟁의 진실을 언급만 해도 즉시 경찰의 조사, 연행, 혹은 구속의 대상이 되었다. 1985년 5월 13일 유영완(대전기청협 회장), 김영범(전 남부연회 감리교청년연합회 총무), 한규태(대전기청협 총무) 등이 충남민협에서 제작한 5·18민중항쟁 기념전단을 배포했다는 이유로 대전경찰서에 연행되었다가 조사를 받고 훈방되었다. 원형수 목사(금강지역 인권위원, 충남민협의장)는 5·18민중항쟁 행사에 참여하지 못하도록 5월투쟁 기간 동안 가택에 연금되었다.

---

[69] 한국기독교교회협의회 인권위원회 편, 1987, 863쪽. 1984년 11월 22일 경찰이 영장 없이 대전기청협 사무실을 압수수색하였다. 유인물을 수색하고 사무실에 있던 간부 4명을 연행하였다.

1985년 11월 5일 경찰은 김영범을 〈평화와 생명운동 선언문〉이라는 제목의 유인물 제작과 관련하여 연행하여 즉심에 회부하고 구류 5일을 집행했다. 5월 16일에는 대전경찰서 정보계장 외 6명이 '집회및시위에관한법률' 위반 등의 혐의로 발부된 압수수색영장을 가지고 와서 대전기청협 사무실을 수색하였다. 유인물과 보관 자료까지 샅샅이 뒤져서 압수해 갔다. 26일에는 대전기청협 정기행사인 공동체교실을 마치고 귀가하던 청년선교부장 정인수, 남부연회 감리교청년연합회 총무 이종명을 불법 연행하여 공동체교실에 관하여 조사하고 1시간 만에 귀가시켰다.

경찰의 전방위적 탄압에도 대전기청협 회원들은 교회에서나 거리에서나 법정에서도 당당히 자신들의 주장을 펴나갔다. 1985년 9월 10일 대전기청협 회원이던 유덕준의 구형공판이 열렸다. 구형공판에 참석하였던 이인경을 비롯한 4명의 회원이 유덕준이 무죄이고 군사정권이 유죄라고 소리쳤다. 이들의 법정 주장이 법정소란 행위로 규정되어 대전경찰서에 연행되었다. 즉심에 회부되어 김제선과 이인경은 구류 15일, 김영범은 구류 7일, 정인수는 구류3일을 선고받았다.

이 시기 기독교운동은 다른 운동조직과 연대하며 조금씩 성장해갔다. 먼저, 충남·대전인권선교위원회가 중심이 되어 1985년 2월 충남 서천군 판교면 판교교회에서 '폭력 추방대회'를 개최하였다. 이 날 대회는 송건호를 연사로 모시고, 권력의 폭력성과 민주화운동 세력의 저항 사례들을 소개하였다. 1985년 5월 10일에는 대전 중원장로교회에서 대전인권선교위원회와 대전기청협 주최로 '나라와 민족을 위한 기도회'가 개최되었다. 고영근 목사가 강사로 초빙되어 현 정국에서 기독교인의 사명이 무엇인지를 되짚고, 기독교인의 실천문제를 고민하는 시간을 가졌다. 1986년 4월 14일부터 대전인권선교위원회, 목회자정의평화실천협의회, 대전기청협 등 5개 기독교 단체가 'KBS-TV 시청료 거부 기독교 범 국민운동 대전본부'를 결성하고, 대전 제일감리교회에 사무실을 마련하였다. 당시 KBS가 군사정권의 충실한 주구로서 사건이 일어날 때마다 사실을 왜곡하고 민주화운동을 폄하하자, 기독교계를 중심으로 'KBS시청료 거부운동'이 일어났던 것이다. 1986년 4월 28일에는 대전 제일장로교회에서 목회자 100여 명이 참석한 가운데 '선교자유 수호를 위한 기도회'가 개최되었다. 오충일 목사가 강연자로 나서서 군사 권력에 의해 자행된 교회 탄압과 교회선교사업 탄압 사례들을 발표하였다. 이날 행사에 참석한 구속자 가족들은 호소문을 발표하였고, 연행되었던 목회자들의 경과보고가 있었다. 기도회가 끝난 후에는 3시간 동안 대전 중앙로를 따라 교회 탄압에 대한 평화적 항의시위를 벌였다.

1986년 8월 11일에는 천주교 정의구현 대전교구사제단, 충남민주화운동협의회, 대전인권선교위원회 등이 성남동 천주교회에서 '고문과 폭력 추방을 위한 기도회 및 성고문 규탄대회'를 공동으로 개최하였다. 최초의 개신교, 가톨릭, 사회운동권의 연합집회였다. 인권변호사인 홍성우 변호사가 강연자로 나서서 민주화운동세력에게 가해지는 다양한 형태의 폭력성을 고발하였다. 민주화를 위한 종교 간 연대뿐 아니라 사회운동권까지 포함한 광범위한 연대의 시발점이었다. 이 날 규탄대회는 경찰의 방해로 정상적인 진행이 이루어지지 못하였다. 오후 7시로 예정된 행사를 막기 위해 경찰은 오전 11시부터 성당주변을 통제하였다. 그러나 오후 7시 30분에는 성당 안에 미리 들어가있던 200여 명의 참석자들로 대회를 강행하였고, 경찰의 저지로 집회에 참석하지 못한 사람들은 대전 고속버스 터미널에 모여서 평화적인 시위를 벌였다. 행사를 주최한 3개 단체는 "민중의 반대에도 불구하고 이러한 만행이 가능한 것은 사병화된 군대의 물리력과 외세의 강력한 지원 때문이며, 고문행위는 우발적인 범죄 행위가 아니라 군사독재 정권의 유지와 재집권 기도의 표현"이라는 내용의 성명서를 발표했다.

(『정평소식』 1호 1986년 8월) 이날 규탄대회는 준비과정에서부터 많은 어려움이 있었다. 대회를 준비하던 김영범(대전기청협 조직훈련부장), 오대영(민통련 인권위원장 대행) 등 11명이 연행되어 심하게 취조를 받았고, 이 중 김윤환은 (전 대전기청협) 의장) 경찰에 연행되어 구타를 당했다.

1986년 9월에는 '민주 개헌과 외세 배격을 위한 기도회'가 대전 제일감리교회에서 개최되었다. 초청 강사인 장을병 교수의 기조연설에 이어 허원배 목사(수입개방과 민중생존에 관하여), 권영각 목사(일본 수상 방한과 올바른 한일 관계를 위하여), 이명남 목사('민주개헌과 민주회복을 위하여) 등이 주제 발표를 한 후, 목회자들과 청년들이 토론을 벌였다.

1986년 9월 19일 대전교도소에서 양심수들에 대한 폭행사건이 발생하였다. 양심수들이 '처우 개선', '아시아경기대회 반대' 등의 구호를 외치며 농성에 들어가자, 교도소 측은 이를 주도한 강구철(충남민협 사무국장), 이준희(충남민청 상무위원장), 정천귀(충남민청 교육위원장), 송영배(목원대 학생), 임성대(목원대 학생) 등을 심하게 구타하였다. 이들은 온몸에 상처가 나고 걷지 못할 정도로 상해를 입었다. 이 일로 대전인권선교위원회와 천주교 정의구현 대전교구사제단이 대전교도소를 방문하여 엄중 항의하고 교도소 정문 앞에서 충남민청 회원들과 연좌시위를 벌였다.

기독교운동이 본격화되기 시작한 1984년부터 기독청년운동권 안에서는 현실인식에 관해 좀 더 체계적인 학습이 활발히 진행되었으며, 기독교운동의 정체성에 관한 운동론적 논쟁 및 신학 논쟁이 시작되었다. 기독교운동 초기에는 말 그대로 교회를 중심으로 기독교 신앙의 사회적 차원에 눈을 뜬 청년들이나 목회자들이 시대의 불의한 현실에 저항하는 형태로 운동이 전개되었지만, 1980년대 중반에 이르면서 이른바 정체성 논쟁이 일어나면서 기독교운동론에 대한 논의와 함께 이를 정립하려는 시도가 나타났다.[70]

1980년 신군부정권의 등장과 5·18민중항쟁을 계기로 한국 민주화운동은 이미 양심적인 저항운동의 차원을 넘어서서 구조적인 모순을 분석하기 위한 철학과 세계관의 문제를 제기하기 시작했고, 이는 사상 논쟁의 성격을 띠게 되었다. 한국 민주화운동의 한 부문운동으로 참여했던 기독교운동 역시 이런 시대적 배경 속에서 사상 논쟁을 전개하기 시작했는데, 이는 곧 기독교 신학과 관련된 정체성 논쟁을 의미했다. 당시 민주화운동권 안에는 마르크스주의의 유물변증법과 유물사관이 광범위하게 확산되었는데, 이는 기독교 신학에 근거를 둔 기독교운동과 갈등을 야기할 수밖에 없었다.

대전·충남 지역의 기독교운동권 내에서도 이른바 정체성 논쟁이 활발히 일어났다. 하지만 정체성 논쟁은 서로 간의 입장의 차이에 의한 집단적 갈등으로 나타났고, 일부는 건강한 논쟁이 되지 못한 채 종파주의적 성향을 띠기도 했다. 하지만 정체성 논쟁은 기독교운동의 사상적 입장을 분명히 다지는 데 기여했으며, 기독교운동권 스스로 신학과 철학을 보다 주체

---

70) 기독교운동은 한국 민주화운동이라는 전체 운동의 한 부문운동으로서, 전체 운동이라는 보편성을 견지하면서 동시에 자신만의 특수성을 견지하는 운동이다. 당시 기독교운동에 대한 오해와 왜곡으로 인해 많은 혼란이 있었다. 가장 대표적인 오류는 이른바 세력권론이다. 이 견해는 기독교운동은 전체 민주화운동에 하나의 부분적인 세력으로 참여할 뿐이라는 생각이다. 이는 기독교운동이 지닌 자주적, 민주적, 통일적 성격을 이해하지 못하고, 또한 기층 민중운동들이 먼저 자기 운동 내부에서 운동의 지도를 받으면서 전체 운동과 결합해야 한다는 점을 간과하고 있다. 둘째로, 종교운동론이다. 이 견해는 기독교가 하나의 종교인 까닭에 기독교운동을 순수 종교운동이라는 관점에서 이해한다. 즉 기독교운동을 종교적 양심에 따라 실천하는 인권운동에만 국한시켜 생각하고, 정치적 노선이나 조직운동 같은 것과는 거리가 먼 것으로 보는 견해이다. 셋째로, 조건활용론(또는 외피론)이다. 이 입장은 기독교의 사상적 한계성을 주장하면서 궁극적으로 사회변혁에서 기독교에는 기댈 것이 없지만, 교회라는 집단이 지닌 인적, 물적 조건을 민주화운동에 활용하기 위해 기독교운동에 참여한다는 견해이다. 당시 많은 노동운동가들과 학생 운동가들이 당국의 탄압을 피해 교회에 들어와 상당 기간 머물면서 교회를 운동을 위한 조건이나 자료로 활용하곤 했다. 더 극단적으로, 조건활용론자들은 기독교 자체를 사회변혁이 완성되면 없어질 '부르주아적 환상' 또는 '민중의 아편' 쯤으로 규정하고, 기독교운동 자체를 부정하기도 한다.

적으로 탐구해 나갔다. 이는 후에 전국적인 논쟁으로 확산되었지만 발전적인 방향으로 지속되지는 못했다.[71]

3. 기독교운동의 사상과 조직의 강화와 다양화(1987~1988)

대전·충남 지역의 기독교운동 세력은 그동안 쌓아왔던 운동성과를 토대로 다른 부문운동 세력들과의 연대 사업을 적극적으로 펼쳐나갔다. 즉 감리교 청년연합회, 장로교 청년연합회, 기독교장로회 청년연합회, 기독청년협의회, 인권선교위원회, 목회자정의평화실천협의회, 기독교 농민회,[72] 신학생 협의회 등이 벌인 운동의 성과를 토대로 대전·충남 지역 기독교운동 세력은 기독교권 밖의 다른 민주화운동 세력과 연대하여 여러 가지 시국 관련 행사를 개최했다. 1987년 2월에 '고문폭력저지 공동대책위원회' 주최로 '고 박종철 군 추모 및 고문살인 종식을 위한 범도민대회'가 열렸는데, 대회장소인 기독교연합봉사회관을 경찰이 원천봉쇄하자 대회는 가두집회로 진행되었다. 이날 오후 7시 20분경에는 목회자들과 충남민가협 회원들이 가톨릭문화회관 앞에서 가두시위를 벌였으며, 남재영(목원대 신학과) 등이 연행되어 구류처분을 받았다. 이에 주최 측은 괴정동천주교회와 소제동에 있는 민중교회에서 항의농성을 진행하였다. 1987년 3월에는 '고문 추방 민주화 국민 평화대행진'을 다른 민주화운동 진영과 연대하여 전개하였다.

---

[71] 기독교운동의 사상적 또는 신앙적 정체성 논쟁은 지역 단위뿐 아니라, 전국 단위의 기독청년협의회 차원에서도 전개되었다. 기독교운동권은 당시 유행했던 마르크스주의 유물변증법과 사적유물론으로 기독교 신앙의 토대를 대치하는 것이야말로 가장 합리적이고 올바른 기독교운동이라는 입장과, 이에 맞서 기독교 사상의 혁명성과 신앙의 중요성을 강조하면서 기독교운동의 독자적인 사상체계 및 세계관을 강조하는 입장으로 나뉘어졌다.
[72] 충남기독교농민회는 1985년 1월 30일에 창립되었다. 부여, 아산, 홍성 농민회가 가입하였고, 시군 단위 연합회는 나중에 건설되었다. 자세한 내용은 농민운동 부분을 참조할 것.

이후 대전·충남 지역의 기독교운동은 꾸준히 성장하였다. 전두환 정권의 4·13호헌조치 직후 대전·충남 지역 목회자 197명이 호헌 철폐와 전두환의 하야를 주장하는 성명서에 서명하였으며, 충남·대전인권선교위원회 소속 원형수 목사(강경 제일감리교회)를 비롯한 목회자 32명은 5월 7일 밤부터 대전 제일감리교회 교육관에서 〈4·13 담화에 대한 충남 목회자의 입장〉이라는 제목의 성명서를 발표하고 단식을 시작했다. 이들은 성명서에서 "교우들이 폭력적인 군사정권에 저항하여 기독교인의 사회적 사명을 다해줄 것"을 호소하였다. 이들 목회자 단식단은 3일 동안의 단식을 끝낸 후, 다시 서울로 올라가 '민주화를 위한 목회자 단식단'에 합류하여 단식을 계속하였다. 그리고 1987년 4월 13일에 발표된 전두환 대통령의 호헌조치에 반대하며 민주화를 촉구하는 서명운동이 대학가의 교수들과 대학원생들 사이에 번지자, 대전·충남 지역 기독교권에서는 목원대 신학대학원 학생들이 5월 말에 원우회 이름으로 서명에 동참하였다.

대한예수교장로회 대전노회 청년연합회는 1987년 3월에 성서대학을 열어 교회 청년들을 교육하고자 했다. 대전 제일장로교회 교육관에서 매주마다 열린 성서대학에서는 성서의 주요 주제들을 통해 성서를 개관했을 뿐 아니라, 송기득 교수(목원대)와 김흥수 교수(목원대)를 강사로 초청하여 기독교 인간론과 한국교회사에 관해서 공부하는 시간도 가졌다. 같은 해 5월 목원대 신학대학 학생회와 신학대학원 원우회 공동주최로 통일신학 강연회가 목원대에서 열렸다. 이 지역 신학생들과 기독청년들을 대상으로 한 이 행사에서 송기득 교수(목원대)는 기독교와 마르크스주의의 관계에 대해서, 홍근수 목사(향린교회)는 평화통일의 문제에 대해, 홍성현 교수(아세아연합신대)는 동구 사회주의권의 교회와 신학에 관해 강연을 했다.

1987년에 들어서면서 대전·충남 지역의 목회자운동은 더욱 활발해졌지만, 기독청년운동은 다소 위축되었다. 그것은 다양한 집단에 의해 시작된 기독청년운동이 하나의 사상적·조직적 통일을 이루지 못한 채 내부의 대립과 갈등으로 고통을 겪었기 때문이다. 여러 번의 시도가 있었지만 조직적 통일을 이루지 못했고, 사상적 일치도 이루어내지도 못했다. 또한 종파주의의 문제도 심각했지만, 이를 극복할 수 있는 조직적 힘이 없었다.

이런 문제들을 극복하기 위해서 기독청년운동권 안에서는 두 가지 방향으로 노력이 이루어졌다. 하나는 사상적 입지를 확고히 다지기 위한 학습과 교육을 강화하는 것이며, 다른 하나는 엄중한 조직적 규율을 훈련하고 조직운동의 중요성을 자각시키는 일이었다. 1987년 하반기부터 기독청년운동권 내에서 이러한 노력이 이루어졌고, 그 결과 1987년 대통령선거투쟁에서부터 다시 투쟁력과 조직력을 발휘할 수 있었다. 그 대표적인 예가 1987년 12월 대통령선거를 맞이하면서 다른 민주화운동 진영과 함께 벌인 공정선거감시운동이다.

1987년 6월민주항쟁으로 직선제 개헌을 쟁취하였고, 그 결과 치러지는 대통령선거는 민주주의를 이룩할 수 있는 절호의 기회였다. 하지만 김대중과 김영삼 후보 간의 후보단일화가 이루어지지 않고, 백기완마저 독자 후보로 출마하였다. 민주화운동권은 비판적 지지론, 후보단일화론, 독자후보론 등으로 사분오열된 채 각 진영의 선택에 따라 제 각기 방향을 잡고 대통령선거 국면을 맞고 있었다. 대전·충남 기독교운동권은 특정 후보를 지지하는 대신 공정선거 감시운동이라는 대중운동을 벌여나가기로 했다. 그동안 선거 때마다 벌어졌던 각종 부정선거, 금품선거, 조작선거를 방지하고 깨끗하고 공정한 선거를 통해 민주주의를 앞당기는 일에 공헌하겠다는 생각이었다.

당시 전국 조직의 일환으로 결성된 '민주헌법쟁취 국민운동 충남본부'는 대전 빈들감리교회 사무실을 활동의 본거지로 삼았으며, 13대 대통령선거

를 맞아 공정선거 감시운동을 활발히 벌였다. 이 운동은 연대운동의 일환
으로 이루어졌는데, 기독청년, 목회자, 교사, 대학생, 기타 활동가들이 대
거 참여하였다. 특히 기독교운동은 민주헌법쟁취 국민운동 기독교공동대
책위원회에서 발행한 〈공정선거 감시운동 지침서〉를 사용하여, 대전은 물
론 충남 전역을 돌면서 교회나 예식장을 빌려 지역 활동가와 일반 시민들
을 대상으로 공정선거에 관한 교육을 벌였다. 이들은 지역 활동가, 마을
주민, 대학생들을 직접 상대하면서 공정선거 감시운동을 벌여나갔으며,
선거 당일에는 각 정당 선거 감시원들로 등록하여 직접 선거를 감시하기
도 했다.

공정선거 감시운동을 벌이는 도중 대흥동 사무실이 습격을 당하였다.
공정선거 감시운동이 절정에 이르렀던 1987년 12월 어느 날 건장한 체구
의 깡패들 10여 명이 갑자기 들이닥쳐 당시 사무실에 있었던 활동가들에
게 욕설을 퍼부으면서 활동가들을 주먹과 몽둥이로 마구 구타했다. 이 사
건으로 박진희(청주교대 졸)와 이정순(목원대 신학대학원 학생) 등의 활동
가들이 인경이 깨지는 등 심하게 부상을 입었다. 이후 검찰에서 조사한 결
과 민정당 용역깡패들이라는 여러 가지 증거들이 드러났음에도 유야무야
로 끝나버리고 말았다.

대전기청협은 창립 이후 부활절 기독청년 연합예배를 빠짐없이 진행해
왔다. 이 연합예배는 소속 교단들뿐 아니라 지역 목회자들도 참석하는 매
우 상징적인 행사로서, 시대적인 상황을 인식하고 신앙인으로서 함께 실
천을 다지는 결의대회였다. 그래서 늘 전경들의 삼엄한 경계 속에서 치러
지곤 했다.

1988년도 예외가 아니었다. 4월 7일 대동에 위치한 영광장로교회(예장
통합)에서 300여 명의 청년들이 참석한 가운데 기독청년 부활절 연합예배
가 열렸다. 1부에서는 민족통일과 평화를 기원하는 성만찬을 거행했고, 2부

에서는 한신대 박종화 교수를 강사로 모시고 "민족통일과 기독교의 사명"이라는 주제의 강연을 들었다. 3부는 부활절 축제 마당으로서 함께 결의를 다지는 장이었다. 참석자들은 교회 밖 거리에서 행진을 벌였지만 번번이 전경들의 방해로 중단되고 말았다. 이 날 예배에서 대전기청협은 〈고난주간 기독청년 공동기도문〉을 배포하면서, 예수 그리스도의 고난을 묵상하며 이 민족의 역사 가운데 부활의 참 소망이 조국통일로 현재화되도록 매일 공동으로 기도드릴 것을 결의했다.

· 대전기청협은 6월 16일부터 7월 14일까지 매주 목요일 저녁마다 대전제일장로교회 교육관에서 '에큐메니칼 평화학교'를 개설하였다. 대전기청협이 평화와 통일의 문제를 내걸고 본격적으로 대중을 교육하려는 첫 시도였다. 평화학교는 "성서와 신학이 말하는 평화"(노정길 목사, 대전인권선교위원장), "잃어버린 반쪽 조국을 찾아서"(박종화 교수, 한신대), "조국통일의 길"(대전기청협 연구부), "순간의 잘못된 선택이 이 민족의 운명을 … : 반핵평화운동"(스티븐 하지스, 선교사/평화운동가), "평화와 통일을 향한 기독인의 사명"(김용우 목사, 강경 중앙교회) 등의 강좌로 진행되었다. 이날 배포된 안내 전단에는 다음과 같은 모시는 글이 들어 있는데, 당시 대전기청협을 중심으로 전개된 기독교운동가들의 인식과 신앙관이 잘 드러나 있다.

이 땅 한반도는 외세에 의해 원하지 않는 분단의 비극으로 말미암아 서로를 날카롭게 응시하고, 동포의 가슴에 총부리를 겨누며, 급기야는 한 순간에 민족의 멸망을 가져올지도 모를 핵전쟁의 위협 속에 하루하루를 살아가고 있습니다. 한 핏줄, 한 동포끼리 평화롭게 살지 못하고, 통일의 전망을 보지 못하고, 우리의 운명을 결정할 힘조차 갖지 못하고, 외세의 손아귀에서 헤어나지 못하고 있습니다. 그러나 이런 안타까운 현실 속에서도 주 예수 그리스도는 우리에게 오늘도 우리에게 평화를 약속하고 계십니다. 그 평화는 힘에 의해 이루어지는 평화가 아닙니다. 죄인도 약자도 가난한 자도 누구나 하느님 앞에 평등하게 살고 인간답게 사는 것입니다. 오십시오. 오셔서 분단의 땅 한 반도의 아픔을 끌어안고, 주님께서 주시는 평화를 실현시킬 평화의 사도가 되십시다. 고난의 땅 갈릴리에서 십자가 행진을 하신 예수 그리스도를 따라, 분단의 땅 한반도에서 평화와 통일을 향한 십자가 행진에 함께 하십시다.

남부연회 감리교청년연합회는 문화활동을 통해 교회 청년들을 교육하고 조직하고자 했는데, '감리교 청년 노래선교단'이 그 대표적인 예이다. 감리교 청년 노래선교단은 각종 연합예배나 집회 시 특별공연이나 찬조 출연을 통해 복음성가와 민중가요 등을 불러 교회 청년들의 의식을 일깨우고자 했다. 특히 1988년 12월 10일에는 감리교 청년 노래선교단이 목원대 음악당에서 첫 공연을 가졌다. 그동안 몇몇 활동가들 중심으로 이루어졌던 기독교 문화운동은 이제 한 단계 성숙하여 대중적인 차원으로 확대가 된 것이다. 이 날 공연진은 영천교회, 갈마교회, 보문교회 등에 출석하는 박인자, 김희, 이경우, 손근석, 임광수, 남궁혜경, 윤혜경 등의 감리교 청년들로 구성되었으며, 이들은 직접 대본을 완성하여 틈틈이 시간을 내서 연습을 했다. 공연의 내용은 한국 교회의 현실을 비판하고 개혁하며 민주화와 통일을 향한 결의로 이루어졌다. 감리교 청년 노래선교단 단장 박인자는 초청의 글에서 공연의 취지를 이렇게 밝혔다.

이 땅에 하느님의 공의가 실현된 공동체를 이루기 위하여, 특정 계급의 지배수단으로 전락한 문화를 거부하고 참다운 인간해방을 위해 한 목소리로 외치고자 모인 우리 감리교 청년 노래선교단은 … 다시금 하나 되는 몸짓으로 "저 평등의 땅에"를 마련했습니다. 준비하는 과정 중에 단원들을 다시 모으고 하나의 소리를 내기까지는 많은 어려움이 있었지만, 하나님께서 이 땅의 역사 속에 민중과 함께 하심을 믿으며 준비했습니다.

이날 공연은 "저 평등의 땅에"라는 주제로 총 2부로 진행되었으며, 단원들의 노래와 대사 및 몸짓으로 이루어진 종합 뮤지컬이었다. 이날 공연은 제1부 "우리는 당신을 기다립니다"로 시작되었는데, 제일 먼저 다음과 같은 내용의 〈한국 기독교 개혁선언서〉가 낭독되었다.

한국 기독교회가 복음을 빙자하여 오직 교회의 대형화만을 꿈꾸고 있을 때, 그 반대편에서는 인간다움의 최저 자존권마저 상실당한 이 땅의 수많은 노동자, 농민들의 신음소리가 계속되어 왔음을 기억해야 할 것이다. 인생의 의미를 상실당한 사람들에게 아편적 도피처만을 제공해주던 무당적 기독교회로서의 모습은 이제 거두워져야 할 것이다. 가난하게 살았던 예수 그리스도를 따라 교회는 가난해져야 할 것이며, 그렇게 되어졌을 때의 진정한 부유함을 맛볼 수 있어야 할 것이다. 예수를 이용하여 치부하는 교회는 더 이상 기독교회일 수 없음을 우리는 명백히 밝혀 두고자 한다.(〈감리교 청년 노래선교단 첫 번째 공연-저 평등의 땅에〉)

기독교운동단체들도 많이 결성되었다. 1987년 3월에 충남대에 '기독사상연구회'라는 이름의 동아리가 결성됨으로 기독학생운동이 시작되었다. 먼저 1986년도 하반기에 김재선(행정 82학번), 한정택(수학 82학번), 우정숙(휴학), 전병배(행정 84학번) 등이 모여서 충남대 기독학생운동의 가능성에 대해 논의를 시작했다. 당시 교회 대학생운동이 활성화됨에 따라 교회 대학생들이 학생운동에 참여하게 되었고, 이런 상황에서 신앙의 정체성 문제와 학생운동과의 관계 설정문제에 대해 고민하게 되었다. 따라서 기독교인으로서 실제 학생운동에 참여하면서 필요한 기독학생운동론을 어떻게 정립해나가야 할 지에 대해 계속 논의를 전개해 나갔다. 그 결과 1987년 1학기에 정식 동아리로 등록하고 10여 명의 회원이 참여했다. 기독사상연구회는 주 1회 함께 모여 예배를 드리고 사회변혁의 관점에서 성서를 공부했으며, 제3세계 기독교운동 등에 대해서 학습했다. 기독사상연구회 회원들은 학내 집회가 있을 때마다 주도적으로 참석했다. 특히 전병배는 충남대총학생회 산하 5월 투쟁위원회 선전담당자로서 그해 12월까지 활발하게 활동했다. 이후 목원대, 한남대, 공주교대에서도 이와 비슷한 동아리가 만들어졌으며, 조직작업이 계속되어 89년 10월에는 기독학생회총연맹 충남지구협의회라는 지역조직으로까지 발전되었다. 11월 3일에는 충남신학생협의회가 창립되었다. 1988년 초에는 충남기독교문화선교회가 문을 열었다. 1987년 6월민주항쟁 시기부터 '최루탄 추방 기독여성모임'이 결성된 것을 계기로 기독여성운동의 조직화를 위한 노력이 시작되었다. 이러한 노력은 1989년 말 3월 8일 충남기독여성회준비위원회 발족을 일궈냈다.

1988년 12월 1일 대전제일장로교회에서 대전기독교교회협의회(이하 '대전 NCC')가 창립되었다. 1983년부터 조직된 인권선교위원회의 활동을 통해 이 지역 민주화운동에 참여해 왔던 목회자 중시의 기독교운동을 보다 조직적으로 할 수 있는 새로운 조직이 결성된 것이다. 대전지역 목회자들은 1986년 1월 27일부터 29일까지 충남 도고에서 서울 NCCK 훈련원 주최로 열린 대진지역 목회자 세미나에서 논의를 시작하여, 대전기독교교회협의회를 만들기로 결의했다. 그리고 5개 교단에서 24명의 준비위원장과 추진위원을 선임하여 이후 계속적인 준비 모임을 갖고, 마침내 대전NCC를 발족하게 된 것이다. 이날 창립대회에서 회장에 김규태 목사(대전제일감리교회), 공동 부회장에 박종덕 목사, 유영소 목사, 전재국 장관, 차경혜 신부, 총무에 김용호 목사 등이 선출되었다. 이후 인권선교위원회는 대전 NCC산하 인권위원회로 편제되어 계속적으로 인권운동을 전개했다.

4. 대중운동의 차원과 지역 연대운동으로의 확대(1989~1992)

1988년부터 전개된 기독교운동, 특히 청년운동에서는 사상과 조직의 강화와 함께 대중운동의 문제가 새롭게 제기되기 시작했다. 그간 기독교운동 세력은 정치투쟁과 대중조직 사업을 함께 수행한다는 입장을 정하고 있었는데, 1987년 이래 지역 연대운동이 강화된 새로운 상황에서 주로 정치투쟁 중심의 사업을 전개해 왔다. 그로 인해 각 교단을 중심으로 한 대중사업은 많은 차질을 빚게 되었다. 1988년 한 해 동안 활동가들에게 과중한 부담이 주어지고 대중조직 작업이 저조하였던 것에 대한 비판이 제기되었다. 그리하여 1989년에 들어서면서 역할분담이 이루어졌다. 즉 교단 청년연합회와 각 부문의 기독교운동 세력은 다양한 계층의 기독 대중을 각 부문의 이해와 필요에 따라 조직해 내는 작업에 집중하고, 기독청년협의회는 각 교단에서 수렴하기 어려운 선진적 기독청년들을 조직하여 정치투쟁을 전개하기로 한 것이다.

역할 분담에 따라 각 영역의 기독교운동들 상호간의 결합이 필수적이었고, 지역의 기독교운동들을 통합적인 지도력을 통해 지도하면서 지역의 전체 운동을 고민해야 했다. 이 문제를 해결하기 위하여 1989년 초에 대전·충남 기독교사회운동협의회 추진위원회가 결성되었다. 이어 10월 5일 '대전·충남 기독교사회운동연합'이 대전 문화동에 위치한 기독교연합봉사회관에서 창립되었다.

대전·충남 지역 최초의 기독교운동 연합체인 대전·충남 기독교사회운동연합에는 대전·충남 목회자 정의평화위원회, 대전기청협, 기독학생회총연맹(KSCF) 충남지구협의회, 대전기독교문화선교회, 충남기독교 여성회 준비위원회 등 총 5개의 기독교 운동단체들이 참여했다. 집행위원장에는 이영우 목사(송악교회), 정책기획실장에는 이규호, 사무국장에는 박만규가 선출되었다. 이날 창립식에서 참석자들은 '광주항쟁 5공비리의 철저한 진상규명을 위한 특별검사제 설치,' '국가보안법·사회안전법·사회보호법·노동악법·교육법·집시법 등 모든 악법 철폐' 등을 결의하였다. 이후로 대전 · 충남 기독교사회운동연합은 1990년 5월 목원대에서 '민중생존권 쟁취 기독인 대회'를 열었으며, 9월에는 침례신학대에서 국가보안법 철폐를 위한 구국 기도회를 개최했다.

남부연회 감리교청년연합회는 1988년에 이어 1989년에도 교회 청년들을 교육하기 위해 청년성서대학 자료집을 발간했다. 이 자료집은 일련의 학습 과정에 따라 기획된 것으로서, 1989년에는 신약성서 신학에 관한 내용이었다. 또한 이 자료집은 각 지역에서 개설되는 성서대학과 교회의 성서 연구에 도움을 주기 위해서 남부연회 감리교청년연합회 성서연구위원회가 발간한 것이다. 성서대학은 당시 남부연회 감리교청년연합회에서 지역의 교회들에 속해 있는 청년들을 교육하고 조직하는 매우 중요한 공간이었다. 이 자료집의 머리말에는 당시 기독청년운동을 벌였던 감리교 청년들의 신앙과 사상이 잘 나타나 있다.

> 이 작은 자료집을 통해 신약성서에 나타난 예수와 바울의 삶과 신학을 올바르게 이해해서 하느님의 분명한 뜻을 깨닫고, 그의 뜻대로 살아가려는 새로운 결단이 이루어지기를 바랍니다. 그래서 이 땅에 민족통일, 자주화, 민주화가 실현된 하느님 나라를 앞당기는 기독청년들이 되기를 기원합니다 (기독교대한감리회 청년회 남부연회 연합회 편, 1989, 5쪽)

1988년 8월 한 · 미 양국은 용산의 미 8군사령부를 한강 이남 지역으로 이주하기로 원칙적인 합의를 하였다. 하지만 한 · 미 양국은 미군 기지 이전 대상지에 대해서는 구체적인 언급을 회피했다. 그런데 홍콩의 주간지 『파이스트 이코노믹 리뷰*Far East Economic Review*』 1989년 1월 25일자가 "이전 지역이 대전일 것"이라는 보도를 내면서, 대전 지역은 미군 기지 이전 예정지로 언급되기 시작했다. 이에 대전 시민들은 미군 기지 이전에 반대하는 운동을 벌이기 시작했다.

기독교운동 세력은 이 문제에 적극적으로 대처했다. 그 결과 1989년 5월 18일 '미군기지 대전 이전 저지 대책위원회'가 구성되었다. 대책위에는 대전인권선교위원회, 대전목회자정의평화실천협의회, 대전기청협, 대전·충남기독교사회운동협의회 준비위원회가 참여했으며, 위원장에는 강우석 목사가 선출되었다. 이들은 5월 25일 대전인권선교위원회 사무실에서 기자회견을 가졌다. 이날 발표한 성명서를 통해 "악영향이 예상되는 미8군 대전 이전은 대전, 충남 지역에서 하나님의 평화를 실현하고자 하는 우리 교회의 중대한 관심사가 아닐 수 없으므로, 대전·충남 지역의 모든 기독자들과 함께 미8군 대전 이전을 절대 반대 한다"고 주장했다. 이후 기독교운동 세력은 미군기 대전이전 반대 투쟁에 적극적으로 참여했다.

대전기청협은 미8군 기지 대전 이전 저지 투쟁과 관련하여 평화학교를 통해 지역의 대중들을 좀 더 효과적으로 교육하고자 했다. 1988년 6월 16일에서 7월 14일까지 열렸던 제1기 평화학교에 이어 제2기 평화학교가 좀 더 다양하고 심도 깊은 주제를 중심으로 열리게 된 것이다. 1989년 5월 23일부터 6월 16일까지 매주 화요일과 금요일 저녁마다 대전 제일장로교회 교육관에서 열린 '제2기 기독청년 평화학교 – 반전, 반핵, 평화'는 "핵 – 얼마나 위험한가?"(이규호, 대전기청협 교육위원장), "주한 미군의 핵 전쟁 시나리오"(스티브 하지스, 평화운동가), "기지촌과 에이즈"(허성우, 충남여민회 공동대표), "미군 범죄와 한미행정협정"(김용우 목사, 충남기독교사회운동연합준비위원회 위원장), "양키문화와 민족문화"(최재준, 충남기독교문화선교회 회장) 등의 강좌와, 영화 상영("한국은 자유의 전선인가?", "반핵 영화 예언") 등으로 진행되었다. 개강 예배 시에는 김규태 목사(대전 NCC 회장)가 설교하였다. 지역의 기독청년들이 참여하여 핵 문제와 평화 문제에 관해 새롭게 배울 수 있는 기회였다. 이날 평화학교 개강과 함께 배포된 자료집에서 대전기청협 회장 이강철은 평화학교 개설의 취지를 다음과 같이 밝히고 있다.

　　성서의 가르침에 의하면, "평화를 위해 일하는 사람은 복이 있다"(마태 5:9)
고 했는데, 지금 민족적으로 외세와 불의한 권력 집단에 의해 민족의 평화가
심각하게 파괴되고, 또 위협당하고 있는 현실 속에서 우리 기독청년들은 하느
님의 이러한 말씀을 어떻게 실천해야 할 것인지를 고민하고 토론하고 길을 모
색해야 할 것입니다. 그래서 이번 제2기 평화학교 주제를 "반전, 반핵, 평화"로
잡고, 민족의 평화와 생존을 위협하는 핵 문제를 중심으로 해서 이른바 현대
의 흑사병으로 일컬어지고 있는 에이즈 문제, 그리고 평화를 깨뜨리고 있는
불평등한 한미행정협정 등을 다루기로 했습니다. 아울러 평화를 이루기 위한
민족문화의 문제와 민족자주적으로 평화를 이루기 위한 반외세 운동의 신학
적 근거를 정리하는 일은 우리의 신앙과 실천에 많은 도움을 줄 것으로 믿어
집니다.(대전기독청년협의회 편, 1989)

　이외에도 대전·충남 지역의 기독교운동 세력은 지역에서 취약한 운동
을 지원하는 사업을 전개하였다. 특히 교육운동에 대한 교회의 지원은 주
목할 만하다. 교육관련 시국사건에 대해 목회자들이 중심이 되어 공동대
책위원회를 결성하여 교육운동을 지원했으며, 인권소식지 발행을 통해 교
사들의 교권이 침해당한 사례를 소개하고, 사건이 발생할 때마다 성명서
와 홍보 전단을 제작하여 교회에 배포하였다. 또한 탄압받는 교사들을 위
하여 개별학교와 교육청을 방문하여 항의하고, 교사들에 대한 법률구조활
동을 전개하였다. 대표적인 예로는, 1988년 10월 6일 정의여중고 도교육위
원회 점거농성 현장 방문 및 지원, 1989년 10월 10일 전교조 대전기독교
공동대책위원회 창립, 1990년 1월 3일 교육운동을 하다 작고한 고故 이순
덕 선생 추모제 후원, 1990년 6월 15일 대천고등학교를 방문하여 광주망월
동 참배 학생 징계에 항의, 1990년 6월 18일 한성신학교 임상빈 교수 부당
징계 철회를 위한 서명 및 복직 촉구운동, 1990년 6월 18일 전교조 해직교

사 복직서명운동 주도로 해직된 이진형 교사를 격려하고 항의하기 위해 논산 양촌고 방문 등을 들 수 있다.

대전·충남 지역 목회자 150여 명은 1990년 8월 6일 문화동 기독교 연합 봉사회관에서 기자회견을 갖고, '범민주 연합 단일 정당 결성을 촉구한다'는 내용의 성명서를 발표했다. 이들은 1992년에 치러질 지방선거의 승리를 위해 분열된 야권의 단결을 호소했다. 또한 대전NCC 인권위원회는 1990년 10월 18일 다른 7개 단체와 함께 '대전·충남 비상 시국회의'를 구성하고, 문화동 기독교 연합 봉사회관 사무실에서 〈보안사 불법사찰 항의 규탄 성명〉을 발표했다. 이후 관계자 10여 명이 중구 대흥동 대전 지역 보안대를 방문, 보안대장과의 면담을 요구하며, 1시간여 동안 항의 농성을 벌였다. 이들은 이 날 성명에서 "노태우 정권이 정권을 유지하기 위해 4천만 국민을 적으로 삼아왔다는 데 분노를 금할 수 없다"고 주장하며, 이후 전 국민 서명운동과 대규모 항의 집회를 갖겠다고 밝혔다.

이 시기 대전·충남 기독교사회운동연합은 국제 연대운동도 활발히 전개했다. 먼저 영문 소식지 『대전의 소리*Voices from Daejeon*』을 만들어 미국을 비롯한 몇 개국에 보냄으로써 공개 언론에 소개되지 않는 민중들의 실상과 운동권 소식을 알리는데 주력했다.[73] 더 나아가 이 지역에 거주하고 있는 양심적인 외국인들을 조직하여 일주일에 한 번씩 모임을 갖고 하워드 진Howard Zinn의 『미국민중사*A People's History of the United States*』와 같은 책을 함께 읽고 토론한 후, 시국의 정세에 관해 논했다.[74] 이들은 이 지역 민주화운동의 좋은 연대세력이 되어 주었다. 이를 계기로 미국에서 여러 사회운동

---

[73] 영문 소식지는 이규호와 이정순이 주도하여 외국인들의 도움으로 제작하였으며, 미국 인권 단체들로부터 좋은 매체로 선정되기도 했다.

[74] 당시 외국인 모임에는 미국 감리교 선교사 바바라 스미스, 스티브 하지스, 가톨릭 메리놀회 평신도 선교사 리타 라이쳐트, 단과 헬렌 부부, 한남대 교수 리차드 도슨 등이 참여하였으며, 한국인으로는 이규호와 이정순이 참여했다.

그룹들이 대전 · 충남 지역 기층 민중들의 실상과 운동권의 활동 현황을 보기 위해 이 지역을 방문하는 일도 있었다. 특히 미국 감리교 선교사 스티븐 하지스 같은 사람은 민중교회 현장에 관심을 갖고 외국에 알리고자 노력했으며, 또한 이 지역 운동권과 함께 핵 문제의 위험성에 대해 발로 뛰어 다니며 직접 교육하는 일에 헌신했다.

1991년 들어 기독교운동의 사상적 토대를 강화하기 위해 대전기청협과 대전NCC 인권위원회가 공동으로 일련의 신학 강좌를 개최했다. 대전 제일감리교회 교육관에서 열린 이 신학 강좌들은 기독청년운동가들을 대상으로 한 보다 전문적인 강좌였다. 강사로는 오재식 목사(한국기독교교회협의회), 이삼열 교수(숭실대), 주재용 교수(한신대), 홍성현 목사(새민족교회), 박재순(한국신학연구소), 강원돈 목사(한국신학연구소) 등이 초청되었으며, 에큐메니칼 운동사, 신앙과 이데올로기, 한국교회사, 사회주의 사회와 기독교, 예수의 하느님나라운동, 신학과 정치윤리 등의 주제를 가지고 공부하는 시간을 가졌다. 이 강좌들은 특히 1990년대 이후 동구 사회주의권의 몰락이라는 세계적인 변화로 인한 민중운동권의 사상적 고민을 해결하려는 시도로 개최되었다. 이런 강좌들을 통해 대전 · 충남 지역 기독교운동 세력은 변화하는 현실에 가야할 방향을 고민하고 모색하는 새로운 전기를 마련하고자 하였다.

또 1991년도에는 앞으로 실시될 지방자치 선거를 대비한 모임을 타운동단체와 함께 결성함으로써 새로운 시대 시민운동을 향해 발걸음을 내딛었다. 이 운동은 1월 31일 '지방자치 실현을 위한 시민모임' 결성으로 시작되었으며, 그 후 7월말까지 바람직한 후보상 및 지자체의 과제, 주요 지역정책의 이슈제시, 공청회, 시민교육, 대 언론 및 시민 홍보, 공명선거 감시단 등의 활동으로 전개되었다.

1991년 4월 26일 명지대 학생 강경대 열사가 시위 도중 경찰의 쇠파이프에 맞아 죽고 김기설, 박승희, 김영균, 천세용 등이 잇따라 분신하는 사태가 일어났다. 이제 대전NCC는 5월 대전·충남의 민주운동단체들과 연대하여 범국민대책회의를 구성하고 몇 차례의 대회를 개최하였으며, 시위참여자들이 연행될 때마다 경찰에 찾아가 항의를 하는 등 적극적으로 투쟁에 참여했다.

이 해에는 또한 남북통일의 문제에도 관심을 갖게 되어 8월 18일 충남제일장로교회에서 대전NCC 주최로 '남북평화통일 대전지역 공동예배'를 개최했다. 이날 예배에서 김성재 교수(한신대 신학과)가 '국토분단과 민족의 통일'이라는 제목으로 설교했으며, 1991년 남북 평화통일주일 공동기도문을 참석자들이 다 함께 낭독했다. 또한 조면호 목사가 분단의 죄책을 고백하는 기도를 드렸고, 이어서 임상빈 교수(한성신학교)가 통일을 위해 일하다 투옥된 인사들의 석방을 위해, 강구철 장로가 한반도의 군비축소와 평화통일의 희년을 위해서 기도했다.

1992년에는 대전NCC 인권위원회의 주도로 이루어진 몇몇 활동들이 있다. 먼저 미전향장기수로 장기 복역한 자들이 출소 후 편안하게 여생을 보낼 수 있는 공간을 마련하는 운동이 전개되었다. 이 운동은 '사랑의 집' 건립 추진 운동으로 시작되었다. 대전NCC 인권위원회는 3월 23일 첫 번째 모임을 갖고 정지강 목사에게 추진을 위임하여 실행하게 하였다. 4월 23일에는 기독교연합봉사회관에서 80여 명이 참석한 가운데 언론기관들을 초대하여 사랑의 집 건립 추진대회를 열었다. 이후 사회 각계의 지원을 받아 마침내 사랑의 집은 11월 16일 대전 유성구 구암동에 단독주택을 전세 임대하여 장기복역수 김명수, 함세환, 홍문거 등이 입주하게 되었다. 8월 31일에는 한준수 전 연기군수가 14대 총선 때 저질러진 관권부정선거의 실태를 폭로하고 공무원의 정치적 중립과 신분보장을 위한 양심선언을 했다. 대전NCC 인권위원회는 한준수 군수의 양심선언을 지지함과 동시에,

그의 집을 방문하여 격려했다. 12월 11일에는 14대 대선을 맞아 〈교회의 정치적 중립과 장로대통령 만들기 운동에 대한 우리의 입장〉이라는 성명서를 목회자 178명이 서명하여 발표하였다.

제3절 대전·충남 지역 종교계 민주화운동의 성격과 의의

민주화운동의 시작, 성장, 확산, 폭발 시기에 전국적인 차원에서 종교계가 벌인 역할은 지대했다. 대전·충남 지역도 예외는 아니었다. 천주교계와 개신교계를 중심으로 벌어진 대전·충남 지역 종교계의 민주화운동은 이 지역과 한국 사회 전체의 민주주의 발전에 커다란 족적을 남겼다. 한국 교회는 1970년대부터 학생운동과 함께 독재정권에 대한 저항세력의 한 축을 담당하였다. 특히 한국 천주교회는 1970년대 초부터 진보적 교인들과 사제들을 중심으로 각종 시국 관련 기도회를 개최했다. 또한 천주교정의구현전국사제단이 중심이 되어 가톨릭농민회, 가톨릭노동청년회 등을 창립함으로써 사회적 약자들에 대한 지원을 아끼지 않았다.

대전·충남 지역 천주교회의 경우 이렇게 전국적인 추세에 따라 1970년대 말부터 간헐적으로 민주화운동에 참여해 오다, 1980년대부터는 좀 더 본격적으로 민주화운동에 참여했다. 주로 천주교 정의구현 대전교구사제단 소속 신부들이 시국 관련 기도회나 미사를 개최했고, 또한 각종 집회나 사건에 참여하면서 민주화운동을 직간접적으로 지원했다. 하지만 엄격히 말할 때, 이 지역 천주교계의 경우 명확한 노선과 조직을 갖춘 차원의 부문운동으로서 민주화운동을 벌이지는 못했다. 오히려 천주교 정의구현 대전교구사제단 소속 신부들이 주로 개인적 측면에서 민주화운동에 참여했다고 말할 수 있다.

한국 개신교회 역시 1970년대부터 한국기독교교회협의회NCCK가 중심이
되어, 인권선교위원회, 한국교회사회선교협의회, 도시산업선교회, 기독교
농민회, 기독교사회운동연합 등을 조직함으로써 민주화운동의 선두에 나
섰다. 각 지역의 개신교회들도 이런 영향을 받아 민주화운동에 참여하였다.

대전·충남 지역 종교계의 민주화운동은 개신교계가 벌인 민주화운동,
즉 기독청년들과 목회자들이 주축이 되어 벌인 기독교운동이 가장 적극적
이었고 조직적이었다. 특히 기독청년들에 의해 시작된 대전·충남 지역
기독교운동은 정체성 논쟁을 겪으면서 민주화운동의 한 부문운동으로서의
자기 위상을 강화해 나갔다. 대전·충남 지역 기독교운동은 태동기, 확산
기, 사상과 조직의 강화기, 대중운동과 지역 연대운동으로의 확대기라는
네 시기를 거치면서 전개되었다. 결론적으로, 천주교계와 개신교계를 주
축으로 전개된 이 지역 종교계의 민주화운동은 한국 민주주의 발전에 크
게 공헌했을 뿐 아니라 한국 교회의 지속적인 갱신을 위한 소중한 역사적
자산으로 남게 되었다.

제5장 문화예술운동

제1절 문화예술운동의 태동 배경

문화예술운동(이하 '문예운동')은 권위주의 정권하의 지배적인 문화 코드였던 '소비주의', '서구 지배적 문화', '무정체성', '민족적 정체성 없는 문화'에 대한 저항과 반역이었다. 이런 운동은 여러 가지에 저항하여 발생할 수 있는데, 억압적 권력, 경제적 수탈, 현실적 좌절 등이 운동을 발생시키는 환경이지만, 이들 중에서 문예운동은 지배적인 문화 코드에 대한 저항이었다. 그 당시 한국사회는 권위주의 정권 하에서 서구 문화 중에서도 미국 문화가 헤게모니적 위치를 점하고 있었을 뿐만 아니라, 국가권력 중심의 문화 생산이 이루어지고 있었기 때문에, 개인의 창의성과 자발성에 기초한 문화 활동이 지극히 미약한 상태였다. 따라서 문화운동은 권위주의 체제에 대한 저항운동과 결합하면서 권위주의 체제와 헤게모니적 문화를 동일시하였고, 이를 배격하고 대안 문화를 찾는 운동으로 나아갔다. 그 대안 문화란 다름 아닌 우리 문화 찾기 운동이었다. 모든 문화운동이 그렇듯이 초기 문화운동은 '옛 것 찾기 운동' 즉 자기 문화에 대한 복원에 집중되어 있었다. 문화적 자의식이 강한 문화적 선구자들의 자기 문화에 대한 복원 실험은 대중들의 대단한 반향을 불러일으키게 되는데, 이것은 일반대중들이 기존의 문화체제 속에서 많은 소외를 경험하고 있었기 때문이다.

1980년대 이후 대전·충남 지역의 문예운동은 다음과 같이 다섯 시기로 구분 된다. 즉 첫째, 1970년대 말에서부터 5·18민중항쟁 이전까지의 맹아기, 둘째, 5·18민중항쟁 이후 1983년 초 '매포수양관 탈반 지도자회의' 이전까지의 모색기, 셋째, 1983년 '매포수양관 탈반 지도자회의'에서 1985년 놀이판 '터' 창립 직전 시기까지의 도약기, 넷째, 놀이판 '터' 창립 이후부터 6월민주항쟁 시기의 발전기, 다섯째, '충문연'을 중심으로 한 조직화된 대중운동으로서의 문예운동 시기 등이다.

이렇게 지역의 문예운동을 다섯 시기로 구분하는 데는 몇 가지의 이유가 있다. 우선은 시기에 따라 문예운동 양식상 발전이 이루어졌다는 점이다. 예를 들면, 초기에 지역 대학의 탈반들은 '양주 별산대', '고성 오광대' 등의 전통극을 복원하여 있는 그대로 공연하는 데 주력하였다. 그러다 1981년 초 대전 시민회관에서 충남대, 목원대, 실업전문대 합동으로 '새재'와 같은 정치적 풍자극을 공연한 이후, 창작극을 중심으로 공연하는 경향이 높아졌다. 초기의 민속극에 대한 논의는 민속극을 이해하고, 이들을 부활하는 것에 초점이 맞추어졌다. 즉 전통 농악과 탈춤 부활에 관심이 집중되었다고 할 수 있다. 하지만 문예운동권은 1980년대 초반에 전통극을 시대상황에 맞게 각색하기 시작했고, 1985년 이후에는 정치이슈를 직접 표현하는 창작극으로 발전해 나갔다. 그리고 문예활동의 중심축이 1985년까지는 탈춤과 농악이었던 것에 비해, 1986년에 들어서면서 노래패, 연극반 활동 등으로 문예활동의 영역이 확장되어 나갔다. 그리고 1987년 이후에는 좀 더 체계적인 조직을 갖추고 민중적 지향성을 확보하고자 노력하였다.

둘째, 시기별로 조직운동 방식에 질적 변화가 관찰된다는 점이다. 탈춤운동은 초기부터 대학 간의 빈번한 교류를 통해 이루어졌고, 그들 사이에

는 동료애가 존재했다. 그럼에도 불구하고, 1983년 '매포수양관 탈반 지도
자회의' 이전까지의 공연은 개별 대학 단위를 벗어나지 못하고 있었고, 문
화 관련 학습 역시 개별 대학의 테두리 안에서 실시되는 경향이 강했다.
하지만 1983년 이후에는 지역 대학 간의 연대가 '연합공연', '연합두레패',
'공동학습' 등의 양식으로 나타났다. 또한 전국적인 문예운동과의 연대사
업도 눈에 띄게 활발해 졌으며, 특히 문예운동 활동가들이 조직사업을 의
식적으로 추진하기 시작했다. 그리고 1985년 초에는 학교를 벗어나 대전 ·
충남 지역에 기초한 문화운동조직체를 만들려는 의식적인 움직임이 가시
화되어 놀이판 '터'를 창립하는 것으로 구체화되었다. 이후 놀이판 '터'와
함께 지역의 문예운동은 '활동가 재생산 메커니즘'을 사회운동 차원에서
보다 의식적으로 추동해 나감으로써, 조직운동의 질적 전환을 시도하고자
했다. 이후 놀이판 '터'는 문화기획실 '터'로 바뀐 후 다시 충문협으로 발전
한다. 그리고 타 운동과의 활발한 연대활동을 통해 다시 충문연으로 재편
된다. 이렇게 중앙 조직을 갖춘 연합의 방식으로 한동안 운동을 벌여오던
대진 · 충남 지역 문예운동은 1990년대에 들어서면서 '터'와 '우금치'로 나
뉘게 되었고, 그 후 각각 독립적인 운동단체로 발전하게 됨으로써 보다 대
중적인 문예운동을 전개하기에 이르렀다.

셋째는, 다섯 시기에 따라 운동 주체들의 의식이 점차 민중주의적 · 민
족주의적 시각으로 전환되고 있다는 점이다. 1970년대 말에서 1980년 초까
지 문화패들의 시각이 전통문화 복원과 '문화적 낭만주의'였다면, 1980년
5 · 18민중항쟁 이후 문화패들의 시각은 '기층민중적 사실주의'로 전환했으
며, 1983년 이후에는 '계급주의', 즉 민중주의적 시각을 확고하게 견지하기
시작하였다. 탈춤과 농악은 민족 고유의 문화적 전통에 뿌리박고 있기 때
문에 본래 민족주의적 시각을 태생적으로 가지고 있었다고 볼 수 있다. 그럼
에도 불구하고 문예운동이 민족주의적 운동 시각을 강하게 드러내기 시작

한 것은 1980년대 중반 이후 '민족해방NL'이라는 학생운동 분파의 사상적 영향력을 강하게 받기 시작하면서부터이다. 또한 문예운동은 1987년 6월 민주항쟁 이후로 분출하기 시작한 기층 민중운동에 주체로 참여하고자 노력했다.

제2절 문화예술운동의 맹아기(1976~1980. 5)

1970년대 말 대전·충남 지역 대학의 문예운동은 '맹아적 실험기'라고 할 수 있다. 서울 지역에서 소위 학생운동 '물을 먹은' 창조적 소수자들이나, 지역 대학의 의식 있는 교수들이 지역 대학 곳곳에 탈반을 만들기 시작했다. 대전·충남 지역에서는 1973년 공주사대에서 만들어진 극단 '상황'이 최초의 의식적인 문예운동의 시작이라고 볼 수 있다. 1950년대 말부터 시작된 진보적 문학동아리 '수요문학회'[75]에 참여했던 72학번 최교진, 한상균(교육학과), 백두현(지구과학교육학과), 문복주(불어교육과) 등이 중심이 되어 1973년에 연극 동아리 '상황'을 창립한 것이다. '상황'의 지도교수는 이화여대 출신으로 연극활동 경험이 있던 전채린 교수였다. 전채린 교수는 학생들에게 민중의 삶과 고통, 지식인의 양심과 소명의식 등에 관한 주제들을 전해주면서 고민하게 만들었다. 그 결과 유신독재정권이라는 현실에 어떻게 할 것인지에 대해 학생들에게 많은 영향을 끼쳤다.

극단 '상황'은 1973년 신춘문예 당선작 '부활절', '타의'를 대본으로 하여

---

[75] 공주사대 학내 문학동아리인 수요문학회는 대전·충남 지역에서 가장 오래된 대학 동아리이자 학생운동의 진원지로서, 1963년부터 동인지 『말하는 사람들』(후에 『수요문학』으로 바꿈)을 간행하였다. 1970년대 초반에는 문학활동을 활발히 하면서 사회현실을 풍자하고 비판하기 시작했으며, 특히 일 년에 한 번씩 '문학의 밤' 행사를 개최해 회원들이 쓴 작품을 낭송하였다.

공연했다. 1974년도에는 황석영작 '돼지꿈'을 공연하였으며, 11월 22일에는 극단 상황 회원들을 중심으로 33명의 학생들이 닉슨 대통령의 방한에 맞춰 공주사대 역사상 처음으로 202강의실을 3일 동안 점거 농성했다. 이 사건으로 최교진은 무기정학 처분을 받았고, 황시백은 정학 처분을 받았다. 1975년도에는 서울대와 이화여대 연극반이 당시 대본조차 읽는 것이 금기시되었던 김지하의 '금관의 예수'를 공연하려다 붙잡혀 가는 사건이 발생하자, '금관의 예수' 대본 500부를 찍어서 전국에 배포했다. 이런 상황에서 공주사대 극단 '상황'은 '금관의 예수'를 공연했다. 이 사건으로 회원 최교진 등이 무기정학 처분을 받았다. '상황'은 학내 불순 서클로 경찰의 감시를 받아오다, 1975년 5월에 발생한 '수요문학회' 시낭송 사건[76]으로 최교진이 제적되자, '수요문학회'와 극단 '상황'은 모두 해체되었다. 그 후 '상황'은 1976년 극단 '황토'로 재건되었으며, 황금성(지리교육과 75학번)을 대표로 하여 다시 활동을 시작하여 학내시위와 가두시위에 가담하였다.(공주대학교 50년사 편찬위원회 편, 1998, 130쪽)

'황토'는 1976년 가을 '고성 오광대'를 전국 대학 최초로 공연했다. 공주사대 극단 '황토'는 1976년에서 1979년 사이에 '고성 오광대'를 비롯하여 황석영, 천승세 등 지주와 소작농, 선주와 뱃사람 등 기층민중의 문제를 다룬 리얼리즘 계열의 작품을 무대에 올렸다. 그 당시 지역 대학의 문예운동 수준을 고려할 때, 공주사대의 극단 '황토'는 정치의식 측면에서 상당히 앞서 있었다.

---

[76] 1975년 5월 28일 밤 수요문학회는 공주읍 공관에서 '문학의 밤' 행사를 열었다. 이 날 최교진(국어교육과 72학번)이 유신 치하의 시국 상황을 비판적으로 묘사한 시를 낭송한 후 박정희 대통령 사진을 가리키며, "나는 국기에 대한 경례를 할 수 있지만, 독재자에 대한 경의는 표할 수 없다"고 선언하였다. 행사가 끝난 후 최교진은 국가원수 모독 혐의로 경찰에 체포되었고, 조사 끝에 구류 29일을 받고 학교에서 제적되었다. 최교진은 공주경찰서에서 풀려난 지 4일 만에 강제로 군에 입영조치되었으며, 1980년도에 가서야 학교에 복교할 수 있었다.

'황토'의 민중적 낭만주의와는 달리, 대부분의 지역 대학의 문예운동에 참여했던 학생들은 탈춤을 목적의식적인 정치행위나 운동으로 이해하기 보다는, 단순히 전통문화 복원과 문화 체험 정도로 이해했다. 다른 말로 표현하면, 문예활동은 '끼'를 가진 학생들의 다소 낭만적이고 자족적인 몸짓의 측면을 강하게 가지고 있었다. 그리고 지역 문예운동의 행동 반경도 학내에 머물러 있었다. 대학 간에 문화운동 네트워크가 활발히 이루어지면서 연합 공연이 이루어졌던 서울 지역과 달리, 대전·충남 지역에서는 1970년대 하반기까지 주로 대학 내에서만 공연이 이루어졌다.

1977년부터 지역 대학가에 탈춤반이 조직되기 시작하면서 학생운동의 태동에 영향을 끼쳤다. 대전·충남 지역 대학의 최초의 탈춤반은 1977년 4월 19일 숭전대(현 한남대)에서 김구용(국문과, 74학번), 이병희, 강범식, 허담, 곽문숙 등의 주도로 국문과 학생들이 주축이 되어 창립한 '가면극연구회'이다. 김구용은 1975년도에 서울대 탈춤반의 도움을 받아 대전 지역에서 최초로 탈춤을 배웠으며, 초대 탈반 회장으로 일했다. 뒤이어 1978년 6월 2일에는 충남대에서 '탈춤연구회'가 창립되었다. 당시 창립에 적극적으로 참여했던 사람은 정종원(국문과 75학번), 박노영(기계설계과 77학번), 송영란(가정교육과 76학번), 강승구(국문과 77학번), 김보경(국문과 77학번), 김승현(국문과 77학번), 전수봉(철학과 77학번), 장종순(독문과 77학번) 등이었다. 창립대회는 6월 2일 문화동 캠퍼스 문리대 구관 뒤편 문리대 식당에서 30여 명의 학생들이 참석한 가운데서 이루어졌으며, 정종원이 탈춤반 초대 회장을 맡았다. 1978년 10월 11일에는 목원대에서 이경남(신학과 77학번)의 주도로 '전통민중예술연구회'라는 이름의 탈춤반이 창립되었다. 당시 주요 창립 멤버들은 정진숙, 정옥규, 차은희, 정성숙, 정구인(이상 미술교육과 77학번), 김병국, 김영환(이상 경영학과 78학번), 유영완, 김영범, 홍광수(이상 신학과 78학번), 김영주 등이었다.

숭전대와 충남대와 목원대 등에 탈춤반이 창립됨으로써 대전 지역에 공식적으로 문예운동이 태동하였다. 당시 숭전대 탈반은 기존극의 변형을 반대하고 탈춤의 원형을 보존하자는 입장인 반면, 충남대와 목원대의 탈춤반은 탈춤이 갖는 비판정신과 시대정신을 살리는 것이 바람직하다고 생각했다. 그 결과 1978년부터 목원대 탈춤반은 봉산탈춤의 일부를 수정하여 시대비판의 내용을 담은 공연을 올렸다. 이 공연은 유신 말기의 폭압적 상황에서 처음으로 탈춤을 통해 불의한 정권을 비판한 매우 의미 있는 일이었으며, 민주화운동의 맥을 잇는 데 중요한 역할을 담당했다.

1979년 5월 23일에는 공주사대에 '한국가면극연구회 한삼'이라는 이름으로 탈반이 만들어졌으며, 79학번 학생들인 김신회, 백인상, 김동경, 이세진, 이문숙, 강은구, 신계현, 김문정, 김용휘, 김현옥 등이 주요 활동가로 활동했다. 이어서 같은 해 하반기에 대전실업전문대에서도 탈반이 창립되었다. 창립 직후 각 대학의 탈반 · 연구회들은 특정 지역 전통 민속극을 배우기 위해 타 대학 탈반의 도움을 받거나, 전수기관에 합숙하면서 전수를 받았다. 초기의 진수는 대부분 전수 기관을 통하여 이루어졌으며, 전수 기간 동안 전통문화에 대한 학습이나, 탈춤 · 농악 같은 기예를 연마하는 데 초점이 맞추어졌다. 충남대 '탈춤연구회'는 7월 15일 첫 전수에 나섰는데, 양주전수회관에서 회원 10여 명이 전수를 받았으며, 목원대 탈반 일부도 함께 전수를 받았다. 그리고 양주전수회관에서 서울 지역 대학생들과 어울리면서 서울 탈패의 활동상황, 회원들의 의식운동 등에 대한 정보를 교류하면서 의식적 문예운동으로 점차 다가가기도 하였다.

하지만 1970년대 말의 '문예 전수'는 1983년 이후에 등장한 '문예운동 전수'와는 차원이 달랐다. 1983년 이후의 문예운동 전수는 '농촌봉사활동', '기량 전수', 그리고 '학습 전수'로 이루어졌다. 다시 말하자면, 문예운동가의 세 가지 덕목인 '기예', '실천', '정치의식'이 함께 강조되면서, 선배들로부터 후배들에 대한 전수가 '문예운동가 배출'이라는 보다 높은 목표로 나아갔다.

초기의 문예운동은 일반 학생대중들로 열렬한 호응을 받았다. 1977년 가을 대학 캠퍼스에서 처음으로 숭전대 학생들이 '양주봉산 탈춤'을 공연했다. 그리고 다음으로 충남대 '탈춤연구회'가 1978년 10월 5일 '양주 별산대놀이'를 교양과정부 대강당 무대에 올렸다. 약 16명의 인원으로 여섯 과장을 공연했는데, 1,000여 명(당시 충남대 총 학생 규모 4,000여 명)의 학생이 참여하여 탈춤에 대한 학생들의 뜨거운 관심을 보여 주었다. 목원대 '탈춤연구회'도 1979년 봄 축제 기간 동안 '봉산탈춤'을 변형하여 첫 창작극 공연을 하였는데, 수백 명의 학생들이 관중으로 참석했다.

그 당시 탈춤은 대전·충남 지역 대학에서 대단한 반응을 불러일으키고 있었는데, 그것은 그 당시의 정치상황과 탈춤이 전달하고자 하는 메시지가 무관치 않았기 때문이다. 학생들이 모이는 것 자체를 금기시했던 권위주의 정권하에서, '탈놀이'는 학생들이 의식적인 몸짓을 할 수 있는 유일한 공간이었다. 둘째로, 탈춤의 본래적 기능이 피억압자의 한풀이와 표현이어서 자유를 박탈당한 학생들에게 일종의 흥분과 관심을 불러일으켰다고 볼 수 있다. 충남대에서 최초로 올려진 '양주 별산대놀이'가 대표적인 예이다. 양주 별산대놀이는 파계승의 애정 행각, 처첩 관계를 통한 봉건적 가족제도의 문제, 양반들의 허위 등에 대한 풍자로 이루어져 있으며, 사회에 대한 서민들의 불만과 신랄한 비판의식을 잘 드러내고 있다.

일반적으로 탈춤은 하층 계급인 민중의 저항의식으로부터 승화된 하나의 행동적 전통예술이다. 탈춤은 풍부한 해학을 통하여 은근하면서도 절묘하게 상층 계급인 양반과 지주를 비판했다. 외설적 언어나 탈춤의 기교로 인하여 자신도 모르게 신이 나고, 놀이가 흥미롭게 전개되며 구경하는 학생들은 그 놀이판에 몰입하게 된다. 그러면서 정치 현실에 대한 불만을 토로하고, 젊은 열정을 탈춤이 그리는 이상세계에 담았던 것으로 보인다. 탈춤은 사회풍자극으로서, 사회적 불평등으로 빚어지는 현실적인 문제들을 비판적으로 제시한다. 전형적인 등장인물들로는 노장, 소무, 신장수, 양반, 말뚝이, 영감, 할미 등 신분이나 부류를 나타내는 명칭들이 대부분이고, 구체적인 개인의 이름은 잘 언급되지 않는다. 이런 대표적인 명칭들을 통하여 탈춤이 다루고자 했던 것은 등장인물 개인의 문제가 아니라, 신분이나 계층 사이의 문제이다. 특히 탈춤은 관념적 허위, 신분적 특권, 남성의 횡포 등을 비판하고 풍자함으로써 민중들의 사회의식을 대변했다. 따라서 탈놀음을 통해 학생들이 민중지향적 의식을 습득해 나가는 것은 지극히 당연한 일이었다.

대부분의 탈춤공연은 세 개의 과정으로 이루어지는데, 공연 준비를 위한 '길놀이', '탈놀이', '뒷풀이'이다. 이 세 개의 과정 중에서 공연이 끝난 후에 마련되는 '뒷풀이' 자리는 문예운동에서 중요한 의미를 가지고 있었다. 뒷풀이를 통해, 탈패들은 자신들의 독특한 문화를 형성해 나갔고, 공연을 집단적으로 평가했으며, 문예운동론을 발전시켰고, 그리고 다음 창작을 위한 준비 작업에 들어갔다. 따라서 학생 문예운동을 이해하기 위해서는 뒷풀이 문화를 이해하는 것이 중요하다. 문예운동 활동가들은 선배들을 통해 '기예'를 익히는 것이 상례였고, 스파르타식 기량 훈련이 강조되었기 때문에 선후배 간의 규율은 엄격했다. 그리고 이러한 규율은 뒷풀이 자리까지 이어져서, 뒷풀이에서 노래절을 잘못 소화한 후배는 얼차려를 받거나 현장전수를 받아야만 했다. 그리고 뒷풀이 술자리는 시국에 관한 문제와 운동론에 관한 치열한 논쟁의 자리였다.

1970년대 말 공연 뒷풀이에서의 중요한 논쟁거리였던 '기존극 보존논쟁'은 그 당시 학생 탈패들의 문예운동론적 인식의 한 측면을 잘 드러내고 있다. 숭전대는 기존 전통극을 잘 보존하는 것이 학생 탈패들의 기본 임무

라고 주장한 반면, 충남대와 목원대의 탈패들은 '기존극 보존'에서 한 발
더 나아가야 한다고 주장했다. 숭전대 학생들은 "탈춤이 겪어온 수난사를
볼 때, 원형 그대로 보존, 전파해야만 민속극으로의 전승이 가능하고, 또
그것이 당위이다"라고 주장했다. 반면에 충남대와 목원대 학생들은 "탈춤
의 전승은 원형 그대로 의의가 있는 것이 아니라 탈춤이 갖는 시대정신,
비판정신을 살리는 것이다"라고 주장했다. 이 두 그룹은 이러한 입장 때문
에, 첫 번째 그룹이 탈춤을 통한 현실정치 비판을 직접적으로 하지 않은
반면, 두 번째 그룹은 "탈춤을 권위주의에 대한 저항운동의 도구화"하는
것을 두려워하지 않았다.

'기존극 보존논쟁' 이후 충남대와 목원대 탈패들은 전통극의 춤사위와
등장 인물을 사용하여 현실을 고발하는 내용의 창작극에 적극적이었다.
유신 말기의 정치적 억압이 극에 달했던 1979년 5월 '봉산탈춤'[77])의 대사
일부를 수정하여 시대비판의 내용을 담은 '시대비판'이라는 공연이 목원대
'동천 감신제'에서 행해졌다. 그리고 목원대와 충남대 탈반원 몇 명이 유인
물 사건을 주도하기도 하였다. 1979년 10월에는 충남대와 목원대 탈반 공
동으로 민속학자인 심우성을 초대하여 목원대에서 강연회를 개최하였다.
이는 '비판적 변형' 논의를 주도한 목원대와 충남대 탈패들이 탈춤을 적극
적으로 해석하려는 노력을 일반학생과 함께하고자 했던 시도로 이해된다.
그리고 1980년대 3월 함석헌, 문동환, 조화순 등 재야 인사가 참여한 가운
데 기독교대한감리회 남부연회 청년연합회 주최로 대전 시민회관에서 개
최된 '기독청년문화 선교의 밤'에 충남대, 목원대, 실업전문대 탈패들이
"민중의 예수"라는 창작극을 공연하였다. 이는 목원대 신학생들이 주도한

---

77) 봉산탈춤은 황해도 일원에서 연희 전승되어온 대표적인 탈춤이다. 과장의 구성이나 인
물의 성격이 뚜렷하고 짜임새가 있어서 예술적으로 매우 우수한 탈춤이다. 그리고 사
자, 말뚝이, 취발이, 소무, 양반, 영감, 상좌, 노장, 남강노인 등을 통하여 사회계층 간의
대립과 시대적 뒤틀림을 풍자하는 데 적당하다. 봉산탈춤은 총 7과장으로 구성되어 있다.

작품으로, 탈춤 공연을 통해 이 땅 민중들의 고난과 투쟁에 함께 하는 민중 예수를 대중적으로 알리려는 매우 선진적인 시도였다. "민중의 예수"는 특히 예수를 군사독재정권하에 비리를 폭로하고 권위주의 정권의 사회경제적 권력에 저항하는 운동가로 비유했다. 공연 대본은 유영완과 김영범 등 목원대 신학과 학생들이 직접 집필했다.(양봉석, 1989, 108쪽)

지역 대학의 탈춤반은 창립 때부터 당국의 주요한 감시대상이 되었다. 그것은 우선 지역 대학의 주요 탈반 창립을 주도한 학생들인 정종원(충남대 탈반)과 이경남(목원대 탈반)이 이미 경찰로부터 주목받는 학생운동가들이었기 때문이다. 둘째는 탈패들이 탈춤의 '비판적 변형' 논의를 이끌면서 탈춤의 저항운동 도구화를 적극적으로 시도했기 때문이기도 했다. 그리고 마지막으로 탈놀이 그 자체가 원래 기층민중의 지배자에 대한 저항의식을 드러내고 있었기 때문이기도 하였다.

권위주의 군사정권은 대학 캠퍼스에서 탈춤 공연이 행해지는 것을 막고자 했다. 1979년 5월 24일 충남대 봄 축제 기간 동안 행해진 연극 공연은 학교 당국의 대본 검열, 대본 허락, 공연 힙의 과정을 거쳐서야 이루어질 수 있었다. 목원대 탈반 주도로 이루어졌던 봉산탈춤 변형극(1979년 교내 창작극)과 '민중의 예수'(1980년 3월 공연)는 당국의 감시 때문에 공연 후 대본을 즉시 소각해야만 했다. 당국의 강도 높고 다각적인 탄압조치에도 불구하고 탈놀이는 대전·충남 지역 대학의 캠퍼스에서 사라지지 않고, 일반학생들의 열렬한 호응 속에 계속 성장하였다.

1979년 10·26정변으로 박정희 대통령이 사망하고 '민주화의 봄'이 찾아오자, 대전·충남 지역 대학의 탈패들과 문예운동가들도 분주하게 움직이기 시작했다. '민주화의 봄'으로 열린 정치공간 속에서 대전·충남 지역 대학의 문예 활동가들은 탈춤과 농악을 자신들의 정치의사를 표현하는 도구로 사용하는 데 주저하지 않았다. 공주사대에서는 연극반 '황토'가 그 당시 비밀리에 유통되던 김지하의 작품 "구리 이순신"을 무대에 올렸고, 이어서 "오적", "비어" 등의 작품을 공연장이나 농성장 등에서 공연하였다.(『충대 신문』 1988년 6월 6일자) 뿐만 아니라 문화패(탈반, 연극반)가 공연과 길놀 이 등을 통해 시위 분위기 잡기와 선동에 적극적으로 나서기도 하였다.

'민주화의 봄' 기간 동안 대전·충남 지역 대학 문예 활동가들의 정치적 역할이 가장 빛났던 것은 5월 14~15일에 걸친 대전역 광장 집회였다. 충남 대 학생들이 충남대 문화동 캠퍼스에서 시국 집회를 갖고 3,000여 명이 가 두로 진출하였는데, 이때 탈반에서 창작극을 올려 정치투쟁의 현장에서 일반 학생대중과 호흡하는 경험을 하였다. 5월 14~15일 대전역 광장에서 대대적인 시위와 시국토론회가 개최되었을 때, 탈반 학생들이 유인물을 낭독하고 "흔들리지 않게", "진달래" 등 몇몇 운동가요를 지도하였다. 이로 인해 목원대 신학과의 유영완과 김영범 및 충남대의 탈패 회원들 다수가 투옥되었다.

제3절 문화예술운동의 모색기(1980. 5~1983)

1980년 5월 17일 24시를 기해 신군부는 계엄령을 전국으로 확대하고 군 인을 대학 내에 진주시켰다. 대전·충남 지역 대학의 탈춤반원들은 경찰 탄압의 주요 목표물이 되었다. 앞에서 언급한 대로 유영완, 김영범, 정종 원 등이 계엄령 포고령 위반으로 투옥되고, 대부분의 탈반은 해체되거나 당국의 감시를 받아야 했다. 그 중에서도 대전·충남 지역에서 가장 행동 력 있는 동아리로 주목받았던 목원대 문화패 '전통민중예술연구회'는 탄압 의 일차적인 목표물이 되었고, 곧 바로 해체되었다. 공주사대의 '황토'도 당국으로부터 해체 명령을 받아서 더 이상 활동이 불가능해졌다. 단지 충남대와 실업전문대의 탈반들이 명맥을 겨우 유지하고 있었다. 그리고 1981년 초에는 탈춤반이 '요주의 대상 동아리'로 낙인찍히면서 새로운 탈반원을 충원하는 데 대단한 어려움을 겪었다. 신입생 오리엔테이션 기간 동안 학교 당국은 신입생들에게 이념 동아리에 가담하지 말 것을 학생들에게 주지시키고, 다양한 양식으로 학생 관리에 나섰다. 심지어 부모를 동원하여 학생들에게 탈춤반에서 탈퇴를 종용하는 경우도 많아서 학생들의 문예활동은 많은 어려움을 겪었다.

대학 캠퍼스에서 어떤 형태의 시대 비판적 문예활동도 금지되었고, 탈패, 농악반, 연극반 등의 공연은 이루어질 수 없었다. 단지 순수하게 전통문화 복원에만 충실했던 문예반들만 살아남았다. 가장 전형적인 탄압의 형태는 '공연금지'라는 형태로 나타났다. 이리하여 1980년 5 · 18민중항쟁 이후 대전 · 충남 지역의 문예운동은 일반 학생운동과 마찬가지로, 당국의 감시와 탄압이 강화되면서 불가피하게 침체기를 맞이하였다.

그러한 가운데 1980년 5 · 18민중항쟁 이후 해체된 뒤, 흑석리, 매포 등을 전전하면서 어렵게 연습을 해오던 목원대 탈반이 비밀리에 공연을 가졌다. 1981년 2월 매포에서 목원대 탈춤반 20여 명이 비밀리에 충남 지역 문화패 160여 명이 모인 가운데 비공식 탈춤 공연을 가진 것이다. 이날 공연은 이병희(미술과 4년), 권종숙(미술과 4년), 탁영호(산업미술과 4년), 박만규(신학과 3년) 등이 주축이 되었고, 학교 밖에 있던 유영완(신학과 제적)과 김영범(신학과 제적) 등이 지도하였다. 공연은 봉산탈춤을 시대극으로 변형한 내용이었다. 그리고 1981년 초 어려운 환경을 극복하고 고려대 서창 캠퍼스에 '민속극 연구회'가 창립되었다.

신군부의 대전 · 충남 지역 대학생들의 문예운동에 대한 탄압은 운동을 오히려 강고하게 하고 확산시키는 결과를 가져다주었다. 5 · 18민중항쟁 일 년 뒤인 1981년 봄 학기에 충남대, 실업전문대, 공주사대 등에서 활동이 재개되었을 뿐 아니라, 배재대, 단국대 천안 캠퍼스, 보건전문대 등 충남 지역의 거의 모든 대학에서 탈춤반이 창립되어 활동을 시작했다. 단지 당국으로부터 많은 주목을 받았던 목원대 탈반만이 복원되지 못하고, 학외를 전전하며 탈춤 연습을 해야 했다.

5·18민중항쟁 직후의 탄압기를 대전·충남 지역의 탈반원들은 학습과 재충전의 기회로 활용하였다. 사회과학 서적을 탐독하여 탈춤에 대한 사회과학적 인식을 넓혀갔다. 그 당시 대전·충남 지역 대학생들이 토론하여 정리한 「학생운동 속에서의 문화운동의 역할」이라는 논문은 탈춤에 대한 학생들의 인식이 점차 깊어지고 있음을 보여준다. 이 논문은 "탈춤이라는 것은 농촌 공동체문화의 소산이다. 농민들이 마을 단위에서 구성했던 생활·문화·경제 공동체적 요소를 회복하는 것이 문화운동의 주요한 내용이 되어야 한다. 그러나 오늘날 탈춤이 추어지고 있는 구체적인 공간은 대학이다. 대학은 노동하고 삶을 영위하는 공동체 공간은 아니다. 또한 탈춤의 향유자, 주인이 대학생은 아니다. 비록 파괴되거나 왜곡되었다 해도 진정한 삶의 공동체를 이루고 있는 것은 민중이며, 그들에게 되돌려져야 한다. 따라서 문예운동은 "공동체적 이상을 민중 속에서 대학사회에서 재생산하는 역할을 방기하지 말아야 한다"고 주장하고 있다. 이러한 인식은 민중주의에 기초하여 민중들이 지향해야 할 사회가 공동체임을 적시하고 있다. 공동체주의를 통해 문예운동가들은 '이상사회'에 대한 질문을 시도하고 있었고, 이를 문예운동의 주요한 내용으로 인식하기 시작하였다.

대전·충남 지역 대학생들이 엘리트 의식을 벗고, 기층민중의 생활양식을 닮으려는 노력은 다양한 형태로 나타났다. 사회과학 서적을 탐독하고 토론하는 그룹이 늘어났고, 대부분의 탈패들은 노동자 농민 복장으로 생활했다.

1981년 5월경에는 국풍반대운동이 대전·충남 지역 대학가를 휩쓸었다.

전두환 정권의 허문도 문화공보부장관은 대학생들이 데모하는 이유가 젊음을 발산하지 못한 것에서 비롯되었다고 주장하면서, 대학생들에게 향락적 문화를 심으려는 의도로 '국풍81'이라는 이벤트를 계획하였다. '국풍81'에서는 탈춤과 그룹사운드 공연이 한자리에서 치러지고, 민속놀이 줄다리기와 스케이트보드 타기 등이 이뤄진 가운데 서울대 락그룹 갤럭시가 우승하였다.

전국적으로 탈패들을 비롯한 대학가 문예동아리를 중심으로 '국풍81' 불참하기 운동이 벌어졌다. 여의도에서는 전국 문화패들을 중심으로 '국풍반대집회'가 조직되기도 했다. 대전 지역에서는 한남대와 보건전문대를 제외하고는 모든 문화패들이 이 행사를 보이콧하는 등 '국풍81' 반대운동을 활발하게 벌였다.

대학 문예운동가들에 대한 탄압이 강화되면서 이들의 대응도 다양한 형태로 전개되었다. 우선은 활동가들은 연대를 통해 탄압을 극복하려고 노력하였다. 대전·충남 지역 대학 탈패들 사이의 연합모임이 활발해지기 시작하였고, 공동의 문예사업도 시작되었다. 토론을 통해 문예운동과 관련한 논점을 정리한 논문을 발간하거나, "흥얼거림"이라는 운동가요를 편집하여 노래 모음집도 발간하였다. 뿐만 아니라 목원대, 충남대, 한남대 등은 "가산 오광대" 현지 전수를 1981년 8월 여름 동안 합동으로 다녀오기도 하였다.

대전·충남 지역 대학 간의 연대를 넘어서서 전국적 차원의 연대에도 적극적으로 참여하였다. 전국적 탈패 모임에 참여할 뿐 아니라, 다른 지역 문예운동을 지역으로 초청하여 문예 인식의 지평을 높이려는 노력도 했다. 1981년 말 서울 지역에서 활동하던 대학생 놀이패인 '한두레'를 초청하여, 일 년간의 공연을 평가 정리하고 새로운 방향을 논의하는 전국 탈패들의 모임을 주도하기도 하였다. 대전·충남 지역의 대학생들은 이 모임에 참여함으로써 문예적 기술성과 지식을 확보할 뿐 아니라, 문예운동에 대한 인식의 지평을 넓고 깊게 해나갔다.

1981년 초에 대전·충남 지역 대학의 문예활동가들의 논의의 중심에는 '창작극'이 있었다. 창작극을 위한 전수, 준비, 공연 등이 다양한 행태로 진행되었다. 1981년 봄 학기 동안 대전·충남 지역의 문예활동가들은 장기간의 논의 끝에 "양주 별산대놀이", "봉산 탈춤", "통영 오광대놀이", 농촌 탈춤인 "가산 오광대" 중에서 가산 오광대를 전수 대상으로 결정하여 합동으로 전수를 받았다.[78] 기존의 봉산탈춤, 양주 별산대놀이는 정형화되어 있는 반면에, 가산 오광대는 발굴되지 않은 춤사위도 있고, 내용도 정형화되어 있지 않았다. 가산 오광대를 학습함으로써 창작극에 대한 깊은 논의가 이루어졌으며, 1981년 10월 23일 충남 지역 대학 연합 정기공연에서 "가산 오광대"를 공연하게까지 되었다.

목원대 탈패를 중심으로 1981년 3월 대전 제일감리교회에서 기독교대한감리회 남부연회 청년연합회 주최로 열린 '문화선교의 밤'에 목원대, 충남대, 실업전문대 연합으로 "새재"(신경림 작)를 각색하여 만든 창작극을 올렸다. 이 작품은 대전·충남 지역 대학생들이 주도하여 만든 최초의 작품이었으며, 두 세 차례 공연을 가졌다. 그 주요 내용은 일본 제국주의의 후광으로 활개 치는 정 참판과 이에 대항하는 농민, 애인을 정 참판에게 빼앗기고 정 참판과 싸우고 도망가는 돌배, 하지만 그가 평등한 세상이라고 찾아간 곳 또한 억압의 구렁텅이라 다시금 뭉쳐서 정 참판과 대항하지만 끝내 죽임을 당하는 것이다. 돌배의 마지막 대사는 당시 학생들이 표현하고 싶었던 자유에의 갈망이었다. "나라 망하고 자유 없는데, 살아 무엇하

---

[78] 1976년 이후 매년 여름과 겨울 방학 동안 대전·충남 지역 대학 탈패들은 전수 여행을 다녀왔다. 동계, 하계 합숙 훈련은 11박 12일 정도로 길었으며, 이 기간 동안 김선봉(봉산탈춤) 같은 탈춤 전문인을 모셔서 전수를 받았다.

리. 목마르고 배고파 내 여기 굶어 죽어도, 이 몸이 썩어서 이 땅에 거름이 되어, 우리 동포가 이 땅에 뿌린 피, 그 피가 뿌려진 곳마다 꽃을 피워 돌아오는 봄엔 자유의 꽃이 만발하리라!!!"

이후에도 감리교 입석연수원에서도 봉산탈춤으로 '오적'을 풍자하는 공연을 올렸다. 1981년 5월에는 충남대 문화동 캠퍼스에서 충남대 탈반 주최로 처음으로 봉산탈춤을 각색한 공연이 있었다. 1981년 봄 학기 이후 대전·충남 지역 대학에서는 창작극이 일반화되어 대부분의 대학 캠퍼스에서 창작극이 자주 공연되곤 했다.

1982년도에도 창작극에 대한 실험은 지역대학 문예반들에 의해 지속되었다. 충남대 '탈춤연구회'는 1982년 5월 축제 기간 동안 "진달래"라는 창작극을 올리고자 하였다. 하지만 대사본이 유출되어 '탈춤 연구회' 임원들이 관계기관원들의 호출을 받아 취조를 당했고, 학생처장은 문예운동가들에게 여러 가지 형태의 협박을 가했다. "진달래"는 북한의 나라꽃 이므로 북한을 찬양하려는 의도를 다분히 가지고 있다고 판단하고, 공연을 강행할 경우 지도교수를 사퇴시켜 불법집회로 만들고, 그 이유로 책임자를 구속하겠다고 엄포를 놓았다. "진달래" 공연은 학교 당국과 학생들 사이에 실랑이를 계속하다가 공연 예정일 당일에 취소되었다. 탈패들은 모두 흰옷을 입고 놀이판에 나와서 공연을 보기 위해 제1 학생회관 앞에 모여 있던 학우들에게 미안하다는 사과의 말을 전해야 했다. 결국 탈춤연구회는 탈반 정기공연을 올리지 못했다.

1982년 6월 청양에서 열린 제1회 기독교대한감리회 남부연회 청년연합회 여름대회에서 대전·충남 지역 탈반들이 연합해서 "민중예수"를 공연하였다. "민중예수"는 기존에 발표된 작품들을 보다 다듬고 시대상황을 보다 적극적으로 반영하고 있어서 감리교 청년들의 높은 호응을 받았다. 충남대의 '탈춤연구회'도 1982년 가을 축제 기간인 10월 29일, 창작극 "새재"

를 올렸다. 이 작품은 1981년에 3월 감리교 청년대회 때 처음으로 무대에 올려진 작품인데, 이후 지속적으로 다듬고 보충하여 1981~1982년 지역에서 이루어진 가장 높은 수준의 완성미를 가지고 있던 창작극이었다. 제1학생회관 앞에서 이루어진 "새재" 공연 이후 학생들은 시위를 조직하였으며, 이 시위는 탈춤 공연 이후 처음으로 시도된 조직적 시위였다. 그리고 1982년 가을 축제 탈춤 공연 이후 충남대에서는 탈춤 공연−시위의 사이클이 캠퍼스 문화로 정착되어 갔다. 1982년 가을 이후 1987년 6월민주항쟁 때까지 탈춤 공연 이후 시위는 예외 없이 진행되었다.

1980년대 대전·충남 지역 문예운동에서 언급할 또 한 가지 사항은 대전 대흥동에 위치했던 창의서점의 역할이다. 창의서점은 사회비판 서적 판매를 통해 지역의 활동가 혹은 대학생들에게 민주주의와 진보 사상을 전파할 목적으로 1982년 11월경 몇몇 지역 활동가들이 주도하여 문을 열었다. 처음에는 오원진(1982년, 전 충남대 총학생회장)이 운영하다, 선병렬(1983~1984년, 5·18민중항쟁 관련자), 김필중(1984~1985년, 청람회사건 관련자), 이외원(1986~1987년) 등이 운영하였다. 창의서점은 다른 여러 서점과는 달리 대전 유일의 사회과학 전문서점으로서, 당시 대전·충남 지역 운동권의 학습자료들과 판금도서들을 구입할 수 있는 장소였을 뿐 아니라, 민주화운동을 위한 의식공동체의 거점이기도 했다.

제4절 문화예술운동의 도약기(1983~1985. 2)

학생운동의 때를 벗지 못하고 분산된 문예운동을 벌여 왔던 대전·충남 지역의 문예운동 선배 그룹들은 대전·충남 지역 문예운동의 질적 발전을 가져올 계기를 마련하였다. 즉 초창기 지역 문화운동 선배들이 졸업을 맞게 되면서 사회 속에서 문화활동의 가능성을 고민하기 위한 수련회를 기획한 것이다. 전국적으로 알려진 문화운동 활동가들인 황선진, 최종진 등을 초청하여 문화운동 제반 논점에 대한 발제를 부탁하고 논의를 조직하였다. 이 수련회에는 대전지역 거의 모든 대학의 탈춤반 지도자 그룹이 참석하였다. 황선진과 최종진은 농촌 지역의 특수한 환경을 지적하면서, "문화운동은 전체 변혁운동의 부문운동이며, 체제가 변혁되더라도 지속되는 것이다. 변혁운동이란 사상·조직·주체가 전제되어야 하고, 지속적이고 체계적이어야 하며, 개인적 고민이나 관념적 논의의 수준으로 이루어질 수 있는 것이 아니다. 문화운동은 모순 구조로부터 현저히 파괴된 민중들의 생활공동체, 삶의 공동체를 일상생활 속에서 회복해주는 역할을 해야한다"는 요지의 강연을 하였다. 이러한 인식에 근거하여 문화패들은 "생활문화운동, 뜬패,[79) 두레패,[80) 뜬두레패[81) 등 두레 활동의 조직화를 실천해야 한다"고 정리하였다.(양봉석, 1989, 108쪽)

'매포수양관 탈반 지도자회의' 이후, 대전·충남 지역의 문예운동은 몇 가지 점에서 중요한 변화를 경험하였다. 매포 모임 이후 대전·충남 지역의 문예운동권은 보다 민중적 시각을 가지고, 조직 운동적 시각으로 문예운동을 전개하며, 그리고 운동의 연대성을 강조하는 경향성이 뚜렷이 나타났다. 1983년 지도자 회의에서 '민중주의'가 강조된 뒤로 나타나는 뚜렷한 특징 중의 하나는 탈패들의 농촌현장 두레 활동이다. 대전·충남 지역 대학의 탈패들은 처음으로 서울 문화패들과 공동으로 두레 활동을 시작했

---

79) 전문 문화집단으로 지역을 돌아다니면서 두레패를 현지에 조직하는 활동을 하는 문화패를 의미한다.

80) 현장에서 두레패를 조직하고, 전통문화 복원을 위해 노력하거나, 지역공동체 복원을 위해 노력하는 문화운동가 집단을 의미한다.

81) '뜬두레패'는 '뜬패'보다는 덜 전문적이고 직업적이지도 않으나, 두레패보다는 보다 직업적인 문화활동가를 의미한다.

다. 그리고 1983년부터는 문예 전수가 전수회관이 아니라 농촌 현장에서
이루어졌으며, 전수 과정은 '기능 전수', '농촌봉사활동', 그리고 '의식화 전
수'라는 세 가지 목표를 동시적으로 추구하였다.

충남대 '탈춤연구회'는 4월에 놀이패 '한두레'를 초청하여 "뛰뛰빵빵"이
라는 '어느 택시 운전기사의 죽음'을 그린 상황극을 통해 민중주의를 추구
하였다. 7월 18일~30일에는 예산군 대술면 송석리에서 농촌봉사활동을 하
면서 창작극 공연을 위한 준비, 사회과학 학습, 기능 전수 등을 동시적으
로 수행하였다. 대전·충남 지역 대학의 탈반들은 1983년 8월에는 청양에
서 기독교대한감리회 남부연회 청년연합회 주최로 열린 '청년 여름선교대
회'에서 농약과 핵 공해를 주제로 한 마당극 "공해풀"을 공연하였으며, 농
촌 지역의 교회나 농민운동단체를 매개로 풍물 전수나 집회, 행사 기획 및
지원 등을 통한 의식화를 위하여 두레 활동을 전개하였다. 뿐 아니라 대
전·충남 지역 대학의 탈반들은 음봉감리교회와 송악감리교회에서 10월
경에 '추수감사제'를 연합으로 개최할 것을 기획했고, 자신들의 문화 활동
공간을 농촌현장으로 이동하려는 노력을 의도적으로 계속했다.

1983년 봄 학기와 가을 학기 기간 동안까지도 학교 당국과 외부기관(경
찰서 정보과, 안기부)의 문예운동에 대한 탄압과 감시는 계속되었다. 목원
대에서는 1980년 5월 이후 해체되어 금기시되었던 문예반이 1983년 봄에
'농악반'이라는 명칭으로 재건되었다. 목원대 '농악반' 재건에는 김병희(미
술교육 2), 탁영호(산업미술 2), 권종숙(미술교육 4), 박만규(신학 3) 등의
노력이 컸다. 이들은 당국의 탄압의 예봉을 피하기 위하여 탈반을 '농악반'
이란 이름으로 변경했는데, 실제적으로는 탈반과 별 차이가 없이 활동을
전개했다. 1983년에 20여 명의 학생들이 7월에 12일 간 농촌봉사활동, 사
회과학 학습, 기예 전수를 실시하였는데, 이때에도 전수 활동은 극비리에
진행되었다. 가을 축제 기간 동안에도 농악반 공연은 금지되었다. 농악반

은 이에 반발하여 공연을 강행하였고, 학교 당국은 이를 주도했던 장수찬(경영 3)과 최만석(신학 1)을 제적 상신하였다.

충남대에서도 유사한 사건이 발생했다. 1983년 5월 26일로 예정되어 있던 8번째 놀이판 "마당굿 놀이"가 충남대 '탈춤연구회'에 의해 올려질 계획이었으나, 학교와 정부 관계기관원들 당국의 탄압으로 성사되지 못했다. 1983년 10월에는 학내 동아리 자유화를 위한 시위에 적극 참여했다는 이유로 '탈춤연구회'를 문제 동아리로 지정하고 탈반 해체를 시도하였다. 이에 학생들이 적극적으로 저항하자 '탈춤연구회' 회원 중에 1명을 근신처분하고 2명에게 경고 징계를 주었다.

1984년 1월에는 '사회문화패 준비모임'의 주관 하에 충남대, 목원대, 공주사대 등 여러 대학 연합으로 첫 번째 두레 작업이 진행되었다. 1985년 1월에도 같은 내용의 겨울 농촌 현장 두레 활동이 이루어졌다. 이후에는 '터'를 중심으로 겨울방학 동안 농촌 두레패를 조직하여 봉사활동을 하면서 탈춤, 풍물 전수를 하였다. 겨울방학을 이용한 문예 전수가 아무 탈 없이 이루어진 것은 아니다. 문화패들은 항상 경찰의 감시 대상이었으므로 전수가 진행되는 동안 경찰의 급습을 받아 전원이 연행되는 사태도 비일비재 하였다.[82]

전수 장소로 가장 인기가 있었던 곳은 아산의 송악감리교회, 음봉감리교회 등이었는데, 이들 교회에 학생운동 출신자들인 김영주, 허원배 목사가 시무하고 있었기 때문이다. 그리고 탈반은 전수가 끝난 후 교회 공간을 활용하여 추수감사제를 기획하는 등 '농민 주체의 민중문화'를 실험하기도 하였다. 그 당시 풍물패나 탈반들은 전수가 끝나고 나면, 농촌 현장에서 농민 계급적 관점의 문화활동을 실험하기 위해 다양한 현장 공연을 시도

---

[82] 서용석(충남대 선박해양공학과, 85학번)의 증언에 따르면, 1986년 1월 겨울방학 풍물패 전수 기간 동안 경찰이 전수 과정에 있던 탈패 전원을 연행하였다.

하였으며, 마을 사람들을 초대하여 음악, 음식, 놀이를 공유하는 전수문화
가 정착되었다.

대전·충남 지역 문예운동에서 '연대운동'과 관련하여 몇 가지 주요한
변화가 1983년 '매포수양관 탈반 지도자회의'를 기점으로 일어났다. 우선
적으로 대전·충남 지역 대학 간 연대가 강화되었다. 1983년 9월 19일에
'충청지구 탈반 체육대회'가 개최되었는데, 대전·충남 지역 9개 대학(충남
대, 공주사대, 목원대, 한남대, 배재대, 실업전문대, 천안 단국대, 고려대
서창캠퍼스, 보건전문대)의 모든 탈반원들이 참석하였다. 이 체육대회는
단순한 친목모임이 아니었다. '지도자회의' 후 연대운동과 조직운동 관점
을 보다 분명히 가지게 되면서, 지역 문예운동 지도자 그룹이 연대운동 강
화와 지역 문예운동 조직체 건설이라는 목적을 가지고 대학 간 연대를 강
화하기 위해 꾸민 목적의식적 사업이었다.

둘째, 대전·충남 지역 대학 문화패들은 대학 간의 전국적 연대를 위한
활동을 의식적으로 강화해 나갔다. 1983년 여름 대전 지역 대학생 문화패
들은 서울, 전주, 광주 지역 대학생 문화패들과 공동으로 두레를 조직하고
농촌 현장으로 들어갔다. 두레 활동을 통하여 단순한 교류뿐 아니라 운동
과제와 운동방식에 대한 토론을 진행하였다. 연합 두레 활동을 통하여 대
전·충남 지역 문화운동 세력은 전국적 연대에 필요한 인적 네트워크와
이데올로기적 공유를 확보해 나갔던 것으로 보인다. 그리고 마지막으로
연대의 차원을 학생 계층을 뛰어넘어 농민과 기독교 단체로 확대해 갔다.
농민운동을 지원하기 위한 두레가 한국가톨릭농민회와 협동으로 전국적
차원에서 준비되었는데, 서울, 전주, 대전, 광주 지역 문화패 졸업생과 학
생들이 참여하는 농촌봉사활동을 벌였다. 이 당시 학생 활동가들은 기층
민중과의 연대를 통하여 운동의 지평을 다른 계층으로 확대하고 보다 민
중지향적인 운동으로 변화해 가야 한다는 인식을 하고 있었다. 문예운동

세력의 농민 계층과의 연대는 이러한 학생운동가들의 인식을 반영한 결과였다.

1984년 전두환 군사정권이 학원자율화조치를 취하면서 대학의 문예운동은 급속한 양적 성장과 대중화를 경험하였다. 자율화 조치 이후 대학 당국이나 관계기관들이 탈춤반이나 농악반 활동을 금지하거나 공연 자체를 금지할 수 있는 권한은 다소 무력화 되었다. 문예활동가뿐 아니라 일반 학생들도 학교 지도교수들이나 학교 당국의 협박이나 지도를 더 이상 두려워하지 않았다. 오히려 상황은 완전히 반전하고 있었다. 1983년 가을학기까지만 해도 충남대의 '탈춤연구회'와 목원대 '농악반'은 학교 당국의 해체 압력 혹은 공연금지 압력에 시달려야 했다. 하지만 1984년 봄, 학원자율화 조치가 이루어지면서 학생들에 대한 탄압을 주도했던 학생처장들은 학생들의 사임 압력을 강하게 받았다. 학내 소요가 전국 대학 캠퍼스에 들불처럼 번져가면서 학교 당국의 검열과 감시는 많이 누그러졌다.

그럼에도 문예활동이 당국의 탄압과 감시로부터 완전히 자유로워진 것은 아니있다. 학내자율화 투쟁을 깅하게 전개하지 못했던 충남대에서는 학교 당국의 탈반에 대한 검열과 감시가 계속되었다. 4월에 있었던 신입생 환영회는 당국의 감시 때문에 신입생이 제대로 충원되지 않아 신입생 환영회가 무산되었고, 1984년 10월 29일, 충남대 '탈춤연구회' 주최로 서부 운동장에서 열려고 했던, "자원관리법에 대해서"라는 학원안정법을 풍자한 극은 학교 당국의 탄압으로 올리지도 못했다.

1984년 봄 축제 기간 동안, 대학 탈반의 정기공연이 대전·충남 지역 대학 캠퍼스에서 처음으로 당국의 검열 없이 이루어졌다. 충남대 '탈춤연구회'는 "장산곶매"를 공연하였고, 목원대 '농악반'은 학내 소요 사태로 인해 정기공연을 포기하고 학내시위를 주도하였다. 그리고 실업전문대, 한남대, 공주사대 등의 문예반들도 다양한 창작극을 공연하였다. 1984년 9월 충남대 학생회관 앞 민주광장에서 전두환 방일 반대 집회가 열렸는데, 이 집회에서 충남대와 목원대의 탈패가 중심이 되어 충남대 탈춤연구회 창작극인 "벙어리 매미"를 공연하였다. "벙어리 매미"는 갑오농민전쟁 당시 내적으로 폐쇄적인 계급사회 속에서 삼정의 문란으로 민중은 도탄에 빠져 있고, 한반도는 청과 왜의 각축장으로 변해 있었는데, 이러한 정치 환경에서 말뚝이와 취발이를 내세워 외세를 물리치게 함으로써 민족의 주체성을 다시 확보하게 된다는 내용을 담고 있었으며, 외세의 압력에 좌지우지되는 조선을 '벙어리 매미'로 형상화시켜 당시 조선의 입장을 드러내려고 하였다. 또한 일본의 한반도 진출과 문화 침탈, 퇴폐 관광이 성행하면서 이에 대한 자각을 위해 한국 처녀를 등장시키고, 일본의 기생관광에 희생되는 가슴 아픈 현실과 이를 막으려고 취발이가 등장하여 갈등을 일으키고, 끝내 '벙어리 매미'를 빼앗아버린다는 내용이었다.

학원자율화조치는 탈춤공연뿐 아니라 1984년 여름 전수에도 영향을 미쳤다. 처음으로 전수에 참여할 신입생을 공개적으로 모집할 수 있었고, 다소 많은 학생들이 전수에 참석할 수 있었다. 충남대의 경우에 1984년 여름 전수가 충북 영동 신이리에서 27명의 학생들이 참석한 가운데 농촌봉사활동을 겸해서 이루어졌다. 목원대의 경우에는 강원도 영주의 농민공동체 마을에서 30여 명이 참석한 가운데서 전수가 이루어졌다. 농민공동체 집단농장에서 이루어졌기 때문에 공동체 집단농장의 가능성과 문제점을 확인할 수 있는 계기가 되었다. 그 외의 대학들에서도 1984년 여름 전수는 많은 학생들이 참여해서 여름 전수 부흥기를 이루었다.

학원자율화조치와 함께, 대전·충남 지역 대학의 학생 문화운동은 새로운 장르를 개척해 나가기 시작하였다. 충남대와 공주사대에 민요반이 만들어지면서 장르의 확산이 이루어지기 시작했고, 노래운동, 풍물패운동, 전국적인 차원의 소집단운동 등이 활성화되기 시작하였다. 1984년 10월 20일에 대전 · 충남 지역에서는 충남대 국문학과 학생들을 중심으로 처음으로 '민요연구회'가 창단되었다.

1984년 서울에서 민요 시인, 국악 전공자, 대학가의 탈패, 민요운동가, 굿 전문가 등이 모여 '민요연구회'가 만들어지자, 국문과 출신의 '탈춤연구회' 회원을 중심으로 '충남대 민요연구회'에 대한 논의가 시작되었다. 특히 '탈춤연구회' 창립멤버였던 강승구(국문과, 77학번)를 중심으로 국문과 학생 20여 명은 1984년 1월 22일~27일에 김선봉으로부터 서도 민요를 전수받았다. 1984년 5월에는 전국 대학생 문화제였던 '학림문화제'에 참여하여 민요를 발표하고, 민요 대중화를 시도하기도 하였다. 1984년 9월 초에는 오재진을 회장으로 하는 임원진이 구성되었고, 이들 임원진이 중심이 되어 9월 27일 국문과 첫 소리 굿 공연으로 "인간단지"라는 작품을 공연하였다. "인간단지"는 소설가 김정한의 원작으로 민요연구회와 공동으로 연출하여 만든 작품이었다. 이러한 논의와 활동의 산물로서 10월 20일에 민요의 대중적 운동기구인 '민요반'이 창립되었다. '민요반'은 각종 노래 발표회를 열어 민중가요 혹은 운동가요 대중화를 꾀했고, 소리굿 공연을 통해 전통 문화 복원과 대중화에 힘썼다.

문학계에서도 『삶의 문학』 동인들을 중심으로 농민 지향의 경향성이 나타났다. 1978년에 시작된 문학동인지 『창 그리고 벽』은 문학작업의 역량을 확대하면서 1983년에 『삶의 문학』으로 이름을 바꾸고 본격적인 종합문예지 발간을 추구하였다. 이 때 동인들의 숫자와 참여자 및 문학적 세계관에도 변화가 일어났다. 『창 그리고 벽』의 벽이 단순히 권위주의 체제에 대한 저항이었다면, 『삶의 문학』은 권위주의 체제가 해체되고 나서 어떤 세상을 지향할 것인가에 대한 해답이었다. 이들은 문학이 지향해야 될 삶과 세상은 다수 민중들이 희구하는 것이어야 한다고 선언하였다. 그리고 민중계급 중에서도 자신들의 삶의 배경과 경험을 통해서 문학으로 잘 표현할

수 있는 농민들을 문학의 주요 대상으로 삼았다. 1983년 4월 20일에『삶의
문학』5호가 발간되었는데, 12명의 필자들[83]은 시, 소설, 기타 문학적 양식
을 통하여 농민들의 삶을 표현하고자 했다. 1984년 7월 30일에 발간된『삶
의 문학』6호는 이들이 추구하는 문학의 지향점이 농민계급이라는 것을
보다 분명히 하였는데, "농촌 현장과 농민문학"을 특집으로 싣고, "농민문
화와 전통 민속문화", "우리 마을은 어디로", "농민운동의 오늘과 내일", "공
동창작 농민시 : 옹매듭두 풀구유" 등을 통하여 민중의 보다 생생한 삶의
실체를 문학적으로 형상화해서 민주적이고 민중적인 인간해방을 추구하
였다. 특히 민중 현장의 생동하는 삶의 모습을 문학적으로 형상화해내려
는 최초의 집단적 움직임의 결과물인 "옹매듭두 풀구유"는 당시 문학 생산
의 주체를 둘러싸고 진행되던 민족문학 진영 내부의 논쟁에 신선한 자극
을 주었다.(『한겨레』1988년 11월 15일자) 그리고 충남대 탈춤연구회의 창
작극 "새재"의 전문을 실었다. 그리고 자료 특집으로 농촌, 근로, 도시 학
생들의 글모음을 게재하였다. 1986년 5월 5일에 발간된『삶의 문학』7집도
농촌 문학에 대한 지향을 뚜렷이 하는 "이 땅의 사람들"을 표제로 하였다.
7집에 실린 창작품은 "송아지 안 키우기 잘했다"(김장순), "꽃과 농민"(이주
형), "하자, 죽도록 하자"(엄대섭), "한 부자가 생길라믄 세 동네가 망한다더
니"(편집실) 등이다. 그리고 자료 특집에는 "고무줄 노래모음", "우리 아이
들 글 모음" 등을 실었다.

　『삶의 문학』동인들의 문학적인 고민은 농민문학에 대한 방법론이었다.
『삶의 문학』의 편집방향을 통해서 나타난 것처럼 그들은 여러 가지 문학
적 실험을 시도하였다. 문학 동인들의 대부분이 농촌 현장에 근무하는 교
사들이어서 농민들과 함께 생활하고 농민들의 자식들을 통하여 농민들의

---

83) 이들은 홍명섭(서울대 조소과졸, 한남대 미술과 강사)을 제외하고는 모두 숭전대 국문
　　과와 영문과 출신들이다.

삶을 관찰할 수 있는 기회를 많이 가지고 있었다. 그리고 이들 동인들 대부분이 농촌 출신이어서 농촌현실을 문학적으로 담아내는 데 어려움이 없었다. 그럼에도 불구하고 이들은 문학적 양식을 통하여 농민들의 현실인식을 보다 구체적이고 현실적으로 담아 내지 못하는 자신들의 문학적 한계를 탓하기도 하였다. 놀라운 것은 이들의 문학적 실험정신이었다. 권위주의 체제에 대한 비판의식이 기존 질서에 대한 전면적인 거부와 저항으로 이어지면서 기존 질서로부터 가장 수탈당하고 있는 계층에 대한 일체감을 보다 깊고 넓게 하고자 시도하였던 것이다. 특히 농촌 학생들의 놀이와 생활을 그대로 담은 특집들은 문학의 지평을 삶의 구체적인 모습으로 확대하고, 지적 골격과 체계를 부여함으로써 그 아름다움을 꽃피게 했다고 할 수 있다.

대전 · 충남 지역 출판계에도 새로운 움직임이 있었다. 즉, 지역 활동가들에게 필요한 사회과학 서적을 제공하여 운동이론 발전에 기여하고자 하는 목적으로 1984년 말에 가장동에서 '아리랑출판사'가 문을 열었다. 출판사는 대표 송인용(충남대 사학과 졸), 기획 담당 심재수(충남대 사회학과 졸), 홍보부장 이규동(충남대 경제학과 졸), 편집과 번역 담당 장수찬(목원대 경영학과 졸), 박건병(충남대 경제학과 졸), 조정미(충남대 사회학과 졸) 등에 의해 운영되었다. 아리랑출판사는 『끝없는 전쟁 : 베트남전쟁사』(1986) 등의 사회과학 서적을 출판하는 등 왕성한 활동을 벌였지만, 장수찬과 이규동이 청년운동으로 이전하고, 심재수 역시 노동운동으로 이전하면서 중단되었다.

제5절 문화예술운동의 발전기(1985. 3~1987. 6)

1985년 초 대전 · 충남 지역 문화운동사에 있어 주목할 만한 사건은 대학 캠퍼스를 벗어나서 사회운동 영역에서 놀이판 '터'가 공식적으로 출범한 점이다. 1983년 '매포수양관 탈반 지도자회의' 이후에 곧 비공식적인 탈패 졸업생 모임인 '터'가 만들어져 활동을 하고 있었다. 이 비공식적인 그룹은 『흥얼거림』이라는 제목의 노래책을 발간하여 당시에 유행했던 운동가요들을 정리 편집하였다. 그리고 대전·충남 지역 탈패들의 논의를 모아서 「학생운동 속에서의 문화운동의 역할」이라는 문예운동 관련 논문을 정리해 놓기도 하였다. 이러한 다양한 사회영역의 문예활동에도 불구하고 '터'가 공식적인 조직으로 발족하기 전까지, 대전·충남 지역 문화운동 선배 그룹 네트워크는 비공식적인 소그룹운동 영역에 남아 있었다. 대전·충남 지역 문예운동 선배 그룹은 1985년 3월 14일에 놀이판 '터'[84]를 개소하고, 공식적으로 사회문화운동 대중화를 표방하였다. '터'는 괴정동성당 근방의 지하에 공간을 마련하고 대전·충남 지역 운동권 인사들을 초청하여 간단한 공연을 한 후, 공식적으로 출범하였다.

놀이판 '터'의 사업은 몇 가지 영역으로 구분되었다. 우선은 '터'는 창립선언과 거의 동시에 종합연희패인 '얼카뎅이'를 결성하고, '얼카뎅이'를 중심으로 탈춤, 풍물 강습, 민속혼례 마당, 각종 문화기획 등 '생활문화운동'을 주도하여 나갔다. 놀이판 '터'는 소시민과 주변 사람들을 대상으로 탈춤 공연, 풍물 강습, 초청공연 기획, 영상 마당(비디오 상영) 등을 개최함으로써 민속문화를 복원하고 이를 대중화 하려는 노력을 기울였다. 뿐 아니라, 소비지향적이고 문화적 동질성이 전혀 없이 진행되고 있던 일반 결혼식을 대체하려는 운동도 전개하였다. '민속혼례 마당'을 전통양식으로부터 변형하여 가족, 친척, 그리고 공동체 구성원들이 함께 하는 축제와 사회계약의 마당으로 만들려는 실험을 하였다. 그 당시 대전·충남 지역의 운동권 인

---

84) 초창기 놀이판 '터'를 이끌었던 문예운동가들은 정봉연, 신태봉, 송승호, 이미영, 김화자, 우광희, 박영래, 박애라, 박영미, 이금선 등이었다.

사나 주변 사람들의 결혼식은 놀이판 '터'가 주관하여 치러지는 경우가 대부분이었으며, 결혼식은 전통적 결혼식 양식에다 시대적 문화 감각을 첨삭한 '개량식 민속 결혼식'이었다. 그리고 이러한 '개량식 민속 결혼식'은 그 당시 운동권의 하나의 지배적인 결혼양식으로 자리잡기도 하였다.

두 번째로, 놀이판 '터'는 지역 차원의 문예운동을 확산시키기 위한 체계적인 조직재생산 활동을 시작하였다. 학생 문화패를 대상으로 한 '지도자교육'을 실시하는 등 문예활동가 교육 시스템을 구축하기 위한 다양한 노력을 기울였다. 기존에는 각 대학의 문예활동가들 재생산이 주로 '농촌봉사활동'을 겸한 '전수'를 통해서 이루어지던 것이, 이제 '터'라는 공간에서 지역의 기량 있는 선배들을 통하여 혹은 초청된 기예가들을 통하여 이루어지게 되었다. 이 시기 이후부터 대전·충남 지역 대학의 문화패와 사회문화운동인 '터'는 긴밀한 관련을 맺고 활동을 하였다. 주로 '터'가 농촌 두레패 활동을 주도적으로 조직하였고, 두레패 활동을 통하여 '기예', '운동이론', '실천자세' 등이 전수되었다. 1986년 1월에는 충청권 6개 지역에서 겨울 농촌 현장 두레활동을 위해 대학 간 탈패들의 연대를 이끌이낼 민큼 대전·충남 지역의 문예운동은 급성장하였다. 그리고 대학 캠퍼스가 아닌 사회 일반 공간에서도 공연활동을 시작하였는데, 그 최초의 작품이 1985년 6월에 시행된 '봉산탈춤' 공연이었다.

1983년 12월 학원자율화조치 이후 학생운동 역량이 급속히 성장하자, 전두환 군사정권은 1985년 봄 학기부터 학생 자치기구(학생회)를 법적으로 규제하는 것이 정치적 실효성이 없다고 판단하고, 학생 자치기구를 법적으로 허용하였다. 총학생회가 부활되고, 공개적인 학술 동아리들이 생겨나면서 학생 문예운동이 학생운동에서 차지하는 비중은 다소 감소하였다. 하지만 대학 캠퍼스에서 문예운동이 차지하는 역할은 중요하게 자리잡고 있었다. 그 이유는 4월혁명, 5·18민중항쟁 등 각종 주요 행사 때마다 문예운동가들이 민요, 탈춤, 농악 길놀이 등으로 대학 시위 문화의 중심에 있었기 때문이다. 뿐 아니라 당시 사회비판적 대학 문화와 정서를 상황극, 탈춤 공연, 민요 창작극 등을 통하여 창의적으로 표현하였기 때문이다.

1985년 4월 19일 탈춤연구회와 민요연구회 공동으로 상황극 "미완이 완으로"가 공연되었다. 이 상황극은 미완의 4월혁명을 완성된 혁명으로 어떻게 변화시킬 것인가에 대한 학생들의 고민을 표현하고 있었다. 이 작품에는 4월혁명을 어떻게 이해하고 재해석할 것인가라는 문제의식이 담겨있었다. 무엇보다 이 작품은 이승만 정권의 불의에 항거하다 쓰러졌지만 다시금 부활하는 4·19 민중의 모습을 생생하게 그리고 있다. 5월 20일에는 목원대에서 탈춤반이 "오, 광주여!"라는 상황극을 공연했다. 그리고 5월 23일에는 충남대 '탈춤연구회'가 남부운동장에서 700~800명의 학생이 참여한 가운데 정기공연으로 "푸른 하늘 은하수"를 공연하였다. 이 작품은 외형적인 경제성장 아래서 신음하는 농민들의 현실과, 공해 피해로 전 국토가 폐품 처리장으로 되어가는 모습을 그렸다. 특이한 것은 이 작품 공연시 '5공해'라는 가상인물들을 설정하여 그들로 하여금 직접 대사를 하게 했다는 점이다. 또한 이 작품은 한반도의 통일을 가로막고 있는 핵 문제의 심각성과 한반도에서 미국이 지닌 군사작전권으로 인해 일어날 수 있는 전쟁의 문제를 다룸으로써 미국의 문제를 구체적으로 다루고자 노력하였다.

5월 24일에는 충남대 민요연구회가 "강강수월래"를 공연에 올렸다. 이 작품은 미국의 문화 제국주의를 비판하고, 한국 대중문화의 매판성과 무주체성을 다루었다. 또한 현재 학생 일반을 지배하고 있는 대중문화의 방향성이 옳은 것인가에 대해 물음을 던지고 있다. 11월 1일에는 충남대 '탈춤연구회'가 가을 정기공연에서 "다시 조선으로"라는 작품을 충남대 제1학생회관 앞 민주광장에서 공연하였다. 이 작품은 일본 군국주의의 부활과 일본의 대한반도 문화정책의 제국주의적 속성을 폭로하고, 그 심각성을 학생들에게 알리기 위한 내용을 담고 있었다. 이외에도 자료부족으로 구체적으로 확인할 수 없지만, 대학의 문예운동가들에 의한 상황극, 창작극 공연이 봇물을 이루었다. 그야말로 억압되어 있던 상상력, 창의력, 자발성이 당시의 비판정신과 상승작용을 일으키면서 표현의 자유가 주어지는 공간을 뚫고 문화적 르네상스를 만들어 내었다.

1985년 가을학기부터 학원 탄압이 재개되었다. 5월 23일 발생한 민족통일 민주쟁취 민중해방투쟁위원회에 의한 서울 미국문화원 점거 농성 사건 이후, 전두환 정권은 민족통일민주쟁취민중해방투쟁위원회 관련자를 국가보안법을 적용하여 구속하고, 학생운동 전체에 대한 대대적인 이데올로기 공세를 펴면서, 전국학생총연합과 민족통일민주쟁취민중해방투쟁위원회 간부들에 대해 대대적인 구속과 수배 조치를 단행했다. 이 사건을 기화로 1985년 가을 학기부터 학생운동 전체에 대한 탄압으로 확대하였다. 대전·충남 지역의 총학생회 주요 간부들도 이 탄압망에서 자유로울 수 없었다.

문예운동에 대한 규제와 검열도 강화되기 시작하였다. 1985년 겨울방학 동안의 전수까지는 문제가 없었으나, 1986년 5월 축제 기간 동안 기획했던 공연들은 학교 당국과의 마찰로 인해 대부분이 무산되었다. 충남대에서는 학교 당국이 신문사와 방송국에 대한 검열을 강화하고 있었는데, 이를 '탈춤연구회'에서 극본으로 창작물을 만들었다. 극본에 기초하여 시연에 들어가자 학교는 공연 불가를 공지하였다. 학교 측에서 공연을 연기함과 동시에 대본 수정을 요구하였고, 학생들이 이에 불응하자 부모들을 학교로 소환하여 협박하였다. 부모들은 주요 문예운동가들을 집에 감금한 채 밖으로 나가지 못하게 하였다. 결국 1986년 봄 학기의 '탈춤연구회'의 정기공연은 이루어지지 못했다. 다른 대학도 사정은 마찬가지여서 상황극의 내용에 따라 학교 당국의 허가를 받기도 하고 그렇지 못하기도 하였다.

　1986년 초부터 문화운동 영역에서 눈에 띄는 변화는 다른 운동과의 연대 사업이었다. 연대 사업은 두 가지 영역에서 진행되었는데, 첫째는 지역차원에서 다른 운동 영역과의 연대이고, 둘째는 타 지역의 문화운동 단체들과의 연대이다. 놀이판 '터'는 1986년 3월 '충남민협'에 참여하여 지역의 청년단체, 농민단체, 여성단체, 교사단체 등과의 연대 사업을 하였다.

　1986년 가을학기가 되면서부터 1985년 가을 학기~1986년 봄 학기 동안 주춤했던 학생운동은 다시 공세적 입장으로 전환하였다. 건국대에서 전국 반외세 반독재 애국학생 투쟁연합의 결성식이 열렸고, 다시 학생들이 대대적으로 연행되고 구속되었지만 학생운동은 움츠러들지 않았다.

　이러한 학생운동의 흐름 때문인지 10월 중하반기에 있었던 추계 축제 기간 동안 대전·충남 지역 대학 문예반들은 각종 집회와 시위에서 문화 행사를 주도하였다. 1986년 10월 충남대에서 "찢어진 산하"가 공연에 올려졌다. 이 작품은 원래 녹두서평에서 출간한 이산하 시인의 작품 "한라산"을 각색하여 만든 창작극으로, 분단 초기 미 제국주의의 점령군적 성격과 이승만 정권의 친미 매판적 성격 및 이에 항거하는 민중들의 모습을 잘 표현했다. 특히 민중들의 저항은 대한민국 정부 수립 초기에 발생했던 무장투쟁과 깊은 관계가 있다는 것을 설명하면서, 제주4·3항쟁, 여수·순천 사건, 10월인민항쟁까지 묘사하고자 했다. 충남대 탈춤연구회는 가을 정기공연으로 "오북의 함성으로"라는 창작극을 무대에 올렸다. 이 창작극은 전두환 독재자를 각설이 사회에서 전 두령과 동일시하고 독재자에 항의하는 각설이들의 모습을 그렸다. 다시 말해서 "오북의 함성으로"는 전두환을 직접적으로 겨냥해서 하야를 요구하는 작품이었고, 당시 전국적으로 확산되고 있었던 직선개헌의 요구를 담고 있었다. 이처럼 1986년 가을 학기에는 전두환 대통령의 하야를 요구하는 것을 직접적으로 표현할 만큼 학생운동은 성장하고 있었다.

1985년 말에서 1986년 초까지 놀이판 '터'는 변혁운동 방법론을 둘러싸고 많은 논쟁이 있었다. 문예운동이 학생운동의 초창기에는 주도적인 역할을 수행하고 있었지만, 학생운동이 급격히 성장하면서 지역 학생운동의 지도력은 사회과학학습 동아리에게 넘어가고 있었다. 변혁운동이론에 대한 논쟁과 다른 영역의 학생운동과의 관계 등이 문예운동 내부에 제기되면서 새로운 지도력이 요구되었다. 이러한 새로운 지도력에 대한 요구가 문화기획실 '터'로 나타났다.

1986년 3월에 괴정동의 놀이판 '터'를 정리하고 대흥동의 빈들감리교회 지하에 충청교사협의회와 함께 사무실을 마련하여 이름을 문화기획실 '터'로 재정비하였다. 문화기획실 '터'는 기존의 놀이판 '터'가 수행하여 왔던 문화활동의 성과들을 재해석, 정리, 확대 수용하고, 새로운 시대상황에 부응하여 전통문화에 대한 올바른 이해와 재창조 및 보급, 각종 문화매체 개발 등을 통하여 문화 민주화와 사회 민주화에 이바지하는 것을 창립 목적으로 밝혔다. 그리고 주요 활동으로는 정기공연, 외부 요청 공연, 초청 공연, 민속혼례마당 주관, 강습활동(탈춤, 풍물, 민요 등), 놀이 강습(공동체놀이 지도, 야외놀이 지도 등), 각종 노래 보급, 판화 보급, 각종 행사 지원 사업 등을 추진하였다. 당시 문화기획실 '터'를 주도했던 운동가들은 정봉현(목원대) 고문, 양봉석(공주사대) 대표, 류기형(충남대) 얼카뎅이 단장, 김신회, 강수한, 이미영, 박영래, 김순옥, 김미숙 등이었다.

문화기획실 '터'의 결성을 준비하는 과정에서 대전·충남 지역의 문예운동은 장르의 다양화, 연대의 강화, 그리고 문예운동의 전문화를 꾀했다. 문화기획실 '터'는 1986년 11월에 극단 '아리랑'의 "아리랑"을 초청·공연하여 공연문화의 전문화를 시도하였고, 소리패 '우리노래연구회'가 노래 테이프 1, 2집을 제작하여 저항가요 대중화를 시도하였다. '우리노래 연구회'는 나중에 소리패 '그날'로 발전하여 나갔는데, 이들은 소리를 가지고 고민했던 민요패와 노래패 출신들이 중심이 되어 세운 소리꾼 운동조직이다. 소리패 '그날'은 대전·충남 지역에 건강한 노동자의 노래문화를 찾고 만들어 보고자 하는 목적으로 1987년 9월 26일에 창립되었다. 무엇보다 당시 운동권 진영에서 널리 불려졌던 저항가요들을 다양한 방식으로 대중화 시키려고 노력하였다. 이런 노력의 일환으로 소리패 '그날'은 창립 이후부터 1989년 11월까지 "친구에게", "진짜 노동자", "불량 제품들이 부르는 희망노래" 등 총 7집의 노래 테이프를 발간했다.

그리고 회화와 만화를 중심으로 활동하는 그룹들도 생겨났다. 또한 문화기획실 '터' 내부에 시각매체 분과 '색올림'이 구성되어, 대형 걸개 그림, 판화 전시회, 만화 전시회 등을 통해 노동자의 삶, 민주주의에 대한 열망, 저항 정신 등을 표현하려고 노력하였다.

문예운동은 단순히 탈춤이나 농악을 뛰어 넘어 다양한 장르로 확대 발전되어 나갔고, 다양한 표현예술을 동원하여 운동의 목표를 실현하려고 노력하였다. 그리고 일반 소시민 대상의 생활문화운동을 전개하기 위해서 탈춤, 풍물, 문화예술 공연을 유통하기 위한 기획실을 설치하고, 극단 '얼카뎅이' 중심의 연희활동을 펼쳐 나갔다.

그 이후 '민주헌법쟁취 국민운동 충남본부' 결성과 운영 과정에 참여하면서 문화기획실 '터'가 문예운동의 대표성을 띠기가 어렵게 되자, 그 당시 분화되어가고 있던 문예운동을 총망라하는 충남문화예술운동협의회(이하 '충문협')를 1987년 5월에 결성하였다. 충문협 초대 의장으로 양봉석(공주사대)이 선출되었는데, 창립 취지는 첫째, 문예운동은 부문운동의 하위 개념으로 종속되는 것이 아니라 부문운동으로서의 독자성을 가져야 한다는 것, 둘째, 문화예술 장르별 분과조직과 민주집중적 의사결정구조를 갖추고, 기획 기능을 수행하는 지원 조직으로 체계화, 전문화하되, 동시에 단일한 조직목적으로의 통합성을 높여야 한다는 것이었다. 충문협은 설립

목적을 다음과 같이 밝혔다.

1. 우리는 역사발전의 합법칙인 투쟁 속에서 노동해방을 위한 투쟁에 문화예
   술을 무기로 실천한다.
2. 우리는 변혁의 주체인 노동자계급의 당파적 현실주의를 바탕으로 우리의
   문예물을 힘차게 생산한다.
3. 우리는 현실운동 속에서 인류의 진보적 문예유산을 계승 발전시켜 자생적
   인 노동자 계급문예를 기반으로 노동해방문예를 건설한다.
4. 우리는 전국적 노동계급문예조직 건설과 그의 구체적 실천체계로 문예 대
   중화 체계를 지향한다.
5. 우리는 노동자계급 문예조직을 중심으로 민주의 진보적 연대를 통한 민주
   주의 문예연대조직을 형성하여 문예전선을 구축한다.

충문협에는 소리패 '그날', 놀이패 '얼카뎅이', '미술운동 준비 모임', 탈패,
그리고 농악반 등이 회원단체로 가입하였다. 그리고 학생운동 문예반도
충문협의 지도를 받았다.

그 당시 충문협이 벌였던 실천 사례들은 이들 문화패들이 대전·충남
지역 운동에서 얼마나 중요한 위치를 차지하고 있었는지를 보여준다. 주
로 문화패들은 당시 정치적 상황과 이슈를 주제로 한 상황극, 거리굿 등을
집회 상황과 조건에 맞추어 공개 대중연희 형식으로 만들어 공연하였다.
실천 사례로는 ① 정치풍자극 "6·29냐 속이구냐" 공연[85] ② 농촌 뜬패 활동
(충청권 9개 지역) ③ 민주헌법쟁취 국민운동 충남본부 행사 참가 ④ 도시
목회자 대회 공연(1987년 9월, 매포수양관) ⑤ 상황극 "벗이여 해방이 온
다" 6회 공연(1987년 6월~9월),[86] ⑥ 하종오 굿시 "고사판굿" 공연 ⑦ "장사

---

85) "6·29냐 속이구냐"는 1987년 6월 29일 노태우 민정당 대표의 개헌수용 특별담화를 비판
   하며 만들어졌으며, 이후 전개된 시위 현장에서 공연되곤 했다.
86) "벗이여 해방이 온다"는 양봉석, 유기형, 이선아 등의 노력으로 공연되었다.

의 꿈" 공연(극단 '아리랑' 초청 공연) ⑧ 겨울 농촌 현장 두레 활동 ⑨ 충남 지역 농촌문화선전대 운영 등을 들 수 있다.

제6절 문화예술운동의 조직화와 대중화(1987. 7~1992)

각 대학 문화패들 간 연대의 필요성이 제기되면서 문예운동에 참여하는 대학생들은 연합 조직 결성에 나섰다. 1987년 당시 대전 · 충남 지역 9개 대학들에서 문화패가 활동하고 있었지만, 이들 간의 만남이 조직적으로 이루어지지 않아 학교 간 연대가 원활하지 않은 실정이었다. 이런 문제를 극복하기 위해 1987년 11월 7일 목원대에서 "충남 지역 대학생 문화운동연합" 결성식과 연합대동제가 열렸다. 이후 충남 지역 대학생 문화운동연합은 12월 대통령선거에서 김대중 후보에 대한 비판적 지지를 표명하고 이를 지원하였다.

문학계에도 문학운동단체가 결성되었다. 『삶의 문학』작가들은 계속 여러 형태의 문학 소모임들을 만들어 활동을 지속해 왔는데, 진보적 문학운동을 조직하기 위한 보다 체계적이고 광범위한 지역 운동조직으로 대전 · 충남 민족문학인협의회를 결성하였다. 1989년 3월 4일 대전 YMCA에서 열린 '대전 · 충남 민족문학인협의회' 창립총회에는 총 100여 명의 지역 문학인과 초청 인사들이 참석했다. 이 날 창립 대회에는 고은 시인이 격려사를, 김성동 작가가 축사를 낭독했다. 그리고 정관 심의와 채택에 이어 임원을 선출했는데, 회장에 조재훈, 부회장에 홍희표, 사무국장에 이은식, 사무차장에 이강산이 선출되었다. 참가자들은 이날 채택한 창립선언문에서 "민족 · 민주운동의 올바른 대의에 복무하여 이 땅 사람들의 삶의 질을 높이고, 나아가 민족동질성 회복에 기여하기 위하여 조직적 차원의 문학운동을 전개"할 목적으로 '대전 · 충남 민족문학인협의회'를 창립한다고 밝혔다.

1988년 3월 3일에서 4월 30일까지 서울 미리내예술극장에서 마당극을 한 자리에 모아 그 성과와 과제를 점검해본다는 취지에서 제1회 민족극 한마당이 열리자(『경향신문』 1988년 1월 28일자), 놀이패 얼카뎅이는 이에 참가하여 서산 정죽리 농민들의 소작쟁의를 소재로 한 농민 마당극 "흰 고개 검은 고개 목마른 고개"를 공연했다. 이 마당극은 충남 서산군 천수만 AB지구의 무분별한 간척지 개간 사업으로 삶의 터전을 잃게 된 주민들의 고통과 새로운 희망 찾기가 주제였다. 공동창작과 공동연출로 만들어진 이 마당극의 부제는 '서해 바다 널린 조기 온 데 간 데 읎구유'이며 유기형 외 10인이 출연하였다.

충문협은 1988년 5월 18일~23일에 소극장 터에서 "노태우 풍자전" 전시회를 열었다. "노태우 풍자전"은 민족미술협의회가 4월 8일부터 14일에 걸쳐 서울 인사동 그림마당 민에서 개최한 전시회인데, 사진 콜라주, 시사만평, 이야기 만화 등의 형식을 띤 대부분의 출품작들은 제5공화국 때 노태우 대통령이 관련된 비리, 제5공화국과 제6공화국이 관련된 문제들을 회화화하여 풍자하였다.(『한겨레』 1988년 5월 19일자)

1988년 11월 5일부터 13일까지 대전에서 제1회 민족문화 한마당이라는 문예운동 단체들의 연합행사가 열렸다. 삶의 문학, 지역과 문화현실, 충문협, 대전 지역 대학생 문화운동연합 등이 이 행사를 공동으로 주최하고, 민족문학작가회의와 충남민주운동협의회 건설준비위원회가 후원하였다. 이 날 행사는 개막제 및 민족문학의 날, 민족극의 날, 민중미술 · 민중시의 날, 영상의 날, 학생문화의 날, 민중문화의 날, 초청강연회 및 해방굿의 날 등으로 이루어졌으며, 대전 YMCA 대강당, 소극장 터, 대전문화원 2층, 한남대 등에서 열렸다. 특히 둘째 날 민족극의 날에는 김흥수 시인의 시 낭송과 함께 김성동 작가를 초청하여 "분단극복의 문학"이라는 주제의 문학

강연이 있었다. 12일에는 "지역과 문화 현실"이라는 주제로 지역 문화운동의 조직적, 실천적 방법론에 대해 공개 토론회가 열리기도 하였다. 또 12일 오후에는 울산 현대조선 노조 위원장 권용목의 부친 권처홍을 강사로 초청하여 "현 단계 정치상황과 노동운동의 과제"라는 주제로 강연회를 개최했다. 그리고 해방굿의 날에는 "해방된 세상을 위하여"라는 해방굿이 무대에 올랐다.

1989년도와 1990년도에 들어서면서 충문협은 그간에 벌였던 문예운동에 대해 전면적인 정리와 평가를 진행하였다. 그리고 그 동안 운동 가운데 나타난 여러 가지 한계와 오류를 떨쳐버리고, 변혁운동의 주체로 우뚝 서려는 노동자들과 함께 힘차게 나아가기로 결의하였다. 이후 1990년 7월과 8월에 열린 총회를 통해 중앙위원회 조직을 갖춘 충남문화예술운동연합(이하 '충문연')을 새롭게 창립하였다.

충문연은 대전시 중구 중촌동 지하에 활동 공간을 두고, 음악분과(소리패 '그날'), 시각매체분과('색올림'), 연극분과(극단 '얼카뎅이'), 문학분과 등 장르별로 조직을 구성하여 활동하였다. 충문연은 창립선언문에서 "노동해방의 선봉대로 우뚝 설 노동자계급 문예조직의 건설이라는 중차대한 임무를 수행하지 못하고, 단지 '지원과 연대'라는 관점에서 활동을 협소화시키고, 노동자를 단순히 구경꾼으로 만든 것을 반성하면서, 1987년 이후 폭발되고 있는 노동해방을 향한 노동자들의 투쟁에 문예를 결합하여 노동해방의 투쟁에 함께 할 것"을 다짐했다.

이후 충문연은 전국 농민회 수세싸움에 참여하여 "물꼬"라는 작품을 공연하였고, 전국농민회 쌀값투쟁위원회 문화선전대로서 "농민의 마지막 농사는 아스팔트 농사다"라는 작품을 전국을 돌며 공연하였다. 이외 공연활동으로 "벗이여 해방이 온다", "흰 고개 검은 고개 목마름 고개 넘어", 노동극 "새벽을 여는 사람들", "파업", "동팔이의 꿈", 대전 지역 문화패들이 총

집결해서 만든 집체극 "민족! 그 영광과 영원한 꿈이여" 등 다수의 작품을 수백 회 공연하였다. 이 외에도 충문연은 김명곤 주연의 "장사의 꿈", 문호근 연출의 집체극 "다시 서는 봄", 광주 놀이패 신명의 5·18민중항쟁 극 "다시 서는 봄", 교육극 "학교야 학교야 뭐하니", 청주 열림터의 "행복은 성적순이 아니잖아요" 등의 공연을 기획하였다.

충문연은 대전·충남 지역의 노동운동과 농민운동 조직들의 투쟁을 지원했다. 충문연은 각 부문운동 단체들을 위해 노래, 탈춤, 풍물 강습을 지도하고, 초청공연 활동에도 적극적으로 참여했다. 또한 충문연은 연대활동을 위해 충남민주운동협의회에 참여하여 시기별로 벌어진 민주화투쟁에 참여했다. 충문연은 문화 보급 활동에도 앞장서서, 일반 시민과 학생들을 대상으로 공연과 강습, 전통 민속 혼례 등을 보급하였다. 그 외에 대학 문화패들을 위해 방학 중에 이루어지는 연합수련회와 정기공연시 기량 전수와 지도를 담당했다.

이후 충문연은 대전·충남 지역의 민중운동 단체들은 물론 전국의 문예운동단체들과 연대활동을 벌였다. 서울의 민중문화예술운동연합을 비롯한 문화예술운동 조직들은 1980년대 후반부터 정기적으로 모여서 시기별로 한국사회 변혁운동의 정세를 분석하고 대응방안을 모색하였으며, 문예운동의 노선과 전략을 논의하곤 했다. 논의된 내용과 결과는 강제력을 가지는 것은 아니었지만, 대부분 각 지역 조직의 내부 논의과정을 거쳐서 수용되었다. 이러한 과정에서 1990년에 들어와 서울의 민중문화예술운동연합이 노동자문화예술운동연합으로 변경되면서 '노동자문화예술노선'이라는 새로운 흐름이 형성되었다.

하지만 충문연은 시간이 흐름에 따라 조직의 형식에 내용을 부여하기에 급급했고, 이로 인해 조직원들의 수동적인 태도와 방기 현상이 나타나기 시작했다. 이에 따라 충문연 조직의 체계와 현실적 역량에 대한 객관적 평가와 앞으로의 발전 전망에 대한 논의가 이루어졌고, 그 결과 새로운 조직 체계를 다시 만들어야 한다는 공감대가 형성되었다. 특히 충문연 산하 장르별 조직들 간에 발생한 조직력과 활동의 불균형 문제로 더 이상 충문연 조직으로는 운동의 핵심 과제였던 노동해방문예운동조직의 위상과 내용을 실현할 수 없다는 자체 평가가 이루어졌다. 더욱이 일부 구성원들을 중심으로 전문 예술인으로서의 정체성과 기량을 중요시하는 경향도 대두되었다. 이에 따라 충문연 내부적으로 조직의 노선과 전망, 위상과 역할을 어떻게 할 것인지에 대하여 장기간에 걸쳐 매우 심각하고 격렬한 논쟁이 벌어졌다. 그 결과 충문연은 '터'와 '우금치'로 나뉘게 되었고, 각 분과들 역시 장르별로 분리되어 독립 조직으로 분화되었다.

1985년 4월에 창단되어 충문연의 한 분과로 활동했던 놀이패 '얼카뎅이'는 1990년 9월 조직과 구성원을 재편하여 극단 '터'로 명칭을 변경함으로써 새로운 발전의 길을 걸었다. 이후 극단 '터'는 연희와 연극 장르로 발전해 나갔다. 극단 '터'는 충문연의 시초 조직이었던 놀이판 '터'와 동일한 명칭을 사용했다. 그 이유는 충문연의 자산과 성과를 보존하고, 놀이판 '터'에서 충문협과 충문연으로 이어지는 대전·충남 지역 문화예술운동의 정신을 계승하고자 했기 때문이다. 극단 '터'는 1990년 이후 많은 작품을 제작하여 꾸준하게 공연활동을 이어왔다. 극단 '터'는 전통연희의 연행 양식에서 보여지는 놀이성과 제의성을 현재화하고, 배우의 연기가 삶과 세상에 대한 성찰과 수행이 되어 자연환경과 모든 생명이 평화롭게 공존하길 바라는 제의로서의 연극을 추구하였다.(양봉석, 박창호, 함두배의 증언)

한편, 충문연의 또 다른 발전 형태인 놀이패 '우금치'는 1990년 9월 15일 대전시 대동에서 창단되었다. 우금치는 공동 창작 및 연출극인 농촌 마당극 "호미풀이"를 전국에 걸쳐 총 50회에 걸쳐 공연했으며, 1991년 9월 대전 선화동으로 이전한 후 다시 공동 창작 및 연출극인 농촌 마당극 "아줌마 만세"를 공연했다. 1992년에는 정치 마당극 "인물"을 창작했으며, "아줌마 만세"로 제5회 민족극 한마당 최우수 작품상과 제3회 민족예술상을 수상 했다. 이후 우금치는 민족전통의 풍물놀이를 현대인의 취향에 맞게 새롭 게 개발하여 사물놀이, 상모놀음, 열두 발 상모, 북춤, 학춤, 소고춤, 민요, 비나리 등 다양한 프로그램을 개발하여 진행하였으며, 지역 축제에 맞는 창작 마당극도 제작 연출하였다.(조성칠, 류기형의 증언)

　1991년 11월에는 민요패 '들꽃소리'가 창단되었다. 들꽃소리는 대전 지 역 전문 민요패 결성의 필요성을 절감한 민요반 출신 8명이 모여서 구성 한 민요모임이었다. 그간 민요와 민중가요 부분 운동가들은 소리패 '그날' 로 통합되어 충문연의 음악분과로서 활동하였으나, 충문연이 해체과정을 겪으면서 대전 지역 민요패 출신들이 다시 모여 전문 민요운동 조직을 만 든 것이다. 이들은 1991년 3월과 6월에 문예이론을 학습하였으며, 6월 10 일에 민요패 조직 결성에 합의하였다. 이후 70명의 후원인을 통해 기금을 마련하고, 11월에 대전 괴정동에 34평의 지하공간을 마련했다. 11월 18일 한국가톨릭농민회 창립25주년 기념대회 및 추수감사제 행사에서 서울과 안양 지역 민요연구회와 연합으로 공연하였으며, 조직 이름을 위해 시민 들에게 설문조사를 진행하기도 했으며, 마침내 11월 23일에 괴정동 초원 회관 지하에서 100여 명이 참석한 가운데 창립대회를 열었다.

　들꽃소리는 강령을 통해 "생산현장에서 피어나는 꽃같이 아름다운 우리 의 소리, 민족의 소리, 해방의 소리를 전파하기 위해" 설립했다고 밝히고 있다. 1992년 들어 들꽃소리는 활발하게 대중운동을 전개했다. 1월에는 전 국 유명 음악인 8명을 초청하여 민족음악 강좌를 개최했고, 시민을 대상으 로 민요, 장고, 단소, 가야금을 가르쳤다. 5월 16일에는 대전역에서 오월 영령 추모굿에 참가하기도 했다. 4월과 7월에는 부여와 충주에서 민요를 전수했다.

언론출판계에서도 새로운 시도들이 행해졌다. 1986년에 설립된 '도서출판 남녘'은 처음에는 전인순이 편집장으로 일하면서 교육 관련 서적들을 출판하였으나, 1989년에 『조국통일전선』과 『미제침략사』와 같은 통일과 반미 관계 서적들을 출판하였다. 이와 관련하여 영업부장 조성일이 국가보안법상 이적물 출판 혐의로 구속되었다. 이 사건은 1989년 전국적으로 진행된 북한 관계 서적 압수 수색의 일환으로 진행된 사건이기도 하다. 1989년 8월 26일 충남도경은 남녘출판사를 압수수색하고 서적 50여 권과 유인물 30여 종을 압수하였다.

대전·충남 지역 민중들의 목소리를 제대로 대변하려는 목적으로 대전·충남 지역의 진보 지식인들과 운동권 인사들이 연합하여 부정기간행물 『일어서는 사람들』 창간호를 1989년 10월 10일에 발행하였다. 당시 지역에 여러 언론지들이 있었지만 민중의 현실을 제대로 밝히고 그 원인을 구조적으로 분석하여 문제를 제기하려는 시도는 없었다. 또한 출판계를 포함하여 모든 것들이 중앙 중심으로 이루어지는 현실에서 지역의 주체적인 역량으로 잡지를 냈다는 것은 대단히 의의가 있는 일이었다. 『일어서는 사람들』은 장수한을 발행인으로, 김필중을 편집장으로 하여 도서출판 유월에서 발행했다. 당시 발간된 창간호는 특집으로 대전 시민 생활 전체에 영향을 끼치게 될 '주한 미군사령부 대전 이전' 문제를 집중적으로 다루었다. 즉 "주한 미군사령부 대전 이전―무엇이 문제인가"라는 제목 하에 여러 가지 측면에서 이 문제를 다루면서, 지역운동이 나아갈 길을 제시하고자 했다. 『일어서는 사람들』은 재정적인 어려움으로 인해 창간호에 그치고 더 이상 발행되지 못했다.

제7절 대전·충남 지역 문예운동의 성격과 의의

　대전·충남 지역의 문예운동이 급속하게 성장할 수 있었던 것은 몇 가지 요소 때문에 가능했다. 먼저, 그 당시 부재했던 문화적 실험과 저항에 대한 욕구가 청년과 학생 사이에 깊숙이 잠재되어 있었다. 또한 권위주의 정권이 가치, 이데올로기, 문화 등의 비형식적인 제도를 생산하는 경향성을 갖게 되었다는 점이다. 이로 인해 기층 민중, 청년, 학생 계층의 문화적 소외가 자연스러운 결과로 나타나게 되었으며, 권위주의 정권에 대한 저항운동에 참여하는 청년학생들에게 문예운동을 전개할 수 있는 중요한 기회를 제공했다. 즉 외래문화, 정체성 없는 문화가 권위주의 정권과 동일시되면서 문화적 정체성을 찾고자 하는 운동이 확산되어 나갔던 것이다. 둘째, 권위주의 정권에 대한 저항운동은 사회경제체제 자체에 대한 거부로 발전하게 되었다는 점이다. 즉 기존 사회경제 체제로부터 경제적 어려움과 사회문화적 고통을 감내해야 하는 기층민중과 문예운동가 자신을 일치시키고, 이들의 놀이문화의 전통 속에 녹아 있던 표현들을 발굴하고 이를 운동적 소재로 삼았다는 것이다. 즉 문예운동 초기에는 전통문화를 단순하게 복원하는 것이 급선무였고, 나중에는 전통문화 속에 녹아있던 저항문화를 권위주의 체제에 대한 저항운동과 결합시키고자 했다. 셋째로, 문예운동은 전투적이기보다는 권위주의 권력과의 직접적이고 첨예한 충돌을 피하면서 대중과의 공감을 얻을 수 있는 운동방식이었다는 점이다. 이런 이유로 1970년대 말에 이미 탈춤반, 문학동인, 농악반 등이 지역 대학 캠퍼스 내에 존재했었고, 초기 학생운동의 발전에 큰 역할을 할 수 있었던 것이다.

　대전·충남 지역 문예운동은 다섯 개의 시기로 전개되면서 발전하였다. 이런 시기구분은 다음과 같은 점을 의미한다. 즉 권위주의적 군부정권의

정권안보 운용정책과 같은 외부적 정치 환경이 문화운동의 행태를 규정할
때도 있었고, 1983년 초에 있었던 '매포수양관 탈반 지도자회의'나 1985년
초 놀이판 '터'와 같은 문예운동 주체자들의 의식적인 노력을 통하여 문예
활동의 내용이 질적으로 변화해 나가기도 하였다는 점이다. 특히 놀이판
'터'의 출현은 대전·충남 지역 문예운동의 영역을 사회운동으로 확대하였
을 뿐 아니라, 의식적이고 체계적인 문예운동의 네트워크를 지역 단위에
서 확보하는 데 크게 기여했다. 1987년 6월민주항쟁과 대통령선거 과정에
서 국민운동충남본부에 참여하는 것을 계기로 이 지역 문예운동은 부문운
동단체으로서의 독자성을 가진 '충문협'을 중심으로 전개되었다. '충문협'
은 이후 '충문연'이라는 이름으로 지속되면서, 본격적인 사회변혁운동의
한 주체로 성장 발전하기 시작했다. 하지만 1990년대에 들어 충문연은 노
동자 문화운동에 대한 기치를 내걸면서 내부의 갈등과 토론 과정을 거치
게 되었고, 그 결과 '터'와 '우금치'로 나뉘게 되어 각각 대중적인 문예운동
을 전개하기에 이르렀다.

제6장 교육운동

제1절 교육운동의 맹아기(1980~1985)

1980년대 대전·충남지역의 교육운동은 다음과 같이 세 단계로 구분할 수 있다. 첫째, 1980년대 초부터 민중교육지 사건이 일어났던 1985년도까지의 교육운동 맹아기, 둘째, 1986년 6월 14일에 발표된 〈충남교육민주화선언〉과 1986년 9월 13일 충청민주교육실천협의회의 창립, 이에 따른 당국의 탄압과 대응이 중심을 이루었던 시기, 그리고 6월민주항쟁의 결과물로 노동조합의 대중적 기초인 충남교사협의회(1987. 9. 20)가 결성된 시기, 셋째, 1988년 이후 시군 교사협의회가 계속 결성되면서 전교조(1989. 5. 28)가 창립되고, 이후 전교조의 지역 지부로서 교육운동을 벌였던 시기로 나누어진다. 특히 1994년 해직교사들이 교단으로 복귀하면서 전교조 중심의 교육운동은 현장중심의 제2기를 맞이하면서 새롭게 발전한다.

1980년대 초 대전·충남 지역의 교육운동은 아직 맹아 단계에 지나지 않았다. 교육은 교사들의 주체적 행위가 없는 상태에서 권력기관의 정권 유지 수단으로 전락하기 일쑤였으며, 교사가 교육에 대한 이야기를 하기 위해 모이는 것마저 문제가 되었다. 하지만 5·18민중항쟁을 경험한 충남 지역 교사들은 단위학교별, 지역별 모임을 꾸준히 가져 왔다.

　대전·충남 지역에서 교육운동이 보다 조직적 차원에서 시작된 것은 1982년 'YMCA중등교육자협의회'를 만들면서부터라고(『홍성신문』 2007년 5월 15일자) 할 수 있다. '홍성YMCA중등교육자협의회'는 1982년 1월에 이미 결성된 전국 조직인 YMCA중등교육자협의회의 지역 조직이었는데, 1984년 11월 24일에 홍성YMCA중등교사협의회(이하 '홍성Y교협')로 재창립 되었다.(『홍성신문』 2007년 5월 15일자) 홍성Y교협은 교육 현장의 경험을 함께 나누고 참교육을 실천하고자 여러 가지 활동을 벌였다. 교육 강연회, 교사를 위한 레크레이션 강습, 자율적 학생회 활동 지도, 학생 중심 수업 모형 연구, 보충수업 설문조사 등이 참여 교사들에 의해 이루어졌다.

　1984년 말에 『이웃끼리』 문집 사건이 발생했다. 유신체제의 붕괴, 1980년 '민주화의 봄', 5·18민중항쟁을 대학 캠퍼스에서 경험한 교사들은 졸업하면서 자신들의 문제의식을 교육 현장에서 실천하고자 하였다. 대부분의 근무지가 농촌이었던 교사들은 자신들을 학생들의 삶과 일치시키며, 열정적으로 아이들을 가르치기 시작했다. 특히 국어 교사들의 경우에는 학생들과 함께 문집, 신문 발간 등을 활기차게 벌여 나갔다. 교사들은 농촌 학생들이 글을 통해 농촌 지역의 현실과 교육문제에 대한 이해를 공유하기를 바랐다. 그래서 공주사대 국어과 출신 국어 교사들이 주축이 되어 1984년 한 해 동안 각 학교(공주농고, 서산 부석고, 홍산농고, 예산농고)별로 발간해 오던 학급 문집을 한 데 합쳐 『이웃끼리』 문집을 발간하기로 했다. 이와 함께 농촌 지역 학생들 사이의 의사소통과 연대모임을 위해 『주제토의 자료집』도 발간하고자 하였다.

　교사들의 헌신적 노력으로 학생들의 글이 상당히 모이게 되었고, 인쇄·제본 등 마지막 마무리를 위해 인쇄소에 글을 맡겼다. 하지만 인쇄소 주인의 신고로 전량 압수되고, 관련 교사들은 경찰서로 연행되었다. 결국 해당 학교 교장들이 충청남도 교육위원회로 소환되고, 관련 교사들은 각서 등을 요구받는 등 고초를 겪은 후에, 조재도는 안면중으로, 이인호는 고대중으로, 이은택은 서천여중으로 전출되었다. 충남도교위는 시골 학생들의 생활 글로 된 문집 내용을 문제 삼지 못하고 고교생 조직화를 의심했다. 당시 담당 장학사 김수천이 교사들에 대한 좌천에 앞장섰다. 특히 조재도는 1985년 4월 교실에 '그 푸른 빛 변함없으리'라는 액자를 걸었다고 담임까지 박탈당했다.

서산여중에서도 참교육을 시도하는 교사들에 대한 탄압사건이 발생하였다. 1985년 9월, 서산여중의 윤석숙, 성원진, 계순옥 세 여교사는 "못생긴 내 얼굴"이라는 노래를 학급 아이들에게 가르쳤다. 이 노래의 2절의 마지막 부분[87]이 공산주의 사상을 고취시킨다는 이유로 세 여교사는 각서를 쓰고 경고 처리되어 각각 부여, 홍성 갈산면, 아산 천원군 등으로 전출되었다.(조재도, 1989, 225~226쪽)

『이웃끼리』 문집 사건과 서산여중 사건은 농촌 지역 교사들이 학생들과 새로운 교수법을 시도함으로써 일어난 결과였다. 그리고 그 동안 전무했던 교육자와 피교육자 사이의 진정한 의사소통을 시도한 것이었다. 그리고 지역을 뛰어 넘는 농촌 학생들 사이의 의사소통의 시도였으며, 교사와 교사가 지역을 뛰어 넘어 참교육을 주제로 연대하려는 시도였다. 하지만 교육 당국과 권력은 어떤 형태의 교육적 실험도 체제에 대한 도전으로 규정하고, 이를 초기부터 제거하려고 하였다.

1985년 여름방학 직후부터 홍성Y교협에도 탄압이 가해지기 시작했다. 당국은 회원 교사들에게 "당국에서 인정하지 않는 단체에 가입하지 말 것"

---

[87] 2절의 마지막 부분은 이러하다. "너네는 큰 집에서 네 명이 살지/ 우리는 작은 집에 일곱이 산다. 그것도 모자라서 집을 또 사니/ 너네는 집 많아서 좋겠다. 하얀 눈 내리는 겨울이 오면/ 우리 집도 하얗지."

을 요구하였다. 회원 교사들이 당국의 요구를 거부하고 당국의 부당한 압력에 항의하였다. 그러자 각 학교장은 수시로 회원 교사들을 불러 홍성Y교협에서 탈퇴할 것을 종용했으며, 교무실 내의 언동, 우편물, 전화 내용 등을 기록 감시하였다. 1986년 3월 1일 충남도 교육위원회는 공립학교에 근무하던 거의 모든 홍성Y교협 소속 교사들을 전출시켰다. 박경이(예산여고), 민병성(홍성중), 이순덕(대전체육고), 차미환(홍성여중), 정양희(홍성여중), 이우경(갈산고) 등이 타지로 전출되었다.

하지만 교육운동은 위에서 언급한 사건들로 인해 위축되지 않았다. 오히려 교사들간의 조직망은 더 강화되어 나갔다. 대전·충남 지역의 국어 교사들이 문학동인 형식으로 작은 모임들을 가졌다. 1980년대 초 대전·충남 지역에는 『삶의 문학』이라는 문학동인 모임이 있었다. 1980년대 초에는 교사들은 '교사'라는 신분으로 활동할 수 없기 때문에, 문인의 신분으로 글을 통해서 교육민주화와 사회민주화에 기여하고자 노력하였다. 대전·충남 지역을 중심으로 한 『삶의 문학』 동인모임에는 사립학교 국어 교사들이 다수 참가하였는데, 이은식, 김영호, 류도혁, 김흥수, 전인순, 조만형, 최교진, 조재도, 송대헌 등 참여자들 대다수가 한남대 국문과와 충남대 및 공주사대 출신이었다. 비정기 간행물인 무크지라는 형식을 이용하게 된 주요한 이유는, 군사정권하에서 정기간행물 등록이 아예 되지 않거나 된다고 하더라도 창간호만 내도 바로 그 내용을 트집 잡아서 정기간행물 등록을 취소하였기 때문이다.

『삶의 문학』은 원래 1970년대 말, 대전·충남 지역의 문인과 교사들이 동인지 『창 그리고 벽』을 시작한 데서 비롯되었다. 1980년대 초반에 들어오면서 대전·충남 지역의 문인과 교사들은 자신들의 문학적 가치 지향을 분명히 하고 시대정신에 부응하고자, 제호를 『삶의 문학』으로 바꾸어 문학운동을 새롭게 전개하고자 했다.

『삶의 문학』동인[88])들은 서울의 YMCA중등교육자협의회, 서울 지역의 『5월시』라는 문학동인 교사들과 함께 『민중교육』지 창간을 주도하였다. 대전·충남 지역의 『삶의 문학』동인들과 서울 지역의 『5월시』동인들이 1985년 초에 대전 동학사에 모여서 교육에 관한 책을 내기로 합의하였고, 마침내 1985년 5월 20일에 『민중교육』이 출판되었다. 민족·민주·민중을 표방하고 나선 대학가의 삼민 이념과 '민중' 개념 논의로 정국이 들끓던 시기에 교사들이 '교육 민주화'를 주장하면서 '민중교육'이라는 명칭을 전면에 내걸었기 때문에 이들은 자연히 주목을 받을 수밖에 없었다.

대전·충남 지역 교사들은 그 동안 써놓았던 원고들을 모았다. 논산 쌘뿔여고 강병철은 「비늘눈」이라는 소설을 내고, 안면중 조재도는 「무엇을 가르칠 것인가」 등 시 4편을 실었다. 그리고 경북 부석중고교에 근무하던 송대헌은 민중교회 야학교사 생활을 반추하는 「야학일지」를 실었다. 그리고 논산 기민중의 황재학과 서산 팔봉중의 전인순은 학생들이 쓴 글을 기고하였다. 그리고 충북 영동중 민병순 교장이 쓴 교단 일기인 「침해당하는 교권」, 「어 교사의 야간 동원」, 「인심 없는 학무과장」 등의 글이 실렸다.

하지만 책이 나온 지 얼마 지나지 않은 6월 25일 서울 여의도고 교장 김재규가 서울시교육위원회 학무국장에게 책자를 전달하였고, 학무국장은 서울시교육위원회 안기부 조정관에게 내용검토를 의뢰하였다. 이후 『민

---

88) 『삶의 문학』 동인으로 활동했던 문인과 교사들은 강병철(숭전대 국문과 졸, 논산 쌘뿔여고 교사), 김미영(숭전대 국문과 졸), 김영호(숭전대 국문과 졸, 대전 보문고 교사), 전무용(숭전대 국문과 졸), 전인순(숭전대 국문과 졸, 서산 팔봉중 교사), 윤중호(숭전대 영문과 졸, 『여고시대』 편집부기자), 이은봉(숭전대 국문과 졸, 한남대 국문과 강사), 이은식(숭전대 영문과 졸, 대전 유성여중 교사), 이재무(한남대 국문과 졸), 조만형(숭전대 국문과 졸, 연기 성남고 교사), 채진홍(숭전대 국문과 졸, 군산대 국문과 조교), 홍명섭(서울대 미대 조소과 졸, 한남대 미술과 강사), 박용남(숭전대 지역사회개발학과 졸, 성결교 신학대 강사), 김흥수(숭전대 국어교육과 졸, 대전 동방여고 교사), 최교진(공주사대 국어교육과 졸, 대천여중 교사), 정영상(공주사대 미술교육과 졸, 경북 안동중 교사), 조재도(공주사대 국어교육과 졸, 안면중 교사), 송대헌(충남대 기계설계학과 졸, 경북 영주 부석중고교 교사) 등이다.

중교육』지 발간은 급속히 사건화되어, 7월 16일 열기로 한 출판기념회는 종로경찰서의 원천봉쇄로 무산되었다. 7월 18일에는 서울시교육위원회가 관련 교사들을 소환했으며, 7월 22일에는 유상덕, 김진경 교사가 경찰에 연행되었다. 이후 문교부와 언론의 다양한 이념공세가 펼쳐졌다. 8월 8일부터 검찰의 형사처벌 방침이 보도되기 시작했고, 10월에 유상덕, 고광헌 교사 등 6명이 자진 출두했다. 8월 17일에는 김진경, 윤재철 교사와 실천문학사의 송기원 주간이 국가보안법 위반 혐의로 구속되었다. 그 후 1986년 2월 중순 서울지법에서 김진경은 1년 6월, 윤재철과 송기원은 1년의 실형을 각각 선고 받았다. 송기원 주간의 구속 이후 실천문학사는 폐간조치당했다.(민주화운동기념사업회 연구소 편, 2006, 437쪽)

『민중교육』지 사건으로 전국에서 20명의 교사들이 파면되었는데, 충청 지역 교사들이 제일 많이 파면되었다. 8월 1일 충북 영동중 민병순 교장은 충북교육청의 사직 강요를 받고 사표를 냈다. 그리고 차라리 징계를 하라고 버티던 교사들은 그 후에 파면 조치되었다. 조재도(서산 안면중)가 파면되었고, 전인순(서산 팔봉중), 전무용(부여 의산중), 송대헌(경북 부석중고교) 등 4명의 교사들이 해임되었으며, 기타 대부분의 교사들이 대전경찰서 유치장에서 구류를 살았다. 충청남도교육위원회는 교사들을 통해 『민중교육』에 시를 투고한 서산 P중학교 2년 장모 군 등 12명에 대해서는 학교장이 책임지고 지도하도록 지시했다.(『대전일보』 1985년 8월 8일자) 『민중교육』지 사건과 관련하여 충남에 그 여파가 유독 심했던 이유는 『민중교육』지에 개입했던 교사들 대부분이 대전·충남 지역에서 활동하며 가르치던 문인 교사들이었기 때문이다.

해직된 교사들은 학원 강사로 취직을 하거나, 출판사에 취직을 하거나, 혹은 창작활동을 할 수 밖에 없었다.[89] 대량의 해직 교사 발생은 이들을 돕기 위한 교사 계층 조직화로 이어졌고, 교육 문제를 고민하는 교사들의 모임을 위한 공간이 마련되는 계기를 마련하였다. 1986년 초 대전·충남 지역 교사들은 민중교회가 있던 성남동 주변에 교육출판기획실을 열었다. 교육출판기획실을 통하여 최교진, 송대헌, 조재도 등은 교사들을 만나기 시작하였고, 현장 교사들에게 필요한 자료들을 제공하였다. 그리고 교육 출판기획실[90]은 1986년 6월 14일의 〈충청교육민주화선언〉과 9월 13일에 결성된 '충청민주교육실천협의회'의 산실이 되었다.

당시 파면되었던 한 교사의 목소리는 『민중교육』지 사건이 그들에게 던 져준 문제의식을 잘 반영해 준다.

바로 여기서 우리는 평교사를 위한 교사 단체의 필요성을 절감했으며, 교사 의 사회경제적 지위의 향상과 학교 교육 현장에서 교사의 최소한의 자율성 제 고를 위해서 교육운동이 필요하다는 것을 깨닫게 되었다. 교육운동이란 우리 사회가 안고 있는 교육의 문제를 해결하여 새로운 인간을 만들고 새로운 사회 를 건설하는 것이며, 이것을 위한 주체는 바로 교사라고 하는 자각에 다름 아 니다. … 흔들리지 말자. 아니 맞으면서 더욱 단단해지는 소리가 들린다. 우리 는 이번 사건을 통해 우리가 몇 년간 노력해야 얻어낼 수 있으리라고 생각했 던 뜻밖의 소득을 얻지 않았던가. 교사와 학생과 학부모를 포함한 전 국민에 게 교육문제에 대한 비상한 관심을 불러 일으켰으며 특히 교육을 일선에서 담 당하고 있는 교사들은 자신의 사회적 지위와 교육현장에서 교사가 지향해야 할 바에 대한 귀중한 깨달음을 얻게 되었다.(조재도, 1989, 229쪽)

---

89) 해직이 된 이후에 교사들은 여러 가지 형태로 생계를 유지했다. 송대헌, 최교진은 학원 강사로, 전인순은 남녘출판사에 근무했으며, 조재도는 교육사무실의 상근 간사로 일을 했다. 하지만 해직 교사들이 학원에서 받은 보수가 운동자금으로 유입된다는 정보 때문 에 경찰은 학원에 해직 교사들을 해고할 것을 요구하였다. 1987년 초반에 이들 대부분 의 교사들은 학원으로부터도 해고되었다.

90) 교육출판기획실은 나중에 대흥동에 위치한 빈들감리교회(정지강 목사)의 지하실로 이 사를 갔다. 그리고 '충청민주교육실천협의회'가 탄생할 때까지 빈들감리교회 지하실을 사무실로 계속 사용했다.

위에서 언급한 교사의 글을 통해서 알 수 있듯이,『민중교육』지 사건은 교육문제를 사회문제 혹은 민주화문제로 환기시키는 계기로 작용했다. 뿐 아니라 일선 교사들 사이에 대단한 반향을 불러일으키면서 교사 집단의 주목을 받았다. 그리고『민중교육』지 사건에 관련된 교사들의 네트워크가 구축되면서, 교육운동의 지도부 혹은 핵심이 구성되어 나갔다. 『민중교육』 지 사건이 발생한 직후에 YMCA중등교육자협의회와 지역 교육 소모임 등 에서 활동하고 있던 교사들이『민중교육』지 사건 관련 교사들을 위한 후 원금을 걷어서 1,000만 원에 가까운 기금이 마련되었다. 이 후원금을 토대 로『민중교육』지 관련 해직 교사들은 1985년 9월 교육출판기획실을 만들 어 민주적인 교육이론 등 교육 관련 서적을 출판하는 사업을 하였다. 그리 고 교육출판기획실에서 일했던 해직 교사들이 주축이 되고, 현장 교사들 이 뒷받침하여 1986년 5월 15일 '민주교육실천협의회'를 건설하였다.

제2절 교육운동의 도약기(1986~1987)

1986년 개헌열기 속에서 교사들은 교육운동을 한 단계 발전시키기 위한 노력을 시도하였다. YMCA중등교육자협의회는 1986년 5월 10일 서울·부 산·광주·춘천 지역에서 중등교사 540명(초등교사 20명)이 참가한 가운 데 '교사의 날' 집회를 열고, 〈교육민주화선언〉을 발표하였다. 뒤이어 강릉 (5월 29일), 충청 지역(6월 14일), 호남 지역(6월 21일), 영남 지역(9월 6일) 에서 교육민주화선언이 있었다.

대전·충남 지역의 경우 6월 14일 천안 오룡동성당(김순호 신부)에서 현 직 교사 90여 명이 참석한 가운데 〈충청교육민주화선언〉이 발표되었다. 충북대의 윤구병 교수가 강연을 하고, '충청 지역 교권 탄압 사례보고'가 있었으며, 교육민주화선언이 채택되었다. 참석한 교사들 중에서 64명의 교사들이 선언에 서명하였다. 선언은 "교육의 정치적 중립성 보장", "교원의 실질적 자율성 보장", "교육 행정의 관료성과 비민주성 철회", "교원의 자주적 단체 설립과 활동의 자유 보장", "비교육적 잡무 제거 및 보충자율학습 철폐"를 천명하였다.(조재도, 1989, 231~232쪽)

교육민주화선언에 참여한 교사들은 학생들에게 대학입시 위주의 교육에 학생들만이 소외되고 있는 것이 아니라, 교사 자신들도 소외되어 가고 있다는 점을 발견했다. 1986년 한 여학생이 유서에서 남긴 절규처럼, "행복은 성적순이 아니잖아요"라고 학생들은 좌절하고 있고, 반면에 교사들은 자신들이 입시학원 강사로 전락하고 있음을 깨닫게 되었다. 그리고 왜곡된 역사적 사실조차 제대로 전달할 수 없는 교과과정에 참담함을 느끼게 되었다. 그들은 교육으로부터 철저하게 소외되고 있는 자신들을 '좋은 선생님이 됨으로써', 혹은 '참교육'을 통하여 극복하고자 하였다. 여기서 참교육이라는 개념이 등장했다. 당시 교사들이 주장하는 참교육이라는 개념은 사회변동기적 영향 때문에 강한 이데올로기적 경향성을 띄게 되었다. 이런 배경에서 교사들은 "교사·학생·학부모들이 교육 주체로 나섬으로써 … 왜곡되고 잘못된 교육을 타파하고, 민족교육·민주교육·인간화교육을 실현해 내는 것을 참교육으로 이해"하였다.(최교진의 증언) 그리고 이 세 가지를 교육운동의 가장 중심적 과제로 보았다.

충청민주교육실천협의회 건설을 주도한 조재도는 '참교육'의 구체적인 내용을 첫째는 민족 자주성을 회복하는 교육, 둘째는 민주주의 사회에 맞는 시민을 길러내는 교육 및 교사와 교육 대상인 학생과의 민주적 관계 설정을 회복하는 것, 셋째는 지배이데올로기와 가치체계만을 주입하는 교육 내용으로부터 학생들 스스로 사회경제적 현실인식을 하게 만드는 '민중교육'으로 정리했다. 그리고 김창태는 참교육의 목표를 실현하기 위해서 교사는 중산층의 허위의식을 버리고, 자신을 노동자로 자각해야 한다고 주장했다. "참교육을 성취하기 위해서는 교사도 노동자다"라고 하는 분명한 인식적 선언이 필요하다는 것이다. 그리고 교수법의 코페르니쿠스적 전환을 역설하였다. 즉 기존의 교육 방법이 교사와 학생이 지식을 전달하고 소비하는 주체로 설정된 것을 비판하고, 교육 과정은 교사와 학생의 상호작용을 통하여 새로운 인식과 지식을 습득하는 과정이어야 한다는 것이다.

6월 14일의 〈충청교육민주화선언〉이 발표된 직후 대전·충남 지역의 민주화운동 세력은 선언 교사들을 보호하기 위한 연대행동을 취하였다. 6월 18일에 한국기독교교회협의회 충남인권선교협의회, 충남 목회자정의평화실천협의회, 대전기청협, 민주문화공동체 대전지역 목회자협의회 등의 공동명의로 〈충청교육민주화선언〉에 대한 교회의 입장을 발표하여, 선언 교사들의 교육 현실에 대한 인식과 입장에 전적으로 공감한다고 발표하였다.(전국교직원노동조합 편, 1990, 55쪽) 당시에 교육운동에 참여하고 있던 교사들은 교회와 같은 폭넓은 대중적 네트워크를 가지고 있으면서, 지나치게 급진적이라 낙인찍히지 않은 사회운동과 연대하기를 원했다. 가톨릭, 개신교 등과 같은 종교계와의 연대를 통하여 탄압의 예봉을 피해보고자 한 것이다.

〈충청교육민주화선언〉이 발표되고 2주일 뒤인 6월 28일 천안 오룡동성당에서 40여 명의 교사가 참석한 가운데 '충청 교육민주화 실천 결의대회'가 열렸다. 결의대회는 선언 이후 지역에 맞는 실천적 교육 과제를 제시하고, 이 과제들을 현실적으로 어떻게 이행할 것인가를 고민하고 토론하는 자리였다. 결의대회는 ① 교육활동과 예산편성에의 교사 참여, ② 보충수업·자율학습 철폐, ③ 인사권 남용과 근무평정의 도구화 근절, ④ 교원단체 설립과 활동의 자유로운 보장, ⑤ 해직 교사들의 조속한 복직 등을 요구하였다.

6월 14일 〈충청교육민주화선언〉이 발표된 이후, 당국은 민주화선언에 서명한 교사들에게 회유, 협박, 징계 등의 수단을 동원하여 탄압을 가했다. 공무원이거나 원로 교사들인 부모들을 소환하여 교사들에게 협박을 가하기도 하고, 경찰이 직접 개입하여 협박을 하기도 하였다. 극단적인 경우에는 여교사들을 여관에 감금한 채 "교육민주화운동에 참여하지 않겠다"는 내용의 각서를 요구하기도 했다. 이러한 탄압에 대응하여 교사들은 집단적 대응을 모색하면서 조직적인 조치를 취해 나갔다. 7월 5일에는 〈6 · 14선언에 대한 우리의 결의〉라는 제목의 성명서를 발표하여, 당국의 압력에 굴하지 않을 것을 집단적으로 표방하였다. 교사들은 성명을 통해 선언 교사들에 대한 내사를 중지할 것, 교사들을 용공세력으로 모는 당국의 처사를 중지할 것 등을 당국에 요구하였다. 만약에 이러한 요구가 관철되지 않을 경우, 서명 교사들의 명단 공개와 서명을 확대하기 위한 투쟁을 전개할 것을 결의하였다.

당국의 탄압에 대응한 교사들의 또 다른 방법 중의 하나는 지역의 민주화운동 관련 단체와 연대하는 것이었다. 일치적으로 지역의 목회자와 가톨릭 신부들로 구성된 대전인권선교위원회, 천주교 정의구현 대전교구사제단 등과 연대하여 '충남 교권수호 대책위원회'를 구성하였다. 대책위원회는 기도회, 강연회 등을 통하여 교권 탄압의 부당성을 알려 나갔다. 1986년 9월에는 대전 제일장로교회에서 대전인권선교위원회, 천주교 정의구현 대전교구사제단, 충남민협 등과 공동으로 '충남 교권수호를 위한 대회'를 개최하였고, 그 후 아산기독농민회, 천안기독농민회 등의 지역 조직과도 적극 연대하여 충남의 여러 지역에서 교육운동에 대한 탄압을 저지하기 위해 노력을 기울였다. 6 · 14선언으로 촉발된 당국의 교사들에 대한 탄압은 교사들의 집단적 대응과 타 부문과의 연대운동 덕택에, 당초 충남도교육위원회가 의도한 성과를 거두지 못하고 마무리 되었다. 충남도교육위원

회는 이순덕[91])을 해임하고, 9명의 교사들에게 '경고'를, 9명의 교사들에게
는 '주의'를 주는 것으로 지역 교사들에 대한 탄압을 대충 마무리 하였다.

1986년 9월 13일 대전 제일장로교회에서 '충청민주교육실천협의회'가 건
설되었다. 충청민주교육실천협의회 건설에 주도적인 역할을 한 운동가들
은 '교육기획 사무실'에서 일했던 최교진, 조재도, 송대헌 등의 해직 교사
들이었다. 창립대회에서 충남을 대표하여 박종덕 목사를, 충북을 대표하
여 정기호 변호사를 공동대표로 선출하였다.[92]) 창립대회에는 전현직 교사
30여 명이 참석했지만 대회는 불법통지를 받았고, 창립을 주도했던 최교
진, 조재도, 송대헌은 연행되어 대회에 참석할 수 없었다. 그리고 경찰은
대회에 참석한 교사, 교수 등 20여 명을 무더기로 연행하였다.

이후에도 전두환 정권은 충청민주교육실천협의회를 탄압하였다. 1986
년 11월 16일 경찰은 충청민주교육실천협의회 사무실(대흥동 소재)을 수
색하여, 〈이른바 문제도서 목록 배포에 대한 우리의 입장〉(1986. 10, 충청
민주교육실천협의회) 등 유인물 42종 4,117장과 『삶의 문학』 등 관련 서적
20종 170점 등을 압수했다.(『대전일보』 1986년 11월 16일자)

충청민주교육실천협의회는 기존 제도교육 속에 은폐되어 온 교육적 비
리와 모순을 폭로함으로써, 교육 민주화에 앞장서는 것을 주요 활동의 목
표로 삼았다. 충청민주교육실천협의회의 활동은 교육 현장의 모순과 부패

---

91) 충청민주교육협의회가 발행한 『충청민주교육』 4호에 따르면, 이순덕은 1976년 6월에 처
음으로 태안여중으로 교사 발령을 받았다. 1984년부터 홍성Y교협 회원으로 활동하여
오다 〈충청교육민주화선언〉에 참여하였다. 선언 참여를 이유로 교장, 충남도교육위원
회, 육성회장으로부터 집요한 압력을 받았으며, 예산여고(1984년 부임)에서 대전체육고
로 전출되었다. 계속해서 교육운동에 참여하지 말라는 종용에 굴복하지 않음으로써
1986년에 다시 서면중으로 전출되었다. 전출, 협박, 그리고 회유에도 굴복하지 않자 충
남도교육위원회는 1986년 8월에 이순덕을 교사직에서 해임하였다. 그 충격으로 이순덕
은 쓰러져 병마와 싸우다, 1987년 1월 3일에 영면하였다.
92) 자문위원으로는 허원배 목사, 김기만 신부, 윤구병 교수, 유초하 교수, 차원재 충북 YMCA
간사 등이 추대되었다.

를 폭로하고 이를 사회에 알리는 것과, 충남 지역 민주화운동 세력과 연대하여 사회민주화를 위한 공동투쟁에 나서는 것 두 가지로 요약될 수 있다. 충청민주교육실천협의회는 주요 활동으로 신문 『충청민주교육』을 발간하였고, 신풍중 · 종고 사건[93]과 같은 개별 학교 지원투쟁, 교육 관련 시위, 농성과 집회 참석 등을 통하여 교육문제를 사회적 이슈화하려고 노력하였다. 그리고 회보 형식의 『함께 가는 교육』을 발간하여 교육법 개정투쟁을 독려하거나, 교육 제반 문제를 다루고자 시도하였다.(전국교직원노동조합 편, 1990, 43쪽)

1987년 6월민주항쟁 이후 충남교사협의회(이하 '충남교협')가 창립되었다. 충남교협은 1987년 9월 20일 천안 시은소교회에서 200여 명의 지역 교사들이 참여한 가운데 창립되었다. 충남교협 초기 임원은 회장에 김지철, 사무국장에 김창태, 집행위원장에 최교진, 홍보국장에 전인순 등이 선임되었다. 창립 직후 교사들은 『충남교사신문』을 발간하고, 이를 통해 충남 지역 교사들의 사회경제적 권익과 이해를 대변하고자 노력하였다. 충남교협은 사립학교 민주화투쟁을 지원하고, 교육악법 개폐투쟁을 벌어나가는 한편, 교육악법 철폐를 위해 지역 교사협의회를 건설하여 나갔다. 교육악법 개폐투쟁의 내용은 ① 교사의 노동 3권 보장, ② 교장의 선출 임기제, ③ 교무회의 의결기구화, ④ 국정 · 검인정 교과제도 폐지, ⑤ 사립학교 교원의 신분 보장, ⑥ 학생의 자치학습권 보장 등으로 집약된다. 교육악법 개폐투쟁을 매개로 하여 충남교협은 시 · 군 지역의 교사협의회를 조직하고, 단위 학교 평교사회 결성을 주도해 나갔다. 무엇보다 지역교사협의회

---

93) 1987년 4월 9일 신풍종고 학생 100여 명이 신문지상에 보도된 학교 비리에 격분해서 일부는 학교 교문을 나가서 시위를 시작하였고, 일부는 학교 내에서 교권 확립 등을 외치며 농성을 시작하였다. 학교 측은 학생들에게 보복 조치를 가할 뿐 아니라, 학적 담당 교사에게 책임을 전가해 징계위원회에 회부하였다. 그리고 5월 18일자로 관련 학생 3명을 퇴학처분을 내렸다.

는 현장 교사가 참여하는 대중 조직으로서 교육운동의 선전력을 극대화시킬 수 있었으며 지역 민주화운동의 고리로서 중요성을 갖고 있었다.

6월민주항쟁의 결과로 그동안 개별적으로 민주화 운동에 참여해 왔던 대학 교수들이 1987년 6월 26일 민주화를 위한 전국교수협의회(이하 '민교협')를 결성했다. 이들은 지속적으로 사회민주화와 학원민주화를 위한 투쟁을 전개해 왔으며, 다른 민주화 운동 세력과의 연대투쟁에도 적극적이었다. 민교협이 시작되기 전 대전지역에서는 이미 일부 대학 교수들이 시국선언문을 발표했다. 즉 1986년 4월 29일 충남대 교수 21명이 민주개헌과 사회문제 전반의 문제를 해결을 요구하는 내용의 시국선언문을 발표한 사건이다. 이후 전국적인 차원의 민교협의 조직으로 이 지역 대학 교수들 역시 전국적인 차원뿐 아니라 지역의 여러 문제들을 가지고 민주화운동에 활발하게 참여했다.

제3절 교육운동의 발전기(1988~1992)

1988년 2월 들어 당진군 송산중에서는 영어 담당 방경현 교사의 부당인사 조치를 철회하라는 투쟁이 일어났다. 1987년 5월에 부임한 방 교사는 학생의 수업 지도는 물론 교육활동에도 의욕적으로 종사했는데, 충남교협 회원이라는 이유로 근무지 이동이라는 보복적 인사조치를 강요받았다. 이에 충남교협은 지역 내 교사와 학부형들과 연합하여 보복인사 철회 투쟁을 벌였다. 이들은 당진군 교육장에게 공개질의서를 보냄은 물론, 〈교육정상화를 바라는 지역 주민과 학생 · 학부모님께 알립니다〉라는 제목의 홍보물을 배포하였고, 3월 7일과 8일 양일에 걸쳐 77명의 학부모들로부터 보복적 인사조치 철회 서명을 받아냈다. 결국 학부형 대표와 충남교협 대표가 2월 13일 교장과 교육장을 면담했고, 전보 철회를 약속받았다.

사학재단에서 부당파면당한 교사를 복직시키기 위해 지지농성을 벌여오던 충남교협은 1988년 2월 21일 공주사대 민주광장에서 1,120명의 교사와 학생들이 참석한 가운데 교권탄압 규탄대회를 열었다. 이날 김지철 교사의 경과보고에 따르면, 지난 6·29선언 이후 사학재단의 모순과 비리를 척결하는 과정에서 충남 신풍중·종고, 서울 정화여상, 명신고, 전남 세지중 등의 학교에서 40여 명의 교사가 무더기로 파면 해임되었는데, 이에 공동으로 대처하기 위해 서울 시내 30여 개 사립학교와 전국교사협의회, 충남교협, 서울교사협의회, 전남교사협의회가 공동으로 1988년 1월 22일 연세대에서 교원탄압 분쇄대회를 열었다. 이후 각 지방 교사협의회는 지지성명을 발표하고 지지농성을 벌이기 시작했다. 충남교협도 이 대열에 동참하여 지지농성뿐 아니라, 30여 명의 교사가 1월 28일과 29일에 유인물을 배포하면서 충청남도교육위원회와 신풍재단을 찾아가 직접 항의하였다.

2월 21일 규탄대회에서는 사례발표도 있었는데, 신풍중·종고, 예덕실고, 아신 둔포고, 서산 지곡고, 서령고, 당진 송산중 등의 교권탄압사례가 폭로되었다. 이날 규탄대회는 첫째, 부당하게 해직된 교사들을 즉각 복직시킬 것, 둘째, 사학 비리를 비호하는 교육행정 당국이 사태 해결을 위해 책임을 질 것, 셋째, 교사의 정치적 자유, 집회·결사의 자유 및 교육권을 보장할 것, 넷째, 이상의 것을 쟁취하기 위해 단결된 힘으로 끝까지 싸울 것 등을 결의하였다.

1988년 6월에 들어 서산 해미고에서는 학생들이 보충수업을 강제 실시하는 것에 대해 반대하는 시위를 벌였다. 이 사건은 당시 열악한 교육 환경에 처한 학생들 스스로 주체가 되어 문제를 폭로했다는 점에서 큰 의의를 갖는다. 해미고 학생 600여 명은 6월 25일 2교시 수업 후 수업을 거부하고 운동장에서 2시간 동안 농성을 벌였다. 학생들은 강제적인 보충수업 실시 반대와 보충수업비 사용 내역 공개, 학생회장 직선제와 학생회 자율화 등을 요구했다. 학교 측은 대부분의 요구를 수용했지만, 보충수업의 경우 대학진학 희망자를 제외한 학생들에게만 자율화를 허용했으며, 기타 돈 문제에 대해서는 강경하게 대응했다.

해미고 학생들의 시위를 발단으로 충남 지역 16개 학교에서 보충학습과 자율학습을 거부하는 시위가 계속 일어났다. 이에 대천, 서산, 당진, 홍성 등 충남교협 소속 교사들과 학생들은 7월 2일 홍성 YMCA강당에서 '보충·자율학습 규탄과 교육악법 개정 촉구대회'를 열었다. 150명의 교사들과 학생들이 참석한 가운데 열린 이 날 대회는 2부로 진행되었다. 제1부에서는 "보충·자율학습의 비교육적·비민주적 문제점"에 대한 발제와 대천여고의 사례발표가 있었다. 참석자들은 이 문제에 대해 열띤 토의를 벌였으며, 한 중학교 학생이 나와 보충수업 강제 실시 사례를 직접 발표하면서, "더 이상 노예 같은 삶을 살지 않겠으며, 지역의 학교이므로 우리가 주인으로서 진짜 학교가 될 수 있도록 노력하겠다"고 다짐하여, 다른 참석자들로부터 뜨거운 격려의 박수를 받았다. 제2부에서는 교권탄압 사례 발표가 있고 난 뒤, 교육법시안을 발표하였다. 이 날 대회를 마치면서 교사들과 학생들은 결의문을 통해 "입시경쟁 교육의 비교육성을 더 이상 방관하지 않고, 각 학교 및 지역간 교사·학생·학부모의 연대로 보충수업 자율학습 전면폐지운동을 전개하며, 교사·학생·학부모 모두 교육에 참여할 수 있는 법적 권리의 보장을 위해 싸워나갈 것"을 다짐했다.

1988년 11월에 들어서자 충남 각 지역에서 교사협의회 창립대회와 민주교육법 쟁취대회가 연이어 열렸다. 1988년 이후로 총 16개 시군에 교사협의회가 조직되었는데, 이로써 교육운동이 대중운동으로 확산되기 시작했다. 그 전에는 30~40여 명의 교사들이 대전과 몇몇 지역에서 운동을 벌였으나, 이제 충남 각 지역으로 거점이 확산되면서 교육운동의 대중화가 본격적으로 이루어진 것이다.

먼저 각 지역의 교사협의회 결성에 대해 살펴보자. 1988년 10월 18일 150여 명이 참석한 가운데 홍성지역교사협의회가 창립식을 가졌다. 회장에는 윤갑상이 선출되었다.(『한겨레신문』 1988년 10월 27일자) 11월 4일에는 당진 장로교회에서 100여 명의 당진군 교사들이 참여한 가운데 당진군 교사협의회 창립대회가 열렸다. 이 날 대회에서는 민주적 학급운영 사례와 호서고 평교사회 결성사례에 대해 발표하는 시간을 가졌으며, 이후 고대중의 이인호 교사가 회장으로 선출되었다. 11월 4일 논산에서도 교사협의회 창립대회를 위한 발기인대회가 열렸고, 마침내 11월 18일 논산 오거리예식장에서 논산교사협의회 창립대회를 개최했다. 이 날 참석자들은 우리 사회 각 부분에서 들불처럼 번지고 있는 민주화의 도도한 흐름은 거역할 수 없는 시대의 대세이므로, 앞으로 전인교육, 민주교육, 통일교육을 위해 힘쓸 것을 결의했다. 11월 19일 천안·천원 지역 교사협의회 창립대회가 천안교회에서 열렸다. 11월 29일에는 부여 동양예식장에서 부여교사협의회 창립준비위원회 발기인대회가 열렸고, 일주일 후인 11월 29일에 부여 신흔예식장에서 부여군 교사협의회 창립대회가 개최되었다. 12월 13일에는 성공회 예산성당에서 예산군교사협의회 창립대회가 열렸다.

대전 지역에서는 보다 광범위하고 체계적으로 교사협의회가 결성되었다. 발기인대회 추진위원장 김우성 교사 포함 총 39개교 129명의 교사들이 대전교사협의회(이하 '대전교협') 발기선언문을 12월 3일에 발표했다. 8일 후인 12월 11일 대전 시민회관에서 대교협 창립대회가 열렸다. 참석자들은 학부모의 교육적 요구를 올바로 수렴하고, 학생들의 자발적이고 창의적인 활동을 지원하며, 교육악법 철폐와 교사의 사회·경제적 지위 향상과 교권 옹호를 위해 노력할 것을 다짐하였다. 대전교협은 향후 투쟁활동을 민주교육법 쟁취투쟁, 사학정상화 투쟁, 유치원교사 신분보장 투쟁, 해직교사 복직투쟁, 참교육 실천투쟁 등에 초점을 맞추었다. 대전교협에는 1989년 2월 21일에 창립된 '대전 사립교사협의회'와 같은 해 4월 22일 창립된 '대전초등교사협의회' 및 1989년 1월 31일부터 시작된 '공립중등교사협의회 준비위원회'가 소속단체로 가입했다. 대전교협은 선전홍보활동의 수단으로 『대전교사신문』을 발행했으며, 1989년 5월 28일 전국교직원노동조합(이하 '전교조')이 결성되기까지 활발하게 운동을 전개했다.

1989년 1월 31일 대전 YWCA회관에서는 '충남유치원교사협의회'가 그간의 준비위 활동을 마감하고 정식으로 창립대회를 개최하고 정식 단체로 출범했다. 충남 각 지역에서 일하는 150여 명의 유치원 교사들이 유아교육 정상화를 위한 신분보장의 당위성을 인식하게 된 것이다. 이들은 유치원 전임강사 재임용제도 폐지, 전임강사의 정식교사 발령, 교육관계법 개정 등을 위해 활동할 것을 결의했으며, 충청남도교육위원회를 점거하여 농성을 벌이기도 했다. 유치원 교사들은 1989년 1월 31일 발표한 성명서에서 투쟁의 목적과 당위성을 다음과 같이 천명했다.

우리는 이제 더 이상 기만적 태도에 속아서 살 수 없습니다. 교육감의 잘못된 의식을 올바르게 바로잡아 주기 위해서라도, 또한 우리를 바라보는 아이들의 초롱한 눈망울을 똑바로 보기 위해서라도, 우리는 우리의 투쟁을 가열차게 진행시킬 수밖에 없습니다. 이제 우리는 어제의 힘없던 나 자신이 아닙니다. 자신의 생존권 보장만이 아닌 진정한 이 땅의 교육민주화를 추구하는 우리가 되어야 함을 뚜렷하게 인식했습니다. 우리의 투쟁은 이 땅의 아이들을 올곧고 당차게 키우려는 사랑에서 비롯된 것이기에 정의롭고 당당한 것입니다. 우리는 기필코 승리할 것입니다.(「도교위 점거 농성을 시작하며」)

각 지역에서 교사협의회 창립대회가 개최되는 가운데, 민주교육법 쟁취대회도 열렸다. 10월 27일 홍성 무궁화예식장에서 홍성지역교사협의회 주최로 '교육정상화를 위한 대토론회'가 열렸다. 11월 2일에는 서산군 부춘초 등에서 서산군 교육자 대회가 열렸다. 서산교사협의회가 주최가 되어 열린 이 날 대회에서 참석자들은 대한교육연합회에서 내놓은 교육법 개정안의 허구성을 비판하는 내용의 유인물 800여 부를 배포했다.

서산과 당진, 홍성 지역의 교사협의회는 11월 12일에 서산군 해미천주교회에서 공동으로 '민주교육법 쟁취 결의대회'를 개최했다. 200여 명의 교사와 학생들이 참석한 이 날 대회에서는 대한교육연합회에서 벌이는 교육운동의 허구성, 국정교과서제도 폐지, 검인정제도 개선, 학생자치제 보장, 주민직선 교육자치제 실시, 사학교원 신분 보장, 교장 선출임기제 시행, 교무회의 의결기구화, 노동3권 보장 등에 대해 각계의 활발한 토론이 이루어졌다. 그리고 교육민주화의 초석이 될 교사들의 노동3권 쟁취를 위해 투쟁할 것을 결의했다. 11월 13일에도 공주교대에서 '충남 지역 민주교육법 쟁취 결의대회'가 열렸다. 300여 명의 교사와 학생들이 참석한 이 날 대회에서는 교육법 개정에 대한 제언과 결의문을 채택하였다. 이후 고속버스터미널까지 가두행진을 벌인 후 해산했다.

1989년 2월 11일 대전 혜천여중·고 교사들은 교사협의회 설립을 계기로 교장의 독단적인 학교 운영에 대해 집단적으로 항의하기 시작했다. 2월 18일 교사협의회 일동은 교장 독단으로 조기 방학을 선포한 것에 항의했으며, 2월 25일부터 5일간 실시한 농성을 통해 단체교섭권을 확보했다. 하지만 계속된 투쟁에도 이사장과의 면담이 거부된 채, 총 14명의 교사들이 권고사직 또는 직권면직 처리되었다. 혜천여중·고 재단 측은 산업체 부설학교라는 특수성을 이용하여 기업이윤에만 혈안이 된 채, 잦은 잔업과 연장 근무 및 조기 방학으로 법적 수업일수를 채우지 않았으며, 심지어 이사장에게 잘 보여야 한다는 명목으로 체육대회와 성가 연습 등으로 한 달 간이나 수업을 전폐하는 등 교육과정을 무시하곤 했다. 또한 학생회관을 교회로 전용하고, 학생들을 예배에 강제로 동원하여 자리를 채우거나, 교사들에게 적은 보수를 지급하는 등 여러 가지 문제점들을 노정시켜 왔다. 학교 측은 폐교 가능성을 계속 암시하며 교사들의 투쟁을 회유했다. 교사들과 학생들의 계속된 투쟁에도 불구하고 재단 측은 1990년 2월 29일 혜천여중을 폐교시켰고, 3월 23일에는 혜천여고마저 폐교시켰다.

1960년 4월혁명 직후 결성되었던 교원노조는 5·16군사 쿠데타에 의해 좌절되었고, 그 결과 1,500여 명의 교사들이 구속, 해직되었다. 그 후 30여 년의 세월이 지난 1989년 5월 28일 전교조가 다시 결성되었다. 전교조는 〈창립선언문〉에서 다음과 같이 창립 배경과 목적을 밝혔다.

교육민주화를 향한 대장정은 독재정권의 가혹한 탄압의 물결을 헤치고 4·19 교원노조 선배들의 목숨을 건 눈물겨운 투쟁을 시발로 5·10 교육민주화 선언, 사학민주화투쟁 그리고 전국교사협의회 결성으로 이어져 왔다. … 우리의 교직원노동조합은 민주시민으로 자라야 할 학생들에게 교원 스스로 민주주의의 실천의 본을 보일 수 있는 최선의 교실이다. 이 사회의 민주화가 교육의 민주화에서 비롯됨을 아는 우리 40만 교직원은 반민주적인 교육제도와 학생과 교사의 참 삶을 파괴하는 교육 현실을 그대로 둔 채, 더 이상 민주화를 말할 수 없으며 민주주의를 가르칠 수 없다. 누구보다도 우리 교직원이 교육민주화 운동의 구체적 실천인 전국교직원노동조합 건설에 앞장 선 까닭이 여기에 있다. … 동지여! 함께 떨쳐 일어선 동지여! 우리의 사랑스런 제자의 해맑은 웃음을 위해 굳게 뭉쳐 싸워 나가자! 교육민주화와 사회민주화, 그리고 통일의 그날까지 동지여, 전교조의 깃발 아래 함께 손잡고 나아가자! 민족교육 만세! 민주교육 만세! 인간화교육 만세! 전국교직원노동조합 만만세!!!

전국 조직이 결성됨에 따라 지역에서도 지부 조직이 속속 결성되기 시작했다. 먼저 5월 14일 대전 가톨릭농민회관에서 전교조 대전·충남 지역 발기인대회가 열렸다. 이어 6월 11일에는 공주사대에서 500여 명이 참석한 가운데 '전교조 충남지부' 결성식이 열렸다. 초대 지부장에 김지철(천안중앙고) 교사가, 사무국장에 고재순(광천중) 교사가 선출되었다. 무장 경찰과 장학사, 교장, 교감들의 원천봉쇄 속에 열린 이 날 대회에서 100여 명의 교사들이 공주경찰서에 연행되기도 했다.

전교조 충남지부는 11개 시·군 지회를 결성했으며, 50여 개 학교의 분회에 500여 명이 조합원으로 가입했다. 이후 충남지부는 조합원에 대한 탈퇴 공작에 시달려야 했으므로 조직수호 투쟁을 우선 과제로 내세웠으며, 이런 인식 아래 '충남 교직원 노조 합법성쟁취 공동투쟁위원회'를 결성하였다. 전교조 충남지부의 투쟁과 관련해서 1989년 8월 1일 김지철, 최교진(강경여중), 고재순 교사 등이 구속되었고, 이우경(서산 음암중) 교사가 파면되었으며, 총 22명이 해임되었다.

대전지역에서도 전교조 지부 결성 움직임이 일어났다. 1989년 5월 14일 가톨릭농민회관에서의 발기인대회를 치른 후, 대전 지역의 교사들은 6월 18일 한남대에서 '전교조 대전지부 창립대회'를 개최했다. 이날 경찰과 교육 관료들이 한남대 입구를 삼엄하게 둘러싼 채 대회를 봉쇄했는데, 교사들과 시민·학생들은 이를 뚫고 들어가 창립대회를 진행했다. 참석자들은 비민주적인 교육제도와, 학생과 교사의 온당한 삶을 파괴하는 교육 현실을 더 이상 방치할 수 없어, 교육자의 순결한 의지로 떨쳐 일어나 민족·민주·인간화 교육을 위해 전교조 대전지부를 결성한다고 선언했다. 이날 김우성(보문고)이 초대 지부장으로 선출되었다. 전교조 충남지부와 대전지부가 창립되면서 교사들은 다음과 같은 강령을 발표하면서 참교육운동에의 의지를 다졌다.

1. 우리는 교육의 자주성, 전문성 확립과 교육 민주화 실현을 위해 굳게 단결한다.

2. 우리는 교직원의 사회·경제적 지위 향상과 민주적 권리의 획득 및 교육 여건 개선에 모든 노력을 기울인다.
3. 우리는 학생들이 민주 시민으로서 자주적 삶을 누릴 수 있도록 민족·민주·인간화 교육에 앞장선다.
4. 우리는 자유, 평화, 민주주의를 사랑하는 국내 여러 단체 및 세계 교원 단체와 연대한다.(「전교조 강령」)

전교조는 전국 각지에서 극심한 탄압을 겪어야 했지만, 시민들의 지지 또한 커져갔다. 문교 당국은 전교조 교사들에게 탈퇴를 강요하였다. 1차 탈퇴 시한을 1989년 7월 15일, 2차 탈퇴 시한을 8월 1일로 설정하고 탈퇴하지 않는 교사들에게 철퇴를 휘둘렀다. 9월 초까지 1,519명의 교사들이 파면·해임되고, 42명의 교사들이 구속되었다.

이런 상황에서 '교직원노조 탄압저지와 참교육 실현을 위한 대전·충남 공동대책위원회'가 1989년 8월 초 대전에서 결성되었으며, 이명남 목사와 김용우 목사를 공동의장으로 선출했다. 8월 12일에는 부여 규암면 삼일교회에서 부여군 농민회, 금강인권선교위원회, 시민, 학부모 등 50여 명이 참석한 가운데 교직원노조 탄압저지와 참교육 실현을 위한 부여 공동대책위원회가 결성되었고 임은재 목사를 의장으로 추대하였다.[94] 8월 21일 교직원노조 탄압저지와 참교육 실현을 위한 대전·충남 공동대책위원회는 대전 YMCA 6층 교직원노조 대전지부 사무실에서 기자회견을 갖고 앞으로의 사업방향을 제시했다. 이들은 기자회견을 통해 정부에게 '전교조의 대화 요청에 즉각 응할 것과 부당징계 철회와 구속교사 석방, 교육활동을 억압하는 교육악법 철폐, 전교조의 합법화 인정' 등을 촉구했다.

1989년 8월 24일 한남대에서 참교육 실현을 위한 '교직원노조 지지 범시

---

94) 이후 논산 등 충남 각 지역에서 교직원노조 탄압저지와 참교육 실현을 위한 공동대책위원회가 결성되었는데, 기록이 없어서 자세한 내용은 알 수 없다.

민대회'가 교직원노조 탄압저지와 참교육 실현을 위한 대전·충남 공동대
책위원회 주최로 열렸다. 대회 장소는 오후 1시경부터 경찰의 원천봉쇄로
인해 교통이 차단되었고, 한남대 주변에는 경찰의 검문검색으로 시민들이
불편을 겪었으며, 일부 참석자들은 대회참가 도중 경찰에 연행되기도 하
였다. 교사와 학생 및 학부모 등 총 700여 명이 참석한 이날 대회는 전교조
지지의 뜻을 다지면서 2시간가량 진행되었다. 이 날 이명남 공동의장의
대회사에 이어 학부모, 노동자, 학생, 종교인의 순서로 전교조 지지 연설
이 있었고, 전교조 충남지부와 대전지부 소속 해직 교사 40명이 단상에 올
라 전교조 사수투쟁의 결의를 다졌다. 김용우 공동의장의 결의문 채택을
마지막으로 이날 대회를 끝내고 참석자들은 경찰의 대회장 원천봉쇄와 불
법연행에 항의하며 교문 밖으로 진출하여 경찰과 대치했다.

　1989년 8월 28일 부여 석성중에서는 해직된 정양희 교사가 동료 교사들
의 지지 아래 출근을 감행하다, 부여교육청 직원, 장학사, 육성회 임원 등에
게 저지를 당하고 구타까지 당하는 사건이 일어났다. 계속되는 장학사의
협박에도 불구하고 정 교사는 지지하는 동료 교사들과 함께 출근투쟁을 계
속했으며, 11월 18일에는 정 교사와 다수의 동료 교사들이 집단으로 구타당
하는 사건이 다시 일어났다. 이에 교직원노조 탄압저지와 참교육 실현을
위한 부여 및 논산지역 공동대책위원회와 교사 50여 명은 11월 29일 교육장
면담과 공개사과를 요구하며 부여교육청에서 항의 농성을 벌였다.

　1989년 9월 5일 논산에서는 교직원노조 탄압저지와 참교육 실현을 위한
논산 공동대책위원회 주최로 '최교진 선생님 석방 환영대회'가 열렸다. 최
교진(전교조 충남지부장)은 전교조와 관련하여 국가공무원법으로 구속되
었다가 석방되었다. 300여 명이 참석한 가운데 열린 이날 대회에서는 전교
조 합법성 쟁취를 위한 결의대회도 가졌으며, 대회 후 평화적인 가두행진
을 벌였으나 경찰의 방해로 무산되었다. 이후 공화당 논산지구당 사무실

앞으로 옮겨 성토대회를 벌이기도 했다.

9월 11일 천안 단국대에서도 전교조와 관련하여 구속되었다가 석방된 최교진과 김지철(전교조 충남부지부장) 환영대회가 열렸다. 교직원노조 탄압 저지와 참교육 실현을 위한 대전·충남 공대위와 천안·온양 공대위가 공동주최한 이 날 대회에는 700여 명의 노동자, 농민, 학생, 교사들이 참석했다. 이날 임인수 목사(천안·온양 공대위 의장)의 대회사를 시작으로 진행된 김지철, 최교진 교사 석방환영대회가 끝나고, 제2부에는 전교조 합법성 쟁취 결의가 열렸다. 학부모 대표로 나온 허원배 목사는 "참교육을 가로막는 노태우 정권을 물러나게 하기 위하여 뭉쳐야 하고, 지금부터 이 자리에서 싸워야 한다"라고 연설해서 참석자들로부터 큰 호응을 받았다. 마지막 연설에서 최교진 교사는 "이미 전교조 싸움을 통해 민주화와 반민주의 선이 명확해졌으며 전 국민이 민주로 결집되고 있으니 전교조는 이미 승리한 것이므로, 9월 24일 열릴 전교조 탄압저지와 합법성 쟁취를 위한 제2차 국민대회에 전민주세력이 결집하여 반민주와 한판 승부를 겨루자고" 호소했다. 이날 대회를 끝내고 참석자들은 시민들에게 홍보하기 위해 교문 밖으로 진출하려 했으나 경찰들의 저지로 무산되었다.

1989년 9월 24일 '전교조 탄압 저지와 합법성 쟁취를 위한 제2차 국민대회'가 전국 21개 도시에서 동시다발적으로 열렸다. 대전에서는 23일 오후 9시 한남대에서 전야제를 갖고 철야농성 후, 24일 오후 3시에 제2차 국민대회를 성공리에 개최했다. 23일 전야제는 전교조 대전지부와 충남지부 소속 교사 50여 명과 시민, 학생들 600여 명이 참석한 가운데 노래극 공연과 강연 등의 순서로 진행되었다. 24일 아침에는 각 단체별로 토론회, 체육대회를 가지면서 자체 결속을 다졌으며, 공주사대 노래패의 공연이 있었다. 오후 1시에는 한남대 주변이 원천봉쇄된 가운데 각 단체별로 독자적인 집회를 갖고, 3시에 1,100여 명이 모인 가운데 '전교조 탄압 저지와 합법성 쟁취를 위한 제2차 국민대회'를 시작했다. 이 날 경찰의 봉쇄로 대회에 참석치 못한 100여 명의 시민, 교사, 학생들은 대흥동성당에 모여 독자적으로 대회를 진행했다. 한남대에서의 집회를 마친 후 참석자들은 오후 6시 30분경 시내로 진출하여 집단적으로 가두홍보를 시작했으나, 경찰의 폭력적인 진압으로 인해 많은 사람들이 부상을 당하고 55명이 불법으로 연행되었다.

전교조를 중심으로 한 교육운동은 초·중·고교에만 국한되지 않았다. 1989년 11월에는 대전실업전문대(이사장 이정우)에서 학교 관련 비리를 폭로한 김경식 교수가 해임되는 사건이 일어났다. 김경식 교수는 한 사람에 의한 족벌체제 운영, 입학 부정, 공금 유용, 유령직원의 봉급 갈취 등의 문제를 공개적으로 제기했다가 해임되었다. 이에 전교조 대전지부는 11월 16일 규탄 성명서를 발표했다. 전교조 대전지부는 성명서를 통해 김경식 교수의 불법 해임 철회, 이사진의 퇴진, 정원식 문교부장관의 퇴진을 요구했다. 더 나아가 전교조 대전지부는 대전실업전문대 이사진의 반교육적 행태를 지역의 모든 교사 및 시민들에게 적극적으로 알릴 것과 참교육 실천에 매진할 것을 천명했다.

1990년에도 전교조에 대한 탄압은 계속되었다. 1990년 6월 23일 논산 양촌고 이사장은 이진형 교사(영어 담당)가 전교조 해직교사 원상복직 서명활동에 참여한 것을 문제 삼아 징계를 의결하여, 교사직에서 해임시켰다. 구체적인 해임 처분 통보의 징계 사유에 따르면, 이진형 교사는 전교조 해직교사 복직 서명운동에 참가한 외에, 담임을 맡았던 학급 반장과 부반장 학생들에게 이해인 수녀의 시집과 "함께 가자 우리"라는 노래 테이프를 주었고, 또 『불량 제품들의 희망 노래』라는 책을 학생들에게 빌려 주었는데, 이 모두가 학생들을 의식화하기 위한 활동이었다는 것이다.

재단 측의 의식화 교육 매도에 맞서 6월 16일과 18일 2회에 걸쳐 지역 농민회 회원들이 이진형 교사의 진실을 알리는 유인물을 주민들에게 배포 했고, 학생들 역시 "이진형 선생님의 징계는 부당하다"는 내용의 대자보 10 매를 교내에 부착하였다. 대전·충남국민연합은 27일 항의방문단을 구성 하여 양촌고 교장을 만나 징계 철회를 요구하였고, 이진형 교사 역시 25일 과 26일 양일간 출근투쟁을 전개하였으며, 28일 재심 신청을 내는 등 투쟁 을 계속하겠다고 밝혔다.

1990년 7월 16일과 31일 김인규 교사(충남 서산 해미고)와 공근식 교사 (충남 아산 송남중)가 대전지검 서산지청과 천안지청에 의해 구속되었다. 이들은 지난 6월 충남 태안 원이중과 온양 동신초등에서 '해직교사 원상복 직 촉구서명'에 참여한 현직 교사들에게 철회 각서를 요구하던 충남도교 위 장학사들에게 항의하고 각서와 전교조 비방문서 등을 빼앗았다는 이유 로 해당 교육청으로부터 공무집행 방해와 폭력행위 등으로 고발을 당했었 다. 이후 재판이 진행되어, 10월 23일 대전지법 서산지원은 김인규 교사에 게 무죄를 선고했다. 김백영 판사는 판결문에서 해직교사 복직을 위한 서 명행위는 청원법에 보장된 행위이므로 장학사들의 저지행위는 불법적 직 무행위이며, 이를 저지하려는 김 교사의 행위는 무죄라고 판결했다.

전교조 충남지부(지부장 최교진)는 1990년 12월 7일 도교육위원회의 인 사관리규정 개정 방향과 관련해 성명을 발표하고, 전보 인사 때 근무성적 평정 점수 반영 폐지와 지역점수에 따른 전보순위 결정, 교육장과 학교장 의 전보내신 재량권과 할애 내신제도 폐지를 요구했다.[95] 전교조 충남지

---

95) 근무성적평정제도(근평)는 1969년부터 교원의 승진, 전보의 기준으로 사용되어 왔는데, 그 기준의 비객관성으로 인해 교육의 자율성을 침해하는 대표적인 교원통제장치라는 지적이 계속되어 왔다. 더욱이 각 지역마다 근평점수의 비율이 다르고 각종 유예, 특례 조항으로 인해 교사들이 불이익을 당하는 수가 많았다. 지역점수에 따른 전보순위 결정 이란 도시와 시골, 벽지 등 지역 별로 점수를 정해 누구든지 공평하게 근무지를 순환할 수 있게 하자는 의미이다. 교육장과 학교장의 전보내신 재량권과 할애는 당시 충남도교 위 인사규정 제10조 '동일고 5년 장기근속자의 40% 범위에서 학교장이 1년간 전보를 유

부 측의 요구 사항에 대해 도 교육청 학무국장 김충식은 "충남지부 측이 제시한 요구사항을 인사규정시 반영하겠다"고 밝혔다. 하지만 이후 지역 방문 형태로 진행된 '교육 발전을 위한 지역 교사와의 간담회'에서 백승탁 교육감은 "충남의 근무평가 반영 비율은 29%에 불과하다"고 주장하는 등 인사규정 개정 의지가 전혀 없다는 것을 드러냈다. 전교조 충남지부는 요구사항 관철을 위해 계속 투쟁을 전개해 나가는 한편, 12월 중 충남 전 시군에 '공정인사 감사단'을 대규모로 조직하여 교육 관료들의 독단과 비리를 사전에 예방하고, 비리 발생 시 대대적인 폭로와 법정 대응을 벌여나가기로 했다.

1991년 4월 26일 학원자주화투쟁에 참여한 명지대 경제학과 1학년생 강경대가 백골단 소속 사복 경찰에게 쇠파이프로 구타당해 사망하는 사건이 발생했다. 이에 이 사건을 규탄하며 노태우 정권 퇴진을 요구하는 투쟁이 전국적으로 일어났다. 특히 전국 5,000여 교사들의 시국선언이 진행되는 가운데, 대전 지역에서도 13명의 초·중·고 교사들이 5월 16일 시국선언에 참여했다.

민주화를 바라는 대전 지역 교사 일동 명의로 이 날 발표한 성명서에서 교사들은 "사회민주화의 실현과 폭력 정권의 추방만이 이번 사태의 근본 해결책이라 믿고, 사회민주화와 교육민주화를 위해 교사들이 앞장설 것"이라고 주장하면서, 노재봉 내각의 총사퇴, 공안통치 중단, 책임자 구속수사, 해직교사 복직, 전교조 합법화 등을 촉구했다.[96] 이 날 결의대회가 열

보할 수 있다'는 내용과, 제14조 '과목조절 도는 교육상 필요한 자, 물의를 야기한 자 등은 본인의 의사에도 불구하고 전보할 수 있다'는 내용을 말한다. 이 규정들은 학교장이나 교육장의 징계성 좌천인사로 악용될 소지가 많았다. 또한 도내 인문계고교 학력향상을 위해 우수교사를 확보한다는 명목으로 교장이 전보대상자의 30% 범위 내에서 지명 전보까지 가능토록 해 지역 간 교육의 불평등을 초래하기까지 했다.(『전교조 신문』 제 59호 1990년 12월 11일~20일자)

96) 이 날 서명에 참석한 교사들은 김근중(대문초등), 나중집(천동초등), 이기정(화덕초등),

리던 전교조 대전지부 사무실 건물 앞에는 한택만, 김용애 장학사 등 교육
관료 20여 명이 몰려와서 교사들을 감시했는데, 대전지부 교사 2명이 이들을
저지하며 사진을 찍자 카메라를 빼앗으려고 폭언과 구타를 자행하였다.
이날 발표한 시국선언문에서 교사들은 다음과 같이 요구사항을 밝혔다.

－우리의 요구－

1. 강경대 제자를 살해한 노재봉 내각은 사퇴하라!
1. 학생 죽음 불러오는 공안통치 중단하라!
1. 내무부장관, 치안본부장관, 관할 경찰서 책임자를 구속 수사하라!
1. 독재정권의 방패막이인 백골단과 전투경찰을 해체하라!
1. 해직교사 1,600명을 즉각 복직시키고 전교조 합법성을 보장하라!
1. 교무회의 의결기구화 등 실질적인 학교자치, 교육자치를 보장하라!

　1992년 들어 전교조는 1992년을 교육 대개혁 투쟁의 해로 설정했다. 이
를 추진하기 위해 전국적으로 교육대개혁과 해직교사 복직 추진위를 구성
하고, 범국민 서명운동을 전개하기로 결의했다. 전교조는 3월 10일을 기해
전국 5만여 교사를 대상으로 교육대개혁 설문조사를 실시하는 한편, 소위
원회를 구성해 교육대개혁 1차 시안을 마련해 발표하였다. 이후 전교조는
설문조사를 바탕으로 해직교사 원상복직과 교육대개혁을 위한 교사 서
명에 돌입할 것임을 천명했으며, 서명 돌입 후 한 달 만에 5만 명이 넘는
교사들이 참여했다. 대전 지역에서도 이러한 투쟁에 적극 참여했다. 4월
28일 교육대개혁과 해직교사 원상복직을 위한 대전교사추진위가 결성되었고,
대전 지역 69개 교 1,018명의 교사들이 서명에 참여했다.

김기정(서중), 문성호(용운중), 정길도(새일고), 김원영(서중), 박의선(호수돈여고), 최성
은(성모여고), 김철식(변동초등), 박해룡(대전여고), 권종만(도마중), 양승화(변동초등)
등이다.

1992년 11월 4일 서울을 비롯하여 전국 8개 시도의 현직 교사 5,562명이 〈교육대개혁과 해직교사 원상복직을 요구하는 교사선언〉을 발표했다. 11월 6일에는 전국 14개 시도 총 9,685명의 교사들이 시국선언에 참여하였다. 이 교사선언은 원래 11월 3일 경북 지역 교사 540명으로부터 시작되어, 11월 4일 경기 지역 700명과 대전 지역 74명이 가세했고, 이후 전국적으로 확산되었다. 서명에 참여한 교사들은 선언문에서 "해직교사 원상복직과 전교조 인정은 교육개혁과 사회의 총체적인 민주대개혁의 출발"이라고 강조하고, 교육부는 전교조의 대화 제의를 수용하고, 각 정당과 대통령 후보들은 전교조 합법화와 해직교사 복직을 위한 교육개혁의 정책 대안을 마련할 것을 촉구했다.

현직 교사들이 대거 선언에 참여했다는 이유로 각 학교 측은 서명자들을 즉시 탄압하였다. 그 대표적인 예가 대전 북중 교사선언 탄압사건이다. 대전 북중에서는 교장이 교사선언 서명자에 성광진 교사가 들어있음을 확인한 후, 서무주임과 서무계장들을 통해 사직을 강요하며 폭언을 행사했다. 또 직원회의에서 일방적으로 담임 교체를 발표하고, 이에 의견을 말하려던 성 교사에게 폭언을 퍼붓고 성 교사의 멱살을 잡아 밖으로 끌어냈다. 이 사건은 일간지에 기사화될 정도로 유명해졌다. 학부모 항의단과 전교조 대전지부 항의단이 몇 차례에 걸쳐 학교를 방문하여 항의하였다. 그 결과 성 교사에 대한 징계 시도는 저지되었다. 하지만 교장은 인사권이 자신의 고유권한이라고 주장하면서, 담임 복귀라는 항의단의 요구는 수용하지 않았다.

전교조 합법화와 해직교사 복직요구를 위한 투쟁은 전국적으로 확산되었다. 정치권에서도 이 문제를 본격적으로 거론하기 시작했다. 1990년 6월 5일에는 국회 문공위 소속 야당 의원 5명이 "정부는 전교조 관련 교원들에 대한 비인도적, 불법적 탄압을 즉각 중지하고 해직 교사들을 완전 복직시킬 것"을 요구하는 공개질의서를 대통령과 정원식 문교부장관에 보냈다. 또한 전교조 해직문제는 국제사회의 이슈로 부상하였다. 1992년 4월 16일 세계교원단체연맹WCOTP과 국제자유교원노조연맹IFFTU은 노동조합의 조합원이라는 이유로 교사들을 대량 해직시킨 것은 노동자의 자주적 단결권을 보장한 국제노동기구ILO의 기본조약들을 정면으로 위반한 것이라며 한국 정부를 국제노동기구에 정식 제소했다. 전교조의 해직교사 복직 및 전교조 합법화를 위해 1993년 2월 1일 전교조 위원장단과 지부장단 및 해직교사들의 단식 농성을 시작으로 지방의회 의원 및 도교육위원회 위원 등의 단식 농성이 이어졌다. 같은 날 한국노총은 전교조 인정과 복직을 촉구하는 성명을 발표했다. 3월 4일 국제노동기구에서 전교조 인정과 해직교사 복직을 촉구하는 권고문을 채택했다. 김영삼 정부는 이런 상황에 직면하여 전교조와 대화를 모색하기에 이르렀다. 그 결과 4월 8일 오병문 교육부장관과 정해숙 전교조위원장이 만남을 갖고 전교조 문제를 해결하기 위한 대화를 시작하였다. 마침내, 4월 29일 교육부와 전교조는 전교조합법화와 해직교사 복직문제를 분리 처리한다는 데 합의함으로써 해직교사 복직문제 해결에 진전을 이루게 되었다. 6월 24일 오병문 교육부장관은 전교조 '선탈퇴 후선별' 복직방침을 발표했다.(이영재, 2011, 195~210쪽).

이에 전교조는 논의를 거쳐 학교개혁을 실천하기 위해 복직하여 다시 교육현장으로 돌아갈 것을 결의했다. 10월 15일 정해숙 위원장은 기자회견을 갖고, "교육부의 방침을 수용하거나 복직 문제를 종결하는 차원에서가 아니라 학교 현장으로 돌아가 동료 교사, 학생, 학부모와 더불어 교육개혁을 실천하고, 전교조 합법화를 앞당기기 위해 복직할 방침"이라고 밝혔다. 이에 따라 1989년 전교조를 결성했다는 이유로 해직된 1,524명의 교사 가운데 1,294명의 교사들이 1994년 3월 다시 교단으로 복귀하였다. 1994년 새 학기가 시작되면서는 총 1,491명의 해직 교사들이 교단으로 복귀했다.

이를 계기로 전교조는 '현장 중심'의 제2기를 선언하고, "우리 것을 계승하는 교육", "아이들은 우리의 미래 학교를 살리자"라는 슬로건 아래 교육 현장 중심의 사업들을 주요 사업으로 결정했다. 대전 지역에서도 해직 교사 중 8명이 복직했으며, 이후 3개 지회(초등, 사립중등, 공립중등)의 지회장을 현장 교사로 세우고, 현장중심 사업을 전개해 나갔다. 전교조 중심의 교육운동은 1999년 합법화가 될 때까지 계속되었다.

제4절 대전·충남 지역 교육운동의 성격과 의의

대전·충남 지역 교육운동은 다른 부문운동 영역보다 일찍 태동하였고, 타 지역에 비해서도 매우 활발하게 전개되었다. 대전·충남 지역의 교육운동이 태동하고 발전한 데는 여러 가지 요인들이 작용했다. 무엇보다, 1970년대 말에 공주사대와 한남대 출신 국어 교사들을 중심으로 일어난 문학운동이 교사운동으로 발전할 수 있는 좋은 토양을 제공하였다. 이들은 대전·충남 지역에서 『삶의 문학』이라는 문학동인 모임을 만들어 자신들의 문학적 지향점을 분명히 하고, 민주화라는 시대정신에 부응하고자 했다. 이런 노력은 교육 현장에서도 표출되었다.

또한 1980년대 들어와 홍성지역에서 의식있는 교사들이 소모임을 만들고, 특히 YMCA와 연대해 1982년 '홍성YMCA중등교육자협의회'를 결성한 것은 지역 교육운동이 태동하는 중요한 씨앗이 되었다. 홍성YMCA중등교육자협의회는 1984년 지역 독자조직인 '홍성YMCA 중등교사협의회'로 재창립되었고, 그 후 전국적인 교육민주화선언에 동참하는 등 지역의 교육운동에 활발하게 참여했다.

1984년 공주사대 국어과 출신 국어 교사들이 주축이 되어 교육현장에서 가르치던 아이들의 글을 모아 『이웃끼리』라는 문집을 발행하였다. 이 사건은 대전·충남 지역에서 최초로 발생한 교사들의 민주화운동이라고 말할 수 있다. 또한 1985년 5월 20일에 출간된 『민중교육』지 사건으로 전국적으로 20명의 교사들이 파면되었는데, 이들 가운데 대전·충남 지역 교사들이 제일 많았다. 이 사실은 지역차원에서 교육운동을 가능하게 할 수 있는 네트워크가 이미 구축되어 있었다는 좋은 증거이며, 이런 네트워크들을 통해 일찍이 교육운동이 이 지역에서 발전할 수 있었다. 『민중교육』지 사건은 교육문제를 사회문제 혹은 민주화문제로 환기시키는 계기로 작용했으며, 현직 교사들의 후원을 이끌어냄으로써 조직적인 교육운동의 기반을 다지기 시작했다. 『민중교육』지 관련 해직 교사들을 주축으로 1985년 9월 '교육출판기획실'을 만들어 민주적인 교육이론 등 교육관련 서적을 출판하는 사업을 하게 되었고, 다시 이를 기반으로 '충청민주교육실천협의회'가 건설되었다.

대전·충남 지역 교육운동은 1986년 개헌열기 속에서 한 단계 발전하였으며, 6월 14일 발표된 〈충청교육민주화선언〉으로 표출되었다. 이후 1987년 6월민주항쟁을 거치면서 '충남교협'이 창립되고, 이듬해에 총 16개 시군에 교사협의회가 조직됨으로써, 이 지역 교육운동은 대중운동으로 확산되기 시작했다. 그 전에는 30~40여 명의 교사들이 대전과 몇몇 지역에서 운동을 벌였으나, 충남 각 지역으로 거점이 확산되면서 교육운동의 대중화가 본격적으로 이루어진 것이다. 대전·충남뿐 아니라 전국 각지에서 전개되었던 교육운동의 노력은 마침내 1989년 5월 28일 전교조 결성으로 결실을 맺게 되었다. 이런 전국적인 흐름에 따라 6월 11일에는 '전교조 충남지부'가 결성되었고, 6월 18일에는 '전교조 대전지부'가 창립되었다.

대전·충남 지역의 교육운동은 그동안 한국 사회의 민주화에 참여하는 부문운동으로 이 지역 교육현장 곳곳에서 활발하게 전개되어 왔다. 특히

1994년 전교조 해직 교사들이 교단으로 복귀하면서 현장 중심의 제2기를 맞이하였고, 대전·충남 지역 교육운동은 새롭게 발전했다. 대전·충남 지역 교육운동은 유치원에서 대학에 이르기까지 교육현장 곳곳에서 민주화라는 목표를 향해 부단히 전개되어 왔다. 그 결과 교육현장의 민주화뿐 아니라 사회 전반에 걸쳐 민주화를 실현하는 데 크게 기여했다.

제7장 여성운동

제1절 대전·충남 지역 진보 여성운동의 맹아기

1. 보수 여성단체들의 등장과 한계

대전·충남 지역 여성운동의 역사는 서울을 포함한 다른 지역들에 비해서 미약한 전통을 가지고 있다. 해방 이전까지 대전·충남 지역에서는 단한 개의 여성단체도 결성되지 못했다. 일제강점기에 최초의 전국적인 여성운동 조직이었던 근우회(1927~1931)는 국내 각 시도 단위에 57개와 해외 3개 등 모두 60개 지회를 갖추고 있었다. 대전·충남 지역은 각 시도 지역들 중 단 하나의 지회가 없었던 유일한 지역이다. 또한 1920년대의 대표적인 여성단체인 여자청년회 역시 대전·충청 지역에서는 조직되지 못했으며, 1945년 12월에 결성된 조선부녀총동맹의 시도 지역조직 역시 매우 취약했던 곳이다. 이는 대전·충남 지역이 여성운동의 전통이 매우 빈약했음을 보여주는 반증이다. 대전·충남 지역은 타 지역에 비해 유교적 가부장제 문화가 강하였으며, 그로 인해 성차별적인 사회구조가 강하게 자리잡고 있던 곳으로 추정된다. 이런 지역적 토양에서 여성의 정치적 사회적 지위와 진출은 타 지역에 비해 낮은 수준이었다.

민주화 시기 이전 대전·충남 지역의 여성운동은 보수적인 여성단체들에 의해 주도되었다. 대전 지역 최초의 여성단체는 대전YWCA(1946)였다. 1950년대에는 간호협회 충남지부, 대한어머니회 대전시연합회, 한국걸스카웃 충남연합회, 대한적십자사 충남지사 부녀봉사대, 대한적십자사 대전·충남지사 부녀봉사특별자문위원회, 전쟁부인상조회, 충남여자청년재건회, 대한부인회 충남본부, 대한부인회 대전지부 등 9개가 조직되었다. 1960년 4월혁명 직후 대한부인회 여성 간부들이 부정선거 혐의로 투옥되면서, 여성단체들의 활동이 위축되었다가 1963년에야 재개되었다.

쿠데타로 집권한 박정희 군사정권의 반공이데올로기 강화와 경제성장주의 정책으로 1960년대 여성운동은 매우 위축되었다. 군사정권의 포고령으로 여성단체들이 해체되기까지 대전에서는 대전시여약사회, 대한전몰군경미망인회 충남지부, 한국부인회 충남지회·대전지부, 향군부녀회 충남지회, 여성정축생활회 충남지부, 충남해성회, 대전시해성회 등 7개의 단체들이 활동했다. 이 중 대전YWCA가 가장 활발하게 활동을 전개했다.

1970년대 들어서는 대전어머니회 충남연합회, 전국주부교실 충남지부, 대전녹색어머니회, 한국간호조무사협회 대전지부, 여운회, 대전교구가톨릭여성연합회 등이 조직되었다.(허성우, 1997, 26~28쪽)

이들 보수 여성단체들은 크게 여러 직업 직능 조직들, 친목을 겸한 봉사활동적 성격이 강한데, 1980년대에 보다 많은 여성단체들이 조직되면서 대전시여성단체협의회(1989)라는 협의체로 묶여진다. 직능 조직들을 제외한 나머지 단체들은 대부분 기혼 여성들의 전통적 성 역할과 연관된 활동을 전개했다. 이들은 '어머니', '전업주부'와 같은 전통적인 여성의 성 역할에 필요하고, 또 이 성 역할을 가정에서보다 사회로 확대하는 활동들을 통해 중간층 기혼 여성들의 '실질적인 젠더 이해gender interest 실현에 기여했다

고 할 수 있다. 여성들의 실질적 젠더 이해를 실현한 대표적인 예가 1970
년대 후반 탄생한 새마을부녀회다. 대전 지역 새마을부녀회는 1984년에
조직되었지만, 실제로 농촌의 여성들은 여러 여성 조직을 통해 새마을운
동에 이미 참여해 왔다. 기혼 여성들은 정부가 주도한 교육과 마을공동체
발전 프로젝트들에 참여함으로써, 실생활에서 필요한 이해를 충족할 수
있었다. 예컨대, 가족계획을 통한 피임 실천은 출산을 통제하고 싶은 여성
들의 실질적 이해와 맞는 측면이 있었다. 더 나아가 여성들은 농촌 지역의
다리 놓기, 지붕 개량, 수도시설 확보, 주택구조 개선, 특히 입식주방 도입,
식생활과 의생활에 걸친 근대화와 보육을 위한 어린이집 설치, 좀도리쌀
모으기 활동을 통한 여성들의 소규모 자금 확보와 공동구판장 운영, 농업
노동에 있어서의 협업과 부업을 통한 수입 증대와 같은 사회적 재생산 노
동을 통해 실질적인 이해를 충족할 수 있었다.

  새마을부녀회를 비롯한 보수 여성단체들의 활동 과정에서 여성들이 최
초로 정부의 공적 조직에 진출하기 시작했다. 1973년에 서천에서는 정부
정책으로 서면에서 17명, 마산면에서 25명 등 42명의 여성 부이장이 최초
로 선출되었다. 부이장 제도는 이동 행정 강화와 도정시책의 효과적인 홍
보를 위해 실시되었는데, 그 역할은 이장 부재시의 업무 대행, 여성단체
지도, 여성지위 향상과 사회참여 촉진 등을 실행하는 것이었다. 여성 부이
장들은 절미 저축, 식생활 개선과 가정의례준칙 수행 등 기타 여성 관계
행정 말단의 일을 맡았다.(『조선일보』 1973년 10월 23일자) 이는 비록 관
주도로 이루어졌지만, 농촌 지역에서 여성들이 지도력을 행사하고 키우게
되는 출발을 이룬 계기라 할 수 있다.

  여성들은 보수 여성단체에 참여하면서 전통적 성 역할 수행에 필요한
실질적인 자원을 얻게 되었을 뿐 아니라, 또한 국가와 사회의 일원이라는
시민의식을 갖게 되었다. 그리고 가정과 지역사회 내 여성들의 종속적 위

치를 한 단계 상승시키며 공적 영역에 등장함으로써 가부장제에 균열을 내기도 했다. 하지만 많은 보수적인 여성단체들, 특히 새마을부녀회와 같은 단체는 정부의 지원 하에 놓여있었고, 전두환 군사정권 이후 더욱 관주도성에 의한 영향을 강하게 받았다. 새마을부녀회에 참여한 여성들은 가족과 지역사회 내에서 전통적 성 역할을 넘어선 모습을 보여주었으나, 국가의 거대한 가부장적 질서를 인식하고, 이에 저항하며 젠더 질서 변화를 추구하는 '전략적 젠더 이해'를 추구하지는 않았다. 그럼으로써 결국 가부장적 권력 지배를 묵인하고 유지하는 보수적인 여성 조직의 특징을 그대로 보여주었다.

2. 진보 여성운동의 맹아를 형성한 대전YWCA

1946년 4월 10일 창립된 대전YWCA는 대전 · 충남 지역에서 처음으로 세워진 여성단체이자 여성운동적 성격을 띤 곳이었다. 당시 대전YWCA는 여성의 문맹퇴치 운동에 주력했으며, 전후에는 전쟁으로 인한 피해 복구와 국가 재건운동에 적극 참여했다. 1947년 미군정 산하에 부녀국이 설치되고, 충남도청 산하에 부녀계가 만들어져 최초의 여성정책기구들이 구성되었다. 충남도청 부녀계의 주도와 지원 하에 어머니학교 등의 단체들이 설립되었지만, 이 단체들은 여성들의 취미생활이나 봉사활동에 주력했다.

대전YWCA는 1950년대와 1960년대 초까지 잠시 활동의 정체기를 겪다가 1960년대부터 본격적으로 활동을 재개하였다. YWCA운동은 청년운동, 여성운동, 기독교운동이라는 세 가지 성격을 갖는다. 여성들의 지위 향상을 위한 여성운동적 성격을 가장 잘 보여준 대표적인 활동들 중 하나는 가족법개정운동에의 참여이다. 1950년대부터 시작된 가족법개정운동은 현대 한국 여성운동에서 중요한 쟁점들 중 하나로서, 2004년 호주제가 폐지됨으로써 일단락된 길고 긴 투쟁이었다. 당시 대전YWCA는 산하에 1969년 여성가정법률상담소를 설치하고 대전주부교실의 가정법률상담소와 함께 가족법개정운동을 벌여 나갔다.(대전광역시여성단체협의회 편, 2009, 60~63쪽) 1980년대에도 가족법개정 서명운동이 지속되었다. 당시 가족법은 조선시대 유교사상에서 유래하는 남존여비 의식과 반민주적인 남계 혈통 중심의 호주 본위 가족제도를 근간으로 하면서, 혼인, 이혼, 상속 등 여러 가지 분야에서 남녀평등의 원칙에 반하는 규정들로 이루어져 있던 비헌법적, 비민주적 법률이었다. 여성단체들은 서로 연대하여 많은 불평등 조항을 갖고 있는 가족법을 남녀평등을 기본 이념으로 하는 헌법정신에 비추어 개정하고자 하는 운동을 벌였다.

대전YWCA는 1960년대에 여성회관 건립 추진운동, 농촌을 위한 모금활동, 양로원 봉사 등의 봉사활동과, 어머니교실과 미혼여성 생활교실 등의 교육 프로그램을 전개했다. 또한 '저소득 취업 알선', '버스차장 과제 교육', '시간제 가정부 훈련' 등 여성 취업 교육을 실시해, 노동 여성의 권익 보호를 위해 일했다. 그리고 '여성문제 좌담회' 등을 통해 여성이 처한 현실을 올바로 보려고 노력했다. 이것은 당시 다른 여성 단체들이 봉사활동이나 친목, 취미를 위한 활동에 중점을 두었던 것과 비교해, 보다 여성운동적 경향을 보여준다.(대전광역시여성단체협의회 편, 2009, 60쪽)

1970년대에는 정치, 경제, 사회문제를 다루면서 다양한 활동을 전개했다. 대전YWCA는 소외 계층을 위한 봉사활동, 생활개선 강좌, 소비자 상담 등을 추진하던 중 1975년 세계 여성의 해를 맞아 여성운동의 방향을 정립하고자 하였다. 1975년은 UN을 중심으로 한 세계적 차원의 여성운동이 처음으로 출발한 해로서, 이 해에 평등, 발전, 평화라는 세 가지 전략을 중심으로 성 차별을 완화하고 제거해 나가기 위한 전 지구적 여성연대가 시작되었다. 당시 한국에서는 진보 여성운동이 발전되지 않았지만, UN을 중심으로 한 세계적 차원의 여성운동에 동참한 여성 지식인들을 중심으로 진보적인 여성운동 주체들이 성장하기 시작했다. 이런 세계적 차원의 여성운동은 보수적 한국여성단체협의회의 방향에도 영향을 미쳐 남녀평등과 여성 발전이라는 화두를 보다 명시적으로 던지는 계기를 형성했다. 대전 YWCA도 이런 사회분위기의 영향을 받았으며, 이에 따라 어린이와 여성 장애인을 위한 사업을 비롯하여 경제활동을 필요로 하는 여성직업 개발사업과 직업안내 사업 등을 실시하였다.

대전YWCA는 1970년대 중후반 이래 서서히 아래로부터 올라오는 민주화운동의 영향을 받았으며, 1980년대 중반에는 보수 여성단체의 구심인 대전시여성단체협의회에서 탈퇴하여 독자적인 길을 걸었다. 대전YWCA는 어린이, 청소년, 학생·청년, 주부 등 거의 모든 연령대를 포괄하고 있었다. 대전YWCA는 여성들의 권익 향상을 위한 프로그램들 중 다른 보수 여성단체와 차별성이 있는 프로그램을 활발하게 운영하였는데, 가난한 여성 노동자들을 위한 야간학당과 전국적 네트워크를 가진 대학부 활동, 사회적 영향력이 있는 소비자고발센터 등이 대표적이다. 여성노동자들과 청년 대학생들이 만나는 이런 공간들은 1980년대 초반 충남대에서 학생운동과 여학생운동을 경험한 여성과 남성 활동가들의 관심을 끌었으며, 곧이어 청년활동가들이 이런 활동공간에 참여하였다.

제2절 민주화투쟁과 진보 여성운동의 주체 형성

1. 대전·충남 지역 진보 여성운동 주체들의 등장

대전·충남 지역의 경우, 1970년대 후반까지도 학생운동이나 사회운동권 안에서 여성운동 주체들은 등장하지 않다가, 1980년대 초반 경부터 서서히 모습을 드러냈다. 이들은 첫째, 충남대 학생운동권 내 여성운동 주체들, 둘째, 사회운동권 내부의 여성활동가들, 셋째, 사회민주화를 지지하는 진보적인 장년 여성들 등 세 부류로 나눌 수 있다. 이들은 1980년대 후반 민주화운동기에 대전·충남 지역 진보 여성운동의 장을 열고 더욱 확장했다.

1) 학생운동권 내 여성운동 주체들의 등장

1981년에 충남대에서 '여성학연구반'이 결성되었다. 여성학연구반은 당시 충남대 지하학습팀에서 사회과학을 학습하던 허성우(사학과 79학번)가 학내 여성운동에 관심을 갖고 지하학습팀을 탈퇴한 뒤 몇몇 동료들과 같이 만든 공개 조직이었다. 이 여성학연구반을 통해 학생운동권 내에 진보적 여성운동의 주체가 등장하기 시작했다.

허성우는 당시 사회과학 학습 동아리에서 활동하면서 계급해방뿐 아니라 여성해방이라는 문제에 관심을 가지고 있었다. 1981년 초 당시 학도호국단 여학생부에서 쌍쌍파티 대신 뭔가 의미 있는 사업을 하고 싶다는 제안을 허성우에게 했는데, 허성우는 이를 받아들여 여성해방문제를 본격적으로 다루는 학술모임 조직에 나섰다.

이 모임은 당시 우리문화연구회에서 활동하던 전용란(사회학과 79학번), 사회학회 구성원이던 최종숙(사회학과 79학번), 이종란(경영학과 79학번) 등에 의해 추진되었다. 전용란과 허성우는 고려대에서 여성학 모임을 조직했던 여성활동가들을 만나 자문을 구했으며, 이화여대 사회학과 조형 교수를 특강 강사로 섭외하여 여성해방이론들을 소개해주기를 요청하기도 했다. 이들은 한국 여성노동자, 여성농민, 중간층 전업주부들의 삶의 현실과 문제 등을 파악하기 위한 세미나를 진행했다. 전용란이 최소한

의 인권이 보장되지 않는 열악한 노동현실을 조사하여 발표했고, 최종숙
은 근대의 여성문제에 대해, 이종란은 전업주부들의 현실과 그들이 처한
삶에서의 위협적 차별 문제들을 조사하여 발표했다. 충남대 문과대 강의
실에서 진행된 이 행사에는 150여 명의 학생이 참여하여 신선한 문제제기
에 뜨거운 반응을 보였다. 이들은 학내에서 여성학을 공부하는 본격적인
공개조직을 만들기로 합의했다.

여성학연구반은 1981년 말에 출범하여 1982년에 첫 신입생을 모집했다.
모임은 대학생들의 정치·역사·사회의식을 높이는 동시에 여성해방의식
을 높이기 위해 사회과학과 여성학 학습 중심으로 이루어졌다. 역사의식
을 다룬 한국근현대사와 해방전후사를 비롯하여 이효재의『여성과 사회』,
앨리슨 재거의『여성해방의 이론과 체계』등 여성학 관련 서적들을 공동
으로 학습하였다. 여성학연구반은 매년 신입생들을 모았으며, 동아리 내
에서의 소그룹 운영과 MT 등의 활동을 지속하였다. 여학생이 다수를 이뤘
지만, 소수의 남학생들도 참여하여 여성학이라는 접근에 대해 관심을 보
여주었다. 당시 사회학과 장희진 교수가 여성학연구반 지문교수로서의 역
할을 담당했다. 여성학 연구반은 학술 심포지엄을 주최하거나 동아리 축
제에서 학술제를 개최했다. 이외의 활동으로 당시 시대적 상황으로 인한
민주화운동 관련 시국집회에도 많이 참여하였다.(김진연과 채계순의 증
언)97)

당시 학생운동권 내 남성 활동가들은 여성학연구반의 여성운동이 학생

---

97) '여성학연구반'에서 활동했던 여학생들은 허정(사학과 79학번), 홍미라(사회학과 82학
번), 조정미, 이영희, 김숙자, 안순희(사회학과 81학번), 전혜련, 이재영(사학과 83학번),
채계순(사회학과 84학번), 김청미(불문과 84학번), 이은영(철학과 84학번), 이미숙(약학
과, 84학번), 김진연(국문과 85학번), 한수정(철학과 85학번), 유혜인(불문과 85학번), 박
인숙(교육학과 85학번) 등이었다. 1986년도부터는 남학생도 동아리활동을 함께 했으며,
유난숙(영문과 86학번), 양정숙(정치외교학과 85학번), 구태을(영문과 87학번), 배경민
(88학번), 정우상(무역학과 88학번) 등이 활동에 참여했다.

운동을 분열시키며, '부르주아적이자 리버럴한' 운동이라는 편견을 가지고 있었다. 이 논리는 성 모순은 계급 모순에 부차적이며, 계급해방이 이뤄지면 성해방이 자동적으로 이뤄질 것이라는 전형적인 마르크스주의 여성해방론의 관점에 기초한 것이었다. 이후 세계적으로뿐 아니라 국내적으로 알려지기 시작한 다양한 여성주의 사상과 실천의 역사는 이러한 전통적 마르크스주의 여성해방론이 전적으로 옳은 이론이 아니었음을 보여주었다. 여성학연구반은 민주화와 여성해방에 대한 인식을 높이는 주체들을 더욱 확산함으로써 학생운동의 발전에 기여했다.

1982년 9월에 '청람회' 사건이 발생하였는데, 이 사건에 학생운동 조직인 '우리문화 연구회' 등 지하학습팀 구성원들이 연루되었다. 이로 인해 당시 여성학연구반과 직접 연결되어 있던 최종숙이 구속되었다. 이 사건으로 인해 여성학연구반 학생들이 대거 공안 당국에 소환되었고, 정치적 두려움을 느낀 1, 2학년 학생들의 참여가 잠시 줄어들었다.

전두환 군사정권의 학원자율화정책이 시행되면서 학생운동권은 열려진 공간 안에서 보다 더 열린 공간들을 확보해 나갔다. 학생운동은 지하학습팀 중심의 학습모임에서 총학생회와 공개조직들 중심의 거리집회 방식으로 전환되어 나갔다. 이 시기 학생운동권 내의 민족해방NL과 민중민주주의PD 사상 논쟁은 여성학연구반에 유의미한 영향을 미쳤다. NL 그룹과 PD 그룹은 서로 견제를 하면서 '여성학연구반' 학생들을 자기 진영으로 유입하였다. 남성 선배들은 여성운동의 중요성을 간과한 채 남성 중심의 사회운동사상만을 강조하였다. 결국 여성학연구반 구성원들은 여성학 학습의 전통을 지키지 못한 채, 학생운동 조직의 일부로서만 기능하다가 자기 정체성을 상실한 채 1993년에 해체되었다.

2) 사회운동권 내 여성운동 주체들의 형성

학생운동 조직과 여성학연구반 출신의 여성활동가들은 대학을 졸업하면서 사회운동 영역으로 진출하였다. 여성활동가들의 최초의 사회운동권으로의 진출은 대전YWCA를 통해 이루어졌다.

1980년대 초반 민주화운동과 여성운동을 펼치려는 뜻을 가지고 대전 YWCA에 참여했던 사람들은 충남대 초기 '지하학습 팀'의 멤버이거나 그 영향력 안에 있던 정희영(사학과 79학번), 한미희, 허성우, 주정숙(약학과 78학번), 이정식 등이었다. 정희영과 한미희는 1985년에 소비자고발상담 자원봉사 활동을 시작했고, 뒤에 충남대 여성학연구반 출신인 허성우가 이에 합류했다가 프로그램간사로 1987년 초반까지 일하였다. 주정숙과 이정식은 야간학당 교사로서 여성노동자들에게 민주적인 교육프로그램을 제공하고자 했고, 허성우는 야간학당 담당간사로 이들과 협력했다. 또한 대학부 간사를 맡은 허성우는 다른 지역 YWCA의 대학부 간사들과 협력하면서 YWCA의 대학 소속 대학생들과 함께 유신독재의 모순을 인식하고 저항하는 데 필요한 학습과 토론을 하는 모임을 조직했다. 하지만 이런 시도들은 대전YWCA 내에서는 정치적으로 위험한 것으로 인식되었고, 지속적으로 확산되지는 못했다.

학생운동 출신 여성활동가들은 졸업 이후 제조업 사업장을 기반으로 한 노동운동 영역으로도 진출했다. 정희영은 1980년대 중반부터 1990년대 초까지 대전 대화동의 빈들장로교회를 기반으로 제조업 노동자들을 지원하는 늘푸른청년회, 노동야학과 노동상담소 활동에 참여했다. 여성학연구반 출신인 홍미라, 전혜련, 이재영, 안순희 등은 졸업 후 여성노동자들이 집중된 제조업 중심의 영세 사업장에서 노동자로서 일하면서 여성노동자들을 조직하고자 했다. 노동현장에서 짧으면 몇 개월에서 1년간 활동한 후 나온 경우도 있지만, 이재영과 같이 1988년부터 1992년까지 노동현장에 오래 머문 경우도 있다. 이재영은 사업장에서 나온 후 1990년대 초반 충민노련 사무국과 대전노동정책연구소에서 상근자로 일했다. 그 외에도 김미림(충남대 철학과 82학번) 등 학생운동 출신의 여러 여성활동가들이 1980년대 후반에 노동현장에 투신했다. 정종미(공주사대 82학번)도 서울 지역에서 공장생활을 하다가 대전에 내려와 대화동에서 노동운동을 지원했다. 최명순(공주사대 81학번)은 1985년 1월 말 대학 졸업 후 서울 구로공단에서 노동운동을 하다가 1987년 6월민주항쟁 이후 충민노련 사무국에서 활동했다.

3) 민주화운동과 여성운동을 지지하는 진보적 장년 여성 세력의 형성

1980년대 중반부터 대전·충남 지역 내에서 학생운동, 노동운동, 청년운동, 문화운동, 생활협동조합운동, 진보적인 기독교운동, 교육운동 등 각 부문별 민주화운동이 발전하면서, 이들 운동으로부터 직간접으로 영향을 받은 장년 여성들이 등장했다. 이들은 특정한 그룹이라기보다는 민주화와 여성해방의 가치를 지향하는 진보적인 여성 개인들이었다. 이 여성들은 여러 경로를 통해 한국 사회의 구조적인 부정의와 억압이라는 문제에 대해 눈을 뜨게 되었다. 이들 중에는 진보적인 기독교 교회들(정지강 목사의 빈들감리교회, 김규복 목사의 빈들장로교회 등) 교인들로서 사회문제에 눈을 뜨게 된 여성들도 있다. 대전YWCA 총무와 대전YWCA 신협이사장을 역임했던 이정순, 유재선(충남대 사회학과 82학번), 김경희, 오순옥 등을 예로 들 수 있다. 또한 교사로서 참교육을 지향하면서 민주화운동에 참여하다가 해직되거나 정치적 탄압을 받은 교사들의 배우자들도 있다. 이들 중 다수는 대전 주부아카데미 교육에 참여했던 여성들이기도 했다.

위 세 주체들은 1987년 6월민주항쟁을 계기로 집단적으로 모이게 되었고, 이후 진보적인 여성운동의 장을 열어갔다.

제3절 6월민주항쟁과 진보 여성운동의 전개

여성들이 주체가 되는 진보적 여성운동단체들은 1980년대 후반에 들어서야 생겨나기 시작했는데, 충남여민회(현 대전여민회)를 빼놓고는 모두 단명하고 말았다. 1980년대는 민주화운동의 영향으로 대전·충남 지역에 총 15개의 다양한 여성단체들이 결성되었다. 이중 민주화운동과 직접적으로 관련된 진보적인 여성단체로는 '대전주부아카데미'(1986), '최루탄 추방을 위한 여성모임'(1987. 7~12), '충남여민회'(1987. 12), '참교육을 위한 대전지역 학부모회'(1989), 공주 지역 주부모임 '동그라미'(1991) 등이 있다. 여기서는 이들 조직들 중 민주화운동기에 중요한 여성운동 세력이었던 장년 여성들을 배출한 주부아카데미와 현재까지 활동을 지속하고 있는 충남여민회 및 동그라미 등을 중심으로 조직과 내용을 살펴보고자 한다.(허성우, 2000, 278쪽)

1. 대전주부아카데미협의회(1986~1992)

1) 창립 배경과 주체들

크리스챤아카데미 여성중간집단교육 대상에는 중간층 주부들도 포함되어 있었고, 이것은 주부아카데미라는 이름으로 1980년대에도 계속 진행되었다. 1980년대 초반에 진행된 주부아카데미는 주부들을 의식화하여 지역

사회의 활동 주체로 만들고자 하였다. 강의 주제에는 정치, 경제, 사회, 환경 문제 등 사회인식을 높이는 주제들과, 주부들의 실제적 관심을 충족하는 가족, 결혼, 아동교육 같은 내용도 포함되어 있었다.

1980년대 중반 대전에서 정지강 목사의 빈들감리교회를 중심으로 한 여성들이 서울의 주부아카데미 교육을 받았다. 이정순, 유재선, 김연화 등이 참여했는데, 이들은 이후 대전 지역에서 주부아카데미 프로그램을 시작했다. 이정순은 당시 빈들교회의 정지강 목사가 사회교육원 프로그램을 시작하고자 했던 것에 공감하여 주부아카데미 교육을 받고, 이후 사회교육원 프로그램 자원 간사 활동을 하였다.

14기 주부아카데미는 1985년 9월 25일부터 시작되어 12주 동안 매주 목요일 낮 1시부터 오후 5시까지 장충동 경동교회 교육관에서 진행되었다. 주부들이 여성과 사회문제에 의식을 가질 수 있도록 역사의식, 여성과 자기개발, 자녀문제와 가치관 교육 등을 주제로 삼아 강의와 토론으로 진행되었다.(『동아일보』 1986년 9월 9일자) 당시 교육에 참석했던 이정순은 이렇게 회고한 바 있다.

> 정말로 이런 운동에, 이런 교회가 꼭 있어야 된다는 그런 생각에서 교회에 관심을 갖고 정지강 목사님을 만나고 그랬어요. 그때 기독사회연구원 원장은 김규태 목사님(대전 제일감리교회 시무)이 원장이셨고, 총무님을 정지강 목사님이 맡으셨어요. 그러면서 주부아카데미 크리스찬아카데미하고 관계가 맺어졌어요. 전에 중간집단교육이라던가 뭐 농촌사회교육이라던가 이런 것들을 통해서, 여성교육이라던가 이런 것을 세미나나 이런 걸 통해서, 누차 몇 번 있었기 때문에 크리스찬 아카데미에 대해선 잘 알죠. 그러던 차인데, 정지강 목사님이 사회교육원 프로그램으로 아카데미 교육을 했으면 하시더라구요. 그런데 남자 목사님이 주체자가 되실 순 없죠. 자원간사역할을 하려면 교육을 받아야 되고, 그래서 서울 주부아카데미에 교육을 받으러 갔어요.

당시 세 사람이 받은 주부아카데미 교육은 공해문제, 여성과 평화교육, 사회의식, 법, 한국경제 등 다양한 사회문제를 다루기도 했다. 그리고 교육방식은 강의만이 아니라 자신의 주장을 이야기 하는 5분 발언을 꼭 진행하여 각자의 사고를 정리할 수 있도록 운영하는 식이었다. 이 교육은 1박 2일간의 숙박교육을 포함하고 있어서 가족을 돌봐야 하는 주부들이 참여하기는 쉽지 않았지만, 이 시간을 통해 성장상담훈련과 같은 깊이 있고 심도 있는 내용도 포함하고 있었다. 참여한 여성들이 당시 시대상을 알 수 있는 선진적 교육을 통해 주체성을 갖게 되면서 자신의 생활을 재점검하게 되는 계기가 되기도 하고, 또한 평등정신을 가지고 부부 관계를 다시 돌아보게 되고, 그럼으로써 부부 관계에 변화를 가져오기도 하였다.

2) 교육 및 활동

대전주부아카데미는 정지강 목사의 지원 아래 자원 간사 인력들이 참여한 가운데 1986년 3월에 1기생 30명으로 교육을 시작하였다. 1주일에 두 번씩 진행된 교육은 오전 9시에 시작하여 오후 2시 혹은 3시에 끝나는 프로그램으로 진행되었다. 교육은 여성이 주체로 설 수 있도록 여성의 자기개발 등에 중점을 두었다. 하지만 구체적인 교육 내용을 보면 여성과 자기개발, 민주가정 이해, 현대사회와 가족, 자녀교육과 가치관, 역사의식, 공해 문제 등 가족에서부터 사회문제까지 폭 넓은 주제가지 포함하고 있었다. 대표적인 강사는 이우재(농민운동), 최열(환경운동), 민명수(환경운동), 서진옥(환경운동), 이현숙(평화를 사랑하는 여성회 회장), 이종헌(성장상담연구소), 송기득(목원대 교수), 최교진(교육운동) 등이었다. 1년에 두 차례씩 진행된 주부아카데미의 교육은 1992년도까지 진행되어 12기까지 배출하였다. 대개 한 기당 30여 명의 여성이 참여하였으며, 12기까지

360여 명의 여성들을 교육시키고, 지역사회에 다양한 역할을 할 수 있는 여성 인재들을 배출하였다. 서울 지역과 마찬가지로 자원 간사들이 프로그램을 운영하는 방식으로 진행되었다.

대전주부아카데미는 교육이 끝나면 공해운동, 여성운동, 문화운동 등 다양한 주제별로 소모임을 만들어 활동을 했다. 여성문화패 '어깨를 걸고'의 이름으로 "불망기"를 대전 가톨릭문화회관 무대에 올리기도 하였다. "불망기"는 박영례, 정봉연이 연출한 연극으로 갑오농민전쟁부터 현대까지 100년 여성의 삶을 민중의 입장에서 재조명했다.(『한겨레신문』 1988년 8월 27일자) 초등학교 교사였던 김진국, 오순숙, 유재선, 안춘호 등이 연극 활동에 적극적으로 참여했으며 많은 사람들에게 호평을 받았다.

 3) 영향

대전주부아카데미는 지역의 여성운동을 비롯하여 다양한 운동에 영향을 미쳤다. 앞서 언급한 것처럼 교육을 받고 난 뒤 관심 있는 주제별로 모임을 이끌어 나갔고, 이는 지역에 새로운 운동을 시작하는 데 밑거름이 되기도 하였다. 특히 먹거리운동이 시작된 1988년에는 한밭생활협동조합을 시작하는 주체들을 제공하기도 했다. 충남여민회 창립 멤버이자 초대 공동의장이었던 민명수는 주부아카데미 교육을 받으면서 여성운동과 시민운동에 눈을 뜬 대표적인 인물 중 한 명이다. 그는 주부아카데미 교육을 받은 후 먹거리 문제와 환경문제에 특히 많은 관심을 갖게 되었고, 먹거리 지키기 운동에 직접 뛰어들었다. 그 결과 1986년 민명수를 비롯한 6명이 대전 선화동 호수돈여고 앞에 '살림의 집'을 열었다. 살림의 집은 무공해 쌀, 무공해 계란을 생산자로부터 구매해 직접 소비자에게 판매하는 곳이었다. 그 후 민명수는 2년간 살림의 집 운영에 매진한 결과, 1988년 한밭살림소비자협동조합(이하 '한밭살림')을 창립해 3년간 이사장을 역임했다. 한밭살림은 생명을 살리는 생명운동을 추구하며, 무점포 소형 운영을 토대로 무공해 농산물과, 사람과 자연에 피해를 주지 않는 생필품을 공급하는 것을 목표로 했다.(대전광역시여성단체협의회 편, 2009, 282~283쪽) 한밭살림은 이 지역 최초로 만들어진 협동조합운동이자 환경운동 단체였다. 그 외에 주부아카데미에 참여했던 여성들 중 여성운동에 관심을 갖고 있던 여성들은 1987년 충남여민회 창립에 주요한 역할을 하였다.

2. 충남여민회(1987~1992)

1) 창립 배경

1987년 6월민주항쟁 당시 대전·충남 지역의 여성들은 여러 삶의 현장에서 개별적으로 항쟁에 참여했을 뿐 아니라, 학생운동, 노동운동, 기독교운동 등 여러 사회운동 모임들에 소속되어 참여했다. 별도의 독자적인 여성조직은 없었다. 그러던 중 국민운동본부가 산발적인 투쟁을 결집시키기 위해 6월 18일을 '최루탄 추방의 날'로 선포하고, 최루탄 추방운동을 대대적으로 전개하였다.

서울 지역을 중심으로 한 한국교회여성연합회, 한국기독교교회협의회 NCCK 여성위원회 등의 기독교 여성단체들이 최루탄 추방운동을 처음으로 시작하였다. 하지만 이 운동이 대규모의 국민운동으로 발전하기 시작한 것은 국민운동본부가 6·10대회를 치른 직후인 6월 11일, '이한열 군 등 최루탄희생자 대책위원회'(위원장 문동환 목사)를 구성하여 본격적인 운동을 벌이면서 부터였다. 당시 대책위원회는 이우정, 한승헌, 성내운, 목요상, 오대영, 인재근, 홍성표 등 7명의 위원으로 구성되었는데, 우선 스티커와 전단을 제작해 대대적인 홍보 작업을 벌이기로 했다. 아울러 6월 18일을 최루탄 추방의 날로 선포하고, 최루탄 추방 공청회를 개최하는 한편, 최루탄 제조회사와 계열사의 제품 불매운동에도 적극적으로 나서기로 했다.

6월 18일 서울의 '최루탄 추방 공청회'는 종로5가 연동교회에서 열리기로 되어 있었는데, 경찰의 원천봉쇄로 무산되었다. 오후 4시경 연동교회가 봉쇄되자 기독교회관 앞에서 200여 명이 '한열이를 살려내라'는 구호를 외치며 연좌시위에 들어갔다. 저녁 8시경에는 을지로 입구에 1만여 명이 운집하여 경찰 1개 소대를 무장해제시키고 장비를 소각하였으며, 9시경에는 2만여 명이 서울역 앞을 점거하여 '한열이를 살려내라', '호헌철폐 독재타도'를 외쳤다. 6월 18일의 최루탄 추방대회는 전국 16개 지역에서 50여만 명이 참석하여 밤늦게까지 진행되었다.

이런 배경에서 당시 대전시에서도 연일 민주화를 외치는 시민들에게 무차별하게 쏟아진 최루탄 공격으로 인한 피해자가 속출하여 병원으로 실려가는 사태가 계속되었다. 주부아카데미에 참여했거나 진보적인 기독교 교회를 중심으로 민주화투쟁에 참여하고 이를 지지한 여성들, 전교조 교사들과 연관된 여성들 등 장년 여성들은 이런 상황을 목도하면서 최루탄추방운동을 지역에서 전개할 필요성에 공감하였다. 6월민주항쟁이 진행되던 기간에 빈들감리교회 여성신도들, 전교조 교사 부인들, 주부아카데미 출신 주부들 20여 명이 청년활동가 허성우와 결합하여 최루탄 추방운동을 시작하기로 결의하였다. 기독교 여성이 많았기에 모임의 명칭은 '최루탄 추방을 위한 대전 기독여성모임'으로 정하였다. 마침 당시 대전시 동구 원동에 위치한 대전 제일감리교회의 김규태 목사가 교회 사무실 일부를 모임 장소로 사용하도록 허락했다. 이후 10~20명의 여성들이 매일 사무실에 모였다가 시위가 이어지고 있는 도심을 돌며 대시민 홍보전을 벌였다. 또한 여성들은 '최루탄을 추방하고 군부독재 타도하자'는 구호를 쓴 어깨띠를 두르고 피켓을 든 채, 최루탄 피해자들을 돕기 위한 모금함을 만들어 시민들에게 모금운동을 전개하기도 했다.

당시 시민들의 호응도가 높아서 자발적으로 모금함에 돈을 넣어주는 사람들이 아주 많았다. 이후에 6·29선언이 발표되었지만 피해자들의 치료가 여전히 진행되고 있었고 지원이 필요한 상황이었다. 때문에 그해 가을까지 최루탄 추방에 관한 구호를 적은 작은 수건을 장당 500원씩 팔아 계속 기금을 마련하였다. 낮에는 시위대와 함께 혹은 시위대 없이 거리를 돌며 시민들과 상인들에게 수건을 팔기도 했으며, 일요일에는 최루탄추방운동에 호응하는 교회들을 찾아가 도움을 요청하여 수건을 팔기도 했다. 모금 운동에는 교인들뿐 아니라 많은 일반인들이 적극적인 호응을 해주어서 모금액은 수백만 원에 달했다. 국민운동충남본부와 최루탄 추방 대전 기독여성모임이 그간 마련된 기금을 최루탄으로 다친 시민들이 입원해 있는 병원에 함께 찾아가 직접 전달하였다. 당시 국민운동본부에서 발행한 홍보 전단에는 다음과 같은 대국민 홍보 구호가 적혀 있었다.

> 민주 전경 여러분! 최루탄을 쏘지 맙시다!
> 최루탄을 쏘려고 하면 "우"하는 함성이나 "쏘지마"라고 항의합시다!
> 최루탄 제조로 엄청난 부를 축적하고 있는 악덕 기업 삼양화학에 항의전화를 합시다!
> 최루탄 무차별 난사를 항의합시다!
> 최루탄은 어떠한 명분으로도 절대 사용 불가!

1987년 6월민주항쟁 이전에는 일부 개인이나 소그룹 정도의 활동은 있었지만, 독자적인 운동세력으로서 여성운동은 아직 형성되지 못했다. '최루탄 추방을 위한 대전 기독여성모임'은 이후 대전 지역 최초의 민주주의를 지향하는 진보적 여성운동단체를 시작하게 되는 중요한 계기가 되었다. 이 모임에 참여했던 장년 기독교 여성들과 학생운동 출신의 청년 여성들이 결합하여 충남여민회가 탄생할 수 있는 모태를 형성했다. 즉 이 모임은 작고 소박했지만 6월민주항쟁이라는 거대한 시민 학생들의 군부독재에 대한 저항의 물결 속에서 여성들의 조직적인 운동을 시작했다는 점에서 의의를 갖는다. 이 모임은 이해 12월 초에 민주화가 시작되고 시위가 잦아들은 후, 최루탄으로 인한 피해 상황이 점차 정리가 되어 가면서 해산하기로 했다. 하지만 여기 모였던 여성들은 민주화운동을 위한 독자적인 여성운동조직이 필요하다는 데 뜻을 모았고, 여성운동 조직의 출범을 모색하기 시작하였다. '최루탄 추방을 위한 대전 기독여성모임'은 충남여민회가 창립되는 데 크게 기여하였다.

대전·충남 지역 최초의 진보적 여성운동단체인 충남여민회(현 대전여민회)는 충남대 여성학연구반 출신의 여성활동가들이 창립 주체의 핵심을 이루었다. 대전YWCA에서 활동했던 허성우와 정희영이 조직 준비를 시작하였고, 노동운동에 진출했던 홍미라와 이재영이 준비 논의에 참여했다. 홍미라는 여성노동자들이 가서 "재미있게 놀 수도 있고 교육을 받을 수도 있는" 여성대중조직의 필요성을 느껴 조직 창립을 적극 지지했다. 하지만 노동현장 내 남성 활동가들은 여성운동 조직이 생기는 것에 대해 '직접적으로 내 일이 아니다'라는 입장을 가지고 있었던 데다가, 노동운동에서의 과제가 많아 지속적으로 참여하지 못했다. 충남여민회 사무국에는 허성우, 이인경(배재대 82학번), 충남대 여성학연구반 출신인 채계순, 김진연, 구애희, 오영신, 전혜련, 이현숙 등이 상근자로 근무했다.

2) 창립 목적과 의의

충남여민회의 창립 목적을 알기 위해서는, 먼저 여성들의 억압과 성 차별의 문제를 한국 사회 지배구조의 문제로 파악하지 않고, 주어진 사회 구조 안에서의 사회봉사와 직업적 이해만을 추구해 왔던 보수적 여성운동의 전통이 강했던 대전·충남 지역사회의 특징을 상기할 필요가 있다. 당시 진보적인 여성들은 보수적인 여성단체와 구분되는 한국사회의 자주, 민주, 통일을 지향하는 여성대중운동체가 필요하다고 인식했다. 창립 당시 채택한 '여민회'라는 이름에서 '여'는 여성의 눈으로 세상보기를 뜻하며, 나아가 삶의 질을 높이고 평등한 세상을 지향하는 여성운동을 의미하며, '민'은 민주적 참여와 자치가 중심이 되는 민주화운동을, 또한 '회'는 상부상조의 연대를 중시하는 공동체 운동을 의미했다. 충남여민회는 여성 주체의 건강한 지역사회 공동체 건설, 여성의 권익 신장, 양성 평등, 사회민주화, 평화통일 실현을 주된 강령으로 삼고 있다.

충남여민회의 창립 이념과 조직을 준비하는 과정에서 여성들은 서울 지역의 '여성의 전화' 형태로 조직할 것인지, 혹은 '한국여성민우회'와 같은 대중조직의 형태로 조직할 것인지에 관해 논의하다가 후자 쪽으로 방향을 잡았다. 1987년 2월 창립된 진보적 여성운동조직의 구심체였던 한국여성단체연합과 한국여성민우회의 자료들을 살펴보며 조직을 준비해 나갔다. 당시 대흥동에 위치했던 빈들감리교회의 정지강 목사가 서너 평짜리 여유 공간을 선뜻 내주어서 충남여민회 사무실로 사용할 수 있었다. 최루탄 추방을 위한 기금을 전달하고 난 후, 여기저기서 회수된 기금 100만 원을 충남여민회 창립의 종자돈으로 사용하였다(허성우의 증언).

창립총회는 1987년 12월 11일(금) 오후 2시, YMCA 강당에서 개최되었다. 창립회원 50여 명이 참석한 총회에서는 창립준비위원회의 추천에 의해 김옥엽, 민명수가 공동대표로 선출되었으며, 정관 확정, 고문단 추대, 임원 인준, 결의문 채택 순으로 진행되었다. 충남여민회의 정관은 "남녀 불평등의 현실을 극복하려는 여성들의 주체적인 참여를 통해 남녀 평등한 사회,

자주적 민주사회를 건설하는 데 기여"하는 것을 목적으로 제시하였고, 활동은 교육활동, 인권활동, 홍보활동, 상담활동 재정활동으로 나누었다. 고문단에는 이우정(전 한신대 교수, 한국여성단체연합회장), 이효재(이화여대 교수, 한국여성민우회 회장), 김희선(여성의 전화 공동대표), 이정순(전 대전YWCA 총무), 임봉재(한국가톨릭농민회 부녀부), 조주형(변호사)이 추대되었다. 운영위원회 위원장으로는 정윤애(한남대 강사)가 선출되었으며, 운영위원들로는 우영란, 황선업, 임상빈, 이인복, 정희영, 최종숙, 홍미라, 서미숙, 진경희 등이 선출되었다. 이로써 대전·충남 지역 여성활동가들이 거의 총집결하여 만들어낸 새로운 여성운동의 장이 공식적으로 시작되었다.

창립총회 이후 충남여민회는 별도의 창립대회와 여성유권자대회를 12월 13일(일) 오후 2시에 YMCA 강당에서 개최하였다. 1부 창립대회에서는 창립 경과보고와 공동대표의 인사, 임원 및 사업 소개를 진행하였다. 2부 여성유권자대회에서는 유시춘의 "백만 여성 단결하여 민주사회 앞당기자" 주제 강연이 있었고, 이후 시민 발언과 한국여성단체연합 회원들의 마당극 공연이 이어졌다.

3) 활동 내용

창립 이후 본격적으로 활동에 들어간 충남여민회는 창립 이후 1991년까지 민주화운동 세력과의 연대사업, 교육과 홍보를 통한 여성문제의 확산, 생산직 여성노동자 생존권 투쟁 지원활동에 전력했다. 당시 여성해방의 문제를 자주, 민주, 통일과 직결되는 것으로 인식하여 민주화운동 세력과 적극적인 연대활동을 벌였고, 또한 여성대중 조직화를 고민하면서 각종 공개강좌를 여는 한편 여성노동권 쟁취를 위한 활동까지 하였다.

1988년에는 각종 행사를 비롯하여 조직활동, 여성권익 향상활동, 기층 지원활동, 연대활동, 수익사업 등을 추진하였다. 조직활동으로 월 1회 정기 운영위원회를 갖고, 교육부위원회와 편집부위원회 활동을 진행했다. 회원 조직을 위해서는 풍물 강습을 진행했으며, 사무직 여성노동자들을 대상으로 여성학을 공부하는 직장여성반을 운영하여 상당한 성과를 거두었다. 직장여성반은 '큰터 여성학 강좌'를 들은 후 자발적으로 조직된 모임으로, 직장에서의 사회적 불평등과 민주적 직장 건설을 위한 교육과 실천 활동을 하였다.

교육활동으로는 운영위원회 세미나가 진행되었고, 회원교육사업으로 '큰터 여성학 강좌'를 진행하였다. 큰터 여성학 강좌는 주 1회씩 10주 동안 진행되었는데 첫 강좌의 연인원이 100여 명에 다다를 만큼 직장여성들에게 호응을 받았다. 이외에도 자원상담자 교육을 통해 상담원리, 노동법, 남녀고용평등법과 관련된 교육이 진행되었고, 통일문제 세미나로 김용우 목사의 강연과 임상빈 교수의 발제 토의도 추진되었다.

여성권익향상활동으로는 KBS TV 시청료 거부운동과 영생애육원 정기섭 목사 성추행사건 대응활동, 남녀고용평등법 개정운동, 옥천성모병원 이은지 간호사에 대한 폭행사건 대책활동, 에이즈 추방운동 등 여성의 불평등 문제를 해결하기 위한 활동을 전개했다.

기층 지원활동은 기층민중들과 결합하기 위한 노력의 일환으로 여성노동자 투쟁 지원, 노조투쟁 지원과 방문, 서명활동 등이 주를 이루었다.

문화활동으로 3월 8일 여성의 날 기념 초청강연을 실시했으며, 8월 28일과 29일에 제1회 여성한마당 "우리의 소원은 통일"을 대전주부아카데미협의회와 공동으로 주최하였다. 양일간에 걸쳐 진행된 이 행사는 연극 "불망기(여성수난 백년사)" 공연과 "평화통일과 여성" 강연으로 이루어졌다. 1988년에는 기금마련을 위해 가톨릭문화회관에서 "꿈이 더 필요한 세상"

이라는 타이틀 하에 성남에서 노래운동을 펼치던 가수 백창우와 서울 기독여민회의 문화팀을 초청하여 노래공연과 관객과 소통하는 작은 무대 놀이가 펼쳐졌다. 이 공연에는 수백 명의 사람들이 참여하여 대성황을 이뤘고, 상당한 자금을 모으는 데 성공하였을 뿐 아니라 충남여민회의 이름을 널리 알리는 계기가 되었다.

연대활동은 민족민주운동단체들과의 연대가 큰 비중을 차지하였다. 충민련, 전민련, 광주학살진상규명과 책임자처단을 위한 충남지역공동투쟁위원회, 조국의 자주화와 평화통일을 위한 충남공동위원회 등에 참여하여 연대운동을 벌였다. 1987년 12월 대통령선거 기간 동안 공정선거감시운동에 참여하여 선거부정고발센터를 운영하였으며, 1988년 총선기간에는 국민운동충남본부 선거대책위원회에 참여하여 반민정당투쟁을 펼쳐나갔다. 이와 함께 한국여성단체연합의 회원단체로 대표자회의, 지도력 훈련, 지역간담회, 정책세미나, 통일문제정책세미나 등에 참여하여 여성운동단체들과의 연대운동을 전개했다.

1989년 2월에 열린 제2차 정기총회에서는 약간의 조직 변화가 있었다. 공동의장단에 민명수가 유임되고 장하진이 선임되었으며, 청년활동가인 허성우가 상근 공동의장으로 선출되었다. 그리고 충남대 여성학연구반 출신의 상근 활동가들이 들어와 활동가들의 역량이 강화되었다. 또한 조직에 실질적으로 기여할 주체들에게 보다 더 힘을 실어주는 방향으로 조직 개편이 이뤄졌다. 외부 고문단을 대신하여 내부 자문위원을 두었고, 부서도 회원부와 집행부로 나뉘어졌다. 회원부에는 직장여성반, 생산직여성반, 주부반, 홍보부 등 4개 조직을 두었고, 집행부에는 교육조직부, 조사홍보부, 재정부를 두었다. 집행부 임원으로는 교육조직부장에 이인경, 간사에 오영신, 조사홍보부장에 채계순, 간사에 김진연, 재정부장은 공석이었으며, 간사로 구애희가 인준되었다.

1989년에 진행된 활동을 살펴보면, 우선 교육사업으로는 사무직 여성대중을 교육하고 조직화하기 위한 '제1기 직장여성학교'가 5월 16일에 시작되었고, 여성토론마당도 매월 1회씩 진행되었다. 회원교육으로 회원 월례모임과 비정기적 회원교육과 신입회원교육이 실시되었으며, 또한 조직의 리더를 위한 여성운동론, 대중활동론, 정세분석, 인관관계 훈련 등의 교육도 이루어졌다. 나아가 한국여성단체연합 세미나에도 참가했다. 조직활동으로는 소모임 활동과 회원 송년회, 여대생 진출학교 등이 추진되었다. 홍보사업으로는 소식지인 『큰터』를 월1회 발행하여 회원들에게 발송하였고, 창립기념행사와 한국여성대회 행사에 참여하기도 하였다. 이와 함께 단체 재정을 마련하기 위해 회원 관리를 하고 후원금 관리뿐 아니라 수익사업으로 일일찻집행사를 진행하기도 하였다. 연대사업으로는 전교조 공대위 활동과, 9·24 전교조탄압규탄대회, 11·26 민중대회 준비위원회, 충민련 상임위, 미대위 집행회의, 고 서운석 씨 경찰총기살인만행대책위 등에 참가하였다. 이와 함께 한국여성단체연합과의 연대활동, 지역 내의 여성운동조직인 노조 여성부, 주부아가데미, 대학 총여학생회, 대전YWCA 등과의 사안에 따른 연대활동 등을 전개했다.

1990년에는 이전 사업들의 기조를 그대로 유지하면서 사무직 여성노동자 대중들을 좀 더 밀도 있게 조직하려는 사업을 강화했다. 사무직 여성노동자들을 대상으로 하는 교육, 선전, 조직화 활동은 꾸준하게 진행되었으며, 이들을 대상으로 직업 및 직능별 회원 기초조직을 추진하려 했으나, 아쉽게도 실현되지 못하였다. 구체적인 활동을 살펴보면 다음과 같다. 우선 교육활동으로 사무직 여성노동자를 대상으로 한 제3기 직장여성학교와 대학 여학생회 초청 교육, 신용협동조합, 치위생사 등 직능단체의 초청 강연이 이루어졌다. 또한 회원 월례교육으로 '여성노동자의 모성보호 실태', '민중항쟁과 오늘의 현실', '국민연합에 대한 토론' 등의 주제로 진행되었고, TV모니터반 주최로 영화상영 및 토론도 함께 진행되었다. 이 외에도 신입회원교육, 간부교육 등도 지속적으로 이루어졌다. 조직활동으로 독서 토론반, 사회과학반, 등산반, 풍물반, TV모니터반, 회보편집반 등의 소모 임이 다양하게 운영되었다. 홍보활동으로는 정기선전의 날을 정하여 〈노동법 개악 음모에 대한 여성노동자의 입장〉이라는 제목의 성명서를 배포하고 소식지인 『큰터』를 다섯 차례 발행하였다. 재정 마련을 위해서 참교육 물품 판매, 헌옷 나눔시장 개설, 민속주점 운영, 개량한복 판매, 일일찻집 운영 등을 추진하였다. 그리고 지역의 다양한 부문운동 세력과 연대활동을 진행하였는데, 지역 여성운동조직과의 연대활동으로 지역 여성단체 간담회를 주도하여 3차례의 간담회를 추진하였다. 이 간담회에 참석한 단체는 충남여민회를 비롯하여 대전주부아카데미협의회, 대전기독여성회, YMCA어머니회, 참교육 실현을 위한 대전 지역 학부모회, 샘골놀이방, 소비자협동조합으로 총 7개의 조직이었다. 1990년에는 모성보호사업과 미8군 대전 이전 저지 대책활동을 중점 사업으로 삼고 활동하였다. 하지만 모성보호 사업은 한국여성단체연합을 중심으로 진행되어 조직사업과 연결되지 못하였고, 미8군 대전 이전 저지 대책활동은 대전으로 미군이 오지 않는다는 결정 이후 중단되었다.

1991년에 충남여민회는 '대전·충남여민회'로 명칭을 변경하고 지역 여성들의 성 차별에 대한 문제를 일깨우기 위한 교육의 중요성을 새롭게 인식했다. 따라서 일방적인 교육과 홍보 방식에서 벗어나 지역 여성의 문제에 주목하고, 그들과 어떻게 만날 것인지에 관해 고민하면서 활동을 전개해 나갔다. 교육활동으로 1991년 9월에 제4회 직장여성학교를 개설했으며, "신종 결혼·임신 퇴직 및 조기정년 철폐를 위한 토론회"와 "단지 그대가 여자라는 이유만으로"의 감독 김유진과 함께 하는 강연회가 진행되어 대중들의 큰 호응을 얻었다. 조직활동으로는 회원 소모임이 꾸준하게 생성,

소멸의 과정을 반복하는 가운데 좋은 영화 보기반, 풍물반, 회보편집반이 안정적으로 운영되었다. 6월 12일에 여성상담실을 개소하여 상담원 교육과 여성문제에 대한 상담전화를 개설했다. 여성상담실 개소는 당시 한국 사회의 변화에 따른 새로운 조직적인 대응이라는 문제의식이 깔려있었다. 1990년대 이후 외부적으로는 동유럽 사회주의권의 붕괴와 민주화, 그리고 한국 사회 최초의 문민정부의 등장과 지방자치 실시 등과 같은 커다란 변화들이 있었다. 1987년 6월민주항쟁을 이끌었던 민족민주운동 세력과 그 일부였던 여성운동 세력 역시 이런 변화에 따른 발 빠른 대응을 요구받고 있었다. 여성운동은 내부적으로 급변하는 사회에 맞는 주요 활동 대상과 주요한 활동 방향 개편, 활동가 중심의 노동자 생존권 지원 사업, 사회민주화운동 집중으로 인한 여성운동단체로서의 대중성 확보라는 문제에 직면하게 되었다. 이런 문제의식에서 보다 많은 여성들의 일상문제에 접근하여 그들과 만나기 위해 상담실을 개소하였다. 또한 이 시기에 여성들의 정치참여 활동이 처음으로 시도되었다. 1991년에는 지방자치제가 5·16군사쿠데타로 중단된 지 30년 만에 실시되었는데, 3월 26일 먼저 실시된 기초의회선거에서는 대전·충남 지역에서 4명의 여성 후보자들이 출사표를 던졌지만 대전 동구에서 이창희 의원만이 혼자 당선되었다. 같은 해 6월 21일에 실시된 광역의원선거에서는 박완순(전 유한운수노조 위원장)과 임정자(상업)가 출마했으나 모두 낙선하고 말았다.(『중도일보』 1991년 3월 30일자)

1992년에는 이전의 상담을 통한 지역 여성들과의 현실적 결합과 여성문제 인식 확산에 초점을 맞춘 활동을 토대로 여민회가 지역 내 여성노동자 조직과 연계를 이루어내고, 여성문제와 관련한 실질적인 교육, 선전체로 성장하고자 노력했다. 교육활동으로는 제5기 직장여성학교를 개최하고, 지역 사무직 여성들을 대상으로 한 홍보지인 『직장여성』을 발행하였다.

조직활동으로 회원 소모임인 좋은 영화 보기반, 기타반, 회보편집반 모임이 지속적으로 운영되었다. 1991년도에 개설한 여성상담실이 1992년도에는 더욱 확장되어 상담원 정기교육을 진행하고, 상담사례집까지 발행하게 되었다. 더불어 1992년도에는 한국여성단체연합을 중심으로 전개된 성폭력특별법 제정운동에 참여했으며, 특히 1992년 6월에는 성폭력 범죄의 처벌 등에 관한 특례법(이하 '성폭력특별법') 제정을 위한 공개토론회를 개최하였다. 이 토론회를 개최하게 된 계기는 1992년 1월 17일 가족 폭력과 근친 성폭력 등의 문제가 얽혀 한꺼번에 터져버린 '김보은·김진관' 사건이었다.

당시 대학 3학년에 재학 중이던 김보은은 의붓아버지 김영오에게 12년 간 성폭행을 당했다. 성인이 된 김보은은 남자 친구 김진관과 함께 의붓아버지 김영오를 식칼로 찔러 죽이는 극단적인 선택을 했다. 1월 17일 김보은과 김진관이 구속된 다음, 김진관의 아버지가 사건을 한국성폭력상담소에 사건을 의뢰하면서 이 사건은 세상에 알려지게 되었다. 이후 대전·충남여민회는 한국성폭력상담소, 충북여성민우회, '김부남사건 대책위원회' 등과 함께 '김보은·김진관사건 여성대책위원회'를 구성하여, 김보은·김진관 석방과 법원의 공정한 판단, 성폭력특별법 제정 등을 촉구하는 운동을 벌였다. 김보은은 재판에서 징역 5년에 집행유예 5년을 받고 풀려났고, 김진관은 징역 5년의 실형을 살다가 1993년 김영삼 대통령의 특별 사면을 통해 잔여 형기의 절반을 감형받았고, 김보은은 사면 및 복권되었다. 이 사건을 계기로 성폭력특별법 제정에 대한 요구가 빗발쳤고, 마침내 1994년에 성폭력특별법이 제정됐다. 김보은의 비극이 우리 사회에 만연한 성폭행 문제에 대한 관심과 경각심을 일깨운 것이다. 성폭력특별법은 친족 간 성폭행을 제3자가 고소할 수 있도록 함으로써, '제2의 김보은'을 막고자 했다.(『여성신문』 2014년 1월 16일자)

  1992년도는 총선과 대통령선거가 함께 열린 해였다. 충남여민회는 지역의 단체들과 연대하여 1992년 11월부터 대통령선거에 대비해 공정선거 실천운동본부 공정선거감시단 활동에 참여했다. 또한 한국여성단체연합은 1991년부터 지방자치 준비활동을 해나가기 시작하면서, 구체적으로 여성의원의 출마 이전의 지역활동과 의정활동에 대한 사례조사, 지방자치 준비를 위한 지도력 훈련, 구나 동 단위로 대중사업을 전개하는 회원단체들의 사업을 지원했다. 한국여성단체연합이 지원한 지역 조직활동 사업의 일환으로 대전·충남여민회 역시 여성문화센터 사업을 벌이면서, 제2기 지방의회 준비를 위해 여성 후보를 발굴하였으나, 아깝게도 당선에 이르지는 못했다.

  대전·충남여민회는 1987년 12월 창립 이래 1992년까지 학생운동 출신의 청년활동가들과 기독교 배경의 진보적인 장년 여성들의 참여를 통해 민주화운동의 시기를 역동적으로 이끌어왔다. 시간이 갈수록 점차 기독교 배경의 장년 여성들의 참여보다는 학생운동 출신의 청년활동가들이 중심이 되면서, 조직 내 지도력과 다양한 계급 계층의 여성들을 만나는 데 한계를 가지게 되었다. 1992년에는 전혜련, 채계순, 김진연 등 80년대 학번들이 새로운 지도력으로 등장하였다. 이후 여러 가지 난관 속에서 활동가들이 조직을 떠났다. 따라서 1995년에 들어서자 여민회의 활동은 침체되어 실무자들의 상근 활동이 어렵게 되었다. 이렇게 된 데는 1990년대 들어 동구 사회주의권의 붕괴로 인한 운동 방향 재설정과 미래에 관한 전망을 지도할 지도력 부재, 주요 활동가들의 결혼과 출산, 대학 내 여성학연구반의 종결로 인한 여성활동가 재생산 중단, 전 세대 지도력에 대한 피로감, 10여 년 간에 걸친 활동가들의 생활고 등 여러 가지 요인들이 복합적으로 작용하였다. 하지만 1997년 후반기부터 대전·충남여민회가 재건되기 시작했다.(채계순의 증언) 특히 1997년부터 김경희(전 대전여민회 공동대표)와 김진연 등 활동가들이 새롭게 등장하고, 아울러 국민의 정부의 여성정책과 여성운동에 대한 지지라는 유리한 상황에 처하면서 대전·충남여민회는 활력을 되찾았다.

3. 공주 지역 주부모임 '동그라미'

공주 지역에서도 1980년부터 여성운동의 주체들이 형성되기 시작했다. 1981년 공주사대 금강회 사건 관련자였던 최연진(공주사대 81학번)이 공주 자역에 '문화공간 우리사랑'과 '금강 풍물패'를 창립하고, 청소년 모임과 시민운동에 활발하게 참여했다. 그 후 1991년에 최연진이 중심이 되어 공주 지역 주부모임 '동그라미'를 창립하였다. 동그라미는 대전 지역 외에서 생겨난 최초의 진보 여성 모임이었다. 이 모임에는 가정주부 10여 명이 회원으로 참여하였으며, 자체 학습뿐 아니라 주민들이 무더위를 피해 쉬러 나오는 곰나루 공원을 찾아가 모여 있는 주민들을 상대로 한 행사를 열기도 했다. 좀 더 활동이 다양해지기 시작하면서 먹거리 장터도 열고, 인근 대학 동아리의 협조를 얻어 어린이 얼굴에 그림 그려주기, 줄넘기 시범, 고전무술 택견 시범, 주부들의 풍물 공연과 통일 강연, 주민노래자랑 등의 행사를 벌였다. 이런 행사들은 점점 지역단체들의 호응을 얻고 참여하는 주민들이 늘어남에 따라 공주 지역의 정례행사로 자리잡게 되었으며, 주부모임 동그라미 역시 공주 지역 진보 여성단체로 계속 활동을 이어나갔다.

제4절 대전·충남 지역 여성운동의 성격과 의의

대전·충남 지역은 일제 강점기를 비롯해 1980년대 초반까지 민주적이고 진보적인 여성운동이 나타나지 못하고, 보수적인 여성운동 전통이 강한 지역이었다. 1960년대부터 본격적으로 활동을 시작한 대전YWCA가 대전·충남 지역에서 여성을 이슈로 해서 활동을 해왔지만, 이는 민주적이고 진보적인 방향에서의 활동은 아니었다. 이런 상황 속에서 1980년대 초반 충남대 여성학 동아리인 '여성학연구반'의 활동과 주부들을 중심으로 한 대전주부아카데미의 활동은 민주적이고 진보적인 여성운동의 싹을 틔울 수 있는 바탕이 된 중요한 활동이라고 할 수 있다. 두 조직의 활동을 통해 배출된 여성들과 지역에서 민주주의와 성 평등에 관심을 가지고 있던 여성들은 1987년 6월민주항쟁 시기 최루탄 추방운동에 결합을 하게 되면서, 대전·충남 지역 여성운동의 새로운 시작이 된 기폭제가 되었다. 1987년 6월민주항쟁은 대전 지역 진보적 여성운동의 주체들을 모으고 조직하는 과정이었다. 여기서 배태된 여성 주체들은 여성주의적 정체성을 가지고 성폭력 방지와 성 평등 및 민주주의를 실현하기 위해 '충남여민회'라는 진보적 여성운동단체를 창설하였고, 그 결과 이 지역 여성인권운동에 크게 기여했다.

【참고문헌】

1. 자료

『가톨릭신문』·『경향신문』·『공주농민신문』·『대전일보』·『동아일보』·『목원대신문』·『매일경제 신문』·『배재대신문』·『여성신문』·『전국교사신문』·『조선일보』·『중도일보』·『중도포커스』·『충남교사신문』·『충대신문』·『한겨레신문』·『한국대학신문』·『한남대신문』

『국민운동』창간호(1987. 6. 24), 민주헌법 쟁취 국민운동본부.

『국민운동본부소식지』1호(1987. 6. 27), 국민운동충남본부.

『노동법률소식』26호(1998. 7. 4).

농업협동조합중앙회, 『82농협연감』·『87농협연감』·『92농협연감』·『95농협연감』.

『단결』창간호(1988. 3. 13), 충남민주노동자협의회.

『인권소식』1호(1986. 5. 27), 충남인권선교협의회.

『인권하루 소식』제914호(1997. 6. 28), 인권운동사랑방.

『일어서는 사람들』창간호(1989), 유월.

『정평소식』1호(1986. 8).

『충남민주선언』1호·11호(1986. 8. 16)·신년특집호(1987. 1. 15)·제15호(1987. 3. 20)·16호(1987. 4. 27), 충남민주운동청년연합.

『충청민주교육』4호(1987), 충남교권수호공동대책위원회.

『공정선거감시운동 지침서 – 예수와 함께 국민의 힘으로』(1987), 민주쟁취기독교공동대책위원회; 기공위자료 87-3.

기독교대한감리회 청년회 남부연회 연합회 편, 1989 『청년성서대학』(감청자료 89-1).

기쁨과희망사목 연구소 편, 1996a 『암흑속의 횃불』 4, 가톨릭출판사.

기쁨과희망사목 연구소 편, 1996b 『암흑속의 횃불』 6, 가톨릭출판사.

기쁨과희망사목 연구소 편, 1996c 『암흑속의 횃불』 7, 가톨릭출판사.

기쁨과희망사목 연구소 편, 1996d 『암흑속의 횃불』 8, 가톨릭출판사.

대전기독청년협의회 편, 1989 『제2기 평화학교-반전, 반핵, 평화』(대전기독청년협의회 자료집 89-1).

대전광역시 편, 2009 『통계로 본 대전 60년사』, 대전광역시.

대전·충남 민족민주운동연합 편, 1988 『충민연 창립대회 자료집』.

동아일보사 편, 1990 『선언으로 본 80년대 민족민주운동』(『新東亞』 1990년 1월호 별책 부록).

민주주의민족통일 대전·충남연합, 1992 『민주주의민족통일 대전·충남연합 제1기 임시대의원대회 자료집』.

민주주의민족통일 대전·충남연합, 1992 『민주주의민족통일 대전·충남연합 창립 대의원대회 자료집』.

민주화운동기념사업회, 2004 『대전·충남 민주화운동 사전편찬 자료집 I: 대전·충남 정치운동편』.

민주화운동기념사업회, 2004 『대전·충남 민주화운동 사전편찬 자료집 II: 대전·충남 학생운동편』.

민주화운동기념사업회, 2005 『대전·충남 민주화운동 사전편찬 자료집 III: 대전·충남 교육·노동·농민운동편』.

민주화운동기념사업회, 2005 『대전·충남 민주화운동 사전편찬 자료집 IV: 대전·충남 문예·종교·인권편』.

대전충남민주화운동계승사업회, 2005 『민주화운동관련 사건·단체사전 편찬을 위한 기초조사연구보고서: 대전·충남지역』.

대전충남민주화운동계승사업회, 2005 『대전·충남민주화운동 관련 신문자료집』.

박상순·이용조 외 편, 『3·8민주의거 자료집 1』, 사단법인 3·8민주의거기념사업회.

안동일·홍기범, 1960 『기적과 환상』, 영신문화사.

전국교직원노동조합 편, 1990 『한국교육운동백서 1978~1990』, 풀빛.

전국노동조합협의회 백서 발간위원회 편, 2003 『기나긴 어둠을 찢어버리고(1987~1988)』 (전노협 백서 제1권), 책동무.

전노협·업종회의·공대위 편, 1991 『한국노동운동탄압백서』, 이웃.

충남민주노동자연합, 1994 『노동자의 함성』 제30호.

충남민주노동자협의회, 1989 『88년 대전지역의 노동운동』.

충남여민회 편, 1987 『창립총회 자료집』.

충남여민회 편, 1989 『제2차 정기총회 자료집』.

충남여민회 편, 1989 『상반기주요사업계획』.

충남여민회 편, 1991 『제4차 정기총회 자료집』.

편집부 엮음, 1990 『팜플렛 정치노선』, 일송정.

한국가톨릭농민회 충남연합회 편, 1981 『1981년도 추수감사제 및 충남농민대회 행사
　　계획』(민주화운동기념사업회 소장자료 291855).

한국기독교교회협의회 인권위원회 편, 1987 『1970년대 민주화운동』 Ⅷ, 한국기독교교
　　회협의회.

〈6월민주항쟁의 기억과 여민회〉, 『대전여민회 소식지』 통권117호.

〈감리교 청년 노래 선교단 첫 번째 공연-저 평등의 땅에〉(기독교대한감리회 청년회
　　남부연회 연합회 공연 팜플렛).

〈대전기독청년협의회(EYCD)는?〉(대전기독청년협의회; 대전기청협 안내 전단).

〈도교위 점거 농성을 시작하며〉(1989, 충남유치원교사협의회).

〈성명서〉(충청남도택시노동조합협의회, 1988. 9. 13).

〈전교조 강령〉(전국교직원노동조합).

〈창립선언문〉(전국교직원노동조합).

〈창립선언문〉(충남민주노동자협의회, 1988; 충남민주노동자협의회 편, 1989 『88년 대
　　전지역의 노동운동』에 수록).

〈최루탄추방운동－최루탄은 어떠한 명분으로도 절대 사용 불가!!〉(민주헌법쟁취국민
　　운동부산본부, 1987).

김문창 김준언 김영범 김영호(대전 민예총 이사장) 김진연 김필중 김홍수 류기형 류
　　창기 민양운 박창호 서기자 서용석 안병일 오천균 이정순 장수명 채계순 최
　　교진 한상렬 한성림 함두배 허성우 등 「구술자료」

통계청 KOSIS

http://www.daemuna.or.kr (대화문화아카데미)

http://archives.kdemo.or.kr (민주화운동기념사업회 오픈 아카이브즈)

2. 연구성과

감리교대전신학대학동문회 편, 1972 『목원의 꿈』, 활문사.

강만길, 2009 『20세기 우리역사-강만길의 현대사 강의』, 창비.

강신철 외, 1988 『80년대 학생운동사』, 형성사.

구로역사연구소 편, 1990 『바로 보는 우리역사』 1, 거름.

공주대학교 50년사 편찬위원회 편, 1998 『공주대학교 50년사』, 보성.

김낙중, 1982 『한국노동운동사』, 청사.

김동춘, 『90년대 학생운동의 현황과 전망』, 황해문화.

김선수, 2014 『노동을 변호하다』, 오월의 봄.

김유선, 1998 『노동조합운동의 현황과 과제』, 한국노동연구원.

김인걸 외, 2009 『한국 현대사 강의』, 돌베개.

김장한 외, 1989 『80년대 한국노동운동사』, 조국.

김태숙, 2006 『근현대 당진 : 사회운동의 흐름』, 도서출판 당진시대.

단국대학 교사편찬위원회 편, 1997 『단국대학교 50년사』, 단국대학교출판부.

대전광역시 여성단체 협의회 편, 2009 『대전 여성 60년』, 대전광역시.

대전기독교교회협의회 편, 2006 『대전기독교운동사』.

대전·충남 민주화운동 사전편찬 자료조사팀 편, 2004 『대전·충남 민주화운동 사전
    편찬 자료집 2차 보고서』.

대전 YMCA 편, 2008 『대전 YMCA 60년사 1947~2007』.

민주화운동기념사업회 연구소 편, 2006 『한국민주화운동사 연표』, 도서출판 선인.

민주화운동기념사업회 연구소 편, 2008 『한국민주화운동사』 1, 돌베개.

민주화운동기념사업회 연구소 편, 2009 『한국민주화운동사』 2, 돌베개.

민주화운동기념사업회 한국민주주의연구소 편, 2010 『한국민주화운동사』 3, 돌베개.

박노영 외, 2011 『대전 지역 민주노조운동사』, 한울사.

서울대 총학생회 학술부 엮음, 1988 『변혁과 전망』, 도서출판 여명.

송기득, 2015 『하느님 없이 하느님과 함께-목원대학교 신학과 교수살이 열일곱 해』(개
    인 회고록), 신학비평사.

양수철, 2006 『왜 그런대유』, 디아이텍.

역사문제연구소 편, 1993 『한국근현대지역운동사』, 여강.

이영재, 2013 『자유·희망·진보를 향한 교육민주화』, 동연.

이주현, 1989 「목원대학 학원 민주화 투쟁」, 『교육과 실천』, 민주교육실천협의회.

이정식, 1993 『새로운 학생운동사』, 힘.

임인수, 2003 『하나님의 선교'에 응답하는 신앙의 청년들-대한예수교장로회 청년회 전
　　　국연합회를 중심으로』, 한일장신대 석사학위논문.

장상환·박세길 외, 1990 『한국사회의 현 단계』, 도서출판 녹두.

전북민주화운동사편찬위원회편, 2012 『전북민주화운동사』, 선인, 민주화운동기념사업회.

전인석, 2005 「백제의 고도 공주의 4·19 함성」, 『3·8민주의거』, 3·8민주의거 기념사
　　　업회·대전·충남 4·19혁명 동지회, 오름.

정국로, 1995 『한국학생민주운동사』, 도서출판 반.

제주민주화운동사편찬위원회 편, 2013 『제주민주화운동사』, 선인, 민주화운동기념사
　　　업회.

조이제, 1997 『한국감리교청년회 100년사』, 감리교청년회100주년기념사업위원회.

조희연, 1993 『현대 한국사회운동과 조직』, 한울.

청년의 진로 편집부 편, 1989 『청년의 진로』, 청년세대.

최장집, 1996 『한국민주주의의 조건과 전망 』, 나남.

최장집, 2002 『민주화이후의 민주주의』, 휴마니타스.

충남고등학교총동문회 편, 1992 『충남고 삼십년사』, 충남고등학교총동문회.

충남대학교 민요연구회 편, 2004 『충남대학교 민요연구회 20주년 기념자료』.

충남대학교 민주동문회 편, 2006 『충남대학교 민주화운동사 소사』.

충남대학교 탈춤연구회 총동문회 편저, 1998 『탈 20년사』, 충남대학교 탈춤연구회.

충남대 50년사 편찬위원회 편, 2002 『충남대학교 50년사』, 충남대학교.

충북민주화운동사편찬위원회 편, 2011 『충북민주화운동사』, 선인, 민주화운동기념사
　　　업회.

충청남도지 편찬위원회 편, 1979 『충청남도지』 상권, 충청남도.

통일문제연구소 엮음, 1990 『분단과 통일의 역사』, 도서출판 민족통일.

크리스찬아카데미 편, 1975 『여성문화의 도전』, 삼성출판사.

편집부 엮음, 1984 『80년 전후 격동의 한국사회』, 사계절.

편집부 엮음, 1988 『학생운동논쟁사』, 일송정.

편집부 엮음, 1988 『민족민주운동의 전망 제1권 (88년 상반기 운동 평가)』, 도서출판
　　　세계.

한국가톨릭농민회 편, 1986 『농민해방과 민족통일을 위하여』.

한국가톨릭농민회 편, 1997 『한국가톨릭농민회 30년사』.

한국기독교사회문제연구원 편, 1983 『1970년대 민주화운동과 기독교』.

한국기독교사회문제연구원 편, 1986 『6월 민주화 대투쟁』, 민중사.

한국기독교사회문제연구원 편, 1990 『90년대 한국사회와 변혁운동』.

한국사회연구소 편, 1990 『동향과 전망』, 백산서당.

한길사 편, 1989 『80년대 사회운동 논쟁』(월간 '사회와 사상' 창간 1주년 기념 전권 특
　　　별기획), 한길사.

허성우, 1997 『대전광역시 여성단체 활성화 방안』, 대전광역시.

홍성고등학교동창회 편, 1991 『홍성고 50년사』.

김동춘, 2001 「시민운동과 '민족' '민주주의'」, 『참여사회연구소 가을 심포지엄 자료집』.

김문창, 2008 「대전 지역 노동운동의 역사와 과제」(미간행).

마인섭, 2004 「왜 민주화 이후 한국 민주주의는 위기에 처하게 되었나?」, 『한국정치학
　　　회보』 36집 4호.

박재정, 1995 「국가, 시민사회와 가톨릭교회의 관계: 제5공화국을 중심으로」, 『한국정
　　　치학회보』 29집 2호.

배성의·이대열, 1998 「충남 서부 지역 농민운동의 조직 및 활동-1970년대 이후 예산,
　　　홍성, 당진군의 사례를 중심으로」, 『농촌지도와 개발』 5권 1호, 한국농촌지도
　　　학회.

양봉석, 1989 「대전 지역 민족민주운동-문예운동의 전개와 과제」, 『청림』 32호, 한남대
　　　학교출판부.

오재록, 1989 「80년대 학생운동의 논리와 대전 지역 학생운동 고찰」, 『청림』 32호, 한남
　　　대학교 출판부.

오창헌, 2002 「민주주의 공고화 : 개념적·방법론적 고찰」, 『대한정치학회보』 10집 2호.

이강철, 1987 「한남 학원자율화운동의 한국학생운동사적 의의」, 『청림』 30호, 한남대
　　　학교출판부.

이규호, 1989 「대전 지역 기독운동의 전개과정과 그 과제」, 『청림』 32호, 한남대학교
　　　출판부.

이정순, 1992 「제2세대 민중신학의 쟁점과 과제」, 『신학과 현장』 제2집, 목원대학교
　　　신학연구소.

이주현, 1989 「목원대학 학원민주화투쟁」, 『교육과 실천』, 민주교육실천협의회.

이준희, 1989 「한국 농민운동의 전망과 충남 농민운동」, 『일어서는 사람들』 창간호,
　　　유월.

이창한, 2011 「1970~80년대의 농민운동과 '전국농민회총연맹' 창립」, 『기억과 전망』 여

름호(통권 24호), 민주화운동기념사업회.

조재도, 1989 「충남 교육운동의 전개와 과제」, 『일어서는 사람들』 창간호, 유월.

최장집, 2000 「운동의 전통과 민주주의 모델」, 『아세아 연구』 10, 아세아연구소.

편집부 정리, 2009 「이른바 '아람회 사건'에 대한 무죄 판결」, 『씨올의 소리』 2009년 7·8월호, 사단법인 함석헌 기념사업회.

허성우, 2000 「지역 여성운동의 현실과 지역사회 연구」, 『공간과 사회』 제14호, 한울.

허종, 2011 「1964~1965년 대전 지역의 한일협정 반대운동의 전개과정과 성격」, 『역사와 담론』 제60집, 호서사학회.

허종, 2012 「유신체제 이전 충남대 학생운동의 양상과 성격」, 『인문학연구』 통권88호, 충남대학교 인문과학연구소.

허종, 2015 「1969년 대전 지역 3선개헌 반대운동의 양상과 성격」, 『한국근현대사연구』 제75집, 한국근현대사학회.

【찾아보기】

[인명]

[ㄱ]

강구철 128, 136, 140, 142, 144, 151,
      213, 225, 253, 417, 433
강남원 252
강래설 403
강병철 484
강수한 468
강승구 460
강영식 75
강우석 410, 429
강일석 128, 129, 251, 253
강희재 87
계순옥 482
고광헌 485
고명덕 75
고석구 358
고재순 500
공근식 505
공병대 108

구애희 531, 535
구영회 103, 105
구자영 286
권봉재 211
권선길 112
권영각 417
권영국 247
권종숙 448, 455
권준호 82
권태웅 158
권호경 98, 410
금영훈 328
김각수 108
김경범 293
김경식 504
김경희 523, 540
김관제 244, 247
김관희 247
김구용 441
김규복 151, 412, 413, 523
김규태 207, 410, 426, 429, 529

김기만 151, 158
김난수 128
김대현 140
김동덕 60
김동우 263
김동하 75
김문창 213, 311, 312, 313
김미림 523
김미숙 468
김미영 213
김병국 137, 246, 247
김병욱 207, 210, 213
김병재 108, 150, 151, 158
김병화 410
김병희 108, 455
김복관 108
김사룡 44
김상신 344
김석규 66
김성갑 99
김성범 286
김성수 99
김세환 185
김수진 108
김순옥 468
김순호 9, 142, 144, 150, 151, 158, 160,
    200, 202, 205, 207, 213, 227, 228,
    229, 330, 383, 392, 487
김승경 108
김승훈 129, 253
김신회 468
김연화 525

김영곤 108, 169, 185
김영범 121, 125, 246, 247, 414, 415,
    417, 446, 447, 448
김영석 206
김영완 246, 247
김영주 99, 101, 144, 456
김옥엽 532
김용덕 265
김용명 225
김용범 125, 247
김용우 9, 229, 423, 429, 501, 502
김용진 128, 129, 253
김용호 151, 211, 426
김우경 131
김우성 213, 496, 500
김윤오 247
김윤환 404, 417
김율현 299
김이준 128
김익중 112
김인규 505
김재선 425
김정란 224
김정복 316, 317
김정식 103, 104, 105, 186
김정우 53
김정택 121
김정호 125, 247
김제선 9, 403, 415
김종생 400
김준식 210
김지철 213, 500, 503

김진경 485
김진모 213
김진수 129, 251
김진연 520, 531, 535, 540
김창근 128
김창태 9, 213, 488
김태롱 150
김태성 224
김태평 314
김필보 108
김필중 8, 9, 128, 129, 150, 151, 155, 183, 227, 229, 253, 453
김학웅 57
김현칠 128
김형돈 229
김혜성 215
김혜숙 129
김홍갑 129, 253
김홍영 9, 140, 213, 252
김회연 263
김홍수 99, 101, 103, 399, 420
김희숙 403

[ㄴ]

나기순 158
남기명 293
남기철 22, 100, 122, 261, 262, 287, 288, 289
남재영 419
노기현 247
노명우 72
노재동 201

노정길 330, 423

[ㄹ]

류기형 468, 476
류웅주 277
류창기 87, 88
류해헌 105

[ㅁ]

맹정호 211, 213
명기현 60
문복주 439
문성식 247
문인권 140
문진영 286
민명수 207, 527, 532, 535
민병성 483
민병순 484, 485

[ㅂ]

박경옥 128
박경이 483
박관수 48
박규섭 224
박기호 403
박동진 181, 184
박만규 427, 448, 455
박병배 108
박상래 108
박상옥 158
박선영 51
박성영 213

박순천 403
박영기 151, 183
박영래 468
박영순 252, 253, 293
박응수 197, 198
박재순 400
박재영 88
박정균 120
박정숙 403
박정신 356
박제구 51
박종덕 150, 410, 426, 491
박종만 151
박종범 155
박종호 403
박진상 244
박진아 128
박진희 422
박창래 108
박충식 67
박해전 128
박화원 99, 101, 103, 105
박희범 21, 106, 107
방강웅 82
방경현 493
방덕인 130
방비호 125, 247
배상선 244
배종철 221
백남도 60
백두현 439
백선용 99

백성기 99
변갑철 151
변규병 293

[ㅅ]

서규원 145
서남동 399
서동인 171
서미숙 533
서미연 130
서용석 201
선병렬 120, 125, 129, 247, 253, 453
선재규 120, 125, 129, 213, 247, 311
선창규 129, 252
성광진 508
성귀모 82
성낙준 44
성원진 482
손명한 229
송기득 420, 526
송기원 485
송대헌 403, 484, 485, 486, 491
송병선 16
송영배 142, 273, 417
송영환 99, 103
송인용 128, 129, 130, 253, 462
송좌빈 108, 142, 150, 151, 155
송진백 108
송천영 150
송흥상 140
스티븐 하지스 423, 429, 432
신경희 44

신관우 99
신무상 180
신방현 75
신상욱 151
신용 128
신현정 252
심의소 44
심재수 129, 462

[ㅇ]
안상길 82
안상철 158
안순희 522
안인숙 8
안재영 134
안정혜 129
양만규 354, 383
양봉석 9, 213, 468, 469
양성철 130
양주석 354, 357, 358
양환호 60
여충구 158
염오태 140
염종노 403
예현주 400
오석규 60
오순옥 523
오영신 531, 535
오영희 403
오원진 125, 136, 138, 141, 243, 247,
    453
오재환 357, 358

오천균 19, 55, 56, 57
오충일 412, 416
오학수 140
오한섭 370, 371, 372
오해진 264
옥명자 129, 251, 253
우영란 533
우정숙 425
우희수 151
원형수 144, 150, 151, 171, 414, 420
유근선 221
유달상 140, 150, 157
유덕준 403, 415
유병각 108
유상덕 485
유성균 158
유승희 285
유영소 108, 158, 220, 402, 410, 426
유영완 150, 246, 247, 414, 446, 447,
    448
유재선 523, 525
유종덕 247
유죽촌 108
유지영 285
유행길 82
육완국 108
윤광한 222
윤석경 313
윤석빈 150
윤석숙 482
윤재영 28, 200
윤재철 485

윤종관 151
이강산 471
이강철 200, 263
이건종 400
이경남 441, 446
이경주 60
이경하 121, 247
이계석 134, 252
이계창 158
이광기 206
이광영 186
이규동 129, 137, 138, 462
이규호 400, 404, 427, 429
이금자 315, 325
이기완 201
이기원 155, 279
이기철 108
이길동 151
이대영 130
이동대 252
이명남 150, 151, 202, 205, 211, 213,
       227, 228, 417, 501
이명희 150, 151, 358
이미영 468
이민구 64
이범구 128, 129
이병구 229
이병도 87
이병희 448
이봉구 354, 357, 358
이봉렬 358
이봉학 210

이상돈 108
이상룡 158
이상만 263
이상빈 60
이상열 263
이상옥 64
이상태 313
이상헌 112, 130, 247
이선영 169
이선희 75
이성구 140
이성규 64
이성근 130
이수금 379
이순덕 154, 430, 483, 491
이애경 130
이영복 112, 130, 137
이영우 427
이영일 108
이영치 60
이영호 261
이완규 128, 129, 253, 311
이완창 108
이외원 129, 140, 453
이용길 343
이용호 356, 366
이우경 483, 500
이원순 169
이은규 60
이은식 471
이은진 158
이은태 213

이은택 482
이은희 252
이인경 415, 531, 535
이인복 533
이인호 244, 482
이인화 78
이장호 229, 383
이재권 128
이재만 354
이재영 522, 523, 531
이재철 315
이재후 223
이정순 8, 9, 422, 523, 525
이종대 158
이종란 158, 519, 520
이종명 415
이준희 125, 137, 142, 247, 417
이중주 142, 215
이지영 9
이진형 214, 504
이철 99
이철중 108
이철호 403
이청규 60
이충근 400
이치원 108
이하원 151, 247
이한세 44
이한영 158
이현숙 531
이훈국 103, 104, 105
이희수 105

임규호 130
임기웅 108
임부택 57
임상빈 433, 533
임성대 133, 142, 273, 417
임성재 342
임은재 501
임인수 414, 503
임정수 400
임정옥 400
임진묵 60

[ㅈ]
장병선 103
장수명 8, 312, 400
장수찬 8, 9, 133, 142, 255, 261, 456, 462
장영식 158
장재을 130
장재인 247
장주찬 186
장하진 229, 520, 535
전계남 105
전광희 210
전무용 485
전병돈 108
전병배 425, 426
전상준 131
전성남 285
전용란 519
전용우 133
전인석 59, 61

전인순 484, 485
전재국 426
전혜련 522, 531, 540
정관영 247
정광영 354
정기현 229
정봉현 468
정상훈 290
정선원 112, 130, 137
정양희 483, 502
정영진 358
정완숙 9
정운영 128
정원영 311
정인수 415
정재택 84
정종미 523
정종원 446, 447
정지강 151, 413, 523, 525, 526
정지석 129, 130
정지풍 158
정진일 151
정차기 140
정천귀 129, 133, 137, 142, 253, 417
정한국 182
정해숙 128
정향희 105
정혜승 130
정호경 158
정호영 158
정효순 150, 151, 171
정희영 129, 140, 311, 522, 531, 533

조광휘 125, 247
조도형 140
조백형 99
조복현 129, 253
조성일 477
조성칠 9, 476
조성호 383
조용구 223
조용술 397, 398
조일제 125, 247
조재도 213, 482, 484, 485, 486, 488, 491
조재훈 471
조정희 212
조주형 150
조홍구 151
주승로 44
주영란 252
주정봉 201
주정숙 522
지득희 108
지만 158
지헌영 108
진경희 533

[ㅊ]

차경혜 426
차미환 483
채계순 520, 531, 535, 540
천선용 354, 356
최교진 9, 136, 150, 213, 439, 440, 486, 488, 491, 500, 502, 503, 526

최낙헌 107
최대용 99, 103
최덕수 222, 286
최만석 134, 255, 456
최명순 523
최명식 354
최미숙 252
최병상 379
최병욱 150, 151, 354, 366
최석환 58, 59
최연진 130, 541
최영동 222
최영일 130, 247
최인경 223
최재열 128
최재준 429
최정성 105
최정일 50
최종숙 129, 519, 520, 521, 533

[ㅌ]
탁영호 448, 455

[ㅍ]
표언복 99

[ㅎ]
한규태 403, 414
한기호 244, 247
한명선 213
한미희 522

한상균 439
한상열 151
한성림 263
한순동 105
한연희 60
한정택 425
한준수 433
한태성 44
한희석 65
허성우 8, 213, 251, 429, 514, 519, 522,
     524, 531, 532, 535
허원배 151, 417, 456, 503
허정길 181
허태정 201
현창희 342
홍미라 522, 531, 533
홍석곤 50
홍성환 400
홍희표 471
황규상 207
황규영 108
황민성 391
황보윤식 128
황선업 533
황시백 440
황인철 87
황정기 410

[사건/단체]

[ㄱ]

가노청 155
가면극 연구회 441
"가산 오광대" 현지 전수 450
가톨릭농민 충남연합회 당진분회 356
가톨릭농민회 78 전국 쌀 생산자 대회 및 추수감사제 363
가톨릭농민회 81년도추수감사제 및 충남 농민대회 366
가톨릭농민회(천안, 서천, 청양, 대천) 165
가톨릭농민회 충남 농민대회 362
가톨릭농민회 충남 당진군협의회 371
가톨릭농민회 충남연합회 21, 32, 350, 354, 366, 386
가톨릭농민회 충남연합회 당진분회 354
가톨릭농민회 충남연합회 매산리분회 354
가톨릭농민회 충남연합회 추수감사제 362
감리교 청년 노래선교단 424
감리교 청년연합회 404
개헌반대 성토대회 83, 84, 85, 87
고려대 서창캠퍼스 457
고문과 폭력추방을 위한 기도회 및 성고문 규탄대회 145, 416
고문 및 용공조작 대책위원회 139
고문 및 폭력저지 공동대책위원회

155, 156, 157
고문추방 민주화 국민평화대행진 157, 419
고문추방 민주화 국민평화대행진 준비위원회 150, 157
고문폭력저지 공동대책위원회 419
고 박종철 군 추모 및 고문살인 종식을 위한 범도민대회 150, 155, 419
고(故) 오한섭 추모 살인농정 철폐 및 민주농정 쟁취'를 위한 철야농성 370
고(故) 전태일 열사 추모제 및 민중운동 탄압 분쇄를 위한 범목원인 결의대회 292
고(故) 최덕수 학우 추모비 파괴 진상규명 및 규탄시위 222
공립중등교사협의회 준비위원회 497
공안통치 종식, 노태우 퇴진 제5차 대전·충남 국민대회 226
공장의 불빛 테이프사건 250
공주고 59, 60
공주교대 83, 426
공주교대 어용교수 퇴진 및 대학언론 자율화 시위 301
공주교대 학원민주화투쟁연합 285
공주농고 481
공주농민회 383
공주사대 22, 33, 35, 44, 45, 55, 59, 60, 67, 83, 111, 121, 130, 151, 244, 247, 255, 275, 276, 277, 312, 439, 442, 456, 457, 458, 459, 510, 541
공주사대 교육문제 관련 학내 투쟁

300

공주사대 극단 '황토' 440

공주사대 금강회 130

공주사대 금강회 사건 127

공주사대 총학생회 163

공주사대 학원자율화추진위원회 244

공주사대 학원자율화추진위원회(사대
학자추) 121

공주사대 '한국가면극연구회 한삼' 442

공주사범대 유신철폐 벽서사건 242,
299

공주인권선교위원회 412

공주지역 주부모임 '동그라미' 36, 524

"공해풀" 455

광주 영령 추모제 132

광주학살 진상규명 및 직선제개헌 쟁취
2차 범도민대회 140

광주학살 진상규명을 위한 국민대회
139

광주학살, 5공비리 진상규명과 전두환·
이순자 구속처단을 위한 대전 지
역 4만 학도 결의대회 201

광주항쟁 계승 및 현 정권 퇴진을 위한
제4차 대전·충남 국민대회 225

광주항쟁 계승 장기집권 저지 투쟁위원
회 162

광주항쟁 진상규명대회 134

괴정동성당 9

교권탄압 규탄대회 494

교련반대 성토대회 90

교육정상화를 위한 대토론회 498

교육출판기획실 486

교직원노조 지지 범시민대회 501

교직원노조 탄압저지와 참교육 실현을
위한 대전·충남 공동대책위원회
501, 502

교직원노조 탄압저지와 참교육 실현을
위한 부여 공동대책위원회 501

교직원노조 탄압저지와 참교육 실현을
위한 부여 및 논산지역 공동대책
위원회 502

구속자를 위한 기도회 및 광주민중학살
진상규명대회 141

국민운동천안본부 169, 184

국민운동충남본부 151, 152, 163, 164,
165, 166, 170, 171, 181, 183, 191,
198, 200, 203, 282, 286, 324, 479,
530

국제인권옹호한국연맹 충남도지부 44

군부독재의 종식과 조국의 민주화를
기원하는 단식기도 160

군부독재 타도 및 장기집권 저지 충남
권 대학연합 실천대회 165

군부독재 타도 장기집권 저지 및 민주
정부 수립 투쟁위원회 172

군사독재 퇴진 촉구와 민주헌법 쟁취를
위한 범국민서명운동 158

군정종식, 단일화 쟁취 국민협의회 198

극단 '상황' 439, 440

극단 '얼카뎅이' 473

극단 '터' 475

극단 '황토' 440

금강인권선교위원회 144, 155, 411, 412,
501

금강 풍물패 541
금강회 130
금강회 사건 127, 130, 250, 541
금은농장 373, 374, 375
금은농장 소작쟁의 368
기독교대한감리회 남부연회 청년연합회
 (남부연회 감리교청년연합회) 400,
 401, 409, 414, 424, 428, 451, 455
기독교연합봉사회관 433
기독교장로회 청년연합회 404
기독사상연구회 425
기독청년 부활절 연합예배 422
기독학생회총연맹 충남지구협의회 426
기독학생회총연맹(KSCF) 충남지구협의
 회 427
김지철·최교진 교사 석방환영대회
 503

 [ㄴ]

나무와 사람들 9
남부연회 감리교청년연합회 400, 401,
 409, 414, 424, 428, 451, 455
남부연회 감리교청년연합회 1차 대회
 401
남부연회 청년대회 409
노동자민주학교 311
노태우 정권 타도와 5월 구국투쟁 선포
 6만 학도 결의대회 223
노태우 정권 퇴진 90민중대회 219
논민협 216
논산교사협의회 창립대회 496
논산군농민회 216

논산기독교농민회 379
논산민족민주운동협의회(논민협) 216
논산민주단체협의회 227, 232
논산 양촌고 504
논산인권위원회 216
놀이판 '터' 34, 437, 438, 463, 464, 467,
 468, 475, 479
놀이패 '얼카뎅이' 155, 470, 472
놀이패 '우금치' 475
농본산업 폐쇄와 환경 원상복구를 위한
 온양시, 아산군민 규탄대회 384
농악반 455
늘푸른야학 309, 311

 [ㄷ]

단국대 천안캠퍼스 169, 173, 182, 201,
 221, 222, 247, 286, 292, 449
당진군 교사협의회 496
당진군 농민회 368
당진중고 65
대교협 창립대회 496
대성고 73, 78
대일굴욕외교 반대 범국민투쟁위원회
 충남도지부 71
대전NCC 426, 433
대전NCC 인권위원회 431, 432, 433
대전YWCA 35, 514, 516, 517, 518, 522,
 523, 542
대전YMCA 청년Y 399
대전가톨릭청년회(대전가청) 144
대전감리교신학교(현 목원대) 77
대전감리교신학대학(현 목원대) 87

대전고 19, 47, 48, 49, 52, 54, 56, 71, 83, 87, 88, 128

대전공업대(현 한밭대) 201

대전교구 가톨릭대학생연합회 160

대전교도소 양심수 탄압 및 단식농성 사태에 대한 규탄대회 221

대전교사협의회(대전교협) 496

대전교협 497

대전기독교교회협의회(NCCD) 인권위원회 219, 220, 226

대전기독교교회협의회(대전NCC) 426

대전기독교노동상담소 151

대전기독교문화선교회 427

대전기독교협의회 인권위원회 214

대전기독여성회 537

대전기독청년협의회 32, 155

대전기독학생특별위원회 162

대전기청협 142, 150, 151, 157, 160, 161, 164, 165, 200, 282, 324, 326, 332, 404, 405, 406, 407, 408, 415, 422, 423, 427, 429, 432, 489

대전기청협(EYCD) 144, 145, 154

대전기청협 주최 부활절 예배 407

대전노동자협의회 341

대전노동정책연구소 523

대전노협 30, 213, 341, 346

대전노협건설준비위원회 341

대전농업전문학교 78

대전대 151, 172, 175

대전대(현 한남대) 20, 79, 84, 85, 87, 88

대전대 총학생회 162, 163, 171

대전대협 201, 205, 211, 213, 215, 219, 223, 225, 227, 232, 290, 291, 295, 296, 298, 299, 332

대전목회자정의평화실천협의회 429

대전 민예총 9

대전민주청년회 227, 232

대전변호사협회 79

대전 북중 교사선언 탄압사건 508

대전사노협 30, 340, 346

대전 사립교사협의회 497

대전상고 19, 47, 52, 53, 54, 73, 77, 88

대전시여성단체협의회 514

대전실업전문대 86, 180, 504

대전여고 73

대전여대 102

대전여민회 36, 524

대전여상 73

대전의 소리 431

대전인권선교위원회 33, 409, 410, 411, 415, 416, 417, 429, 490

대전인권위원회 183

대전전문사무직노동조합협의회(대전사노협) 29

대전주부교실 517

대전주부아카데미 36, 524, 526, 527

대전주부아카데미협의회 36, 537

대전중 63, 64

대전지역 89민중대회 205

대전지역 가톨릭노동청년회(대전지역 가노청) 309

대전지역 노동자 89임금인상 전진대회 30, 341

대전지역노동조합협의회 준비위(대전

노협〈준〉） 205, 211
대전지역 대학생 광주민주항쟁수호투쟁
　위원회 133
대전지역대학생대표자협의회(대전대협)
　28, 284
대전지역 대학생 문화운동연합 472
대전지역대학총학생회연합(대전총련)
　298
대전지역민주노동조합협의회 준비위원
　회(대전노협〈준〉) 29, 205, 211
대전지역 여자 대학생 대표자 협의회
　290
대전지역 전두환·이순자 부부 구속 촉
　구투쟁 201
대전지역 전문 사무직 노동조합협의회
　(대전사노협) 340
대전지역 택시노동조합 폭력탄압 저지
　공동대책위원회 331
대전지역 택시노조 폭력탄압 저지와
　운수 노동자 생존권 쟁취를 위한
　제2차 범노동자 시민 결의대회
　331
대전초급실업전문대 75, 79
대전초등교사협의회 497
대전·충남국민연합 25, 212, 213, 214,
　215, 217, 219, 220, 225, 226, 383,
　505
대전·충남국민연합 결성대회 213
대전·충남국민연합 대표자 회의 226
대전·충남국민회의 230, 231, 233, 234,
　238
대전·충남기독교교사협의회 211

대전·충남기독교사회운동연합 215,
　227, 232, 427, 428, 431
대전·충남기독교사회운동협의회 203,
　429
대전·충남 기독교사회운동협의회 추진
　위원회 427
대전·충남 목회자 정의평화위원회 427
대전·충남민교협 227
대전·충남 민족문학인협의회 471, 472
대전·충남 민족민주운동연합(충민련)
　25, 202
대전·충남민주화운동계승사업회 9
대전·충남 비상시국회의 25, 218, 219
대전·충남업종노동조합협의회 342
대전·충남업종노동조합협의회(업종노
　협) 342
대전·충남업종노동조합회의 227
대전·충남업종별노동조합협의회(충남
　업종노협) 29
대전·충남여민회 227, 537, 539, 540
대전·충남연합 26, 228, 229, 230, 231,
　233, 234, 238
대전·충남인권위원회 155
대전·충남 지역 인권사례 보고서 410
대전·충남청년단체협의회 건설준비위
　원회 227
대천·보령민주단체협의회 232
대천고 214
대천여고 495
대한예수교장로회 대전노회 청년연합
　회 420
대한예수교장로회 대전·충남노회 청년

연합회 397, 409
대한예수교장로회 청년연합회 전국대
	회 21
대한예수교장로회(통합) 청년연합회
	404
대한예수교장로회(통합) 청년연합회
	겨울대회(장청 겨울대회) 397
도서출판 남녘 477
동인지『창 그리고 벽』 34
동일계전노조 214
들꽃소리 476
"뛰뛰빵빵" 455

[ㅁ]

마당굿 놀이 456
마을공동체 연구협동조합 9
매국외교 반대 학생투쟁위원회 76
매포수양관 탈반 지도자회의 34, 437,
	438, 454, 457, 463, 479
목원대 21, 22, 33, 99, 100, 101, 102,
	103, 104, 105, 120, 122, 125, 132,
	133, 134, 142, 151, 157, 170, 171,
	172, 175, 178, 201, 245, 248, 254,
	255, 260, 265, 267, 268, 270, 271,
	274, 281, 287, 289, 292, 405, 426,
	441, 442, 445, 446, 450, 455, 456,
	457, 459
목원대 '농악반' 458
목원대 농악반 사건 255
목원대 문화패 '전통민중예술연구회'
	447
목원대 시국선언서 낭독 사건 121
목원대 중앙도서관 시국선언문 낭독
	사건 242, 300
목원대 총학생회 125, 162, 163, 171
목원대 탈춤반 254, 446, 448, 465
목원대 학원민주화 추진위 사건 300
목원대 학원민주화추진위원회(학민추)
	132, 133, 261
목원대 학원자율화추진위원회 122, 245,
	247
목원인의 양심선언 대회 102
문화공간 우리사랑 541
문화기획실 '터' 438, 468, 469
미 8군 기지 대전 이전 저지투쟁 33,
	238
미 8군 대전 이전 저지를 위한 범시민
	대책 준비위원회 207
미 8군 대전 이전 저지를 위한 시민공
	동대책위원회(미대위) 26 207,
	208
미군기지 대전 이전 저지 대책위원회
	429
미술운동 준비 모임 470
민요패 '들꽃소리' 476
민자당 일당 독재 음모분쇄와 민중기
	본권쟁취 대전시민 결의대회 25,
	212
민자당 일당독재 분쇄와 민중 기본권
	쟁취 국민대회 212, 216
민자당 일당독재 분쇄와 민중기본권
	쟁취 대전·충남국민연합(대전·
	충남국민연합) 25
민자당 일당독재 분쇄와 민중기본권 쟁

취를 위한 대전·충남국민연합
227
민자당 일당독재 음모 분쇄와 민중 기
본권 쟁취 대전시민 결의대회
212
민자당 일당독재 음모 분쇄와 민중 기
본권 쟁취를 위한 민주단체 연석
회의(민주단체 연석회의) 212
민자당 해체와 공안통치 종식을 위한
대전·충남 국민대회 295
민자당 해체와 공안통치 종식을 위한
제1차 대전·충남 국민대회 223
민자당 해체와 공안통치 종식을 위한
제2차 대전·충남 국민대회 224
민자당 해체와 노태우 퇴진 대전시민
궐기대회 212
민자당 해체와 노태우 퇴진대회 25
민족 한남 활동가 모임 297
민족자주와 민주 쟁취를 향한 충남 지
역 기독자대회 161
민주 개헌과 외세 배격을 위한 기도회
417
민주교육법 쟁취 결의대회 498
민주교육실천협의회 487
민주노총 대전·충남 지역본부 30, 343,
346
민주노총 대전·충남 지역본부 추진위
원회 343
민주단체 연석회의 212
민주대개혁과 민주정부 수립을 위한
대전·충남 국민회의(대전·충남
국민회의) 26

민주대개혁과 민주정부 수립을 위한
대전·충남국민회의 230
민주문화공동체 대전지역 목회자협의
회 489
민주수호국민협의회 91
민주주의민족통일 대전·충남연합(대
전·충남연합) 26, 226, 227
민주주의민족통일 대전·충남연합준비
위원회(대전·충남연합 준비위원
회) 226
민주주의민족통일 청양연합 232
민주헌법 쟁취 국민운동 천안본부(국
민운동천안본부) 168
민주헌법 쟁취 국민운동 충남본부(국
민운동충남본부) 23
민주헌법 쟁취 도민 평화대행진 182
민주헌법 쟁취를 위한 국민평화대행진
182, 185
민주헌법쟁취 국민운동 충남본부 421,
469
민주헌정연구회 155
민주헌정연구회 충남지부 150
민주화를 위한 전국교수협의회 대전충
남지회 213, 232
민주회복국민회의 논산지부 108
민주회복국민회의 대전지부 108
민주회복국민회의 천안시·천원군지부
결성대회 108
『민중교육』 484, 485, 487, 511
『민중교육』지 사건 35, 480, 485, 486,
487, 511
민중교회 야학교사 탄압사건 250, 403

민중교회 야학 탄압사건 413
민중생존 압살 주범 독점재벌과 노태
　　우 정권 타도를 위한 단국학생특
　　별위원회 222
민중야학 402, 403, 404
"민중예수" 452
민중의 예수 445, 446

[ㅂ]

반민주 3당 야합 분쇄 및 민중 기본권
　　쟁취를 위한 국민대회 211
방송법 개악저지를 위한 평화대행진 215
배재대 151, 178, 274, 457
배재대 총학생회 162, 163, 171, 222
"벙어리 매미" 공연 459
보건전문대 457
보문감리교회 9
보문고 75, 78, 83
보안사 해체와 노태우 정권 퇴진을 위
　　한 민족 한남 결의대회 294
보안사 해체와 학원사찰 분쇄를 위한
　　민족 한남 결의대회 294
보충 · 자율학습 규탄과 교육악법 개정
　　촉구대회 495
'봉산탈춤' 공연 464
봉산탈춤 변형극 446
부여 석성중 502
부여 세도 토마토 사건 365
부여 토마토 보상 요구투쟁 363
부여군 교사협의회 창립대회 496
부여군 농민회 501

부여민주주의민족통일운동연합 232
부정부패 노태우 정권 퇴진을 위한 청
　　년단국 4월 투쟁선포식 222
부정선거 독재연장 노태우 집권 반대
　　범국민대회 200
부활절 기독청년 연합예배 422
비상계엄 해제시위 122
빈들감리교회 413
빈들교회 36

[ㅅ]

사단법인 풀뿌리사람들 9
'사랑의 집' 건립 추진 운동 433
사회문화패 준비모임 456
살림의 집 527
살인정권 민자당 1년 학정 심판 및 백
　　골단 해체 · 공안내각 총사퇴를
　　위한 결의대회 224
『삶의 문학』 34, 460, 461, 471, 483,
　　484, 510
상명여대 169, 182
상황 439, 440
『새암의 소리』 414
『새암의 소리』 폐간 사건 414
"새재" 254, 451, 453, 461
색올림 473
샘골놀이방 537
서부인권선교위원회 411
서산교사협의회 498
서산군 교육자 대회 498
서산 부석고 481

서산 안면도 김양식장 피해보상 요구
    시위 368
서산여중 482
서산여중 사건 482
서산태안노조대표자회의 310
서산 해미고 494
서천군 기독교농민회 358
서천 농민대회 379
서천농민회 354, 368
선교 자유를 위한 특별기도회 160
선교자유 수호를 위한 기도회 416
성서대학 409, 420
소리패 '그날' 468, 470, 473, 476
소망야학 308, 309
소비자협동조합 537
수요문학회 44, 45, 439, 440
'수요문학회' 시낭송 사건 440
순천향대 169, 182
숭진대 33, 441, 442, 443, 445
시국수습 대전시 학생위원회 61
시군 교사협의회 480
신민당 개헌추진본부 대전 현판식 28
신민당 개헌추진위 충남도지부 결성대
    회 및 현판식 135, 139
신민당 충남도지부 83, 84
신풍중·종고 494
실업전문대 33, 254, 457, 458
쌀값 보상 및 전량수매 쟁취 당진군 농
    민대회 378
쌀값 보장 전량수매 쟁취 및 우루과이
    라운드 협상 거부 부여군 농민대회
    384

[ㅇ]
아람회 128
아람회 사건 127, 250
아리랑출판사 135, 462
아산군 산업폐기물처리장 폐쇄 대책위
    원회 384
아산기독농민회 490
악덕 기업주 처벌과 노동청장 구속을
    위한 범시민 결의대회 333
안면도 핵폐기물 반대투쟁 216
안면도 핵폐기물 처리장 건설 반대투
    쟁 238
안면도 핵폐기물처리장 설치 반대투쟁
    26
애국 청년 고 박응수 열사 장례위원회
    198
애국 학생 투쟁위원회 152, 153, 170,
    175
양촌고 214
얼카뎅이 463, 475
업종노협 342, 343, 346
에큐메니칼 평화학교 423
여성가정법률상담소 517
여성상담실 538, 539
여성학 연구반 251
여성학연구반 519, 520, 521, 531, 542
연구전문직노동조합협의회(연전노협)
    334
연극반 '황토' 33, 446
연전노협 335
연합 두레 활동 457
예산군교사협의회 창립대회 496

예산농고 481
"오, 광주여!" 465
오한섭 형제 추도식 370
우금치 438, 475
우루과이 라운드 협상 저지, 농어촌발
　　전대책 분쇄 및 농산물 제값 받
　　기 제2차 농민대회 383
우루과이 라운드 협상 저지, 농어촌발
　　전대책 분쇄 및 농산물 제값 받
　　기 제3차 농민대회 383
우루과이 라운드 협상 저지, 농어촌발
　　전대책 분쇄 및 농산물 제값 받
　　기 충남대회 383
우리노래연구회 468
우리문화연구회 251, 519, 521
우리문화연구회 사건 251
유성농고 83
유신철폐 벽서사건 111
의료보험조합 205
『이웃끼리』 511
『이웃끼리』 문집 사건 481, 482
"인간단지" 공연 460
인권옹호연맹 홍성지부 44
일꾼문화사랑 232
『일어서는 사람들』 477

[ㅈ]
자유당 충남도당 58
장기집권 음모저지 충남지역 공동투쟁
　　위원회 145, 282
장기집권 저지 투쟁위원회 170
"장산곶매" 공연 458

전교조 논산지회 216
전교조 대전·충남지부 211
전교조 대전지부 213, 227, 232, 500,
　　504, 507, 511
전교조 대전지부 창립대회 500
전교조 예산지회 226
전교조 충남지부 213, 227, 232, 500,
　　505, 506
전교조 탄압 저지와 합법성 쟁취를 위
　　한 제2차 국민대회 503
전교조 홍성지회 215
전국농민회총연맹 충남도연맹 381
전국도시노점상연합회 대전지부 227,
　　232
전국 목회자정의평화실천협의회 163
전국민족민주운동연합(전민련) 202
전국전문기술직 노동조합연맹(전문노련)
　　338
전농 충남도연맹 227, 232
전농 충남도연맹 결성 보고대회 383
전농 충남도연맹 결성대회 215
전농 충남도연맹 준비위원회 215
전두환 대통령 방일에 즈음한 한·일
　　관계 심포지엄 및 대동놀이 133
전두환·이순자 구속과 노태우 처단을
　　위한 일만 단국인 결의대회 201
전두환·이순자 구속과 노태우 퇴진을
　　위한 천안시민 학생 결의대회 201
전문노련 338, 340
전통민중예술연구회 441
정죽리 소작쟁의 보고대회 및 폭력경찰
　　규탄대회 376

정죽리소작지무상양도대책위원회 376
제1회 민족문화 한마당 472
조용술 목사 설교구속사건 398
주부모임 '동그라미' 541
주한미군기지 대전 이전 반대 투쟁 26
중도공고 73, 75, 77, 83
중도택시 총기 난사와 대성운수 구사대
　　동물 만행 범노동자·시민 규탄
　　대회 330
직장여성학교 536, 538

[ㅊ]

참교육 실현을 위한 대전 지역 학부모회
　　537
참교육을 위한 대전 지역 학부모회 36,
　　524
『창 그리고 벽』 460, 483
창의시짐 135, 453
천대협 298
천안공고 54
천안기독농민회 490
천안노동상담소 311
천안농고 54, 55, 61, 63, 65
천안 단국대 457
천안대협 205, 213, 287, 291
천안아산노조대표자회의 310
천안여고 55, 61
천안인권선교위원회 411
천안인권위원회 144
천안지역대학생대표자협의회(천대협)
　　28, 201, 284

천안지역인권선교위원회 155
천주교 정의구현 대전교구사제단 150,
　　155, 156, 160, 163, 165, 282, 359,
　　360, 391, 392, 416, 417, 434, 490
천주교정의구현사제단 대전교구 141
천주교정의구현전국사제단 소속 대전
　　교구(천주교 정의구현 대전교구
　　사제단) 145
청년 여름선교대회 455
청람 135
청람회 128, 129, 250, 251, 253, 299,
　　311, 521
청람회사건 250
청양군농민회 381
청양농민회 215
최교진 선생님 석방 환영대회 502
최루탄 추방 기독여성모임 426
최루탄 추방 범국민대회 179, 180
최루탄 추방을 위한 대전 기독여성모임
　　179, 529, 530, 531
최루탄 추방을 위한 여성모임 36, 524
충남가농 144, 146, 151, 155, 185, 192,
　　286, 326, 356, 360, 364, 365, 366,
　　370, 371, 372
충남고 87, 88
충남 교권수호 대책위원회 490
충남교사협의회 35, 480
충남교사협의회(충남교협) 492
충남교육민주화선언 480
충남 교직원 노조 합법성쟁취 공동투쟁
　　위원회 500
충남교협 492, 493, 494, 511

충남기농 144, 146, 150, 151, 155, 165,
    192, 286, 358, 360, 371
충남기독교농민회 354
충남기독교농민회(충남기농) 358, 360,
    371
충남기독교문화선교회 426
충남기독교 여성회 준비위원회 427
충남농민운동연합 203
충남농민회 354
충남대 19, 20, 21, 24, 33, 35, 55, 57,
    72, 74, 75, 76, 78, 79, 80, 81, 82,
    86, 90, 91, 105, 106, 107, 120, 121,
    122, 125, 128, 129, 130, 131, 132,
    133, 134, 151, 152, 171, 172, 174,
    175, 178, 180, 188, 191, 201, 204,
    223, 224, 225, 243, 250, 254, 255,
    256, 257, 264, 266, 267, 271, 272,
    273, 274, 279, 280, 286, 292, 293,
    295, 297, 311, 312, 442, 445, 450,
    456, 457, 459, 466, 467, 519, 522
충남대 국문학과 460
충남대 민요연구회 268, 460, 465
충남대 민주청년을 위한 양심선언 131
충남대 우리문화연구회사건 250
충남·대전인권선교위원회 411, 415, 420
충남대 중앙도서관 시국선언문 낭독
    사건 242, 299
충남대 청람회 사건 127, 130
충남대 총학생회 76, 122, 125, 162,
    163, 170, 171, 174
충남대 탈반 446, 452
충남대 탈춤연구회 268, 442, 443, 452,
    455, 456, 458, 465, 459, 461, 467
충남대 학원민주화추진위원회 132,
    133
충남대 학원자율 수호 사건 300
충남대 학원자율화추진위원회 132,
    253, 258
충남목회자정의평화실천협의회 155,
    165, 179, 489
충남문화예술운동연합(충문연) 34, 473
충남문화예술운동협의회(충문협) 34,
    469
충남문화운동협의회 203, 332
충남민가협 142, 150, 151, 155, 157,
    171, 203, 221, 332
충남민노협 29, 310, 322, 323, 324, 326,
    332, 333, 345
충남민주교육추진교사협의회 326
충남민주노동자연합 203, 212, 227, 232,
    310
충남민주노동자협의회(충남민노협) 29,
    321
충남민주선언 136, 137, 138
『충남민주선언』 156, 159, 183
충남민주운동연합 227
충남민주운동청년연합(충남민청) 22
충남민주운동협의회 474
충남민주운동협의회(충남민협) 23, 144
충남민주운동협의회 건설준비위원회
    472
충남민주화실천가족운동협의회(충남
    민가협) 221, 411
충남 민주화운동실천가족협의회 142

충남민주화운동협의회 416

충남민청 23, 135, 136, 137, 138, 139,
140, 141, 142, 143, 144, 145, 150,
154, 155, 156, 159, 164, 183, 203,
237, 282, 324, 326, 332, 405

『충남민청』 140

충남민협 23, 138, 139, 141, 142, 143,
144, 145, 150, 154, 155, 159, 160,
162, 179, 193, 203, 237, 272, 282,
414, 467, 490

충남신학생협의회 426

충남애국학생투쟁연합(충남애학투)
281, 301

충남애학투 152, 281, 301

충남업종노협 30

충남여민회 36, 203, 226, 326, 524, 527,
528, 531, 532, 533, 537, 540, 542

충남유치원교사협의회 497

충남인권선교위원회 145, 282

충남인권선교협의회 150, 155, 165,
179, 412

충남지구총학생회연합 232

충남지역 교육민주화 선언 35

충남지역대학생대표자협의회 227

충남지역대학생대표자협의회(충남대협)
284

충남지역 대학생 문화운동연합 471

충남택시노동조합협의회 333

충대협 28, 200, 290

충대협 대전지구 286, 324

충문연 34, 227, 437, 438, 473, 474, 475,
479

충문협 34, 438, 470, 472, 473, 479

충민노련 322, 341, 523

충민련 25, 202, 203, 204, 205, 211, 213,
238

충민련 건설준비위원회(충민련 준비위)
204

충민련 준비위 204

충북대 28

충북지역대학생대표자협의회(충북대협)
28, 284

충청교육민주화선언 487, 489, 490, 511

충청 교육민주화 실천 결의대회 489

충청남도택시노동자협의회 326

충청남도택시노동조합협의회 329

『충청민주교육』 154

충청민주교육실천협의회 35, 145, 155,
282, 480, 486, 488, 491, 492, 511

충청은행 본점 옥상 시위사건 274

충청지구 탈반 체육대회 457

충청지역대학생대표자협의회(충대협)
28, 284

친미 독재연합 분쇄 및 팀스피리트 훈련
저지를 위한 민족 충대 투쟁선포식
292

침신대 172

[ㅋ]

캐디노조 336

[ㅌ]

터 438, 456

통문연 252, 253
통일문제연구회 사건 250
통일문제연구회(통문연) 252
통일선봉대 대전시민 환영대회 215
통추회의 219

[ㅍ]
폭력 추방대회 415
폭력경찰 응징 및 노태우 정권 타도를
　　위한 범도민 결의대회 286
풍성 고추 피해보상 대책위원회 377
피해보상 요구투쟁 31

[ㅎ]
학원자율화추진위원회 129
학원정상화를 촉구하는 성토대회 85
학원침탈 저지 및 친미 독재연합 분쇄
　　를 위한 민족 충대 실천대회 293
한겨레독자모임 216
한국가톨릭농민회 충남연합회(충남가농)
　　356, 360, 364, 365, 366, 370, 371,
　　372
한국기독교교회협의회 충남인권선교
　　협의회 489
한국노동조합총연합회(한국노련) 62
한남대 34, 35, 55, 125, 133, 151, 162,
　　165, 170, 172, 178, 200, 205, 255,
　　262, 263, 267, 268, 273, 278, 280,
　　285, 286, 294, 297, 324, 426, 450,
　　457, 458, 502, 510
한남대 총학생회 162, 163, 171, 175

한남학원 자율화운동 300
한농종묘 불매운동 결의대회 377
한밭살림 528
한밭살림소비자협동조합(한밭살림)
　　527
한밭상고 75, 88
한밭생활협동조합 527
한밭중 55, 56, 58, 75
한울회 400
한울회 사건 127, 250, 399, 400, 413
한일 굴욕외교 성토대회 78
한일조약 비준 반대 민중 성토대회 79
한일협정 반대투쟁 78
해미고 495
혜천여고 499
혜천여중 499
호서대 169, 182
호헌 철폐 및 민주헌법 쟁취를 위한 시
　　민대회 169
호헌 철폐 및 장기 집권 저지를 위한
　　충남권 대학연합위원회 281, 301
호헌 철폐 및 장기집권 저지를 위한 충
　　남애국학생연합투쟁위원회(충남
　　애학투) 152
호헌 철폐를 위한 범시민대회 173
홍민협 215, 227
홍산농고 481
홍성 YMCA 215
홍성YMCA 중등교사협의회 510
홍성YMCA중등교사협의회(홍성Y교협)
　　481
홍성YMCA중등교육자협의회 481, 510

홍성Y교협 482, 483
홍성고 63, 64
홍성고등학교동창회 64
홍성 노풍피해 보상투쟁 363, 364
홍성농민회 215
홍성민족민주운동협의회 232
홍성민족민주운동협의회(홍민협) 215
홍성민주시민회 215
홍성여고 64
홍성지역교사협의회 496, 497
황금성 440
황토 440, 447

[A~Z]
KBS-TV 시청료 거부 기독교 범 국민운동
　　대전본부 415
YMCA 어머니회 537

[기타]
3·8시위 47, 48, 54
3·10시위 47, 54
3선개헌 반대 범국민투쟁위원회 충남
　　도지부(범투위) 84
3선개헌 반대 성토대회 84, 86
4·19 직선제개헌 범도민대회 139
5·18민중항쟁 추모집회 162
5공비리, 광주학살 책임자 처벌을 위한
　　특별위원회 발족식 및 투쟁주간
　　선포식 201
6·8부정선거 규탄대회 82
6·10 대회 보고대회 170

6·10 보고대회 및 폭력 정권 규탄대회
　　170
6·10 보고대회 및 폭력 진압 규탄대회
　　170
6·26 평화대행진 182
7·27충남농민대회 381